NOVA HISTÓRIA DO CINEMA BRASILEIRO

SERVIÇO SOCIAL DO COMÉRCIO
Administração Regional no Estado de São Paulo

Presidente do Conselho Regional
Abram Szajman
Diretor Regional
Danilo Santos de Miranda

Conselho Editorial
Ivan Giannini
Joel Naimayer Padula
Luiz Deoclécio Massaro Galina
Sérgio José Battistelli

Edições Sesc São Paulo
Gerente Iã Paulo Ribeiro
Gerente adjunta Isabel M. M. Alexandre
Coordenação editorial Francis Manzoni, Cristianne Lameirinha, Clívia Ramiro, Jefferson Alves de Lima
Produção editorial Ana Cristina Pinho, Simone Oliveira
Coordenação gráfica Katia Verissimo
Produção gráfica Fabio Pinotti, Ricardo Kawazu
Coordenação de comunicação Bruna Zarnoviec Daniel

NOVA HISTÓRIA DO CINEMA BRASILEIRO

VOLUME 1

ORGANIZAÇÃO
FERNÃO PESSOA RAMOS
& SHEILA SCHVARZMAN

edições Sesc

A edição digital deste livro conta com os textos extras "O cinema no Rio Grande do Sul (1918-1934)", de Glênio Póvoas, e "Massaini, produtor e distribuidor (1935-1992): um lado pouco conhecido do cinema brasileiro", de Luciano Ramos.

1ª reimpressão: 2022

Preparação Luanne Aline Batista da Silva, Rayssa Ávila do Valle
Revisão Elen Durando
Capa, projeto gráfico e diagramação Gustavo Piqueira | Casa Rex

DADOS INTERNACIONAIS DE CATALOGAÇÃO NA PUBLICAÇÃO (CIP)

R1472n Ramos, Fernão Pessoa
v.1 Nova história do cinema brasileiro / Fernão Pessoa Ramos; Sheila Schvarzman. – São Paulo: Edições Sesc São Paulo, 2018. –
528 p., v. 1.
ISBN 978-85-9493-083-5

1. Cinema. 2. Cinema Brasileiro. 3. História. I. Título. II. Schvarzman, Sheila.

CDD 791.4

Ficha catalográfica elaborada por Maria Delcina Feitosa CRB/8-6187

Edições Sesc São Paulo
Rua Serra da Bocaina, 570 – 11º andar
03174-000 – São Paulo SP Brasil
Tel. 55 11 2607-9400
edicoes@sescsp.org.br
sescsp.org.br/edicoes
/edicoessescsp

1 OS PRIMÓRDIOS, O CINEMA MUDO E INÍCIO DO CINEMA SONORO (1895-1935)

2 ESTÚDIOS E INDEPENDENTES (1930-1954)

3 O INCE E O CINEMA DOCUMENTÁRIO EDUCATIVO (1937-1966)

A PLURALIDADE DO CINEMA BRASILEIRO

Danilo Santos de Miranda
Diretor do Sesc São Paulo

Neste país de imensos contornos geográficos e de certas condições históricas e culturais em comum, a diversidade ainda é nossa mais intrínseca marca identitária. Nas manifestações culturais e artísticas, esse nosso "comum incomum" escancara-se, desnuda-se, e isso logo inviabiliza a cristalização de uma única ideia sobre o cinema brasileiro.

Nestes dois volumes de *Nova história do cinema brasileiro*, notamos que as bases de organização da obra se mantêm próximas da publicação de outrora, *História do cinema brasileiro*, de 1987, preservando-se, contudo, o objetivo de apresentar os períodos do cinema brasileiro em uma perspectiva horizontal, cronológica e até mesmo geográfica, dando conta de levar ao leitor estudos importantes e abrangentes que muitas vezes são divulgados apenas em publicações acadêmicas e especializadas.

Essa compilação de estudos variados sobre o cinema brasileiro destaca a intersecção do cinema com outras artes ao longo do tempo. Nela, estão presentes a literatura, uma das mais antigas fontes de criação estética e narrativa na sétima arte; o teatro, que, entre movimentos de aproximação e de distanciamento, dialoga com a cinematografia; as artes visuais, que permitem reflexões criativas e presença simbólica nas cenas; a música, que por vezes é protagonista na condução das narrativas e vital para a apreensão sensível dos filmes, entre outras artes de igual ou maior peso, dependendo da película em questão.

Com isso, mesmo acompanhando o decorrer de todas as transformações na historiografia sobre o cinema nacional até os dias de hoje, a diversidade permanece como a marca central dos estudos aqui presentes, que abrangem desde a transição do cinema silencioso para o sonoro, passando pela produção de obras não ficcionais e educativos, a chanchada, o Cinema Novo, a produção da Embrafilme e o cinema experimental até a inclusão de temas ainda pouco valorizados na historiografia, como a presença das mulheres no cinema, as temáticas de gênero e a participação de atores negros e indígenas na produção cinematográfica. Ganham destaque ainda na obra a produção nacional de documentários e o cinema brasileiro contemporâneo em toda a sua amplitude.

É imprescindível ainda destacar como uma obra da magnitude de *Nova história do cinema brasileiro* vem ao encontro do resgate e do ensejo a uma das grandes manifestações artísticas de nosso tempo. Em uma era em que a grande maioria de nós conta o tempo todo com uma câmera de vídeo na palma das mãos para gravar o ordinário e o extraordinário do cotidiano, é essencial voltarmos nosso olhar ao passado e traçar, pouco a pouco, o percurso pelo qual o cinema brasileiro teve sua origem, seu desenvolvimento e sua consolidação, esta tanto dentro como além de suas fronteiras. Isso permite rever quem somos, reconhecer de onde viemos e ressignificar o país que nos tornamos.

Aqui, arte e identidade andam juntas: a história do cinema também é a nossa história, e a arte do cinema nada mais representa ao olhar atento do espectador do que uma das muitas facetas que compõe nossa complexidade cultural. No cinema, tal contato com o outro e com todos os outros pequenos mundos que nos cercam nos emociona, contagia, indigna, transforma, e isso não é nada além do que a própria força propulsora da arte.

Assim, comprometido com a valorização das artes e com a história da cultura, o Sesc São Paulo tem o prazer de trazer a público essa *Nova história do cinema brasileiro*, que registra e compartilha história, teoria, conhecimento e experiências fundamentais para que o cinema, uma das mais completas manifestações artísticas do século XX, adentre o século XXI com vasta bibliografia e múltiplas referências para sua continuidade.

INTRODUÇÃO

Fernão Pessoa Ramos & Sheila Schvarzman

O objetivo deste livro é reunir estudos que pensam o cinema brasileiro por pontos de vista diversos. A coletânea se constituiu na certeza de que é possível trabalhar com o tema contornando a hipertrofia metodológica que há em recortes recentes. Nossa opção foi partir de um campo já estabelecido de estudos sobre cinema brasileiro, acreditando na fecundidade de um eixo básico cronológico sem nos deter, obrigatoriamente, em fases, estágios, movimentos, ciclos ou recortes autorais referendados. Alguns ensaios seguem o figurino mais clássico, outros, não, como o próprio leitor poderá verificar. A intenção foi a de frisar o interesse em escrever e pensar o cinema feito no Brasil explorando sua singularidade e as múltiplas teias que dela se lançam.

O livro incorpora novos objetos, métodos e documentação, sobretudo as mudanças da historiografia em geral ao longo dos últimos trinta anos – as contribuições da história cultural e dos estudos culturais, as relações entre história e cinema e outras artes e mídias, o maior acesso a acervos fílmicos e documentais. Estão presentes horizontes abertos pelas novas abordagens das teorias cinematográficas e dos intercâmbios transnacionais, particularmente desde o Congresso de Brighton, em 1978. Procura-se também dialogar com a historiografia estrangeira – da América Latina, dos Estados Unidos e da Europa – através do tratamento mais complexo ou complementar de um mesmo período histórico.

Os ensaios igualmente expressam mudanças recentes na pesquisa acadêmica brasileira, com a entrada de novas gerações com formações diversas, inclusive da crítica. Assim, enfoques mais tradicionais foram alargados, revistos e complementados.

Períodos como o cinema silencioso e a passagem do cinema mudo para o sonoro ganharam maior relevância, e também demos destaque aos filmes e realizadores de obras não ficcionais como a "cavação", os filmes etnográficos do Major Reis, o documentário contemporâneo e, por extensão, o estudo desses formatos nos anos 1930 e 1940, com a entrada do Estado na produção cinematográfica, além dos filmes educativos do INCE (Instituto Nacional de Cinema Educativo). Não ficaram de fora os estudos de práticas sociais especificamente cinematográficas, como a exibição e suas formas, assim como a relação com o espectador. Da mesma maneira, procurou-se incluir protagonistas que ainda não tiveram o devido relevo na historiografia: a participação profissional das mulheres no cinema brasileiro, a presença da temática de gênero em sua diversidade e os cineastas e atores negros e indígenas. Também foi dada relevância a produções que não costumam ocupar o primeiro plano, como a pornochanchada, as comédias contemporâneas, o cinema experimental e a produção (comercial ou não) que vicejou ao largo do apoio estatal. É importante salientar que se buscou delinear um panorama amplo do que é a história do cinema brasileiro hoje, na medida em que o próprio cinema brasileiro é algo em constante construção, assim como sua historiografia. A preocupação central foi trazer textos que dialoguem entre si sem fixar uma linha descritiva horizontal, abrindo espaço, desse modo, para uma compreensão múltipla e complexa.

A partir desses princípios, delineou-se a estrutura da obra, abarcando os primórdios do cinema brasileiro ainda mudo, o período de 1912 a 1930 (com vários núcleos regionais), o impacto sofrido com o início do cinema sonoro, a chanchada e o cinema carioca, a produção documentária do INCE, a produção dos grandes estúdios com a Vera Cruz à frente, o Cinema Novo, o Cinema Marginal, a Embrafilme e os anos 1970, a produção da pornochanchada, o cinema de corte mais experimental, a grande crise dos anos 1980-1990, a retomada da produção e, finalmente, o cinema brasileiro contemporâneo tanto ficcional como documentário. Unindo-os, surge a aposta metodológica do livro sob o recorte cronológico.

O veio da brasilidade, presente no título da coletânea, deve ser compreendido dentro de um horizonte cultural difuso e díspar, porém concreto, surgido particularmente da preferência pela expressão de uma gestualidade corpórea própria, na qual a fala em língua comum, presente no sonoro, ocupa o foco. Temos aqui uma compreensão do cinema brasileiro que vai além do cinema hegemônico nas salas de exibição, procurando não apenas criticar sua presença como forma de espaço "ocupado" (o que demonizaria a imitação), mas entendendo o diálogo que se estabelece nesses vários âmbitos, quando a vontade de emular o cinema americano acaba mostrando traços ainda mais próprios, inclusive na relação com outros cinemas nacionais. É esse horizonte amplo que permite abrir uma fresta para a articulação dos artigos e de seus objetos como "cinema brasileiro".

De alguma maneira, a noção de autoria na arte do cinema também respira neste conjunto de ensaios. Estão presentes cineastas e atores que dão personalidade forte à produção que emerge do todo apresentado. Em sintonia com a dimensão autoral (individual ou coletiva), surge ainda outro traço do conjunto: a ideia de que estamos lidando com uma forma, a arte do cinema, que, em suas modalidades, ficcionais ou documentárias, se expressa numa unidade a que chamamos "filme". Tal unidade é composta pela diversidade de formatos e durações, mas articula de modo constante a unidade do tempo que transcorre e, necessariamente, desabrocha de modo paulatino em direção a um final aberto na duração. Este livro trata de uma arte do tempo. Trata de uma arte produzida numa determinada região geográfica do planeta, com tradições culturais e históricas mais ou menos congruentes, abertas para a miríade de influências que a compõem, sem uma soma que nos permita apontar para qualquer tipo de homogeneidade a ser exaltada.

O cinema pode ser pensado então como arte que tem a particularidade de remeter a outros campos artísticos – uma "arte impura", como queria André Bazin –, mas é arte em si mesma, expressão sensível de um sujeito no mundo, como também é a literatura ou a música, por exemplo. É o que transparece no conjunto que se segue, puxando, como fio de meada, um olhar que descobre a arte do cinema num eixo maior que ela mesma, dobra de si na própria história.

1

OS PRIMÓRDIOS, O CINEMA MUDO E INÍCIO DO CINEMA SONORO (1895 - 1935)

OS PRIMÓRDIOS DO CINEMA NO BRASIL

JOSÉ INÁCIO DE MELO SOUZA

Os estudos do pré-cinema se detém sobre um momento em que a imagem em movimento ainda não existia com as características que permanecem até hoje, isto é, a película cinematográfica, a projeção sobre uma tela branca e a ilusão do movimento percebida pela fisiologia do conjunto olho-córtex do observador[1]. Nesse instante predominavam os processos de visualização de imagens fixas e em movimento ou de projeção por aparelhos ópticos surgidos antes dos inventos dos laboratórios de Thomas Alva Edison ou dos irmãos Louis e Auguste Lumière, em um período que já foi assinalado por diferentes pesquisadores como desvalorizado pela historiografia. Autoras como Maria Cristina Miranda da Silva e Alice Dubina Trusz[2] destacaram-se no movimento de revisão de trabalhos como os publicados por Vicente de Paula Araújo e Alice Gonzaga[3], que entendiam os espetáculos apresentados por panoramas, cosmoramas, dioramas e lanternas mágicas dentro de um quadro de preparação do que se consolidou, a partir de 1894-1895, com o cinema, ou seja, a imagem em movimento filmada e projetada.

Para europeus e norte-americanos, os séculos XVIII e XIX foram pródigos na experimentação e concretização de diversos aparelhos ou processos de aumento ou diminuição da imagem. Um deles foi o panorama, que por sinal não se valia da projeção da imagem. O espectador era introduzido numa rotunda onde, a partir de uma plataforma elevada, podia ver uma tela pintada que se estendia de forma circular em relação ao seu ângulo de visão, trazendo cenas de cidades, paisagens e batalhas. Tratava-se, portanto, de uma técnica de pintura em 360 graus, diante da qual o espectador tinha uma visão panorâmica (daí a origem do nome), propondo outras questões para a pintura em perspectiva sobre a tela bidimensional. Os dioramas e cosmoramas partiam de uma industrialização dos processos cenográficos do teatro e do panorama – propondo efeitos de luz e de construção da imagem a ser vista – aplicados a uma caixa óptica em que o espectador, com o uso de oculares, assistia a um cenário animado por meio de jogos de iluminação e movimentações da cena. Antes, nos panoramas, era o olhar do espectador que se deslocava sobre a imagem, varrendo-a nos seus 360 graus. Em um segundo momento, ocorria uma imobilidade corporal, com a centralização da visão proposta pelos dioramas e cosmoramas, nos quais o espectador era obrigado a permanecer estático. O cenário do cosmorama ganhava vida graças à luz projetada. As lanternas mágicas, por sua vez, exigiam uma fonte de luz para a projeção de uma cena sobre uma tela ou parede que, com o desenvolvimento de aparelhos mais complexos, acrescidos de lentes e fontes de luz ampliadas, facilitava a possibilidade de "movimentação" das imagens, dando à narrativa uma amplificação que antes se circunscrevia ao discurso do lanternista.

Desses princípios básicos forjadores de ilusão – centralidade do olhar do espectador, projeção da imagem, movimentação da cena – foi que um novo programa narrativo se desenvolveu dentro da gama de espetáculos visuais oferecidos no século XIX. Na esteira desses princípios estabelecidos inicialmente surgiram outras variantes: do infinitamente pequeno, a microscopia solar, o megascópio (nos quais se utilizava do processo inverso: uma pulga vista ao microscópio e ampliada), até a estereoscopia (duas imagens do mesmo assunto sobrepostas para formar uma terceira com ilusão de relevo), passando pela fantasmagoria (o uso de focos de luz para a projeção de figuras sobre uma tela, com o objetivo de aterrorizar o espectador) e chegando aos avanços ópticos e de projeção de lanternas multiplicados em neoramas, polioramas, silforamas, diafanoramas e demais aparelhos.

A importação dessas novidades para o Brasil deu-se naturalmente em um contexto de permeabilidade em relação ao que era de fora. Uma comparação entre o que viram cariocas, porto-alegrenses e paulistanos no século XIX aponta para uma predominância dos cosmoramas no Rio de Janeiro e em São Paulo, enquanto no Sul foram dominantes as lanternas mágicas. Essa conclusão, entretanto, é precipitada, uma vez que há documentação de arquivo para as investigações voltadas à realidade do Sudeste, como demonstrou o trabalho de Silva, ao passo que nas cidades do Sul só conhecemos os resultados obtidos de anúncios e notícias de jornais. Esses pontos de partida das pesquisas, quando comparados, provocam distorções de magnitude variada. Os momentos são diferentes, já que se registrou o aparecimento de diversões ópticas desde 1834 no Rio de Janeiro, enquanto em São Paulo e Porto Alegre isso ocorre somente a partir de 1855 e 1856. Se no Rio de Janeiro predominam os locais de exibição privados, lojas ou armazéns sem especificações, aos quais se somam os espetáculos em feiras religiosas ou festas cívicas, o inverso acontece nas outras duas cidades, onde temos os teatros elevados a locais privilegiados para esses entretenimentos (no Rio, somente um é vinculado claramente a projeções desse tipo). No Sul também temos uma forte presença, a partir das décadas de 1870 e 1880, das companhias dirigidas por ilusionistas (prestidigitadores e outros praticantes de magia branca), que promoviam espetáculos variados nos quais o uso de lanternas mágicas era um dos ingredientes. Nomes como os do conde Patrizio (Ernesto Patrizio de Castiglione, segundo Fernández[4]), de Faure Nicolay ou de Jules (Júlio) Bosco são desconhecidos no Rio de Janeiro, embora as linhas de circulação dos espetáculos itinerantes sempre incluíssem a capital do Império do Brasil. Uma exceção talvez fosse a do ilusionista que depois passou para o cinematógrafo H. ou N. Kaurt, cuja circulação sempre foi provinciana, evitando o Rio de Janeiro.

Um elemento que parece comum aos espetáculos talvez estivesse na supremacia do cenário urbano estrangeiro nas exibições dos gabinetes ópticos, pavilhões, panoramas e cosmoramas, mas faltam estudos mais aprofundados. O cosmorama exibido em São Paulo no Recreio Familiar da rua da Imperatriz, 60, a partir de agosto de 1873, projetava uma variada lista de cidades portuguesas, além de Roma, Madri, Sebastopol (EUA), Havana, entre outras. O Gabinete Óptico instalado na rua da Quitanda em agosto de 1858 também apresentava essa peculiaridade, reforçada, aliás, pelas 3 mil "vistas transparentes" em "curiosidades orientais" anunciadas por N. Kaurt e M. Ali, proprietários do Grande Salão Óptico montado no Teatro São José em 1884. O fascínio produzido por batalhas e combates se ombreia ao das cenas de cidades: lutas entre D. Miguel e D. Pedro em Portugal, batalhas do Brasil contra o Paraguai e da Áustria contra a Itália faziam parte do arsenal comum dos espetáculos.

As considerações trazidas por Silva e Trusz sobre os aparelhos ópticos são importantes para o conhecimento dessas formas de divertimentos do pré-cinema, porém as conclusões a que Silva chega, a partir dos estudos de Jonathan Crary[5], parecem no momento precipitadas. Não basta identificar o problema – o conhecimento parcial sobre o pré-cinema – para que ele subitamente se ilumine. Menos ainda se pode concluir que a circulação no Brasil dos aparelhos ópticos tenha permitido a formação de um "novo observador", da mesma forma que tinha se dado na Europa, nos moldes propostos por Crary. O fato de a apreciação dos aparelhos ópticos se realizar no Sul e Sudeste do país por meio das temporadas teatrais dos ilusionistas, em períodos às vezes espaçados por uma década entre uma apresentação e outra, não favorece o aparecimento desse "novo observador".

Por exemplo, Machado de Assis, um arguto observador da vida urbana carioca, sempre esteve afastado dos espetáculos oferecidos pelos cosmoramas e outros ilusionistas (o segredo da cabeça falante em cima da mesa foi descoberto em "dois minutos", mas o engolidor de espada em brasa foi uma incógnita para o escritor), tratando-os com certo desprezo. Numa "Nota Semanal" de 1878 chegou a escrever que, enquanto os espetáculos de magia quebravam financeiramente, as peças eruditas iam "de vento em popa": "os prazeres intelectuais hão de sempre dominar nesta geração"[6]. Ou seja, o espectador que se deixasse sujeitar pela distração ou pelas performances para espantar, ao estilo das fantasmagorias, condenava-se ao atraso e não à reestruturação das práticas sociais que conduziam à modernidade. Ao mesmo tempo, fiéis aos ditames do século XIX escravagista, os empresários do "lindo cosmorama" apresentado no Recreio Familiar, em São Paulo, explicitavam a proibição da entrada dos "moleques", numa clara alusão aos escravos, completando o aviso de que somente as "pessoas decentes ou famílias" teriam acesso ao divertimento. Assim, os arautos da modernidade num Brasil escravagista estavam distantes de colocar o país em sintonia com o progresso revelado pelo novo mundo da ilusão óptica. Eis aí um assunto em busca de uma explicação mais ampla que nos fale sobre sua validade enquanto historicidade.

A INTEGRAÇÃO DO ESPECTADOR BRASILEIRO AO MERCADO INTERNACIONAL DE IMAGENS EM MOVIMENTO

Tem-se dado pouco relevo à introdução do kinetoscópio (Kinetoscope) de Thomas Alva Edison. Até 1954-1956, anos em que Adhemar Gonzaga começou a publicar as primeiras pesquisas consistentes sobre os primórdios do cinema no Brasil, eram raras as referências a essas exibições pioneiras de imagens em movimento. Salientou-se o aparecimento do omniógrafo no Rio de Janeiro, aparelho de nome híbrido e desconhecido, elevado à condição de primeira manifestação de projeções cinematográficas pagas, conforme o modelo criado pelos irmãos Lumière em Paris[7]. O descaso generalizado com o kinetoscópio fez com que o projetor do chamado "gênio de Menlo Park" seja visto ainda hoje dentro da galeria dos aparelhos ópticos, ou seja, do pré-cinema[8].

O laboratório científico de Edison trabalhava num "fonógrafo óptico" desde 1888. Após os estudos em cronofotografia de Étienne-Jules Marey, os cientistas e técnicos encarregados do desenvolvimento do novo aparelho incorporaram o uso da película perfurada, apresentando um primeiro protótipo em 1891. O mecanismo com acréscimo da película perfurada e tração vertical dentro de uma caixa destinada a um único observador foi exposto em 1893 nas cidades de Nova York e Chicago. A caixa de observação e a visualização individual do filme aproximavam o invento das "caixas ópticas" do início do século XIX, porém os novos processos industriais de produção, isto é, a filmagem para a obtenção de imagens em movimento e a projeção mecânica, distinguiam-no radicalmente dos antigos aparelhos ópticos. O número de problemas técnicos inéditos envolvidos na prática cinematográfica era mais complexo do que no período anterior. Houve a necessidade de criação de uma câmara de captação da imagem, fornecida pela Blair Camera Co. George Eastman colaborou no desenvolvimento da película perfurada e também na criação de um estúdio para as filmagens, ou seja, o volume de procedimentos inscrevia o kinetoscópio em um novo patamar de desenvolvimento da projeção da imagem.

A sua chegada ao Brasil deu-se pelas mãos de Frederico Figner. Paulo Roberto Ferreira[9] destacou a carreira do exibidor ambulante, embora estivesse mais interessado na trajetória do judeu tcheco e espírita (duas coisas que teriam horrorizado Machado de Assis) como introdutor do omniógrafo do que propriamente no pioneiro das exibições com o kinetoscópio.

Figner explorava audições pagas e vendas de aparelhos fonográficos desde 1892-1893, apresentando ao público carioca uma variedade de rolos de cera com trechos de óperas (*La traviata*, *Rigoletto*, *La Gioconda*), discursos, fanfarras e bandas. No ano seguinte, em 7 de dezembro de 1894, trouxe um ou mais kinetoscópios (Adhemar Gonzaga declarou a vinda de quatro aparelhos) para exibição na rua do Ouvidor, 131. O elenco de filmes era reduzido. De acordo com as descrições publicadas na imprensa, foram apresentados: *Cock Fight* (1894), *Carmencita (1894)* e *A Bar Room Scene* (1894), produções de março a maio de 1894 pelo Black Maria, apelido dado ao estúdio de filmagem projetado por William K. Laurie Dickson. Cada visualização custava salgados mil réis (a moeda circulante no país era o real, cujo plural era réis, e o múltiplo, conto de réis). Suas projeções individuais seguiram até o Natal de 1894, quando os anúncios sumiram dos jornais.

Maximo Barro situou a chegada do kinetoscópio na cidade de São Paulo em 23 de abril de 1895[10]. O local escolhido pelo exibidor, o professor Kij, tinha sido a Confeitaria Pauliceia, na rua 15 de Novembro, 38. Kij, erroneamente chamado de Kig por Gonzaga no artigo de vinte anos antes, era um prestidigitador de origem colombiana que, na esteira de Figner, também tinha exposto e vendido fonógrafos na cidade. Do mesmo modo que Figner apelara para um técnico em eletricidade para o bom funcionamento do seu kinetoscópio, Kij contou com a ajuda de Antonio Salles Barreto, ligado à General Electric Co. O elenco de filmes trazidos pelo colombiano era menor que o de Figner, notando-se somente *Cock Fight* e *Carmencita*. Sua permanência foi mais curta por conta de um desarranjo do aparelho. Em 27 de abril, ele suspendeu as apresentações do kinetoscópio, sobrevivendo de audições e vendas de fonógrafos na cidade.

O omniógrafo foi apresentado no Rio de Janeiro em 8 de julho de 1896, inaugurando as projeções na tela, em endereço de grande visibilidade na capital da República, a rua do Ouvidor, 57 (ainda devemos a Gonzaga essa informação). A primeira sessão foi dedicada "pelos diretores", ou pelo empresário Henri Paille, somente à imprensa (outra hipótese citada por Paulo Ferreira seria o nome de Henri Paillier, de qualquer forma, um exibidor desconhecido). Não se sabe qual foi o projetor utilizado pelo ambulante, se um Lumière ou uma contrafação. Dos 13 títulos exibidos, identificam-se documentários e ficções de diversas procedências: *Band Drill* (1894); *Uma cena íntima* (Henri Joly, 1895); *A chegada de um trem à estação* (1896); *Le Maréchal-ferrant* (1896); ou seja, não se trata de um conjunto homogêneo, mas de diferentes cópias em circulação entre feirantes e exibidores ambulantes, compradas de diversos produtores atuantes na Europa e nos Estados Unidos.

São Paulo conheceria logo depois do Rio de Janeiro as projeções de imagens na tela com ingresso pago. Os sócios de origem francesa Georges Renouleau e André Bourdelot, um fotógrafo profissional e um comerciante de brinquedos, ambos com negócios no centro da cidade, trouxeram da Europa outra contrafação do aparelho dos irmãos Lumière, porém com um elenco menor de filmes. Isso porque nesses primeiros anos os industriais de Lyon não vendiam seus projetores, preferindo explorá-los diretamente por meio de agentes autorizados vindos da casa matriz. O local escolhido para as exibições iniciadas em 7 de agosto de 1896, ou seja, um mês depois do omniógrafo, foi na central rua Boa Vista, 48-A, onde funcionava a loja de brinquedos de Bourdelot. A abertura das sessões foi abrilhantada pela presença da mais alta autoridade de Estado, o na época presidente Campos Sales, e o ingresso custava mil réis. O conjunto de sete filmes possui identificação mais enigmática, parecendo antes descrições do que propriamente títulos de filmes. Na série citada por Maximo Barro temos, por exemplo, *O bebezinho, Uma criancinha brincando com dois cachorros, Numa sala* e *O trem: um trem parado numa estação com o vaivém dos passageiros*. Na lista, ao nos depararmos com *A Praça da Bastilha em Paris*, ficamos aliviados, porque se trata provavelmente de uma produção Méliès, *Place de la Bastille* (1896).

Da mesma maneira que ocorreu com Henri Paille, possivelmente ao terminar a licença de trinta dias para as exibições paga ao Tesouro Municipal, Renouleau saiu de São Paulo em direção a Porto Alegre (Paille sumiu no mundo). Depois de exploradas as duas cidades que conhecia bem, ele encerrou sua carreira de exibidor ambulante.

Os aparelhos de Thomas Alva Edison teriam fortuna reduzida no mercado brasileiro. Tanto o kinetoscópio como sua invenção seguinte, o vitascópio (Vitascope) de projeção na tela, tiveram carreiras desastrosas. O professor Kij tentou explorar o vitascópio no início de 1897 em São Paulo (Gonzaga identificou no vidamotógrafo, trazido por Henrique Hungens ao Rio, em julho daquele ano, um aparelho similar)[11]. Os desarranjos e panes decorrentes da rede elétrica deficiente desencorajaram os ambulantes. Os aparelhos de Edison dependiam de uma rede elétrica urbana desenvolvida, ou pelo menos estável, tecnologia em que as duas maiores cidades brasileiras ainda engatinhavam na época. Além disso, o kinetoscópio carregava o agravante da visualização individual, enquanto Lumière tinha provado que a projeção na tela era muitas vezes mais rentável. O primeiro exibidor a demonstrar o sucesso financeiro do processo Lumière foi o prestidigitador de origem talvez argentina Enrique Moya, com os seus dois meses de sessões na rua do Ouvidor, 109, e 55 mil espectadores a mil réis por cabeça entre 28 de março e 31 de maio de 1897. Por outro lado, os aparelhos Lumière funcionavam simultaneamente como projetores e filmadores que, acoplados a fontes de energia apropriadas do sistema da lanterna mágica, isto é, proveniente da queima de combinações de gases como oxigênio e éter, mostraram-se muito mais eficientes na década inicial de desenvolvimento das exibições. Quando Paschoal Segreto e José Roberto da Cunha Sales inauguraram a primeira sala fixa de projeções em 31 de julho de 1897 na mesmíssima e famosíssima rua do Ouvidor, mas no número 141, batizando o local de Salão de Novidades (depois Salão de Novidades Paris no Rio), optaram por um aparato igual ou assemelhado ao Lumière, o animatógrafo Lumière ou animatógrafo Super-Lumière (há anúncio de jornal até de um Vitascópio Super-Lumière). Nesse dispositivo se reconhece a conjunção de animatógrafo, do inglês Robert Paul, mais o nome dos Lumière, ou de um aparelho Edison com o de Lumière, trabalhando com um gerador elétrico de 15 HP, com o qual os empresários tiveram uma carreira de sucesso.

DESENVOLVIMENTO DO MERCADO BRASILEIRO: A RELATIVA LIBERDADE DOS EXIBIDORES/PRODUTORES (1897-1915)

A ligação da historiografia brasileira com a francesa forçou o aparecimento de uma noção muito cara entre nós: a do nascimento do cinema. A ideia de nascimento associada ao mito de uma primeira filmagem fez com que por cerca de sessenta anos fosse criado um campo de luta ideológico em que os historiadores, amadores ou profissionais discutiam o desenvolvimento biológico do cinema (nascimento, crescimento, maturidade e morte). O marco da primeira filmagem teria sido crucial, o acontecimento tão buscado, finalmente vindo à luz do dia para a alegria de toda uma geração e que, como tal, seria apaixonadamente debatido por décadas.

O ano de 1954 foi fundamental para o estabelecimento de uma série de pontos de partida para o "primeiro nascimento". Os mineiros João Fernandes e José Roberto D. Novaes, da *Revista de Cinema,* fincaram os primórdios da produção em 15 de novembro de 1905, posto que Antonio Leal, um português, fotógrafo de imprensa por profissão, em fase de transformação em cinegrafista, atuando no Rio de Janeiro, teria filmado a avenida Rio Branco[12]. Em outro artigo, João Fernandes, ainda que sabendo até o endereço da filmagem, numa curiosa inversão avisava que a filmagem fora feita de fato, porém se tornava impossível a exibição, já que se desconhecia a existência de qualquer cinema na cidade[13]. A despeito das pesquisas de Adhemar Gonzaga publicadas ainda em 1954, e ampliadas em 1956, a data "15 de novembro" foi instrumentalizada, transformando-se numa efeméride, o "Dia do Cinema Brasileiro", e essa referência se mantém até mesmo em 1959, ano em que Alex Viany publicou *Introdução ao cinema brasileiro* (ainda que ele indicasse o ano de 1903 e não o de 1905)[14].

Na maturidade, Adhemar Gonzaga dedicou-se a colecionar, guardar e arquivar tudo que encontrava sobre cinema, transformando o seu estúdio no maior acervo documental privado do país. Para o catálogo do I Festival Internacional de Cinema do Brasil, realizado em São Paulo em fevereiro de 1954, dentro das comemorações do quarto centenário da cidade, o diretor da Cinédia não se refere a Antonio Leal, focando o seu interesse em filmagens que tinham ocorrido "longe do Rio e de São Paulo", para as quais dirigia todos os seus esforços de pesquisador[15]. Logo depois, no primeiro capítulo de sua história do cinema brasileiro para o *Jornal do Cinema*, Gonzaga põe sob suspeita as filmagens apresentadas pelo exibidor ambulante Victor ou Vittorio Di Maio em Petrópolis, no Cassino Fluminense, nos dias primeiro e 6 de maio de 1897, citando, entre os quatro curtas projetados, somente dois: a *Chegada do trem em Petrópolis* (1897) e *Bailado de crianças no colégio, no Andaraí* (1897). Os outros dois títulos seriam *Uma artista trabalhando no trapézio do Polytheama*, de 1897, e *Ponto terminal da linha de bondes de Botafogo, vendo-se os passageiros subir e descer*, também de 1897. No caso do filme da artista trabalhando no Teatro Polytheama, Gonzaga deve ter omitido a referência provavelmente porque reconheceu uma troca de títulos grosseira de um filme estrangeiro por um nacional, como veremos adiante. Vittorio Di Maio tinha feito exibições em São Paulo e certamente conhecia o Teatro Polytheama da cidade, mas nunca se soube de filmagens, inclusive de certa complexidade para a época, realizadas por ele. Quanto ao curta do terminal de bondes, a razão para a omissão não se estabelece de imediato, pois se tratava exatamente dessa construção nacionalista que operava Di Maio em Petrópolis. E foi como tal que Gonzaga a colocou sob suspeita: Di Maio era um simples exibidor ambulante, sempre o foi, nunca se referiu às filmagens até morrer em Fortaleza em 1926 nem teria condições de realizar a produção, já que trabalhava com aparelhos de projeção até hoje desconhecidos, e não com um Lumière que filmava e projetava.

A manipulação das películas pelos exibidores é uma prática bem conhecida dos historiadores. Cortes, alterações, fragmentações de assuntos, inversões e invenções de títulos eram usuais num mercado exibidor em que, às vezes, três cópias de um único título eram exploradas no mesmo dia e na mesma cidade. Para agradar aos espectadores ou trazer um novo alento a filmes já conhecidos, anunciava-se a projeção daquela chegada do trem em alguma estação, de produção Lumière, ou algum similar de qualquer outro fabricante, por *Chegada do trem em Petrópolis*, bastando retirar do curtíssimo filme o letreiro de apresentação e anunciar nos programas a chegada à cidade em que se estava. Para todos os filmes apresentados por Di Maio em Petrópolis, é possível encontrar produções parecidas na filmografia internacional, sendo que um deles, o da artista trabalhando no Polytheama, talvez fosse o mesmo *O acrobata* ou *Um acrobata no trapézio* (s. d.), apresentado pelo omniógrafo, no Rio de Janeiro, em 8 de julho de 1896. Dois pesquisadores que se detiveram exaustivamente nas exibições de Di Maio, Paulo Roberto Ferreira e Jorge Capellaro, classificaram e anotaram cada um dos títulos com uma, ou mais de uma, possível origem estrangeira (produções Edison ou Lumière), o que não os afastou, contudo, de aceitarem o incerto como verdadeiro[16].

Apesar do extenso trabalho inicial de Gonzaga, escapou-lhe das mãos o estabelecimento da possível primeira filmagem. Ele foi prudente na avaliação da notícia que Paschoal Segreto mandou publicar nos jornais cariocas, declarando que seu irmão Afonso Segreto[17] havia tirado uma vista da entrada do porto, fortalezas da barra da entrada da baía da Guanabara e navios em movimento na mesma baía. O diretor da produtora Cinédia limitou-se à verificação de que Afonso, retornando da Europa em 19 de junho de 1898 pelo *Brésil*, transatlântico da Compagnie des Messageries Maritimes, havia trazido uma câmera. Vicente de Paula Araújo[18], mesmo pesquisando com recursos escassos em São Paulo, pois teve acesso somente aos jornais *O Paiz* e *Gazeta de Notícias*, entendeu a notícia de futuras exibições da possível filmagem de Afonso no Salão de Novidades como algo acontecido. Para o meio cinematográfico, que tinha como novidade uma pesquisa extensamente factual dentro dos cânones determinados pela velha escola historiográfica positivista, a data e o fato foram aceitos, ainda que se desconhecesse o seu título correto ou qualquer exibição no cinema de Paschoal Segreto. Por volta de meados da década de 1960, a data já tinha sido comunicada a Paulo Emílio Sales Gomes, que a publicou no livro que escrevia em parceria com Adhemar Gonzaga[19]. Quando, em 1976, Vicente de Paula Araújo lançou finalmente a sua longa pesquisa histórica sobre os primórdios, Paulo Emílio destacou o "nascimento do cinema brasileiro", cuja "verdadeira descoberta" se devia ao paulista (ver a apresentação, datada de 1974, em *A bela época do cinema brasileiro*). Com o aval de Paulo Emílio, na época já uma autoridade em história do cinema brasileiro, referendava-se uma sugestão que devia ser encarada com reservas.

Jean-Claude Bernardet observou que os historiadores dos anos 1950-60 entronizaram a produção de um filme como a matriz inicial da história do cinema brasileiro porque precisavam de um embasamento linear, de um ponto de partida cronológico para uma história factual e, em segundo lugar, porque a data de nascimento era palatável e amoldável a vários interesses ideológicos. Os cineastas do Cinema Novo, por exemplo, encontraram uma "tradição" no passado, assim como um "pai fundador" no cinema de Humberto Mauro (segundo Glauber Rocha). Escreveu Bernardet:

A escolha de uma filmagem como marco inaugural do cinema brasileiro, em vez de uma projeção pública, não é ocasional: é uma profissão de fé ideológica. Com tal opção, os historiadores privilegiam a produção, em detrimento da exibição e do contato com o público. Pode se ver aqui uma reação contra o mercado: à ocupação do mercado, respondemos falando das coisas nossas[20].

Bernardet sustenta que o nascimento em 1898 teve evocações em 1988, durante as comemorações dos noventa anos do cinema brasileiro. Um cartão postal produzido pela Cinemateca Brasileira trazia uma câmera de filmagem como símbolo central, enquanto o cartão da Fundação do Cinema Brasileiro destacava a cadeira do diretor como motivo gráfico principal. A maleabilidade ideológica do estatuto da filmagem de Afonso Segreto foi evidenciada mais uma vez no ensaio de Júlio Bressane, classificando-a como pertencente ao quadro da primeira "filmagem experimental"[21]. O filme dos irmãos "Secretto", como grafou o cineasta, inaugurava o "total experimento cinematográfico" com o jogo do navio e o movimento de *travelling* proporcionado pelo barco. Em se tratando somente de ideologia, obviamente que o texto de Bernardet se prestava também a uma finalidade: a demolição de uma ideia, a do nascimento. O ponto de vista ideológico obscurecia a extensa programação dos oitenta anos do cinema brasileiro instituída pela Embrafilme em 1977, na gestão Roberto Farias, que não foi comentada por Bernardet, quando se privilegiou a data fundadora como 31 de julho de 1897, porque era o dia de abertura ao público pagante da sala de Segreto e Cunha Sales (sob o pseudônimo de Robert Smith), o Salão de Novidades. Apesar de o selo da mostra homenagear um diretor com a imagem de uma câmera dentro de uma cabeça, o privilégio dado a uma exibição paga copiava o exemplo historiográfico francês, que colocava na sessão realizada no Salon Indien Grand Café, em 28 de dezembro de 1895, a pedra fundamental de nascimento do cinema produzido na França.

A aceitação da data de 19 de junho de 1898 foi largamente reproduzida em textos acadêmicos e jornalísticos publicados ao longo de vinte anos[22]. Tais repetições, imunes a um período que sofreu várias reinterpretações historiográficas, evidenciam o conforto ideológico proporcionado pelo marco inaugural para a corporação cinematográfica[23], entronizando a filmagem de Afonso Segreto na categoria de destino manifesto à produção desenvolvida pelo "povo brasileiro".

Temos aqui um paradoxo incontornável. Mais de meio século de discussões historiográficas sobre a primeira filmagem não fez aceitar-se o documentário da cena litorânea tomada por José Roberto da Cunha Sales – o mar avançando sobre um trapiche – como um original exemplar nacional de produção, patrimônio histórico brasileiro e, depois do curta de Carlos Adriano, mundial, posto que adquirido para acervo de museu norte-americano. Graças ao diretor de filmes experimentais, hoje podemos ver em movimento o que restou da filmagem feita por Cunha Sales em novembro de 1897. Um século depois, para o curta *Remanescências* (1997), ele copiou os 11 fotogramas arquivados na Cinemateca Brasileira – duas tiras de películas em acetato enviadas pelo Arquivo Nacional, onde o original em nitrato estava guardado, na verdade com 12 fotogramas, que significavam pouco mais de meio segundo de imagem em movimento, se filmadas a 16 quadros por segundo.

O objetivo de Carlos Adriano não era a restauração do fragmento. Imaginamos que os fotogramas, considerados *found footage*, inicialmente foram digitalizados pelo diretor de documentários vanguardistas por um processo de Photoshop. Em seguida, um programa AVID ou um caseiro *software* Première encarregou-se da animação da cena por fusão ou duplicação dos fotogramas, obtendo-se a ilusão visual da intenção de Cunha Sales em 1897 e exibindo, durante um minuto, o mar batendo num trapiche de uma praia desconhecida do Rio de Janeiro, ao estilo de um filme sobrevivente da época, *Rough Sea at Dover* (1895). As cenas do mar avançando para a praia, do mesmo modo que ocorrera com as entradas de trens em estações, são exemplos bem conhecidos do impacto da imagem em movimento sobre os espectadores dos primeiros tempos, que se assustavam ou recuavam durante as exibições ("quase se sente medo de que as ondas do mar, ultrapassando os limites do quadro, invadam o elegante salão", escreveu o jornalista de *A Notícia* em 15 de novembro de 1897, a propósito de um filme estrangeiro). Feito um tratamento sobre a cena de Cunha Sales por outros 17 minutos, com jogos de cor e animação digitais de imagens quaisquer, e temos *Remanescências*, nem uma monumentalização da intenção original de Cunha Sales nem uma homenagem cinéfila, muito menos um documento histórico. É apenas uma imagem manipulável numa banalização pós-moderna.

A aversão geral aos malfeitos do advogado, médico, produtor, exibidor ambulante, químico industrial, contraventor do jogo do bicho com o Panteão Ceroplástico, teatrólogo e autor de vários livros jurídicos sempre fez com que Cunha Sales fosse considerado mais um tipo cômico saído de uma fita de Georges Méliès do que propriamente uma personalidade notável de fim de século. Não que os irmãos Segreto fossem flor que se cheirasse. As fichas corridas de Paschoal e do terceiro irmão Segreto, Caetano, na Polícia Central do Rio de Janeiro eram vastas no campo da contravenção[24]. Segundo Roberto Moura, Paschoal ou Paschoale Segreto nasceu em San Martino di Cilento, Itália, em 1868. Junto com o irmão Caetano ou Gaetano, imigrou para o Brasil em 1883. No Rio de Janeiro tentaram as mais diversas profissões até que Caetano se firmou como jornaleiro e jornalista, fundando o diário da colônia italiana, *Il Bersagliere*. Paschoal dirigiu-se para o mundo das diversões, criando a Empresa Paschoal Segreto, atuando como empresário nos ramos do *vaudeville*, cafés-concertos, casas de chopes, parques de diversões e, por fim, em sociedade com Cunha Sales, no campo da exibição com o Salão de Novidades, importando e produzindo fitas para a sua sala[25].

Outro que se transformou em magnata da exibição, J. R. Staffa (Jacomo Rosario Staffa), afirmava ser descendente de barões. Quando chegou ao Rio de Janeiro vindo da Itália, entre as várias profissões que exerceu constava a de capoeirista, ou seja, integrante de grupos associados às atividades do baixo mundo carioca do início do século. Lima Barreto associou os capoeiristas, que trabalhavam para chefes políticos locais, à repressão, à intimidação e ao espancamento dos eleitores à Intendência carioca. Suspeita-se que a indignação contra José Roberto da Cunha Sales se deva mais ao fato de não ter conseguido se aburguesar, caminho trilhado pelos primeiros exibidores/produtores, permanecendo com os pés na lama finissecular dos pequenos golpes.

Alex Viany já tinha alertado os leitores para a possibilidade de os "inimigos" do cinema brasileiro, uma vasta categoria sempre mutante dos que não comungavam com o credo comunista ou cinemanovista, verem nas exibições de Vittorio Di Maio em Petrópolis uma forma de "cavação", isto é, uma tapeação, um engodo, maculando o nascimento do cinema brasileiro[26]. A história passava a ser comandada menos pela exibição, entronizando-se no seu lugar a cavação, a falcatrua. Cunha Sales fazia essa ameaça rondar novamente o espectro ideológico da construção dos marcos generativos da história do cinema brasileiro. Se atentarmos para o documento depositado no Arquivo Nacional em 27 de novembro de 1897 – o pedido de privilégio industrial para o invento do dr. Cunha Sales –, a hipótese aventada em 1959 por Viany tinha sua razão. Na argumentação para a obtenção da patente nº 08663, o requerente demandava o privilégio da invenção do cinema, descrevendo todo o processo de filmagem e revelação de um filme em 35 mm, que, se fosse levada a sério, criaria um monopólio a que todos deveriam pagar direitos, caso se utilizassem dos mesmos procedimentos. Com conhecimento ou não, Cunha Sales emulava o estilo monopolista das patentes de Thomas Alva Edison no contexto internacional, em luta ferrenha para afastar os concorrentes; é conhecido o fato de o kinetoscópio ter sido copiado na Inglaterra em virtude da falta de uma patente local[27]. A longa descrição das técnicas expostas por Cunha Sales no seu pedido de privilégio coloca com alguma evidência que as câmeras filmadoras/projetoras Lumière deveriam vir acompanhadas de prospectos que as fizessem funcionar convenientemente no exterior, permitindo o sucesso do experimento de Cunha Sales no Rio de Janeiro.

O pedido de privilégio requerido por Cunha Sales para a "invenção" da "fotografia viva" depositava fé na ciência aplicada e, em segundo lugar, no poder protetor do Estado, sendo provavelmente a primeira vez que o cinema brasileiro recorria a ele em busca de auxílio e propondo uma associação que só aumentaria com o correr dos anos. Pedidos de privilégios eram ações de proteção comercial correntes. Paschoal, Caetano e Afonso Segreto também eram inventores, entrando com pedidos de privilégio de exploração de ingressos mecânicos, cofres de segurança e outros badulaques, como ficou registrado no Arquivo Nacional. Fica a pergunta: o que teria acontecido se Cunha Sales resolvesse criar uma questão judicial contra os usuários de sua invenção? Ele evitou a chicana jurídica, porém, felizmente, agregou ao seu pedido os 12 fotogramas da filmagem carioca, como prova do "funcionamento" da "sua" invenção do cinema.

O rompimento de Cunha Sales com o exibidor Paschoal Segreto na exploração do Salão de Novidades fez, provavelmente, com que ele adquirisse um legítimo projetor Lumière, que começava a ser posto à venda pelos industriais lioneses, rompendo com a prática comercial anterior dos agentes próprios. Com o aparelho Lumière, ele tanto "inventou" o cinema quanto passou a atuar como exibidor ambulante, iniciando uma excursão por Petrópolis (dezembro de 1897), Rio de Janeiro (Teatro Lucinda em janeiro de 1898), até São Paulo, apresentando-se no Teatro Apolo de 13 a 17 de fevereiro de 1898 com a sua Grande Companhia de Novidades Excêntricas. Pelas notícias de exibições de Cunha Sales, notamos que seu estoque de filmes era, pela primeira vez entre os ambulantes, quase todos de produção Lumière, o que nos garante que filmes e projetor eram de fabricação dos industriais de Lyon.

O exemplo de Cunha Sales motivou Paschoal Segreto a trazer um dos irmãos, Afonso, para se encarregar das antigas atividades do ex-sócio, desembarcando no Rio de Janeiro em dezembro de 1897 com uma quantidade desconhecida de fitas de fabricantes europeus, além do animatógrafo Super-Lumière (a máquina anterior, estreada em julho no Salão de Novidades, pelo visto pertencia a Cunha Sales). Afonso ou Alfonso Segreto nasceu em 1875. Por imposição de Paschoal, teria realizado um estágio na Pathé Frères, aprendizado que lhe permitiu a filmagem da entrada da baía em 1898, segundo Roberto Moura[28]. Ele se encarregou das filmagens de assuntos locais para o Salão de Novidades, tendo um currículo de cerca de sessenta filmes até 1901. Foi também o técnico do laboratório de revelação e copiagem. Com o fim das atividades de produção, Paschoal dirigiu as habilidades do irmão para outras direções, como promover pelo país a circulação do Panteão Ceroplástico, que provavelmente havia recebido de Cunha Sales na separação comercial. Mais tarde, fez parte da direção da Empresa Paschoal Segreto, especialmente após a morte do principal dirigente.

Com esse quadro em vista, destaque-se a completa ausência dos fabricantes metropolitanos no Brasil. Isso criou a oportunidade para que os exibidores também se transformassem em produtores. O mercado periférico latino-americano tinha sido desdenhado pelas grandes marcas europeias e norte-americanas. Portanto, a corrida à produção que se estabeleceu no Rio de Janeiro entre o final de 1897 e meados de 1898 revelava uma segunda oportunidade comercial, na qual Cunha Sales fracassou com o seu golpe monopolista. Por outro lado, Paschoal Segreto, com mais recursos, movimentava a família para se converter no primeiro exibidor/produtor de sucesso na antiga capital federal, com o desenvolvimento dos negócios também de distribuidor/vendedor de cópias. Antes que as grandes produtoras norte-americanas se instalassem no país, foram os exibidores/produtores os controladores do mercado interno. Esse domínio era relativo em dois pontos. Primeiro, porque ele era centrado no Rio de Janeiro, espraiando-se às casas dominadas por Segreto em Petrópolis, Niterói e Campos (a partir de 1901 também em São Paulo). Assim, mantendo-se a ideia ultrapassada dos "ciclos regionais" (cidades em houve uma produção local, como Recife, Cataguazes, Campinas e outras), o Rio de Janeiro constituiu o "primeiro ciclo", com a extensa produção do Salão de Novidades. Contudo, a dependência principal que tornava esse domínio relativo encontrava-se na matéria-prima estrangeira para a movimentação do comércio exibidor, produção das filmagens, trabalhos de laboratório e copiagem. Portanto, depois de 1915, com a chegada da Paramount (Películas D'Luxo), Fox e Universal, o mercado exibidor perdeu a sua liberdade de manobra com a importação direta, momento em que passamos de mercado aberto a todas as nações para nos constituirmos como uma província da produção norte-americana.

A INDEPENDÊNCIA RELATIVA: PARTE I

O período de semi-independência em relação ao domínio estrangeiro pode ser dividido em duas etapas: aquele em que pontificaram os exibidores ambulantes (1894-1907) e um segundo momento em que os exibidores se transformaram em grandes empresários (1911-1915).

A circulação dos ambulantes por cidades detalhadamente mapeadas como São Paulo, Rio de Janeiro e Porto Alegre não se deu da mesma maneira. Procedimentos de exibições de passagem conviveram com a sedentarização das casas exibidoras. Figner foi o pioneiro em 1894. O Rio ganhou uma sala fixa, o Salão de Novidades Paris no Rio, que funcionou entre 1897 e 1905, ainda que o seu auge tenha se dado nos três primeiros anos; em São Paulo, a Pauliceia Fantástica manteve-se aberta pelo curto período de 1902 a 1904, porém sob duas direções e sem o brilho da casa de Paschoal Segreto; já no Rio Grande do Sul, os teatros foram o destino natural dos ambulantes, abrindo-se um cinema(tógrafo) somente em 1908.

Os paulistas, da mesma forma que outros habitantes das cidades brasileiras importantes do começo do século, tomavam contato com o cinema graças às irregulares excursões dos ambulantes, que se utilizavam dos teatros para as suas apresentações. Entre eles, podemos citar a Empresa Candburg, a Star Company, o italiano Nicola Parente, o português N. Fernandes e o argentino Enrique Sastre, que circulavam entre as cidades de norte a sul do país (e vice-versa), começando em Manaus e terminando em Buenos Aires, passando por São Paulo ou pelo Rio de Janeiro. Algumas apresentações permaneciam em cartaz por um mês ou mais, outras eram curtas, em fins de semana, outras nem chegavam a acontecer, como a de Sastre, cujas exibições foram suspensas no Teatro Sant'Ana, em maio de 1901, devido a uma pane no sistema de geração de energia da sua aparelhagem, depois de uma exitosa passagem por Porto Alegre. Havia também aqueles que, depois de circularem por algumas cidades, tentavam se fixar no espaço urbano. Tal foi o caso de Vittorio Di Maio. Nas três vezes que passou por São Paulo, abriu e fechou dois salões alugados, o São Paulo em Paris e o São Paulo em Nova York, nomes que provavelmente faziam jus à procedência dos projetores usados[29]. O prestidigitador em fim de carreira Faure Nicolay abriu a linhagem dos praticantes da magia branca, embora se desconfie que não possuísse um equipamento apropriado para a realização de projeções, trabalhando com uma lanterna mágica (silforama). Um nome reconhecido internacionalmente foi Cesare Watry. Ele era o proprietário e principal atração da The World's Famous International Illusionist Co., que se apresentou no Teatro Sant'Ana em maio de 1902. Os estoques de filmes dessa variada gama de empresários eram pequenos, cerca de 15 títulos em geral, o suficiente para a organização de um programa de uma hora, em que a troca dos rolos se transformava numa atração à parte.

Por volta de 1904-1905, a Pathé Frères começou o processo de produção em massa de suas películas, inundando os mercados com um número cada vez maior de cópias de títulos inéditos por semana. A Pathé tinha sido fundada em 1897, explorando fonógrafos e discos, dos quais extraiu lucros por vários anos. A entrada no campo cinematográfico foi lenta, com um trabalho artesanal até 1903. Com a implantação de novos estúdios, inovações no processo de coloração das películas (o Pathécolor), uma produção rápida e com alto número de cópias, a empresa francesa passou a multinacional quando dominou os mercados europeu e norte-americano. O mercado exibidor norte-americano estava em fase acelerada de crescimento com os *nickelodeons*, salas de fachada para a rua e de pouco custo, o que os distinguia dos outros espaços de diversões: teatros de *vaudeville*, cinemas de feira ou as galerias com diversões mecânicas (*penny arcades*). A Pathé francesa foi ainda uma espécie de *holding*, controlando outras empresas em diversos cantos do mundo, cuja produção era distribuída a partir de Paris (produções americana, russa ou japonesa, para citarmos algumas), com peculiaridades próprias (os *westerns* americanos, os exóticos japoneses). A empresa do *chantecler*, o galinho francês do logotipo, também inovou quanto à transformação do filme em "obra de arte", com a subsidiária Société Cinématographique des Auteurs et Gens de Lettres (SCAGL), cujo sucesso retumbante foi *O assassinato do duque de Guise* (1908).

O primeiro exibidor ambulante que anunciou a nova era da produção em massa de fitas, cujas atrações às vezes se deviam à extensão, ao colorido ou à sonorização por discos (*the big atraction*: o cinematógrafo falante), foi Édouard Hervet. O ambulante foi um nome importante na América Central, por onde começou a sua excursão latino-americana, sendo pioneiro em pelo menos dois países, Porto Rico e Venezuela. Para suas exibições em São Paulo nas temporadas de março, abril e junho de 1905 no Teatro Sant'Ana, ele trouxe quase duzentos filmes. Uma catalogação sumária revelou que uma boa quantidade do total provinha da Pathé Frères. Essa abundância apontou para a possibilidade de um novo padrão a ser dado aos espetáculos cinematográficos, que agora podiam ser divididos em duas ou três partes, cada uma delas com uma *ouverture* feita pela orquestra e uma "grande atração" ao fim de cada sessão. A qualidade dos equipamentos Pathé quanto à projeção e geração de energia, com os motores Aster, embasava a boa recepção das películas, com interrupções menos flagrantes e "flickagem" (cintilação) menores.

Ainda no ano de 1905, a casa de aparelhos ópticos e fotográficos Marc Ferrez e Filhos, no Rio de Janeiro, começou a comercializar projetores, aparelhos geradores de energia e cópias de filmes (o sistema de locação a preço fixo viria mais tarde). A família Ferrez estava no Brasil desde 1817. O patriarca Zépherin Ferrez tinha participado da Missão Artística Francesa na qualidade de escultor e gravador[30]. O filho Marc Ferrez dedicou-se à fotografia, tornando-se um grande fotógrafo, por sinal, com estabelecimento próprio desde 1867, passando à comercialização de produtos fotográficos em 1895, com a Casa Marc Ferrez. Em 1905, teria conseguido um contrato de exclusividade com a Pathé Frères para a comercialização dos seus produtos no país. Tal fato não pode ser provado cabalmente por William Nunes Condé devido às lacunas constantes dos arquivos da família Ferrez depositados no Arquivo Nacional[31]. Entretanto, Marc Ferrez e os filhos Júlio e Luciano, além de importadores, certamente entraram no ramo da exibição, associando-se a Arnaldo Gomes de Souza num cineminha do Passeio Público.

Apesar de as condições objetivas para o estabelecimento de salas fixas se completarem por volta de 1905-1906, o fenômeno da ampliação da sedentarização não ocorreu de imediato. Somente em 1907 é que Marc Ferrez, ainda em sociedade com Arnaldo, abriria o Cinematógrafo Pathé na avenida Rio Branco, 147-149, cujo logotipo era o *chantecler*. São Paulo teria que aguardar a chegada de Francisco Serrador com seu sócio Antonio Gadotti, exibidores que tinham iniciado suas carreiras em Curitiba, com o Cinematógrafo Richebourg. Deslocaram-se antes pelo interior dos estados do Paraná e de São Paulo com um estoque de filmes que atingia cerca de quatrocentas cópias, sendo pelo menos 250 delas inéditas na capital paulista. Em 3 de agosto de 1907, o Richebourg abriu a série de apresentações no Teatro Sant'Ana. Três meses depois, em 16 de novembro de 1907, Serrador e Gadotti se fixavam na cidade com o Bijou Theatre, no endereço do antigo Éden Theatre da rua São João, vizinho do polêmico barracão do Teatro Polytheama.

Segundo a *Enciclopédia do cinema brasileiro*, Francisco Serrador Carbonell nasceu em 1878 (outras datas possíveis são 1872, 1873 ou 1876) e imigrou para o Brasil em 1887[32]. Vicissitudes diversas fizeram com que enfrentasse profissões árduas (operário braçal e vendedor ambulante), circulando por algumas cidades como Santos, Paranaguá e Curitiba. Na capital do Paraná conseguiu se aprumar, iniciando um negócio com quiosques de vendas de bebidas e comidas rápidas na praça Tiradentes, em 1897, em sociedade com outros espanhóis imigrados como Rafael Aguilar e José Greca. Os negócios foram lucrativos, porque, quando foi obrigado a vendê-los, declarou a posse de três quiosques. Chegou a possuir também uma casa de frutas no largo do Mercado em 1904 (provavelmente dirigida pela mulher, Filomena, com quem se casara naquele ano). Na virada do século, já era um membro proeminente da colônia espanhola na cidade, pertencendo à diretoria da Sociedade Espanhola de Beneficência Cervantes, cuja presidência assumiu em 1904. Outro título honorífico veio em 1906, quando recebeu a patente de capitão da Guarda Nacional. Em 1901, sob a gerência do também capitão Antonio Gadotti, abriu o Frontão Curitibano para a prática da pelota basca, além de gerenciar circos de touros. Quatro anos depois, na rua Aquidabã, inaugurou o Coliseu Curitibano, com um pequeno zoológico, rinque de patinação, tiro ao alvo, café, restaurante, carrossel, cosmorama e outras diversões. No ano seguinte, foi a vez da inclusão de um cinematógrafo, o Richebourg, nome de fantasia para um projetor possivelmente Pathé Frères. O empreendimento deve ter sido um sucesso, pois ganhou uma filial no Teatro Guaíra em 1907, repetindo-se o nome de Cinematógrafo Richebourg. Serrador continuou a cuidar dos negócios em Curitiba, enquanto Gadotti passou a ambulante, excursionando com um dos aparelhos nomeados de Richebourg. Em abril estava em Santos, em julho, em Campinas, em agosto chegou a São Paulo, instalando-se em novembro no antigo Éden Theatre. Serrador então despediu-se dos curitibanos em 12 de novembro de 1907.

A INDEPENDÊNCIA RELATIVA: PARTE II

Analisando a documentação da empresa Marc Ferrez, Condé verificou que a compra de equipamentos da Pathé Frères em 1905 custou menos de dois contos de réis, incluindo um pequeno estoque de trezentos metros de filmes[33]. A assertiva reforça a informação dada anteriormente por Alice Gonzaga, estimando a abertura de um cinema com o investimento de cerca de cinco a dez contos de réis, chegando a trinta contos para locais mais valorizados[34]. O custo maior, como notou Condé, estava na manutenção de um fluxo constante de cópias inéditas, posto que o projetor se amortizava no funcionamento da casa exibidora, enquanto o emprego de capital na compra de filmes era crescente, conforme aumentava o número de trocas de programas e as metragens das películas passavam de rolos de vinte a quarenta metros para narrativas mais extensas de um ou dois rolos de 150 a trezentos metros. Marc Ferrez tinha um contrato de exclusividade com a Pathé, no qual uma das cláusulas o impedia de passar à exibição sem o consentimento da multinacional, restrição desprezada quando da abertura do Cinematógrafo Pathé. Seis meses depois da inauguração do Bijou, a Empresa F. Serrador estabeleceu um contrato de exclusividade com a Casa Marc Ferrez, distribuindo os filmes e aparelhos nos estados de São Paulo e Paraná. Com certo insucesso, Serrador buscou a abertura de outras salas na capital paulista. Durante o ano de 1908 fez tentativas com três cinemas, das quais somente o arrendamento do Teatro Colombo foi lucrativo e, mesmo assim, dividindo os filmes com outros espetáculos (de teatro e de variedades). O estímulo aos exibidores interioranos foi um projeto de alcance maior.

A percepção de que o controle da importação das cópias era o coração do mercado exibidor/distribuidor fez com que cada novo empresário se lançasse nessa via. Staffa, no Rio, proprietário do Grande Cinematógrafo Parisiense, fez fortuna com os direitos da dinamarquesa Nordisk, comprados em 1910. Até Paschoal Segreto, que tinha se desinteressado do mercado exibidor, alardeava a representação da produtora italiana Cines, perdida também em 1910 para o importador/distribuidor Alberto Sestini, que se tornou poucos anos depois proprietário da Agência Geral Cinematográfica em São Paulo. Embora vários exibidores anunciassem "exclusividades" na compra e venda de filmes estrangeiros, a falta de uma documentação sólida ainda impede que tenhamos um mapa correto sobre a propriedade de exibição e distribuição das dezenas de "fábricas" (produtoras) em circulação no mercado interno. Eram frequentes as disputas pela imprensa, com cada exibidor anunciando direitos a respeito desta ou daquela marca estrangeira. As norte-americanas Biograph e Vitagraph podiam ser propagandeadas por Serrador ou Angelino Stamile. O próprio Serrador sofria a concorrência do cinema Íris em São Paulo, que anunciava a venda de cópias de filmes e aparelhos Pathé. No Rio de Janeiro, em 1910, Marc Ferrez também enfrentou a concorrência da Empresa Cinematográfica Internacional (de Angelino Stamile), que distribuía igualmente filmes da Pathé, Cines e Ambrosio. Paschoal Segreto, em balanço publicado em 1910 sobre o ano anterior, informou que a Seção Cinematográfica da Empresa comprara da Pathé (representada por Marc Ferrez) 205 filmes pelo valor de 54 contos de réis, embora explicitasse o pagamento de apenas dez contos para o distribuidor. De onde teriam vindo os outros 44 contos em filmes? Do mercado livre em Londres?

No início da década de 1910, o número de cópias usadas em circulação devia alcançar tal monta que distribuidores anunciavam catálogos com 10 mil filmes de procedência variada em estoque. Veja-se o caso em São Paulo de A Competidora, distribuidora de J. Monteiro e Cia., que alugava programas de 12 filmes (cerca de 3 mil metros) por 20 mil réis (mais em conta que os mil metros oferecidos por um obscuro vendedor carioca ao custo de 10 mil réis). Em 1905, segundo Condé, Marc Ferrez oferecia quase a mesma quantidade de títulos, numa época em que as películas tinham a extensão de vinte a quarenta metros, ou seja, cerca de trezentos metros no total, com 8 a 12 filmes por 750 mil réis. A solução para o escoamento da abundante importação foi a fidelização de certo número de cinemas pelos maiores exibidores, porém a instabilidade na manutenção de uma sala aberta dotava esses circuitos primitivos de alta volatilidade. Sabemos que Serrador optou por comprar os grandes cinemas de São Paulo, começando pelo Radium e depois se associando ao Íris, todos eles concentrados na área mais importante da cidade, o Triângulo, centro da vida comercial e residência dos mais abonados. Staffa, por sua vez, ampliou os seus negócios para além do Rio de Janeiro, onde era proprietário do Grande Cinematógrafo Parisiense, organizando em São Paulo um circuito de cinemas de bairro, depois de adquirir o Royal Theatre, no bairro de Santa Cecília. Todas eram casas menos exigentes, com ingressos mais baratos, estratégia que caminhava em sentido contrário à de Serrador. O exibidor ítalo-carioca detinha uma sala para a exibição garantida da sua importação, contando com uma rede secundária para a obtenção de lucro extra. Mas aqui estamos especulando, pois faltam estudos a respeito dessas transações.

O desenvolvimento do mercado exibidor, entretanto, atraiu a atenção de outros investidores. O faro comercial de Serrador sentiu e capturou esse capital ávido por aplicações lucrativas. Em meados de 1911, F. Serrador e Cia. associou-se ao concorrente Íris e à Companhia Antarctica Paulista, para formar a Cia. Cinematográfica Brasileira (CCB), uma sociedade anônima com capital de 2 mil contos de réis (no ano seguinte, o capital foi dobrado por meio de empréstimo bancário e uso de reservas). A alta lucratividade proporcionada pela exibição lançou Serrador no caminho dos investimentos no Rio de Janeiro, em Belo Horizonte e na Zona da Mata mineira, organizando sob o seu comando a área de exibição mais lucrativa do país, porque era servida da melhor rede de transportes e atingia as cidades mais populosas. O mesmo processo paulista de aquisições aplicado no Rio de Janeiro com a compra dos maiores cinemas, e a entrada no Cinematógrafo Pathé de Arnaldo e Cia. (sociedade de Marc Ferrez e Arnaldo Gomes de Souza), trouxe também para a CCB o controle da representação da Pathé Frères, transformando a sociedade na única detentora dos direitos sobre a empresa francesa no Brasil em abril de 1912.

A CCB tinha sucursais nas maiores capitais de estados (Porto Alegre, Curitiba, São Paulo, Rio de Janeiro, Belo Horizonte, Salvador e Recife), servindo a um circuito de mil cinemas espalhados pelo litoral e interior do país. Seu sistema de locação era a preço fixo, o que parece ter sido a norma dos anos 1910-1920. Um caso à parte talvez fosse a região da bacia amazônica entre São Luís e Manaus, cujo controle situava-se na capital amazonense, pois o porto manauara estava ligado diretamente à Europa. Contudo, faltam estudos a respeito dessa distribuição independente do sistema instalado a partir do Rio de Janeiro e de São Paulo.

As disputas pelo mercado entre os maiores importadores/exibidores, a CCB, a Cia. Internacional Cinematográfica e a Agência Geral Cinematográfica, de Jules Blum e Sestini, seguiram até a Primeira Guerra Mundial. Durante o desenrolar do conflito, os estúdios europeus entraram em colapso, com a convocação militar da mão de obra masculina (técnicos, artistas e diretores de cena) e a desarticulação dos mercados. Estando os maiores países produtores em luta (França, Itália e Alemanha), além de a Dinamarca enfrentar dificuldades de escoamento da sua produção devido ao bloqueio marítimo inglês, os neutros Estados Unidos procuraram mercados novos, dedicando atenção aos latino-americanos pela primeira vez.

De acordo com a revista *Cinearte*[35], dois empregados da William Fox Film Co. foram enviados ao Rio de Janeiro em fins de 1915 para estudos sobre o mercado brasileiro: William Alexander foi mandado pelo escritório londrino e, do segundo, J. P. Ryan, sabe-se que estava na gerência da filial cubana em 1931. Mas a primeira empresa norte-americana a inaugurar uma agência no Rio de Janeiro foi a Universal Film Co., sob a direção de Alexander Keene von Koenig, em junho de 1915, e tendo como subgerente Angelino Stamile, antigo importador da Biograph, proprietário do Cinema Ouvidor e acerbo opositor da CCB desde 1912. Em março de 1916, John L. Day Jr. abriu o escritório da Agência Fox do Brasil. A Películas D'Luxo da América do Sul (Famous Players, Lasky Film e Paramount) foi constituída em Nova York e representada no Brasil pelo mesmo Alex Keene em julho de 1916. Uma questão judicial obrigou a intervenção de John L. Day Jr., substituindo o antigo gerente na direção da futura *major* no Rio de Janeiro em abril de 1918. Cada uma dessas distribuidoras tinha, no Rio, um cinema lançador: o Avenida para a Paramount, o Íris para a Universal e o Palais para a Fox. Somente a Paramount, na década de 1920, interessou-se em possuir um cinema próprio. Já a Metro-Goldwyn-Mayer, na década seguinte, fez investimentos maiores no mercado exibidor.

A entrada da Universal aliviou a demanda por novos filmes, introduzindo também uma novidade: os filmes de cinco ou mais partes, os primeiros longas-metragens de alto custo, que exigiam um aluguel diferenciado, causando o desgosto dos pequenos exibidores. Uma segunda consequência dos longas-metragens foi a permanência de filmes por mais tempo em cartaz: passou a uma semana, dependendo do sucesso, em vez da prática corrente de troca diária ou a cada dois ou três dias, velocidade que se impusera desde a fixação das salas no panorama urbano.

Os "filmes-extras", denominação ditada pelos distribuidores norte-americanos, demandavam um programa ampliado de divulgação, que não se restringia às fotos e cartazes: o assunto do filme muitas vezes ocupava inteiramente a fachada do cinema, fazendo da propaganda um tema à parte na história da exibição.

A alteração do sistema de exibição trazida pelos norte-americanos raramente foi explicitada num periódico corporativo do quilate de *Cinearte*. Quase nada se fala sobre as famosas práticas de venda em bloco de um lote de filmes (*block booking*), a obediência a uma programação fechada (*blind bidding*) ou outras práticas a que se sujeitassem os exibidores nacionais – acusações que os críticos comunistas dos anos 1950 lançariam sobre as *majors* imperialistas. Sabe-se apenas que a revista exultava com a permanência maior dos filmes em cartaz em função da necessidade de amortização do aluguel, superando o sistema de exibição da Argentina, ainda apegado às trocas diárias das películas. Na inauguração do Paramount, em 1929, *Alta traição* (1928) permaneceu 16 dias em cartaz, motivo de orgulho para a *Cinearte*. De qualquer forma, apesar do conhecimento ainda incompleto da passagem dos anos 1915-1925, após a entrada das agências de distribuição norte-americanas, os exibidores tiveram gastos constantes e crescentes com o aluguel das cópias. Alice Gonzaga, ao analisar a contabilidade do cinema Íris carioca entre 1914 e 1921, anotou que os custos de locação simplesmente decuplicaram no período[36]. Os economistas pediriam outras escalas de comparação (desvalorização do mil réis, inflação do período, bloqueio marítimo devido à Primeira Guerra etc.), porém fica a informação para outras pesquisas.

Enfim, a entrada dos norte-americanos alterou drasticamente o mercado exibidor também por criar a figura independente do distribuidor, deixando para poucos a figura mista do importador/exibidor/distribuidor e confirmando uma tendência que havia sido aberta com a Agência Geral Cinematográfica de Alberto Sestini. Serrador continuou a trilhar o caminho antigo, trazendo os filmes da First National para exploração nos cinemas sob seu controle. Os mercados livres de Nova York ou Londres eram vastos e, possivelmente, pechinchas de pequenas produtoras continuavam a circular, atraindo compradores. Contudo, a alteração provocada pelos filmes "cabeça de lote", demandando novas formas de apresentação, custos mais elevados e melhores cinemas, pesou na modificação dos mercados exibidores carioca e paulistano, que ditavam as perspectivas para o resto do país. Como notou Alice Gonzaga, custos maiores exigiam a plena ocupação dos cinemas, que não podiam mais se dar ao luxo de, no verão, funcionarem com meia casa[37]. A década de 1920 veria um novo cinema se espalhar pelos maiores centros, os "palácios", numa cópia tardia e incompleta dos *movie palaces* norte-americanos. Essa realidade, que se impôs quase na virada para o cinema sonoro, força-nos a pensar: afinal, o que era um cinema?

O CINEMATÓGRAFO ANTES DO PALÁCIO

Fizemos notar linhas acima que os exibidores ambulantes em excursão pelo Brasil se utilizavam dos teatros nas apresentações dos seus espetáculos. Os teatros não só eram as melhores casas, em termos de equipamentos e recursos, como também já tinham uma tradição urbana na captação de público e na variação de preços de ingresso, o que pressupunha um escalonamento classista da sociedade. Os melhores e mais caros lugares eram os camarotes, seguidos pelos balcões, a plateia (também dividida em cadeiras de primeira e segunda categorias) e, enfim, as galerias – o popular poleiro –, espaço a que o grosso da população tinha acesso.

No momento da fixação dos cinematógrafos no espaço urbano, a distinção classista se manteve, porém em escala menor. Os prédios adaptados para cinemas eram pouco apropriados às separações agudas de lugares, mantendo-se, quando muito, poltronas ou cadeiras de primeira classe, melhores que as cadeiras de segunda ou os bancos das gerais. O Bijou Theatre (1907) de Francisco Serrador fazia essa diferenciação, e podemos seguir o fenômeno no Odeon (1910) de Porto Alegre (poltronas para a primeira e cadeiras de palhinha para a segunda) ou no Ideal (1915) do Recife, um caso radical de separação entre as classes sociais, posto que o acesso ao cinema se fazia por uma segregação que determinava portas distintas para aqueles calçados com sapato e para aqueles de pé no chão[38]. Porém, o Ideal é um caso raro no panorama exibidor. Em geral, o cinematógrafo democratizava o espetáculo cinematográfico, com preços diferentes apenas para adultos e crianças, já que o objetivo era encher a casa. Segundo as recordações de Pedro Nava, somente a "gente besta do bairro" frequentava a primeira classe do cinema Velo no Rio de Janeiro[39].

Durante a febre de construções de novos cinemas em São Paulo, depois de 1909, o modelo teatral voltou a se impor, com a disposição arquitetônica da construção em ferradura e as gradações classistas, mesmo que esses cinematógrafos fossem construídos nos bairros, às vezes distantes do centro da cidade, e em terrenos de dimensões inexequíveis para um programa arquitetônico com essas características (em 1912, na distante Vila Mariana em São Paulo, o cinema de Antonio Gagliardi foi projetado com balcões). Nos barracões de madeira e zinco, geralmente vigorava a plateia, com espectadores espremidos em cadeiras de madeira e espaços de passagem reduzidos. As acomodações espartanas ocorriam por todo lado, fazendo-se ouvir reclamações da revista *Cinearte* ou do escritor Mário de Andrade contra as "infames cadeiras" do Royal, cinema cabeça de linha do circuito de Staffa em São Paulo.

Os novos empreendedores se aproveitavam de qualquer tipo de terreno nos bairros mais populosos, e são conhecidos vários casos de localizações nos fundos do lote, com passagens minúsculas para a rua; cinemas com frentes de cinco a oito metros; plantas que às vezes beiravam o absurdo, como um cinema no bairro paulistano de Pinheiros que se utilizava de um terreno irregular, assimilando a curvatura da área na edificação. Essas construções inadequadas se expandiam, diante do pequeno capital empregado, em função do saber dos mestres de obras que comandavam a construção, da falta de uma legislação adequada, mas também devido aos maus exemplos localizados na área nobre paulistana, o Triângulo: o barracão do Teatro Polytheama era edificado no interior do lote, o Íris funcionava no térreo de um prédio com uma fachada de cinco metros e o Bijou era outro barracão de madeira e zinco. Note-se que os dois últimos eram salas lançadoras de novidades.

O aproveitamento de terrenos estreitos, somado ao baixo pé-direito das salas, também facilitou o emprego da retroprojeção (projeção por transparência, com o aparelho projetor situado no palco atrás da tela). Comparando as cidades brasileiras estudadas, pode-se dizer que, em São Paulo, esse foi um processo de uso extenso, ao passo que se desconhece a sua intensidade em Porto Alegre. No Recife, como em São Paulo, a prática da retroprojeção esteve presente até a década de 1920, com os cinemas São José ou Universal. Na capital paulista, a retroprojeção ainda foi incentivada pelos engenheiros da Prefeitura, que viam na cabine de projeção o local mais perigoso do cinema em razão da possibilidade de explosão das películas de nitrato de celulose. O variado uso da madeira nas construções e a "bomba-relógio" representada pela película tornavam desejável a exclusão da cabine do corpo do cinema e, portanto, a retroprojeção ganhou espaço privilegiado. Depois da Primeira Guerra Mundial, o emprego intensivo do concreto armado mudou essa realidade.

O medo da administração paulistana em relação aos incêndios nos cinemas se devia ao pavor original decorrente da destruição do Bazar da Caridade em Paris, em 1897. A explosão da cabine de projeção, o incêndio e o pânico que se sucedeu tinham matado mais de uma centena de pessoas. Em São Paulo, também ocorreram desastres, contudo em menor número e letalidade. Tal foi o caso do Teatro Polytheama no final do ano de 1914. Durante a exibição de *Cabiria* (1914) no Pathé Palace em 1916, um operário morreu em decorrência do pânico que se estabeleceu entre o público após a explosão da fita na cabina do projecionista. No Rio, o incêndio do Cinema Brasileiro, que tirou a vida de um dentista morador de um dos andares mais altos do prédio, em 1912, motivou uma acerba campanha contra as condições insalubres dos cinemas na imprensa, cujo resultado foi pífio. Outras campanhas dos jornais contra essas condições dos cinemas, que se caracterizavam como acanhados e pouco ventilados, também tiveram pouco efeito sobre a administração pública, já que, pelo menos em São Paulo, a higiene era um assunto cujo controle havia sido deixado para o Estado. O público emitia reclamações contra circos, contra um cinema do bairro da Lapa, e todos funcionavam com condições de higiene inadequadas, transformando o entorno desses espaços em calamitosos "banheiros públicos".

Podemos reconhecer nos cinemas brasileiros outras práticas descritas pela historiografia internacional. O cinema mudo nunca foi mudo, como se costuma comumente proclamar, pois em 1895 Kij apresentava-se com o fonógrafo ao lado do kinetoscópio, numa confeitaria em que a conversação entre os clientes e o sexteto musical deveriam tornar o ambiente bem barulhento aos primeiros apreciadores do bailado de *Carmencita*. As excursões de Édouard Hervet em 1904-1905 trouxeram para o cotidiano dos teatros o "cinema falante", ou seja, a projeção acompanhada por discos, com Mercadier interpretando *Bonsoir Madame la lune* numa película Pathé Frères. Paschoal Segreto, em 1907, apresentou uma viagem à volta do mundo por estrada de ferro no Pavilhão Internacional, em que o espectador era convidado a embarcar num vagão que proporcionava todos os sons e sacolejos próprios de uma ferrovia enquanto se assistia às cenas de países estrangeiros. O anunciador de porta de entrada do cinema (*barker*, nos Estados Unidos, ou *aboyeur*, na França) foi descrito uma ou outra vez pelos memorialistas paulistanos, enquanto os aparelhos sonoros chamativos, como o *panopticon* trazido por Vittorio Di Maio em 1900 para o Salão Paris em São Paulo, se portavam como uma orquestra mecânica substitutiva de um verdadeiro conjunto de músicos profissionais. *O assassinato do duque de Guise* foi exibido no Teatro Lírico por William e Cia. e Arnaldo Gomes de Souza em 1909 com uma orquestra de 25 "professores" (em Paris, a partitura de Camille Saint-Saëns exigiu um pouco mais: o coro e a orquestra tinham 130 membros). Os espectadores manifestavam-se de diversas maneiras durante as projeções, porque o local de exibição poderia ser um bar, uma confeitaria ou um restaurante, surgindo altercações entre eles. Em 1897, a exibição do retrato do marechal Floriano Peixoto, lançado na tela pela lanterna mágica de Faure Nicolay, provocou disputas políticas favoráveis e contrárias entre o público são-carlense. A enorme afluência de crianças deveria transformar as matinês em sessões caóticas (ver os apupos da molecada contra a pianista do Colombo, cinema suburbano carioca)[40]. Em 1911, um *chronophone* Gaumont ainda funcionava no Odeon da avenida Rio Branco, permitindo a audição da ária "Canção do toreador", da ópera *Carmen*. Zélia Gattai, frequentadora do América da rua da Consolação, lia os letreiros para a empregada analfabeta[41], e é possível que a prática fosse mais comum do que podemos imaginar. Segundo Solange Stecz, o ambulante José Filippi utilizava-se de uma corneta para anunciar as cenas que ele exibiria, durante a sua passagem por Curitiba em 1903[42]. O narrador de películas (*bonimenteur*) parece ter sido muito raro. Quanto a esse tipo de narrador, extensamente estudado por Germain Lacasse em países e regiões como o Canadá francês, a Holanda e o Japão (*benshi/katsuben*), em São Paulo conhece-se um único caso descrito por Menotti Del Picchia por volta de 1905, e é só[43]. O acompanhamento sonoro mínimo, um piano, estava presente na maioria dos cinemas. Uma sala mais chique poderia contar com um grupo pequeno de músicos, um quarteto ou um sexteto, mas, se fosse realmente uma casa importante, uma orquestra se fazia presente. Havia ainda a utilização de música mecânica fornecida por fonógrafos, pianolas elétricas, aparelhos Victor Talking Machine, nem que fosse para animar a sala de espera. Outra forma de sonorização em combinação com a música ou na sua ausência era produzida pelo contrarregra. Ele se encarregava do ribombar do trovão, dos açoites do vento, dos apitos das locomotivas e do bimbalhar dos sinos, por exemplo, como Annibal Requião fazia nos filmes religiosos exibidos no Smart de Curitiba. Ou o contrarregra podia se valer de outras artes, quando não havia uma máquina específica para a imitação dos diferentes sons ambientes requeridos pela narrativa. Carlos Eduardo Pereira, citando Jota Efegê, referiu-se ao contrarregra César Nunes, do Rio Branco, extremamente habilidoso na imitação de múltiplos e variados sons, sendo chamado de "fonógrafo humano"[44].

Portanto, o silêncio dentro de um cinema ou de uma sala de exibições improvisada era algo incomum, provavelmente inexistente, já que os sons mais diversos eram propagados pelo entorno da sala (barulhos da rua, gritos de vendedores ambulantes, passagens de carros), pelo público (leituras de letreiros, conversas, comentários, aplausos), músicos, discos, contrarregras especializados em efeitos sonoros de acompanhamento, aparelhos mecânicos, barulho do projetor, sirenas de aviso para o início da função ou campainhas para a troca de rolos. Esse contexto tornava uma sessão de cinema tudo, menos silenciosa[45].

Já a prática de cobrir a fachada de anúncios teve um uso intensivo e amplo entre os exibidores, assim como a distribuição de programas impressos contendo a descrição dos filmes com narrativas cada vez mais complexas.

O controle efetivo da administração pública sobre os cinemas só ocorreu em São Paulo em 1916, período em que a legislação proibiu a construção de barracões de madeira e zinco e, entre outras medidas, tornou obrigatória a instalação de sanitários, portas de incêndio e ventiladores, o que contribuiu para a melhoria das questões de higiene e segurança. No Recife, essa intervenção só se efetivou em 1919 e, em Fortaleza, em 1932. Com a expulsão dos pequenos exibidores do mercado pelas restrições legais, projetos para novos cinemas somente começariam a vir à luz na década de 1920, e os existentes deveriam se adequar à nova legislação. Essa foi a oportunidade para a abertura de um novo modelo de cinema, o palácio cinematográfico, cuja consolidação foi levada a cabo, mais uma vez, por Francisco Serrador, ao fundar a Cinelândia carioca em 1925.

SALVO NO ÚLTIMO MINUTO

O que resta hoje da produção cinematográfica brasileira iniciada em 1897 é quase nada. Vários caminhos aziagos contribuíram para isso. Em termos gerais, Paulo

Emílio Sales Gomes já tinha indicado essa desvalorização, comentando o descaso com a Cinemateca Brasileira, num momento em que se descobria o valor do barroco mineiro para a cultura nacional. Dificilmente, portanto, um "filmezinho" visto no cinema da esquina teria alguma importância para o patrimônio cultural, principalmente quando o grosso da produção era estrangeiro. Acrescente-se a isso os incêndios ocorridos em laboratórios e depósitos de produtoras. No intervalo de quatro anos, tudo se perdeu dos acervos de velhos cinegrafistas como Gilberto Rossi (destruído em 1927), os irmãos Paulino (em 1929), Alberto Botelho (em 1931) e João Stamato (em 1930). O descaso dos exibidores, que legava ao desprezo o filme que já fora projetado, uma vez que a cópia única havia perdido interesse comercial, cooperou para que muita coisa se deteriorasse. O desconhecimento da importância intrínseca do material filmado para a cultura brasileira, cujos primeiros passos concretos no sentido do esclarecimento se deram na década de 1910 com Roquette Pinto, foram ampliadas nos anos 1930 com as preocupações preservacionistas de Jurandyr Noronha pelas páginas de *Cinearte*. Deve-se lembrar ainda o incêndio na Cinemateca Brasileira em 1957, que liquidou com o acervo de Annibal Requião, que tinha começado a filmar em 1905 na cidade de Curitiba, levando de roldão parte da produção de outro pioneiro curitibano, João Batista Groff (outra parte foi perdida em um incêndio na casa do produtor em 1968). O óbice, para alguns, definiu a atividade de salvaguarda de filmes antigos como um esforço derrisório. Portanto, a imagem de filmes sendo recuperados no derradeiro segundo de sua vida não é ilustrativa, mas corresponde a uma realidade. Mesmo que sobrevivessem, muitas vezes eles surgiam para os contemporâneos destroçados, incompletos, quase incompreensíveis.

Dito isso, verifica-se que há alguma razão para que uma coletânea como o longa-metragem *Panorama do cinema brasileiro* (1968), de Jurandyr Noronha, traga a primeira imagem em movimento depois de uns vinte minutos de filme, com *Exemplo regenerador* (1919), uma narrativa de um rolo feita por José Medina. Iguais razões tiveram os historiadores que organizaram o livro *Viagem ao cinema silencioso do Brasil*. Com exceção do ensaio de Lucilene Pizoquero, nesse livro o cinema parece se iniciar na década de 1920, com Humberto Mauro, Silvino Santos, major Reis e alguns mais[46].

A produção realizada a partir de 1897-1898 foi, a princípio, iniciativa do exibidor, interessado em apresentar ao seu público alguma coisa nossa como atração extra. Até o aparecimento dos primeiros "operadores", como eram chamados os cinegrafistas Alberto Botelho, Antonio Leal, José Filippi e Joseph Arnaud, foi Afonso Segreto quem se dedicou à animação do Salão de Novidades, apresentando uma programação irregular de filmes de vinte a quarenta metros. Seus anos mais produtivos foram os de 1898-1899, quando mais de vinte títulos saíram do laboratório da família Segreto. A partir de 1903, há uma difusão da produção por outros estados: o exibidor ambulante Filippi, em Curitiba, e o exibidor com casa fixa José Caruso, em São Paulo. Mas somente com a sedentarização dos cinemas foi que uma explosão produtiva ocorreu, saindo da média de dez filmes por ano para algo significativo, como cerca de 130 títulos até 1915. Essas quantidades são insignificantes se postas ao lado somente da produção Pathé Frères, que gerava de seis a nove títulos inéditos por semana: façam as contas! O filme de atualidades colado na realidade corrente urbana era o gênero mais praticado, devendo-se ver com reservas muitos títulos considerados ficção nacional até 1908. No Rio de Janeiro, na esteira do abrasileiramento do *Pathé Jornal* francês no primeiro semestre de 1910, foi lançado em setembro o primeiro cinejornal paulistano, o *Bijou Jornal*, realizado para o cinema pioneiro de Serrador.

Dentro dessa "massa" de produções, merecem especial destaque os filmes cantantes, configurando aquilo que se definiu chamar como a "bela época" do cinema brasileiro, no sentido duplo de *belle époque* e de um período glorioso, e que nesse contexto corresponde aos anos de 1908 a 1911.

Assim, quando o Cinematógrafo Rio Branco, de William Auler, ou o Palace, de Labanca e Leal, partiram para a exploração dos filmes cantantes, os espectadores já estavam preparados para a novidade em razão do longo costume assentado desde o primeiro falante trazido por Hervet em 1904, passando pelas diversas formas de sociabilidade cultural desenvolvidas dentro das salas de cinemas (comentários, aplausos, música de orquestra, discos, fonógrafos, contrarregras e assim por diante, como descrito anteriormente).

O cantante fazia a junção de uma peça filmada, um trecho de opereta ou uma ária famosa, a exemplo das *phonoscènes* da Gaumont, com a sonorização ao vivo, exibindo em projeção a cena cantada, porém colocando por trás da tela do cinema o cantor em pessoa, dublando a música vista pelo espectador. A verossimilhança era muito mais forte porque o aparato técnico da reprodução musical não existia, dando-se, portanto, sem os chiados ou imperfeições dos discos do processo falante. O espectador na plateia apreciava a limpidez e força do intérprete e aplaudia os executantes no palco. Não se tratava de uma invenção genuinamente brasileira; são conhecidos no cinema norte-americano vários processos de vozes por trás da tela em narrativas dramatizadas[47]. O cantante também não se enquadrava como um gênero cinematográfico, porque a sua reprodução demandava a presença física do cantor ou dos cantores, e somente o exibidor comercialmente agressivo Francisco Serrador interessou-se em importar alguns intérpretes do Rio de Janeiro para a reprodução dos cantantes em São Paulo. Outra tentativa, no entanto, foi feita pela companhia de Salvador Lazzaro, excursionando com a opereta *Sonho de valsa* (1909) pela capital paulista.

A carreira dos cantantes se iniciou em 1908 com títulos do naipe de *Funiculi-funiculá* (1908), *Serenata poética* (1908) ou *O Guarany: canção do aventureiro* (1908), nos quais os intérpretes eram o barítono Antonio Cataldi ou coros reunidos expressamente para o acompanhamento das músicas. Júlio Ferrez devia conhecer os procedimentos técnicos da Pathé Frères para as *phonoscènes* ou os da Gaumont para os *chronophones*, emulando-os no Rio de Janeiro para as produções do cinema Rio Branco de William e Cia. O repertório, assim, seguia de perto as séries francesas.

Durante dois ou três anos algumas estrelas surgiram nesse firmamento do acompanhamento sonoro, como Claudina Montenegro, Santiago Pepe, Soller, Ismênia Mateus e Cataldi em trechos de operetas (*Duo de los patos*, *Mascote*, *Barcarola*, *La Bohème*, *A marcha de Cádiz* e tantas outras), peças já provadas e aprovadas pelo gosto popular, facilmente assimiláveis pelo público cinematográfico arregimentado pelo cinema Rio Branco. Ao mesmo tempo aplicava-se o procedimento às cópias de *phonoscènes* Pathé, como *Duo dos paraguas*, em que se utilizava o filme original colorido, porém cantado pelo barítono ítalo-brasileiro Cataldi e por Claudina Montenegro. É certo que as peças mais longas deviam sofrer uma nova formatação, reduzindo-se três quadros ou quatro atos para mínimos duetos e solos. Isso permitia também que outras casas exibidoras se apropriassem do sistema, como o Pátria e o Cinematógrafo Brasil, criando-se um pequeno circuito de "cantantes". Em 1910, por exemplo, uma *Vida de Cristo* colorida, certamente de procedência francesa, foi apresentada na sala da praça Tiradentes com dublagem por mais de dez vozes experientes no processo (Helena Cavalier, Aurélia Delorme etc.) e com o acompanhamento de coros e 12 números musicais sacros. Francisco Serrador percebeu o fenômeno em São Paulo e contratou Claudina Montenegro e Santiago Pepe para uma temporada paulistana no ano de 1909. Vários títulos foram reproduzidos na capital paulista para exibição no Bijou Theatre e, no ano seguinte, levados para o Rio de Janeiro, onde foram apresentados no Teatro São Pedro de Alcântara, junto com uma programação variada de fitas estrangeiras do acervo do hispano-brasileiro.

O ápice dos filmes cantantes deu-se no Rio de Janeiro com a opereta *A viúva alegre* (1909), com anunciados 180.854 espectadores, e a revista *Paz e amor* (1910), com novecentas representações. O cinema brasileiro não veria jamais sucessos como esses para uma única cidade.

A opereta *A viúva alegre* fazia parte do repertório de várias companhias nacionais e estrangeiras, já que o seu sucesso era certo junto ao público. No primeiro semestre de 1909, várias "*Viúvas*" haviam estreado nos teatros cariocas. No Teatro Carlos Gomes aparecera uma *Die lustige Witwe* e no Palace-Theatre, *La viuda alegre* e parece que havia espectadores para todas. A passagem da opereta para o cinema feita por Júlio Ferrez foi quase natural dentro desse contexto, ocorrendo a *avant-première* da versão cinematográfica em 8 de setembro de 1909, com as principais árias cantadas por Ismênia Mateus e Cataldi, secundados por Santucci, Santhe Athos ou Angiolini nos papéis menores, além do acompanhamento do coro do cinema Rio Branco e comparsas da Companhia Galhardo, portugueses que se apresentavam no Teatro Apolo. A "opereta cinematográfica" só era apresentada na sessão noturna, ocupando todo o programa. Desconhecemos o desenvolvimento da versão do maestro Costa Júnior para a opereta de Franz Lehar, que se passava na Paris do começo do século, onde a viúva de um banqueiro, Hanna Gláwary (Ismênia Mateus), de origem humilde, reencontrava um antigo amor proibido, o conde Danilo (Cataldi). Os quiproquós do amor redivivo estavam no centro da trama. As fotografias sobreviventes da fita se fixam talvez no baile inicial realizado na embaixada de Pontevedro, onde os dois se reaproximam. O Cinematógrafo Pathé dos Ferrez e Arnaldo de Souza replicou com uma "*Viúva*" filmada por Alberto Botelho, mas apresentava menor impacto e foi acrimoniosamente censurada pelo Cinema Rio Branco.

Paz e amor saía do regime europeu das operetas para mergulhar nas revistas de ano dos palcos cariocas. Escrita por José do Patrocínio Filho, foi lançada em 25 de abril de 1910 no Rio Branco, tomando como ponto de partida a frase do presidente Nilo Peçanha, que declarou, ao assumir o cargo, a intenção de fazer um governo de "paz e amor". Os personagens estavam calcados no cenário político formado por Olin I (Nilo ao contrário), Pajé Acioli (correspondente ao político e governador Nogueira Acioli, do Ceará), os candidatos presidenciais Rui Barbosa e marechal Hermes, Tibúrcio da Anunciação (colunista da revista *Careta*) e por aí caminhava o filme, até a apoteose com o couraçado *Minas Gerais*, o grande orgulho da Marinha brasileira na época. O elenco era o mesmo das revistas anteriores: Ismênia Mateus, Cataldi, Santucci, ou seja, a "trupe do Rio Branco". Em 25 de maio, declarou-se um público de 70 mil espectadores, que seria maior se a atração não fosse apresentada somente na sessão noturna, uma vez que, nas matinês, a programação era a estrangeira habitual, com dez filmes. Cinco dias depois, na ducentésima apresentação, adicionou-se uma apoteose colorida. Em 17 de junho, foi a vez da comemoração da tricentésima exibição. A quadricentésima sessão de *Paz e amor* só não foi saudada em alto estilo porque o cinema Rio Branco incendiou-se em 8 de julho e, logo em seguida, houve uma querela entre os sócios que acabou em dissolução da empresa. Com a perda do cinema, a revista passou para o Pavilhão Internacional de Paschoal Segreto, alternando-se, mais tarde, com a reabertura do novo Rio Branco, entre a rua Visconde do Rio Branco e a avenida Central (atual Rio Branco), endereço do Pavilhão. Curiosamente, *Paz e amor* reviveu em 1912 como revista levada aos palcos por atores do teatro, sob a direção do ator Brandão. Pela primeira vez um sucesso cinematográfico passava a ser também sucesso teatral.

A "idade do ouro", segundo a expressão de Paulo Emílio Sales Gomes, representada pelos falantes, cantantes e revistas durou de 1º de fevereiro de 1908, com *Romanza sentimental* (1908), até 3 de agosto de 1911, com *A dançarina descalça* (1911), ou seja, surgiu nesse período um conjunto de aproximadamente oitenta títulos, que desapareceu, infelizmente, sem deixar traço nos arquivos fílmicos. O sucesso da "bela época" foi alçado pelos historiadores ao patamar de um verdadeiro mito, posto que ocupávamos 50% do mercado com nossos filmes e produzíamos "centenas" de fitas concorrentes ao cinema estrangeiro. Era um passado glorioso sustentando a luta dos anos "embrafílmicos" quanto à conquista do mercado interno.

Maria Rita Galvão[48], debruçando-se sobre outro sobrevivente amputado da época, *Os óculos do vovô* (1913), isto é, dois rolos, 15 minutos reduzidos somente a quatro minutos, analisou outras ideias de Paulo Emílio envolvendo o cinema dos primórdios: a de que fazíamos "decalques canhestros" do "instrumental estrangeiro"[49]. Os filmes brasileiros eram muito inferiores aos de fora, ao "similar importado", sendo apreciados porque dirigiam-se a um espectador "ainda ingênuo, não iniciado no gosto pelo acabamento de um produto cujo consumo apenas começara". Ora, Jean-Claude Bernardet fez uma contagem, ainda que precária, da documentação depositada na Cinemateca Brasileira e alcançou o número de 2,3 mil filmes estrangeiros exibidos em São Paulo em 1913, contra 23 nacionais, numa série explosiva que a voracidade das salas fixas inaugurara no final de 1907 e que se veria levemente abalada com a Primeira Guerra Mundial. O espectador fora educado pelo filme estrangeiro havia muito tempo, podendo facilmente distinguir uma boa de uma má produção, principalmente ficcional.

No caso de *Os óculos do vovô*, mesmo com a história sobrevivente reduzida a um fio, Galvão reconheceu uma narrativa bem articulada, ciente dos efeitos griffithianos, apontando para um encenador consciente do seu ofício (Francisco Santos era ator e diretor de teatro profissional), e não um artesão rudimentar ou desconhecedor do "instrumental estrangeiro". Pelo contrário, ele se utilizava muito bem dos recursos empregados nas narrativas do "menino traquinas", linha à qual o filme se subordinava e cujo primeiro e mais conhecido exemplo fora dado por Louis Lumière com *O jardineiro regado* (1895). No filme de Santos, o avô queixa-se da vista para o filho, que se comunica com o médico. Este faz uma visita ao idoso, garantindo que os temores eram infundados. O neto a tudo assiste e, no momento em que o avô dorme na cadeira ao ar livre, pinta os seus óculos com tinta preta. Ao acordar, ele enxerga tudo negro, entrando em pânico. O traquinas, que já tinha quebrado um vaso na casa, aprontara mais uma, mas tudo acaba bem. A fita foi um sucesso de bilheteria em Pelotas – somente na cidade sulina em que estava estabelecido Francisco Santos.

Outro caso de recepção, desta vez negativa, foi conformado pela versão paulista de *O crime da mala* (1908), produzida por Francisco Serrador para exibição no Bijou. Baseada em um fato real, como gostam de anunciar os filmes ditos realistas, a história é bem conhecida[50]. O comerciante Elias Farhat, com loja na rua 25 de Março, foi assassinado pelo contador Michel Traad, que nutria simpatias pela esposa do patrão, a italiana Carolina Farhat. O corpo foi desmembrado e colocado numa mala, sendo enviado a Santos para embarque num navio com destino à Europa. Antes de chegar ao Rio de Janeiro, Traad tentou jogar a mala pela amurada e, ao ser contido pela tripulação, descobriu-se o cadáver. Recambiado, confessou o crime ao delegado João Batista de Souza. Os cinegrafistas de atualidades não ficaram imunes ao assunto e nada menos do que quatro versões do crime foram filmadas[51]. A única que não foi exibida foi a de Serrador, pois foi censurada pela polícia. A sua produção era composta de nove quadros (denominação para a tomada narrativa aberta por um letreiro e, em geral, filmada em palco italiano com a câmera fixa). Os jornalistas que cobriam o crime chegaram a ver o filme de Serrador e deixaram uma descrição deliciosa e explicativa do olhar treinado dos espectadores. Os intérpretes estavam errados: Carolina Farhat foi interpretada por uma cabocla, e o magro delegado, por um tipo gordo. A narrativa tinha "saltos" sem explicação: preso no Rio, o protagonista no quadro seguinte já estava na delegacia em São Paulo. A delegacia de polícia, fartamente conhecida da imprensa, fora encenada sem verossimilhança, desagradando aos espectadores. O criminoso "dobra" o assassinado e o coloca no baú como se fosse um "judas de sábado de aleluia"[52]. Ou seja, terminada a película, quando o orgulhoso produtor dirigiu-se aos seus espectadores com um "Não está perfeito?", só poderia receber desaprovação.

Paulo Emílio Sales Gomes classificou esse filme dentro da série de "fitas de crimes", uma espécie de gênero cinematográfico popular[53]. Entretanto, podemos considerar a proposta teórica de Tom Gunning, que fez uma leitura original para a questão complexa das definições de gênero nos primórdios do cinema[54]. Partindo da tomada da cena, ele chegou a quatro gêneros narrativos para esse período da história cinematográfica. Primeiro, os filmes com uma única tomada dominando as narrativas até 1903, caso em que se encaixaria a produção de Cunha Sales, por exemplo. Depois, a inserção de um corte, inaugurando a descontinuidade com duas cenas, já em 1900-1901 com Ferdinand Zecca, na França, e G. A. Smith, na Inglaterra. O terceiro seria o da continuidade com a multiplicidade de tomadas, como os filmes de perseguição (*chase film*). A narrativa com descontinuidade formaria o quarto gênero, trazendo inovações, como a montagem em paralelo griffithiana e o salvamento no último minuto (*last-minute rescue*), que começaram a ser empregadas por volta de 1906-1907 e tornaram-se de uso corrente em 1908-1909. Assim, a reencenação de *O crime da mala* poderia se enquadrar dentro de uma narrativa em continuidade com multiplicidade de tomadas, porém já fora percebida em 1908 pelos jornalistas paulistanos como ultrapassada, ao contrário de *Os óculos do vovô*, perfeitamente integrada aos recursos das ações em paralelo, do "enquanto isso", como assinalou Maria Rita Galvão, do uso coerente dos espaços das ações e de personagens verossímeis.

Os poucos sobreviventes da produção muda constituem-se de atualidades, aquilo que na definição de Paulo Emílio Sales Gomes formou o "Berço esplêndido" (filmagens de belezas naturais) e o "Ritual do poder" (registros cinematográficos de autoridades, desfiles militares, visitas importantes, funerais, inaugurações etc.)[55], ou seja, filmes que no entender da revista *Cinearte* em 1926 davam "triste cópia de nossa civilização no estrangeiro"[56]. Essas fitas desagradavam aos críticos elitistas não só pela temática – pobreza, negros, selvas – como também porque podemos perceber um desfastio em relação a esse povo que não sabe se comportar diante de uma câmera cinematográfica (veja-se o desapreço em vários comentários críticos de Vinicius de Moraes[57]).

As definições ideológicas de Paulo Emílio serviram para um momento em que praticamente se desconhecia o que havia sido filmado, mas hoje elas são inteiramente insatisfatórias. Uma visualização do que restou pode desvelar outros processos narrativos impossíveis de serem analisados décadas atrás. Hoje podemos perceber que o traço narrativo mais importante se encontra no comprometimento do personagem filmado com a câmera, visível em vários fragmentos existentes. Em *Reminiscências* (1909), isso ocorre quando um membro da família do coronel Aristides Junqueira, Aristóteles, gesticula e pula arteiramente diante da câmera. Há também os engraçadinhos que brincam para o operador no *Caça à raposa* (1913); as saudações para a câmera na inauguração da exposição do Posto Zootécnico Central na Mooca (Antonio Campos, 1910); o descontrole por parte do cinegrafista do espaço de filmagem, que vê o cenário oficial invadido por personagens inesperados na entrega da bandeira do *destroyer* Paraná, em episódio filmado por Annibal Requião em 1911. Ainda há os episódios familiares do coronel Francisco Ferdinando da Costa, morador do Engenho Novo, no Rio de Janeiro, que se deu ao luxo de contratar um cinegrafista para filmar o dia a dia de sua família ao longo de quatro anos (1910-1914), sendo que sobreviveu apenas uma parte do "álbum familiar": a presença das autoridades civis e militares, parentes do lado do noivo e da noiva, os casamentos de Anna (Nitinha) e Zaira de Toledo Costa, cenas familiares na casa e nos fundos da chácara[58]. Os personagens se dirigem para a câmera, fazem poses e até conversam com o cinegrafista no momento da saída da matriz do Engenho Novo, como que combinando a próxima cena. A existência do cinegrafista Antonio Campos também não é negada pela mãe, pedindo para a criança olhar para a câmera em *Um domingo em casa de vovô* (1914-1920), em que possivelmente temos, segundo Eduardo Morettin, o patriarca Antonio Prado na sua residência, a Chácara do Carvalho, junto de seus familiares em visita. Com esse segundo filme, Campos aparece como o cinegrafista "oficial" da oligarquia paulista na década de 1910[59]. Ou seja, a integração da câmera com os personagens filmados é completa, desconhecendo-se a regra do cinema clássico de transparência na produção da narrativa. O menino arteiro que olha para a câmera ao derrubar o vaso em *Os óculos do vovô* constitui uma prova evidente desse tipo de enquadramento, já totalmente ultrapassado em *Exemplo regenerador*.

O que temos no período anterior ao tipo de encenação que se imporia com a forte presença do cinema norte-americano a partir de 1915 é uma câmera antropológica, em que os objetos e objetivos se misturam para a criação de uma narrativa inserida dentro do princípio do cinema de atrações, que marca o período inicial do cinema mudo. A câmera como personagem do próprio filme une essas atualidades ao cinema que faria Jean Rouch nos anos 1950. Como escreveria Vinicius de Moraes em 1941, numa de suas crônicas sobre a permanência de Orson Welles no Brasil para as filmagens do inacabado "*It's all true*", o que faltava nessas fitas, por um lado, era o diretor, já que o cinegrafista/diretor também era um personagem participante da narrativa encenada, e, por outro, o perigo de o personagem "anônimo", em geral os que estão diante da câmera, tornar-se ator com a presença do aparato. Precisávamos nos construir como povo de "não atores", para nem representar nem agir diante da câmera,

> deixando-se apenas ser, como na vida [...]. Temos o péssimo hábito de "nos mostrar" quando filmados, de pular, de agitar as mãos, de olhar a máquina, de "ser ator". Isso prejudica enormemente o seu trabalho, e obrigá-lo-á a cortar mais do que necessário. [...] Somos dos poucos povos "que ainda não sabe ser filmado". Isso é um atraso [...]. Que cada um se compenetre do seu próprio papel, que é o de "não representar" e procure resistir à tentação de dar adeus à câmera – e teremos sem dúvida agradado muito a Orson Welles[60].

Ora, é claro que estamos falando de dois cinemas muito diferentes, distintos no tempo e no espaço, em que os mudos sobreviventes pedem uma compreensão maior do que eles representaram, e não de sua condenação às ideias prontas mais uma vez.

NOTAS

1 Jacques Aumont, *A imagem*, Lisboa: Edições Texto e Grafia Ltda., 2014.

2 Maria Cristina Miranda da Silva, *A presença dos aparelhos ópticos no Rio de Janeiro do século XIX*, 251f., tese (doutorado em Comunicação e Semiótica), Pontifícia Universidade Católica de São Paulo, São Paulo: 2006; Alice Dubina Trusz, *Entre lanternas mágicas e cinematógrafos: as origens do espetáculo cinematográfico em Porto Alegre*, São Paulo: Terceiro Nome, 2010.

3 Vicente de Paula Araújo, *A bela época do cinema brasileiro*, São Paulo: Perspectiva, 1976; Alice Gonzaga, *Palácios e poeiras: 100 anos de cinemas no Rio de Janeiro*, Rio de Janeiro: Funarte/Record, 1996.

4 Mauro A. Fernández, *Historia de la magia y el ilusionismo en la Argentina*, Buenos Aires: Producciones Gráficas Servicio Editorial, 1996.

5 Silva cita a edição francesa, mas a obra já está disponível em português: Jonathan Crary, *Técnicas do observador: visão e modernidade no século XX*, Rio de Janeiro: Contracampo, 2012.

6 Machado de Assis, *Obras completas*, Rio de Janeiro: Aguilar, 1959, v. 3, p. 415.

7 Adhemar Gonzaga, "A história do cinema brasileiro", *Jornal do Cinema*, Rio de Janeiro: maio 1956, v. 6, n. 40, pp. 47-51.

8 Cf., por exemplo, o *blog História do Pré-Cinema*, disponível em: <https://precinema.wordpress.com>, acesso em: jul. 2015.

9 Paulo Roberto Ferreira, "Do Kinetoscópio ao Omniographo", *Filme Cultura*, Rio de Janeiro: ago. 1986, n. 47, pp. 14-21.

10 Maximo Barro, *A primeira sessão de cinema em São Paulo*, São Paulo: Cinema em Close-Up, s. d.

11 *Jornal do Commercio*, Rio de Janeiro: 14 jul. 1897, p. 2.

12 José Roberto D. Novaes, "Notas sobre o cinema nacional", *Revista de Cinema*, Belo Horizonte: ago. 1954, n. 5, p. 20.

13 João Fernandes, "40 anos de cinema brasileiro", *Revista de Cinema*, Belo Horizonte: jul. 1954, n. 4, p. 29.

14 Alex Viany, *Introdução ao cinema brasileiro*, Rio de Janeiro: MEC/INL, 1959.

15 Adhemar Gonzaga, *I Festival Internacional de Cinema de São Paulo: catálogo*, São Paulo: Elite, 1954.

16 Paulo Roberto Ferreira e Jorge J. V. Capellaro, *Verdades sobre o início do cinema no Brasil*, Rio de Janeiro: Funarte, 1996.

17 Afonso era irmão de Paschoal Segreto, tendo sido trazido da Itália para dirigir a seção cinematográfica do Salão de Novidades Paris no Rio de Janeiro, ou seja, para a realização de filmagens e a cópia em um laboratório especialmente montado para esse fim. Mais tarde, passou para outras funções no complexo de diversões criado pela Empresa Paschoal Segreto, como a gerência de teatro em São Paulo e a circulação pelo país do Panteão Ceroplástico.

18 Vicente de Paula Araújo, *op. cit.*

19 Adhemar Gonzaga e Paulo Emílio Sales Gomes, *70 anos de cinema brasileiro*: Rio de Janeiro: Expressão e Cultura, 1966.

20 Jean-Claude Bernardet, *Historiografia clássica do cinema brasileiro*, São Paulo: Annablume, 2008.

21 Júlio Bressane, *Alguns*, Rio de Janeiro: Imago, 1996.

22 Cf. Antonio Jesus Pfeil, "Antologia do cinema gaúcho – I", *Cultura Contemporânea*, São Paulo: jan./mar. 1968, n. 1, p. 51; Roberto Moura, "Paschoal Segreto", em: Fernão Pessoa Ramos e Luiz Felipe Miranda, *Enciclopédia do cinema brasileiro*, São Paulo: Senac, 2000; Sidney Ferreira Leite, *Cinema brasileiro: das origens à retomada*, São Paulo: Fundação Perseu Abramo, 2005; Carlos Roberto de Souza, "Raízes do cinema brasileiro", *Alceu*, Rio de Janeiro: jul./dez. 2007, v. 8, n. 15, p. 20; Jurandyr Noronha, *O momento mágico*, Rio de Janeiro: EMC Edições, 2008.

23 O termo foi desenvolvido por Arthur Autran em *O pensamento industrial cinematográfico brasileiro*, São Paulo: Hucitec, 2013.

24 André Gatti, "Exibição", em: Fernão Pessoa Ramos e Luiz Felipe Miranda, *op. cit.*

25 Roberto Moura, *op. cit.*

26 Alex Viany, *op. cit.*

27 José Inácio de Melo Souza, "Descoberto o primeiro filme brasileiro", *Revista USP*, São Paulo: set./nov. 1993, n. 19, pp. 171-3.

28 Roberto Moura, *op. cit.*

29 José Inácio de Melo Souza, *Imagens do passado: São Paulo e Rio de Janeiro nos primórdios do cinema*, São Paulo: Senac, 2004.

30 Maria Ines Turazzi, *Marc Ferrez*, São Paulo: Cosac Naify, 2000.

31 William Nunes Condé, *Marc Ferrez & Filhos: comércio, distribuição e exibição nos primórdios do cinema brasileiro* (1905-1912), 162f., dissertação (mestrado em Comunicação), Universidade Federal do Rio de Janeiro, Rio de Janeiro: 2012.

32 Fernão Ramos e Luiz Felipe Miranda, *op. cit.*

33 William Nunes Condé, *op. cit.*

34 Alice Gonzaga, *op. cit.*

35 *Cinearte*, Rio de Janeiro: 15 jun. 1927.

36 Alice Gonzaga, *op. cit.*

37 *Ibidem.*

38 Kate Saraiva, *Cinemas do Recife*, Recife: Funcultura, 2013.

39 Pedro Nava, *Balão cativo*, Rio de Janeiro: Livraria José Olympio Editora, 1977, p. 201.

40 Carlos Eduardo Pereira, *A música no cinema silencioso no Brasil*, Rio de Janeiro: Museu de Arte Moderna do Rio de Janeiro, 2014.

41 Zélia Gattai, *Anarquistas, graças a Deus*, São Paulo: Companhia das Letras, 2009.

42 Solange Straube Stecz, *Cinema paranaense: 1900-1930*, 188f., dissertação (mestrado em História), Universidade Federal do Paraná, Curitiba: 1988.

43 Cf. Germain Lacasse, *Le Bonimenteur de vues animées*, Québec: Nota Bene; Paris: Klincksieck, 2000; Menotti Del Picchia, *A grande viagem*, São Paulo: Martins, 1972.

44 Carlos Eduardo Pereira, *op. cit.*

45 Para uma visão mais ampla do contexto francês, cf.: Martin Barnier, *Bruits, cris, musiques de films: les projections avant 1914*, Rennes: Presses Universitaires de Rennes, 2010 e, para o contexto brasileiro, cf.: Carlos Eduardo Pereira, *op. cit.*

46 Samuel Paiva e Sheila Schvarzman (orgs.), *Viagem ao cinema silencioso do Brasil*, Rio de Janeiro: Beco do Azougue, 2011.

47 Bernardet citou o cômico Leopoldo Frégoli como um praticante do processo, dublando personagens nos seus "fregoligraphs", filminhos utilizados como variantes de suas apresentações no palco.

48 Maria Rita Galvão, *Jogo de armar: anotações de um catalogador*, São Paulo: Datilo, *c.* 1983.

49 Paulo Emílio Sales Gomes, *Cinema: trajetória no subdesenvolvimento*, Rio de Janeiro: Paz e Terra, 1980, pp. 31-2, 78.

50 Boris Fausto retornou recentemente ao fato na revista *Piauí*, São Paulo: ago. 2014.

51 José Inácio de Melo Souza, "As imperfeições do crime da mala: 'cine-gêneros' e reencenações no cinema dos primórdios", em: *Congressos, patriotas e ilusões e outros ensaios de cinema*, São Paulo: Linear B, 2005.

52 Hervet tinha exibido um *A cirurgia do futuro* em 1905 na cidade, sem reclamações, uma provável cópia do *Chirurgie fin de siècle*, da Gaumont, de 1900, que se utilizava desse procedimento do boneco de palha como personagem.

53 Paulo Emílio Sales Gomes, "Panorama do cinema brasileiro", em: *Cinema: trajetória no subdesenvolvimento*, Rio de Janeiro: Paz e Terra, 1980, p. 50.

54 Tom Gunning, "Non-continuity, Continuity, Discontinuity: A Theory of Genres in Early Films", em: Thomas Elsaesser e Adan Barker (orgs.), *Early Cinema: Space-Frame-Narrative*, London: British Film Institute, 1990.

55 Paulo Emílio Sales Gomes, "A expressão social dos filmes documentais no cinema mudo brasileiro (1898-1930)", em: Carlos Augusto Calil e Maria Teresa Machado (orgs.), *Paulo Emílio: um intelectual na linha de frente*, Rio de Janeiro: Embrafilme/MEC; São Paulo: Brasiliense, 1986.

56 *Cinearte*, n. 14, Rio de Janeiro: 2 jun. 1926.

57 Vinicius de Moraes *apud* José Inácio de Melo Souza, *A carga da brigada ligeira: intelectuais e crítica cinematográfica – 1941-1945*, s.f., tese (doutorado em Comunicação e Artes), Universidade de São Paulo, São Paulo: 1995.

58 O casamento de Ana Toledo Costa foi exibido pelo *Cine-Jornal Brasil*, n. 7. Cf. *O Paiz*, Rio de Janeiro, 5 mar. 1912, p. 8.

59 Eduardo Morettin, "Dimensões históricas do documentário brasileiro", em: Eduardo Morettin, Marco Napolitano e Mônica Almeida Kornis (orgs.), *História e documentário*, Rio de Janeiro: FGV, 2012.

60 Vinicius de Moraes *apud* José Inácio de Melo Souza, *op. cit.*

A PRODUÇÃO CINEMATOGRÁFICA NO RIO GRANDE DO SUL (1896 - 1915)

ALICE DUBINA TRUSZ

INTRODUÇÃO

Durante a fase da exibição cinematográfica itinerante (1896-1908), numerosos e diferentes exibidores realizaram temporadas de projeções no Rio Grande do Sul[1]. Os filmes que exibiram eram predominantemente estrangeiros, proporcionando aos espectadores imagens de um mundo distante e acessível a poucos, sendo, por isso, muito bem recebidos. Mas às imagens do seu mundo, de aspectos da sua realidade, os rio-grandenses só assistiram a partir de 1904, quando excursionou pelo estado o exibidor italiano Giuseppe Filippi. Entre 1904 e 1915, a atividade de produção cinematográfica desenvolvida no e sobre o Rio Grande do Sul resultou em uma filmografia numericamente reduzida, de produção esporádica e distribuição irregular. Ela concentra-se em torno de poucos nomes e limita-se aos principais centros, como Porto Alegre, Rio Grande e Pelotas, entre outros. Trata-se majoritariamente de uma produção de filmes não ficcionais, denominados "naturais" na década de 1910, que compreende apenas quatro ficções e dois filmes de reconstituição, estes últimos baseados em fatos (crimes) reais e propondo diferentes níveis de relação entre ficção e realidade.

Após Filippi, que filma e projeta suas filmagens em 1904-1905, novas e pontuais produções ocorrem em 1908, ainda dentro do horizonte da exibição itinerante. São produzidos apenas dois filmes "naturais", um em Pelotas e outro em Porto Alegre, pelo exibidor itinerante Nicola Petrelli e pelo fotógrafo Jacinto Ferrari, respectivamente. Segue-se a sedentarização da exibição, cujos anos iniciais serão marcados por dificuldades e instabilidade, firmando-se somente em 1912.

Nessa fase, a produção cinematográfica regional cresce numericamente e se diversifica, mas segue esporádica. Eduardo Hirtz produz uma ficção e alguns "naturais" em 1909, 1910 e 1912. No segundo semestre de 1911, Guido Panello, em passagem pelo estado, executa numerosas filmagens para o Governo Federal e alguns filmes para particulares, os quais ganharão exibição nos cinemas de Porto Alegre e Pelotas. Destaca-se nessa produção um filme de reconstituição de um episódio policial. Por sua vez, Emílio Guimarães, português que se fixa na capital em 1911, produz, no segundo semestre de 1912, o primeiro cinejornal gaúcho. De 1913 a 1915, ele fará novos filmes, um por ano. Já Francisco Santos, com empresa sediada em Pelotas, mas atuando também em outras cidades do interior do estado, começará a filmar no final de 1912 e desenvolverá intensa atividade durante 1913, produzindo numerosos filmes "naturais", além de quatro ficções, uma das quais é um novo filme de reconstituição criminal. Outros nomes aos quais está associada a produção de filmes no período são José Brizolara da Silva e Raphael Grecco, ambos com atuação em Pelotas, em 1912-1913, e produtores de vistas "naturais".

Desses filmes restam hoje apenas cinco títulos e de quatro deles conhecemos apenas fragmentos. São eles: os "naturais" *Cerimônias e festa da igreja de Santa Maria* (Eduardo Hirtz, 1910), *O corso de automóveis* (Guido Panello, 1911), *Santa Maria Actualidades* (Francisco Santos, 1913) e a ficção *Os óculos do vovô* (Francisco Santos, 1913). O único filme que estaria completo intitula-se *Passeio da Sociedade Recreio Juvenil* (Eduardo Hirtz, 1912-1913).

Frente ao quadro de penúria documental com relação aos filmes da época, optou-se por investigar as iniciativas de produção cinematográfica enquanto práticas cujas possibilidades e limites expressam os capitais humano, material e de saberes disponíveis em determinado contexto, bem como as formas como foram acionados. Trata-se de remeter o *fato* àquilo que o tornou possível, estabelecendo uma coerência e/ou encadeamento entre os fenômenos constatados[2]. Filmes resultam de atividades humanas concretas, geradas por e geradoras de representações e práticas. Se por meio delas procura-se satisfazer necessidades e expectativas e dar conta de desejos individuais e demandas sociais, há condições para que elas se realizem, condições que as especificam e que se diversificam, sempre referenciadas a um determinado contexto histórico e cultural.

Os filmes, mesmo aqueles que estão hoje desaparecidos, participaram de processos de produção, distribuição e exibição. Ao longo de sua trajetória social, eles foram objeto de diferentes usos e funções, mediando relações e sendo ressignificados[3]. O interesse deste estudo é contribuir para uma maior compreensão acerca das características dessa dinâmica, identificando os diferentes objetivos e significados das iniciativas de produção cinematográfica operadas no Rio Grande do Sul entre 1904 e 1915. Como metodologia de pesquisa, foi empregada uma abordagem micro-histórica das atividades de produção cinematográfica conforme informadas pela imprensa da época, majoritariamente[4]. A finalidade foi identificar, a partir de tais experiências, as práticas e redes sociais por meio das quais os produtores, exibidores e mesmo distribuidores viabilizaram seus propósitos, bem como evidenciar a importância de suas iniciativas e produtos, os filmes, para os contemporâneos.

A seguir, serão apresentadas as principais características da atividade no período delimitado, procurando-se demonstrar também como tais aspectos se transformaram ao longo do tempo, expressando as mudanças estruturais e perceptivas que caracterizaram o desenvolvimento do cinema na sociedade brasileira, em meio ao processo mais amplo de multiplicação e diversificação das imagens no cotidiano e sua crescente valorização como meios de expressão e comunicação.

O CINEMA COMO NOVO MEIO DE EXPRESSÃO E DISTINÇÃO SOCIAL

Entre 1896, quando o cinematógrafo e seus filmes foram apresentados nas principais cidades gaúchas, e 1908, ano em que a atividade cinematográfica sedentarizou-se em Porto Alegre, apenas um profissional munido de um aparelho de filmagem e capaz de manejá-lo satisfatoriamente esteve no Rio Grande do Sul. Ele se chamava Giuseppe (José) Filippi (1864-1956), era italiano e atuava como exibidor cinematográfico itinerante. Na verdade, ele já havia viajado muito quando chegou em Porto Alegre, em meados de julho de 1904, com a Companhia de Arte e Bioscopo Inglez, da qual era diretor. O seu envolvimento com o cinema começara ainda em 1896, na Itália, a partir de seu interesse e dedicação à fotografia. O entusiasmo com o cinematógrafo levou-o a tornar-se um dos primeiros operadores Lumière naquele país[5]. Posteriormente, ele se tornaria um exibidor independente, viajaria até o Caribe e dali ao Brasil, que percorreu de norte a sul, pelo menos entre 1902 e 1905.

Os registros de suas temporadas nas Antilhas e no Norte e Nordeste do Brasil indicam que os espetáculos exclusivamente constituídos de projeções caracterizavam-se pela exibição de vistas animadas, cinematográficas, e de vistas fixas, fotográficas[6]. E que era de praxe que ele próprio produzisse ou ao menos apresentasse ao público imagens sobre a sua realidade, os seus eventos, a sua cidade. Tratava-se de uma forma de tornar seus programas mais atrativos aos espectadores por meio da identificação temática, estabelecendo com eles uma empatia, um diálogo, uma comunhão. Esperava-se de um exibidor cinematográfico itinerante que projetasse um programa variado e atualizado. A sua capacidade de estabelecer pontes entre os espectadores e o mundo por meio das imagens era outro aspecto muito valorizado. Isso porque também com as vistas locais o exibidor dava conta daquelas expectativas, importando menos a tipologia das imagens do que seus temas.

As notícias de filmagens feitas por Giuseppe Filippi no Brasil, porém, só ocorrem a partir de sua temporada em Curitiba, no Paraná, em 1903, sendo que o primeiro filme rodado naquela cidade não apresentou qualidade satisfatória. A "falta de nitidez" da vista parece indicar que ele retomava a atividade exercida na Itália em anos anteriores. Os progressos técnicos de seus filmes seguintes parecem confirmá-lo.

Acompanhando-se suas apresentações na capital paranaense, observa-se como era delicada a situação dos exibidores cinematográficos itinerantes, bem como de qualquer artista que se apresentasse pela primeira vez em uma cidade[7]. As projeções cinematográficas já não eram uma novidade, mas, até onde se sabe, nenhuma cidade dos estados da região Sul do país havia sido filmada até então ou havia visto um cinegrafista em ação, tampouco havia visto imagens animadas de si projetadas em uma tela. Em Curitiba, desconhecido como era, Filippi foi recebido com receio e desconfiança, decidindo priorizar na divulgação de seus espetáculos o caráter artístico de sua companhia e atrações. Porém, à medida que foi se integrando à cidade e estabelecendo relações com diferentes grupos e associações cujas atividades e eventos filmou, ele viu seu público crescer progressivamente e sua figura pessoal ganhar simpatia e distinção.

Nem todas as filmagens que realizou em Curitiba tornaram-se filmes. Foram registradas paradas militares, um piquenique realizado pela comunidade italiana comemorando a unificação do país natal, um "préstito cinematográfico"[8] organizado por ele próprio e uma corrida equestre. Os filmes sobre a realidade local atendiam a objetivos promocionais, sendo sua projeção prometida e adiada várias vezes, o que intensificava as expectativas e a ansiedade dos espectadores. Apesar do seu reduzido número, os títulos, pelo seu ineditismo e importância social, contribuíram para renovar seus programas, estender sua temporada e, sobretudo, envolver a comunidade visitada em suas atrações, estreitando com ela seus laços. Tal iniciativa esteve aliada a outras práticas promocionais, por meio das quais o exibidor prestigiou as principais comunidades que o receberam, demonstrando sua atenção às características históricas e culturais dos diferentes públicos.

No Rio Grande do Sul, Filippi fez exibições a partir de fevereiro de 1904, nas cidades de Rio Grande, Pelotas, Jaguarão, Bagé, Porto Alegre e Cachoeira do Sul[9]. Onde se apresentou fez grande sucesso de público e crítica. No espetáculo de estreia em Rio Grande, fez projetar retratos de políticos de renome nacional e regional[10], voltando a utilizar imagens facilmente identificáveis pelo público como meio de romper o estranhamento e diluir a novidade que ele e sua oferta representavam. Tal esforço seria ampliado no segundo espetáculo, quando prometeu exibir um filme da chegada do senador Pinheiro Machado à cidade, vista tomada ainda na véspera de sua estreia.

Também em Pelotas, Filippi procurou atrair espectadores mediante a projeção de uma vista por ele filmada, que documentava as festas da União Gaúcha no Retiro, um bairro pelotense, proporcionando aos participantes do evento e frequentadores dos seus espetáculos a oportunidade de se verem e reconhecerem uns aos outros em imagens ampliadas, em movimento, no espaço já espetacularizado do teatro. Há relatos da satisfação dos espectadores por poderem observar as pessoas e os animais, as suas posturas e deslocamentos, em uma descoberta encantada da "fotografia animada" de si e dos seus[11].

Em Porto Alegre, Filippi chegou confiante de seu diferencial como exibidor e cinegrafista e anunciou de saída que pretendia "fotografar em movimento exercícios militares, chegadas de trens e festas que aqui se realizarem para as exibir em suas funções e enriquecer o vasto repertório do seu cinematógrafo"[12]. A lista dos temas de interesse cinematográfico evidencia o predomínio de ações e situações com aglomeração de pessoas em movimentação, em conformidade com a temática e estética das primeiras vistas Lumière. De fato, com exceção dos trens, os dois outros motivos foram objeto dos filmes que produziu na capital.

Como os demais exibidores cinematográficos itinerantes que se apresentavam por temporada, Filippi locava um teatro e ficava com a renda da bilheteria dos espetáculos. Mas era de sua inteira responsabilidade torná-los atrativos e garantir, assim, a duração do interesse público por sua oferta. Diferente dos concorrentes, no entanto, ele também filmava, e a produção de filmes sobre a realidade local acabou cumprindo esse papel de fidelização dos espectadores. Mas, como tal produção dependia financeiramente dele e indiretamente de quem o prestigiasse, ele costumava condicionar a produção de filmes à presença do público nas funções. Essa afluência, por sua vez, era buscada por meio da exibição de filmes em que os próprios espectadores figurassem. Isso explica os anúncios antecipados das filmagens e o convite para que a população participasse dos eventos. Essa oportunidade de distinção social parece ter sido a sua principal moeda de troca.

Durante os quase três meses de sua temporada, Filippi realizou seis filmagens em Porto Alegre, dentre as quais quatro foram exibidas (por isso, considera-se que foram finalizadas e tornaram-se, de fato, filmes). Os seus temas de interesse foram: uma regata reunindo dois clubes de remo locais em demonstrações no lago Guaíba; o passeio de duas sociedades ciclísticas locais nos arredores do bairro Menino Deus; a saída dos fiéis de uma missa na Igreja das Dores, descendo suas longas escadarias; um oficial e alguns praças do 2º Batalhão da Brigada Militar[13]. Também foram filmados, mas não foram exibidos, talvez por problemas técnicos, um desfile de escolares e senhoritas na Festa das Árvores, realizada no Theatro-Parque, e a viagem de um vapor pelo lago Guaíba, nas proximidades do bairro de Navegantes e do rio Jacuí.

Após apresentar-se em Cachoeira do Sul, Filippi retornaria a Porto Alegre, onde acabou se fixando com a esposa. Novas filmagens foram feitas em outubro de 1904 e fevereiro e março de 1905. Embora o exibidor não tenha feito temporada nos teatros locais no período, tais filmagens tiveram por motivação sua futura exibição pública. Os interesses dos filmes continuaram sendo os mesmos: os eventos significativos para a comunidade local. Em 24 de outubro de 1904, Filippi documentou a primeira edição da romaria em homenagem a Júlio de Castilhos, o líder máximo positivista, realizada no seu primeiro aniversário de falecimento. Contudo, a filmagem não pôde ser aproveitada[14]. Já os filmes tomados no ano seguinte, *Procissão de Nossa Senhora dos Navegantes*, *Chegada dos capitalistas norte-americanos em Porto Alegre* e *Irmandade do Divino saindo do Império*, acabaram sendo exibidos, mas sem o impacto das primeiras vistas.

Os assuntos escolhidos para as primeiras filmagens feitas no e sobre o Rio Grande do Sul demonstram a atenção do seu produtor aos interesses dos contemporâneos e aos aspectos que poderiam atraí-los ao teatro. Em Rio Grande, Filippi filmou, no principal porto de entrada do estado, a chegada de uma das mais proeminentes figuras políticas regionais e nacionais. Em Pelotas, filmou uma importante sociedade recreativa, que seria objeto de um novo filme, fotografado por Guido Panello, em 1911. Em Porto Alegre, o seu primeiro assunto de interesse foi uma regata no lago Guaíba, às margens do qual teve início o povoamento da cidade. Na sequência, foram contempladas outras atividades ao ar livre, dada a necessidade de luz natural, que reunissem grande número de pessoas em movimento, o que demonstra já nos primórdios do cinema uma preocupação em explorar o potencial da técnica de representação cinematográfica, que se justificava puramente enquanto produção de imagens, considerando-se que o cinema era uma prática inédita no meio local.

Outro aspecto a destacar diz respeito à perspectiva regional privilegiada por Filippi na divulgação das vistas que produziu em diferentes cidades do estado, às quais se referiu como "vistas animadas rio-grandenses" e não como "vistas locais". Para ampliar o seu valor, ele as projetou em espetáculos temáticos, comemorativos, promovendo verdadeiros encontros sociais das comunidades identificadas com os eventos e práticas documentados. Além disso, era a primeira vez que as imagens de Porto Alegre e dos porto-alegrenses ocupavam uma tela de cinema, o que não só provocava um grande envolvimento emocional do público, mas também transformava os representados em atrações da função, proporcionando-lhes reconhecimento público.

A experiência cinematográfica tornou-se mais valiosa para os espectadores de Filippi porque acontecimentos relatados na imprensa, fossem vivenciados ou apenas lidos e comentados, puderam ser vistos e revistos nos seus espetáculos, passando a ser apropriados como representação e memória da experiência vivida e nova forma de conhecimento sobre a realidade. Tanto para o exibidor como para os espectadores, era uma construção feita a partir da ruptura da familiaridade cotidiana pelo olhar estrangeiro.

A produção de vistas sobre aspectos locais, que foi o principal meio de renovação do seu acervo, também proporcionou ao exibidor distinção profissional entre os concorrentes congêneres, contribuindo para a afirmação da sua reputação. Por outro lado, Filippi era essencialmente um exibidor, que desempenhou a produção como atividade secundária, subsidiária da exibição. Ele não parece ter se envolvido com a produção por uma preocupação pessoal em ser reconhecido como cinegrafista, menos ainda como artista, ainda que certamente tenha buscado (e conseguido) obter imagens cada vez mais "nítidas". Não há, nesse momento, ao menos nos centros urbanos pesquisados, uma percepção do cinema como produto artístico. Ele é uma diversão pública e uma atividade comercial cujos exploradores são reconhecidos como empresários.

O PROCESSO DA SEDENTARIZAÇÃO DA EXIBIÇÃO

Durante 1908, foram abertas em Porto Alegre cinco salas de cinema voltadas à exploração comercial regular do cinema, isto é, destinadas a conferir continuidade à oferta de filmes para exibição. Mas o empreendimento se mostrou bastante frágil e instável na cidade até 1911, com salas trocando de proprietário e/ou de endereço e até mesmo fechando. A lenta regularização da atividade e as necessidades decorrentes do aumento da concorrência acabariam estimulando a introdução de novas práticas promocionais pelo setor exibidor já em 1910, como a reintegração aos programas dos cinemas de atrações ao vivo e vistas sonorizadas mecanicamente. A partir de 1911, investimentos passam a ser feitos na infraestrutura dos cinemas, procurando-se dotá-los de melhores condições estruturais e higiênicas. Também são abertos novos estabelecimentos fora do centro da cidade. Tal descentralização aproximaria o cinema de um público socialmente mais heterogêneo e numericamente maior, democratizando o acesso que as primeiras pequenas salas centrais haviam elitizado. Também são renovadas as redes de distribuição e ampliados os gastos com publicidade. O investimento na produção cinematográfica, ainda que pontual e desigual, foi outra iniciativa dos exibidores interessados em incrementar os seus programas e torná-los mais atraentes ao público.

A sedentarização também significou um esforço de racionalização do mercado exibidor em resposta à produção crescente da indústria cinematográfica mundial e às mudanças no funcionamento do sistema de distribuição de filmes, que deixam de ser vendidos para ser locados aos exibidores, provocando a reorganização das redes internacionais. As produtoras estrangeiras, por sua vez, estabelecem representantes nacionais, que reconfiguram as redes comerciais regionais. Em 1907-1908, a empresa Marc Ferrez & Filhos, do Rio de Janeiro, assume a representação nacional da Pathé Frères, por exemplo.

Entre 1909 e 1914, com o crescimento da oferta, os programas das salas de cinema de Porto Alegre passam a ser renovados a cada dois dias. Eles eram organizados em cinco partes, constituídas a princípio por cinco filmes curtos de diferentes gêneros (drama, cômico, fantasia e natural ou atualidade). Nos anos seguintes, à medida que os filmes ganham metragem, os programas passam a ser formados por menos filmes, permanecendo sempre uma parte reservada a um "natural", fosse ele um documentário ou um cinejornal, e as demais quatro partes divididas segundo a necessidade: um drama de duas partes e dois cômicos, e assim por diante. O espaço reservado aos filmes "naturais" foi comumente preenchido por filmes estrangeiros, cuja oferta era hegemônica no mercado brasileiro, e também por filmes brasileiros, quando estes estavam disponíveis. Já as ficções dispunham de mais espaço para exibição, por mais que a produção nacional do gênero fosse mais rara em relação à produção dos "naturais", que, apesar de irregular, foi contínua. A seguir, serão examinadas as iniciativas de produção cinematográfica verificadas no Rio Grande do Sul a partir de 1909, visando-se compreender em que medida elas responderam à demanda social pelos "naturais" e dialogaram com as expectativas dos contemporâneos acerca das ficções.

O CINEMA ENTRE A EXPLORAÇÃO ECONÔMICA E O EXERCÍCIO DE UMA PAIXÃO

No contexto caracterizado anteriormente, as experiências que envolveram Eduardo Hirtz e Francisco Damasceno Ferreira, em menor grau, trazem significativa contribuição para a compreensão de como e por que foram estabelecidas, conduzidas e desfeitas associações entre os campos da produção, da distribuição e da exibição cinematográficas no início da década de 1910 no Brasil.

O alemão Eduardo Hirtz (1878-1951) foi antes e mais que tudo um empresário do ramo litográfico[15]. A empresa que mantinha com o irmão e sócio projetou-os na vida econômica da cidade e do estado. Ela foi a principal fonte de renda da família, antecedendo e ultrapassando o envolvimento de Eduardo Hirtz com o cinema. No que diz respeito a essa última atividade, o atual estado das pesquisas indica que ele teria se dedicado inicialmente à exibição e à distribuição e, somente mais tarde, à produção.

A história empresarial, ainda obscura, do cinema Recreio Ideal de Porto Alegre (houve outros, homônimos, no interior do estado), do qual Eduardo Hirtz e Francisco Damasceno Ferreira foram proprietários sucessivamente, ajuda a compreender o processo de afirmação do comércio cinematográfico em Porto Alegre e alguns dos sentidos que os filmes produzidos localmente assumiram nessa dinâmica.

O Recreio Ideal foi inaugurado em 20 de maio de 1908 como propriedade da empresa José Tous & C. Após dois meses de funcionamento, o estabelecimento teve suas "instalações" vendidas. Em 30 de julho de 1908, o jornal *Correio do Povo* antecipou que o Recreio Ideal passaria à propriedade dos senhores Hirtz & Cia. Contudo, em 4 de agosto, a mesma folha informaria que o cinema acabara de "passar à propriedade dos senhores Bartelô & C.". A partir de setembro de 1908, os anúncios da casa confirmariam o dado, acrescentando que os sócios por trás da razão social Bartelô & C. também eram "os únicos agentes para o Rio Grande do Sul da casa Pathé Frères"[16].

Como se sabe, a produtora francesa tinha como representante exclusivo no Brasil a empresa carioca Marc Ferrez & Filhos (MF&F). Ela se encarregava da venda direta de equipamentos e da realização de contratos para a distribuição de filmes. Visando maximizar esse comércio, a MF&F estabeleceu concessões de representação regional. Em 30 de maio de 1908, firmaram um primeiro contrato com Francisco Serrador, tornando-o seu agente exclusivo nos estados de São Paulo e Paraná. O segundo contrato foi assinado em 24 de julho de 1908, com Hirtz & Irmão, de Porto Alegre, cobrindo o Rio Grande do Sul. E também um terceiro contrato foi firmado em 1908, com José Tous Rocca, para a representação no Norte e no Nordeste do país[17].

O contrato entre Hirtz & Irmão e Marc Ferrez & Filhos foi assinado no mesmo momento em que o Recreio Ideal trocava de proprietários. Há que observar, porém, que a empresa que deveria comprar o Recreio Ideal de José Tous era a Hirtz & Cia., a mesma que será apontada como a proprietária do cinema em agosto de 1909. Contudo, a empresa Hirtz & Irmão, que assinou com os Ferrez em 1908, compreendia apenas Francisco e Eduardo Hirtz e era proprietária da litografia por eles fundada e administrada. Aliás, é o endereço da litografia que consta no contrato com os Ferrez (rua São Rafael, 21), e não o do cinema (rua dos Andradas, 321). A litografia movimentava considerável capital, utilizando matéria-prima importada, e permaneceu ativa entre um e outro envolvimento de Eduardo ou dos dois irmãos com o setor das diversões públicas e o cinema, em particular. Assim, parece ter havido uma separação legal entre a representação regional da MF&F que os Hirtz assumiram (como Hirtz & Irmão) e a empresa exibidora, de cuja sociedade na empresa Bartelô & C. Eduardo Hirtz parece ter participado com, talvez, o seu irmão Francisco, entre outros. Essa empresa vincularia os experientes empresários industrialistas e agora distribuidores cinematográficos ao experiente exibidor[18]. Bartelô pode ter assumido a direção da sala, cuidando da projeção e das demais atividades cotidianas do estabelecimento, enquanto os Hirtz ficariam com a parte da distribuição regional e da administração do cinema. Em agosto de 1909, Bartelô deixou a empresa e Eduardo Hirtz passou dos bastidores à frente do estabelecimento.

Essa discrição de Hirtz seria rompida parcialmente quando, em março de 1909, começaram a ser exibidas as suas primeiras produções cinematográficas. Em fevereiro, ele filmou duas vistas "naturais" que seriam projetadas no Recreio Ideal no mês seguinte: *Recepção do senador Pinheiro Machado* e *Procissão dos navegantes*. Logo a seguir foi exibida no mesmo cinema sua primeira e única ficção, *Ranchinho do sertão*. Ele filmaria mais três documentais nesse ano, dois dos quais seriam exibidos em janeiro de 1910: *Festa das árvores*, *Combate simulado do Tiro Brasileiro em Canoas*[19] e *Cerimônias e festa da igreja de Santa Maria*. Em 1912, Hirtz filma outros três "naturais": o segundo *Recepção ao senador Pinheiro Machado*, *Inauguração da Garage Royal* e *Passeio da Sociedade Recreio Juvenil*[20].

Trata-se de uma filmografia reduzida, cuja produção foi esporádica e irregular. Ela foi majoritariamente constituída por curtas-metragens "naturais", que registram eventos políticos, religiosos, desportivos e de lazer, públicos e privados. Em seus interesses temáticos, essa produção é representativa da qualidade da produção cinematográfica da época. Hirtz, por sinal, refilmou assuntos que já haviam sido filmados por Giuseppe Filippi em 1904-1905, como as regatas no Guaíba, a procissão dos Navegantes, a saída dos fiéis da missa, a Festa das Árvores e algumas manobras militares.

Apesar de limitada, essa filmografia ocupa importante lugar na história e na historiografia do cinema produzido no Rio Grande do Sul, merecendo considerações. Embora não seja conhecida a data de filmagem de *Ranchinho de palha* ou *Ranchinho do sertão* (dependendo do veículo de imprensa consultado), é bastante provável que esse tenha sido o primeiro filme de Eduardo Hirtz. Foi também o primeiro filme de ficção rodado no estado. Exibido no cinema Recreio Ideal em 26 de março de 1909, em pré-estreia, e de 27 a 30 de março, em caráter regular, era um curta-metragem (foi um dos cinco filmes do programa) baseado em um texto literário, o poema "Aquele ranchinho" (1875), do escritor rio-grandense Lobo da Costa[21]. O filme não foi divulgado por meio de anúncios e o único comentário que recebeu na imprensa foi de ordem técnica: foi elogiado como uma vista "nítida e bem apanhada"[22]. Considerando-se que os filmes ficavam em cartaz por apenas dois dias e que a ficção de Hirtz permaneceu quatro dias em exibição, pode-se dizer que foi um sucesso de público (para os padrões da época) ou que, ao menos, provocou grande curiosidade.

O contexto do seu lançamento caracterizou-se pela entrada progressiva no mercado local dos filmes de arte franceses, produções caras, inspiradas nos grandes clássicos da literatura europeia e encenadas por atores de sólida formação e experiência teatrais. O novo valor artístico conferido aos filmes de ficção modificaria as expectativas do público e a sua percepção sobre o cinema. O aspecto podia ser positivo ou negativo para a recepção de *Ranchinho do sertão*, que afinal de contas também era baseado em uma obra literária e se inscreveria, portanto, no movimento internacional de renovação do cinema. Porém, diferentemente dos filmes franceses, foi inspirado em um poema de temática regional e interpretado por atores amadores e não atores.

Já as filmagens de duas recepções ao senador Pinheiro Machado em sua chegada a Porto Alegre, em 1909 e 1912, revelam a proximidade de Eduardo Hirtz com o Partido Republicano Rio-Grandense (PRR), do qual era eleitor. Acredita-se que tenha produzido tais filmes com recursos próprios, mas, de qualquer forma, esteve a bordo dos vapores que recepcionaram o senador, o que era um privilégio concedido a altas autoridades, políticos eminentes e representantes da imprensa. O exame das atividades de outros cinegrafistas, como Guido Panello e Emílio Guimarães, em Porto Alegre a partir de 1911, demonstraria de forma mais evidente a importância das boas relações entre esses profissionais e os poderes constituídos, seja na abertura de oportunidades de trabalho, seja no acesso aos objetos de interesse (personalidades, locais, eventos) e na viabilização das filmagens.

Pinheiro Machado vivia no Rio de Janeiro, mas visitava o Rio Grande do Sul regularmente, sendo sempre recebido com festa em Rio Grande, Pelotas e Porto Alegre. Uma agenda intensa costumava ser organizada para homenageá-lo, incluindo despacho de embarcações e delegações. O programa da recepção era antecipado nos jornais, e as festas eram posteriormente descritas com minúcias. O registro de sua visita em 1909 resultou em um filme de quatro "quadros"[23], cujos títulos correspondem ao programa organizado e identificam filmagens realizadas a partir do vapor que trouxe o político para a capital. Já a filmagem da recepção de 1912 resultou em um filme mais longo, de quatrocentos metros e treze "quadros", e aparentemente mais elaborado. O representante do jornal *O Diário* o elogiou pela "nitidez", observando que, "como obra nacional, podemos asseverar que se destaca entre as congêneres"[24]. Os títulos dos quadros[25] permitem observar que o programa da recepção de 1912 foi muito semelhante ao de 1909 e que, novamente, Eduardo Hirtz seguiu a bordo do vapor que recebeu o senador, acompanhando e documentando, assim, todos os seus passos. Diferente do filme anterior, entretanto, no segundo o senador não foi o único interesse. A vista também traz um panorama da cidade filmado a partir da embarcação e cenas dos discursos de Carlos Cavaco[26], popular orador local, e do senador "agradecendo" à multidão, talvez apresentados em uma perspectiva mais aproximada. O filme é encerrado por uma imagem fixa, provavelmente uma montagem fotográfica reunindo medalhões ornamentados com ilustrações alegóricas, ao gosto da época, em homenagem ao visitante e ao poder que representava.

Da filmografia comprovada de Eduardo Hirtz, dois títulos destacam-se por terem sido preservados: *Cerimônias e festa da igreja em Santa Maria*, do qual resta um fragmento, é o mais antigo documentário produzido no estado hoje existente[27]; *Passeio da Sociedade Recreio Juvenil*, por sua vez, é um filme de oito minutos de duração, cuja data de exibição é desconhecida, embora haja detalhes de sua filmagem. Ele documenta o passeio campestre, com piquenique, danças e jogos, realizado pelos sócios de uma sociedade recreativa alemã em dezembro de 1912, e proporciona um importante registro das atividades de lazer, dos interesses e comportamentos de parte da elite local em suas práticas de socialização.

Em agosto de 1909, a imprensa local observou que essa produção tinha por fim incrementar os programas do cinema de Hirtz, tornando-se um diferencial da sala em relação às concorrentes congêneres. No início de 1910, o Recreio Ideal inaugurou um palco e passou a oferecer atrações ao vivo alternadas às projeções. A iniciativa foi saudada pelos jornais, que nela viram outro fator de qualificação do centro de diversões e de atração do público. A partir de julho, Hirtz dividiria sua atenção entre o Recreio Ideal e um novo projeto: o Theatro Coliseu Porto-Alegrense, que foi construído em sociedade com os irmãos Nicola e Humberto Petrelli[28]. Em meados de outubro, o Recreio Ideal foi vendido para a empresa Damasceno, Issler & C., provavelmente para que Hirtz pudesse se dedicar mais à finalização das obras do teatro e talvez também por uma necessidade de recursos para o novo investimento.

Durante 1911, Hirtz não filmou. No início de abril, ele vendeu a sua parte do Coliseu aos Petrelli, que se tornaram seus proprietários exclusivos. Dois dias depois, tirou um passaporte e viajou para Buenos Aires. No documento, declarou ter 33 anos, ser casado e ter como profissão “industrialista”. A viagem foi motivada pelo seu interesse em retomar e incrementar a litografia que mantinha com o irmão. Da Argentina, Hirtz trouxe gravadores, transportadores e impressores, além de várias máquinas modernas. Alguns meses depois, a empresa importaria novos equipamentos. Essa dedicação alternada ou simultânea de Hirtz aos seus dois interesses também é representativa das possibilidades de se fazer cinema na época no Brasil.

No segundo semestre de 1911, a estagnação local da atividade de produção cinematográfica seria rompida radicalmente, com a presença e intensa atuação no meio regional do cinegrafista Guido Panello, enviado pelo Governo Federal. Tal experiência reanimaria empresários exibidores como Francisco Damasceno Ferreira, então proprietário do cinema Recreio Ideal, e cinegrafistas como Emílio Guimarães, carioca que vivia na cidade desde maio de 1911, e o próprio Eduardo Hirtz a investirem ou retomarem as atividades de produção no ano seguinte.

Enquanto Damasceno contratará Emílio para produzir o primeiro cinejornal local, o *Recreio Ideal-Jornal*, Eduardo Hirtz voltará a filmar mesmo sem ser exibidor. Nesse segundo semestre de 1912, acompanhando o desenvolvimento da cidade e sua urbanização, um novo filão temático será explorado cinematograficamente.

Multiplicam-se pelas ruas os automóveis particulares e os de aluguel, sendo abertos ou ampliados neste ano estabelecimentos especializados na prestação do serviço. Simultaneamente, os proprietários das garagens descobrem no cinema um novo meio de divulgação e promoção comercial. Três filmes são encomendados aos cinegrafistas disponíveis para dar publicidade aos seus negócios. O primeiro, que teve por objeto a *Cocheira Vitale*, é atribuído a Eduardo Hirtz sem nenhuma confirmação documental. O segundo, registrando a inauguração da *Garage Porto-Alegrense*, foi filmado por Emílio Guimarães para o *Recreio Ideal-Jornal*. A terceira vista foi tomada por Eduardo Hirtz e documenta a *Inauguração da Garage Royal*. Esse último filme, "tirado do natural", apesar de ser um filme promocional, publicitário, acabou sendo exibido em cinemas de Porto Alegre, Pelotas e Rio Grande.

Durante 1913, uma única iniciativa de produção cinematográfica foi identificada em Porto Alegre, tendo por cinegrafista Emílio Guimarães, conforme se verá adiante. Eduardo Hirtz restringiu suas atenções à litografia, voltando ao cinema apenas em outubro, quando se tornou um dos sócios da empresa que construiria o cinema Apollo, inaugurado em abril de 1914. Em 1915, ele inaugurou um novo cinema, o Thalia, e em 1918 tornou-se sócio de Carlo Comelli em uma produtora cinematográfica denominada Empresa Cinematográfica Rio-Grandense. Hirtz entrou com a parte majoritária dos recursos financeiros, laboratório, equipamento e matéria-prima, demonstrando a sua capitalização e o interesse em manter domínio sobre a face financeira dos negócios, como ocorreu na época do contrato de distribuição com os Ferrez. Comelli comprometeu-se com o trabalho especializado, cabendo-lhe "fotografar" e "revelar" os filmes[29].

O exemplo de Eduardo Hirtz, cuja atuação no campo cinematográfico foi exercitada em múltiplas frentes e teve importância indiscutível para a dinamização do cinema no meio regional, coloca questões importantes da perspectiva da memória e da história. Em uma página biográfica sobre Hirtz contida em uma publicação de 1937, em que são destacadas personalidades de renome e sucesso da época, não há qualquer referência ao seu passado cinematográfico[30]. Na ocasião de sua morte, em 1951, da mesma forma, nada foi dito sobre a sua importância para o cinema gaúcho, evidenciada apenas nas décadas de 1970-1980 em resposta a novas demandas historiográficas.

Na verdade, Eduardo Hirtz nunca se apresentou como operador cinematográfico nem foi referido por seus contemporâneos como tal. Acompanhando sua carreira e atividades entre 1909-1915 pelo que foi publicado na imprensa, observa-se que talvez não estivesse entre as suas pretensões ser valorizado socialmente por suas atividades cinematográficas e menos ainda como o primeiro a filmar uma ficção gaúcha. Em 1909, quando rodou *Ranchinho do sertão*, ele estava apenas iniciando sua experiência de produção cinematográfica, que exerceria como atividade paralela e de importância secundária. Também é frágil a ideia de que sua filmografia tenha sido motivada pela necessidade de incrementar os programas do seu cinema. Afinal, ele também filmou nos períodos em que não era exibidor e disponibilizou seus filmes em diferentes cinemas da cidade, mesmo os que não lhe pertenciam. Os investimentos materiais necessários e a restrita circulação dos filmes, que costumavam ser exibidos em caráter exclusivo por determinado cinema, pouco sustentam a hipótese de que Hirtz, ou qualquer outro cinegrafista da época, tenha obtido com seus curtas-metragens um significativo retorno financeiro.

O seu envolvimento com o cinema, particularmente com a produção, parece ter atendido a interesses mais pessoais, de ordem intelectual e emocional. Os seus filmes parecem expressar o empenho de um apaixonado pelo cinema e pela cidade, um amador (no duplo sentido, de não profissional e de aficionado) que tinha uma satisfação pessoal em registrar e divulgar os acontecimentos da realidade cotidiana por meio de filmes, mas que também dispunha de recursos financeiros (proporcionados pela litografia e, quem sabe, pela sala de cinema), capital intelectual e competência técnica para empreender a atividade. Hirtz era um empresário industrialista que desde cedo se interessou pelos processos de produção e reprodução de imagens, sendo pioneiro na fotolitografia no estado. O cinema surgiu como uma nova técnica a ser dominada e um novo campo para a exploração de suas aptidões artísticas, já demonstradas quando foi aprovado com louvor em um curso de desenho. Por fim, é possível também que Hirtz receasse dar publicidade ao seu nome vinculado ao cinema porque a associação de um conhecido e respeitado industrialista com o setor das diversões públicas não era bem aceita socialmente na época.

CINEMA, ESTADO E PROPAGANDA

No segundo semestre de 1911, Porto Alegre viveria uma experiência pouco usual com relação ao cinema, provocada pelas atividades de um cinegrafista enviado pelo Governo Federal à capital e outras localidades do interior do estado. O incremento das filmagens promovido por Guido Panello acabaria interferindo na dinâmica social e política da região e provocando modificações na percepção dos contemporâneos acerca das possibilidades do cinema. Além de proporcionar informação e entretenimento, o cinema também passa a ser experimentado e assimilado como meio de construção e difusão de representações sociais, de afirmação de identidades e de disputa de poder no nível internacional.

Guido Panello, sobre o qual pouco se sabe, chegou a Porto Alegre no início de julho a serviço do Ministério da Agricultura, pelo qual havia sido contratado para filmar o progresso do Rio Grande do Sul, e só deixou definitivamente a cidade em 4 de outubro, rumo a Pelotas. Sua missão como "operador cinematográfico" daquele órgão federal foi "tirar diversos *films* para figurarem na Exposição de Turim e Milão"[31], filmes que dessem conta do desenvolvimento agrícola e industrial do estado. Com esse intuito, durante os três meses em que esteve na capital, realizou várias filmagens da cidade e também de municípios vizinhos, como São Leopoldo, Caxias do Sul, Montenegro, Barra do Ribeiro, São Sebastião do Caí, Alfredo Chaves e Bento Gonçalves.

Além das filmagens destinadas ao governo, documentando aspectos da economia, dos recursos naturais, do desenvolvimento urbano e dos costumes rio-grandenses, Panella também aceitou encomendas de particulares para a filmagem de seus estabelecimentos industriais e comerciais, bem como de seus espaços e práticas de lazer. Nesse segundo grupo de filmes, predominaram as vistas "naturais", com a exceção de um filme de reconstituição baseado em um crime real, que lhe foi encomendado pelos proprietários de um centro de diversões. Tais filmes ficaram com seus financiadores e foram posteriormente exibidos nos cinemas porto-alegrenses.

A imprensa acompanhou atentamente as atividades de Panella, informando sobre suas filmagens e deslocamentos, ainda que nem sempre os planos divulgados tenham sido cumpridos, seja por mudanças climáticas ou outras razões[32]. Na capital, foram filmadas corridas equestres no Prado Independência, estabelecimentos industriais (curtume no Partenon, fábrica de vidros na ilha da Pintada, Cervejaria Bopp & Irmãos, Cia. Fiação e Tecidos, fábrica de cigarros e preparo de fumos dos Irmãos Noll, na Doca), empresas de comunicação (Cia. Telefônica Rio-Grandense), instituições de ensino vinculadas ao governo do estado (Escola Complementar, Escola de Engenharia, Instituto Júlio de Castilhos, Instituto Técnico e Profissional e Instituto Agronômico). Foram feitas vistas da cidade, de seus morros e locais pitorescos, mas também de sua urbanização na área central, com as principais avenidas e o comércio filmados a partir de um automóvel em movimento. Também foram documentados batalhões estudantis em formação (do Colégio Júlio de Castilhos e do Ginásio Anchieta), jogos de futebol, manobras militares do Tiro de Guerra n. 4, eventos de lazer como o corso de automóveis e a Festa das Árvores, sociedades náuticas (o Club Almirante Barroso, por exemplo) e uma parada militar no Sete de Setembro. Nos municípios vizinhos, o cinegrafista captou imagens de belezas naturais, como quedas d'água, e também estabelecimentos industriais, comerciais e agrícolas, plantações de trigo e arroz e estâncias de criação de gado, algumas das quais pertencentes aos próprios intendentes (prefeitos) das localidades visitadas ou a políticos que tiveram participação na escolha dos assuntos das filmagens. Não ficaram sem registro também as festas que demonstrassem costumes gaúchos.

No início de outubro, Panella rumou para Pelotas, de onde tomaria um trem para Rio Grande e finalmente o navio para o Rio de Janeiro. Contudo, acabou permanecendo por quase um mês na cidade, onde filmou aspectos variados, provavelmente para o Governo Federal, e também atendeu a encomendas de particulares. Há indicações de que possa ter filmado, ainda, as obras da barra e do porto em Rio Grande. Não se sabe que destino foi dado às filmagens feitas no Rio Grande do Sul, se resultaram em filmes e se estes foram realmente enviados à Itália. Afinal, o cinegrafista ainda estava em Pelotas em 22 de outubro, e a Exposição de Turim foi encerrada em 19 de novembro. No entanto, é bastante provável que, da mesma forma que finalizou em Porto Alegre uma série de filmes realizados por encomenda de particulares, tenha feito o mesmo com os filmes produzidos oficialmente e os tenha enviado, por via marítima, ao Ministério da Agricultura, no Rio de Janeiro, para que pudessem ser encaminhados à feira internacional[33].

As notas jornalísticas por meio das quais foram acompanhadas e relatadas as atividades de produção cinematográfica protagonizadas por Guido Panello no Rio Grande do Sul intitulavam-se "Propaganda do Rio Grande". A expressão revelava a percepção dos contemporâneos sobre a importância do cinema como veículo de divulgação e promoção visual, política e comercial. Ela havia sido evidenciada em maio, quando desembarcou na cidade outro cinegrafista, o carioca Emílio Guimarães, informando que havia percorrido a Argentina, o Uruguai e o Chile, tirando vistas cinematográficas para exibir na Europa e na América, e que pretendia fazer o mesmo no Rio Grande do Sul. A imprensa recebeu muito bem a ideia, observando que o cinema era uma das formas mais eficientes de se fazer a propaganda de um país.

Na verdade, a fotografia vinha desempenhando esse papel desde a década de 1860, quando passou a figurar nas Exposições Internacionais como um dos produtos do Brasil e sobre o Brasil. Os fotógrafos concorriam a prêmios pela qualidade de seu trabalho, e as fotografias eram expostas em seções especializadas nos pavilhões que lhes eram reservados, mas também junto a matérias-primas brasileiras e produtos artesanais e industriais, servindo todos de propaganda do Brasil no exterior[34]. A ideia da propaganda por meio das imagens fazia parte, portanto, do imaginário da época. Isso ganharia reforço com o cinema, que se colocará como novo meio de representação visual de lugares e cultivos cujos produtos eram muitas vezes expostos *in natura* ao público, propiciando aos visitantes conhecimentos sobre o local do seu cultivo, a duração e as etapas do processo produtivo, assim como a variedade de usos daquilo que se expunha.

No Brasil, a percepção e o uso do cinema como veículo de propaganda foi anterior a 1910, mas limitou-se a apenas alguns operadores cinematográficos e exibidores, que colocaram essa ideia em prática, de forma individual e independente. Em junho de 1909, Emílio Guimarães e Joseph Arnaud deixaram o Rio de

Janeiro e partiram para a Europa levando consigo "fitas nacionais", que teriam exibido em diferentes países para fazer propaganda do Brasil. A viagem foi financiada pelo exibidor cinematográfico que os empregava. Uma das razões da viagem era que eles também tirassem vistas no exterior e as trouxessem para exibir no respectivo cinema. Em junho de 1910, Emílio partiu para Buenos Aires com o mesmo objetivo e, novamente, não ia a serviço do governo, mas de um exibidor. Quase um mês depois, Figueiredo Pimentel noticiou, na sua coluna da *Gazeta de Notícias* carioca, que Emílio Guimarães lhe havia escrito de Buenos Aires, onde se encontrava "tirando fitas" por conta do cinema Pathé. Dali, rumaria para outros países sul-americanos, nos quais exibiria "filmes de assuntos nacionais, de que levou um grande estoque", e tiraria fitas para exibir no cinema do seu financiador. Segundo Pimentel, dessa forma o cinegrafista e os exibidores brasileiros que o financiavam estavam fazendo "uma propaganda útil e inteligente do nosso país. Eis aí um bom fim, agradável e prático, do cinematógrafo. Nem sabemos como o nosso governo ainda não o aproveitou"[35].

De fato, não havia ainda uma ação direta e organizada da parte do governo brasileiro no sentido da apropriação do cinema para tais fins. A experiência que envolveu Panella e suas filmagens para a Exposição de Turim parece ter sido uma das primeiras ações, ainda pontuais, do estado nesse sentido. Os seus filmes não deveriam apenas incrementar a exposição dos produtos brasileiros na Itália, mas também demonstrar a inscrição do Brasil no mundo moderno pela própria utilização do cinema para fins de propaganda[36].

O caráter oficial da sua missão fez com que o operador cinematográfico do Ministério da Agricultura fosse acompanhado, nos seus deslocamentos pela capital e cidades vizinhas, por autoridades políticas estaduais e municipais e, principalmente, por funcionários das representações regional e municipais daquele órgão federal. A fim de facilitar o desempenho de sua tarefa, eles lhe forneceram meios de transporte e intermediaram relações pessoais. O governo gaúcho disponibilizou o automóvel da Escola de Engenharia, para que Panella percorresse Porto Alegre e a filmasse, e uma lancha, para levá-lo à ilha da Pintada. Nessas duas ocasiões, o cinegrafista esteve acompanhado de Luiz Valladares, o ajudante da Inspetoria Agrícola. Ele também contou com o automóvel da administração municipal para visitar e filmar os aspectos pitorescos da cidade. Quando foi a Caxias do Sul, quem o acompanhou foi o inspetor agrícola Euclydes Moura. Para ir a Montenegro lhe foi cedido um trem especial, colocado à sua disposição pelo diretor da Viação Férrea do Estado. Quando foi a Barra do Ribeiro filmar lides pecuárias na propriedade de Salvador Pinheiro Machado, irmão do conhecido senador, autoridades estaduais vinculadas ao setor agrícola o acompanharam. Em Pelotas, a Inspetoria Agrícola também lhe designou um auxiliar.

Além do mais, é possível que o papel desse órgão junto a Panella não fosse apenas recepcioná-lo e viabilizar material e politicamente a execução de sua tarefa, mas também fiscalizá-la. É provável que a Inspetoria estivesse enviando para o Ministério relatórios das filmagens. Assim foi possível chegar a Panella uma notificação, em meados de agosto, por intermédio do órgão regional, de que o Ministério da Agricultura o havia autorizado a permanecer por mais um mês no Rio Grande do Sul, elevando para 5 mil metros a quantidade de filme virgem que poderia utilizar por conta do governo.

O exemplo de Panella demonstra que já havia, em 1911, um reconhecimento do cinema como veículo de propaganda, até mesmo por parte do governo. Contudo, não se sabe até que ponto essa iniciativa era um projeto consistente e uma prática estruturada, que alcançava resultados. Não sabemos se, após o trabalho de Panella, que cumpriu sua tarefa, o Ministério da Agricultura de fato encaminhou os filmes para a Europa e se outros estados brasileiros também estavam incluídos no projeto.

Pelo menos seis filmes rodados por Panella para particulares em Porto Alegre foram finalizados e projetados nos cinemas locais. Destes, um foi exibido durante sua estadia na cidade e os demais após a sua partida. Este último grupo constitui-se de cinco filmes "naturais", dos quais apenas um (*A festa das árvores*) foi encomendado e pago por um exibidor cinematográfico, o proprietário do Recreio Ideal[37]. Um desses "naturais", intitulado *O corso de automóveis*, merece atenção por ter sido parcialmente preservado. Um fragmento seu, com duração de um minuto, foi identificado recentemente como parte de um documentário sonoro de longa metragem de 1940[38]. O corso, organizado por representantes da elite local e constituído por setenta carruagens e 45 automóveis, devia mostrar, em Turim, o progresso e a elegância nacionais.

O título que causou maior alarde foi o filme *A tragédia da rua dos Andradas*, que reconstituía um crime que chocou a pacata capital gaúcha no início de setembro, quando quatro homens assaltaram uma casa de câmbio situada na principal rua da cidade e roubaram objetos de valor e dinheiro, ferindo mortalmente um empregado do estabelecimento. A seguir, eles fugiram pelas ruas centrais, tomaram um carro de praça (o táxi da época, à tração animal) e depois um bonde elétrico, do qual fizeram descer os passageiros, além de acelerar a velocidade do veículo, até que ele descarrilou. Então sequestraram um leiteiro com sua carroça e rumaram para fora da cidade, para a região dos banhados do rio Gravataí.

O caráter inédito e espetacular do ocorrido provocou espanto e comoção gerais. A imprensa publicou detalhadas matérias a respeito, inclusive imprimindo edições especiais, ilustradas com fotografias. O clamor jornalístico por justiça foi prontamente ouvido pelas autoridades, que caçaram e mataram os "facínoras", para satisfação da população atônita com a "tragédia rocambolesca" por eles perpetrada. Os corpos dos bandidos foram trazidos até o centro da cidade em extenso préstito, composto pelas autoridades civis e militares e pelos populares. Uma multidão acorreu ao necrotério da Chefatura de Polícia assim que a notícia se espalhou. Foi uma sucessão de cenas nunca antes vistas na cidade.

Para quem não havia presenciado algum momento do episódio, o que seria bem difícil, já que a cidade era pequena, a simples leitura da cobertura jornalística já foi emocionante. Por meio das fotografias publicadas nos jornais foi possível associar trechos das descrições textuais dos acontecimentos com suas respectivas imagens. No entanto, a ideia de reconstituir cinematograficamente o crime não podia ser mais perspicaz, vindo a proporcionar outra qualidade de apropriação visual ao episódio.

Guido Panello estava na cidade e recebeu a encomenda da filmagem dos Irmãos Petrelli, proprietários do Theatro Coliseu, que funcionava como um teatro de variedades e não como cinema. Segundo divulgado pela imprensa, a ideia de reconstituir em filme a "emocionante tragédia" devia-se à "sensação que produziu em todo o estado"[39]. Além do cinegrafista, os Petrelli também contrataram "diversas pessoas para fazerem os papéis dos criminosos, bem como o do cocheiro do carro de praça e o do leiteiro, cujos veículos serviram para a fuga"[40]. Já para interpretar os policiais, foram convidados os próprios agentes, que aceitaram participar, ocasionando confusão. Durante a filmagem da cena da perseguição e do cerco policial aos assaltantes, moradores desavisados entenderam que um novo crime ocorria e acionaram policiais igualmente desavisados, que acudiram em socorro das "vítimas", interrompendo as filmagens e prendendo toda a equipe. Posteriormente as coisas foram esclarecidas, mas os jornais não perderam a oportunidade de ironizar a "fita" cômica resultante da tentativa de produção da "fita" trágica, ambas fundadas no cruzamento entre representação e vida real[41].

A tragédia da rua dos Andradas reuniu cenas documentais e de reconstituição do crime e ficou em cartaz de 15 a 19 de setembro de 1911 no Coliseu. Ao observar os títulos dos quadros[42], verifica-se que foram contemplados todos os passos do episódio, inclusive aqueles de domínio dos mortos, como o "complô", ou seja, o planejamento do crime e suas motivações. Não se sabe quem teria escrito o roteiro, se é que existiu um, mas o resultado aparente é uma narrativa linear e cronológica, fiel à ordem dos acontecimentos, conforme descritos nas reportagens jornalísticas. Por fim, as cenas documentais registravam o funeral da vítima e a chegada dos cadáveres dos bandidos ao necrotério.

É bastante provável que a linearidade e fidelidade da narrativa fílmica, características aqui apenas presumidas, dado que o filme não foi preservado, não fossem percebidas pelos espectadores, na época, como uma imperfeição. Ao contrário, o filme terá como público uma boa parte dos leitores dos jornais, sendo necessário lembrar também da importância da oralidade na transmissão das notícias, que certamente possibilitava que o grande número de analfabetos não ficassem alheios aos acontecimentos. Ou seja, a oferta de filmes baseados em fatos reais, pertencentes ao cotidiano dos espectadores, vai contar com uma participação diferenciada do público na sua apropriação, dados sua experiência e informação anteriores e o grau de exigência formado a partir desse arcabouço. Ao analisar alguns filmes realizados no Sudeste do país e que também tiveram por assunto um crime real, procurando reconstituí-lo, Souza se surpreendeu justamente com as críticas e cobranças aos filmes no sentido da exigência de fidelidade e verossimilhança da representação com relação à realidade à qual se reportavam, inclusive na escolha dos atores[43].

Vale lembrar ainda o caráter inédito no meio regional da representação cinematográfica de episódios dramáticos reais de ocorrência local. O filme de Panella era provavelmente uma narrativa visual estruturada, completa e fluida, com início, meio e fim, que permitiria "ver" o que não havia sido visto e presenciado e/ou rever o vivido, ainda que encenado.

FOTOGRAFIA, CINEMA E IMPRENSA

A investigação histórica dos processos e práticas de produção visual, em particular cinematográficas, no Brasil e no resto do mundo, entre o final do século XIX e primeiras décadas do XX, evidencia como o interesse pela fotografia conduziu muitos dos seus praticantes ao interesse pelo cinema, que acabou substituindo a dedicação anterior ou sendo desempenhado simultaneamente a ela. No caso brasileiro, ela também permite observar, nas múltiplas facetas de atuação de vários profissionais, as relações que interligavam diferentes setores da produção cultural no início dos anos 1910, como o jornalístico, o fotográfico e o cinematográfico. Como se sabe, era comum na época que médicos, advogados e militares também fossem literatos, jornalistas e ilustradores. Por sua vez, um numeroso grupo de profissionais atuou simultaneamente na reportagem fotográfica e na produção cinematográfica. Além de Emílio Guimarães, realizador dos filmes que serão abordados a seguir, podem ser citados como exemplos outros contemporâneos seus, como os irmãos Paulino e Alberto Botelho, Antonio Leal e Alfredo Musso, todos do Rio de Janeiro, Annibal Requião, em Curitiba, e Gilberto Rossi, em São Paulo[44].

Emílio Soares Guimarães era português e vivia no Rio de Janeiro antes de se estabelecer temporariamente em Porto Alegre. Em 1903, atuava como fotógrafo. Em 1905, teria iniciado sua atividade como operador cinematográfico. Em parceria com Antônio Leal e Joseph Arnaud, que se estendeu até 1907, produziu numerosas vistas "naturais" registrando obras urbanas, congressos internacionais, eventos políticos e visitas diplomáticas, entre outros acontecimentos que agitavam o cotidiano da capital federal. Segundo relato seu publicado na *Gazeta de Notícias* carioca em 1909, tais filmes eram realizados por iniciativa própria e com recursos dos cinegrafistas para, a seguir, serem oferecidos aos exibidores ou ao governo.

Em maio de 1907, Emílio entrou com um pedido de patente no Ministério da Agricultura para explorar um espetáculo denominado *Auto-Brazil*. Ele se apropriou de um tipo de diversão pública criada e apresentada ainda na Exposição Universal de 1900, que consistia em exibir vistas cinematográficas turísticas tomadas a partir de meios de transporte como balões, navios, trens e automóveis e que seria posteriormente praticada no Brasil[45]. Por meio dele, o espectador teria a impressão de que seguia em um automóvel pelas "ruas comerciais e avenidas" do Rio de Janeiro e de outras cidades do país conhecendo os seus "melhoramentos e embelezamento"[46]. Tal percepção do cinema como meio de divulgação e propaganda, que levara Panella ao Rio Grande do Sul, orientaria futuros projetos e empreendimentos de Emílio, motivando-o a deixar o Rio de Janeiro e viajar pela Europa e América do Sul antes de se estabelecer em Porto Alegre, onde teve atuação marcante, dinamizando os campos do cinema, da fotografia e da imprensa.

Após ter atuado como "operador cinematografista" da empresa Paschoal Segreto (de meados de 1908 a meados de 1909), e de ter acompanhado e filmado, nessa função, as viagens oficiais do presidente Afonso Pena (1906-1909) a São Paulo e Curitiba, onde inaugurou o entroncamento das estradas de ferro Sorocabana e São Paulo-Rio Grande, e do diretor geral do Serviço de Povoamento do Solo Nacional, Gonçalves Júnior, aos núcleos coloniais do Paraná, em abril de 1909, Emílio seguiu para a Europa levando consigo "fitas nacionais" para exibição. Em junho de 1910, ele rumou para Buenos Aires com o mesmo objetivo, conforme já apontado. Dos países do Prata, Emílio dirigiu-se a Porto Alegre, onde desembarcou em maio de 1911. Aos jornais declarou que pretendia se fixar na cidade, onde instalaria um "laboratório, a fim de preparar as fitas cinematográficas de paisagens e cenas rio-grandenses", das quais seriam remetidas cópias às produtoras cinematográficas francesas, que as disseminariam pelo mundo[47]. Embora a imprensa tenha avalizado sua proposta, ela parece não ter tido repercussão, pois ele acabou empregado como operador projecionista de um cinema local.

As filmagens e exibições das vistas tomadas por Panello em 1911, que incorporaram o cinema de forma mais incisiva ao cotidiano porto-alegrense e o projetaram nas telas, podem ter encorajado Emílio a retomar seus antigos projetos e apostar na sua viabilidade, lançando a produtora foto-cinematográfica Brazil-Cinema Fábrica Nacional de Fitas Cinematográficas, em abril de 1912. Após uma experiência como repórter fotográfico da revista *Fon-Fon* no Sul, Emílio foi contratado pela empresa F. Damasceno Ferreira & C., proprietária do cinema Recreio Ideal, para produzir o cinejornal da casa. A determinação do exibidor em investir na produção cinematográfica pode ter sido igualmente estimulada pelo "efeito Panello", já que o Recreio Ideal chegou a encomendar uma vista "natural" ao italiano em 1911, a qual foi depois incluída em sua programação, junto com mais três filmes financiados por empresários e industriais locais.

O *Recreio Ideal-Jornal* foi o primeiro cinejornal realizado no Rio Grande do Sul. Tanto na sua divulgação pelo exibidor quanto nos comentários posteriores da imprensa, a iniciativa foi percebida e festejada como "um melhoramento" introduzido pelo cinema, destinado a incrementar os seus programas e qualificar os seus serviços. Se uma cidade, ao figurar em um filme, aumentava seus índices públicos de civilidade, o exibidor cinematográfico capaz de financiar filmes também demonstrava, assim, o seu poderio econômico. Com o empreendimento, a empresa exibidora, que acabara de tornar-se representante regional da mais poderosa distribuidora do país, a Companhia Cinematográfica Brasileira (CCB), expandia suas atividades também para a produção, integrando todos os ramos do cinema. No contexto de 1912, marcado por uma crescente concorrência entre os cinemas e uma intensa disputa pelos mercados, a situação do Recreio Ideal não poderia ser mais promissora.

A primeira edição do *Recreio Ideal-Jornal* foi exibida em 19 de julho de 1912. A última, de número 21, em dezembro. Embora os filmes que o compunham tenham desaparecido, é possível identificar, a partir da pesquisa à imprensa da época, boa parte dos acontecimentos que foram considerados interessantes como "atualidades porto-alegrenses" e, por isso, foram registrados por Emílio Guimarães[48]. O cinejornal foi constituído como um noticioso, uma revista cinematográfica cuja estrela principal foi a cidade, sendo registrados aspectos de sua urbanização, atrações naturais, espaços de lazer, manifestações políticas, cívicas, desportivas e culturais.

Vivia-se um contexto de incremento do caráter noticioso dos jornais e de uma demanda crescente pela diversidade temática e atualidade dos conteúdos, expectativas que contaminavam os mais diversos setores da sociedade. Essa mesma orientação vinha estimulando e sendo estimulada pelas produções cinematográficas, sendo responsável também pela valorização dos filmes documentais, os "naturais", entre os quais estavam incluídos os cinejornais, produzidos desde 1910 pela Pathé e, já em 1912, filmados e exibidos pelos brasileiros. Quando do lançamento do *Recreio Ideal-Jornal*, aliás, enfatizou-se o desejo de integrar Porto Alegre ao grupo das capitais cosmopolitas que já produziam os seus cinejornais, como o Rio de Janeiro e Paris.

Durante o segundo semestre de 1912, Emílio documentou basicamente os mesmos eventos com filmagens para o *Recreio Ideal-Jornal* e fotografias para a revista

Kodak, cuja equipe ele passou a integrar como repórter fotográfico desde o final de setembro. Em meados de fevereiro de 1913, ele acumulou a direção artística da revista. Durante esse ano, diminuiu muito a regularidade da produção e da exibição de vistas nacionais nos cinemas porto-alegrenses. O inverso ocorreu em algumas cidades do interior do estado, como Pelotas, Rio Grande, Santa Maria, Jaguarão e Bagé, abarcadas pelas atividades de filmagem e exibição cinematográfica de Francisco Santos, cuja produtora começou a funcionar no final de 1912.

Em meados de junho de 1913, rompendo a estagnação das filmagens na capital, Emílio foi contratado pelos proprietários do cinema Iris para filmar uma festa infantil promovida por uma empresa de seguros que acabara de ser fundada, A Gaúcha. O evento destinava-se à divulgação da seguradora, mas a filmagem foi financiada pelos exibidores, que acabaram projetando-a com exclusividade no seu cinema, o mesmo que exibiria os filmes de Francisco Santos em Porto Alegre a partir de novembro.

Em abril de 1914, Emílio, que desde o ano anterior tornara-se sócio-proprietário da revista *Kodak*, ampliando seu reconhecimento público e estendendo suas relações no meio regional, abandonou as atividades em Porto Alegre e partiu para Taquarussu, em Curitibanos (SC), como chefe de uma excursão foto-cinematográfica destinada a registrar a Guerra do Contestado (1912-1916). Na verdade, além do projeto pessoal do filme, ele também viajou para a zona do conflito na qualidade de correspondente fotográfico da revista *Kodak* e do jornal *A Noite*, da mesma empresa. Da expedição resultaram fotografias e o filme "natural", de longa metragem, *Os fanáticos do Taquarussu*, hoje desaparecido. Ele documentava parte das manobras das forças militares governistas contra a população cabocla revoltada.

Embora a Guerra do Contestado tenha tido ampla cobertura dos jornais, dela se tratou sob uma perspectiva unilateral: a visão do governo, que estigmatizou os colonos como "fanáticos". Por outro lado, as informações divulgadas foram fragmentadas e incompletas, e muitas vezes retardadas ou interceptadas e censuradas pelo governo, sobretudo se remetiam a derrotas e dados pouco favoráveis ao Exército. Frente à insegurança sobre a fidelidade dos múltiplos relatos que procuravam dar conta dos acontecimentos, alguns jornais enviaram correspondentes à região dos conflitos. Quando decidiu partir para o Contestado, Emílio atuava em dois veículos de comunicação que davam grande importância às imagens, recursos então indisponíveis como meios de informação sobre a guerra. Assim, para além dos acontecimentos diretamente relacionados ao conflito e à forma como repercutiram no meio regional, é possível que a excursão foto-cinematográfica tenha sido organizada considerando-se a demanda social por imagens da guerra[49].

As filmagens registraram a movimentação das tropas, exercícios militares, momentos de descanso e sociabilidade nos acampamentos, os integrantes das chefias e seus subordinados. Em 23 de junho, foi feita uma primeira projeção do filme no cinema Apollo, em Porto Alegre, para testar a qualidade das imagens. Na manhã seguinte, foi filmada, em um quartel da cidade, a encenação de uma batalha pelo mesmo regimento que havia combatido no Contestado, a fim de integrá-la ao filme, que terminou com cinco partes.

Os fanáticos do Taquarussu foi exibido exclusivamente no cinema Apollo, que pertencia a Eduardo Hirtz e seus sócios, em 15 e 16 de julho, durante dois dias, como era de praxe. Nos anúncios de divulgação do filme, foram destacados a sua atualidade temática e o seu valor documental. Enfatizou-se ainda a nitidez das imagens, percebidas como "expressão da verdade", e o interesse que deveriam despertar na comunidade local, onde viviam muitos soldados que haviam combatido na guerra, bem como seus familiares. A seguir, o próprio realizador tentou exibir o filme em Pelotas. Em meados de agosto, conseguiu exibição em dois cinemas de Curitiba. Depois, procurou exibi-lo em Paranaguá, ainda no Paraná. O documentário, realizado em um contexto de estagnação da produção cinematográfica brasileira, foi um filme independente, cujo realizador foi também seu distribuidor. O filme pode ter sido financiado com verbas privadas, de Emílio, e talvez da revista *Kodak*, do jornal *A Noite* e do cinema Apollo.

Embora a expedição de caça às imagens da guerra também tenha buscado proporcionar informações fidedignas dos fatos, observa-se que foi orientada pelas mesmas concepções que dominavam a imprensa da época. Mesmo sem acesso ao filme, acredita-se, considerando-se as fotografias preservadas e a divulgação, que o cinegrafista aderiu à concepção depreciativa em relação aos revoltosos. Essa visão era a mesma aceita e propagada pelas forças militares que deram cobertura à expedição, permitindo que Emílio e seu auxiliar Adolpho Lucconi transitassem pelo território do conflito e acompanhassem as manobras. Ou seja, foi um filme autorizado, que contou com a infraestrutura e a proteção do Exército. Daí ter sido dedicado a essa instituição na sua carreira comercial de exibição. O próprio título, *Os fanáticos do Taquarussu*, deixa evidente a visão construída pelo governo, assumida e multiplicada pela imprensa e formadora da opinião pública em geral.

Entre agosto de 1914 e setembro de 1915, Emílio se dedicou a dois projetos de publicação impressa ilustrada que não vingaram: a revista *Dum-Dum* (foram editados dois números) e o *Álbum ilustrado de propaganda do estado do Rio Grande do Sul*, retomando neste último a ideia da propaganda pelas imagens, dessa vez fotográficas. Também foram exercitadas no período suas tradicionais frentes de trabalho: a reportagem fotográfica e a produção cinematográfica. Vale destacar a premiação que obteve como propagandista cinematográfico na Esposizione Internazionale del Lavoro, Milano, 1915-1916, com

> um *film* de assuntos naturais do nosso estado, em que estão gravados aspectos de Porto Alegre, Caxias, Passo Fundo, Marcelino Ramos e os limites dos três estados: Rio Grande, Paraná e Santa Catarina. Além desses, o *film* registra a grande ponte sobre o rio Uruguai e outros assuntos referentes à Viação Férrea do RS, cascatas e costumes[50].

Tratava-se, na sua visão, de uma nova iniciativa particular de propaganda do país no plano internacional, por meio do cinema.

Em 8 de setembro de 1915, um acontecimento trágico de importância nacional levaria novamente os Irmãos Petrelli a contratarem um cinegrafista para produzir um filme capaz de atrair espectadores ao seu centro de diversões. A motivação do filme foi o assassinato a facadas, no Rio de Janeiro, do senador gaúcho José Gomes Pinheiro Machado, vice-presidente do Senado. O político havia sido considerado por muitos dos seus contemporâneos como o verdadeiro mandatário do país durante o governo de Hermes da Fonseca (1910-1914), o que o tornou muito popular. Diferentemente do que ocorreu em 1911, porém, o interesse agora era documentar as cerimônias fúnebres do ilustre morto no estado. Para a missão foi chamado Emílio Guimarães.

O corpo de Pinheiro Machado recebeu honras fúnebres especiais no Rio de Janeiro antes de ser trasladado para o Rio Grande do Sul, onde foi sepultado. Alberto Botelho acompanhou e filmou todas as homenagens prestadas ao senador na capital federal, resultando da cobertura uma vista "natural" de duas partes. A seguir, o corpo foi embarcado no couraçado *Deodoro*, navio da Marinha de Guerra brasileira, que zarpou em 11 de setembro em direção ao Sul. Devido ao mau tempo, a embarcação atracou no porto de Rio Grande apenas em 17 de setembro.

Uma comissão composta por altas autoridades civis, militares e religiosas, além da imprensa, o aguardava. O grupo, no qual se encontrava Emílio, filmando, acompanhou o esquife do senador até Porto Alegre a bordo do vapor *Javary*. Na manhã de 18 de setembro, Pinheiro Machado, que era sempre recebido na capital com festa e foguetes, "desembarcou" ao som de marchas fúnebres e notas de finados. A população lotou o cais e regiões vizinhas antes de juntar-se ao préstito que conduziu o corpo até a sede do poder municipal, onde seria velado. Uma multidão o homenageou no velório e o acompanhou em cortejo a pé, na manhã de 19 de setembro, até o cemitério.

Assim como ocorreu no Rio de Janeiro, todos os passos das cerimônias fúnebres foram detalhadamente descritos e fotografados pelos jornalistas porto-alegrenses e filmados por Emílio. Na segunda-feira, 20 de setembro, foi exibido no cinema Avenida o curta "natural" *Os funerais do senador Pinheiro Machado no Rio de Janeiro*. Em 22 de setembro, o mesmo filme foi exibido no cinema Apollo e, em 25 de setembro, no Colombo. Mas tratava-se, provavelmente, de uma produção paulista[51].

Enquanto isso, a imprensa divulgava os títulos dos "quadros" que comporiam o "nítido e perfeito" filme tirado dos funerais por Emílio Guimarães[52]. A relação temática, que pode ter correspondido aos entretítulos do filme, demonstra que as filmagens foram iniciadas em Rio Grande e as vistas foram tomadas a partir de diferentes locais, em terra e mar. A seguir, há uma série de aspectos filmados em Porto Alegre, em terra, a partir do cais ou de outro barco. Isso significa que foram empregadas pelo menos duas câmeras. De fato, sabe-se que Emílio contou com um assistente.

No que diz respeito aos assuntos, observa-se uma disposição cronológica e didática, em que os títulos devem provavelmente antecipar e introduzir as imagens, identificando o que e quem será mostrado, como foi uso comum nos filmes brasileiros da época preservados até hoje. Cotejando tais temas com as notícias dos jornais, observa-se que o documentário foi construído como uma reportagem cinematográfica, o que condiz com as experiências anteriores do seu cinegrafista como repórter fotográfico e produtor de um cinejornal.

No dia 22 de setembro, o Coliseu exibiu o filme rodado por Alberto Botelho no Rio de Janeiro. Ele compunha-se de duas partes ou "séries", intituladas "Do Morro da Graça ao Senado" e "As últimas homenagens"[53]. Os títulos dos quadros de cada uma delas permitem observar que Botelho procurou apresentar inicialmente os componentes da história: a vítima, o criminoso e o local do crime, para então remeter-se ao passado do senador, provavelmente por meio de vistas fixas. Só então são mostradas as cerimônias fúnebres, alternando-se imagens dos participantes com imagens dos sucessivos traslados do corpo. Tratava-se de um filme "natural", mas, segundo os exibidores, não deveria ser confundido com o filme homônimo que estava em cartaz em outros cinemas e que não seria tão "completo, interessante e detalhado" como esse. A ênfase na distinção demonstra o quadro de concorrência que se colocou com a exibição dos dois filmes sobre o mesmo tema no circuito local e que se tornaria ainda mais desigual assim que o Coliseu exibisse um terceiro título, reunindo as filmagens de Botelho e Emílio.

A vista resultante, com três partes, ganhou o título de *Os funerais do senador Pinheiro Machado – Desde o Hotel dos Estrangeiros até o Cemitério de Porto Alegre*. Observando sua apresentação final, constatou-se que os títulos dos quadros correspondentes à parte filmada por Emílio, divulgados no início da semana, foram parcialmente alterados para fins didáticos, em consideração ao público mais amplo que deveria assistir ao filme assim que ele passasse a ser distribuído nacionalmente pela CCB, conforme divulgado. Por exemplo, o intertítulo genérico, mas compreensível para os gaúchos, "Cruzador *Deodoro*, à vista, fora da Barra" foi substituído por "Entrada do *Deodoro* na Barra do Rio Grande". Por outro lado, alguns subtítulos desapareceram, não sendo possível verificar se as imagens que lhes correspondiam foram suprimidas ou se apenas os títulos foram incorporados em conjuntos temáticos maiores.

O filme foi exibido exclusivamente no Coliseu em 23 e 24 de setembro. A parte rodada por Emílio e pertencente aos Petrelli não chegou a ser exibida separadamente em Porto Alegre. Nenhum comentário posterior à exibição foi publicado na imprensa sobre o filme, apesar de toda a repercussão pública em torno do fato que motivou sua produção e da atualidade do registro. As glórias da realização foram creditadas à empresa exibidora que o financiou.

Por meio do exame do processo de produção e exibição desse filme, ficam evidentes várias características do contexto brasileiro da época no que se refere ao campo do cinema de produção autóctone, com destaque para a curtíssima vida útil dos filmes no circuito exibidor. Trata-se de uma prática que, na verdade, também orientava a exibição dos demais filmes, os estrangeiros.

No caso dos filmes produzidos pelos exibidores e pertencentes a eles, dificilmente ultrapassavam o limite regional de distribuição. Na verdade, eles não circulavam nem no circuito local, sendo sempre exibidos como atração exclusiva do cinema financiador. A exceção foram alguns filmes "naturais" produzidos no Rio de Janeiro que foram esporadicamente exibidos em Porto Alegre a partir de 1908. Tais filmes eram provavelmente percebidos como de interesse amplo, por trazerem informações sobre a capital federal, centro do poder político, econômico e cultural do país. O filme dos funerais de Pinheiro Machado constitui outra exceção porque teria distribuição nacional pela CCB e, consequentemente, uma maior circulação e mais ampla recepção pública. Mas, em geral, a dinâmica que caracterizou a produção e distribuição dos filmes brasileiros aos brasileiros até 1915 foi extremamente limitada, produzindo um grau de compensação insignificante, tanto da perspectiva comercial e financeira de produtores e exibidores quanto da perspectiva da realização profissional e pessoal dos cinegrafistas e também do ponto de vista do acesso dos espectadores.

Entre os realizadores cinematográficos já tratados, Emílio Guimarães, que certamente representa um modelo assumido por outros cinegrafistas no período, distinguiu-se como aquele que se apresentou e buscou afirmação profissional e reconhecimento público como operador cinematográfico. O trânsito entre o cinema e a imprensa lhe proporcionou uma visão mais ampla das possibilidades comerciais da atividade de produção visual. Os seus empreendimentos demonstram que ele procurou aproveitar as oportunidades de trabalho abertas frente às demandas culturais da época. Daí as iniciativas de propaganda do país mediante o cinema e a fotografia. De forte perfil independente, ele também será o profissional mais perspicaz e atento à importância de estabelecer contatos e relações com as elites políticas e econômicas para viabilizar seus projetos, num meio pouco afeito à prática cinematográfica e sem estruturação ou apoio governamentais.

CINEMA DE VISÃO EMPRESARIAL: A FÁBRICA GUARANY, DE PELOTAS

O exemplo mais estruturado e dinâmico de uma produtora cinematográfica estabelecida no Rio Grande do Sul no período é a Fábrica de Fitas Cinematográficas Guarany, empresa aberta por Francisco Santos e seu sócio, Francisco Xavier, em Pelotas, no final de 1912. Nascido em Portugal, Francisco Santos (1873-1937) teria atuado como fotógrafo antes de tornar-se ator e diretor teatral. Tendo ingressado no meio teatral ainda em 1896, chegou ao Brasil em 1903, onde iniciou suas turnês artísticas a partir da região Norte, percorrendo depois o restante do país, até o Rio Grande do Sul. Ali estreou em 1909, já como ator principal e diretor da sua própria companhia, a Companhia Dramática Portuguesa. Sua temporada no estado começou por Rio Grande, estendendo-se a seguir por Porto Alegre, Pelotas, Bagé e região da Campanha[54].

No inverno de 1910, após a estadia no Prata, Francisco iniciou uma nova sucessão de temporadas teatrais pelo Brasil, partindo do Nordeste. Ao Rio Grande do Sul ele chegou em janeiro de 1912, apresentando-se em Porto Alegre, São Gabriel, Alegrete, Pelotas, Livramento e Bagé. Em setembro, a imprensa porto-alegrense divulgou que o "conhecido ator" pretendia se fixar no estado e estabelecer uma produtora cinematográfica, para a qual já havia inclusive encomendado maquinário no exterior. Em dezembro, a empresa abriu seus trabalhos, tendo Pelotas por endereço. No início de 1913, Santos também estabeleceu uma tipografia, negócio que pode ter trazido recursos extras para a produtora, e, em abril, arrendou o Coliseu Pelotense, tornando-se exibidor cinematográfico.

A partir de janeiro de 1913, filmes da Guarany rodados ainda em 1912 em Bagé, Jaguarão e Pelotas começaram a ser projetados em Pelotas. Durante todo o ano, novas vistas seriam tomadas e exibidas pela Guarany nas cidades citadas e também em Rio Grande, Santa Maria e Porto Alegre. Nessa filmografia, foram majoritários os filmes "naturais", alguns dos quais tiveram nítido cunho publicitário. Também foram produzidas quatro ficções, sendo três delas de curta metragem e uma de longa.

As vistas "naturais" da Guarany registraram eventos políticos (recepção, posse, inauguração de monumento), militares (manobras), desportivos (futebol, corrida hípica) e de lazer (Carnaval); processos produtivos industriais (curtume) e agrícolas; datas festivas e eventos comemorativos promovidos pelo poder público e por particulares (exposições); belezas naturais (cachoeira); meios de transporte (trens) e obras viárias (pontes); aspectos urbanos e pitorescos das cidades (edificações, praças, locais turísticos, portos); casas comerciais e fábricas.

Embora a produção de ficções tenha se reduzido a quatro filmes, ela se deu paralelamente à produção dos "naturais". Já em fevereiro de 1913, divulgou-se que Francisco Santos premiaria o "escritor que melhor ideia" apresentasse para a "confecção de fitas"[55]. A iniciativa do concurso evidenciava ao menos dois aspectos: o interesse em basear as ficções em argumentos qualificados e assim legitimá-las como artísticas e o esforço em atrair e envolver a comunidade com a produtora e o cinema. Um mês depois, os jornais pelotenses informavam que a Guarany já havia finalizado algumas "fitas artísticas". Eram elas: *O beijo*, *Os óculos do vovô* e *Maldito algoz*. Segundo Póvoas, os três foram exibidos[56]. *Os óculos do vovô* é o mais antigo filme de ficção brasileiro a ter um trecho preservado[57]. Ao final de 1913, Santos realizou sua quarta ficção, *O crime dos banhados*, um longa-metragem baseado em um crime real, que foi exibido com sucesso nas cidades de Pelotas, Rio Grande, Porto Alegre e Santa Maria entre fevereiro e maio de 1914.

Apesar de ter mantido um ritmo dinâmico e uma produção regular de filmes ao longo do primeiro ano de atividades da Guarany, Santos abandonou a produção cinematográfica no início de 1914. A partir de então, continuou atuando como ator e diretor teatral, empresário do ramo tipográfico e exibidor cinematográfico. Durante o período em que esteve envolvido com o cinema, Santos foi sempre referido pela imprensa como ator ou empresário, e não como cinegrafista, embora filmasse e isso fosse notório.

Segundo Santos e Caldas, o fechamento da Guarany teria se dado devido à crise econômica gerada pela Primeira Guerra Mundial[58]. Mas a guerra só começou em agosto de 1914, e seus efeitos no Brasil, relativos ao aumento dos custos de importação de tinta, papel e filme, só se fariam sentir no final da década. Por sua vez, os dois outros investimentos de Santos, o centro de diversões e a tipografia, continuaram funcionando satisfatoriamente; a tipografia, inclusive, recebeu investimentos e novos equipamentos. Já o Coliseu lhe proporcionou uma lucrativa carreira como empresário exibidor por vários anos.

Quando divulgou os seus serviços, em janeiro de 1913, a Guarany informou que tirava "qualquer filme-reclame de estabelecimentos industriais e alguns naturais"[59]. Provavelmente a produção de ficções estava entre as suas pretensões, já que Francisco era egresso do teatro, mas essa não era uma prioridade. Talvez a proposta mais modesta e aberta, admitindo o emprego do cinema como veículo de divulgação e promoção comerciais, tenha resultado da larga experiência profissional de Santos como diretor de uma companhia teatral, um empresário e artista que conhecia as dificuldades e os desafios da produção cultural. Isso pode explicar a percepção do "filme natural" como artigo central e meio de viabilização financeira da produtora cinematográfica, considerada empresa industrial e comercial. Tanto é que os "naturais" receberam considerável atenção, seja na escolha das locações externas das filmagens, seja em procedimentos de ensaio e refilmagem de cenas, quando necessário. De resto, tais produções eram avaliadas pela imprensa pelotense por sua qualidade técnica, que se aperfeiçoava a cada filme.

Por outro lado, o diferencial de Santos em relação aos demais produtores de filmes já mencionados, por ter sido ator e diretor teatral e ter à sua disposição um grupo de atores que podiam ser aproveitados no cinema, deve ser um dos fatores explicativos de suas mais numerosas e bem recebidas investidas na produção de filmes de ficção. Os fragmentos de *Os óculos do vovô* hoje existentes permitem observar a boa qualidade da sua fotografia e a perspicácia da sua direção e montagem, a expressarem uma visão de conjunto sobre a encenação, certamente acumulada em sua longa experiência teatral. E até mesmo da perspectiva temática é possível identificar, na prática profissional anterior de Santos, aspectos que influenciariam as suas produções cinematográficas ficcionais.

Durante a temporada de 1909 da Companhia Dramática Portuguesa em Porto Alegre, uma crítica teatral conservadora foi unânime em afirmar o caráter modesto e despretensioso de suas montagens, consideradas desqualificadas do ponto de vista intelectual, ainda que se reconhecesse o seu grande sucesso de público. Ele foi atribuído à popularidade dos títulos, dotados de narrativas ágeis, de fácil assimilação. Além do mais, Francisco Santos costumava empregar truques para produzir efeitos cênicos, bem como animais vivos, carruagens e chafarizes, dando um aspecto bastante realista e dinâmico às representações. Um exemplo foi a peça *Comboio n. 6*, percebida por *A Federação* como "salada teatral", representante do "gênero dramático em que se arranca couro e cabelo ao espectador". *Comboio n. 6* era uma peça "de grande movimento, e onde há mortes, descarrilamentos, gritos, blasfêmias, todo o arsenal das peças congêneres, que são as melhores para chamar público ao teatro"[60]. Era uma peça "de efeito", como se dizia de certos filmes, que possivelmente já expressava a influência dos novos ritmos e temas trazidos pelo cinema para o teatro, que procurará reproduzir no palco a dinâmica cinematográfica, a fim de angariar a simpatia do público e agradar ao seu gosto já em transformação.

OS PRIMÓRDIOS DO FAZER CINEMATOGRÁFICO NO BRASIL: POSSIBILIDADES E LIMITES

A pesquisa histórica sobre as iniciativas de produção cinematográfica operadas no Rio Grande do Sul até 1915 e aqui sintetizada é parcial e não exaustiva. Em primeiro lugar, porque não abrange todas as experiências empreendidas, abordando apenas as iniciativas mais representativas e documentadas. Além das experiências aqui destacadas por sua importância para os contemporâneos e para a historiografia do cinema no Rio Grande do Sul, houve outras iniciativas de produção de filmes no estado, levadas a cabo por empresas estrangeiras que realizavam obras de vulto, como a instalação de ferrovias e a construção de portos, bem como por políticos, militares e cinegrafistas de passagem pela região[61]. Em segundo lugar, porque a dinâmica cinematográfica de boa parte das localidades do interior do estado permanece sem pesquisa.

De toda forma, o estudo contribui para problematizar certas interpretações sobre os modos de fazer cinema na época e os seus produtos, sobretudo os filmes não ficcionais. Tais interpretações, ao prescindirem da pesquisa e da fundamentação documental, desconsideram a historicidade dos fenômenos, produzindo visões generalizantes e/ou anacrônicas. Por meio da investigação realizada, foram identificadas algumas das possibilidades e dos limites com que se depararam no período aqueles que se interessaram pelo cinema e se dispuseram a explorá-lo comercialmente e/ou experimentá-lo como meio de comunicação e expressão.

A característica mais evidente observada no contexto estudado é o fato de as iniciativas de produção cinematográfica terem sido predominantemente individuais e independentes, o que ajuda a explicar as suas limitações, a sua ocorrência episódica no tempo e localizada (e isolada) no espaço, resultando em uma filmografia numericamente pequena e de produção descontínua. As experiências examinadas revelam os diferentes graus e qualidades de envolvimento dos produtores dos filmes com o cinema, relacionados às suas diferentes formações, interesses e necessidades e também às diferentes relações que estabeleceram com setores como a distribuição e a exibição.

Dada a inexistência de regulamentação ou estrutura governamental (em âmbitos local, regional e nacional) de fomento e/ou reserva de mercado ao cinema de produção autóctone, a solução foram os empreendimentos privados, capitalizados ou não, mais ou menos comprometidos com os setores econômicos e políticos, formalizados em pequenas (e efêmeras) produtoras cinematográficas ou desenvolvidos por profissionais independentes. Na sua maior parte, porém, as produções cinematográficas nacionais foram encaminhadas e financiadas pelos exibidores.

O setor exibidor foi aquele que primeiro e melhor se estruturou no Brasil. Contudo, no contexto aqui delimitado, a exibição também era um campo de experimentação e risco como atividade comercial sedentária, como empresa. A dupla situação, de pioneirismo e fragilidade, e a necessidade de manter e incrementar o negócio acabariam estimulando os exibidores a participarem de outros campos de atuação, promovendo e financiando a produção e sua circulação. A produção de filmes para consumo próprio dos cinemas, visando o incremento dos seus programas, parece ter sido uma prática estendida a todo o território brasileiro durante as primeiras décadas do século XX. No entanto, embora a imprensa da época tenha reconhecido tais iniciativas como "melhoramentos" dos centros de diversões e demonstração da preocupação dos exibidores com a proposição de uma oferta atraente, capaz de fidelizar e ampliar o seu público, elas não foram, no Brasil, um sustentáculo da exibição. A produção e exibição de filmes sobre a realidade dos espectadores conseguiu, no máximo, dar cor local a alguns programas.

Sabe-se que, entre 1908 e 1912, a cidade do Rio de Janeiro conheceu um *boom* em quantidade de filmes de produção própria, que fizeram grande sucesso de público e proporcionaram significativo retorno financeiro aos seus exibidores/produtores. Ao menos é o que permite imaginar o longo período de exibição dos filmes, ainda que o quadro não pareça ter se repetido em outras cidades e regiões do país no período. Acrescente-se que tal produção não circulou nacionalmente, não ultrapassou os limites de uma recepção local.

No conjunto, os filmes produzidos no país tiveram uma representatividade muito pequena em relação ao restante da oferta, estrangeira, disponível no mercado. E também uma vida útil muito curta, decorrente do próprio modo de funcionamento da exibição, cujos programas eram renovados a cada dois dias. Assim, sobravam poucas motivações para o investimento na produção cinematográfica autóctone. O seu maior estímulo foi a demanda social pelas imagens da realidade. Os filmes documentando eventos locais eram um fator de atração porque a abordagem da temática cotidiana estava entre as mais fortes expectativas dos contemporâneos. Perpassa todas as experiências analisadas o reconhecimento, pelos diferentes setores envolvidos, do interesse do público em ver e identificar nas imagens cinematográficas as imagens de si, dos acontecimentos que lhe diziam respeito e, por meio delas, construir conhecimento sobre si, sobre a sua sociedade, o seu lugar no mundo e no tempo.

A valorização popular do cinema por suas possibilidades documentais, presente desde suas origens e fundada na potencialidade dos filmes para a ampliação do horizonte informativo e cultural dos povos, manteve sua importância ao longo de toda a fase silenciosa do cinema, fazendo com que os "naturais", aos quais vieram se juntar a partir de 1910 os cinejornais, tivessem para si um espaço obrigatório reservado nos programas das sessões dos cinemas. Por outro lado, no contexto brasileiro, a imprensa escrita, que mantinha a hegemonia como meio de comunicação e informação, só muito tardiamente mostrou-se tecnicamente capaz de reproduzir imagens fotográficas; assim, as imagens cinematográficas concentraram enorme interesse e valorização pública como meio de apropriação da realidade e de produção de conhecimento sobre o mundo.

Com os investimentos dos exibidores na produção, entre outras medidas, os cinemas buscavam, em última instância, manter-se em atividade e, assim, não empobrecer as ofertas culturais da cidade, cujo processo de modernização também devia ser expresso pelo número de cinemas, pelo dinamismo da renovação dos seus programas, pelo interesse dos cidadãos por lazer e pela opção de ir ao cinema em particular, num contexto em que o cinema era cada vez mais percebido como passaporte e expressão do mundo moderno.

NOTAS

1 Alice Dubina Trusz, *Entre lanternas mágicas e cinematógrafos: as origens do espetáculo cinematográfico em Porto Alegre, 1861-1908*, São Paulo: Terceiro Nome/Ecofalante, 2010.

2 Michel de Certeau, *A escrita da história*, Rio de Janeiro: Forense-Universitária, 1982.

3 Roger Chartier, "O mundo como representação", *Estudos Avançados*, São Paulo: 1991, v. 5, n. 11.

4 Do Rio Grande do Sul, foram investigados os jornais diários porto-alegrenses *A Federação, A Reforma, Jornal do Comércio, O Diário, O Independente* e *Correio do Povo*, para o período entre 1904 e 1916, e a folha pelotense *A Opinião Pública*, de 1911 e 1913. De Curitiba, foi pesquisado o jornal *A República*, de 1904, 1909, 1914 e 1917. De São Paulo, o *Correio Paulistano* de 1915. Do Rio de Janeiro, foram consultados os jornais *Gazeta de Notícias, Jornal do Brasil* e *O Paiz*, entre 1903 e 1910. Os jornais cariocas, paulista e paranaense foram pesquisados a partir da Hemeroteca digital da Biblioteca Nacional (disponível em: <http://bndigital.bn.br/hemeroteca-digital/>, acesso em: dez. 2016). Também foram utilizadas como fontes as revistas *Kodak*, de Porto Alegre (1912 a 1914), e a carioca *Revista da Semana* (1909 e 1911).

5 Giovanni Lasi, *La produzione cinematografica nel sistema economico-industriale italiano tra il 1908 e il 1914. Il caso della Milano Films*, 368 f., tese (doutorado em Estudos Teatrais e Cinematográficos), Università degli Studi di Bologna, Bolonha: 2012, pp. 6-7. Para maiores informações, consultar também: Comuna de Montanera – Itália, disponível em: <www.comune.montanera.cn.it>, acesso em: jul. 2015, e "Opérateur: Giuseppe Filippi", Catalogue Lumière, disponível em: <http://catalogue-lumiere.com/operateur/giuseppe-filippi>, acesso em: jul. 2015.

6 Ary Bezerra Leite, *Memória do cinema: os ambulantes no Brasil*, Fortaleza: Premius, 2011; *Idem, A tela prateada: cinema em Fortaleza, 1897-1959*, Fortaleza: Secult/CE, 2011.

7 Filippi estreou em Curitiba em 23 de agosto de 1903, com uma temporada no Teatro Hauer até 18 de outubro. Em 19 de outubro, o exibidor e sua companhia partiram para Antonina e, depois, Paranaguá. Em 1º de dezembro, estava de volta a Curitiba, indo logo para Ponta Grossa. Ele retornou à capital para novas exibições, na Exposição Paranaense, mas não teve o sucesso esperado, despedindo-se definitivamente em 3 de janeiro de 1904.

8 A expressão está entre aspas porque foi assim mencionada pela imprensa da época. Préstitos eram cortejos ou desfiles realizados por pessoas a pé. Neste caso, em que o evento não foi descrito, não se sabe como foi concretizado ou se incluiu veículos, por exemplo, o que também era comum.

9 As temporadas de Filippi em Jaguarão e Cachoeira do Sul não estão confirmadas, pois carecem de pesquisa histórica nos acervos das cidades citadas. A primeira remonta a uma indicação bibliográfica sem referência documental e a segunda foi noticiada pela imprensa porto-alegrense como um projeto, cuja execução não foi verificada.

10 Cf. Glênio Nicola Póvoas, *Histórias do cinema gaúcho: propostas de indexação (1904-1954)*, 204f., tese (doutorado em Comunicação Social), Pontifícia Universidade Católica do Rio Grande do Sul, Porto Alegre: 2005, v. 2, p. 10.

11 *Ibidem*, v. 1, p. 36.

12 Cf. *Correio do Povo*, Porto Alegre: 2 ago. 1904, n. 213, p. 1. A temporada de Filippi na capital gaúcha se estendeu de 31 de julho até, provavelmente, 12 de outubro de 1904.

13 Trata-se da vista *A defesa da bandeira nacional*, também referida como "A defesa da bandeira brasileira, vista animada patriótica executada por especial favor do sr. comandante do 2º Batalhão da Brigada Militar". Ela foi exibida em 20 de setembro, feriado comemorativo à Revolução Farroupilha, como atração de um espetáculo especial temático em homenagem à data máxima estadual. A Brigada Militar era, e ainda é, a polícia estadual gaúcha. Embora o local e data de filmagem permaneçam desconhecidos, o filme foi, sem dúvida, rodado no estado, em Porto Alegre ou em Bagé.

14 A prática, instituída pelo PRR (Partido Republicano Rio-Grandense) e destinada à "glorificação" do seu ideólogo e chefe histórico, se tornaria anual. Nessa sua primeira edição, nove fotógrafos disputaram com Filippi os melhores ângulos para o registro do evento. E foi provavelmente a eles que Filippi recorreu para montar a coleção de "50 vistas coloridas [fixas] da imponente

romaria [...] ao túmulo do imortal Júlio de Castilhos", que exibiu em Porto Alegre em 31 de março de 1905 e em Rio Grande em outubro do mesmo ano.

15 Eduardo Hirtz estabeleceu-se no Rio Grande do Sul ainda criança e aprendeu o ofício de litógrafo com o irmão mais velho, Francisco, de quem se tornaria sócio na Litografia Hirtz & Irmão, em 1897. Na empresa, dedicada à exploração de artes gráficas e estamparia, desenvolveu especial interesse pela fotografia e por sua reprodução impressa.

16 Alice Dubina Trusz, *op. cit.*, p. 323.

17 William Nunes Condé, *Marc Ferrez & Filhos: comércio, distribuição e exibição nos primórdios do cinema brasileiro* (1905-1912), 162f., dissertação (mestrado em Comunicação), Universidade Federal do Rio de Janeiro, Rio de Janeiro: 2012.

18 Alice Dubina Trusz, *op. cit.*, pp. 282 e 291.

19 *Festa das árvores* foi filmado em 12 de outubro próximo ao bairro de Menino Deus e foi exibido no Recreio Ideal em 28 de outubro de 1909. É desconhecida a data de filmagem de *Combate simulado do Tiro Brasileiro em Canoas*, filme projetado em 22 e 23 de janeiro no Recreio Ideal de Porto Alegre e, em 25 de janeiro, na Festa das Uvas, realizada nos arrabaldes de Teresópolis.

20 Também são atribuídas a ele, mas sem comprovação documental, as vistas "naturais" *Procissão de Corpus Christi*, de 1909; *Regatas realizadas pela Federação do Remo de Porto Alegre*, filmada no final de 1910; *Jardim Zoológico do Cel. Ganzo* e *Cocheira Vitale*, ambos de 1912.

21 Glênio Nicola Póvoas, *op. cit.*, v. 1, pp. 58-9.

22 *Correio do Povo*, Porto Alegre: 27 mar. 1909, p. 2.

23 São eles: "Chegada do vapor *Saturno*; a bordo do *Montenegro*; trajeto para o Grande Hotel; e o senador agradecendo a manifestação do povo" (Cf. Glênio Nicola Póvoas, *op. cit.*, v. 2, p. 16).

24 Cf. O *Diário*, Porto Alegre: 16 mar. 1912, p. 4.

25 São eles: "Chegada do paquete *Javary* na altura das Pedras Brancas; O senador Pinheiro passa do *Javary* para o vapor *Porto Alegre*; Grande número de vapores que constituíram a flotilha para a recepção de s. ex.; O panorama de Porto Alegre visto a bordo do vapor que conduzia o senador; A chegada do senador Pinheiro ao trapiche da Fluvial; O desembarque do senador; O grande cortejo pela rua General Câmara; O povo acompanha o senador; Chegada do senador ao Grande Hotel; Discurso do jornalista Carlos Cavaco saudando s. ex.; O povo aplaudindo as últimas palavras do orador; S. ex. agradecendo a manifestação que lhe tributava o povo porto-alegrense; No meio de um escudo, ladeado pelas bandeiras Nacional e Rio-Grandense, aparecem os retratos do senador Pinheiro Machado, dr. Borges de Medeiros e coronel Marcos de Andrade". Cf. O *Diário*, Porto Alegre: 16 mar. 1912, p. 4.

26 Carlos Cavaco era um ex-anarquista que havia se filiado ao PRR e que também havia atuado como protagonista de *Ranchinho do sertão*.

27 Ele foi filmado na cidade citada em 5 de dezembro de 1909 (cf. Glênio Nicola Póvoas, *op. cit.*, v. 2, p. 18) e exibido nos cinemas Recreio Ideal de Santa Maria e Porto Alegre, em 20 e 26 de janeiro, respectivamente.
O trecho remanescente foi identificado por Póvoas no acervo de filmes da produtora cinematográfica Leopoldis-Som (cf. Glênio Nicola Póvoas, "O relato de uma descoberta histórica", *Bastidores da TV*, *ClicRBS*, disponível em: <goo.gl/Bp42nb>, acesso em: jul. 2015).

28 Após atuarem como exibidores itinerantes no sul do estado, em 1908, os irmãos Petrelli se estabeleceram em Pelotas como exibidores cinematográficos, tornando-se a seguir proprietários de um teatro de variedades denominado Coliseu Pelotense. Em 1910, eles o venderam e se transferiram para Porto Alegre, onde, em sociedade com Eduardo Hirtz, inauguraram em 17 de dezembro de 1910 o Coliseu Porto-Alegrense. A casa, que funcionaria como teatro de variedades e depois cinema, tinha orquestra própria e lotação de 2.500 lugares.

29 Responsabilidades divididas segundo o contrato social da empresa Hirtz & Comelli, firmado em Porto Alegre pelos dois sócios em outubro de 1918. Segundo Póvoas (cf. *Histórias do cinema gaúcho: propostas de indexação* (1904-1954), *op. cit.*, v. 2, pp. 63-8), Carlo Comelli teria filmado nove filmes pela empresa, sendo sete deles cinejornais.

30 João Inácio da Silva Junior, *Galeria biográfica ilustrada*, Porto Alegre: [s.n.], 1937.

31 A Exposição Internacional da Indústria e do Trabalho de Turim se estendeu de 29 de abril a 19 de novembro de 1911. Participaram do certame trinta países, vários dos quais latino-americanos. Argentina e Brasil tiveram os seus próprios pavilhões. Cf. *Turin 1911: The World's Fair in Italy*, disponível em: <http://www.italyworldsfairs.org/>, acesso em: 17 nov. 2014.

32 Glênio Nicola Póvoas, *Histórias do cinema gaúcho: propostas de indexação (1904-1954)*, *op. cit.*, v. 1, pp. 65-71.

33 O estado atual das pesquisas nos impede de conhecer melhor a natureza da participação do Brasil na Exposição de Turim de 1911, bem como os resultados do trabalho do cinegrafista Guido Panello no Rio Grande do Sul. Uma futura investigação voltada à documentação da própria Exposição e dos arquivos governamentais, particularmente do Ministério da Agricultura na década de 1910, poderá trazer esclarecimentos acerca da missão oficial, sua forma de contrato, seus objetivos e resultados, ampliando a compreensão sobre as relações entre cinema e Estado no Brasil.

34 Maria Inez Turazzi, "Cronologia", em: *O Brasil de Marc Ferrez*, São Paulo: IMS, 2005. pp. 305-14.

35 Cf. "Binóculo", *Gazeta de Notícias*, Rio de Janeiro: 16 jul. 1910, n. 197, p. 4.

36 Uma iniciativa mais ampla e organizada do governo brasileiro nesse sentido foi motivada pela Exposição Internacional do Centenário da Independência, realizada no Rio de Janeiro em 1922. Por conta dela, foi estimulada nos estados a produção de filmes que deveriam ser exibidos no evento, para construir uma imagem moderna do país diante da comunidade internacional. Cf. Eduardo Morettin, "Cinema e Estado no Brasil: a Exposição Internacional do Centenário da Independência em 1922 e 1923", *Novos Estudos Cebrap*, São Paulo: mar. 2011, n. 89, pp. 137-48.

37 Por ordem de exibição: *O corso de automóveis* e *As regatas do Club Barroso*, exibidos juntos no Recreio Ideal de 16 a 19 de outubro de 1911; *Fabricação de cigarros da fábrica Fênix, desta capital, de propriedade dos Irmãos Noll*, exibido em 25 de novembro de 1911 no cinema Odeon, em Porto Alegre, e em 2 e 3 de dezembro de 1911 no Coliseu Pelotense, em Pelotas; *A festa das árvores* e *A parada da Brigada Militar do Rio Grande*, exibidos juntos em 6 de dezembro de 1911 no cinema Recreio Ideal.

38 O filme intitula-se *O bicentenário de Porto Alegre – Apoteose de vida, civismo e cultura da grande cidade do sul*, e foi produzido pela Leopoldis-Som para a Prefeitura Municipal. O trecho preservado apresenta os planos que correspondem às duas últimas filmagens descritas nos jornais da época, realizadas no Menino Deus, em que os veículos desfilaram em fila indiana e em fila tripla. No longa-metragem de 1940, o trecho filmado por Panella em 1911 é apresentado de forma equivocada pelo narrador como um filme de 1908, ano em que não há notícia da filmagem de corsos na cidade, sendo igualmente raros os automóveis em circulação.

39 Cf. *O Diário*, Porto Alegre: 12 set. 1911, p. 5.

40 Cf. *Correio do Povo*, Porto Alegre: 12 set. 1911, p. 4.

41 As filmagens de *O crime dos banhados* por Francisco Santos em Rio Grande, no final de 1913, também baseado em um crime real, deram lugar a situações anedóticas semelhantes. Também ele foi rodado em locações externas e contou com cenas reconstituídas, provocando a intervenção de transeuntes que tomaram a encenação pela realidade e nela intervieram.

42 São eles: "O complô; a chegada da vítima; a chegada dos criminosos; a execução do crime; a fuga; o assalto ao carro; o assalto ao bonde; o assalto à carroça de um leiteiro; os bandidos na margem do Gravataí; a perseguição pelas forças da Brigada Militar; a captura dos criminosos; a chegada dos cadáveres ao necrotério da Chefatura de Polícia; os funerais da vítima; e os comentários à rua dos Andradas". Cf. *Correio do Povo*, Porto Alegre: 12 set. 1911, p. 5.

43 José Inácio de Melo Souza, "As imperfeições do *Crime da mala*: 'cine-gêneros' e reencenações no cinema dos primórdios", em: *Congressos, patriotas e ilusões e outros ensaios de cinema*, São Paulo: Linear B, 2005, pp. 191-201.

44 Cf. Maria Rita Eliezer Galvão, *Crônica do cinema paulistano*, São Paulo: Ática, 1975; Solange Straube Stecz, *Cinema paranaense: 1900-1930*, 191f., dissertação (mestrado em História Social), Universidade Federal do Paraná, Curitiba: 1988; Fernão Ramos e Luiz Felipe Miranda (orgs.), *Enciclopédia do cinema brasileiro*, São Paulo: Senac, 1997; e Hernani

Heffner, "Vagas impressões de um objeto fantasmático", disponível em: <http://www.telabrasilis.org.br/chdb_hernani.html>, acesso em: ago. 2011.

45 Vicente de Paula Araújo, *A bela época do cinema brasileiro*, São Paulo: Perspectiva, 1976, pp. 186, 194 e 196.

46 Cf. relatório descritivo da invenção, manuscrito e assinado por Emílio Guimarães no Rio de Janeiro, em 18 de maio de 1907 (Cinemateca Brasileira – Pasta D.1329f). Agradeço a Natalia de Castro pela indicação e pesquisa.

47 Alice Dubina Trusz, "Emílio Guimarães: as múltiplas identidades de um produtor de imagens no Brasil dos anos de 1910", *Significação*, São Paulo: 2011, n. 36, pp. 55-85. Disponível em: <http://www.revistas.usp.br/significacao/article/view/70909>. Acesso em: 2 maio 2015.

48 *Ibidem.*

49 *Idem*, "Os fanáticos do Taquarussu (1914): uma 'excursão foto-cinematográfica' ao Contestado", *Revista História Catarina*, Florianópolis: 2014, ano 8, n. 63, pp. 62-9.

50 Cf. *A Federação*, Porto Alegre: 22 jul. 1916, p. 6.

51 Trata-se, possivelmente, do filme *Funerais de Pinheiro Machado*, exibido em São Paulo em 12 de setembro de 1915 e distribuído pela Empresa J. R. Staffa. Cf. Cinemateca Brasileira, disponível em: <goo.gl/2jKQ3Q>, acesso em: jan. 2016.

52 São eles: "Cruzador *Deodoro*, à vista, fora da Barra; Embarcações e o *Javary*, comboiando o *Deodoro*; Aspectos da Barra do Rio Grande; Recepção e continências prestadas no rio Grande; Translação do corpo para o *Javary*; Comitiva oficial no *Javary*; Aspectos do povo nesta capital; O mundo oficial e o Clero; Estado Maior e oficialidade do Exército; Estado Maior da Brigada; Estado Maior e oficialidade da Guarda Nacional; Chegada de S. Exa., o vice-presidente do Estado, general Salvador Pinheiro Machado; O *Javary* entrando no porto; Aspectos do povo tirado de bordo do *Javary*; Trasladação do corpo de bordo do *Javary*; O cortejo; Chegada à Intendência; Recepção feita pelo dr. Intendente e Conselho Municipal; Diversos aspectos da multidão e vários quadros dos funerais". Cf. *O Diário*, Porto Alegre: 21 set. 1915.

53 Os títulos dos quadros de cada uma das duas séries do filme *Os funerais de Pinheiro Machado no Rio de Janeiro*, de Alberto Botelho, podem ser conhecidos consultando-se: *A Federação*, Porto Alegre: 22 set. 1915, n. 219, p. 3.

54 Yolanda Lhullier dos Santos e Pedro Henrique Caldas, *Francisco Santos. Pioneiro no Cinema do Brasil*, Gramado: 24º Festival de Gramado – Cinema Latino e Brasileiro, 1996.

55 Cf. *A Opinião Pública*, Pelotas: 21 fev. 1913 *apud* Yolanda Lhullier dos Santos e Pedro Henrique Caldas, *op. cit.*, p. 53.

56 Glênio Nicola Póvoas, *Histórias do cinema gaúcho: propostas de indexação (1904-1954)*, *op. cit.*

57 *Os óculos do vovô* é o único filme de ficção incluído na seleção "Resgate do cinema silencioso brasileiro", caixa com 5 DVDs e 27 filmes lançada pela Cinemateca Brasileira em 2007-2008.

58 Yolanda Lhullier dos Santos e Pedro Henrique Caldas, *op. cit.*

59 *Ibidem*, p. 40.

60 Cf. *A Federação*, Porto Alegre: 22 mar. 1909, p. 1.

61 Podem ser citados dois exemplos: *As obras da barra e do porto do Rio Grande*, financiado pela Compagnie Française du Port de Rio Grande do Sul, que foi exibido em julho de 1911 no Rio de Janeiro e em setembro em Porto Alegre, em sessões oficiais. Já o filme sobre a construção da estrada de ferro de Itaqui a São Borja, financiado pela Dodsworth & Cia., empreendedora das obras, foi exibido em Porto Alegre em 1912.

O CINEMA EM PERNAMBUCO (1900-1930)

LUCIANA CORRÊA DE ARAÚJO

Durante o período silencioso, a produção cinematográfica brasileira ocorre de forma mais intensa e sistemática nas cidades do Rio de Janeiro e São Paulo. No entanto, em outras cidades e regiões também são realizados filmes, sejam eles de enredo ou naturais (não ficção), curtas ou longas-metragens, filmes publicitários ou filmagens amadoras. E, para além da produção, observa-se entre as décadas de 1910 e 1920 o progressivo desenvolvimento do mercado exibidor em todo o país, ampliando e consolidando atividades e práticas relacionadas direta ou indiretamente ao cinema: o trabalho de profissionais especializados na área (não só realizadores como também exibidores, projecionistas, técnicos de laboratório etc.), o espaço dedicado a cinema em periódicos, a criação de publicações especializadas, a recepção do público e o fortalecimento do cinema dentro do circuito de entretenimento e como caixa de ressonância de transformações, em termos de comportamento, valores, consumo.

A movimentação cinematográfica que acontece fora do eixo Rio de Janeiro-São Paulo durante o período silencioso será contemplada pela historiografia clássica do cinema brasileiro dentro da categoria de "ciclos regionais"[1] ou "surtos regionais"[2]. Enfatizando os focos de produção, com destaque, sobretudo, para os filmes de enredo, são identificados ciclos em cidades como Recife, Cataguases, Campinas, Porto Alegre, Pelotas e Barbacena, entre outras. Embora consolidada pela historiografia clássica, tal noção se mostra cada vez menos apropriada quando confrontada a pesquisas mais recentes e a novas abordagens historiográficas[3]. O conceito de "ciclo regional" privilegia a esfera da produção e o filme de enredo, tendendo a isolar o que escapa do eixo Rio-São Paulo. Nos últimos anos, a preocupação que vem se fortalecendo é a de ampliar o escopo das pesquisas de maneira a abranger, articulando-os, os diversos aspectos da atividade cinematográfica (produção, distribuição, exibição, recepção, crítica, técnica/tecnologia e assim por diante), incluindo variados formatos e gêneros (filmes naturais, de enredo, amadores, publicitários etc.). Pesquisas mais minuciosas em fontes primárias, estimuladas pela crescente disponibilização *online* de publicações digitalizadas, permitem ampliar o conhecimento em torno das atividades cinematográficas e observar seus fluxos e modulações, que em geral escapam aos limites que os "ciclos" pressupõem.

No caso do "ciclo do Recife", seu início é habitualmente associado pelos textos históricos à produção de *Retribuição* (Gentil Roiz, 1925), considerado o primeiro longa-metragem de ficção pernambucano. Costuma-se deixar de lado as realizações anteriores, seja por desconhecimento, seja por não considerá-las relevantes, já que não eram filmes de enredo, e sim fitas naturais.

É inegável que na segunda metade dos anos 1920 acontece em Pernambuco uma produção particularmente robusta e expressiva. Não só pela quantidade de filmes realizados como pelo fato de todos eles terem sido exibidos no circuito comercial. Até o momento, as pesquisas registram quase cinquenta filmes produzidos de 1924 a 1930, entre curtas e longas, naturais e de ficção. Entre as muitas produtoras criadas – embora algumas talvez tenham sido apenas anunciadas em notas na imprensa –, pelo menos 12 vieram de fato a produzir e exibir seus filmes em circuito. São números muito expressivos dentro do cenário brasileiro, que chamam a atenção já na época, quando essa movimentação cinematográfica ganhou repercussão na imprensa pernambucana e carioca.

Para compreender esse período, entretanto, é preciso levar em conta variados aspectos da atividade cinematográfica no Recife. Deve-se examinar a produção de naturais, que vinha desde a década anterior, e o que ela implicava quanto à circulação de cinegrafistas e equipamentos, como também é necessário atentar para o desenvolvimento do circuito exibidor.

O CINEMA NA CIDADE, A CIDADE NO CINEMA

É possível que as atividades cinematográficas no Recife tenham se iniciado quase na virada do novo século, quando, em janeiro de 1900, são exibidas diversas vistas animadas do Cinematógrafo Lumière em um estabelecimento na rua da Imperatriz, na região central da cidade. Seguindo o movimento ocorrido em outras cidades brasileiras a partir da segunda metade dos anos 1900, também no Recife as exibições ambulantes dão lugar às primeiras salas fixas, que surgem em 1909. Nesse ano, são inaugurados o Cinema Pathé e o Cinema Royal, em julho e novembro, respectivamente, ambos situados na movimentada rua Barão da Vitória (atual rua Nova), no centro do Recife. Em março do ano seguinte, inaugura-se na rua da Imperatriz o Cinema Helvetica.

Ainda não existem pesquisas sistematizadas sobre as duas primeiras décadas de atividades cinematográficas no Recife. Consultas a jornais e a fontes bibliográficas diversas apontam para a gradual expansão das salas de cinema ao longo dos anos 1910, alcançando também os bairros. O cinema logo se torna uma das principais diversões da população, sendo peça fundamental da crescente urbanização e modernização da cidade. Até o final da década, seriam abertas dezenas de salas de exibição, ainda que nem todas tenham se mantido em atividade durante muito tempo[4].

É a partir da movimentação no circuito exibidor que surge o estímulo para a produção local. Já em 1910, o Cinema Pathé teria começado a exibir "pequenos flagrantes da vida recifense"[5]. Em 1915, tanto o Pathé quanto o Odeon, no bairro de Casa Forte, exibem o natural *Procissão dos Passos em Recife* (ou *A procissão do Senhor dos Passos no Recife*). Creditado ao "fabricante pernambucano" Martins & C., o filme trazia imagens do ato religioso ocorrido menos de duas semanas antes da exibição[6].

Uma incipiente produção local vem atender ao desejo dos espectadores de ver na tela imagens da própria cidade e de si mesmos. Por ocasião de um jogo de futebol entre os times do América e da Torre em 1917, o jornal *A Província* faz um curioso comentário, explicando que a extraordinária assistência não havia sido atraída pelas emoções do jogo, pois se tinha como certa a vitória do América. O público havia comparecido "muito mais para se ver nos filmes do sr. Leopoldis do que para apreciar a partida", garantia o jornal[7]. O Leopoldis citado na matéria era um artista e cinegrafista italiano que, em meio a apresentações de palco realizadas pelo Brasil, começava no Recife uma trajetória cinematográfica das mais longas e produtivas, vindo a se estabelecer na cidade de Porto Alegre a partir dos anos 1920[8]. Pouco antes da filmagem do jogo entre América e Torre, Leopoldis havia exibido o primeiro número do *Pernambuco-Jornal* (1917), trazendo imagens de parada militar, *meeting*, missa, sessão de domingo no Cinema Moderno, entre outros assuntos. O *Pernambuco-Jornal n. 2* (1917), estreado em junho, tem entre suas atrações não só imagens do jogo como também do cangaceiro Antônio Silvino, então prisioneiro na Casa de Detenção.

Os filmes registrando assuntos locais serão produzidos com alguma regularidade nos anos seguintes, seja por profissionais do estado (Martins & C., F. Grossi), seja por cinegrafistas vindos de fora, a exemplo de Leopoldis, do mineiro Aristides Junqueira e da produtora Comelli & Ciacchi Films (provavelmente dos sócios Carlo Comelli, italiano que se fixou em Porto Alegre, e Victor Ciacchi, cinegrafista com maior atuação no Rio de Janeiro). Além dos títulos já citados, foram exibidos, entre outros, os naturais *As festas de coroação de N. S. do Carmo* (F. Grossi, 1919), *Footing na rua Nova* (Comelli & Ciacchi Films, 1920), *O Jornal do Commercio* (Comelli & Ciacchi Films, 1920), *Chegada e posse do exmo. sr. dr. José Bezerra* (A. Junqueira, 1920), *Pernambuco-Jornal* (A. Junqueira, 1924).

Com a progressiva ampliação do mercado exibidor, surgiram publicações dedicadas a cinema, de natureza publicitária e vinculadas às principais salas, como Pathé e Moderno, inaugurado em 1915. Exemplo desse tipo de publicação é o *Moderno-Jornal*, editado por Liborio & Riedel, firma proprietária do Cinema Moderno desde 1916. Apesar de se definir na primeira página como "diário de literatura, elegâncias e variedades [...] para os frequentadores do Teatro Moderno", o folheto de quatro páginas constituía sobretudo um veículo de divulgação da programação diária da sala, com informações tanto sobre os filmes em exibição e os programados para as semanas seguintes como sobre os espetáculos de palco e o repertório da orquestra no salão de espera[9].

Outro aspecto da atividade cinematográfica na cidade diz respeito ao comércio de equipamentos e ao aluguel de filmes. Em 1911, o anúncio do Cinema Royal divulgava não só os filmes em exibição como também a venda de aparelhos cinematográficos[10]. O consumo e a produção doméstica de filmes crescem no início dos anos 1920, com o lançamento pela Pathé-Baby de câmera e projetor para a comodidade do "cinema no lar", mais a oferta de filmes para compra, aluguel e troca[11].

OS NATURAIS NO GOVERNO SÉRGIO LORETO

A exibição de filmes, a circulação de cinegrafistas e o acesso a equipamentos estão entre os aspectos fundamentais que impulsionam a produção cinematográfica na cidade de meados dos anos 1920 até o final da década. Outro fator importante a se levar em conta é o estímulo proporcionado pelo governo estadual de Sérgio Loreto à realização de filmes naturais, que iria também repercutir na produção de fitas de enredo. Escolhido como candidato de consenso em meio a um cenário de acirrada luta política, o juiz federal Loreto governa entre 1922 e 1926, tendo como braço direito seu cunhado Amaury de Medeiros, jovem médico sanitarista a quem se deve creditar parte considerável do projeto modernizador ambicionado por essa gestão, incluindo a importância conferida à propaganda.

Dos serviços implementados para a melhoria da higiene e saúde públicas aos principais eventos e comemorações oficiais, das obras no Cais do Porto às novas construções e reformas urbanas da cidade do Recife, todas as ações mais importantes do governo Loreto foram devidamente registradas e propagandeadas em filmes, fotografias e matérias divulgadas na imprensa e nos órgãos oficiais. Logo o primeiro aniversário da gestão ocasiona a produção do filme natural *Pela saúde* (A. Grossi, 1924), que se concentra em divulgar e enaltecer o "progresso dos trabalhos de profilaxia no estado, sob a direção do dr. Amaury de Medeiros"[12].

Depois de *Pela saúde*, seguiram-se vários outros naturais que, seja pela referência explícita, seja pelos temas e abordagens escolhidos, podem ser considerados filmes de propaganda política, financiados em maior ou menor grau pelo governo Loreto. Uma listagem dos títulos inclui: *Pernambuco-Jornal* (Aristides Junqueira, 1924), *Recife no centenário da Confederação do Equador* (Pernambuco-Film, 1924), *Filmes do interior do estado de Pernambuco* [título atribuído] (Empresa Cinematográfica Norte do Brasil, 1925), *Pernambuco e sua Exposição de 1924* (Pernambuco-Film, 1925), *O 3º aniversário do governo Sérgio Loreto* (Aurora-Film, 1925), *Hospital do Centenário* (Aurora-Film, 1925) e *As grandezas de Pernambuco* (Olinda-Film, 1926).

Os filmes mais ambiciosos são os dois longas-metragens produzidos pela Pernambuco-Film, dos sócios Ugo Falangola e J. Cambieri. Marcando os dois anos do governo Loreto, é lançado em 1924 *Recife no centenário da Confederação do Equador*. Em uma habilidosa estratégia promocional, o segundo aniversário da gestão aconteceu paralelamente às comemorações de uma das revoltas históricas ocorridas em Pernambuco, a Confederação do Equador, que entre os anos de 1823 e 1824 se voltou contra a centralização da monarquia de dom Pedro I, defendendo a república e o federalismo. O conservador governo Loreto apropria-se do movimento para, de um lado, estabelecer uma identificação com aquele momento histórico e alimentar o orgulho pernambucano pelo seu passado combativo e, de outro, marcar uma distinção entre o passado e os avanços alcançados no presente pela sua gestão. Ao que parece, o filme pretendia combinar as duas posturas, na medida em que "recorda o nosso passado, em confronto com o presente progressista e os empreendimentos do governo atual"[13].

O longa-metragem seguinte produzido pela Pernambuco-Film, *Pernambuco e sua Exposição de 1924* (1925), trata sobretudo de dois assuntos: as obras no porto do Recife empreendidas por Loreto e a Exposição Geral de Pernambuco, ocorrida entre outubro e novembro de 1924. A Exposição é o maior e mais ambicioso evento orquestrado para celebrar tanto o centenário da Confederação do Equador como o segundo ano da gestão Loreto.

As cópias preservadas de *Recife no centenário da Confederação do Equador* (1924) e *Pernambuco e sua Exposição de 1924* (1925) são fragmentos dos filmes originalmente compostos por nove e sete partes, respectivamente[14]. Uma combinação de trechos dos dois longas é montada pela Pernambuco-Film para exibições fora do estado, sob o título *Os encantos da Veneza americana* (1925). Em abril, são realizadas duas sessões especiais, na Bahia e no Rio de Janeiro, e no mês seguinte o filme entra em cartaz no circuito carioca, sendo exibido no Rialto durante uma semana. Já com o título abreviado de *Veneza americana*, tem uma exibição em 1931 no Recife.

Conservada pela Fundação Joaquim Nabuco, do Recife, e restaurada pela Cinemateca Brasileira, a cópia completa do filme permite observar o apuro técnico e estético alcançado naquele momento pela Pernambuco-Film[15]. *Veneza americana* confere um tratamento elaborado aos registros das obras e solenidades oficiais, explorando belos enquadramentos e inventivos *travellings*, nos quais a câmera tira proveito de veículos em movimento (carros, bondes) e até mesmo de uma ponte giratória.

No momento mais inspirado e de curiosa autorreferência, acompanhamos uma série de planos que as cartelas associam explicitamente ao ponto de vista do "operador" (cinegrafista), com seu "infantil desejo" de experimentar as emoções proporcionadas pelos brinquedos montados na área externa da Exposição. Com a câmera instalada na roda gigante ou percorrendo o túnel do amor, o espectador é convidado a compartilhar as sensações e percepções do cinegrafista. A certa altura, "as emoções foram demasiadas" e tanto o cinegrafista quanto a câmera "chegaram a perder o juízo", o que tem como resultado imagens captadas dos frequentadores em velocidade acelerada, como se ainda estivessem sob o impacto do movimento dos brinquedos.

SURGE A AURORA

Quando se transferem para o Rio de Janeiro, em torno de março de 1925, os sócios da Pernambuco-Film vendem os equipamentos e repassam a sede da produtora para a Aurora-Film, que nesse mesmo mês lança *Retribuição*. A Aurora e o grupo de realizadores por ela reunido formam o principal núcleo de produção até o final da década, considerando as outras produtoras que os integrantes vieram a criar.

A Aurora-Film é fundada em 1923, por Gentil Roiz, gravador de joias, e Edson Chagas, ourives de formação. É provável que o encontro entre os dois tenha acontecido no ano anterior, quando teriam se iniciado as filmagens de *Retribuição* – uma produção que levaria cerca de vinte meses para ser concluída, ao custo de cinco contos, incluindo as despesas de laboratório[16]. O interesse por cinema havia levado Gentil e Edson, cada um a seu modo, a exercer atividades ligadas à área, aprendendo com a prática. Gentil transforma um projetor em câmera e com ela confecciona letreiros para os filmes exibidos no Cinema Olinda. Edson, por sua vez, chega a trabalhar no Rio de Janeiro com o cinegrafista João Stamato na Amazônia Filmes. A eles se junta Ary Severo, que entre 1919 e 1922 havia estudado engenharia em Paris, onde teria tido oportunidade de frequentar estúdios e acompanhar filmagens.

Já na realização do segundo filme, *Um ato de humanidade* (Gentil Roiz, 1925), a Aurora passa a contar com Jota Soares, que exercerá as mais diversas funções na equipe técnica, além de atuar e dirigir.

A aquisição da primeira câmera pela produtora tem versões distintas, contadas por Roiz e Severo, com divergências quanto às condições de compra e a quem estaria envolvido na transação. Em comum, há a informação de ter sido uma câmera inglesa, comprada a prestações. Severo é mais preciso, indicando ter sido uma Empire inglesa, objetiva de 50 mm, cujo funcionamento era dos mais precários: "fabricante de halos, sabe? Não era uma máquina boa [...]. Pegava de sopapos a fita"[17]. Com essa câmera, filmaram *Retribuição*, cuja atriz principal é Almery Steves, então noiva de Ary. O grupo trabalha em esquema amador, com filmagens realizadas nos fins de semana, quando estavam de folga de suas ocupações regulares. O dinheiro para a compra dos negativos e para as despesas de produção vinha das contribuições de cada um, do aluguel da câmera e da confecção de letreiros para salas de exibição. Películas e produtos químicos de laboratório eram comprados na filial recifense da firma John Jurgens & Cia., que facilitava os prazos de pagamento.

História de perseguição, com mocinhos e bandidos em busca de um tesouro enterrado, *Retribuição* segue o modelo dos filmes de aventura e dos seriados norte-americanos, gêneros de imensa popularidade junto aos espectadores brasileiros, entre os quais se incluíam os integrantes do grupo recifense, eles próprios fãs entusiasmados. Décadas depois, Jota Soares iria reforçar essa filiação, afirmando que "a influência produzida pelos filmes americanos no espírito dos pioneiros do cinema em Pernambuco foi um elemento de grande poder no impulso aos empreendimentos dos mesmos"[18]. Para ele, "foi uma gostosura *Retribuição*, onde havia de tudo: trens, lanchas, policiais, perseguições, suplícios e também amor"[19].

Retribuição é bem recebido pela imprensa local, além de ganhar destaque nas páginas das revistas cariocas *Para Todos...* e *Selecta*, nas quais os jornalistas Adhemar Gonzaga e Pedro Lima empreendiam uma sistemática campanha de apoio e estímulo ao cinema brasileiro. O público recifense, por sua vez, acolhe o lançamento calorosamente e enche as sessões, atraído pela novidade de um filme de enredo realizado na própria cidade.

A boa repercussão e o sucesso de certa forma inesperado de *Retribuição* são incentivos tanto para a Aurora continuar suas atividades quanto para que outros grupos se animem a fazer filmes. Entre 1925 e 1926, são criadas novas produtoras: Planeta-Film, Veneza-Film, Olinda-Film e Vera Cruz-Film, que viriam efetivamente a lançar suas produções, enquanto outras empresas, como a Imperial-Film, a Victoria-Film, a Maria-Film e a Guarany-Film, foram anunciadas pela imprensa, mas não foram adiante. Ainda em 1925, surge também a Reclame-Film, voltada para a exibição de filmes publicitários, projetados em praças públicas por meio de um automóvel adaptado com cabine de projeção.

Em 1925, a Aurora tem um desempenho excepcional, produzindo e lançando três longas de enredo, um curta publicitário (o já mencionado *Um ato de humanidade*, dirigido por Roiz, com história que exemplificava as maravilhas curativas da Garrafada do Sertão) e pelo menos um natural, *O 3º aniversário do governo Sérgio Loreto*[20]. Enquanto *Retribuição* demora quase dois anos para chegar às telas, o segundo longa de ficção da Aurora, *Jurando vingar* (Ary Severo, 1925), é filmado em apenas dois meses e estreia em julho. A história de aventura, envolvendo rapto da mocinha e perseguição aos bandidos pelo protagonista interpretado por Gentil Roiz, procura adaptar os elementos do gênero à geografia local, situando a intriga no cenário das plantações de cana-de-açúcar do interior do estado. No entanto, assim como *Retribuição*, também *Jurando vingar* suscitará na imprensa comentários que repudiam a "imitação flagrante de americanismos idiotas"[21].

A resposta da Aurora virá com a "superprodução" *Aitaré da praia* (Gentil Roiz, 1925), filme ambientado no litoral pernambucano que "servirá para mostrar na tela o heroísmo dos bravos jangadeiros do Nordeste" – como anunciam Ary Severo e Almery Steves, o casal protagonista, em entrevista à revista carioca *Para Todos...*[22]. O filme acompanha a trajetória do jangadeiro Aitaré, desde suas atividades na pesca em uma aldeia isolada do litoral até sua mudança para o Recife, quando adota hábitos sofisticados e se insere na vida burguesa da capital. A combinação entre os elementos da praia e da cidade, contemplando tanto a tradição como a modernização, agrada à imprensa local, a exemplo da resenha publicada no jornal *Diário de Pernambuco*. Nela, o crítico de teatro Samuel Campello elogia o "enredo mimoso" e a apresentação de aspectos das praias, das ruas e palacetes do Recife, "tudo isto num respeito muito louvável aos costumes pitorescos da gente do povo e aos elegantes da alta sociedade"[23].

IMPULSO NA PRODUÇÃO

Pouco depois da produção de *Retribuição*, é fundada a produtora Planeta-Film, uma dissidência da Aurora, formada por Tancredo Seabra e Eronides Gomes, intérpretes do primeiro filme. Nas revistas cariocas, Adhemar Gonzaga e Pedro Lima lançam frequentes dúvidas sobre a idoneidade da nova empresa, e em textos memorialísticos posteriores Jota Soares procura diminuir sua importância, frisando que *Filho sem mãe* (Tancredo Seabra, *1925*), único filme da produtora, "foi muito mal recebido pelo público e exibido em primeira linha no cinema São José, recolhendo-se depois, pela falta de aceitação nos cinemas"[24]. A pesquisa em periódicos, entretanto, aponta um panorama distinto. Além de ter sido exibido durante pelo menos oito dias, em quatro cinemas, o filme foi projetado em sessão especial para o governador Sérgio Loreto – distinção que a Aurora-Film ainda não havia alcançado. É provável que essa sessão tenha sido viabilizada graças ao prestígio de Paulino Gomes, pai de Eronides e proprietário da Planeta-Film, na época destacado funcionário municipal, braço direito do prefeito do Recife Antonio de Goes Cavalcanti. Sobre o enredo de *Filho sem mãe*, pouco se sabe, a não ser que incluía cena ambientada em uma elegante praia de veranistas, quando o mocinho salva uma banhista do afogamento e os dois logo se apaixonam, além de haver também a presença de cangaceiros que trocam tiros com forças militares[25].

Os filmes de enredo lançados em 1925 pela Aurora e pela Planeta, além dos anúncios da criação de outras produtoras, transformam por completo o panorama cinematográfico da cidade, com expressiva repercussão nas revistas cariocas. Em suas colunas dedicadas ao cinema brasileiro, Gonzaga e Lima abrem espaço para notícias e fotos da produção pernambucana, estimulando a constituição de um *star system* local, tendo à frente o gracioso casal formado por Almery Steves e Ary Severo (que se casariam pouco antes da estreia de *Aitaré da praia*). Até o final da década, outras atrizes de filmes pernambucanos, entre elas Rilda Fernandes (*Jurando vingar*, *Aitaré da praia*) e Mazyl Jurema (*No cenário da vida* [Jota Soares e Luiz Maranhão, 1930]), terão publicadas fotos e entrevistas, mas é Almery Steves quem receberá maior destaque. Depois de assistir a *Aitaré da praia*, Pedro Lima comenta que Almery "é bem a estrela na qual depositávamos grandes esperanças"[26]. No início de 1926, *Para Todos...* publica foto colorizada de página inteira da atriz, com uma legenda que deixa explícito o empenho na política do estrelismo para atrair o público: "Almery Steves, a estrelinha pernambucana dos filmes da Aurora. Então, não é bonitinha? Por sua causa, ao menos, o cinema brasileiro não interessa?"[27].

Ainda no mesmo ano, Almery estampa a capa de *Selecta*, que publica no corpo da revista uma entrevista de duas páginas com a atriz, ilustrada com diversas fotos[28]. A seriedade com que ela encara seu trabalho fica evidente em diversas declarações, como na entrevista para a divulgação de *Destino das rosas* (Ary Severo, 1930), na qual comenta que, de todos os filmes em que atuou, *Dança, amor e ventura* (Ary Severo, 1927) "foi o que mais me impressionou, mesmo por ter sido idealizado por mim. *Aitaré* e *Destino das rosas*, apesar de não corresponderem no que me cabe ao tipo que desejo criar, são entretanto dois suaves romances"[29]. A julgar por essa declaração de Almery, sua contribuição se estendeu além da esfera da atuação, sendo ela também responsável pelo argumento de *Dança, amor e ventura*, informação que não aparece em nenhuma outra fonte.

Nas revistas cariocas, Adhemar Gonzaga e Pedro Lima contribuem tanto para divulgar filmes, artistas e atividades do cinema pernambucano como para alimentar as constantes intrigas e desavenças que se criavam dentro do grupo recifense. Gonzaga e Lima recebiam informações por meio da correspondência enviada pelos realizadores e também por leitores das revistas, entre eles Mário Mendonça, que inicialmente assinava sob o pseudônimo de Cyclone Smith, personagem interpretado pelo astro Tom Mix em diversos filmes de aventura. Suas assíduas colaborações o levaram a se tornar o correspondente no Recife de *Para Todos...* (e depois de *Cinearte*), o principal informante sobre os bastidores do que ocorria na cena cinematográfica local. "Pernambuco nos tem dado trabalho, mas não descansaremos enquanto não estabelecermos a ordem", escreveu Gonzaga em *Para Todos...*[30]. Isso não impede que, no fim de 1925, Pedro Lima se refira a Recife em *Selecta* como o lugar "onde a nossa indústria cinematográfica forma, com S. Paulo e Rio, o triângulo em que se fundamenta a base donde surge o cinema brasileiro"[31].

EM BUSCA DE PROFISSIONALIZAÇÃO

Ao que tudo indica, o empenho em busca de certa profissionalização por parte da Aurora começa a acontecer logo depois da estreia comercial de *Retribuição*, em março de 1925, e da compra dos equipamentos e materiais da Pernambuco-Film. Em maio, é firmado um contrato de sociedade entre Gentil Roiz, Edson Chagas e o sócio comanditário Joaquim do Nascimento Tavares, um fabricante de calçados. A sociedade, que tem como razão social Roiz & C., conta com capital inicial de cinco contos de réis (Nascimento: três contos; Roiz e Chagas: um conto cada). Na divisão dos lucros, Nascimento fica com 30%, enquanto o restante é dividido pelos outros dois (35% para cada), que passam a receber uma remuneração mensal de cem mil réis cada um[32]. A preocupação em constituir juridicamente a produtora, bem como garantir um salário para Roiz e Chagas, seus principais integrantes, sinaliza a vontade de ultrapassar o esquema amador característico da realização do primeiro filme e constituir, dentro das possibilidades, uma mínima profissionalização. Em outras palavras, deseja-se viver de cinema – aspecto que ganhará amplo destaque no capítulo que Alex Viany dedica ao "surto regional" de Recife no seu livro *Introdução ao cinema brasileiro*, lançado em 1959.

A sociedade com Nascimento Tavares não impede que a Aurora termine o ano de 1925 com sua primeira crise – junto com um grande sucesso, *Aitaré da Praia*. Desavenças internas provocadas por questões financeiras e pessoais levam a produtora à falência, justamente quando estreia sua produção mais cara e elaborada até então, *Aitaré da praia*. Esse filme conta com ampla publicidade nos jornais locais e grande afluência do público. A imprensa registra a acirrada disputa de lugares em todas as sessões do dia da estreia. Depois das exibições, Gentil Roiz segue para o Rio de Janeiro com a cópia do filme, enquanto no Recife a empresa paralisa suas atividades devido às dívidas com credores. Acusações são disparadas contra Roiz, especialmente por parte de Chagas, e a crise rende virulenta troca de correspondência e constantes comentários nas colunas de Gonzaga e Lima. Este, inclusive, chega a abrir no seu arquivo pessoal uma pasta denominada, no melhor estilo policial, "O caso Aurora", reunindo as cartas enviadas pelo grupo de Recife aos jornalistas cariocas, além de documentos diversos, como o interessante livro-caixa de *Aitaré da praia* discriminando receitas e despesas gerais da produtora e custos de produção do filme.

A Aurora-Film retoma os trabalhos em 1926, graças à entrada de um novo investidor, João Pedrosa da Fonseca, estabelecendo a firma Fonseca Tavares & Cia. Comerciante bem-sucedido e prestigiado na sociedade, proprietário da loja de roupas A Simpatia, Pedrosa passa a atuar como um produtor de fato, intervindo na escolha e no andamento dos projetos, além de pôr em prática estratégias para promover a Aurora e seus filmes. Sob sua direção, a produtora lança mais dois filmes de enredo em 1926: a comédia *Herói do século XX* (Ary Severo) e o drama *A filha do advogado* (Jota Soares, 1926), uma grande produção para os padrões locais. No primeiro, única comédia produzida no período, o ator Pedro Neves exibe seus talentos de imitador e acrobata ao compor um tipo inspirado em Buster Keaton. Pela descrição feita por Jota Soares, o filme combinava golpes de malandragem, tradicionais situações da comédia física (perseguições, dribles) e truques de câmera, como mostrar Neves pulando de baixo para cima ou subindo em um poste com o corpo de cabeça para baixo[33]. A admiração e a imensa popularidade dos cômicos norte-americanos também serviriam de mote para o projeto *Tal e qual Harold Lloyd*, anunciado em 1926 pela produtora Vera Cruz-Film, mas que não chegou a ser filmado.

Mesmo antes da estreia da comédia *Herói do século XX*, no final de julho, já estão em andamento as filmagens de *A filha do advogado*, produção para a qual convergem investimentos significativos e que se pretende um marco da nova fase da Aurora-Film. Jota Soares assume a direção depois da saída de Ary Severo, provocada por desentendimentos pessoais. Acumulando as funções de intérprete e diretor, Jota tem oportunidade de realizar um melodrama no qual os elementos do gênero se desdobram em fina sintonia com a movimentação urbana do Recife. No enredo, o jovem rico e estroina interpretado por Jota assedia uma moça recém-chegada ao Recife, que começava a frequentar a alta sociedade local, sem saber que ela vinha a ser sua irmã ilegítima, fruto de uma antiga relação extraconjugal do pai. Atacada violentamente pelo rapaz em seu próprio quarto, a mocinha termina por matá-lo a tiros, como último recurso para defender sua honra. O caso vai a julgamento e ela é defendida por um advogado misterioso, que ao fim retira seu disfarce e revela ser o pai tanto da moça como do seu agressor. O jardineiro negro, cúmplice do jovem estroina, revela no tribunal os subornos e estratégias que levaram à invasão do quarto da protagonista, que tem assim sua virtude comprovada. O final feliz se completa pelo casamento da mocinha com um jovem e promissor jornalista, amigo do pai, o que sedimenta sua inocência junto à boa sociedade, da qual volta a fazer parte.

A história permite dar vazão ao fascínio pelos aspectos da vida moderna que então ganhavam as ruas do Recife – o fluxo de veículos, bondes e pessoas no centro da cidade, as novas modas no figurino e nos penteados femininos, as festas animadas por *jazz band* – sem descuidar dos valores tradicionais, seja da narrativa melodramática, seja da cultura local. Enquanto as novidades modernas pontuam o filme, o conservadorismo e o preconceito embasam as representações e a estrutura da narrativa. Ficam bem definidos, por exemplo, os limites para os avanços no comportamento e na aparência femininos, a partir da polarização estabelecida entre a protagonista e a noiva arrivista do vilão. Enquanto a primeira corta o cabelo *à la garçonne,* seguindo conselho do pai, e dedica-se a tarefas domésticas e eventos da sociedade, numa caracterização positiva e virtuosa, a segunda adota as mudanças de uma forma considerada censurável, pois se afasta do ideal tradicional feminino ao se masculinizar na aparência, com cabelos curtos e óculos de armação pesada, e na atitude, formando-se bacharela em direito e exercendo a profissão publicamente no tribunal.

A seletiva modernidade celebrada em *A filha do advogado* mantém também intacto o preconceito racial e de classe, como é exemplificado no tratamento conferido ao personagem do jardineiro negro, em uma marcante interpretação de Ferreira Castro. Como analisa Arthur Autran, o personagem é caracterizado como ganancioso e covarde, aceitando dinheiro do vilão e traindo a confiança da patroa, além de ser visto a todo momento fazendo trabalhos braçais, o que reitera a concepção, formada durante o período da escravatura, desse tipo de trabalho como destinado a inferiores[34]. No desenlace do julgamento, o preconceito racial e os golpes melodramáticos – revelações, salvamentos de último minuto – convergem para transformar o jardineiro negro no grande responsável pelo crime, colocando em segundo plano a responsabilidade do vilão, que antes de morrer havia se arrependido de seus atos, e da própria mocinha, autora do crime, que, no entanto, agia em defesa da própria honra.

PRODUÇÕES AMBICIOSAS × “POBREZA CHOCANTE”

A movimentação cinematográfica em 1925 é promovida sobretudo por jovens de pouca inserção social, provenientes das classes média e baixa, ainda que entre eles houvesse alguma variação quanto à idade, classe social e profissão. No seu estudo fundamental sobre o cinema pernambucano dos anos 1920, Lucilla Bernardet calcula que, na segunda metade da década, em torno de três dezenas de pessoas, incluindo algumas moças, se esforçaram por serem profissionais de cinema, sendo que antes e depois (e acrescentaríamos também durante) atuaram como “jornalistas, pequenos funcionários, comerciários, operários, artesãos, atletas, músicos populares, atores de teatro; outros simplesmente não tinham profissão nenhuma, ou então a todo momento mudavam de um emprego para outro completamente diferente"[35].

No ano seguinte, observa-se uma certa tendência ao aburguesamento, que se manifesta tanto na constituição do meio cinematográfico, que passa a incluir maior número de membros de famílias de nome prestigiado e prósperos comerciantes, como nos enredos dos filmes, nos esquemas de produção e nas estratégias publicitárias. Com o bem-sucedido comerciante Pedrosa da Fonseca à frente do negócio, a Aurora-Film desenvolve o enredo burguês de *A filha do advogado* (1926), aproveitando para alimentar boas relações com a imprensa local ao convidar jornalistas de diversos veículos para assistir às filmagens das cenas de cabaré no Clube Pernambucano.

A Vera Cruz-Film, por sua vez, criada no início de 1926, buscará apoio junto ao clero e às famílias da sociedade. A firma Vergueiro & Cia., do industrial João Carlos Vergueiro, investe vultosa quantia no ambicioso projeto *História de uma alma* (Eustórgio Wanderley, 1926)[36], filme sacro sobre a vida e os milagres de Santa Teresinha, que havia sido canonizada pelo Vaticano no ano anterior. Contando com a aprovação das autoridades eclesiásticas, o filme reúne em seu elenco nomes de famílias tradicionais, numa harmoniosa colaboração entre a burguesia e o clero, respaldada pela imprensa local, que divulga com regularidade o andamento da produção, publicando notas e fotos, sempre destacando a participação de membros da "boa sociedade católica". A chancela da Igreja Católica constitui, inclusive, o prólogo do filme, no qual se apresenta uma foto de dom Miguel Valverde, arcebispo de Olinda e Recife, no momento em que assina a licença autorizando a realização do projeto submetido à aprovação das autoridades eclesiásticas. Também a direção se diferencia por contar com um nome já estabelecido no meio cultural recifense, o jornalista, professor e compositor Eustórgio Wanderley, que no ano anterior havia sido eleito membro da Academia Pernambucana de Letras.

Baseado em manuscrito homônimo, o filme conta a história de Santa Teresa de Lisieux, valendo-se de residências, jardins e construções históricas do Recife e região para reconstituir os ambientes europeus do século XVIII. Entre os fotogramas e fotos preservados, chama a atenção uma cena em que a jovem noviça é tentada pelo demônio Lúcifer em seu dormitório, em uma caracterização que evoca tanto os espetáculos populares de palco como os filmes de truques de Méliès[37]. Uma partitura sacra é especialmente composta por músicos locais para essa produção dispendiosa e de longa duração, exibida em duas partes (1ª e 2ª épocas) entre setembro e outubro de 1926.

Os dois longas de enredo pernambucanos lançados em 1926, *História de uma alma* e *A filha do advogado*, se empenham em conferir maior robustez e angariar reconhecimento para a produção local, procurando ultrapassar os criticados americanismos dos primeiros filmes de aventura, embora sem abdicar de gêneros igualmente populares como o melodrama e o filme religioso. A imprensa reconhece o esforço das produtoras, como sinaliza o comentário publicado na revista *A Pilhéria* por ocasião do lançamento de *A filha do advogado*: "A cinematografia regional vai tomando as propulsões imprevistas das coisas sérias. Coisas sérias porque no começo ela apareceu como simples motivo de aventuras, a exemplo do que se deu com a Planeta-Film, ofuscada após a primeira tentativa, depois de nos revelar o seu desventurado esforço em *Filho sem mãe*"[38].

Na mesma revista, porém, o cronista João Terceiro escreverá um comentário revelador sobre o incômodo provocado pelos filmes pernambucanos. Depois de reconhecer os "nossos incontestáveis progressos na 'arte do silêncio'", ele observa: "A cinematografia, entretanto, requer muito dinheiro. A confecção dessas fitas exige grandes capitais. A pobreza chocante dos cenários, dos móveis, das toaletes das estrelas é, talvez, o maior obstáculo ao desenvolvimento completo, entre nós, das fitas de cinema"[39].

Em seguida, argumenta a favor do teatro, conclamando as empresas cinematográficas a "se congregar em torno da fundação de nosso teatro permanente, como na Bahia e como existe em São Paulo"[40]. O incômodo do cronista diante da "pobreza chocante" dos filmes dá a medida de quanto a produção cinematográfica local ainda estava distante do reconhecimento, para além dos elogios protocolares e patrióticos, enquanto expressão artística e cultural efetivamente relevante.

DE VOLTA AOS ESQUEMAS AMADORES

É irônico e sintomático que aquele comentário desestimulador tenha se dado precisamente ao final de um período no qual se observa um movimento para profissionalizar a atividade cinematográfica e também respaldá-la não só com o dinheiro de investidores/produtores mas também com o reconhecimento da elite cultural. A partir de 1927, ocorre certo refluxo por parte dos investidores externos de maior vulto. Retorna-se aos esquemas sustentados sobretudo pela contribuição (com dinheiro ou trabalho) dos próprios integrantes das produtoras. Pode-se pensar que são justamente os filmes mais ambiciosos, em termos de investimento financeiro e reconhecimento social (*A filha do advogado* e *História de uma alma*), que apontam os limites do mercado cinematográfico regional e nacional, incapaz de sustentar um mecanismo de produção local em bases profissionais. As exibições na cidade não são suficientes para cobrir os gastos e manter a engrenagem funcionando em bases profissionais, enquanto a circulação dos filmes por outras praças mostra-se trabalhosa e gera resultados pouco satisfatórios. Na ausência de um sistema de distribuição, optava-se pelo envio de cópias por meio de pessoas ligadas às produtoras ou por elas contratadas, sem que houvesse maior controle sobre a devolução das cópias, tampouco sobre os eventuais lucros obtidos com as exibições.

Há registros de exibições de filmes pernambucanos em outros estados. *Os encantos da Veneza americana* (1925) estreia em Salvador e no Rio de Janeiro. *Retribuição* é visto em Salvador, assim como *História de uma alma* e *Aitaré da praia*, que por sua vez também é exibido em Sergipe, Alagoas e Pará. No Rio de Janeiro, aconteceu uma sessão especial do filme, mas não há indicação de lançamento comercial. Já em 1932, a *Cinearte* noticia que *No cenário da vida* (1930) "está sendo exibido num dos cinemas de arrabalde do Rio"[41], quem sabe por iniciativa de Edson Chagas, que possivelmente se encontrava na cidade nessa época. Ao que tudo indica, o filme silencioso pernambucano que alcança um circuito mais amplo é *A filha do advogado*, visto no Pará, São Paulo, Paraná e Rio Grande do Sul. No Rio de Janeiro, no primeiro semestre de 1927, ganha sessão especial no Cine Teatro São José, na Praça Tiradentes, e em seguida percorre salas de bairro.

Depois de *A filha do advogado*, no entanto, a Aurora não lança outros filmes. Edson Chagas deixa a produtora no final de 1926, fundando a Liberdade-Film, para a qual convida Ary Severo. No ano seguinte, Pedrosa da Fonseca ainda tenta levar o negócio adiante, apostando no retorno de Gentil Roiz, convidado a voltar ao Recife e retomar suas funções na empresa. A desistência de Roiz, depois de uma passagem meteórica pela cidade em meados de 1927, acaba por desmontar os planos de Pedrosa da Fonseca, que pretendia reorganizar a Aurora sob a forma de uma sociedade anônima, reunindo pessoas interessadas em investir na produção cinematográfica. Em agosto, os jornais anunciam a venda de equipamentos, filmes e outros materiais da produtora, que encerra suas atividades já sem contar com nenhum dos dois fundadores[42].

Enquanto Gentil Roiz, definitivamente instalado no Rio de Janeiro, volta a exercer a profissão de ourives depois de deixar inacabado um filme produzido pela Cinédia, Edson Chagas se mantém em constante atividade cinematográfica, como cinegrafista contratado ou à frente da sua Liberdade-Film. Além da Liberdade, outras produtoras encontram-se em atuação nesse momento: Olinda-Film, Goiana-Film, Vera Cruz-Film e Norte-Film.

Destas, a Olinda-Film havia sido fundada já em 1925 e tinha sede no Recife, apesar do nome. Era uma iniciativa de operários das oficinas gráficas dos jornais locais, tendo como principais integrantes Chagas Ribeiro, Horácio de Carvalho e Lourenço Cysneiros. Seu primeiro filme é o natural *As grandezas de Pernambuco*, que registra diversos locais do Recife e Olinda. Segundo Jota Soares[43], o filme contou com financiamento do governo Sérgio Loreto, informação que deve proceder, considerando o tom de propaganda adotado desde o título e confirmado logo nos letreiros iniciais, nos quais se destaca "a grande febre de progresso que vem impulsionando os pernambucanos em todos os ramos da atividade". Em seguida, a Olinda-Film anuncia o curioso projeto *Mãe preta*. Com um argumento pontuado por rituais de magia negra, seitas ocultas e sacrifícios humanos, o projeto representaria uma inusitada incursão pelo gênero terror, caso houvesse sido realizado.

O primeiro e único longa de enredo da produtora, *Revezes...*, com direção de Chagas Ribeiro, seria lançado em 1927[44]. Na história, que se passa na zona rural, os vaqueiros de uma fazenda vivem submetidos aos "contínuos feitos de desumanidade" (como explica um dos letreiros) praticados pelo violento proprietário. Há o conflito amoroso, que envolve o filho do patrão e o jovem casal formado pelos filhos de dois vaqueiros amigos e vizinhos. E há também, de forma acentuada, o conflito de classes, elemento raro no cinema silencioso brasileiro, colocando em confronto direto o grupo de vaqueiros, que se mobiliza exigindo os salários atrasados, e o patrão explorador e brutal. O final infeliz do casal romântico – ele assassinado pelo filho do patrão, ela morrendo em seguida – é revertido em um desfecho marcado pela religiosidade e com toques sobrenaturais, em que os dois saem de suas sepulturas e se reencontram em espírito no céu, numa cena construída por superposições e trucagens.

Violência, conflitos envolvendo questões de terra e vingança coletiva estão presentes igualmente em *Sangue de irmão* (Jota Soares, 1927), não só filmado como também produzido no interior do estado, na cidade de Goiana, na Zona da Mata pernambucana. A iniciativa do filme parte de Leonel Correia, proprietário do cinema Polytheama e fundador da produtora Goiana-Film. Tendo realizado o natural *Aspectos de Goiana* (Leonel Correia Filho, 1927), ele convida Jota Soares para dirigir um curta-metragem de enredo, com uma proposta já bem definida, como recorda o diretor: "O Leonel Correia queria um filme de pancadaria, e eu... fiz-lhe a vontade com uma fita em que há socos, corridas de automóveis, lutas em cima de trens e outras coisas que fazem delirar certa plateia"[45]. Adotando como modelo o cinema de aventura norte-americano, o filme inseria no gênero personagens e costumes locais, contando a história de um vilão que saqueava "indefesas famílias de modestos proprietários", batia em um velho paralítico, sequestrava criança[46]. Capturado, ele é espancado e amarrado a uma árvore, "ali perecendo e passando a servir de pasto aos abutres"[47]. Embora não se tenha mais cópia preservada do filme, o alto grau de violência fica expresso na descrição de Jota Soares e nas informações colhidas por Lucilla Bernardet, indicando que a violência traduzia-se também no tratamento formal, sendo "mostrada detalhadamente, com variação de ângulos de tomada e variação de profundidade de campo"[48].

Depois desse filme, Jota Soares só voltaria brevemente à atividade cinematográfica em 1930, para dirigir algumas cenas de *No cenário da vida*. Nas décadas seguintes, tornaria-se o principal memorialista do período, por meio de textos e depoimentos, entre os quais se destaca "Relembrando o cinema pernambucano". Essa série de 59 artigos publicados no *Diário de Pernambuco*, entre dezembro de 1962 e fevereiro de 1964, seria organizada por Paulo C. Cunha Filho no volume *Relembrando o cinema pernambucano: dos arquivos de Jota Soares*, publicado em 2006.

Em agosto de 1927, estreia o terceiro longa de enredo do ano, produzido pela Liberdade-Film. *Dança, amor e ventura* reúne novamente Ary Severo e Almery Steves, o par romântico que já havia recebido diversos elogios pelo desempenho em *Aitaré da praia*. No novo filme, eles fazem parte de um bando de ciganos, mas ambos pertencem a famílias abastadas do Recife. Ela havia sido raptada pelos ciganos quando criança e será reconhecida pela mãe, quando esta vê o quadro pintado por um pintor para quem a moça havia posado. O rapaz, tendo abandonado sua família, não sabe que é o herdeiro da fortuna deixada por um tio. O enredo melodramático tem como vilão um primo do protagonista, que pretende matá-lo para ficar com a herança.

Lançado em agosto, o filme é realizado sem o apoio de um investidor, como havia acontecido com a Aurora-Film sob a direção de Pedrosa da Fonseca. Em entrevista para o *Diário da Manhã*, do Recife, transcrita pela revista *Cinearte*, Ary Severo comenta "a falta de recursos reinante" e o esforço de Edson Chagas para equilibrar a empresa: "levamos meses trabalhando em outros afazeres, economizando, para mais tarde nos juntarmos aqui, empregando todo o recurso que trazemos"[49]. Mais uma vez, como já havia acontecido na Aurora, planeja-se transformar a Liberdade-Film em sociedade anônima, de maneira a capitalizar a produtora, mas os planos não se concretizam.

Apesar de acolhido com simpatia pela imprensa local e com uma boa cobertura realizada pela *Cinearte*, que ao longo de 1927 publica diversos textos e fotos sobre o filme, *Dança, amor e ventura* recebe também algumas críticas nas quais se pode identificar as precárias condições de produção apontadas por Severo. No *Jornal do Commercio*, as restrições se estendem ao cinema pernambucano em geral, no qual "à boa vontade, à inteligência, à intuição dos rapazes que se dedicam a fazer filmes, falta o gosto e o critério de um *metteur-en-scène*. Falta, por outras palavras, um ensaiador exigente"[50]. Em *A Província*, a resenha de *Dança, amor e ventura* estranha a ausência de uma chave de ouro, já que a cena final "só o é porque a tela o diz", sem efetivamente mostrar o desenlace da intriga[51]. Tais problemas deveriam estar diretamente ligados aos limitados recursos da produção. Ao que parece, houve a inserção de novos planos em uma segunda cópia do filme, confeccionada depois da estreia, e que em outubro estava "quase pronta", "faltando apenas melhorar algumas cenas", como noticia o correspondente Mário Mendonça em *Cinearte*[52].

Esse procedimento de refação de cenas, realizado depois do lançamento do filme, não é raro no período silencioso e teve pelo menos outro exemplo na produção pernambucana, com *Aitaré da praia*. Ao voltar aos cinemas em 1926, depois da estreia em dezembro do ano anterior, o filme apresenta algumas modificações: são inseridos planos da chegada de Aitaré à cidade e algumas vistas "naturais", sendo cortadas as cenas de baile. No ano seguinte, a Liberdade-Film anuncia a refilmagem de *Aitaré da praia*, que foi então concluída em 1928. Edson compra os negativos de João Pedrosa da Fonseca para "filmar novamente as piores cenas, aproveitando também outras cenas que foram suprimidas na primeira cópia"[53]. Uma das mudanças mais significativas, tomando por base as notas na imprensa, foi a substituição da sequência da festa no final por um "baile mais característico e de mais emoção"[54].

EDSON CHAGAS, CAVADOR

A todo momento lançando mão dos recursos mais diversos para se manter em atividade, Edson Chagas se sobressaiu como um legítimo *cavador*. Prática tão criticada na época como absolutamente recorrente e necessária para a continuidade da produção cinematográfica no país, a cavação consistia em uma série de expedientes para *cavar* dinheiro e com isso viabilizar a realização de filmes e a própria subsistência no meio.

A cavação significava sobretudo a realização de fitas naturais sob encomenda para políticos, fazendeiros, comerciantes, famílias abastadas e quem mais se dispusesse a pagar pelo trabalho. No entanto, o termo poderia se referir também a uma vasta gama de procedimentos pouco valorizados, quando não frontalmente atacados, entre os quais estavam as escolas de cinema (especialmente em São Paulo), o reaproveitamento de planos e a prática de "reformar" os filmes, lançando-os com outro título[55]. Contribuíam também para o descrédito da cavação as situações em que o cinegrafista embolsava o dinheiro e desaparecia sem entregar o filme encomendado.

Tomando Hollywood como modelo e vinculando o verdadeiro cinema ao longa-metragem de enredo, Adhemar Gonzaga e Pedro Lima combateriam com virulência a "cavação dos naturais"[56], o que explica muitas das críticas publicadas pelos dois jornalistas dirigidas ao trabalho e à própria pessoa de Edson Chagas. Sem se abalar, o cinegrafista se defende dos ataques com clareza exemplar. Em um momento de polarização diante da primeira crise da Aurora, Edson escreve a Gonzaga: "Eu não sou patriota porque trabalho em filme de 'cavação', dirão seu Gentil e outros, mas se não fossem esses trabalhos e alguns reclames eu já teria morrido de fome"[57].

Edson está constantemente *cavando* trabalhos. Já na Aurora-Film, elogiada pelos filmes de enredo que produz, ele e Gentil Roiz confeccionam letreiros para as salas do Grupo Severiano Ribeiro[58]. Edson prestaria esse serviço para cinemas locais até pelo menos 1927, quando teria perdido trabalhos para o cinegrafista Alberto Williams, da obscura Imperial-Film[59]. Também com Roiz, que mantinha laços de amizade com o poderoso secretário Amaury de Medeiros, realiza filmagens encomendadas pelo governo do estado, que devem ter sido muito bem pagas, a julgar pelas vultosas entradas sob o nome de Medeiros no livro-caixa de *Aitaré da praia*, referentes ao segundo semestre de 1925. Outro momento em que Chagas voltaria a filmar figuras da política acontece em meados de 1926, com a Aurora reestruturada, ao registrar a visita do futuro presidente Washington Luís à cidade[60]. E, em 1929, segundo o ator Dustan Maciel, Edson estaria "tirando filmes de cavação para a propaganda do PRP [Partido Republicano de Pernambuco] auxiliado pelo governador", Estácio Coimbra[61]. Não foram encontrados registros na imprensa quanto à exibição de nenhum dos dois filmes.

À época da primeira falência da produtora, Edson filma o natural *Carnaval de 1926 em Recife* (1926). Inicialmente anunciado como uma produção da Empresa de Propaganda do Nordeste, tendo Chagas como cinegrafista contratado, o filme foi depois lançado com o selo da Aurora-Film, sob a direção de João Pedrosa da Fonseca. Este e outros trabalhos indicam a importante colaboração estabelecida entre Edson e o jornalista Manoel Monteiro, proprietário da Empresa de Propaganda do Nordeste, renomeada em 1927 como Norte-Film. Segundo Jota Soares, já em 1925 Edson teria feito imagens no interior do estado sob encomenda de Monteiro, "que filmou, para o governo Sérgio Loreto, mais de 5 mil metros de película"[62]. No livro-caixa da Aurora, constam três entradas em nome do dr. Monteiro, em setembro e outubro[63]. É possível que tais imagens realizadas por Edson no Recife e no interior do estado tenham sido compiladas em *Terra pernambucana* (192-)[64], produção de Monteiro anunciada como "película de grande metragem" a ser exibida em fevereiro de 1927[65]. Pode-se especular que a própria criação da Liberdade-Film tenha sido viabilizada pelo apoio de Manoel Monteiro. Tendo deixado a Aurora e fundado a nova empresa, Chagas escreveu a Adhemar Gonzaga: "infelizmente, sou pobre, mas achei um amigo que me ofereceu uma quantia a minha disposição, sem juros"[66].

Em 1927, Chagas continua a realizar trabalhos para Monteiro, como as filmagens do Congresso do Café, realizadas na cidade de Garanhuns, no agreste pernambucano, a convite do secretário de agricultura do estado[67]. Nesse ano, porém, a grande colaboração entre eles ocorre com o filme sobre a passagem pelo Recife do hidroavião Jahú, a primeira travessia aérea do Atlântico realizada por brasileiros, percorrendo o trajeto de Gênova a Santos. Para a produção, que na imprensa recebe diversos títulos, entre eles *O filme do Jahú* e simplesmente *Jahú*, Monteiro e seu sócio na Norte-Film, Nelson Paixão, articulam uma série de contribuições, devidamente anunciadas em notas publicadas nos jornais (como a da firma que fornecerá os holofotes necessários para o registro das recepções noturnas e a da General Motors, que cede dois automóveis para os deslocamentos dos cinegrafistas)[68]. Há o empenho por parte dos produtores de afirmar a qualidade do projeto, seja destacando o apuro na confecção (a fita será "quase toda executada com viragens químicas e ornada de vinhetas apropriadas"), seja divulgando que o próprio Ribeiro de Barros, comandante do Jahú, dera notícia do trabalho da Norte-Film ao governador de São Paulo[69].

O esforço em se diferenciar justifica-se também pela realização, no mesmo momento, de outro filme sobre a passagem do Jahú pelo Recife, *Asas gloriosas do Brasil* (que também recebeu o título *A chegada do Jahú ao Recife* [1927]), produção da Vera Cruz-Film concluída e lançada antes do natural da Norte-Film. Apesar das alegadas diferenças, entretanto, ambos parecem ter lançado mão do mesmo artifício para estender a metragem, incorporando planos das ruas do Recife e de cidades do interior do estado (no caso da Norte-Film, provavelmente imagens filmadas em anos anteriores). Sem cópias preservadas desses dois títulos, a grande mobilização popular diante da chegada do Jahú pode ser vista atualmente em um curto filme amador em 16 mm, de realizador desconhecido[70]. Filmados muitas vezes com câmera na mão, os planos mostram a impressionante movimentação no centro da cidade e no porto, com ruas e embarcações apinhadas de pessoas para acompanhar a descida do Jahú, que só é mostrado depois do pouso, e o desfile em carro aberto dos tripulantes. Há também planos de uma família passeando no parque, quando uma das crianças dança um animado Charleston.

Ao que parece, os trabalhos de Edson para Monteiro capitalizaram a Liberdade-Film, que no final de 1927 anuncia a ampliação de suas instalações e a aquisição de rebatedores e de refletores para a filmagem de interiores[71]. Até 1930, Edson estaria envolvido na realização de outros naturais que, mesmo sem contar com a mesma repercussão do filme do Jahú, comprovam sua desenvoltura em *cavar* encomendas vindas de setores diversos. Assim, ele se envolve em filmagens sobre o bairro do Arruda (1927), sobre a luta greco-romana entre os campeões brasileiro e soviético (1927), a *Festa em comemoração à passagem do 15º aniversário da Liga Pernambucana de Desportos Terrestres em 16.06.1930* (1930), a *Inauguração dos auto-ônibus em Recife, pela Pernambuco Tramways* (título atribuído) (1930) e a Faculdade de Medicina do Recife, em *O progresso da ciência médica em Pernambuco* (Octavio de Freitas, 1929), com direção creditada ao médico e diretor da faculdade[72].

Edson é, sem sombra de dúvida, o cinegrafista mais ativo e provavelmente o único profissional local a viver da produção cinematográfica no Recife da segunda metade dos anos 1920. De maneira mais esporádica, também trabalhavam como cinegrafistas Alcebíades Araújo (Planeta-Film, Vera Cruz-Film) e Horácio de Carvalho (Olinda-Film), além de atores/realizadores que eventualmente assumiam o trabalho de câmera, caso de Jota Soares em *Sangue de irmão* e de Ary Severo e

Pedro Neves em *Destino das rosas*. No final da década, Alcebíades Araújo exerce a função de gerente no cineteatro Moderno, levando a supor que tenha trabalhado em alguns dos naturais lançados pela empresa Bandeira & Cia., proprietária da sala, como *Miss Pernambuco* (1929) e *Pernambuco-Jornal* (1930).

Imagens de teor documental não se restringem aos filmes naturais e estão presentes também nas fitas de enredo, de maneira a tirar proveito das paisagens urbana e rural. Ver projetados na tela os ambientes próprios da cidade e da região é uma atração considerável para o espectador pernambucano e, como tal, não poderia ser desperdiçada pelos realizadores. A recepção é quase sempre positiva. Enquanto as tramas, a interpretação dos atores e a qualidade da fotografia podem ser alvo de críticas ou senões, são recorrentes os comentários que ressaltam a oportunidade de apreciar nos filmes os "cenários naturais que nos mostram recantos dos nossos arrabaldes"[73]. O interesse em torno das cenas documentais não passará despercebido por Adhemar Gonzaga, que procura revertê-lo em favor dos filmes de enredo, tomando a produção pernambucana como exemplo: "Rios e rios de dinheiro tem-se gasto em filmes naturais, que nunca vemos, e qual o resultado? Os filmes da Aurora não estão fazendo muito mais propaganda de Pernambuco do que os filmes do natural que o governo espírito-santense manda fazer?"[74].

Duas críticas a *No cenário da vida* explicitam diferentes reações diante dessa estratégia. Uma delas, sem assinatura, aproxima-se do argumento de Gonzaga e, ao mencionar a fotografia nítida, que "focaliza os mais atraentes panoramas da nossa cidade", elogia: "Houve mesmo, por parte do diretor, essa preocupação de propaganda pernambucana"[75]. Na resenha de Evaldo Coutinho, por sua vez, há menção ao bom trabalho do cinegrafista, mas a fotografia é considerada desigual. Para Coutinho, "Edson Chagas não devia ter dado a algumas sequências o cunho de filme natural"[76]. A partir das duas observações, em especial da segunda, pode-se supor inclusive que Edson tenha inserido planos documentais de maneira pouco articulada em relação ao enredo, até mesmo como forma de complementar a metragem. Nada surpreendente, considerando os limitados recursos da produção, que provavelmente motivaram também o uso de intertítulos para contar a história, outro aspecto criticado por Coutinho: "Muitas sequências são baseadas em letreiros, alicerce sem nenhuma resistência"[77].

JOVENS CRÍTICOS

É apenas no final da década de 1920 que à produção cinematográfica virá se juntar uma produção crítica consistente e regular, da qual é exemplo a resenha de Coutinho sobre *No cenário da vida*. Entre 1929 e 1930, os jovens críticos Evaldo

Coutinho e Nehemias Gueiros, no *Jornal do Commercio*, e Danilo Torreão (primo do realizador Ary Severo) e Pedro Gyrão, n'*A Província*, protagonizam o que tudo leva a crer ter sido o primeiro momento de exercício sistemático da crítica de cinema especializada no Recife, atividade até então cumprida de forma irregular e muitas vezes superficial por redatores anônimos ou por jornalistas de outras áreas[78].

Em *A Província*, sob as assinaturas de Danilo e PG, os críticos escrevem sobre os filmes em cartaz e o circuito exibidor, bem como dedicam particular atenção à produção pernambucana, publicando matérias sobre as filmagens, notas informativas e entrevistas com diretores e artistas. O modelo que seguem é claramente o de *Cinearte*, revista da qual Danilo não só era leitor assíduo como também eventual colaborador: basta lembrar, por exemplo, a entrevista com Mazyl Jurema, atriz de *No cenário da vida*, publicada n'*A Província* e reproduzida em *Cinearte*[79].

Por sua vez, Coutinho e Gueiros, então alunos da tradicional Faculdade de Direito do Recife, são provavelmente os primeiros nomes da elite cultural recifense a se dedicar sistematicamente à crítica cinematográfica, representando uma mudança entre os jovens intelectuais brasileiros, no sentido de defender os filmes enquanto obras artísticas e tomar o cinema como objeto de estudo e reflexão. Por essas e outras características, os dois críticos mantinham grande proximidade com outro grupo carioca, igualmente fundamental no pensamento crítico da época: o Chaplin-Club e sua publicação *O Fan*. Em artigo dedicado ao Chaplin-Club, Gueiros o saúda como a "nossa academia brasileira de cinematografia", constituindo um fato "excepcional, a indicar um rumo novo nos domínios da nossa inteligência"[80]. Tratava-se de uma aproximação não só intelectual como também pessoal, já que entre os integrantes do cineclube carioca estava Aluízio Coutinho, irmão de Evaldo e amigo de Nehemias. Com as iniciais E.C., Coutinho é um dos colaboradores mais assíduos da coluna "Telas e palcos", entre os meses de abril e outubro de 1930. Essa é sua primeira experiência profissional como crítico de cinema[81], marcando um interesse que o acompanharia por toda a vida e do qual resultaria, além de textos na imprensa, o envolvimento com cineclubismo no início dos anos 1960 e a publicação, em 1972, do livro *A imagem autônoma*, ensaio filosófico e estético sobre cinema.

Já nas resenhas que escreve sobre os filmes em cartaz em 1930, Coutinho incorpora preocupações estéticas. Percebe-se seu entusiasmo com *Tempestade sobre a Ásia* (Vsevolod Pudovkin, 1928) e o novo cinema russo que, ao contrário do filme hollywoodiano, "despreza o artista, interrompe a ação em busca de um símbolo, de uma ideia"[82]. Em diversos momentos, como na crítica ao filme pernambucano, condena o uso excessivo de intertítulos e o recurso às palavras para contar a história e caracterizar os personagens. Sobre *Mulher de brio* (Clarence Brown, 1928) criticou certa cena que se reduz ao diálogo ("puro teatro!"), lembrando que

A última gargalhada (F. W. Murnau, 1924), "uma das raras mostras de cinema puro, não tinha diálogo"[83]. Embora nas décadas seguintes tenha radicalizado sua defesa do cinema puro, tornando-se irredutível partidário do filme silencioso, nesse momento de transição o jovem Evaldo ainda se deixa seduzir pelo incipiente cinema sonoro. Sobre o filme sincronizado *A divina dama* (Frank Lloyd, 1929), afirma se tratar de uma "fita cheia de coisas bonitas, que talvez como nenhuma outra reúne muitos elementos de deleite. Lá se vê um idílio feito por mão de mestre. Duas batalhas e outras coisas mais. E acima de tudo Corinne Griffith nos melhores *close-ups*"[84].

Entre os jovens críticos pernambucanos, contudo, o mais empolgado com a "febre de transformações" pela qual passava o cinema era Nehemias Gueiros. Escrevendo no *Jornal do Commercio* desde julho de 1929, na página dominical "Cinematographia", ele exibia extenso e atualizado conhecimento cinematográfico, que incluía desde informações recentes sobre filmes e realizadores até questões estéticas e tecnológicas, o que lhe permitia apresentar com propriedade algumas novidades como o cinema sonoro, o filme colorido e até a televisão. Nesse ponto, distancia-se dos colegas do Chaplin-Club e, em tom de provocação, chega a se referir aos que combatem o cinema sonoro como os "senhores sebastianistas do cinema"[85]. No final de 1929, Gueiros publica um texto justificando a ausência de cinema brasileiro em sua coluna. Entre os tópicos negativos que elenca, argumenta que "fazer cinema no Brasil, com elementos quase sempre destituídos de cultura e sem o necessário tirocínio que o empreendimento requer, é o mesmo que fiar com a lâmpada de azeite nos dias em que se festeja o jubileu da luz elétrica"[86]. E acrescenta: "Aqui em Pernambuco, por exemplo, as tentativas têm sido verdadeiramente lamentáveis..."[87].

Suas palavras provocam reação imediata. Procurado por Edson Chagas e outros realizadores, Gueiros não só publicará uma coluna inteiramente dedicada à produção local como, em 1930, a página dominical passará a trazer com frequência uma coluna com a rubrica "Pelo cinema nacional" ou "Pelo cinema pernambucano", cujos conteúdos variados incluíam, por exemplo, uma entrevista com Humberto Mauro (transcrita do *Correio da Manhã*), fotos de artistas pernambucanos e textos assinados por Luiz Maranhão e Dustan Maciel. Sem deixar de lado suas críticas muitas vezes ferinas sobre o cinema feito na cidade, Gueiros abrirá um espaço importante para sua divulgação.

No conjunto, as críticas e reportagens publicadas por Nehemias Gueiros, Evaldo Coutinho, Danilo Torreão e Pedro Gyrão contribuem para formar um panorama particularmente estimulante no qual se observa o convívio e o diálogo entre a produção e o pensamento cinematográfico no Recife. Mas esse momento não haveria de se prolongar. Tanto o *Jornal do Commercio* como *A Província*, justamente os jornais em que escreviam os jovens críticos, seriam empastelados no dia 4 de outubro, durante os levantes da Revolução de 1930, e só voltariam a circular anos depois. E a produção cinematográfica também ficaria desmobilizada, não tanto pela instabilidade política, mas sobretudo devido às mudanças tecnológicas resultantes da incorporação do som e às crescentes dificuldades para realizar, distribuir e exibir os filmes.

OS ÚLTIMOS SILENCIOSOS

Os dois últimos filmes pernambucanos de enredo do período silencioso, *No cenário da vida* e *Destino das rosas*, estreiam em setembro e novembro de 1930, respectivamente. Ambos contam com lançamento modesto e exibição em poucos cinemas, especialmente *Destino das rosas*, que entra em cartaz pouco mais de uma semana depois da eclosão da Revolução de 1930.

No cenário da vida retoma o ambiente burguês e mundano já explorado em *A filha do advogado*, tendo como base um argumento de Jota Soares e Mário Mendonça. Uma jovem de boa sociedade apaixona-se por um rapaz que é condenado à prisão por um crime que não cometeu. Uma das cenas de sensação do filme é a briga entre o galã e seu irmão, principal rival, em um cabaré sofisticado, onde também acontece a apresentação de uma orquestra de *jazz* e de um sensual número de dança. *No cenário da vida* é lançado em setembro, seis meses depois de o público recifense conhecer o cinema sonoro. Procurando não parecer tão defasada diante da novidade do cinema sonoro, a produção da Liberdade-Film é anunciada como "o primeiro filme pernambucano sincronizado e dançado"[88]. "Alguma coisa sonora teria de ser mostrada ao público", relembra Jota Soares[89]. Na ausência de recursos financeiros e condições técnicas para se fazer uma projeção sonora por meio de discos especialmente confeccionados para o filme (processo Vitaphone ou congêneres) ou com o som impresso na película (Movietone), a sonorização é obtida manualmente, tocando-se discos de sonoplastia emprestados pelo escritório local da Urania Film, representante no Brasil da UFA alemã. Em cada uma das 14 sessões do filme no cinema Moderno, Jota Soares se instala na cabine de projeção para sonorizar a cena de cabaré, dirigida por ele, inserindo "ruídos de copos, garrafas, barulho de cadeiras, falatório e lutas, além de músicas adaptadas aos bailados de Lélia Verbena"[90].

Com exceção da sequência do cabaré, *No cenário da vida* é dirigido por Luiz Maranhão, que nesse momento participa da Spia-Film, produtora criada por ele e Ary Severo em 1929, ao deixarem a Liberdade-Film. Nos últimos anos da produção silenciosa pernambucana, Maranhão se mostra umas das figuras centrais, dirigindo *No cenário da vida* para a Liberdade-Film a convite de Edson Chagas e participando da produção e do elenco de *Destino das rosas*, pela Spia-Film, além de colaborar com artigos para a imprensa local e estabelecer correspondência regular com os jornalistas Pedro Lima e Adhemar Gonzaga.

É ele o responsável pela adaptação da peça *As rosas de Nossa Senhora*, de Manoel Matos, que transforma no argumento de *Destino das rosas*. Em cartas a Pedro Lima, ele faz questão de destacar as singularidades da adaptação, de maneira a marcar também as diferenças quanto à produção paulista anunciada pela Astro-Film, baseada na mesma peça. A adaptação "apresenta diferenças enormes da peça, tirando-lhe todo o caráter teatral e tornando o assunto mais real. Além disso, o filme tem por campo de ação uma fazenda no interior do Nordeste brasileiro, apanhando vários motivos puramente nossos"[91]; "até o título modificamos, pois achamos *Rosas de N. Senhora* muito próprio para filme sacro, embora isto nos servisse de reclame"[92].

Ambientada em uma fazenda, a história guarda algumas semelhanças com *Revezes...*, no qual a principal personagem feminina morria por amor, vítima de tuberculose. Em *Destino das rosas*, a mocinha adoece por causa de uma desilusão amorosa, ao perceber que o filho do patrão, por quem está apaixonada, não tem boas intenções. Aproximando os dois enredos, Lucilla Bernardet observa: "o cinema pernambucano vai caindo em um romantismo doentio"[93].

No cenário da vida e *Destino das rosas* são bastante representativos de duas linhas de abordagem que atravessam os filmes de enredo pernambucanos do período, uma privilegiando o espaço urbano e os elementos de modernização, outra reforçando os aspectos regionais, enfocando o campo ou o litoral. O caráter regional costuma ser enaltecido e também muitas vezes exigido na imprensa, como forma de se diferenciar de obras estrangeiras e mesmo de outras brasileiras, como acontece na situação mencionada anteriormente, envolvendo a produção paulista da Astro-Film.

Às críticas frequentes condenando os "americanismos" das fitas pernambucanas, a abordagem regional responde com paisagens, costumes e personagens considerados tipicamente "nossos", como as plantações de cana-de-açúcar em *Jurando vingar*, a praia e os jangadeiros de *Aitaré da praia*, as fazendas interioranas e seus colonos em *Revezes...*, *Sangue de irmão* e *Destino das rosas*. Uma análise mais detida, no entanto, tanto dos filmes preservados como do enredo dos demais, aponta uma representação do campo na qual se sobressaem não tanto os valores tradicionais, e sim a brutalidade e a desigualdade social. Mesmo *Jurando vingar*, com as plantações e a usina de açúcar vistas como espaço de lucrativas transações comerciais, começa e termina no Recife, apresentada com indisfarçado orgulho como "a bela metrópole de Pernambuco onde todos desejam viver".

O Recife que se moderniza, local das novidades, como *jazz bands*, e da movimentação urbana e mundana nas ruas e nos salões burgueses, ganha representações das mais positivas em *A filha do advogado* e *No cenário da vida*. Os valores tradicionais (honra feminina, felicidade burguesa) sempre acabam por prevalecer, mas é inegável o fascínio por transformar a cidade em espaço de modernidade, mesmo que para isso sejam necessárias algumas licenças ficcionais. Na avaliação de Ary Severo, por exemplo, as cenas de cabaré em *A filha do advogado* seriam exageradas, não correspondendo à realidade da época[94].

Ainda que carregada de ficção, ou talvez por isso mesmo, a cidade do Recife surge como espaço no qual é possível articular as negociações entre as mudanças necessárias e as tradições que devem permanecer. Nesse sentido, a trajetória do protagonista de *Aitaré da praia* é emblemática. Ao longo do filme, ele se transforma de jangadeiro em distinto burguês recifense, depois de salvar do naufrágio um rico industrial e sua filha. A mudança para o Recife permite a Aitaré deixar para trás o estigma de violência e heresia lançado sobre ele pela ascendência indígena. O litoral e seus costumes devem ficar no passado ou ser preservados enquanto símbolos, como nos versos reproduzidos pelos intertítulos que celebram a vida no mar e os heroicos jangadeiros. O que deve prevalecer de fato é o espaço urbano, no qual é possível superar o passado rural, reformulando-o de tal forma a acolher as mudanças sem abdicar dos valores tradicionais da sociedade patriarcal, branca e burguesa.

Contudo, mais do que estabelecer uma oposição entre campo e cidade, regionalismo e vida urbana, os filmes procuram a seu modo ajustar os parâmetros entre tradição e modernidade, amparando-se em modelos amplamente reconhecidos, como o melodrama e o cinema de gênero. Não deixam assim de incorporar, enquanto entretenimento de extração popular, questões que mobilizavam também a elite cultural pernambucana e que embasaram inclusive um dos principais debates ocorridos na cidade em meados da década, quando o jovem Gilberto Freyre, recém-chegado da temporada de estudos no exterior, movimenta o meio intelectual com seu estilo exuberante, refinado e polêmico. Ao cosmopolitismo dos modernistas, ele propõe a valorização da província, sendo um dos fundadores do Centro Regionalista, em 1924, que iria promover dois anos depois o I Congresso Regionalista do Nordeste. A questão da imitação, presente na recepção dos filmes pernambucanos, também tem atenção entre as reflexões de Freyre, quando ele explica que o movimento regionalista vai "no sentido de procurar opor as sugestões da paisagem regional, da vida regional, da tradição regional, ao perigo da imitação do Rio ou de São Paulo ou da Suíça. Queremos ser nós mesmos"[95].

Questões semelhantes, portanto, atravessavam tanto a produção cinematográfica como o meio literário e cultural, em que pesem as imensas diferenças quanto ao reconhecimento e ao prestígio conferidos a cada um deles.

CIRCUITO EXIBIDOR

No cenário da vida e *Destino das rosas* estreiam em um panorama pouco propício para a produção local, ainda silenciosa. Além do sucesso junto ao público do cinema sonoro, à grande novidade cinematográfica vinha se juntar um momento de consideráveis agitação e instabilidade políticas. A exibição cinematográfica foi diretamente afetada pela Revolução de 1930. As salas de espetáculos retomaram lentamente suas atividades regulares e alguns jornais ficaram fora de circulação, empastelados durante os conflitos de outubro.

Já no final de 1929, o crítico Nehemias Gueiros detectava uma "apatia lamentável" por parte do público e enumerava as possíveis causas: "Política da sucessão presidencial? Crise do café? Baixa do açúcar? Queda do câmbio? Nada disso. Antes da atual situação econômica do país, já os *moviegoers* deixavam as suas cadeirinhas vazias no salão"[96]. O que afastava o público do cinema era mesmo a expectativa pela chegada dos filmes sonoros, diante dos quais os títulos silenciosos já seriam considerados produções velhas. O breve comentário de Gueiros, ainda que movido pela intenção irônica de contrapor os grandes temas do momento ao comportamento das plateias de cinema no Recife, acaba por sintetizar o clima dominante de instabilidade política, econômica e cinematográfica, diante do qual a produção fílmica local não ficaria imune.

Esse panorama do final dos anos 1920 é distinto daquele que se observa em meados da década, quando, em termos locais, certa estabilidade político-econômica é alcançada pelo governo de Sérgio Loreto, ainda que a crise na economia açucareira, principal riqueza de Pernambuco, já viesse há décadas afetando o estado. De sua parte, o mercado exibidor, apesar de voltado para o filme estrangeiro, se mostrava mais receptivo, acolhendo a produção pernambucana em seu momento de maior vitalidade.

Em 1925-1926, as produções locais percorrem um circuito significativo de salas na capital, tanto no centro como nos bairros, e algumas são exibidas também no interior do estado. É importante destacar esse fato para colocar em perspectiva não só as opiniões emitidas na época pelos jornalistas cariocas Adhemar Gonzaga e Pedro Lima como também a relativização operada por Paulo Emílio Sales Gomes nos anos 1970. Contrapondo-se à postura de Gonzaga em *Para Todos...*, que em 1925 considerava Recife um "mercado excelente", Paulo Emílio argumenta: "na realidade o 'excelente mercado' se limitava a uma sala, o Royal, de segunda categoria, cujo proprietário se empenhava em prestigiar o cinema local"[97].

A pesquisa em jornais indica que nesse momento o mercado local para os filmes pernambucanos poderia não ser de fato "excelente", mas estava longe de ser tão restrito quanto sustentava Paulo Emílio. *Retribuição*, por exemplo, estreia no Royal no dia seguinte a uma sessão especial para a imprensa no mesmo cinema e depois percorre pelo menos seis salas, no centro e nos bairros, totalizando em torno de dez dias em cartaz. Em 1926, ano seguinte, os números duplicam, com A *filha do advogado* exibido durante mais ou menos vinte dias (não consecutivos), em cerca de 12 salas – os números aproximados se devem a eventuais informações discrepantes ou que não tenham sido levantadas nos jornais pesquisados.

Não se pode deixar de valorizar, porém, o apoio entusiasmado de Joaquim Mattos, gerente do cinema Royal, que exibiu todas as produções de enredo da Aurora e também *Dança, amor e ventura*, da Liberdade-Film, além de longas da Vera Cruz-Film (*História de uma alma*) e da Olinda-Film (*Revezes...*). Nesse momento, o Royal não era sala de segunda categoria, como afirma Paulo Emílio. Apesar de antigo e pouco confortável, o cinema ainda estava entre as salas lançadoras, sendo uma das principais do circuito e localizada numa rua de grande movimento no centro da cidade. Para a estreia dos filmes da Aurora, Mattos preparava uma ornamentação especial, iluminando a fachada e espalhando folhas de canela pelo chão para perfumar o ambiente. Antes do lançamento de *Aitaré da praia*, por exemplo, expôs fotos do filme no cinema e chegou a projetar alguns trechos na tela, para fazer a divulgação entre o público.

A partir de 1928, entretanto, o Royal não exibe mais qualquer produção pernambucana, seja natural ou de enredo. A sala que passou a programar boa parte desses títulos foi o Cinema Moderno, que exibira poucos títulos locais até então. Se nesse momento a produção cinematográfica não se mostra tão ativa, o circuito exibidor por outro lado registra grande movimentação. Aumenta a concorrência entre as salas, resultando no maior investimento em publicidade (anúncios, sessões especiais, promoções variadas) e contribuindo para diminuir o atraso na estreia local de sucessos estrangeiros.

As mudanças estão estreitamente vinculadas à atuação do exibidor Luiz Severiano Ribeiro na cidade e às reações a ele. Em 1926, a empresa arrenda os cinemas Royal, Helvetica e Moderno, que era então o principal da cidade. A imprensa local e também a revista *Cinearte* publicam matérias criticando o truste imposto pela empresa, que se torna a "açambarcadora das casas de diversões" do Recife[98]. Movida pela "ambição dos grandes lucros", a empresa não só se descuida da "ordem e do conforto" das salas como impõe elevados preços para o ingresso e promove boicotes a filmes de diversas companhias norte-americanas dos quais possui exclusividade, impedindo que sejam exibidos em outras salas[99]. A partir de 1928, o Moderno deixa de estar sob o controle do grupo e passa a lançar filmes do Programa Serrador, United Artists e Universal. No Royal e no Helvetica, Severiano Ribeiro exibe títulos do consórcio Metro-Goldwyn-First, da Paramount e títulos europeus distribuídos pela Urania. Prova dessa mudança foi a publicação em *Cinearte* de correspondência enviada pelo leitor Ed. Novarro, que escreve do Recife elencando os principais lançamentos de 1928 e dando mostras de todo seu entusiasmo pelo ano cinematográfico na cidade: "Em toda minha vida de fã não tenho lembrança de ano superior ao de 1928. Filmes bons, regulares e formidáveis muitos"[100].

Em 1929, o Helvetica encerra suas atividades, mas logo em seguida o grupo Severiano Ribeiro reinaugura em grande estilo o Teatro do Parque, tradicional casa de espetáculos que costumava exibir filmes de forma irregular e esporádica desde sua fundação em 1915. Depois de grande reforma, o Parque reabre em julho de 1929, numa concorrida noite de gala com a presença do governador Estácio Coimbra. O Parque suplanta o Moderno como principal sala da cidade, depois das reformas que o transformaram "no cinema de que as exigências do nosso público já estavam a carecer"[101]. O próprio Severiano Ribeiro visita a cidade em fevereiro de 1930 (quando sua empresa explora os cinemas Parque, Royal e Polytheama) para anunciar seus planos de inaugurar o cinema sonoro no Parque, que entra novamente em obras para receber as instalações adequadas. A novidade chega em duas etapas, no mês de março. Primeiro acontece a estreia do cinema sincronizado, com o filme *A divina dama* (1929), e ainda no final do mês é lançado *Melodia da Broadway* (Harry Beaumont, 1929), inaugurando o cinema falado.

A produção pernambucana, já menos vigorosa nesse final de década, mantendo-se por meio de esquemas amadores e com espaço cada vez mais reduzido no circuito de exibição, não tem condições de bancar a dispendiosa atualização tecnológica exigida pelo cinema sonoro. Os profissionais se dispersam e só aqueles que deixam a cidade conseguem dar continuidade às atividades cinematográficas, como acontece com Edson Chagas e Pedro Neves. Depois de sair do Recife em 1930, Chagas segue para Maceió, onde realiza para a Alagoas-Film o natural *Saída dos espectadores da matinée do Cine Capitólio* (Edson Chagas, 1931) e o filme de enredo *Um bravo do Nordeste* (Edson Chagas, 1931), que chegou a ser exibido no Recife em 1931. No Rio de Janeiro, trabalha como cinegrafista para a Cinédia e para a Sonofilms e dirige complementos filmados no Rio de Janeiro, em São Paulo e Pernambuco. Pelas informações encontradas, Edson parece estar em constante deslocamento pelo país, filmando ou mesmo exibindo antigos filmes que lança com outro título, a exemplo de *Aitaré da praia*, exibido como *Jangada da morte* na cidade de Barra Mansa.

O ator Pedro Neves, por sua vez, se profissionalizará como cinegrafista. Em 1931, ainda no Recife, mantém a produtora Mauricéa Studio, pela qual lança *A vida pela liberdade* (1931), sobre o político João Pessoa. Já instalado no Rio de Janeiro, trabalha como cinegrafista para o Departamento de Imprensa e Propaganda (DIP) e para o Ministério da Agricultura.

No Recife, são anunciadas novas produtoras, como a Aurora-Film em 1931, retomando o mesmo nome da empresa fundada por Roiz e Chagas, e a Iate-Film, que teria sido criada em 1933[102]. Nenhuma delas, contudo, concretiza seus projetos. A produção pernambucana de filmes naturais é retomada de forma mais regular apenas na segunda metade dos anos 1930, com a Meridional Filmes, que permaneceria em atividade até a década seguinte[103], sendo responsável também pela realização do primeiro longa sonoro de enredo pernambucano, o musical *Coelho sai* (Newton Paiva, 1942).

NOTAS

1 Cf. Paulo Emílio Sales Gomes, "Panorama do cinema brasileiro: 1896/1966", em: *Cinema: trajetória no subdesenvolvimento*, São Paulo: Paz e Terra, 1986, pp. 35-79.

2 Cf. Alex Viany, *Introdução ao cinema brasileiro*, Rio de Janeiro: Instituto Nacional do Livro, 1959.

3 Cf. Arthur Autran, "A noção de 'ciclo regional' na historiografia do cinema brasileiro", *Alceu*, Rio de Janeiro: 2010, v. 20, pp. 116-25.

4 Sylvia Costa Couceiro, *Arte de viver a cidade: conflitos e convivências nos espaços de diversão e prazer do Recife nos anos 1920*, 320f., tese (doutorado em História), Universidade Federal de Pernambuco, Recife: 2003, p. 88.

5 Antonio Paulo Rezende, *(Des)Encantos modernos: histórias da cidade do Recife na década de vinte*, Recife: Fundarpe, 1997, p. 78.

6 *A Província*, Recife: 31 mar. 1915, p. 6, disponível no Acervo Hemeroteca Digital Brasileira/Biblioteca Nacional, <http://bndigital.bn.br/hemeroteca-digital/>, acesso em: nov. 2016.

7 *A Província*, Recife: 16 maio 1917, p. 2, disponível no Acervo Hemeroteca Digital Brasileira/Biblioteca Nacional.

8 Cf. Glênio Nicola Póvoas, *Histórias do cinema gaúcho: propostas de indexação (1904-1954)*, 204f., tese (doutorado em Comunicação Social), Pontifícia Universidade Católica do Rio Grande do Sul, Porto Alegre: 2005.

9 *Moderno-Jornal*, Recife: Liborio & Riedel, 1920, disponível no Acervo Fundação Joaquim Nabuco.

10 *A Província*, Recife: 8 set. 1911, p. 2, disponível no Acervo Hemeroteca Digital Brasileira/Biblioteca Nacional.

11 *Jornal do Commercio*, Recife: 8 jun. 1924, p. 8, disponível no Acervo Fundação Joaquim Nabuco.

12 *Jornal do Commercio*, Recife: 24 jan. 1924, p. 6, disponível no Acervo Fundação Joaquim Nabuco.

13 *Jornal do Commercio*, Recife: 21 out. 1924, p. 2, disponível no Acervo Fundação Joaquim Nabuco.

14 Dos dois filmes, estão preservados apenas fragmentos (um rolo de cada um), pertencentes ao acervo da Fundação Joaquim Nabuco.

15 Título pertencente ao acervo da Fundação Joaquim Nabuco e disponível na caixa de DVDs "Resgate do cinema silencioso brasileiro", São Paulo: Cinemateca Brasileira/Sociedade Amigos da Cinemateca, 2008.

16 Gentil Roiz, "Sobre o filme pernambucano *Retribuição*, destinado ao cadastro de Jota Soares", texto datilografado e manuscrito, Rio de Janeiro: 25 mar. 1963, disponível no Acervo Cinemateca Brasileira.

17 Regina Maria Rodrigues Behar, *"Caçadores de imagem": cinema e memória em Pernambuco*, s. f., tese (doutorado em Ciências da Comunicação), Universidade de São Paulo, São Paulo: 2002, p. 115.

18 Jota Soares *apud* Paulo C. Cunha Filho (org.), *Relembrando o cinema pernambucano: dos arquivos de Jota Soares*, Recife: Massangana, 2006, p. 61.

19 *Ibidem.*

20 Em monografia, Lucilla Bernardet elenca também nessa produção o título *Hospital do Centenário* (1925), mas não foram encontradas referências a respeito desse filme na imprensa da época. Cf. Lucilla Bernardet, *O cinema pernambucano de 1922 a 1931: primeira abordagem*, s. f., dissertação (mestrado em Teoria Literária e Literatura Comparada), Universidade de São Paulo, São Paulo: 1970, p. 133.

21 *Rua Nova*, Recife: 8 ago. 1925, n. 33, disponível no Acervo Fundação Joaquim Nabuco.

22 *Para Todos...*, Rio de Janeiro: 4 jul. 1925, n. 34, disponível no Acervo Cinemateca Brasileira.

23 *Diário de Pernambuco*, Recife: 20 dez. 1925, p. 4, disponível no Acervo Fundação Joaquim Nabuco.

24 Jota Soares e Pedro Salgado Filho, *História da cinematografia pernambucana: fase compreendida entre os anos de 1923 e 1931 (cinema mudo)*, Recife: Museu Cinema, 1944, p. 4.

25 Lucilla Bernardet, *op. cit.*, p. 95.

26 *Selecta*, Rio de Janeiro: 20 jan. 1926, ano 12, n. 3, disponível no Acervo Biblioteca Jenny Klabin Segall/Museu Lasar Segall.

27 *Para todos...*, Rio de Janeiro: 19 dez. 1925, n. 366, disponível no Acervo Cinemateca Brasileira.

28 *Selecta*, Rio de Janeiro: 10 nov. 1926, ano 12, n. 45, disponível no Acervo Biblioteca Jenny Klabin Segall/Museu Lasar Segall .

29 *A Província*, Recife: 25 maio 1930, Segunda Seção, p. 3, disponível no Acervo Fundação Joaquim Nabuco.

30 *Para Todos...*, Rio de Janeiro: 15 ago. 1925, n. 348, disponível no Acervo Cinemateca Brasileira.

31 *Selecta*, Rio de Janeiro: 2 dez. 1925, ano 11, n. 48, disponível no Acervo Biblioteca Jenny Klabin Segall/Museu Lasar Segall.

32 Regina Maria Rodrigues Behar, *op. cit.*

33 Paulo C. Cunha Filho, *op. cit.*, pp. 43-4 e 51-3.

34 Cf. Arthur Autran, "O personagem negro no cinema silencioso brasileiro: estudo de caso sobre *A filha do advogado*", *Sessões do Imaginário*, Porto Alegre: dez. 2001, ano 6, n. 7, pp. 5-9.

35 Lucilla Bernardet, *op. cit.*, p. 8.

36 Desse filme estão preservados trechos de fotogramas, material pertencente ao acervo da Fundação Joaquim Nabuco.

37 *Cinearte*, Rio de Janeiro: 6 abr. 1927, ano 2, n. 58, p. 6, disponível na Biblioteca Digital das Artes do Espetáculo/Biblioteca Jenny Klabin Segall, <http://www.bjksdigital.museusegall.org.br/>, acesso em: jul. 2015.

38 *A Pilhéria*, Recife: 9 out. 1926, n. 263, disponível no Acervo Fundação Joaquim Nabuco.

39 *A Pilhéria*, Recife: 16 out. 1926, n. 264, disponível no Acervo Fundação Joaquim Nabuco.

40 *Ibidem.*

41 *Cinearte,* Rio de Janeiro: 27 abr. 1932, ano 7, p. 6, disponível na Biblioteca Digital das Artes do Espetáculo/Biblioteca Jenny Klabin Segall.

42 Entre os filmes produzidos pela Aurora, estão preservados e pertencem ao acervo da Fundação Joaquim Nabuco os seguintes títulos: *Retribuição*, *Jurando vingar*, *Carnaval de 1926 em Recife* (o que se tem é provavelmente apenas um fragmento), *Aitaré da praia* e *A filha do advogado* – os dois últimos encontram-se disponíveis no DVD "Ciclo do Recife – *A filha do advogado. Aitaré da praia*", Rio de Janeiro: Ministério da Cultura/Funarte/Decine-CTAv, 2002.

43 Jota Soares, "Relação completa e real dos filmes produzidos na fase do pioneirismo, entre os anos 1922/931", texto datilografado, Recife: 10 out. 1970, p. 2, disponível no Acervo Fundação Joaquim Nabuco.

44 Tanto *As grandezas de Pernambuco* como *Revezes...* estão preservados e pertencem ao acervo da Fundação Joaquim Nabuco.

45 *Cinearte*, Rio de Janeiro: 5 jan. 1927, ano 2, n. 45, p. 4, disponível na Biblioteca Digital das Artes do Espetáculo/Biblioteca Jenny Klabin Segall.

46 Paulo C. Cunha Filho, *op. cit.*, p. 73.

47 *Ibidem.*

48 Lucilla Bernardet, *op. cit.*, p. 109.

49 *Cinearte*, Rio de Janeiro: 13 jul. 1927, ano 2, n. 72, p. 5, disponível na Biblioteca Digital das Artes do Espetáculo/Biblioteca Jenny Klabin Segall.

50 *Jornal do Commercio*, Recife: 26 ago. 1927, p. 3, disponível no Acervo Fundação Joaquim Nabuco.

51 *A Província*, Recife: 19 ago. 1927, p. 3, disponível no Acervo Fundação Joaquim Nabuco.

52 *Cinearte*, Rio de Janeiro: 12 out. 1927, ano 2, n. 85, p. 4, disponível na Biblioteca Digital das Artes do Espetáculo/Biblioteca Jenny Klabin Segall.

53 *Cinearte*, Rio de Janeiro: 5 out. 1927, ano 2, n. 84, p. 4, disponível na Biblioteca Digital das Artes do Espetáculo/Biblioteca Jenny Klabin Segall.

54 *Cinearte*, Rio de Janeiro: 21 mar. 1928, ano 3, n. 108, p. 7, disponível na Biblioteca Digital das Artes do Espetáculo/Biblioteca Jenny Klabin Segall.

55 Cf. Maria Rita Eliezer Galvão, *Crônica do cinema paulistano*, São Paulo: Ática, 1975.

56 Adhemar Gonzaga e Pedro Lima *apud* Paulo Emílio Sales Gomes, *Humberto Mauro, Cataguases, Cinearte*, São Paulo: Perspectiva/Edusp, 1974, p. 308.

57 Carta de Edson Chagas a Adhemar Gonzaga, Recife: 27 fev. 1926, disponível no Acervo Cinemateca Brasileira.

58 Carta de Gentil Roiz a Edson Chagas, Rio de Janeiro: s. d., disponível no Acervo Cinemateca Brasileira.

59 Carta de Dustan Maciel a Pedro Lima, Pesqueira: 26 maio 1927, disponível no Acervo Cinemateca Brasileira.

60 *A Província*, Recife: 24 jul. 1926, p. 1, disponível no Acervo Fundação Joaquim Nabuco.

61 Carta de Dustan Maciel a Pedro Lima, Recife: 25 out. 1929, disponível no Acervo Cinemateca Brasileira.

62 Jota Soares e Pedro Salgado Filho, *op. cit.*, p. 11.

63 Livro-caixa de *Aitaré da praia*, Recife: 1925, disponível no Acervo Cinemateca Brasileira.

64 Recife-PE, Brasil: Norte-Film, 192-, silencioso, 35 mm.

65 *A Província*, Recife: 26 jan. 1927, p. 1, disponível no Acervo Fundação Joaquim Nabuco.

66 Carta de Edson Chagas a Adhemar Gonzaga, Recife: 2 jan. 1927, disponível no Acervo Cinemateca Brasileira.

67 *Jornal do Recife*, Recife: 11 out. 1927, disponível no Acervo Hemeroteca Digital Brasileira/ Biblioteca Nacional.

68 *Jornal do Commercio*, Recife: 11 maio 1927, p. 3, disponível no Acervo Fundação Joaquim Nabuco.

69 *Jornal do Commercio*, Recife: 26 jun. 1927, p. 5, disponível no Acervo Fundação Joaquim Nabuco.

70 Material preservado pertencente ao Acervo da Cinemateca Alberto Cavalcanti/ Prefeitura do Recife.

71 *Cinearte*, Rio de Janeiro: 28 dez. 1927, ano 2, n. 96, p. 4, disponível na Biblioteca Digital das Artes do Espetáculo/Biblioteca Jenny Klabin Segall.

72 Dos filmes produzidos por Edson Chagas na Liberdade-Film, estão preservados: *Dança, amor e ventura* (fragmento referente à Quarta Parte), *Festa em comemoração à passagem do 15º aniversário da Liga Pernambucana de Desportos Terrestres em 16.06.1930* e *No cenário da vida* (fragmentos) – todos pertencentes ao Acervo Fundação Joaquim Nabuco –, além de *O progresso da ciência médica em Pernambuco*, do Acervo Cinemateca Brasileira.

73 *A Província*, Recife: 17 mar. 1925, p. 3, disponível no Acervo Fundação Joaquim Nabuco.

74 *Para Todos...*, Rio de Janeiro: 12 dez. 1925, n. 365, disponível no Acervo Cinemateca Brasileira.

75 *Jornal do Commercio*, Recife: 25 set. 1930, p. 3, disponível no Acervo Arquivo Público Estadual Jordão Emerenciano (Recife).

76 *Jornal do Commercio*, Recife: 30 set. 1930, p. 3, disponível no Acervo Arquivo Público Estadual Jordão Emerenciano (Recife).

77 *Ibidem*.

78 Para uma relação de publicações e colunas de cinema no Recife nos anos 1910-1920, cf. Paulo C. Cunha Filho, *A utopia provinciana: Recife, cinema, melancolia*, Recife: EdUFPE, 2010, pp. 202-203.

79 *A Província*, Recife: 15 jun. 1930, Segunda Seção, p. 3, disponível no Acervo Fundação Joaquim Nabuco; *Cinearte*, Rio de Janeiro: 9 jul. 1930, ano 5, n. 228, p. 5, disponível na Biblioteca Digital das Artes do Espetáculo/ Biblioteca Jenny Klabin Segall.

80 *Jornal do Commercio*, Recife: 4 ago. 1929, p. 9, disponível no Acervo Fundação Joaquim Nabuco.

81 Em 1928, Coutinho já escrevia artigos, alguns sobre cinema, para *Gymnasio* (Órgão dos Estudantes do Ginásio Pernambucano), disponível no Acervo Arquivo Público Estadual Jordão Emerenciano (Recife).

82 *Jornal do Commercio*, Recife: 2 out. 1930, p. 14, disponível no Acervo Arquivo Público Estadual Jordão Emerenciano (Recife).

83 *Jornal do Commercio*, Recife: 3 jul. 1930, p. 14, disponível no Acervo Arquivo Público Estadual Jordão Emerenciano (Recife).

84 *Jornal do Commercio*, Recife: 1 jun. 1930, p. 13, disponível no Acervo Arquivo Público Estadual Jordão Emerenciano (Recife).

85 *Jornal do Commercio*, Recife: 17 nov. 1929, p. 9, disponível no Acervo Fundação Joaquim Nabuco.

86 *Jornal do Commercio*, Recife: 22 set. 1929, p. 9, disponível no Acervo Fundação Joaquim Nabuco.

87 *Ibidem*.

88 *Jornal do Commercio*, Recife: 27 set. 1930, p. 12, disponível no Acervo Arquivo Público Estadual Jordão Emerenciano (Recife).

89 Jota Soares *apud* Paulo C. Cunha Filho (org.), *Relembrando o cinema pernambucano: dos arquivos de Jota Soares*, *op. cit.*, p. 33.

90 Jota Soares, *Relação completa e real dos filmes produzidos na fase do pioneirismo, entre os anos 1922/931, op. cit.*

91 Carta de Luiz Maranhão a Pedro Lima, Recife: 3 out. 1929, disponível no Acervo Cinemateca Brasileira.

92 Carta de Luiz Maranhão a Pedro Lima, Recife: 9 fev. 1930, disponível no Acervo Cinemateca Brasileira.

93 Lucilla Bernardet, *op. cit.*, p. 114.

94 Ary Severo *apud* Regina Maria Rodrigues Behar, *op. cit.*, p. 119.

95 Gilberto Freyre, *Diário de Pernambuco*, Recife: 26 mar. 1926, p. 3, disponível no Acervo Fundação Joaquim Nabuco.

96 *Jornal do Commercio*, Recife: 22 dez. 1929, p. 10, disponível no Acervo Fundação Joaquim Nabuco.

97 Paulo Emílio Sales Gomes, *Humberto Mauro, Cataguases, Cinearte*, *op. cit.*, p. 306.

98 *A Pilhéria*, Recife: 11 dez. 1926, n. 272, disponível no Acervo Fundação Joaquim Nabuco.

99 *Cinearte*, Rio de Janeiro: 27 out. 1926, ano 1, n. 35, disponível na Biblioteca Digital das Artes do Espetáculo/Biblioteca Jenny Klabin Segall.

100 *Cinearte*, Rio de Janeiro: 20 fev. 1929, ano 4, n. 156, p. 25, disponível na Biblioteca Digital das Artes do Espetáculo/Biblioteca Jenny Klabin Segall.

101 *Jornal do Commercio*, Recife: 28 jul. 1929, p. 7, disponível no Acervo Fundação Joaquim Nabuco.

102 Carta de Dustan Maciel a Adhemar Gonzaga, Recife: 8 jun. 1934, disponível no Acervo Cinemateca Brasileira.

103 Cf. Arthur Gustavo Lira do Nascimento, *O Estado sob as lentes: a cinematografia em Pernambuco durante o Estado Novo* (1937-1945), 227 f., dissertação (mestrado em História), Universidade Federal de Pernambuco, Recife: 2015.

O CINEMA SILENCIOSO EM MINAS GERAIS (1907 - 1930)

SHEILA SCHVARZMAN

No período compreendido pelo cinema silencioso até meados dos anos 1930, Minas Gerais apresentou produções cinematográficas não apenas na capital Belo Horizonte, mas também em cidades próximas ao Rio de Janeiro, como Barbacena, Cataguases ou Juiz de Fora, ou a São Paulo, como Pouso Alegre ou Guaranésia, dedicadas basicamente à atividade agrária e prósperas economicamente. No entanto, seus realizadores – à exceção de Aristides Junqueira ou Igino Bonfioli em Belo Horizonte – não conheciam uns os trabalhos dos outros. Como Humberto Mauro em 1925, alguns deles imaginavam estar introduzindo o cinema no Brasil. Como ocorreu em outras regiões do país, a realização cinematográfica desenvolveu-se a partir de exibidores. É o caso originalmente de Paulo Benedetti em Barbacena, que se transformou em fotógrafo e realizador (entre 1910 e 1916) e Francisco de Almeida Fleming (a partir dos anos 1920) em Pouso Alegre, ou ainda fotógrafos transformados em "cinegrafistas", como Aristides Junqueira (1909) e Igino Bonfioli em Belo Horizonte (1919) ou Pedro Comello em Cataguases (1925).

Eram em sua maioria imigrantes italianos que engajavam a família e o espaço doméstico para as diferentes atividades que envolviam desde as filmagens, a revelação e a montagem, das quais participavam mulheres (como a esposa e cunhada de Paulo Benedetti), a até mesmo a interpretação, setor em que se aventuraram Eva Nil ou Bêbe Mauro em Cataguases. Podiam ser também filhos de imigrantes, como Humberto Mauro, que desenvolve uma produção ficcional em Cataguases com financiamento obtido na cidade e apenas um filme *natural*. Em 1930, Mauro se transfere para o Rio de Janeiro, onde realizará filmes significativos, passando também pelo documentário comercial e a reportagem, tanto na Cinédia de Adhemar Gonzaga como na Brasil Vita Filmes de Carmen Santos, onde trabalhou.

Essas atividades caracterizaram e sustentaram a maioria dos realizadores nas cidades mineiras, secundadas eventualmente pela produção ficcional em gêneros consagrados dos anos 1920, antes da chegada do sonoro. Em alguns casos, essas filmagens estavam relacionadas às atividades locais de grupos de teatro amador, nas quais se ressalta o caráter comunitário de financiamento, produção e recepção, fundamental para a compreensão do significado das produções, conforme se verá em Cataguases ou Pouso Alegre. Aristides Junqueira e Francisco de Almeida Fleming acrescentam-se a esse quadro de realizadores como nomes tradicionais da terra.

Na trajetória de cada um deles, encontramos as marcas frequentes e repetidas da invenção e do improviso para sanar a pobreza de recursos técnicos e econômicos, e, na sua maioria, experiências de sincronização sonora. Paulo Benedetti inventou em 1912 a cinemetrofonia, assim como Almeida Fleming, que, depois de colorir manualmente a película, fez projeções com discos de músicas que gravava em processo artesanal, também experimentado por Igino Bonfioli. Humberto Mauro, por sua vez, cria um *zoom* usando uma lata de leite em pó. Quanto mais se pesquisa, mais "inventores" e invenções aparecem em diferentes momentos e lugares. Assim ocorreu também na vizinha Franca e em Ribeirão Preto, no interior de São Paulo, como mostrou Veruschka Sales Azevedo[1]. Além disso, a essas biografias juntam-se doses de aventura, como ocorre com Aristides Junqueira, que, atendendo às encomendas oficiais e seu gosto pelas viagens, foi para o norte do Brasil, onde filmou índios e tentou encontrar sem sucesso Lampião e seu bando nos anos 1930.

Pela filmografia desses realizadores, observa-se a dependência e a ligação de suas produções com as encomendas, em sua maioria governamentais, caracterizando parte significativa dos filmes dessa região[2], como é possível reconhecer em abundância nas obras de Igino Bonfioli[3]. O conhecimento sobre esse período vem se desenvolvendo, sobretudo, desde os anos 1970, pela Universidade Federal de Minas Gerais, o Centro de Referência Audiovisual (Crav) e a Cinemateca Brasileira[4]. No entanto, é importante observar que muito do que foi estabelecido baseou-se em informações e documentação coletada dos realizadores e seus familiares, como recortes de jornais de diferentes épocas, que, em geral, reproduzem entrevistas e o ponto de vista do próprio realizador sobre o seu trabalho. Assim, à medida que se aprofunda a pesquisa para além desses materiais, surgem informações desencontradas que demandam maior fundamentação documental, o que é ainda em muitos casos um trabalho a ser feito. Aristides Junqueira é provavelmente um dos melhores exemplos desse complexo processo de levantamento e compreensão de uma obra, uma vez que viajou bastante pelo Brasil e os filmes foram deixados com os responsáveis pelas encomendas, de forma que a dispersão das informações torna difícil o estabelecimento de uma filmografia definitiva. São esses alguns dos problemas com os quais se defronta este texto. Sendo assim, vamos traçar um panorama desse período e de realizadores que nele trabalharam, procurando chamar a atenção, à medida que aparecem – para além do destaque às suas produções de maior importância –, às formas de financiamento, repercussões das obras, desdobramentos de alguma relevância em seu tempo, ou mesmo a realizadores que persistiram no ofício, apesar dos entraves e insucessos que a maioria conheceu.

DE BELO HORIZONTE AO AMAZONAS: ARISTIDES JUNQUEIRA

O cinema chega a Minas Gerais inicialmente em Juiz de Fora, em 23 de julho de 1897, em uma exibição do Cinematógrafo Lumière pela Companhia de Variedades de Germano Alves. Em Belo Horizonte, a primeira exibição ocorre em 12 de julho de 1898, na casa do doutor Hermínio Alves, contando com "variado espetáculo"[5]. Na ausência de eletricidade, essas exibições ambulantes eram movidas por geradores – motores que produziam corrente elétrica –, conforme lembra com entusiasmo Francisco de Almeida Fleming: "eu me sentia tocado – era um acontecimento que calava fundo. Eu admirava aquelas luzes acesas, o aparelho, tudo me fascinava. O projetor não tinha ainda duas bobinas. [...] o filme saía de uma espécie de garfo com uma haste no meio, passava em frente à lente e caía no chão; uma pessoa ali ao lado recolhia-o com uma enroladeira e o rebobinava"[6].

O filme *Paes Leme* (1907)[7] consta como o primeiro registro de uma realização em Minas Gerais. Aristides Francisco de Castro Junqueira, mais conhecido como Aristides Junqueira, seu realizador, era filho de um coronel da Guarda Nacional nascido em Ouro Preto que se muda para a nova capital em 1897. Como membro da elite tradicional, torna-se em 1902 coletor de impostos como o seu pai, emprego público que concilia com a carreira de fotógrafo proprietário da Photographia Artística de A. Junqueira, na Praça Tiradentes, em Belo Horizonte.

O primeiro registro documental da realização de filmes sobre a cidade de Belo Horizonte é de Raimundo Alves Pinto – provavelmente um exibidor ambulante –, em 1908: um panorama e uma saída do trem[8], temas comuns desde os Lumière e também em filmagens brasileiras, como *Rua da Bahia*, do mesmo ano, "um dos melhores trabalhos do hábil profissional Sr. Raimundo Alves Pinto, apanhada de um bonde em movimento"[9]. O registro a partir do bonde urbano – equipamento moderno por excelência –, produzindo um *travelling* da rua mais prestigiada da cidade, confere emoção ao espetáculo, conforme atesta o jornal. Aristides Junqueira filma também *Território do Acre* (1908)[10] acompanhando a "Comissão de Limites", que desde 1903 procurava estabelecer sem sucesso a fronteira definitiva entre o Brasil e a Bolívia, incluindo o território do Acre[11].

Junqueira registra ainda eventos na casa do pai, o coronel Antônio Junqueira, que se prolongam até 1920 no filme familiar conhecido como *Reminiscências* (1909)[12], um dos mais antigos registros cinematográficos brasileiros a ter sobrevivido. Nele é possível acompanhar reuniões familiares, um casamento, a entrada do automóvel nas imagens como evidência do prestígio e estatuto social da família. Mas há também em *Reminiscências* a filmagem de um Max Linder na frente da casa do diretor divertindo os fãs daquele personagem querido e muito imitado.

Já devendo gozar de algum prestígio como "operador" – além do social que sua ascendência garantia –, recebe a encomenda do governo do Estado[13] para realizar um filme, *Minas Gerais* (1910), destinado à Exposição Internacional da Indústria e do Trabalho em Turim, em 1911, a última mostra de abrangência mundial realizada antes da Primeira Guerra[14]. Essa exposição, que chamava a atenção para a modernidade e os avanços industriais da Itália, como suas similares anteriores, contou com a participação de inúmeros países, mas conferiu às nações de significativa imigração italiana, como os Estados Unidos, a Argentina e o Brasil, um lugar e relevo especiais. Assim, houve todo empenho na construção dos seus três pavilhões que mostraram o desenvolvimento econômico do Brasil, ressaltando em um deles a participação dos imigrantes italianos. O prédio central estava destinado "às festas, distribuição de café, chocolate, cacau, mate; exibição de fitas cinematográficas, projeções luminosas, panoramas, vistas etc."[15]. Assim, em um mesmo salão, buscava-se seduzir os visitantes pelos sentidos do olfato e gosto dos produtos tropicais e pela visualização das melhores características nacionais, com os equipamentos que haviam se tornado sensação nessas exposições. Junqueira teria ido a Turim como parte da delegação do Estado de Minas. Lá exibe os filmes brasileiros realizados para o pavilhão[16]. A participação de um fotógrafo e realizador cinematográfico brasileiro em um evento dessa natureza, comandado por altas autoridades políticas, como o então ministro da Agricultura, Rodolfo Miranda, ou Joaquim Costa Sena, da Escola de Minas de Ouro Preto, de onde vem sua família, provavelmente atribuía-se à sua ascendência, relações pessoais e estratificação social reconhecida, como seu próprio testemunho indica, pois falava "correntemente o francês e o italiano"[17]. *Minas Gerais* apresentava as atividades econômicas a industriais estrangeiros que pudessem investir no Estado[18]. Conforme o anúncio, seria um longa-metragem o primeiro filme brasileiro projetado na Europa[19]. Temos notícia desse filme em uma apresentação no Cinema Cataguazes. Conforme o *Cataguases – Órgão Oficial do Município de Cataguazes*, em sua edição de 5 de junho, "Para o dia 12 de junho está anunciada a extraordinária fita *Minas Gerais* contendo 400 metros. Todos ao Cinema"[20]. Como o texto se refere a 400 metros, deve ser uma das partes do que foi apresentado em Turim.

Além de Turim, *Minas Gerais* foi exibido em outras cidades italianas, entre elas Monza, conforme anúncio local que prometia "uma hora de divertimento e instrução. Panorama das principais cidades, beleza da natureza, indústria, vida e costumes daquele país"[21]. Segundo seu relato, esteve ainda em Paris, nos estúdios da Gaumont e da Pathé Frères, "tendo executado trabalhos neste último"[22]. No entanto, apesar da documentação escrita – carta do representante da exposição em Turim, afirmando que o filme foi exibido durante todos os dias do evento, com assinatura de Junqueira datada do Rio de Janeiro[23] – e dos relatos de familiares[24], não há na sua filmografia filmagens de todos esses lugares onde teria estado e até estagiado, especialmente filmes da própria exposição, que teria merecido registros cinematográficos da participação brasileira, o que é algo a se investigar. O filme não mais existe.

Com *Exma. Família Bueno Brandão* (1913)[25], curta-metragem "que ele realizou possivelmente à guisa de presente"[26] pelo aniversário do governador Júlio Bueno Brandão, podem-se ver não só as pompas e celebrações realizadas na República Velha, mas especialmente em torno de suas autoridades – "romaria ao Palácio da Liberdade de avultado número de representantes do mundo político e oficial, comércio e indústria, militares e instituições"[27], "cenário de imponentes festas, como corsos de carros, batalhas de confete e fogos de artifício"[28] –, e ainda a postura de Junqueira diante do seu ofício: ele trabalha para o governo de Minas, o filme se abre com a assinatura de "Aristides" e a marca Imprensa Oficial do Estado de Minas. No entanto, na memória da família ficou gravado o presente, pois terá sido mencionado com relevo, na intimidade, esse gesto do realizador para a autoridade com quem tem laços de favorecimento, trabalho e dependência[29]. Em filmes como esse é expressiva a presença de mulheres e crianças no espaço privado e sua quase ausência nas cerimônias públicas e políticas.

Se é extensa a produção de Junqueira no período silencioso de que constam também cinejornais exibidos no Rio de Janeiro, São Paulo e outras regiões do país, graças às relações da Cruzeiro do Sul, sua empresa, com a Independência Films – de Victor Del Picchia[30] –, o papel das relações pessoais e de favor deve ser levado em conta em sua trajetória. A sua estratificação social parece estar relacionada à grande quantidade de encomendas oficiais por diferentes regiões do Brasil.

Em 1914, ele registra *Operação cirúrgica de dois xipófagos*; em 1915, *Jardim zoológico de Belém do Pará*, sobre o Museu Paraense Emílio Goeldi. Na Exposição de Turim de 1911, um dos maiores estandes do pavilhão brasileiro foi dedicado ao Pará para a propaganda da borracha brasileira, que perdia então campo para outros países fornecedores. Jacques Huber, diretor do Museu Goeldi e membro dessa delegação, havia encomendado filmes sobre a região à Casa Slig de Nova York[31]. Dessa feita, chama Junqueira, a quem fornece material em 16 mm, para um filme colorido revelado nos Estados Unidos, composto por aves, borboletas, flores e a fauna da região[32]. É do Pará e Amazonas que Junqueira recebe o maior número de encomendas.

Em pleno coração do Brasil, vida dos índios do Bananal (1924) e *Às margens do Araguaia* (1925) levam o realizador a filmar os índios Carajás, pelos quais se empolga, conforme seu testemunho ao O *Globo* em 1926[33], em que fala de seus usos e costumes. Um fragmento dessas imagens, feitas a partir de um barco, em meio à fauna local, pode ser visto ainda hoje em cena do filme *Bandeirantes*[34], que Humberto Mauro agrega ao seu filme para o Instituto Nacional do Cinema Educativo (INCE) em 1940[35]. Conforme Alvarenga:

> Ainda há pouco tivemos ocasião de assistir a uma cena colhida ao vivo e numa época em que não existiam teleobjetivas, onde se vê um jacaré avançando sobre um grupo de garças abatendo uma delas e regressando ao rio com a vítima entre as mandíbulas. A pequena cena esplendidamente apanhada foi incluída no filme que Humberto Mauro fez sobre Fernão Dias Paes Leme para o INCE. Segundo informações, foi retirada de um rolo que havia no porão do Ministério da Guerra, onde estão outros trabalhos de Aristides Junqueira[36].

Essa cena no filme de Humberto Mauro não é difícil de ser identificada, pois contrasta bastante com as andanças áridas dos bandeirantes, restritas a árvores e rochas. O contracampo de um rio caudaloso, inacessível às filmagens e aos recursos do INCE, veio de Aristides Junqueira. Esse dado é significativo, pois, além do Ministério da Guerra, onde estaria o filme na época, e o responsável pela encomenda, é provável, por seu tema, que esse trabalho fosse conhecido pelo antropólogo Edgard Roquette Pinto[37], que pode ter sugerido sua inserção a Humberto Mauro.

Mas se Aristides Junqueira corre atrás das encomendas, principalmente no Norte e Nordeste, e da aventura, como fazem crer suas entrevistas para a imprensa, as visitas presidenciais, posses, procissões e as riquezas e paisagens mineiras persistem ao lado de reportagens como "Revolução de 1930", em que, segundo Marques, "foi engajado como cinematografista, no posto de capitão, patente que possuía da antiga Guarda Nacional. Filmou combates na região do Sul de Minas, principalmente no Túnel, onde se travaram várias refregas"[38]. A Revolução de 1932 é o tema de *Minas em armas* (1933), que mescla cenas documentais de políticos como Olegário Maciel e Gustavo Capanema a reconstituições, como aponta a análise do material remanescente feita na Cinemateca Brasileira, em que "Oficiais simulam chegada de aeroplano", por exemplo. O filme exalta o papel de Minas – seus políticos e a Força Pública – em apoio à ditadura. Conforme o jornal *Correio Mineiro*:

> Coesa e una, formidável de energia, grandiosa de abnegação e sacrifício a Polícia Mineira honrando um nome que já constituía quase uma tradição, desdobrou-se, multiplicou-se incansável, na defesa de princípios que, por serem os de seus dirigentes, eram também os seus princípios. [...]. Pois é a brilhantíssima atuação da Força Pública Mineira que o cine Brasil oferecerá hoje [...] em toda a sua grandeza, veiculada por um filme colhido nos dias de luta cruenta, com toda a fidelidade e com todos os detalhes de ação[39].

Além das filmagens de exaltação patriótica ao movimento de 1930, Aristides Junqueira procurou ainda com insistência por Lampião em Alagoas. Vestiu-se inclusive de frade em uma frustrada tentativa. No entanto, em uma dessas buscas, chegou tarde a uma batalha entre os jagunços e as volantes. "Ainda ali não titubeou o documentarista: ordenou que desenterrassem os cadáveres e fotografou-os de vários ângulos"[40]. Lampião jurou Aristides de morte, o que fez com que desistisse do encontro, pois "não queria ver Deus mais depressa"[41].

A obra de Aristides Junqueira se estende ainda com as mesmas características pelo cinema sonoro e o cinejornal *Cruzeiro do Sul*, que continua a produzir até 1948. Mudam os governantes, seguem as práticas. Nesse ano, com 69 anos, filmando em Belém, de onde vinham suas encomendas, escreve à família sobre as negociações para arranjar um emprego público na Prefeitura de Belo Horizonte na microfilmagem de documentos. Em carta avisa: "Não me demorarei aqui, preciso cavar na Prefeitura..."[42], afirmação que atesta a persistência da "cavação", ou seja, a busca por financiamento para o trabalho com o cinema não ficcional no Brasil. Aristides Junqueira morreu em 1952, aos 72 anos, em Belo Horizonte, e a viúva, sua segunda mulher, "vendeu tudo para a retirada da prata da emulsão cinematográfica"[43]. *Reminiscências* resistiu porque estava em poder de um dos filhos do diretor. Em 1966, o neto Paulo Junqueira, tendo feito cursos de fotografia e cinema em Nova York, recebe do tio o material em nitrato, já em degradação – melado – e envolve a lata em um plástico, mantendo-a por vários anos na gaveta de legumes da geladeira. Nos anos 1970, repassa a cópia a Cosme Alves Neto, da Cinemateca do MAM, que recuperou o material.

CORRENDO ATRÁS DO SOM: PAULO BENEDETTI

Enquanto Raimundo Alves Pinto rodava *Rua da Bahia* e Aristides Junqueira teria ido ao Acre, Paulo Benedetti (Paolino Michellini Benedetti), italiano de Bernalda instala-se em Barbacena em 1909[44], na condição de exibidor, abrindo ali o

Cinematographo Mineiro, depois de exercer essa função como ambulante. Com a sala funcionando, faltarão filmes para diversificar a exibição, e o imigrante, que chegara ao Brasil em 1897 aos 33 anos, para trabalhar com iluminação a gás no Rio de Janeiro, e que em 1914 controla também o cinema Parisiense[45], volta-se para a realização, como em *Raid de infantaria da linha de tiro 81* (1912), sobre a corporação militar de Barbacena. Se fez mais títulos para atender à demanda de registros locais, há apenas informações sobre *As cavalhadas* (1915), que registra festa popular na cidade, organizada pela família Andrada, tradicional na região. O seu interesse maior – na falta de outros títulos conhecidos – não parece ser atender a toda e qualquer encomenda, mas sobretudo experimentar formas de sincronização entre o som e a imagem para além dos Cantantes, que, segundo Jurandyr Noronha, não o satisfaziam[46].

De acordo com Adhemar Gonzaga e Paulo Emílio Sales Gomes, sua invenção, a cinemetrofonia, era para melhorar a qualidade da música descritiva que acompanhava as imagens dos filmes[47]. Na parte inferior de um fotograma descoberto por Márcio da Rocha Galdino, Benedetti imprimiu o fragmento da partitura musical a ser executada pela orquestra no mesmo momento de exibição de uma determinada imagem. Aparecia também nesse espaço a imagem do maestro regendo[48]. O sucesso do *Filme especialmente organizado para demonstração da cinemetrofonia* (1912), conforme reportagem na cidade[49], continua com *As lavadeiras* (1912) e no projeto de *O guarani* (1912), que convence o realizador a patentear e explorar seu invento. Organiza a *Opera film* e sai em busca de parceiros no Rio de Janeiro, onde sua passagem em 1914 e o invento aparecem com detalhes no jornal *O Correio da Manhã*:

> Trata-se de um aparelho que, adaptado ao cinematógrafo, permite executar a música da maneira mais exata e sem discrepância com a ação dramática ou a mímica, coisa esta que, apesar dos grandes esforços do célebre Gaumont, ainda não tinha dado resultados satisfatórios. [...]. Desejando o Sr. Benedetti estrear uma obra nacional, escolheu *O Guarani* de Carlos Gomes, confiando ao Sr. I. Wanderley a versão rítmica do libreto em português e adaptação da partitura musical e instrumentações ao maestro Luigi Maria Smido [...][50].

O artigo aponta ainda a diversidade de formas, lugares de exibição e acompanhamento musical então possíveis que a invenção poderia atender: "Todos os filmes da ópera terão três edições: uma grande orquestra para exibições em teatros; outra pequena orquestra para os cinemas e a terceira para a banda marcial a fim de servir aos cinemas do interior e quartéis militares"[51].

No entanto, o investimento dos "capitalistas" não vinga. De volta a Barbacena, realiza em 1915, com seu equipamento, a opereta *Uma transformista original*, na qual utiliza também a sincronia com disco – outra de suas invenções segundo Pery Ribas[52]. O filme era dividido em cinco partes musicais, "sendo três partes cantadas pela máquina cinematográfica e acompanhadas pela orquestra" e duas em "música descritiva com acompanhamento orquestral" (provavelmente sequências filmadas em cinemetrofonia, e incluídas para completar a opereta)[53], tendo como estrelas Brazilia e Griselda Lázzaro. Brazilia apresentava o filme com um vestido de lantejoulas, abrindo uma cortina. Havia uma cena com Nossa Senhora e depois em um cemitério; contracenando em dois papéis, um casal de fidalgos cantava uma canção italiana que reproduzia *As lavadeiras*, feito anteriormente[54]. A atriz interpretava também uma pastora na reunião de "quadros musicais" que compõe o filme, que, conforme foto, aproveitava a paisagem local. Antonieta Cianelli, esposa de Benedetti, e Rosina Cianelli, sua cunhada "cinegrafista"[55], trabalham na produção. O laboratório de Benedetti ficava no fundo da casa e "as mulheres se ocupavam dele com desenvoltura"[56], marcando assim a presença feminina por detrás das telas, atividade pouco conhecida e documentada nesse momento no cinema brasileiro em que aspirantes a atrizes que não pertenciam ao círculo familiar dos realizadores tinham que comparecer às filmagens acompanhadas das mães, conforme testemunha orgulhosamente, repetidas vezes, Pedro Lima em *Cinearte*.

O filme foi exibido nos dias 29 e 30 de outubro no Teatro Mineiro, mas, apesar da repercussão do jornal local, não teve mais exibições. No final de 1916, os Benedetti trocam Barbacena por São Paulo, trabalhando com Vittorio Capellaro, que em 1916 fizera o seu *O guarany* com sucesso. No mesmo ano, no entanto, os Benedetti instalam-se definitivamente no Rio de Janeiro, onde dão sequência a suas experiências sonoras, como se pode ver no pequeno fragmento de *Esposa de solteiro* (1926), filme realizado em parceria com o produtor e diretor italiano Carlo Campogalliani em uma primeira coprodução entre o Brasil e a Argentina[57]. É visível, durante toda a ação, um pentagrama com as notas a serem executadas pelos músicos. As atividades dos Benedetti se estendem ainda ao seu laboratório de revelação por onde passaram muitos dos filmes realizados no período, além do trabalho como fotógrafo cinematográfico de relevância na capital federal até 1944, ano de sua morte.

DA REPORTAGEM AO FILME EDUCATIVO

Em Belo Horizonte, Igino Bonfioli, italiano de Negrar, no Vêneto, que chegou ao Brasil em 1897, volta-se para o cinema em 1919, por influência do padrinho Aristides Junqueira[58], após passar por várias atividades, como torneiro mecânico, vidraceiro, tipógrafo e finalmente fotógrafo de prestígio na cidade a partir de 1912, quando começou a fazer documentários e reportagens por encomenda, usando uma câmera Gaumont Grand Prix[59]. Ciente do valor de seus registros, Igino Bonfioli preservou fotos e filmes, o que permite conhecer mais de perto sua extensa e variada obra, que, como observou Alexandre Pimenta Marques:

> Adquiriu uma suposta função jornalístico-urbana – focando o crescimento das cidades, a chegada de carros importados, os esportes populares, o extraordinário, o carnaval, as festas rituais, etc. Em seguida, atrelou a fotografia em movimento ao livro didático – época das filmagens dos grandes feitos históricos e da ascensão de alguns políticos. Monumentos históricos, o mundo do trabalho, todos esses temas foram focados por Bonfioli[60].

Seu primeiro filme foi *O enterrado vivo* ou *O extraordinário festival do grande jejuador Great Michelin* (1920), sobre um faquir, "jejuador moderno que durante oito dias e oito noites ficará em exposição enterrado vivo a 2 metros de profundidade"[61]. Um mês depois desse anúncio, o "festival" do jejuador continua, e sua apresentação é antecedida pela exibição do filme sobre o mesmo espetáculo. Essa conjunção entre o filme de mesmo tema e o espetáculo ao vivo mostram a persistência e complementaridade entre os filmes e as variedades no pleno entrosamento do palco e da tela em Belo Horizonte em 1920:

> Será levado a efeito hoje, no Cinema Comércio, o festival do Sr. Great Michelin, "o enterrado vivo", que ofereceu parte da renda do espetáculo a instituições de caridade da capital. É o seguinte programa: 1ª parte: projeção de um filme que reproduz aspectos do match entre o América e o Atlético e o enterramento do jejuador Michelin[62].

São também de 1920 *Bordados à máquina da Singer* e *A visita do rei Alberto da Bélgica*[63]. Nesse ano, Bonfioli passa a fazer documentários para a Secretaria de Agricultura de Minas Gerais, ocupando-se de registros sobre os produtos do estado, o que lhe rendeu inclusive um Diploma de Honra em exposição na Inglaterra, com *Café, açúcar, madeira, seu cultivo e sua evolução no Brasil* (1921)[64]. No entanto, conforme se pode ver no Banco de Conteúdos Culturais, Bonfioli dedica-se também em 1920 a *Eventos em Minas* ou *Construção de Escola Italiana*[65], reportagem que começa sobriamente com autoridades e termina jocosamente com o trote de estudantes de medicina vestidos de mulher. Nesses filmes, é perceptível o uso de panorâmicas – o que caracteriza marcadamente o seu estilo de filmar –, embora aqui ainda sem muita destreza[66].

O Banco de Conteúdos Culturais atesta a existência de vários títulos datados de 1920, dentre eles *Ginástica no Campo Miserani*, no qual se somam às imagens de ginastas uma partida de futebol, conseguindo dessa feita outras tomadas além das panorâmicas habituais, com a câmera acompanhando a evolução dos jogadores e a torcida. Essa e várias outras filmagens indicam que Bonfioli não se ocupa apenas da Agricultura, mas também da Secretaria da Educação e de visitas de Artur Bernardes, o então presidente, e as aparições do governador nas escolas, com imagens de suas crianças sempre bem-comportadas; exposições de animais; grandes funerais; as diferentes atividades do Estado, na condição de cinegrafista oficial[67]. Bonfioli mantém ainda outros focos de interesse, como os jogos de futebol entre o Minas Esporte Clube e o Sparta, ou os ainda muito frequentes *travelogues*, como o ilustrativo *Aqui e acolá em terra mineira* (1923), no qual exercita suas panorâmicas e compõe cenários poéticos com cachoeiras, carros de boi, o rio São Francisco, ricos documentos de época e de uma identidade imagética mineira que vai se constituindo ao longo de seus trabalhos.

Essa intensa atividade e o reconhecimento de Bonfioli como "cinegrafista" leva-o a participar, como fotógrafo, do filme posado de um grupo de teatro amador dirigido pelo francês Cyprien Segur[68], *Canção da primavera* (1923), com texto de Aníbal Mattos sobre as vicissitudes do amor frente a um casamento arranjado. É um filme com muita câmera parada, marcações e cenário teatral, alternadas com exteriores nos quais se incluem reportagens do acervo de Bonfioli, como uma alentada procissão vista da pacata janela da protagonista, em um espaço bucólico. Há no filme também um menino sapeca – à moda do cinema americano, um menino branco pintado de negro – que rouba os doces da sinhá!

Igino Bonfioli volta à ficção com *Entre as montanhas de Minas* (1928), do argentino Manuel Talon, filme influenciado pelos seriados e melodramas de sensação[69], conforme a pesquisa de Rielle Navatski[70]. O interessante é que, entre as várias peripécias do filme, incluem-se também cenas ficcionais e documentais das belezas de Belo Horizonte filmadas por Bonfioli, como o Parque Agrícola presente em suas reportagens, em um resultado a meio caminho entre o posado e a propaganda sobre a mais nova capital brasileira. A presença de Cyprien e Talon em Belo Horizonte atestam ainda a circulação de estrangeiros no Brasil que não se fixam no país, interessados na incipiente atividade cinematográfica.

Na condição de fotógrafo, Bonfioli fará ainda *Tormenta* (1930)[71], dirigido por Arthur Serra, um melodrama que reúne música em meio a paisagens e aspectos regionais, folguedos com personagens locais contracenando com forasteiros da cidade, como a melindrosa protagonizada pela atriz carioca Alda Rios. Apesar de sua ostensiva caracterização moderna, ela se apaixona pelo tristonho e decadente sitiante que a acolheu em noite chuvosa. Apaixonada, mas mantendo seu figurino coquete e citadino, põe-se a limpar e renovar a abandonada casa em que se abrigara e onde encontra um novo amor. No entanto, sem que se possa entender exatamente o motivo, seu amado é morto por um desafeto. Aqui, como em outros filmes regionais, a ida ao campo opera milagres de regeneração nos personagens urbanos[72].

Bonfioli dirige também *Minas antiga* (1927-1928), série de filmes-documentários de cunho educativo – que incluía os títulos *Inconfidência Mineira, O Aleijadinho, Emboabas e paulistas* e *Relíquias de Minas* – para as escolas primárias no governo de Fernando de Mello Viana, responsável por uma reforma de ensino que se inicia em 1925 e que será aprofundada em 1927 no governo de Francisco Campos. Embora não seja possível encontrar no Decreto nº 6.758, de 1º de janeiro de 1925, que regulamentou os Programas de Ensino Primário[73], nenhuma recomendação ao uso de filmes nas escolas, como será comum mais tarde nas reformas educacionais do Distrito Federal com Fernando Azevedo em 1928 e principalmente no Manifesto pela Escola Nova de 1932 – o cinema como auxiliar de ensino –, esse era um tema que mobilizava os educadores e intelectuais preocupados em controlar aquilo que era mostrado nos filmes, sobretudo às crianças. Contudo, nesse caso, chama a atenção o momento e a extensão dessa produção cinematográfica oficial, marcada pela centralidade dada à história de Minas Gerais sobre a própria história nacional. Estamos na República Velha da "política dos governadores" e do "café com leite", e isso é então claro pelo lugar reservado ao Estado e à sua história na educação primária e nos documentários realizados, chegando inclusive à produção desse alentado material em um meio – o "cinema brasileiro" – ainda sem reconhecimento social e cultural. No entanto, o interesse pela produção de *Minas antiga* nos leva a evidências distintas sobre o estatuto do cinema produzido no Brasil naquele momento, em especial junto ao poder do Estado, que o patrocinava.

MINAS ANTIGA

Conforme os estudos de José Tavares de Barros em 1975[74], a ideia do filme foi do jornalista Djalma Andrade e se baseava no livro *História antiga de Minas Gerais*, do então prestigiado historiador Diogo de Vasconcelos. Embora destinado ao estudo da história do Brasil, o filme é voltado inteiramente à história de Minas Gerais, e se isso é perceptível nas imagens das cidades históricas mineiras e nos letreiros que reproduzem textos do historiador, o é também pelas indicações dos programas escolares, das diretivas pedagógicas e pelos recorrentes artigos alusivos aos Inconfidentes, conforme se pode ver na contemporânea *Revista do Ensino*, na qual já aparecem – mas com pouca frequência – artigos de elogio ao cinema na escola[75] e será possível ver ali apenas uma pequena menção à produção desse filme.

Nos programas pedagógicos destinados aos grupos escolares da época, a história era introduzida no terceiro ano e estava voltada para a história de Minas Gerais: primeiros povoados, descoberta do ouro, os bandeirantes e emboabas, Tiradentes e a Conjuração Mineira, a dedicação africana representada pelo escravo Domingos de Abreu Faria[76], chegando até a República. *Minas antiga*, que comporta cinco subtítulos, respeita esse programa escolar. As imagens se compõem de inúmeras tomadas feitas em Ouro Preto, "foco de onde se irradiou pela terra mineira a ideia liberal: microcosmo de um povo" (Mário de Lima), e São João del-Rei, entremeadas aos textos do historiador que explicam o desenrolar da conjuração. As imagens de edifícios, casas e da paisagem da cidade alusivas ao evento servem para ilustrar o texto que ordena e comanda o desenvolvimento do filme. Em meio a essa dinâmica, são inseridas poesias de Raimundo Corrêa – "Aqui, outrora, rebombaram hinos"– ou de Mário de Lima, que procuram dar às imagens de montanhas, telhados ou ruínas de fazendas, como a que pertenceu a Tomás Antonio Gonzaga, ou a de Tiradentes, uma imponência de inspiração patriótica: "Pela grandeza dessas ruínas conclui-se que Tiradentes nasceu num grande solar". Os protagonistas da história mineira e nacional assim caracterizados são sempre *notáveis* "militares, jurisconsultos, advogados, poetas, engenheiros, médicos e sacerdotes". Devem, por isso, inspirar respeito e reverência.

A segunda parte de *Inconfidência Mineira* evoca o périplo de Tiradentes de sua prisão até a morte no Rio de Janeiro, com imagens contemporâneas e, nos letreiros, a evocação do passado daqueles lugares. Mas há também documentos de época filmados a partir dos *Autos da Inconfidência*[77]: a delação de Silvério dos Reis, a sentença dos Inconfidentes e a pena capital com a assinatura de Tiradentes e de seus pares, entremeados por legendas com as liras à Marília de Cláudio Manoel da Costa, ou texto de Rui Barbosa. Quadro do pintor José das Neves ilustra o momento em que Tiradentes recebe a sentença. O segmento se encerra com letreiro arrebatado de outro eminente historiador do período, Lúcio José dos Santos: "Sua memória não dorme no bronze, ou no granito; ela vive e palpita e palpitará sempre no coração reconhecido da posteridade".

Do filme fazem parte ainda as sequências *O Aleijadinho*, *Emboabas e paulistas* e *Relíquias de Minas*[78]. *O Aleijadinho* é dedicado ao escultor Antônio Francisco Lisboa e centra as filmagens na Igreja de São Francisco em São João del-Rei, especialmente nos Profetas e Passos das Capelas da Igreja de Bom Jesus de Matosinhos em Congonhas do Campo, onde Bonfioli procura registrar a beleza e a mestria artística do escultor mineiro. O texto contrasta muito com as imagens: fala da grotesca feiura e monstruosidade de Aleijadinho, das dificuldades e doenças que, apesar do sofrimento, não imobilizavam o artista responsável por obras tão significativas.

Nesses segmentos formados por *Inconfidência Mineira* e *O Aleijadinho*, assiste-se a uma edificante lição da história segundo a visão elitista do liberalismo à brasileira da República Velha: Tiradentes e seus pares são notáveis, têm berço, são nobres e por isso os habilitados condutores de uma grande, mas abortada, missão que continua no presente, pela ação do governo de Mello Viana, que, por meio da educação e desse filme, recupera e exalta esses admiráveis legados. Ao contrário disso, Aleijadinho – o letreiro fala em mãe negra – não tem berço, é quase monstruoso, mas tem um dom e, apesar da terrível doença, se distingue pelo sacrifício. Aos nobres, a missão. Aos despossuídos, o reconhecimento e a superação de sua condição por louvável esforço. São essas as lições de história do Brasil conforme a leitura dos historiadores e a direção de Igino Bonfioli em 1927-1928. Nobreza de formação aliada à missão condutora para as elites. Sacrifício para além da condição social de origem para os pobres: exemplos da organização social possível na República Velha, com a apropriação da Inconfidência Mineira e de Aleijadinho no cinema e na educação dos anos 1920 no Brasil, pelo enquadramento do imigrante Igino Bonfioli.

Como se pode ver, *Minas antiga* vai além de um "natural". Pelos recursos postos a serviço das extensas filmagens em Ouro Preto, São João del-Rei, Rio de Janeiro e Congonhas do Campo, entre outras cidades históricas, o filme apresenta uma dimensão do interesse e envolvimento dos promotores nesse projeto, uma vez que, para que fossem feitas todas essas filmagens em diferentes lugares, e sobretudo o registro dos documentos primários dos *Autos da Inconfidência*, deveria haver dinheiro, empenho e intervenção de autoridades de Minas e do Rio de Janeiro, sem falar de tempo, técnica e equipamentos para filmagens no interior de edifícios e igrejas, o que parece indicar um esforço grande, especialmente de Bonfioli, em torno da produção de um filme brasileiro "natural", ou enobrecido como "educativo", o que não era habitual. Embora não se conheça com detalhes como eram os acordos que envolviam os contratos entre as autoridades e os realizadores durante os anos 1920, o motivo histórico – como ocorreu com *O Descobrimento do Brasil* (1937) – era um tema privilegiado pelo seu sentido agregador e o desafio à capacidade do cinema de promover a "ressurreição do passado", conforme viam os contemporâneos, sobressaindo-se também o comprometimento do Estado como responsável por essa tarefa. No artigo "Os exercícios de observação do ensino moderno", que aborda o valor do cinema escolar, sua autora pontua em 1926, próximo ao lançamento do filme, como a "organização do nosso primeiro filme histórico já nos revelou a solicitude do governo em animar as boas iniciativas"[79].

Além disso, os historiadores envolvidos são os mais sérios e respeitados do período[80]. A própria documentação sobre a Inconfidência não era de divulgação pública fora do circuito dos arquivos ou dos Institutos Históricos e Geográficos. Tiradentes e a Inconfidência foram postos em relevo na Campanha Republicana pelos positivistas, mas isso não significou a divulgação dos *Autos da Devassa* ou sua publicação, restrita a fragmentos nos *Anais da Biblioteca Nacional*, como se pode ver pelas indicações e imagens do filme. Conforme Laura de Mello e Souza, especialista no século XVIII mineiro, a primeira edição dos *Autos da Devassa* com fotos dos documentos é de 1936-1938[81], no mesmo momento em que estão sendo "transladados de Portugal os corpos dos Inconfidentes trazidos de volta à nação por Getúlio Vargas", conforme se pode ver no filme *Inconfidentes* (1936) do Instituto Nacional de Cinema Educativo, dirigido por Humberto Mauro[82]. Naquele momento, Vargas tomava para si e o seu governo o legado da construção nacional intentada "na heroica tentativa fracassada dos Inconfidentes"[83]. Na historiografia mineira do início do século XX, essa narrativa já está consagrada, é parte dos programas escolares e, em 1925, é apropriada pelo governado do Estado por intermédio do cinema. Um filme "educativo" visto em todo o Brasil seria uma forma de afirmar o papel essencial de Minas Gerais na construção da nação, tarefa que as disputas pelo poder central, mediante a "política dos governadores", atualizavam incessantemente.

Diante do ambicioso intento que o filme deveria representar, era necessário exibir publicamente as provas da antecedência da luta mineira pela autonomia do país. O filme de Bonfioli divulga pela primeira vez, por um meio de comunicação popular como o cinema, documentos nacionais fundamentais, e fazê-lo certamente não foi tarefa simples, quer do ponto de vista técnico, quer do ponto de vista institucional, o que decerto contou com a autoridade dos historiadores Diogo de Vasconcelos e Lúcio José dos Santos; este, segundo Laura de Mello e Souza, vai trabalhar extensivamente com essa documentação a partir de 1927, mas também do ponto de vista do próprio governador – interessado e envolvido nesse empreendimento que é lançado no dia 21 de abril de 1926 no Cine Avenida, em Belo Horizonte. Para um meio desprestigiado socialmente como o cinema no Brasil, realizar em 1925 um filme com essa extensão e pretensões acrescenta novos dados à compreensão que se tem sobre a produção documental regional patrocinada daquele período e a visão que podiam ter dela seus contemporâneos.

Esses aspectos não passaram despercebidos por críticos da época. Um sentimento de inusitada surpresa surge no texto do crítico d'*O Estado de S. Paulo*, o poeta Guilherme de Almeida, que assiste ao filme em uma exibição privada no Cine Santa Helena em novembro de 1927, em São Paulo, e surpreende-se com essa mudança inesperada do caráter do filme "natural" e regional:

> O cinema nacional, por exemplo, ainda está no "sensu": vistas pitorescas, filmes naturais, coisas para agradar os olhos. Para criações, isto é, para "intelecto", ainda é cedo. Somos um povo criancinha e eu detesto "*enfants prodiges*". Naqueles filmes naturais – isto a gente diz com gosto – vamos indo bem.

> Até agora ele se tem limitado a aspectos da nossa terra e da nossa gente, da nossa vida e do nosso trabalho, a reportagens de acontecimentos nacionais, etc. Agora, entretanto, aparece um novo gênero natural: filmagem de documentos artísticos. É uma transição, um "intermezzo" entre o "sensu" que está passando e o "intelecto" que vem aí. Graças a Deus![84]

A caracterização como "povo criancinha" não deixa de ter os preconceitos e as reservas de sempre para com a produção brasileira de filmes, no entanto, afora os elogios de praxe, parece claro que *Minas antiga* era mais do que uma cavação ou um "filme-álbum", como a caracterizou a revista *Cinearte* ao exortar Bonfioli a deixar a cavação, vendo com muito maus olhos a encomenda oficial: "*Minas Antiga* é uma destas películas álbuns confeccionadas pela Bonfioli Films, sem nenhuma utilidade e quem sabe se até não foi financiada pelo governo que, em assuntos de Cinema, não sabe distinguir o que realmente interessa e o que tem utilidade"[85].

Tratava-se de um novo formato dentro do documentário, ao qual o público não havia sido ainda introduzido. Era efetivamente uma surpresa, visto que à parte o desfile das imagens, conforme é capaz de ver e enquadrar o crítico de *Cinearte*, havia ali uma nova forma de exaltação do poder político vigente – o apelo incontornável à história e à educação dos jovens –, mas havia também a afirmação do lugar primordial desse poder e suas elites e de Minas Gerais frente à nação.

Apesar das expectativas e do investimento nessa realização, não existem dados sobre a sua utilização nas escolas, que nesse momento ainda não deviam contar com projetores cinematográficos e, em muitos lugares, energia elétrica. Pela boa condição do material encontrado por José Tavares de Barros, e pelo testemunho das filhas, os filmes foram pouco exibidos em salas de cinema de Belo Horizonte, São Paulo e Rio de Janeiro. A julgar pelas indicações da imprensa[86], e apesar do epíteto de filme educativo, não passou de um significativo e original produto de propaganda do governador Mello Viana com sua preocupação por uma reforma de ensino e afirmação regional no interior da nação. O método de trabalho de Igino Bonfioli foi observado no exame do material por José Tavares de Barros e, provavelmente, não era muito diferente de outros realizadores do mesmo período:

> A revelação e a copiagem de seus filmes era feita em laboratório caseiro, com técnicas artesanais. Por motivos de ordem prática e de economia, ele não cortava os negativos. Revelada a película, ele selecionava os trechos que pretendia copiar. As imagens positivas, cortadas na metragem final desejada, eram intercaladas com os intertítulos também preparados artesanalmente por Bonfioli. O resultado: uma cópia com muitas emendas. Mas esse fato é pouco relevante.

Ao contrário do que sempre desejou o cineasta, o número de exibições das cópias de seus filmes era muito pequeno, sendo também mínimo o desgaste provocado pelo projetor[87].

Alexandre Pimenta Marques completa essas informações deixando mais claro o caráter sempre inventivo e de adaptações técnicas que caracterizava o trabalho cinematográfico no Brasil:

Para a revelação, lavagem e fixação de seus primeiros filmes, usa um tambor de varetas de madeira, obtendo uma dosagem uniforme dos banhos. Com uma máquina de costura usada, cria um engenho para picotar películas de 16 mm. Aproveitando lentes antigas, pedaços de lata e a engrenagem de uma bicicleta, constrói um projetor de 16 mm[88].

Apesar de trabalhar na fotografia de três ficções, Bonfioli persiste no documentário e nas reportagens, inclusive durante o sonoro.

A EXIBIÇÃO FINANCIA A PRODUÇÃO: FRANCISCO DE ALMEIDA FLEMING

O início da trajetória de Francisco de Almeida Fleming em 1918 relaciona-se à sua atividade na exibição da Almeida & Cia., de sua família, que possuía salas em Ouro Fino, Pouso Alegre, Jacutinga e cidades paulistas próximas. Ao longo de sua trajetória no cinema silencioso, ele vai fazer experiências de sincronização com som, dirigir quatro longas-metragens e, como a maioria dos conterrâneos, se manterá na atividade cinematográfica por toda a sua vida com produção não ficcional.

Desde menino rebobinava os filmes, ajudava na produção e distribuição de propagandas das salas de cinema da família, e fez um jornalzinho de críticas, *O Lince*, em Ouro Fino, onde nasceu. Com 18 anos, é enviado pela família a Pouso Alegre para estudar e gerenciar o Cine Íris, no qual dará sequência às experiências juvenis de quando cortava a ponta dos filmes para colorir. De posse de uma câmera, ensaia algumas filmagens. Com o sucesso de seu *Pouso Alegre* (1919), um *travelogue* sobre a cidade, começa a aceitar encomendas de comerciantes locais, produzindo para os cinemas da família enquanto continua sua atividade como gerente do cinema. No mesmo ano dessa produção, o dramaturgo e diretor do teatro amador da cidade, o médico Garcia Coutinho, pede a ele que filme *Coração de bandido*, de sua autoria, um drama em torno de triângulo amoroso durante a Inconfidência Mineira. Conforme *O Estado de S. Paulo*, "os episódios se relacionam com a Revolução Separatista de Minas Gerais"[89].

Essa notícia de uma filmagem brasileira n'*O Estado de S. Paulo* em 1920 terá sido resultado da ida de Garcia Coutinho a São Paulo, quando levou para revelação parte do filme em produção. Segundo Fleming, "as partes já rodadas foram deixadas em um daqueles pseudolaboratórios que existiam então. [...] ele voltou para pegar o material e não localizou mais a firma"[90]. O sumiço do trabalho desanimou a equipe, e o filme ficou inacabado, embora Fleming tenha rodado ainda os créditos iniciais conforme os *films d'art*, com medalhões em que apareciam cada um dos atores.

Parece certo que Fleming gostava dos romances históricos, pois se empenhou desde 1920 na produção de posados à maneira dos *films d'art* que haviam marcado a produção francesa e italiana desde 1908. Embora já em desuso nos anos 1920, certamente ainda eram exibidos em salas de cinema fora dos grandes centros. São filmes que demandam cuidados, empenho e, sobretudo, dinheiro para a sua produção. Fleming atuava como produtor, diretor, roteirista, fotógrafo, montador e cenógrafo, como ocorria em geral com os outros realizadores do silencioso. No entanto, ao contrário desses, tinha a Almeida & Cia., empresa de exibição da família, financiando seus filmes.

No mesmo ano, cria a sua produtora, a America Film, e o America Phonema, experiência de sincronização entre som e imagem com discos, que resultou em alguns filmes como *Canção de Carabu* (1920), *Desafio de caipiras* (1920), *Minha cara Bô* (1920), *Apresentação do processo de filme sonoro America-Cine-Fonema* (1921) e *Noite de São João* (1921)[91]. O processo de gravação sonoro era mecânico: "aluguei uma máquina gravadora, naturalmente muito precária, vinda do Rio"[92]; segundo seu inventor, consistia na sincronização entre o projetor e o gramofone por meio de uma haste metálica desmontável passível de ser instalada em qualquer cinema. "Cheguei a explorar o meu invento em várias cidades do interior"[93]. Seu primeiro filme, provavelmente *Apresentação do processo*, foi realizado no palco do Cine Íris, onde instalou um piano, e um apresentador conduzia o espetáculo, chamando a atenção do público para o próprio sincronismo de sua fala – como se pode ver em filmes internacionais desse e de momentos posteriores. Quando recitou "Canção do exílio", o emblemático poema de Gonçalves Dias, foi tocada uma corneta e depois um tango ao piano, conforme as memórias de Fleming[94]. A duração dos filmes era ditada pela duração da música gravada no disco de 78 rotações[95].

As ambições de Fleming no *film d'art* continuam com *In Hoc Signo Vinces* (1921), inspirado em passagens bíblicas, com cenário e figurinos de época, o que dificultou e encareceu muito a produção, que por isso foi abandonada, uma vez que foram gastos quarenta contos de réis sem nenhum retorno. Ele tinha compromissos com os irmãos que ajudavam a financiar essas empreitadas. Assim, volta à gerência do cinema e filma *Centenário da Independência em São Paulo* para a Independência-Omnia Film de Victor Del Picchia, durante as comemorações nacionais de 1922[96]. Fará também *Na manhã de 5 de julho*, uma reportagem sobre a Revolução de 1924 em São Paulo, o levante tenentista de Isidoro Dias Lopes, que tomou a cidade por 23 dias e se espalhou pelo país, sendo tema de vários "cinematografistas" da época, alinhados em geral ao Exército e aos vencedores, como se pode ver pelo resumo entusiástico do filme de Fleming n'O *Estado de S. Paulo*, quando de sua exibição em 27 de agosto de 1924, no momento em que voltava à cidade o presidente da Província, Carlos de Campos, que deixara a capital durante os duros combates: "A Revolução de 1924 em São Paulo. Verdadeiro capolavoro – Assistir ao desenvolver desta película equivale a ter acompanhado de perto todas as peripécias da luta – Assalto às trincheiras – Caça de aviões – Êxodo e regresso de famílias – Danificação em geral – Belíssimo quadro dos tanques"[97].

Sua verdadeira inspiração, no entanto, era a história do amor infeliz entre *Paulo e Virgínia* (1923-1924), romance muito popular na época, como lembra Pedro Lima[98]. Jovens criados juntos desde a infância em Madagascar[99], apesar de superarem inúmeras adversidades, não conseguem viver o seu amor, que termina em tragédia. A realização demandou muito esforço e recursos: a adaptação do livro de Bernardin de Saint-Pierre escrito em 1788, feita por Fleming, reunia o melodrama e aventura, era cheia de personagens, diferentes locações, demandava aluguel de trajes e perucas em São Paulo, a confecção de cenários especiais, a filmagem noturna de um naufrágio de navio em Santos durante uma tempestade. "Houve muito movimento: marinheiros se atiravam ao mar e, para cada salto, eu tinha que pagar dez mil réis, uma fortuna. De vez em quando era preciso jogar um jato enorme de água, para imitar as ondas que invadiam o navio"[100]. O filme, como outros do período, usou película de base de diferentes cores para realçar o tom e o momento das cenas. Além disso, o diretor coloriu manualmente fotogramas em que havia fogo em tochas. Como ocorria com os filmes do gênero, tinha duas horas de duração[101].

> Em *Paulo e Virgínia*, eu não tinha equipe organizada. Tudo era feito por mim [...]. Corrigir a maquiagem, ver se estava boa, se os artistas estavam corretamente vestidos, se os penteados estavam certos. Rosalina de Oliveira fazia a Virgínia, era uma moça displicente nesse aspecto. Ela apenas pegava a cabeleira vinda de São Paulo e a colocava na cabeça, não tinha cuidado. Eu pedia a ela que prendesse a peruca direito, ajeitasse as tranças. Eu examinava esses detalhes todos. A trança da Virgínia tinha que estar sempre caída para a frente, como era o costume da época, não é?[102]

Segundo suas memórias, o filme custou 83 contos de réis – uma verdadeira fortuna –, incluiu um elenco de mais de duzentas pessoas, no qual se destacaram Rosalina de Oliveira e Paulo Rosanova, um ator de teatro em São Paulo, nos papéis principais; as filmagens, que começaram em 1923, tomaram 11 meses[103]. Ainda que descontados os exageros de Chiquinho Almeida, como era conhecido, é perceptível que se tratava de algo inédito em se tratando de cinema brasileiro naquele momento: um grande investimento associado a um grupo exibidor do interior, a Almeida & Cia. Para se ter uma ideia do investimento, *Braza dormida*, de Humberto Mauro, com quatro cópias, custou cinquenta contos de réis em 1927[104].

Segundo dados fornecidos por Pedro Lima:

> A America Film, da cidade de Pouso Alegre, está hoje sob a direção industrial e comercial da antiga e já conhecida Empresa Cinematográfica Almeida e Companhia, proprietária de muitas casas de diversão naquela zona mineira, com sede em Ouro Fino que para o rápido desenvolvimento desta arte na nossa terra levantou o capital nominal de 1:200:000$000[105].

O documento manuscrito descreve uma empresa organizada e com um capital expressivo – quem sabe exagerado – para impressionar Pedro Lima, que já vinha noticiando a produção em *Selecta*[106]. Indica também a sua profissionalização, com "diretores técnicos" – a equipe que ajudava Fleming em suas inúmeras tarefas. O que o documento tem de mais significativo é o fato de registrar, antes de tudo, a dimensão da empresa de exibição, que cobre uma área possivelmente extensa e rica do sul de Minas e cidades paulistas próximas, além de estar interessada no "rápido desenvolvimento dessa arte na nossa terra", o que não se viu acontecer nesse período na produção ficcional nacional, salvo raras exceções, como aconteceu de forma pontual com José Medina em São Paulo. Havia laços familiares, é claro, mas o investimento é ambicioso, assim como o apelo a um gênero de época baseado em livro francês reconhecido culturalmente, o que exigia um alto investimento. Trata-se, dessa forma, de uma operação pautada não apenas pelo lucro possível nas salas, mas também pela contribuição à cultura brasileira vinda da província, já que foram produzidos dois filmes desse gênero, um deles interrompido por conta dos altos custos. O caráter de esforço empreendido no interior será ao mesmo tempo um mérito e o motivo das objeções nas críticas, e repetidas menções ao filme e ao diretor por Pedro Lima em *Selecta*.

A estreia em Pouso Alegre em 8 de dezembro de 1924 foi, segundo o diretor, "estrondosa". Os espectadores "arrombaram a porta do cinema Íris em busca dos melhores lugares"[107], e o filme ficou ali por três dias. Foi exibido também em outras cidades do interior de Minas Gerais nas salas da Almeida & Cia. e no Rio de Janeiro[108], onde recebeu crítica positiva de Pedro Lima: "um dos mais frisantes exemplos que tivemos de direção cinematográfica"[109]. A cópia única do filme chegou também a São Paulo[110]. No entanto, o sistema de exibições custosas e a curta permanência dos filmes em sala, principalmente para filmes brasileiros – não mais do que três dias –, não permitiram à obra arrecadar a bilheteria necessária para cobrir seus enormes custos[111]. Além disso, fato comum na distribuição de filmes brasileiros, "*Paulo e Virgínia* foi explorado durante anos pelo distribuidor Bernascone, que não prestou contas nem devolveu a cópia"[112].

O grande empenho na produção, no entanto, foi reconhecido na época:

> *Paulo e Virgínia* não apresentava a fotografia que se alcançara. A sua câmera era um lixo [feita pelo sobrinho Almeida, mas com seus enquadramentos]. O maior defeito do filme era a maquiagem. Jacinto Libano foi tirado de uma farmácia para este mister. O laboratório era deficiente, mas foi a primeira vez que surgiu, não um *Metteur-en-scène*, muito comum ainda na época, mas o realizador, o verdadeiro diretor, o autor, o que sabe transmitir, o que idealiza o que pensa. Os idílios eram lindos e o filme era rico de detalhes interessantes, principalmente o do esqueleto do cachorro na sepultura[113].

Esse comentário de Adhemar Gonzaga é relevante, pois ele era um severo crítico dos filmes italianos com suas divas e de um tipo de cinema muito apoiado na literatura e no teatro, como era o *film d'art* europeu, mesmo em suas derivações recorrendo a cenas de aventura e diferentes peripécias. Se reconhece qualidades de diretor em Fleming, assim como aconteceu com Pedro Lima, o filme devia ter uma narrativa com desenvoltura suficiente para chamar a atenção do crítico, que incensava nos filmes a qualidade do "cérebro", o roteiro, o que parece ser o caso aqui, além das notações pitorescas de detalhes que ele julga interessantes. A câmera pode ter sido ruim até por deficiências do próprio equipamento e manejo, mas não os enquadramentos e provavelmente a montagem de responsabilidade do diretor, cujas limitações viriam, segundo o carioca Pedro Lima, do trabalho ser feito no interior, "com recursos do interior"[114].

Talvez confiando no talento que os críticos viam no irmão, Sebastião Almeida investe novamente em um longa-metragem, agora numa produção contemporânea que seria mais simples e menos dispendiosa, O *vale dos martírios*, filmado entre 1925 e 1926, tendo por foco características locais, os costumes e a natureza, como lembra o diretor em seu depoimento. O enredo escrito por Fleming, no entanto, era muito parecido com o melodrama anterior: irmãos adotivos separados na juventude voltam a se encontrar anos mais tarde e se apaixonam, mas encontram todo o tipo de impedimento e lances com tintas de *Romeu e Julieta*. Aqui a colônia francesa é substituída pelas montanhas de Ouro Fino, que formam um vale profundo e inspiram o jovem realizador. Segundo uma carta recebida por Pedro Lima de um dos participantes da produção:

> Começa entre duas crianças: Júlia e Augusto. Este volta, [anos] mais tarde, depois de formado, e tornam a avivar a chama de outrora. O pai de Júlia recusa o pedido de Augusto e contrata o casamento dela com um fazendeiro, seu amigo. A moça envenena-se. Seu pai fere Augusto. Júlia não morre, pois tomara somente um narcótico. Passam-se os dias... e a igreja toda alvinha... os dois de joelhos... o resto se adivinha...[115].

O enredo é mais intrincado, pois há um vilão que complica mais a ação em procedimentos caros ao melodrama de sensação[116] em uso nos filmes brasileiros da época: a mocinha é raptada, envenenada e morta. Depois, com um antídoto do veneno, é ressuscitada pelo vilão para poder seduzi-la. As complicações aumentam o número de personagens, alongam a ação e o desfecho feliz entre o mocinho e a mocinha, uma “exacerbação das situações melodramáticas”[117] que aumentava os problemas de produção.

Fleming teve dificuldade para conseguir atores em Ouro Fino, cidade mais tradicional e reticente às filmagens, que suscitavam desconfianças: eram feitas no campo, e havia personagens de índios com pouca roupa sugerindo à população que o *set* de filmagem era lugar de bacanais![118] Pôde contar somente com familiares, o que o deixou agastado, porque limitava os seus personagens. Só não abandonou o filme por causa da soma de recursos de que havia se valido: “irmãos tinham investido muito dinheiro nas minhas loucuras e eu precisava tocar o projeto para frente”[119].

Ele chegou a filmar uma cena ousada que precisou cortar por empecilhos morais: depois da longa ausência que separou os irmãos adotivos, o jovem (Augusto) volta e encanta-se com o reencontro da paisagem, com os lugares caros da infância e vê, no lago da fazenda, “sua irmã banhando-se nua”. A cena era central no filme, pois marcava, segundo seu autor, “um choque psicológico, ele [Augusto] sente o impacto do amor, até então disfarçado. Essa sequência era belíssima de todo jeito, psicológico e pictoricamente falando. Mas tive que cortá-la, pois a intérprete era minha sobrinha – e isso em 1926-27, em uma cidade de interior [...]”[120].

Pelas suas descrições, o filme se detinha nas paisagens e locais peculiares da região, em personagens como um fazendeiro autoritário, o que impressionou bem Pedro Lima: “*Vale dos Martírios e Tesouro Perdido* [de Humberto Mauro] mostram o trabalho de direção e o campo inexplorado dos nossos [traços] característicos"[121], aspecto que os críticos começavam a valorizar, desde que devidamente apresentados.

As filmagens levaram seis meses, e, segundo o diretor, não pagou nada aos atores, pois eram todos familiares, com exceção do vilão, que não era da cidade: "No caso, eu custeava suas despesas de condução e restaurante. [...]. Já o galã, Paulo Rosanova, nada ganhava porque, mesmo vindo de São Paulo, tinha família em Pouso Alegre e, além do mais, era muito entusiasmado por cinema. Sentia-se feliz por estar representando"[122]. Eram as formas possíveis de produzir cinema no Brasil nos anos 1920, mesmo com uma empresa exibidora participando da produção.

O filme foi lançado em Ouro Fino, no cinema Éden, no início de 1927, e agradou o público local e de várias cidades vizinhas – Jacutinga, Monte Sião (SP), "que promoviam excursões para assisti-lo"[123]. Quanto ao Rio de Janeiro, apesar da experiência com o funcionamento dos cinemas, mas escaldado pelas dores de cabeça com o distribuidor Bernascone, que se apoderou de *Paulo e Virgínia* e de sua renda, Fleming resolveu fazer um lançamento sem intermediários. Entregou a tarefa ao sogro – entusiasta, mas inexperiente, que não consegue um bom contrato. Foi exibido no Paris e no Central entre fevereiro e março: "O que se arrecadava com uma exibição, gastava-se três vezes mais para preparar a próxima"[124].

Pedro Lima, em sua crítica de *Cinearte*, que vem acompanhada de foto de página inteira do diretor, afirma que Almeida Fleming é

> [...] poeta do megafone brasileiro; suas cenas são longas, e repletas de interesse, seus idílios são suaves e em todas as cenas existe a natureza realçando a impressão de realidade. [...]. Temos confiança em Almeida Fleming, é preciso, entretanto que venha ao Rio para ver umas tantas coisas sobre técnica de cinema, conhecer segredos de que ainda se ressentem seus trabalhos, depois disso poderemos afirmar que o melhor diretor de filmagem brasileira é um brasileiro, produto de nossa própria filmagem[125].

O vale dos martírios concorre ao Medalhão de Bronze, prêmio da revista *Cinearte* ao melhor filme brasileiro de 1927, que foi ganho, no entanto, por *Tesouro perdido*, de Humberto Mauro. Conforme a correspondência de Fleming com Pedro Lima, ele reitera incessantemente "evitar a cooperação de maus elementos [os 'cavadores' tão perseguidos pelos jornalistas]" e se esforçar "para merecer o apoio que me tem franqueado essas duas brilhantes revistas brasileiras – *Selecta* e *Cinearte*"[126].

No mesmo ano, Fleming filma ainda alguns documentários para a Almeida & Cia., como *Céus do Brasil*, provavelmente dedicado ao Raid do Hidroavião Jaú pilotado pelo brasileiro João Ribeiro de Barros, que havia feito a travessia do Atlântico a partir da Europa, sobrevoando no final de abril cidades brasileiras como o Rio de Janeiro e São Paulo, fato muito noticiado e filmado na época. Faz ainda *Ouro Fino*, *Como se fabrica manteiga* e *Como se fabrica banha* em 1927, e prepara um novo posado, *Amor e arte* ou *A mulher nua* (1928)[127], buscando inclusive atores para esse trabalho[128]. O filme não sai do papel. Em abril de 1929, recebe um convite de Pedro Lima para trabalhar com Carmen Santos: "[Ela] agora está tomando parte na quarta produção da Phebo Sul Brasil, intitulada 'Sangue Mineiro' de cuja produção ela é também coproprietária, pediu-me para te escrever, a fim de propor ao amigo, vir dirigir um filme com ela, o qual será financiado pela mesma"[129].

Sem o prêmio de *Cinearte* e a bilheteria de *O vale dos martírios*, Francisco de Almeida Fleming fica na eminência de voltar a cuidar da gerência dos cinemas da família ou provar a eles que podia fazer cinema por conta própria. Muda-se para o Rio de Janeiro por influência de Adhemar Gonzaga[130] e talvez do convite de Carmen Santos, que, no entanto, não tem resultados práticos. Ali vai montar um laboratório cinematográfico e posteriormente chefiar o laboratório da Sonofilmes. Na segunda metade dos anos 1930, muda-se para São Paulo, fazendo filmagens para a Secretaria de Governo do então interventor Adhemar de Barros e depois para o Departamento Estadual de Imprensa e Propaganda (Deip), e posteriormente para a Universidade de São Paulo, totalizando até o fim de sua vida, em 1999, trezentos filmes curtos entre propagandas e reportagens.

Se o trabalho de laboratório cinematográfico e as reportagens oficiais foram a forma de manter-se na atividade cinematográfica ao longo de toda a sua vida, é certo que a trajetória de Fleming, dentre os vários realizadores do período, e não só em Minas Gerais, interessa especialmente por sua relação familiar com a exibição, além de um provável talento artístico que não podemos conferir pela perda das cópias. Temos aqui, portanto, o exemplo de uma empresa de porte pequeno – salas em torno de cinco ou seis cidades do interior de Minas Gerais e São Paulo –, que investe, e não pouco, capital na produção de filmes muito dispendiosos, certamente acreditando em um possível retorno garantido em suas salas. No entanto, vê-se impossibilitado pela ausência de distribuição de filmes brasileiros mesmo nas capitais, bem como de espaço para que a exibição chegasse a rentabilizar as produções. Não há ainda dados sobre exibições em Belo Horizonte.

Os longa-metragens de Fleming, como se pôde ver, apostavam em gêneros de certa consagração cultural, como foi o *film d'art* europeu, apesar das limitações econômicas, técnicas, de equipamento e laboratório que todos os filmes brasileiros enfrentavam. Nos anos 1920, entretanto, esse gênero já havia perdido espaço mesmo nas telas brasileiras para os filmes americanos, mais ágeis e modernos.

Sua persistência nas produções de Pouso Alegre pode indicar o descompasso da exibição nas cidades de interior, mas também a preferência de seu realizador por esses intrincados melodramas históricos que remontam aos séculos XVIII e XIX, cujo gosto pode-se ver também no enredo emaranhado de *Três irmãos*, escrito por Pedro Comello na vizinha Cataguases poucos anos depois. No entanto, se Fleming conseguiu o reconhecimento crítico da *Cinearte* – inclusive num gênero que a revista repudiava –, era porque seus filmes, especialmente o último de tom regional, devia apresentar qualidades a considerar, não só pelo aspecto regional, mas também narrativo, que o habilitaram até mesmo a concorrer ao prêmio criado pela *Cinearte* em 1928 para valorizar a incipiente produção nacional.

OS ASES DE CATAGUASES: HUMBERTO MAURO, PEDRO COMELLO E EVA NIL

Humberto Mauro distingue-se da produção mineira elencada até aqui. Se é filho de imigrante, começou a filmar mais tarde e teve mais contato com o cinema americano, seus filmes, ainda que de início influenciados pelos gêneros do melodrama de sensação que marcaram boa parte da produção brasileira no período, logo encontram novas matrizes, gêneros de inspiração e articulações com o contexto local. Além disso, dedica-se exclusivamente à ficção durante o período do filme silencioso, não vendo naquele momento – exceção feita ao seu *Sinfonia de Cataguases* (1928) – a reportagem como um veio possível da atividade cinematográfica. Queria dedicar-se ao posado, assim como o experiente fotógrafo Pedro Comello, com quem aprendeu os primeiros rudimentos e começou a filmar. Entretanto, é na atividade com Comello, imigrante italiano que tinha quase o dobro da sua idade, que as diferenças de concepção aparecem e terminam por afastá-los. A imaginação de Comello, apesar do gosto pelo cinema americano que partilha com Mauro, ainda está presa à literatura e ao teatro do século XIX europeu, o que acabou tornando seus roteiros e filmes inviáveis, salvo *Senhorita agora mesmo* (1927), no qual a filha Eva Nil terá papel de destaque, inclusive como produtora.

São três personalidades fortes que começam a trabalhar juntas em Cataguases, cidade que deixara para trás a riqueza do primeiro ciclo de café, mas que guardara de sua opulência o gosto pelas novidades e a modernidade. Não sem razão, a realização cinematográfica que Mauro e Comello vão desenvolver a partir de 1925 encontra financiamento e receptividade – inclusive do grupo de jovens poetas modernistas que se formava naquele momento e que vão criar em 1927 a revista *Verde*. No entanto, muito rapidamente as defasagens de concepção cinematográfica e de visão de mundo vão separá-los e até antagonizá-los, como se pode observar na ressentida correspondência de Eva Comello (Eva Nil) ao crítico Pedro Lima e até na sua breve, mas de início promissora, carreira de atriz.

Diante das dificuldades de uma narrativa cheia de "exacerbação das situações melodramáticas"[131], como aquelas propostas por Pedro Comello em seus projetos, Humberto Mauro foi capaz – mesmo antes do contato mais assíduo com Adhemar Gonzaga – de propor enredos mais simples e bem urdidos, fruto, certamente, de sua observação dos filmes e seriados populares americanos de que gostava, e da leitura de revistas[132]. Mauro, ao contrário de Comello ou Almeida Fleming, tem uma imaginação cinematográfica e não chega a escrever com detalhes seus roteiros. Desde os seus primeiros filmes, os aspectos e situações locais, as formas de relacionamento entre os personagens, constroem uma forma própria, original e bem planejada de filmar, relacionando o cânone cinematográfico à cultura, à sociedade, aos fazeres e paisagens locais.

Mas há ainda outro elemento a destacar: a relação de proximidade e cumplicidade, e, por vezes, de submissão que Humberto Mauro vai estabelecer a partir de 1926 com Adhemar Gonzaga e Pedro Lima, jornalistas cariocas que escreviam em *Para Todos...* e *Selecta*, respectivamente[133], e depois em *Cinearte*[134], interessados na afirmação e consolidação da atividade cinematográfica nacional. Se muitos realizadores se corresponderam com os jornalistas e seguiram seus conselhos, Humberto Mauro tornou-se discípulo, parceiro de Gonzaga, em uma ligação de admiração e respeito, mas também de conflito, concepções estéticas distintas, que se cristalizam num pensamento sobre o cinema brasileiro que se expressa em seus filmes, no aprendizado que faz com o jornalista, mas também na resistência a esse mesmo aprendizado. Os filmes produzidos entre 1925 e 1929 e as ideias sobre cinema brasileiro que deles emanam serão analisados no final dos anos 1950 por críticos, pela geração que gestava o Cinema Novo e pelos responsáveis pela incipiente historiografia do cinema brasileiro que estava se construindo e valorizava o traço nacional e as formas não industriais de realização que acompanharam o trabalho do diretor. Não só em Cataguases: Mauro torna-se para eles paradigma de um cinema não industrial e "autêntico".

A PATHÉ BABY

Pedro Comello e Humberto Mauro começam a filmar juntos em 1925, com uma câmera doméstica, a Pathé Baby. Comello, imigrante italiano vindo do Egito em 1914, possuía experiência como fotógrafo e várias habilidades, inclusive com a música, tendo chegado a dar aulas para sobreviver[135]. Tinha então 51 anos. Humberto Mauro, com 26, era filho de imigrante italiano e mãe brasileira. Nenhum dos dois – nem mesmo Pedro Comello, fotógrafo da cidade, nem Mauro, dono de uma oficina mecânica e elétrica onde construía, entre outros, rádios – se interessaram pelos habituais *travelogues* ou pelas reportagens, oficiais ou não, como possível ganha-pão. Queriam fazer filmes de ficção e com isso ganharam o apoio e a caçoada da cidade.

No começo, o fotógrafo experiente que é Comello ensina fotografia ao jovem iniciante, e juntos vão tentar descobrir, indo ao cinema e observando o funcionamento da câmara: como fazer um filme. "Não seria difícil fazer isso aí"[136]. A primeira experiência, *Valadião, o cratera*, um filme curto e de título inspirado, parece remontar aos seriados de aventuras, melodramas de sensação comuns nos anos 1910. A intriga é sobre o rapto de uma moça, a delicada Eva Comello, por um bandido – Stephanio Georges Younes –, um comerciante da cidade, cujo rosto, cheio de marcas, dava-lhe a aparência aversiva indispensável para o facínora que leva a mocinha frágil para uma pedreira e expõe o mocinho – José Augusto Monteiro Barbosa, primo de Mauro – a arriscado resgate, salvando sua honra e pureza.

Segundo Luciana Corrêa de Araújo, vários realizadores regionais foram atraídos por esse gênero que entendiam como essencialmente cinematográfico, exigindo habilidade na realização. Podendo ser feitos nas paisagens onde viviam, eram acessíveis aos equipamentos e recursos de que dispunham. Era o gênero de que realmente gostavam como espectadores, sendo ainda vistos nas telas brasileiras e apreciados por muitos realizadores da época. Rielle Navitski lembra que isso ocorria pelas próprias dificuldades de transporte e comunicação no país, o que fazia com que filmes vistos em São Paulo ou Rio de Janeiro em 1915 ainda fizessem sucesso em cidades do interior e se reproduzissem – com tintas locais – em filmes regionais. No entanto, a defasagem na exibição e sua consequente apropriação pelos realizadores locais era entendida no Rio de Janeiro como um signo de atraso contornado, por outro lado, pelas belas e pitorescas imagens locais, que não deixavam de conter promessas de modernidade pelas relações que estabeleciam entre campo e cidade e pelo comportamento dos protagonistas[137].

Conforme o testemunho de Humberto Mauro, "Max Linder, Carlitos, [Francesca] Bertini, Emilio Guione, Sessue Hayakawa[138], Mary Pickford, Tom Mix e, em série, Rolô [Eddie Pollo Rolleaux] e Pearl White"[139] eram as estrelas dos filmes que passavam no Cine Recreio, que ele frequentava. Serão sua primeira inspiração e certamente os seus favoritos. Além disso, como se pode ver pelos nomes citados, persistem ainda nos anos 1920 nas telas do Recreio os seriados europeus como o italiano *Gigolette* ou *Za-la-mort* (1915)[140], com Emilio Ghione e a diva Francesca Bertini. O sucesso de *Valadião, o cratera* estimula a dupla a novas empreitadas. Conseguem seduzir o comerciante Homero Cortes para seus projetos e com o seu financiamento compram no Rio de Janeiro uma câmera Ernemann usada e filme virgem suficiente para rodar um longa-metragem. Eles acreditavam que poderiam não apenas auferir lucros, mas também contribuir para a própria realização cinematográfica no país, uma vez que filmes brasileiros de ficção jamais haviam sido apresentados em Cataguases. Dada a idade e a experiência anterior de Comello como fotógrafo, o primeiro filme, *Os três irmãos*, foi escrito e dirigido por ele, e as cenas de estúdio, rodadas em seu atelier. Conforme já mostrou Paulo Emílio Sales Gomes[141], o enredo intrincadíssimo era comparável em complexidade ao estilo folhetinesco e ao exacerbado melodrama de *O vale dos martírios*, de Almeida Fleming: três irmãos (Humberto Mauro, o filho de Comello, Roger, e Eva Comello – que tinha então 16 anos), devido ao suicídio do pai endividado, procuram abrigo em um fazendeiro amigo, mas encontram ali dois vilões que raptam a moça, que, tomada com violência, desfalece. Entre muitas peripécias, lutas e um incêndio, ela é enterrada e seu irmão jura vingança. Entretanto, um médico que passava pelo local observa que a moça poderia não estar morta. É desenterrada por ele. Ela sofria de catalepsia. O médico se apaixona por ela. Enquanto isso, intervêm vários personagens; há ainda muita ação, brigas, romance, uma barba postiça, a prisão injusta do herói, mas ao final, depois de preso e de fugir, o bandido principal é finalmente encarcerado e os irmãos voltam a se reunir. Como de praxe nesse tipo de melodrama, há casamentos e até mesmo um oratório cristão construído onde a jovem havia sido sepultada. Sacrifício, perigos e ameaças de todos os tipos, orfandade – tema ainda muito presente no período –, morte e ressurreição estão presentes no enredo complicado pela ânsia de tudo abarcar. Pela recordação de Eva, que adotará o nome de Eva Nil (pois nascera no Cairo), desgostava Humberto Mauro, que era o galã do filme. "Ele não era como é atualmente", dirá de Mauro em carta de 1928 a Pedro Lima. Reproduzindo o seu diário, afirma que todo o elenco trabalhava muito atenciosamente, "menos Humberto, que foi logo demonstrando a sua má vontade [...]. Papai lutou na verdade com não pequena dificuldade, nenhum de nós jamais havia posado para uma câmera cinematográfica, teve que fazer-nos repetir diversas vezes a mesma cena"[142]. Como previsível, o filme não foi terminado. A diferença de idade e de bagagem cultural que marcou o trabalho da dupla começava a ficar muito clara com a interrupção do projeto e a impaciência de Mauro. Além disso, diante das despesas e sem o retorno esperado, Homero Cortes se retrai. Agenor Cortes de Barros, "negociante de café, representante da General Motors na cidade, político e prefeito"[143], investe no empreendimento que Comello, Mauro e Homero desenvolviam, apesar da falta de continuidade e resultados. Ele acreditava que não seria um investimento alto e os lucros viriam. Daí vai surgir a produtora Phebo Sul America Film de Cataguases e ainda em 1925 chega a vez de Mauro fazer o seu filme, *Na primavera da vida*.

A partir das informações de Paulo Emílio Sales Gomes, tratava-se de um enredo que mimetiza aspectos de *westerns* e seriados, incorporando o ambiente da mata. O vigia fiscal da fronteira entre dois estados, que vive com sua filha (Eva Nil), percebe a diminuição das receitas do posto por causa de um bando de contrabandistas, chefiado por um bandido finório. Chega à cidade um engenheiro (Francisco Mauro), e entre ele e a moça surge mais do que simpatia. No entanto, o bandido elegante também está interessado na moça que o rejeita. Enquanto o pai apela ao delegado para resolver os problemas do posto, o bandido rapta a moça e a leva para uma cabana. Ao final, "as forças da ordem desbaratam os asseclas da taverna, o mocinho salva a filha do coronel e o vilão é castigado"[144].

Conforme se pode ver por essas observações e os fotogramas que restaram, o filme opõe os bons e corretos moradores da cidade, como o Coronel Vieira, aos maus elementos, um bandido de aspecto elegante e citadino como é o próprio mocinho. Esse esquema narrativo em que há bandidos grosseiros e um chefe de boa aparência volta em *Tesouro perdido* (1927), assim como os personagens cômicos que atenuam a tensão dos embates e as pontuações cômicas que retardam os idílios amorosos[145], elementos recorrentes na produção posterior de Mauro, que indicam já nesse filme algum domínio da narrativa e da construção do tempo na diegese – a tensão, o idílio, o elemento cômico –, ainda que os intertítulos abundantes de Enrique de Resende, o poeta simbolista consagrado na cidade, levem a pensar o contrário, uma vez que foram criticados por Adhemar Gonzaga, a quem Mauro conheceu em fevereiro de 1926 na redação da revista *Para Todos...* e que analisou o filme junto com o diretor duas semanas depois de sua estreia. A fotografia ficou a cargo de Pedro Comello[146], que também dirigiu as cenas em que Eva Nil aparecia: "Coisa estranha esse dia não fiquei acanhada no meio de tanta gente e fiz meu papel com algum desembraço. Também nessa cena fui dirigida exclusivamente por papai"[147].

Na primavera da vida foi exibido em 3 de março de 1926 no Cinema Recreio e foi bem recebido pela imprensa local. Foi um grande acontecimento, seja pela expectativa que o trabalho da Phebo despertou, seja porque todos que faziam parte do filme eram moradores da cidade. Até o comércio fechou mais cedo para que todos pudessem participar[148]. Fez carreira e bilheteria nas cidades vizinhas, suficiente para pagar os custos da realização e animar os produtores da Phebo, chegando até Belo Horizonte[149]. Houve também exibição privada no Rio de Janeiro para apresentar o filme a Adhemar Gonzaga e Pedro Lima, com quem Mauro vai aprender sobre o subentendimento – a qualidade narrativa estritamente cinematográfica que os jornalistas mais valorizavam. A partir desse momento, "Mauro se colocava voluntariamente na órbita de influência da *Cinearte* e de seus ideais de como apresentar o Brasil no cinema. Passa a fazer parte daquilo que Adhemar Gonzaga nomeava como a sua 'Campanha pelo Cinema Brasileiro'"[150].

Apesar do sucesso de Mauro, o filme seguinte cabia a Pedro Comello e seu *Os mistérios de São Matheus*.

A ação gira em torno do delegado da cidade de São Mateus, sua filha, um jovem detetive e um vilão forasteiro, chefe dos bandidos locais [...]. O delegado está às voltas com ações criminosas que não consegue solucionar. Enviado pela polícia chega disfarçado de professor de entomologia, o detetive galã que logo se interessa pela filha do delegado. O vilão [...] cobiça a mocinha, é repelido [...] mas uma ação dos bandidos foi tenebrosa: raptaram um garoto e assassinaram-lhe o pai. A jovem viúva e mãe enlouquece [...][151].

Como se pode ver pelo roteiro inacabado, trata-se de um filme mais simples do que *Três irmãos*, no entanto ainda cheio de personagens, diferentes núcleos dramáticos, locações e alguns elementos de *Na primavera da vida*. O roteiro inacabado transita pelo melodrama de sensação europeu; foi definido pelo diretor como um *cine-drama-policial*[152], no qual os filhos de Comello têm papel destacado: Eva fazia a mãe enlouquecida, e Ben, o garoto raptado. Como aconteceu com o projeto anterior do fotógrafo, certamente pela ansiedade e agora ascendência de Mauro sobre seus produtores depois do seu primeiro filme, *Mistérios* foi interrompido e *Tesouro perdido*, que já vinha sendo preparado, começa a ser rodado. Apesar disso, Comello segue na produtora. No entanto, essa interrupção e a obrigação de atuar no novo filme não ocorrerão sem consequências para Eva Nil, que, apesar da insistência do pai e de Humberto Mauro, recusa-se a trabalhar no filme. Em carta a Pedro Lima, ela dará várias razões – ganharia tanto quanto uma estreante, apesar de sua experiência; não gostou da história "muito desinteressante" nem do seu papel; e queria mudanças. Como Mauro não quis mudar nada, ela deixou o filme[153]. Conforme anotou na página 134 do livro *Humberto Mauro, Cataguases, Cinearte*, que ganhou de Paulo Emílio Sales Gomes em 1974, "Em *Tesouro Perdido* – havia uma cena em que teria que ser carregada por [espaço vazio] e eu não concordei, pedi para modificarem a cena no que não concordaram e deixei de tomar parte no filme"[154]. Sua saída contrariou o pai, que seguiu trabalhando com Mauro, dirigiu as cenas em que aparecia o filho Ben Nil e foi responsável pela revelação em seu laboratório. Dada a dificuldade de conseguir atrizes, Bebê Mauro, a esposa de Humberto Mauro, virá substituí-la. Será Lola Lys. O elenco será formado por parentes, pessoas da cidade, assim como pelo próprio Mauro, que fará o bandido medonho.

Tesouro perdido conta a história de Bráulio (Francisco Mauro, irmão do diretor) e seu irmão Pedrinho (Máximo Serrano), órfãos criados por Hilário (Antonio Almeida, sogro de Mauro), pai de Suzana (Lola Lys), sua namorada, em uma granja no Caparaó. Ao completar a maioridade, ele recebe de Hilário parte de um mapa de um tesouro que havia levado seu pai à loucura e à morte. O mapa é cobiçado por um bandido internacional, Dr. Litz (Alzir Arruda), e seu comparsa Manoel Faca (Humberto Mauro), que se apodera de um fragmento. Para conseguirem o restante do mapa, Litz e Faca raptam Suzana para forçar Bráulio a entregar a sua parte. No entanto, Pedrinho é quem corre para salvá-la. Ele mata Litz e enfrenta Manoel Faca em aguerrida luta. Salva Suzana e morre nos braços do irmão. Bráulio desiste do tesouro em nome do "amor de duas pessoas que se querem bem".

O filme, conforme o testemunho de Mauro a Paulo Emílio, inspirava-se em *David, o caçula* (1921), de Henry King, caro como modelo de enredo a Gonzaga, filme que assistiram juntos[155]. Todavia, se ali temos antes de tudo um drama com alguma ação, o filme de Mauro investe mais na aventura e nos elementos ainda importantes nos seriados e no *western*: um tesouro a encontrar, um mapa cortado ao meio, bandidos, uma cachoeira, o rapto da mocinha, perseguições e grandes cavalgadas, o resgate em lutas e muita fumaça. O enredo, como se pode ver pelo resumo, é intrincado. Apesar das dificuldades postas pela exposição de tantos personagens e acontecimentos, após o rapto de Suzana, o filme ganha agilidade e ritmo com a montagem paralela e um enquadramento mais fechado nos personagens em contenda, intercalados por cenas de cavalgadas e a situação de perigo na cabana onde está Suzana, a luta de Pedrinho contra os bandidos e o socorro que não chega. Certamente, as lições cinematográficas haviam sido bem assimiladas, a começar pelo subentendimento construído na cena de apresentação de Manoel Faca, quando Mauro repete literalmente o exemplo de Gonzaga, criticando o excesso de letreiros de seu filme anterior: em vez de anunciar o bandido medonho com um letreiro, ele maltrata um gato.

No entanto, há um elemento que chama a atenção: se o início do filme constrói o protagonismo de Bráulio – ele é o namorado da mocinha, o rapaz forte e bonito que aplica um corretivo no personagem de Litz, quando ainda não se sabe que é um fora da lei –, depois de uma investigação ele se apaga e Pedrinho, presente na ação, mas atuando como um coadjuvante, é quem toma o lugar mais ativo na trama. O personagem de Pedrinho se baseava no protagonista de *David, o caçula,* o jovem que na ausência do irmão mais velho, ferido por bandidos e paralítico, tem que assumir suas funções e mostrar à família e à cidade o seu amadurecimento. Tratava-se ali de afirmar, à americana, sua capacidade de enfrentar a vida e tornar-se dessa forma o protagonista. No filme de Mauro, o procedimento é distinto. Bráulio recebe do pai adotivo o fragmento do mapa, sonha com o tesouro, mas, no momento do rapto de Suzana, estava fora, caçando. A ação é deslocada para outro objetivo – a caça –, e como é detentor da força, Hilário espera por ele para que cumpra o papel a que está habilitado. Ao contrário do esperado, daquilo que a narrativa construiu sobre os personagens, Pedrinho é quem sai em socorro de Suzana. O que devia ser a salvação (e ao contrário do caráter afirmativo do filme americano) acaba, entretanto, em tragédia. O irmão mais jovem e sem os dotes físicos de Bruno cumpre a missão à custa de sua vida. Bráulio – o forte e que se desenhava como mocinho, protagonista e herói – chega à cabana quando a luta já havia terminado. A ele só resta cuidar do irmão à morte. Não há onde nem como aplicar a força que exibiu ao longo do filme. Diante desse desenlace, tão distinto em relação ao filme de base e ao próprio desenvolvimento dado ao protagonista, pode-se indagar o porquê do apagamento do herói, tratamento dramático tão contraditório com a própria ação do filme.

Paulo Emílio Sales Gomes já havia observado que surgia na adaptação de Mauro um *inocente sacrificado*. Esse "deslizamento do herói", conforme definiu Luciana Araújo em seu artigo sobre a adaptação de modelos narrativos americanos em filmes brasileiros desse período, o "recuo do herói" transformado em "protagonista passivo", é procedimento que responde na dramaturgia – segundo sua análise – à nossa formação social escravocrata, em que o herói se separa do protagonista, pois é o outro que realmente executa a ação salvadora que caberia a ele. Nesses filmes, o herói converte-se ou apresenta-se antes como senhor – alguém acima das necessidades de protagonismo e de ação –, para provar seu lugar no mundo, eixo fundamental dos filmes americanos. Dessa forma, é "natural" que outro tome o seu lugar[156].

Apesar de concordar com os argumentos de Araújo, acredito também que nos filmes de Humberto Mauro, a partir do momento em que Máximo Serrano passa a atuar, o "inocente sacrificado" torna-se recorrente em suas tramas e concorre, com sua natureza tímida e, ao longo dos filmes posteriores, mais sofrida, com a positividade dos protagonistas, como veremos claramente em *Braza dormida*, o próximo filme do diretor. É como se Mauro afirmasse por meio desse personagem a potência do oprimido, uma força que se manifesta de outra maneira e que embute, ao mesmo tempo, uma crítica, uma subversão sua ao modelo narrativo estabelecido, que coloca como centrais o vilão e o herói, o bem e o mal, deixando de lado outras forças em jogo que ele sabe estarem também ativas nas tramas como na vida.

Mauro se acomoda mal à convenção que divide o mundo entre bons e maus, herói e vilões e busca solapá-la pela introdução desse "herói auxiliar", que dilapida o papel do "herói suposto". Assim, como veremos em *Braza dormida* (1928), Máximo é constantemente humilhado pelo vilão, mas resiste com dignidade, e a ação entre eles é tão investida cenicamente por Mauro que chega a criar um outro foco dramático que concorre com as contendas entre o vilão e o mocinho. Nos filmes posteriores, a dualidade entre bem e mal vai dando lugar a triângulos amorosos nos quais Máximo, e outros personagens que vêm ocupar esse lugar, tem que abrir mão do seu desejo – por vezes com o sacrifício da própria vida – para que o desejo do outro se realize, como ocorre em *Sangue mineiro* (1929), *Ganga bruta* (1933), *Argila* (1940) e *Canto da saudade* (1952). Em *Sangue mineiro* (1929), por exemplo, o personagem de Máximo tem que se sacrificar e abrir mão do seu desejo para que o primo Cristóvão e a mocinha Carmen sejam felizes, conforme veremos mais adiante. Esse afastamento da convenção se consolida em *Ganga bruta* (1933), no qual é central o sacrifício de Décio (Décio Murillo) – não mais interpretado por Máximo Serrano –, o amigo indispensável para que o engenheiro Marcos (Durval Bellini) se liberte do passado e chegue à realização do seu desejo. Aí já não existem bons e maus, apenas o desejo e o que se opõe à sua satisfação.

Por fim, em *Tesouro perdido* é importante observar a presença de uma cena que – mimetizando uma construção cômica de aparente origem americana – traz à tona o recorrente e então habitual racismo em relação ao negro, impregnado na sociedade e na cultura brasileira. Em uma das cenas iniciais do filme, crianças estão brincando. Há um corte, e vemos em primeiro plano um sapo com um cigarro na boca. No plano seguinte, em um enquadramento semelhante, um menino negro está fumando, sugerindo uma comparação pejorativa entre o menino e o sapo. Mauro reproduz com a inserção dessa cena, entendida então como "cômica", a naturalização dos preconceitos em relação aos negros, que pode, inclusive, nesse caso, ter inspiração no cinema americano, mas é reiterada à brasileira, pelo diretor. Nesse sentido, é relevante a crítica de *Verde*[157], a revista modernista de Cataguases, que estava se conectando aos principais escritores nacionais e internacionais do período. A crítica de Rosário Fusco observa que o filme é muito bom, é brasileiro e completa orgulhosamente:

> [...] O sr. Humberto com esse filme cataguasense-brasileiro-mineiro retratou quase fielmente as coisas de nossa terra. Já é atuar pela brasilidade! (coisa raríssima entre os brasileiros!) Aquela cena do sapo e das garruchinhas, por exemplo, tá boa pra burro! Aquele negro tá gozadíssimo! E outras coisas mais que só a gente assistindo a fita mesmo. E' a primeira fita nacional! Fita genuinamente cataguasense-brasileira-mineira. O sr. Humberto Mauro tá de parabéns![158]

O filme estreou em 13 de agosto de 1927, no Cine Recreio, e agradou também aos críticos da *Cinearte*, que viam em Mauro não só um diretor que seguia as boas regras de um filme à americana, mas também as cores locais, além de trabalhar com uma produtora respeitável, que seguia realizando filmes brasileiros, motivos de elogio e da outorga ao diretor do Medalhão Cinearte pelo melhor filme de 1927, prêmio entregue pelos jornalistas cariocas em 1928 em visita e evento triunfal em Cataguases. Mauro necessitava desse reconhecimento para continuar a receber o financiamento para seu próximo filme.

SENHORITA AGORA MESMO

Depois de trabalhar na fotografia e atuar em *Tesouro perdido*, Pedro Comello se desliga da Phebo em 1927 e abre a Atlas Film, onde fará com a filha, Eva Nil, *Senhorita agora mesmo*, o seu único filme concluído, baseado nos seriados que tinham mulheres como protagonistas de cenas de perigo, como *The Perils of Pauline* ou *The Hazards of Helen* – os *serial queens* em grande voga nos anos 1910, não só nos Estados Unidos. O filme, que tem uma duração reduzida, servindo de complemento de programa, como eram então os seriados, conta a história de Lili [Eva Nil], que

> [...] administra a fazenda onde vive com a mãe, D. Maria, e um irmão menor. [...]. É corajosa, enérgica e adquiriu o hábito de nunca deixar para amanhã o que se pode fazer hoje. Daí ter ficado conhecida na região como a Srta. Agora Mesmo. Nas cenas de trabalho ou luta ela está vestida como *cow girl*, lenço de seda ao pescoço, cabelo crespo alvoroçado, enorme revólver. [...]. Causava-lhe enfado o "afeto todo particular" de Mario Santos. Na ocasião em que dois forasteiros inquietantes se apresentam na fazenda, tranquilamente Lili domina a situação [...]. As posições, porém se alteram e Lili fica "numa situação terrivelmente perigosa". [...] O vilão tenta violentá-la. [...]. O mocinho cumpre, num último instante, a missão de salvar a heroína. [...]. Num epílogo à beira-mar ela finalmente aceita o amor de Mário[159].

Esse enredo, um veículo para o protagonismo de Eva Nil como uma mulher decidida e forte que enfrenta bandidos, realizado em 1927, já é percebido como um gênero tardio. Além disso, fugia inteiramente da *persona* delicada que a atriz havia criado junto com o pai nas fotos veiculadas em revistas como *Para Todos...*, *Cinearte*, *Selecta* e jornais por meio dos quais ela vai sendo conhecida mesmo que seus filmes ainda não tivessem alcançado público fora de Cataguases e proximidades[160]. Eva tem grande dificuldade em conseguir exibição fora de Cataguases e cidades vizinhas, o que consegue por alguns dias no Rio de Janeiro, no Cine Glória. Em carta a Pedro Lima, queixa-se disso, da falta de artigos, das críticas negativas do jornal em Cataguases e do silêncio da revista *Verde*, que, ao contrário disso, acompanhava com entusiasmo a carreira de Humberto Mauro. Acreditava que todos os seus dissabores se deviam a ele[161].

A *persona* bela e frágil que construiu pelas fotos do estúdio de seu pai, que ficou conhecida inclusive fora do Brasil, combina com o pequeno, mas significativo, papel que teve em *Barro humano* (1928), filme de sucesso exibido inclusive em Buenos Aires, paradigma do ideário cinematográfico de Adhemar Gonzaga, seu diretor, e dos jornalistas da *Cinearte*. É um melodrama sobre as dificuldades de

Vera (Gracia Morena), que, com a morte do pai, precisa trabalhar. Conhece Mário (Carlos Modesto), um rapaz rico e bonito, que a seduz e a abandona. Mas ele percebe o seu erro, e a moça salva-se pelo amor e o casamento. Eva fazia o papel da "pobre Diva, sua irmãzinha de criação [irmã de Mário], que o amava secretamente"[162], e não era correspondida. Foi sua última atuação no cinema. Pedro Comello dirige ainda o documentário *50 anos de Cataguases* (1927).

ROMPENDO O ESQUEMA REGIONAL

Definitivamente separado de Pedro Comello, próximo e sensível às ideias e à liderança que Adhemar Gonzaga exercia sobre ele, Humberto Mauro se divide entre o círculo local e a capital federal. Seu objetivo era "profissionalizar" mais o seu trabalho, isto é, os familiares deixam de atuar como protagonistas, que agora são escolhidos no Rio de Janeiro, com a ajuda de Gonzaga e Pedro Lima, embora os outros papéis continuem sendo interpretados por pessoas da cidade. Máximo Serrano será novamente um coadjuvante de destaque, assim como Pedro Fantol, um agrônomo de origem holandesa que inspira o personagem do vilão truculento, cujas ações em *Braza dormida* concorrem em importância com a trama amorosa. Uma das razões dessa concorrência foi a escolha um tanto afoita do diretor pela mocinha no Rio de Janeiro. Nas filmagens, sua boca um pouco torta contrariava as normas de fotogenia de então, limitando sua atuação. São inúmeras as cenas em que Nita Ney aparece de chapéu escondendo boa parte do rosto e sendo filmada sempre de um ângulo só, o que exigiu de Mauro e de Edgar Brasil, o fotógrafo amador que Haroldo Mauro, irmão do diretor, trouxe da sua repartição pública do Rio de Janeiro, muitos estratagemas. Luís Soroa, o mocinho também escolhido no Rio, tinha alguma semelhança com o galã americano Rodolfo Valentino.

Dessa profissionalização fazia parte ainda – conforme os conselhos de Adhemar Gonzaga – eliminar marcas regionais, tornar o filme mais cosmopolita, com personagens e um universo social mais elevado, de forma a atrair plateias mais amplas, o que almejavam também os investidores da Phebo. Por conta disso, a ação se divide entre o Rio de Janeiro e o "interior" – assim denominado –, onde havia uma grande e dinâmica usina de açúcar e se passa parte consistente do enredo. Outra medida foi entregar a revelação ao laboratório de Paulo Benedetti. Para contornar as dificuldades crônicas de exibição, a distribuição foi confiada à Universal Pictures do Brasil, estratégia que só havia sido tentada antes por Vittorio Capellaro, com o seu *O guarany* (1926), com a Paramount Pictures. Era uma grande aposta que teria também consequências sobre o filme. Como resultado de todas essas mudanças, o filme, rodado entre janeiro e junho de 1928, estreou em 4 de março de 1929 no Rio de Janeiro, e não mais em Cataguases.

Braza dormida narra o romance entre Luís Soares (Luís Soroa), gerente de uma usina de açúcar, e Anita (Nita Ney), a filha do usineiro Carlos Silva (Côrte Real). Luís substitui Pedro Bento (Pedro Fantol), homem violento e sem escrúpulos, que, tendo sido demitido da usina, continua a exercer sua brutalidade sobre o enteado (Máximo Serrano) e o colega (Rosendo Franco), um bêbado covarde, e faz de tudo para atrapalhar o romance do substituto. Soares, inicialmente um "estroina", que gasta os seus últimos centavos em uma corrida de cavalos, converte-se no interior em operoso trabalhador[164].

Em *Braza dormida*, Humberto Mauro chegou a uma realização madura e original, sendo capaz de criar um melodrama ainda marcado pela dualidade herói/mocinho, mas também pela oposição entre o "herói auxiliar" e o vilão, que se constrói cenicamente pelas oscilações entre luz e sombra. Na luz, estão as paisagens naturais e bucólicas por onde transita o homem, a mulher, o enamoramento, e o desejo explorando a riqueza da paisagem e dos contrastes desenhados pela luz na vegetação. As árvores e flores tornam-se elementos dramáticos e enquadram as cenas de idílio, sugerindo a sensualidade tão característica das imagens de Mauro. Na composição dessas cenas, entram ainda a música: uma vitrola que o casal escuta, um piano – o instrumento de Anita –, o violino de Luís e, por fim, o violão de Máximo, que serve para uma serenata, mas também como alvo do sadismo de Bento.

Na sombra, e sempre no interior da cabana onde vivem os empregados, estão a agressão e a crueldade de Bento em relação a seu enteado. São cenas de grande truculência do vilão interpretado por Fantol, como aquela em que sacode violentamente os cabelos de Máximo até que se desfaçam numa grande carapinha, ou quando pisa sobre o violão, não sem antes bater com violência no enteado, que, no entanto, resiste e esconde do amigo Luís os ataques que sofreu. A violência contra Máximo é muito elaborada e filmada com apuro usando *travellings* em direção ao rosto do vilão e iluminação sombreada, que reforça a ameaça e confere um caráter original a tais vilanias. Subsidiariamente, outros ataques, como cartas anônimas, atingirão também o jovem gerente, prejudicando o romance, que é interrompido pelo pai da mocinha. Mas ao final, caberá a Luís – o antigo almofadinha perdulário da cidade – vencer no "interior" o malvado, quando este tenta dinamitar parte da usina de açúcar. Na luta, Bento cai no temível tanque de melado fervente e tem ali morte exemplar. Dessa forma, liberta-se também o obstinado Máximo. O casal que estava separado – não apenas pela ofensiva do vilão, mas sobretudo pelas desconfianças do pai de Anita sobre a ascendência do jovem – pode se unir, afinal ele é filho de velho amigo seu. Aspirações à modernidade à parte, tradições e boa família ainda prevalecem sobre o esforço e o mérito na sociedade brasileira, mesmo sob a influência da *Cinearte* e do cinema americano.

LANÇAMENTO E REPERCUSSÕES

Tentando assegurar ao filme uma chancela cultural elevada para atrair mais público, Al Szeckler, o responsável pela Universal no Brasil, encarregada da distribuição do filme, sugere a Humberto Mauro substituir os seus letreiros pelos de um escritor consagrado. Coelho Neto declinou do convite, e Catulo da Paixão Cearense não aceitou o pagamento irrisório proposto pela grande companhia americana, que acabou utilizando o seu "legendista", Sylvio Figueiredo. O resultado, segundo Mauro, foi catastrófico. Os letreiros eram imensos, parnasianos e faziam graça onde não havia. A versão que se conhece hoje é a do diretor. No entanto, apesar dessa preocupação inicial, o investimento no lançamento do filme limitou-se a anúncios pagos, notas à imprensa e à edição de cartazes. Nita Ney pagou o material fotográfico para as portas dos cinemas. Malgrado as deficiências, o trabalho junto à imprensa, cartazes, era um diferencial no lançamento de filmes brasileiros realizados até então, em geral, com poucos recursos – os custos para conseguir uma sala de cinema eram altíssimos – e uma cópia só para exibição. Como a Universal distribuiu o filme, até mesmo *Cena Muda*, revista refratária ao cinema brasileiro, anunciou a estreia de *Braza dormida* e deu capa com a atriz principal. O filme da produtora de Cataguases foi lançado no Pathé Palace no Quarteirão Serrador, lugar de prestígio na capital federal.

Depois de uma semana na Cinelândia carioca, foi exibido no circuito da Universal, abrangendo vários bairros; chegou a São Paulo um mês depois e estreou no República, outra sala importante, percorrendo mais 18 salas dos bairros da cidade[165]. Chegou a Belo Horizonte em maio, e só em junho, quando foi para o interior de Minas, chegou a Cataguases. Foi exibido ainda em Porto Alegre e Curitiba. Conseguiu boa bilheteria e habilitou Mauro a continuar seus projetos na Phebo.

As críticas ao filme nas capitais como Rio de Janeiro e São Paulo foram, em geral, negativas, salvo algumas exceções, como o entusiasmado Octávio Gabus Mendes, em sua coluna "De São Paulo", em *Cinearte*, ou Octávio de Faria, em "O Fã", no Rio de Janeiro, que foram capazes de valorizar os aspectos cinematográficos para além dos cenários ou dos atores. Adhemar Gonzaga e Pedro Lima afirmam que Mauro é uma promessa, pois o que mostrou era ainda modesto. Outros apreciam o "magnífico vilão" e Máximo Serrano, evidenciando como esse par dramático se sobressaiu sobre o par amoroso característico do melodrama. À maioria dos analistas, porém, desgostam muito os aspectos característicos do interior, que julgam dar ao filme uma aparência pobre. Isso é percebido no baile em que se celebra o aniversário de Anita, que, embora ambientado no Rio de Janeiro, foi filmado no Estúdio da Phebo em Cataguases, com figurantes locais, cena que, apesar dos esforços de Mauro, não deixou de carregar um ar provinciano. Se isso incomodou muito Adhemar Gonzaga, que vai apontar esse como um defeito significativo a ser corrigido no próximo filme, ele foi rejeitado com veemência por Paulo Duarte d'*O Estado de S. Paulo*: "O 'palacete luxuoso' não tem luxo algum e é de um rastaquerismo bravo". Luís (Luís Soroa) "Mostrou-se de um mau gosto de malabarista e acrobata de circo, ao trazer no pulso uma deselegantíssima munhequeira de couro"[166].

Essas várias informações sobre a produção e a recepção do filme indicam, por um lado, o empenho de tirar dele seus aspectos locais e tudo aquilo que de local empobreceria a produção – atores e técnicos amadores, revelação incipiente, afastando o filme daquilo que se entende por "cinema regional". A ele se acrescentaram paisagens da capital federal e parte da diegese, e, sobretudo, o lançamento profissional que deixa de se fazer na cidade da produtora. Contudo, apesar do relativo afastamento de Cataguases, para o olhar dos críticos das capitais o filme ainda não é depurado o bastante das marcas do interior. Não obstante e contraditoriamente aos projetos urbanos e de modernidade de uma elite letrada da qual faziam parte os críticos, a bilheteria de *Braza dormida* não foi ruim, o que indica que o público de vários estados entre Porto Alegre e Minas Gerais, onde o filme foi exibido, teve ao menos curiosidade de ver essas imagens tão raras nas salas de cinema brasileiras. Além disso, esse era efetivamente um momento em que, com a entrada dos filmes sonoros sem legendas, o público abandonava as salas. *Braza dormida* pode ter atraído parte desse público frustrado com a necessidade – como apontava Octávio Gabus Mendes – de recorrer aos dicionários!

Apesar da evidência das bilheterias, o próximo filme será ainda mais depurado dos traços da província, o que se poderá ver em *Sangue mineiro* (1929), no qual a tradição mineira, o conservadorismo e a brasilidade têm que rimar com modernidade. Esse filme é uma acrobacia de Mauro em torno desses polos antitéticos.

O *FOX-TROT* DA POVOAÇÃO

Enquanto preparava o lançamento de *Braza dormida*, em novembro de 1928, e corria atrás de subsídios do governo de Minas para a Phebo, utilizando-se de relações de seus produtores Homero Cortes e Agenor Cortes de Barros com o governador mineiro Antonio Carlos, Humberto Mauro filma *Sinfonia de Cataguases*, documentário de encomenda do prefeito sobre a cidade, a ser apresentado na visita oficial do governador. O filme se baseou em *Berlim: sinfonia da metrópole* (1927), conforme comentou o diretor com Adhemar Gonzaga[167]. Guilhermino César, que assistiu ao filme, contou que *Fox-trot da povoação*, título sugerido por Mauro, foi vetado pelo prefeito: "não quer mostrar uma cidade rica, mas o que é uma cidade pobre. As cenas naturais de rua, de gente, de figuras, o pobre mercado local, a estação da estrada de ferro, a chegada do trem do Rio de Janeiro, o jornaleiro. [...]. Quer dizer, ele começa a criar de fato o chamado realismo no cinema brasileiro"[168].

A lembrança do poeta indica que Mauro foi fiel ao espírito do filme de Walter Ruttman e, sobretudo, fugiu da reportagem convencional realizada para ser exibida "para autoridades". No entanto, apesar do empenho, a prefeitura não pagou pela encomenda[169].

SANGUE MINEIRO

Com a repercussão positiva de *Braza dormida* e o retraimento temporário do público em relação ao cinema sonoro mais presente nas salas de cinema, o diretor e o amigo carioca acreditam que a hora do cinema brasileiro havia chegado. Na correspondência entre os dois, o entusiasmo é grande, especialmente de Adhemar Gonzaga, para quem o público vai pedir "filmes em brasileiro". Em vista disso e do sucesso de *Barro humano* (1929), filme que dirigiu com o grupo de jornalistas da *Cinearte* e que chegou a ser exibido na Argentina[170], ele vai construir em 1930 o seu Cinearte Studio, a futura Cinédia. Humberto Mauro, por seu lado, aproveitando a proximidade das eleições presidenciais, em que Antônio Carlos seria candidato, tenta conseguir, por intermédio dos seus produtores, a subvenção para a Phebo que havia sido aventada pelo governador em seu discurso quando visitou os estúdios da produtora em 1928.

Por conta dessa expectativa, o filme é repleto de alusões a Minas. No entanto, a tradição mineira devia conviver com a modernidade que o momento apregoava. Dessa forma, das tradições encarregaram-se os pais severos, especialmente Sampaio, interpretado por Fantol, proprietário de uma "austera" residência mineira, e Dona Marta, proprietária de uma *cottage* em Acaba Mundo, ambos em Belo Horizonte e arredores. Há festas de São João no solar de Belo Horizonte, porém é um baile elegante; em Acaba Mundo, a festa nem sequer acontece, banida da imagem. Para a ocasião, Dona Marta usa um vestido de noite preto. A casa tradicional de Sampaio usou como locação o Solar Monjope, a residência neocolonial de José Mariano Filho construída nos anos 1920, no Rio de Janeiro. Assim, e reforçado pelos letreiros, o filme que se inicia cheio de altos louvores à nacionalidade e à mineiridade, logo vai perdendo essas preocupações apenas epidérmicas – preenchidas esporadicamente por falas dos mais velhos –, para dar lugar à trama central, na qual tradição e modernidade vão se opor e se harmonizar nos triângulos amorosos.

Segundo Adhemar Gonzaga, com quem Mauro se aconselhava, o filme deveria ainda ser leve, divertido, sensual e ter bastante mocidade[171]. No entanto, havia ainda outras demandas a contentar. A atriz e também produtora do filme, Carmen Santos, era a protagonista feminina no destacado papel da mocinha rejeitada, órfã desamparada que passa à jovem cobiçada por dois primos. Carmen também tinha aspirações sobre o cinema brasileiro e a brasilidade[172]. À sua maneira, Mauro vai procurar levar todas essas propostas adiante. As filmagens se iniciaram em março de 1929 e, no fim de julho do mesmo ano, o filme era apresentado pela primeira vez em Cataguases[173].

Sangue mineiro conta a história de Carmen (Carmen Santos), filha adotiva de Sampaio (Pedro Fantol), irmã de Neuza (Nita Ney), a filha legítima. Carmen namora Roberto (Luís Soroa), e juntos passeiam pela chácara de Acaba Mundo, onde vivem Marta Tavares (Augusta Leal) e seu filho Máximo (Máximo Serrano). Ali passa férias o sobrinho carioca Cristóvão (Maury Bueno). Na festa que comemora a chegada de Neuza do colégio interno, Roberto a corteja e despreza Carmen. Esta, magoada, foge, tenta afogar-se e é salva por Cristóvão, sendo acolhida por Dona Marta em Acaba Mundo. Lá, a jovem desperta o interesse dos dois primos. O desaparecimento da filha adotiva, porém, contraria o industrial e deixa a irmã culpada. Carmen, disputada pelos primos, acaba se casando com Cristóvão, mas deixa saudades em Max.

A partir de *Sangue mineiro*, o melodrama caracterizará a obra ficcional de Mauro até *Canto da saudade* (1950). Nesse filme, o centro da ação é preenchido pelas tensões e desencontros dos triângulos amorosos que vão se formando; de início, entre Carmen (a filha adotiva), Roberto (seu namorado), e Neuza (sua irmã). Magoada, é salva por Cristóvão, sendo acolhida por Dona Marta em Acaba Mundo. Seus primos vão disputar o seu amor em novo triângulo amoroso marcado pelos polos da tradição – representada por Carmen e Max, respeitosos aos pais, à sua educação e valores – e da modernidade, representada por Neuza, educada à americana, e pelo carioca Cristóvão, que subverte o caráter respeitoso e a obediência do primo à mãe, com seus tradicionais valores mineiros. No entanto, as malandragens do carioca dão ao personagem um ar leviano e desrespeitoso que vão mudando conforme se enamora de Carmen. Acaba Mundo e o amor transforma-o no homem compenetrado que deverá ser quando de lá partir.

Máximo Serrano, como Max, está fadado desde o início à renúncia e à resignação. A mãe o reprova por deixar suas obrigações para acompanhar o primo em suas diversões. Apaixonado por Carmen, é preterido e, ao final, além da tristeza e de ter perdido o seu amor, a mãe pede-lhe que agradeça ao primo por pagar a hipoteca que ameaçava a chácara. Como Mauro é inimigo dos finais românticos, a última imagem é de Carmen no Rio de Janeiro, casada com Cristóvão, e, no entanto, saudosa do Acaba Mundo. O filme encerra com o seu rosto em primeiríssimo plano carregando essa ambiguidade. Entrelaçando a ação em Acaba Mundo, gravita com importância reduzida a casa de Sampaio e Neuza. Há, então, chance para explorar a arquitetura rebuscada do Solar Monjope, realçada em cenas dramáticas entre o pai soturno, mas ao final afetuoso, e a sua filha insensata – fruto da moderna educação à americana, conforme esclarecem os letreiros – e apaixonada por Roberto, outro desatinado, com quem se casa.

Tentando construir personagens jovens e modernos, o resultado foi, em geral, atribuir-lhes uma imagem de ousadia e irresponsabilidade – o beijo roubado de Cristóvão; Neuza, que rouba o namorado da irmã; Roberto, que corre irrefletidamente e bate o carro. Enquanto isso, Carmen e Máximo estão mais próximos dos pais e respeitosos dos seus valores, ainda que nos escape o motivo que impede Carmen de voltar ao seu antigo lar – seria, conforme diz, uma humilhação. Eles são também mais ponderados e sofridos. Ao final, são os personagens positivos da trama, exatamente por seu sofrimento.

Mauro equilibrou-se, como se pode ver, entre as várias demandas que seu filme deveria cumprir. Seguiu a agenda ditada por Gonzaga, mas à sua maneira: modernidade e juventude ficaram próximas da ousadia e do desatino. A tradição foi expressa pelas demonstrações de autoridade dos pais. Além disso, ressalta na imagem a preocupação com o acabamento – ainda tão criticado em *Braza dormida* –, o que redunda em afetação nos cenários e em um guarda-roupa cuidado demais: dos vestidos de baile das moças aos jaquetões de Cristóvão ou à roupa das caçadas, decorativos e excessivos em relação à própria trama, e certamente aos padrões do cinema brasileiro, só rivalizando, provavelmente, com *Barro humano* de Gonzaga.

Por outro lado, o diretor não deixa de explorar os encontros amorosos, beijos, abraços, pernas e a sensualidade de que tanto gosta, com Nita Ney e Luís Soroa, especialmente com Carmen Santos, também sua produtora, cuja atuação é marcada pela melancolia da órfã desamparada com seus olhares lânguidos, seus apelos aos céus diante do sofrimento que experimenta, tão característicos do melodrama silencioso, mas já em desuso na passagem para o sonoro, presente em muitas salas em São Paulo e no Rio de Janeiro.

Segundo Mineiro, o filme foi distribuído pela Urânia, empresa ligada à UFA alemã, pois nenhuma distribuidora americana se entusiasmou com o filme. A estreia voltou a se dar em Cataguases, em fins de julho de 1929[174], e o filme chega ao Rio de Janeiro em 27 de janeiro de 1930 no Cine Rialto. Foi exibido ainda em São Paulo, em março de 1930, no Pedro II. Chegou também a Curitiba e Belo Horizonte, mas com poucas exibições e sem distinção na crítica. O lançamento reduzido, apesar do alto investimento, que não obtém retorno, como acontecia costumeiramente com a maioria dos filmes brasileiros – *Braza dormida* foi uma honrosa exceção –, torna a situação de Mauro na Phebo insustentável. Ele aceita o convite de Adhemar Gonzaga para dirigir *Lábios sem beijos* (1930), primeiro filme do seu estúdio, e lá fica até 1933, quando dirige *Voz do Carnaval* e *Ganga bruta*, fazendo também a fotografia de *Mulher* (1931), filme do crítico paulista Octávio Gabus Mendes. Encerrava-se com a vinda de Mauro para o Rio de Janeiro, onde seguiria sua carreira até a aposentadoria, o cinema silencioso em Cataguases.

Humberto Mauro continua fazendo posados, mas depois de realizar seu maior sucesso de público, o musical *Favela dos meus amores* (1935), e *Cidade mulher* (1936)

– esse último com músicas de Noel Rosa[175], na Brasil Vita Filmes de Carmen Santos, com quem passa a trabalhar –, com a produção de filmes longa-metragem nacionais em crise e sob o influxo do decreto nº 21.240, de 1932, que incentivava a produção de filmes educativos, passa aos documentários, que vão marcar definitivamente sua carreira no Instituto Nacional de Cinema Educativo e fora dele. Durante esse período, dirige ainda o docudrama *O Descobrimento do Brasil* (1937), com produção do Instituto do Cacau da Bahia e apoio do INCE, voltando às ficções com *Argila* (1940), tendo produção de Carmen Santos e apoio do INCE, que será também fundamental quando produz de forma independente seu último longa-metragem, *Canto da saudade* (1950), no momento em que cria o Estúdio Rancho Alegre em Volta Grande, sua cidade natal.

O panorama que procuramos aqui desenvolver permitiu observar uma produção silenciosa expressiva em Minas Gerais. Sem um único centro dominante, as produções não se limitaram à nova capital, mas se desenvolveram também em cidades marcadas por dinamismo econômico e cultural, como parecia acontecer então com Cataguases, o polo cinematográfico mineiro mais conhecido em decorrência do protagonismo de Humberto Mauro. No entanto, as experiências foram diversificadas – principalmente aquelas baseadas na reportagem e no documentário – e persistiram no sonoro, ainda que, em grande medida, dependentes de encomendas, sobretudo oficiais. A produção ficcional também carente de financiamento, ao contrário do que se viu em Recife no mesmo período, não se deu em conjunção com a produção de reportagens. Baseou-se em aportes de capitais locais e, como exemplo praticamente inédito nesse período, um grupo regional de exibição financiou filmes posados. Os altos custos e a ausência de distribuição de filmes ficcionais brasileiros foram entraves para todos aqueles que se aventuraram para além das reportagens, ainda que os posados regionais despertassem a curiosidade e empatia momentânea do público. Nesses filmes, observou-se também de que forma os diferentes gêneros e influências dos cinemas hegemônicos que persistiam nas telas de cidades distantes dos grandes centros se expressaram e aclimataram em formas de realização artesanais, cenários, temáticas e preconceitos “autenticamente nacionais”.

NOTAS

1 Veruschka Sales Azevedo, *Cinema e sociabilidade nas cidades do café: Franca e Ribeirão Preto (1890–1930)*, 313 f., tese (doutorado em História), Pontifícia Universidade Católica, São Paulo: 2016.

2 Paulo Emílio Sales Gomes refere-se a esse momento como o "berço esplêndido" e o "ritual do poder". Tem-se aí os filmes documentais genericamente chamados então de "naturais" e reportagens de culto das belezas naturais do país, com imagens de autoridades políticas. Cf. Paulo Emílio Sales Gomes, "A expressão social dos filmes documentais no cinema mudo brasileiro (1898-1930)", em: Carlos Augusto Calil e Maria Teresa Machado (orgs.), *Paulo Emílio: um intelectual na linha de frente*, São Paulo: Brasiliense, 1986.

3 Essas obras foram preservadas pelo diretor e mantidas pelas filhas e pela Universidade Federal de Minas Gerais (UFMG) desde 1970, sendo em parte acessíveis (cf. Banco de Conteúdos Culturais, disponível em: <http://www.bcc.org.br/filmes/silenciosos>, acesso em: fev. 2016. Os filmes devem ser procurados por data, pois a busca não ocorre pela autoria). Ao contrário disso, e com raras exceções, muitas das obras dos outros realizadores – inclusive de ficção – se perderam ou foram destruídas pelos herdeiros para retirar do material fílmico a prata, o que consideravam haver de mais valioso para se apurar desses trabalhos! Em alguns casos, distribuidores desonestos, incêndios ou inundações também contribuíram para o desaparecimento de parte significativa desses materiais.

4 Foram realizados levantamentos, filmografias, biografias de pioneiros e preservação de materiais fílmicos que prosseguiram no projeto Filmoteca Mineira nos anos 2000 na UFMG. Além do trabalho de Paulo Emílio Sales Gomes, *Humberto Mauro e Cataguases*, as pesquisas de Márcio da Rocha Galdino e Paulo Augusto Gomes são também fundamentais. O projeto Minas é Cinema, criado em 2015 pelo Instituto de Artes e Design da Universidade Federal de Juiz de Fora (UFJF) vem se somar aos esforços de resgate da documentação sobre o cinema mineiro (cf. http://www.ufjf.br/minasecinema/>, acesso em: nov. 2017).

5 *Jornal Minas Gerais*, 12 jun. 1898, *apud* Paulo Augusto Gomes, *Pioneiros do cinema em Minas Gerais*, Belo Horizonte: Crisálida, 2008, p. 21.

6 Paulo Augusto Gomes, *op. cit.*, p. 72.

7 Cf. Filmografia da Cinemateca Brasileira, conforme *Cronologia cinematográfica brasileira 1898-1930*, Rio de Janeiro: Cinemateca, 1979, estabelecida por Cosme Alves Neto e dados de Alex Viany (sem discriminação de suas fontes originais). Cf. Filmografia da Cinemateca Brasileira, disponível em: <https://goo.gl/W3aJWo>, acesso em: nov. 2016.

8 O *Minas Gerais*, 10 jul. 1908, *apud* Paulo Augusto Gomes, *op. cit.*, p. 23.

9 *Ibidem*.

10 Cf. Filmografia da Cinemateca Brasileira, disponível em: <https://goo.gl/Q5xDep>, acesso em: nov. 2016. Cf. ainda Otávio Melo Alvarenga, "Aristides Junqueira, pioneiro do documentário", *Revista de Cinema*, Belo Horizonte: 1957, n. 24, p. 15.

11 Raimundo F. Souza, "Acre: tratados e limites – II", *Jornal da Universidade Federal do Acre*, 29 nov. 2001, disponível em: <https://goo.gl/C1W6qs>, acesso em: nov. 2016.

12 Cf. trecho do filme disponível em: <https://goo.gl/yRJqma>, acesso em: nov. 2016.

13 José Gonçalves Souza, Secretário da Agricultura, ofício, 28 nov. 1910, *apud* Márcio da Rocha Galdino, *Minas Gerais: ensaio de filmografia*, Belo Horizonte: Comunicação, 1983, p. 78.

14 Anna Raquel de Matos Castro e Nelson Sanjad, "Comércio, política e ciência nas exposições internacionais: o Brasil em Turim, 1911", parte 1, *Varia história*, Belo Horizonte: set.-dez. 2015, n. 57, v. 31, disponível em: <https://goo.gl/eeRcCQ>, acesso em: nov. 2016.

15 *Ibidem*.

16 Alexandre Pimenta Marques, *O registro inicial do documentário mineiro: Igino Bonfioli e Aristides Junqueira*, 222 f., dissertação (mestrado em Artes Visuais), Universidade Federal de Minas Gerais, Belo Horizonte: Escola de Belas Artes, 2007, p. 167.

17 Cf. "Um pioneiro do cinema nacional", *O Diário de Minas*, Belo Horizonte: 27 maio 1955, s. p., disponível também na Hemeroteca Cinemateca Brasileira (P754/1).

18 Paulo Alvarenga Junqueira, depoimento a Paulo Augusto Gomes, *op. cit.*, p. 33.

19 Cf. "Um pioneiro do cinema nacional", *O Diário de Minas*, Belo Horizonte: 27 maio 1955, s. p, disponível na Hemeroteca Cinemateca Brasileira (P754/1). Fernão Pessoa Ramos fala em *Minas Gerais I e II*, o que pode explicar a extensa metragem, sobretudo para a época (em *Enciclopédia do Cinema Brasileiro*, São Paulo: Senac, 2012, p. 223).

20 *Jornal de Cataguazes*, Cataguazes: 5 jun. 1910, p. 1, disponível em: <https://goo.gl/8UCWiA>, acesso em: nov. 2016.

21 Márcio da Rocha Galdino, *Minas Gerais: ensaio de filmografia*, *op. cit.*, p. 78 (anúncio original em italiano).

22 "Um pioneiro do cinema nacional", *O Diário de Minas*, Belo Horizonte: 27 maio 1955, s. p, disponível na Hemeroteca Cinemateca Brasileira (P754/1).

23 Otávio Melo Alvarenga, *op. cit.*, p. 16..

24 Paulo Alvarenga Junqueira, depoimento a Paulo Augusto Gomes, *op. cit.*, p. 33.

25 Cf. trecho do filme disponível em: <https://goo.gl/1BXpR4>, acesso em: nov. 2016.

26 Paulo Alvarenga Junqueira, depoimento a Paulo Augusto Gomes, *op. cit.*, p. 33.

27 Cf. Filmografia da Cinemateca Brasileira, disponível em: <https://goo.gl/nNUHSJ>, acesso em: nov. 2016.

28 *Ibidem*.

29 Paulo Alvarenga Junqueira, depoimento a Paulo Augusto Gomes, *op. cit.*, p. 34.

30 Fernão Pessoa Ramos, "Documentário mudo", em: Fernão Pessoa Ramos e Luiz Felipe Miranda (orgs.), *Enciclopédia do cinema brasileiro*, São Paulo: Edições Sesc São Paulo, 2012, p. 223.

31 Anna Raquel de Matos Castro e Nelson Sanjad, *op. cit.*, observam que Huber foi responsável pelos roteiros.

32 Otávio Melo Alvarenga, *op. cit.*, p. 15. Segundo informa Filmografia da Cinemateca Brasileira, o filme é desaparecido. Cf. <https://goo.gl/CfnnHb>, acesso em: nov. 2016.

33 *O Globo*, Rio de Janeiro: 4 jan. 1926. A entrevista e o interesse sobre o tema mostram que a exibição dos seus filmes não se limitava a Minas Gerais.

34 Cf. <http://www.bcc.org.br/filme/detalhe/008564>, acesso em: nov. 2016.

35 *Ibidem*.

36 Otávio Melo Alvarenga, *op. cit.*, p. 17.

37 Diretor do Museu Nacional nos anos 1920, estudioso dos indígenas e diretor do INCE entre 1936 a 1947.

38 Alexandre Pimenta Marques, *op. cit.*, p. 168.

39 *Correio Mineiro*, Belo Horizonte: 21 abr. 1933, p. 3.

40 Otávio Melo Alvarenga, *op. cit.*, p. 17.

41 *Ibidem*.

42 Paulo Augusto Gomes, *op. cit.*, p. 36.

43 *Ibidem*, p. 39.

44 *Cidade de Barbacena*, Barbacena: 22 ago. 1909, *apud* Paulo Augusto Gomes, *op. cit.*, p. 43.

45 Paulo Augusto Gomes, *op. cit.*, p. 44.

46 Jurandyr Noronha, *No tempo da manivela*, Rio de Janeiro: Ebal/Embrafilme, 1987, p. 56.

47 Paulo Emílio Sales Gomes e Adhemar Gonzaga, *70 anos de cinema brasileiro*, Rio de Janeiro: Expressão e Cultura, 1966, p. 68.

48 Paulo Augusto Gomes, *op. cit.*, p. 45.

49 *Cidade de Barbacena*, Barbacena: 5 set. 1912, *apud* Paulo Augusto Gomes, *op. cit.*, p. 45.

50 *Correio da Manhã*, Rio de Janeiro: 12 maio 1914, *apud* Paulo Augusto Gomes, *op. cit.*, p. 46.

51 *Ibidem*.

52 Conforme Filmografia da Cinemateca Brasileira organizada por Caio Scheiby, essa informação é referendada por Lécio Augusto Ramos, em: Fernão Pessoa Ramos e Luiz Felipe Miranda (orgs.), *op. cit.*, p. 73, que data essa segunda invenção como de 1914.

53 *Cidade de Barbacena*, Barbacena: 31 out. 1915, *apud* Lécio Augusto Ramos, *op. cit.*, p. 73.

54 *Ibidem*.

55 Segundo Pery Ribas, *op. cit.* Cf. Filmografia da Cinemateca Brasileira, disponível em: <https://goo.gl/MUohfU>, acesso em: nov. 2016.

56 Paulo Augusto Gomes, *op. cit.*, p. 48.

57 O fragmento aparece em sua versão argentina como *La mujer de medianoche*. Cf. <https://goo.gl/L6V2x7>, acesso em: nov. 2016. Agradeço a José Inácio Melo Souza a informação sobre esse interessante fragmento.

58 As datas divergem na memória da filha Sílvia Bonfioli em entrevista a Paulo Augusto Gomes, 1919. Em Alexandre Pimenta Marques, *op. cit.*, a partir de relatório de José Tavares de Barros, consta 1918. A matéria de jornal sobre a exibição do filme é de 1920. Cf. Paulo Augusto Gomes, *op. cit.*, p. 53.

59 Alexandre Pimenta Marques, *op. cit.*, p. 147.

60 *Ibidem*, pp. 47-8.

61 *Diário de Minas*, Belo Horizonte: 6. abr. 1920, s. p.

62 *Ibidem.*

63 Há uma cópia do filme disponível na Cinemateca Brasileira, com a descrição do material.

64 Alexandre Pimenta Marques, *op. cit.*, p. 147.

65 Título atribuído.

66 Cf. Banco de Conteúdo Culturais, disponível em: <http://www.bcc.org.br/filme/detalhe/036978>, acesso em: nov. 2016.

67 Alexandre Pimenta Marques, *op. cit.*, p. 13.

68 Cf. fotos do filme que foi editado em DVD pelo CTAV, no Banco de Conteúdos Culturais, disponível em: <http://www.bcc.org.br/fotos/galeria/002446>, acesso em: jul. 2016.

69 Conforme a definição de Ben Singer, "Os filmes apresentavam ação rápida em profusão, violência estimulante, cenas espetaculares e a vibração do perigo físico, dos raptos e dos salvamentos cheios de suspense. No nível narrativo, os melodramas cinematográficos contavam com tramas semelhantes [ao melodrama teatral], enfatizando a vilania e o heroísmo extremos, desencadeadas pela inveja e/ou ganância do vilão, e com frequência se baseando em coincidências extraordinárias, revelações repentinas e inesperadas reviravoltas" (Ben Singer, *Melodrama and Modernity – Early Sensacional Cinema and its Contexts*, New York: Columbia University Press, 2001, p. 192, *apud* Luciana Corrêa Araújo, "Os seriados norte-americanos e o cinema brasileiro dos anos 1920", *Contracampo*, Niterói: jul. 2012, n. 1, v. 24, p. 161, disponível em: <https://goo.gl/Fs3e44>, acesso em: nov. 2016).

70 Cf. Rielli Navitski, *Public Spectacles of Violence: Sensational Cinema and Journalism in Early Twentieth-Century Mexico and Brazil*, Durham: Duke University Press, 2017, em especial o capítulo "Regional Modernities: Filming Adventure Melodramas outside Rio de Janeiro and São Paulo, 1923-1930".

71 Há cópias de fotos do filme no Banco de Conteúdos Culturais, disponível em: <http://www.bcc.org.br/fotos/galeria/005467>, acesso em: nov. 2016.

72 Conforme observou Navitski, a propósito dos homens em filmes como *Braza dormida*, por exemplo.

73 Cf. "Colleção das Leis e Decretos do Estado de Minas Geraes", disponível em: <http://goo.gl/4dFz5N>, acesso em: fev. 2016.

74 Cf. *Boletim do Centro de Pesquisadores do Cinema Brasileiro*, Belo Horizonte: ago. 1986, n. 12, p. 7. Segundo os créditos do filme restaurado na Cinemateca Brasileira, a montagem do copião foi de José Américo Ribeiro e José Tavares de Barros.

75 Cf. *Revista de Ensino*, Belo Horizonte: fev. 1926, ano 2, n. 11, disponível em: <http://goo.gl/e699j9>, acesso em: nov. 2016.

76 "Colleção das Leis e Decretos do Estado de Minas Geraes", *op. cit.*, p. 25.

77 Os *Autos da Inconfidência* são mais conhecidos hoje como *Os Autos da Devassa da Inconfidência Mineira*. Respeitaremos a designação da época.

78 No material disponível para o público em VHS na Cinemateca Brasileira em São Paulo, é possível ver imagens de *Aleijadinho*, sem os letreiros. O material completo pode ser acessado na Universidade Federal de Minas Gerais. Ver também decupagem plano a plano de todo o filme realizada por Alexandre Pimenta Marques, *op. cit.* pp. 69-104.

79 Maria Luisa de Almeida Cunha, *Revista de Ensino*, Belo Horizonte: mar. 1926, v. 2, n. 12, p. 78, disponível em: <https://goo.gl/ntXHHA>.

80 Segundo a historiadora Laura de Mello e Souza, em correspondência com a autora deste artigo, 13 mar. 2016, "Diogo de Vasconcelos é um gigante da historiografia mineira, e um dos grandes historiadores brasileiros de seu tempo".

81 *Ibidem.*

82 Cf. Banco de Conteúdos Culturais, disponível em: <http://www.bcc.org.br/filme/detalhe/008166>, acesso em: nov. 2016.

83 Conforme a locução do filme.

84 "Cinematographos", *O Estado de S. Paulo*, São Paulo: 29 nov. 1927.

85 "Filmes que não adiantam", *Cinearte*, n. 96, Rio de Janeiro: 28 dez. 1927, p. 4.

86 Novas pesquisas poderão aprofundar esse e inúmeros outros pontos com maior rigor.

87 José Tavares de Barros, *Boletim n. 12*, Centro de Pesquisadores do Cinema Brasileiro, Rio de Janeiro: ago. 1986, *apud* Alexandre Pimenta Marques, *op. cit.*, p. 141.

88 Alexandre Pimenta Marques, *op. cit.*, p. 148.

89 *O Estado de S. Paulo*, São Paulo: 7 dez. 1920, *apud* Cinemateca Brasileira, disponível em: <https://goo.gl/syF1AW>, acesso: 14 nov. 2016.

90 Francisco de Almeida Fleming, depoimento concedido ao X Festival de Brasília do Cinema Brasileiro, 1977, *apud* Paulo Augusto Gomes, *op. cit.*, p. 75.

91 Cf. Filmografia da Cinemateca Brasileira, de onde obtivemos também as datações cujas informações se baseiam em geral na filmografia estabelecida por Mário da Rocha Galdino, disponível em: <https://goo.gl/Ju207P>. No último filme mencionado, pinta, inclusive, os fotogramas dos fogos juninos.

92 Francisco de Almeida Fleming, depoimento concedido ao X Festival de Brasília do Cinema Brasileiro, 1977, *apud* Paulo Augusto Gomes, *op. cit.*, p. 75.

93 *Ibidem.*

94 *Ibidem*, p. 77.

95 *Ibidem.*

96 Cf. Filmografia da Cinemateca Brasileira, disponível em: <https://goo.gl/ZkgMXc>, acesso em: nov. 2016. Cf. também Arthur Autran, "Almeida Fleming", em: Fernão Ramos e Luiz Felipe Miranda (orgs.), *op. cit.*, p. 305.

97 Cf. Filmografia da Cinemateca Brasileira, disponível em: <https://goo.gl/sPuXoU>. Acesso em: ago. 2017.

98 Pedro Lima, "Cinema no Brasil", *Selecta*, Rio de Janeiro: 14 jun. 1924.

99 Colônia francesa.

100 Francisco de Almeida Fleming, depoimento concedido ao X Festival de Brasília do Cinema Brasileiro, 1977, *apud* Paulo Augusto Gomes, *op. cit.*, p. 80.

101 Cf. Filmografia da Cinemateca Brasileira.

102 Francisco de Almeida Fleming, depoimento concedido ao X Festival de Brasília do Cinema Brasileiro, 1977, *apud* Paulo Augusto Gomes, *op. cit.*, p. 80.

103 Segundo a memória do realizador, então com 77 anos, que fornece informações distintas e exageradas em diferentes partes do depoimento.

104 Cf. Paulo Emílio Sales Gomes, *Humberto Mauro, Cataguases, Cinearte*, São Paulo: Perspectiva/Edusp, 1974, p. 281.

105 Pedro Lima, "Dados informativos sobre a America Film", disponível no arquivo da Cinemateca Brasileira, São Paulo: APL R/100. O documento sem data e assinatura pode ser de meados de dezembro, pois Pedro Lima comenta "Recebido de Felix Boves sobre o filme Paulo e Virgínia que será lançado no Parisiense". O filme foi exibido nessa sala nos dias 26 e 27 de dezembro de 1924.

106 Na edição de 19 jul. 1924, há três fotos do filme, em que se vê os detalhes da reconstituição de época, dos figurinos, do uso das paisagens e de cena em estúdio.

107 Francisco de Almeida Fleming, depoimento concedido ao X Festival de Brasília do Cinema Brasileiro, 1977, *apud* Paulo Augusto Gomes, *op. cit.*, p. 80.

108 No Cinema Parisiense em 26 e 27 de dezembro de 1924.

109 Cf. as edições da revista *Selecta*, Rio de Janeiro, de 10 jan. 1925, 31 jan. 1925 e 14 fev. 1925.

110 Em 20 de julho de 1925, no Fênix; em 24 de julho, no Colombo; em 3 de agosto, no Moderno; e em 5 e 7 de dezembro de 1925, no Congresso.

111 Filmografia da Cinemateca Brasileira.

112 Cf. Arthur Autran, "Almeida Fleming", *op. cit.*, p. 305.

113 Paulo Emílio Sales Gomes e Adhemar Gonzaga, *op. cit.*, p. 64.

114 Pedro Lima, "Cinema no Brasil", *Selecta*, Rio de Janeiro: 14 jun. 1924.

115 Cf. Diogo de Mariz, carta a Pedro Lima, Ouro Fino, 21 out. 1926, *apud* Filmografia da Cinemateca Brasileira, disponível em: <https://goo.gl/q7Q3ry>, acesso: nov. 2016.

116 Cf. *Boletim do Centro de Pesquisadores do Cinema Brasileiro*, *op. cit.*

117 Cf. Paulo Emílio Sales Gomes, *Humberto Mauro, Cataguases, Cinearte*, *op. cit.*, p. 89, aborda esse tipo de enredo concebido simultaneamente – e sem conhecimento mútuo por Fleming e também por Pedro Comello, em seu *Três irmãos*, que não chegou a filmar em razão da complexidade da produção, e Jota Soares, com seu *A filha do advogado*, em que há também identidades por revelar, falsas barbas e outros procedimentos desses filmes.

118 Cf. Paulo Emílio Sales Gomes, *Humberto Mauro, Cataguases, Cinearte*, *op. cit.*, p. 82.

119 *Ibidem.*

120 Paulo Augusto Gomes, *op. cit.*, p. 83.

121 Cf. *Cinearte*, n. 75, Rio de Janeiro: 3 ago. 1927, p. 4.

122 Francisco de Almeida Fleming, depoimento concedido ao X Festival de Brasília do Cinema Brasileiro, 1977, *apud* Paulo Augusto Gomes, *op. cit.*, p. 84.

123 *Ibidem.*

124 *Ibidem.*

125 Cf. *Cinearte*, n. 52, Rio de Janeiro: 23 fev. 1927, p. 4.

126 Cf. A. Fleming, carta, 3 dez. 1926, Arquivo Pedro Lima (APL C109), disponível na Cinemateca Brasileira.

127 Cf. edições *Cinearte*, Rio de Janeiro, de 15 fev. 1928 e 13 mar. 1929.

128 Cf. "Questionário para a Contratação de Atores da Empresa Cinematográfica Almeida e Cia", Arquivo Pedro Lima (APL R/100), "Fichas da Empresa Cinematográfica Almeida e Cia. Sede: Ouro Fino", disponível na Cinemateca Brasileira.

129 Cf. Arquivo Pedro Lima (APL), disponível na Cinemateca Brasileira.

130 Arthur Autran, "Almeida Fleming", *op. cit.*, p. 306.

131 Paulo Emílio Sales Gomes, *Humberto Mauro, Cataguases, Cinearte*, *op. cit.*, p. 89.

132 "Eu nunca vi Humberto Mauro em Cataguases que não tivesse uma revista debaixo do braço, e era sempre uma revista inglesa e estava sempre lendo!" (Guilhermino Cesar, "Uma palestra cinematográfica", em: 8º Festival de Gramado, 22 fev. 1978, *apud* Ronaldo Werneck, *Humberto Mauro revisto por Ronaldo Werneck*, São Paulo: Arte Pau Brasil, 2009, p. 72).

133 Revistas de variedades editadas no Rio de Janeiro que incluíam colunas sobre cinema.

134 Embora essa revista já venha sendo mencionada neste trabalho, vale lembrar que ela foi criada em 1926 e dirigida por Adhemar Gonzaga, dedicada exclusivamente ao cinema nos moldes das revistas internacionais sobre o tema, mas que reservavam em suas páginas iniciais coluna fixa sobre cinema brasileiro.

135 Paulo Emílio Sales Gomes, *Humberto Mauro, Cataguases, Cinearte*, *op. cit.*, p. 77.

136 Humberto Mauro *apud* Paulo Emílio Sales Gomes, *Humberto Mauro, Cataguases, Cinearte*, *op. cit.*, p. 78.

137 Cf. Luciana Corrêa Araújo, "Os seriados norte-americanos e o cinema brasileiro dos anos 1920", *op. cit.*, e Rielli Navitski, "Regional Modernities: Filming Adventure Melodramas outside Rio de Janeiro and São Paulo, 1923--1930", *op. cit.*

138 Primeiro ator japonês a se tornar estrela do cinema americano nos anos 1910 em filmes da Famous Players Lasky-Films, como *Enganar e perdoar* (1915), de Cecil B. DeMille. Foi também diretor.

139 *O ciclo de Cataguases na história do cinema brasileiro*, documento datilografado sem data, disponível no Acervo de Alex Viany no Museu de Arte Moderna do Rio de Janeiro.

140 Esse filme dirigido por Ghione estreou em São Paulo em 1915, no Iris Theatre. Cf. Base de Dados de Filmes Estrangeiros exibidos no Brasil entre 1896 a 1934 elaborada por José Inácio de Melo Souza. Mnemocine, disponível em: < https://goo.gl/msC6XT>, acesso em: nov. 2016.

141 Conforme folheto com o roteiro do filme *Os três irmãos apud* Paulo Emílio Sales Gomes, *Humberto Mauro, Cataguases, Cinearte*, *op. cit.*, pp. 81-95.

142 Eva Nil, carta, Cataguases, 17 maio 1928, disponível no Arquivo Pedro Lima (APL), na Cinemateca Brasileira.

143 Paulo Emílio Sales Gomes, *Humberto Mauro, Cataguases, Cinearte*, *op. cit.*, p. 95.

144 *Ibidem*, p. 100.

145 *Ibidem*, p. 112.

146 Para mais detalhes, cf. Paulo Emílio Sales Gomes, *Humberto Mauro, Cataguases, Cinearte*, *op. cit.*, pp. 95-126.

147 Eva Nil, carta, Cataguases, 17 maio 1928, disponível no Arquivo Pedro Lima (APL), na Cinemateca Brasileira.

148 "A Phebo Sul America Film, bem como a Empresa Cunha & Filho [o exibidor], agradecem ao Comércio cataguasense a iniciativa que teve fechando as suas portas às 5 horas da tarde" (cf. anúncio do filme *apud* Paulo Emílio Sales Gomes, *Humberto Mauro, Cataguases, Cinearte*, *op. cit.*, p. 96).

149 O filme foi exibido nos dias 26 e 28 de março de 1926 no cinema Pathé, e em 27 de março de 1926 no Floresta. Cf. Filmografia da Cinemateca Brasileira, disponível em: <https://goo.gl/tRnTdF>, acesso em nov. 2016.

150 Sheila Schvarzman, *Humberto Mauro e as imagens do Brasil*, São Paulo: Edunesp, 2004, p. 26.

151 Paulo Emílio Sales Gomes, *Humberto Mauro, Cataguases, Cinearte*, *op. cit.*, p. 127.

152 *Ibidem*.

153 Eva Nil, carta, Cataguases, 17 maio 1928, disponível no Arquivo Pedro Lima (APL), na Cinemateca Brasileira.

154 O livro anotado foi entregue pela sobrinha de Eva Nil a Ronaldo Werneck, que publicou essa e outras anotações em Ronaldo Werneck, *op. cit.*, p. 296. Eva deixou vazio o nome do ator que deveria carregá-la.

155 Paulo Emílio Sales Gomes, *Humberto Mauro, Cataguases, Cinearte*, *op. cit.*, p. 144.

156 Luciana Corrêa Araújo, "Versão Brasileira? Anotações em torno da incorporação do modelo norte-americano em filmes silenciosos brasileiros", em: Samuel Paiva e Sheila Schvarzman (orgs.), *Viagem ao cinema silencioso do Brasil*, Rio de Janeiro: Azougue, 2011, pp. 36-41.

157 Cf. *Verde, Revista Mensal de Arte e Cultura*, Cataguases, disponível em: <http://www.brasiliana.usp.br/handle/1918/66>, acesso em: nov. 2016.

158 *Verde, Revista Mensal de Arte e Cultura*, Cataguases: set. 1927, ano 1, n. 1, p. 31, disponível em: <http://www.brasiliana.usp.br/handle/1918/06001410#page/1/mode/1up>, acesso em: nov. 2016.

159 Cf. Filmografia da Cinemateca Brasileira, disponível em: <https://goo.gl/X2kJfW>, acesso em: nov. 2016.

160 Luciana Corrêa Araújo, "Os seriados norte-americanos e o cinema brasileiro dos anos 1920", *op. cit.*, p. 171.

161 Eva Nil, carta, Cataguases, 17 maio 1928, disponível no Arquivo Pedro Lima (APL), na Cinemateca Brasileira.

162 Resumos publicados em *A Cena Muda*, 20 jun. 1929, e *Cinearte*, Rio de Janeiro, 5 jun. 1929. Cf. Cinemateca Brasileira, disponível em: <https://goo.gl/uf3n8V>, acesso em: nov. 2016.

163 Cf. Filmografia na base de dados da Cinemateca Brasileira, disponível em: <https://goo.gl/TxXo3h>, acesso em: nov. 2016.

164 Rielli Navitski chama a atenção sobre a recorrência desse trânsito saneador nesse e em outros filmes regionais brasileiros, "jovens de classe alta da cidade são expulsos do rebanho da família [...] migrando para o interior onde encontram o amor e a felicidade através do desenvolvimento de uma ética de trabalho", invertendo a tendência daquele momento, que era o abandono do campo, lugar considerado tradicionalmente como atrasado. Cf. Rielli Navitski, "Regional Modernities: Filming Adventure Melodramas outside Rio de Janeiro and São Paulo, 1923-1930", *op. cit.*

165 Paulo Emílio Sales Gomes, *Humberto Mauro, Cataguases, Cinearte*, *op. cit.*, pp. 258-66.

166 *Ibidem*, pp. 267-79.

167 Cf. Humberto Mauro, carta, 6 ago. 1928 (grifos do autor), disponível em: Paulo Emílio Sales Gomes, *Humberto Mauro, Cataguases, Cinearte*, *op. cit.*

168 Guilhermino César, "Uma palestra cinematográfica", *op. cit.*, p. 84.

169 Paulo Emílio Sales Gomes, *Humberto Mauro, Cataguases, Cinearte*, *op. cit.*, p. 373.

170 Cf. Filmografia da Cinemateca Brasileira, disponível em <https://goo.gl/uf3n8V>, acesso em: nov. 2016.

171 Adhemar Gonzaga, carta, ago. 1928, disponível no Arquivo Cinédia.

172 Ana Pessoa, *Carmen Santos o cinema dos anos 20*, Rio de Janeiro: Aeroplano, 2002.

173 Paulo Emílio Sales Gomes, *Humberto Mauro, Cataguases, Cinearte*, *op. cit.*, pp. 385 e 387.

174 *Ibidem*, p. 417.

175 Ambos os filmes foram perdidos em um incêndio da Brasil Vita Filmes em 1954.

O CINEMA EM SÃO PAULO (1912-1930)

CARLOS ROBERTO DE SOUZA

Sabemos pouco sobre o cinema praticado no estado de São Paulo entre 1912 e 1930[1], período em que sua capital se constituiu definitivamente como a capital econômica (e até certo ponto política) do Brasil. Muito se progrediu no resgate de fitas silenciosas brasileiras no último quartel do século XX. Hoje, o total de filmes silenciosos paulistas que podem e devem ser vistos ultrapassa a casa das seis dezenas entre os de ficção (nove títulos) e os de não ficção (54 títulos) – chega quase à centena se somados aos registros domésticos e amadores preservados. Esse número pode parecer relevante, mas não é: o total preservado de filmes silenciosos de todo o país é menos de 10% do total produzido. Diante desse panorama, surgem algumas perguntas: a proporção de filmes de ficção e de não ficção preservados não evidenciaria a maior importância econômica, social, cultural etc. dos documentários na continuidade do cinema paulista do período silencioso? Por que repetir aqui uma história panorâmica do período que se estende entre 1912-1930, alinhavando exaustivamente nomes de pessoas e títulos de fitas de enredo que não existem mais a não ser em fotografias de qualidade duvidosa? Talvez faça mais sentido procurar compreender os movimentos do cinema que se fazia, observar mais atentamente as imagens em movimento que sobreviveram, contextualizar a exibição e os ecos da recepção que cercava – ou ignorava – um cinema brasileiro que apenas podemos palidamente conhecer.

A primeira fita sobrevivente desse período é *Cidade de Bebedouro – est. de São Paulo* (1911), realizada por Antônio Romão de Souza Campos, cinegrafista que garantiu a continuidade da atividade cinematográfica paulista por um bom tempo[2].

O original em nitrato foi entregue à Cinemateca Brasileira com a informação de que o filme era de 1911. Pode ser que essa informação corresponda à realidade, mas sua exibição na capital não é registrada no levantamento de Jean-Claude Bernardet[3]. O documentário com pouco menos de trezentos metros e excelente fotografia mostra aspectos de Bebedouro, algumas fazendas de café, os coronéis locais e, a certa altura, um lindo enquadramento em que uma jovem aparece cercada por uma espécie de medalhão vegetal. A coluna "Telegramas" do *Correio Paulistano*, com notícia de Itu, talvez se refira a esse filme sob o nome *Bebedouro, cidade e município*, quando registra que o cinema Íris daquela cidade o exibira extraprograma. Não há dúvida sobre a autoria, pois a nota a atribui ao "hábil artista cinematográfico Campos", elogia sua nitidez incomparável e informa que "dá uma ideia do grau de adiantamento da próspera localidade paulista [...] e de algumas das mais importantes propriedades agrícolas do município, colônias etc."[4].

A presença de Antônio Campos é constante nos programas das salas da capital – e quem sabe pelo interior – durante os anos seguintes. Mineiro de Baependi, chegara a São Paulo em 1896 e se formara na Escola de Farmácia como cirurgião dentista. Numa crônica escrita para o *Diário Nacional*, registrou a primeira vez que entrara numa casa de curiosidades, na rua São Bento, em que "uma campainha a tinir e cartazes berrantes" anunciavam curtas imagens animadas como "novo prodígio do gênio inventivo do homem"[5]. Atribuem-se a Campos as primeiras filmagens feitas em São Paulo por um brasileiro, e durante vários anos ele foi uma espécie de cinegrafista oficial – talvez porque único – da cidade.

A eventual exibição na capital de outros curtas documentais sobreviventes de Antônio Campos também não foi registrada por *O Estado de S. Paulo*: *Caça à raposa* (1913), *Fazenda São José* (1914) e dois fragmentos, provavelmente de um mesmo filme, a que foram atribuídos os títulos *Um domingo em casa de vovô* (1914-1920) e *Grupo em desfile* (1914-1920). Esses fragmentos parecem mais registros domésticos da vida de uma família da alta burguesia paulistana. *Fazenda São José*, mais do que um filme sobre fazenda de café, tem um tom familiar e social, com moças passeando a cavalo, regando e colhendo flores. *Caça à raposa* é, sem dúvida, o filme mais interessante desse grupo, pois registra um divertimento oferecido por dona Olívia Guedes Penteado a um grupo da elite paulistana: cavaleiros vestidos a caráter para uma caça inglesa saem de um palacete, desfilam pela avenida Tiradentes e, num bairro afastado, rural, perseguem uma "raposa" (o animal inexistente na fauna brasileira era substituído por uma pessoa com um lenço branco atado ao chapéu).

A singularidade de Antônio Campos no cinema paulista fez com que fosse procurado pelo grupo teatral dirigido por Alberto Capozzi, que chega a São Paulo em meados de 1915. Capozzi, também prestigiado ator de cinema, queria fazer alguns registros cinematográficos de sua presença na cidade. O ator Vittorio Capellaro fazia parte da trupe italiana. Estivera no Brasil em 1907, na companhia de

Eleonora Duse, e em 1913, na de Tina de Lorenzo. A trupe de Capozzi permanece vários meses no país, apresentando-se em capitais e nas principais cidades do interior. Ainda durante a temporada, anuncia-se que Capellaro conseguira os direitos para adaptar ao cinema o romance *Inocência*, do visconde de Taunay. Por seu lado, Capozzi declara que fará o papel de Peri numa adaptação de *O Guarani*, de José de Alencar, então a mais popular obra literária brasileira. As pretensões de Capozzi não se concretizam, e tudo indica que Capellaro se desligara da trupe bem antes de ela seguir para o Sul do país e depois para a Argentina[6].

São Paulo, onde a presença de imigrantes italianos era enorme, possuía várias sociedades culturais, sociais e recreativas ligadas à colônia. Além de promover reuniões dançantes e conferências, algumas delas de tendência anarquista, essas sociedades dispunham de grupos teatrais amadores que se apresentavam sistematicamente. Maria Rita Galvão caracteriza uma primeira fase do cinema paulistano por suas raízes teatrais ligadas aos grupos amadores, sobretudo italianos, mas também espanhóis e portugueses, além de alguns poucos brasileiros[7].

Capellaro frequentou os grupos filodramáticos italianos e com eles organizou o elenco dos primeiros filmes que realizou. Em novembro de 1915, um cronista anônimo comenta a exibição especial de *Inocência* no Cine São Paulo, no bairro da Liberdade. "Os pontos principais, as cenas mais interessantes da conhecida e apreciada obra de Taunay" estariam presentes na fita, o que nos permite imaginar que *Inocência* continha quadros ilustrativos das cenas mais famosas do romance. "Não se pode, por certo", continuava, "compará-lo a um *capolavoro* de Nordisk ou Gaumont; todavia, para uma empresa incipiente, a *Inocência* constitui uma estreia gloriosa, denota o esforço inteligente dos artistas que a interpretaram", todos devidamente elogiados, assim como a fotografia de Campos, "de perfeita nitidez"[8]. O comentário de *O Estado de S. Paulo* discorda apenas deste ponto: "Se alguma coisa deixa o filme a desejar como nitidez e belezas artificiais de execução, a novidade que traz compensa fartamente essas falhas". A novidade era tratar-se do "primeiro filme de composição nacional", ou seja, de ficção e com metragem longa[9].

Inocência foi exibido por dois dias no Cine São Paulo e depois em salas de outros bairros. Levado para o Rio de Janeiro pela Companhia Cinematográfica Brasileira, de Francisco Serrador, ficou três dias em cartaz no Cine Avenida. Era uma produção pequena e provavelmente recuperou o capital investido, o que incentivou Capellaro a um voo mais ambicioso: retomar o anunciado projeto de Capozzi de adaptar *O Guarani* para o cinema.

Capellaro reservou-se o papel de Peri e, para desempenhar Ceci, encontrou uma das mais lindas amadoras das sociedades italianas: Georgina Marchiani. Chegada adolescente ao Brasil, antes do início da Primeira Guerra Mundial, Georgina queria ser atriz e, durante toda a vida, participou de grupos filodramáticos: a Muse Italiche, a Lega Lombarda, a Doppo Lavoro. Na época de *O Guarani*, casou-se com o jornalista Guelfo Andaló, crítico de arte do *Fanfulla*, principal periódico da colônia. O jornalista, para ter o prazer de ver a esposa representar no cinema, realizou *Dioguinho* (1916), sobre o célebre bandido que aterrorizara o interior paulista no século XIX, e *Pátria brasileira* (1917), que teve a participação de Olavo Bilac na redação dos intertítulos e no qual Georgina era filha de pescadores das praias do Guarujá.

O elenco de *O Guarani* (1916) contava com um grande número de amadores italianos. A fotografia era de Antônio Campos, e a fita tinha mais de duas horas de projeção. Na véspera do lançamento, houve uma sessão dedicada à imprensa no Pathé Palace, na praça João Mendes, e "a impressão causada foi a melhor possível"[10]. Segundo *O Estado de S. Paulo*, "os quadros são elucidados pelos textos correspondentes do romance"[11]. A estreia foi solene: autoridades, decoração festiva "com grande retrato de Carlos Gomes, ladeado pelas bandeiras italiana e brasileira"[12], a orquestra executando seleções da ópera *Il Guarany*[13]. *O Guarani* foi exibido na maioria dos cinemas da capital e, em janeiro de 1917, ficou uma semana em cartaz nas duas salas do Palais, no Rio de Janeiro, além de ser mostrado em outros cinemas da cidade e em Niterói. Futuras pesquisas certamente poderão demonstrar que a fita foi exibida em outras capitais e em muitas cidades do interior do país.

Provavelmente nenhum outro filme brasileiro antes de *O Guarani* teve um circuito de exibição tão extenso. Mas ele foi uma exceção. Ainda que na memória de Georgina Marchiani o Pathé tenha sido alugado para a exibição do filme, isso não corresponde às notícias de imprensa. O arrendamento de salas para a exibição de filmes brasileiros era regra geral, mas esse não foi o caso para *O Guarani*. As outras lembranças de Georgina, porém, aplicam-se a todas as fitas de ficção do período: "O filme permaneceu em cartaz durante alguns dias e depois foi exibido no interior. Não deu lucro, como de resto nenhum dos outros; a renda da exibição não chegava sequer para cobrir as despesas"[14].

Em 1929, o Departamento de Comércio dos Estados Unidos editou um folheto muito interessante com o título *Motion Pictures in Argentina and Brazil*[15]. O documento analisa o conjunto das atividades cinematográficas no Brasil e, no item dedicado à importação de filmes, diz explicitamente: "Como a produção de filmes brasileiros é pequena, o percentual importado é grande. Em 1913, os Estados Unidos eram o terceiro fornecedor de filmes para esse mercado e somente em 1917 alcançaram o primeiro lugar nas importações brasileiras – posição que mantiveram até o presente"[16].

Em seguida, estampa-se um quadro demonstrativo dessas importações entre 1913 e 1927. No primeiro ano, o total das importações francesas e italianas (8,5 mil toneladas e 8,2 mil toneladas, respectivamente) suplanta facilmente as seiscentas toneladas de filmes norte-americanos importados. Em 1927, o total das importações norte-americanas ascendeu a 33,5 mil toneladas e fica muito acima dos segundo e terceiro lugares (França e Alemanha), que juntos somam apenas

3,8 mil toneladas. No período coberto pela tabela, os efeitos devastadores da Primeira Guerra Mundial haviam aniquilado a indústria cinematográfica europeia e tornado a norte-americana predominante em todo o globo terrestre.

O Brasil se tornou, a partir de meados da década de 1920, um dos principais mercados importadores de fitas norte-americanas e toda a estrutura de exploração comercial de filmes foi disciplinada pelas agências importadoras e distribuidoras que representavam em nosso mercado os interesses econômicos dos Estados Unidos. Nesse universo, a presença do filme brasileiro era ínfima e se dava ou pela presença de cinejornais e documentários de interesse local ou pela ocasional boa vontade dos donos de salas, que encaravam a exibição de longas-metragens de ficção como um favor ou gentileza para com os produtores nacionais. Estes precisavam tentar, sozinhos e pessoalmente, a exploração de um mercado que as fitas norte-americanas percorriam com desenvoltura e naturalidade.

A produção brasileira de ficção era tão marginal que a alternativa para a manutenção da atividade cinematográfica era a confecção de documentários de encomenda. O próprio Vittorio Capellaro, apesar do relativo êxito de seus filmes de enredo, precisava lançar mão desse procedimento para equilibrar suas despesas e receitas. No mesmo ano de *O Guarani* (1916), encontramos seu nome ligado ao longa documental *Propaganda do café nos Estados Unidos* (Vittorio Capellaro, 1916)[17], patrocinado pela Sociedade Paulista de Agricultura e apresentado em sessão solene no Cinema Universal, na rua Barão de Itapetininga, com palestra do deputado mineiro Fausto Ferraz. A fita era destinada especialmente a exibições na América do Norte e objetivava relatar "a história completa do café nacional, testificando, destarte, ao varejista e ao consumidor de além-Atlântico, que o nosso produto jamais é nocivo à saúde desde que não contenha, a fim de aumentar-lhe o volume e o peso, os ingredientes que a ele adicionam os exploradores solertes e sem consciência"[18].

Em dezembro de 1916, aconteceu a inauguração do Cinema Central, que até o final de 1921 seria a principal sala de São Paulo. A exploração do comércio cinematográfico desenvolvia-se e exigia novos locais, mais confortáveis e luxuosos, ainda que a arquitetura permanecesse ligada à conformação teatral. O Central foi construído pela Companhia Antarctica Paulista no local onde anteriormente funcionara o Bijou, por sua vez adaptado para cinema a partir do Éden Theatre. Com a remodelação do vale do Anhangabaú e da rua São João, demoliu-se o antigo barracão, que deu lugar a um edifício de seis andares. A Companhia Cinematográfica Brasileira arrendou o Central e explorava suas duas salas. José Inácio de Melo Souza, em sua base de dados sobre as salas paulistanas, transcreve a notícia de *O Estado de S. Paulo*, publicada no dia seguinte à inauguração:

O vestíbulo é luxuoso e de amplas proporções. Todas as paredes, de uma pintura fina e delicada, fulgem de graça nas iluminuras de uma fantasia sóbria e nos grandes espelhos de cristal. Ao centro do recinto, agrupam-se sólidas poltronas de couro, destinadas ao descanso dos que ali aguardam a hora da sessão, e ao fundo, em direção diametralmente oposta, ficam o salão verde e o salão vermelho, ambos de igual capacidade [600 cadeiras cada], e com a mesma ordem de frisas, camarotes, balcões e cadeiras. [...] Em resumo, o Cinema Central está destinado a ser o ponto preferido do nosso escol social[19].

Aparentemente, o jornal estava coberto de razão. A autobiografia de uma senhora, então adolescente, de "família de bem" da cidade registrou:

O cinema era uma coisa importante na vida das mocinhas. O Central era o mais famoso, ficava em frente ao Correio. A sala de espera, toda de espelhos, possibilitava dar uma olhadela nos moços, sem que as mães percebessem. [...] Na sala de espera, havia um pianista que tocava valsas deliciosas e românticas. As famílias tinham uma frisa reservada. Para nós, era importante que a frisa fosse sempre a mesma. Assim, os rapazes já sabiam para onde olhar[20].

Foi no Central que estreou, em meados de 1917, o primeiro dos filmes produzidos pela italiana família Lambertini: *O grito do Ipiranga* ou *Independência ou morte* (1917). Os Lambertini eram tradicionalmente profissionais de teatro. Quando se fixaram em São Paulo, precisaram desenvolver outras atividades de sobrevivência porque na cidade existiam apenas grupos amadores. Ocasionalmente, um ou outro membro da família incorporava-se às trupes profissionais italianas que se apresentavam na cidade e excursionava até a Argentina e Uruguai. Aos Lambertini devem-se duas fitas de caráter histórico brasileiro: a já mencionada *O grito do Ipiranga* e *Os heróis brasileiros na guerra do Paraguai* ou *A morte gloriosa do tenente Antônio João* (1917). Ambas foram fotografadas por Antônio Campos e interpretadas por amadores.

O grito do Ipiranga ocupou as duas salas do Central e teve bom circuito na capital antes de seguir para o interior. Um comentário de *O Estado de S. Paulo* elogiava o cuidado do filme de

não subordinar absolutamente a sua elaboração ao fato histórico. Deste aproveitou a feição acentuadamente característica, entremeando-a de episódios românticos entre os quais o amor rústico do caboclo pela ingênua engomadeira da corte, que nele encontra uma couraça forte contra as investidas cúpidas do magistrado policial[21].

O filme culminava com dom Pedro proclamando a independência na colina do Ipiranga e uma apoteose, com "a figura da Pátria coroando a cabeça de azeviche do príncipe", sob os aplausos do público[22].

Uma nota publicada em *Il Pasquino Coloniale*, ainda que em tom jocoso, considerava a exibição especial de *O grito do Ipiranga* para a imprensa um acontecimento mais relevante do que as conquistas dos exércitos inglês, francês e italiano, que lutavam na Primeira Guerra Mundial. A nota indica ainda como seria importante pesquisar nas publicações da colônia italiana referências sobre as atividades dos grupos filodramáticos e suas relações com o cinema[23].

Quando da exibição especial de *Os heróis brasileiros na guerra do Paraguai* no Cinema Congresso, na praça João Mendes, onde foi lançado, o *Correio Paulistano* publicou extenso comentário em que aponta "pequenos senões", mas afirma que a fita revela "apreciáveis qualidades de emoção, e afirma sobejamente as brilhantes qualidades de artistas de alguns dos seus principais intérpretes"[24]. Reportando-se ao primeiro filme dos Lambertini, relata que

> o povo muito correspondeu à expectativa dos fabricantes e tão bem o fez que a Ipiranga Filme, metendo novamente mãos ao trabalho, acaba de dar-nos, poucos meses depois, um outro belo filme.

> Que a nascente sociedade continue no desempenho do seu programa, vencendo, com o mesmo abnegado estoicismo do herói de seu novo filme, os embaraços e tropeços que lhe surjam na estrada, aproveitando assuntos e dramas da nossa história, e constituindo-se, assim, uma das modestas mas vigilantes sentinelas na campanha de nobilitação da arte cinematográfica, infelizmente tão desvirtuada hoje nos seus verdadeiros fins[25].

A despeito dos votos de continuidade do *Correio*, os Lambertini não voltaram à produção cinematográfica. O que não significa que outros não tentassem abordar em filmes "assuntos e dramas da nossa história", a exemplo de um *Tiradentes* (Perassi Felice, 1917), com produção de Paulo Aliano, que reservou para si o papel do protomártir da Independência.

Embora os filmes de enredo tivessem dificuldades de exibição e consequentemente pouca renda, um observador da indústria cinematográfica nacional podia, com algum otimismo, comentar no final de 1917:

> Não há dúvida que no Brasil está em franco progresso essa nova indústria, até há bem pouco tempo desconhecida entre nós. Ontem, como primeiros ensaios, eram os filmes naturais, que as empresas, timidamente, receosas de um prejuízo provável, lançavam de quando em quando ao mercado. Com o correr dos tempos, já mais encorajada pela boa aceitação das primeiras películas, a indústria incipiente começa a confeccionar os filmes históricos, mais difíceis e mais dispendiosos de serem cinematografados[26].

Paralelamente às observações sobre a produção cinematográfica nacional, começa a se desenvolver nos jornais paulistanos desse período certo tipo de comentário sobre as salas e sua frequência, com bastante proximidade à crônica mundana. "Um sábado no Royal", por exemplo, mereceu os seguintes parágrafos na seção "Cinemas":

> Concorridíssimo, não obstante os azares de um tempo incerto e úmido, a sessão de sábado no Royal. Esteve, na verdade, magnífico o último espetáculo da moda no elegante teatrinho de Santa Cecília. Da seleta assistência de distintas famílias, que enchia totalmente aquele amplo recinto, tínhamos, para publicar, uma enorme lista de nomes; mas, como ela se extraviou [...][27].

Se nessa ocasião a lista de frequentadores se extraviou, o mesmo não aconteceria inúmeras outras vezes, como na crônica "Numa *soirée* elegante", ambientada na sala Vermelha do Central, na qual a extensa relação das famílias presentes ocupa boa parte do texto[28]. Além do aspecto social, as colunas começam também a dar atenção aos números de palco – cantores, bailarinos, malabaristas etc. – que antecediam o programa de filmes, em geral composto de um jornal, um documentário, uma comédia curta e um ou dois filmes mais longos, tudo dentro das duas horas estabelecidas para a duração do espetáculo.

Em uma outra oportunidade, o cronista anônimo penitencia-se por dar atenção exclusiva ao salão Vermelho, "o preferido [...] pela sociedade elegante, que dele faz, em noites de terça-feira, o seu ponto de reunião", e esquecer o salão Verde, "ali à esquerda, tão perto e olvidado". Para se redimir da culpa, ele vai à sala Verde:

E aí, nessa sala que tem portas abrindo para o jardim, é que vão ter os que não gostam de cultivar hábitos de sociedade, não dando ponto naqueles lugares em que o comparecimento em determinados dias é distinto, segundo resolveu a gente chique. Para esses, e para os que não têm paciência de esperar a sessão com hora marcada, é que se fez o salão Verde, onde os espetáculos são por sessões corridas. Não há espera, entrando a gente sem que nos façam esperar, como em casas sem luxo, francas e hospitaleiras, em que é só abrir a porta e entrar[29].

Nas sessões corridas da sala Verde estavam em exibição, além dos complementos, dois filmes: "um nos faria chorar – *Amor de perdição* [José Viana, 1917] –, outro, ao contrário, era para que sorríssemos um pouco – *O casamento de Kitty* [provavelmente *Her Strange Wedding*, George Melford, 1917]". O cronista relata que

as duas coisas se deram: choramos com o primeiro, não pela desventura dos dois infelizes namorados imaginados naquele cérebro doentio do grande Camilo, mas devido à pouca nitidez do filme; e a sorrir subimos a ladeira de regresso ao centro, mercê de *O casamento de Kitty*, finíssima comédia americana. [...] Quanto a *Amor de perdição*, que é mais uma fita nacional que nos exibem, diremos que podia ser bem melhor[30].

A questão da nitidez dos filmes brasileiros volta com destaque num comentário a propósito da criação de uma produtora no Paraná:

A indústria cinematográfica no Brasil, que antes da Guerra não prometia ir muito longe, com aqueles seus horrorosos filmes de provocar lágrimas ao infeliz que tivesse a desdita de vê-los, lágrimas que brotavam abundantes aos olhos doridos do mártir espectador, não pela sentimentalidade do que em cena se passava, mas pela imperfeita reprodução, apagada e tremeluzente – hoje, entretanto, volvidos três anos, se apresenta mais aperfeiçoada, produzindo já películas boas quase todas, ótimas algumas[31].

Por essa época, exibia-se na cidade o que parece ter sido o grande sucesso nacional de 1918: *O Carnaval cantado*, ou *O Carnaval do Rio*, ou ainda *O Carnaval no Rio de Janeiro* (1918), do qual não se informa a produtora, mas que foi mostrado extensamente nos cinemas da Companhia Cinematográfica Brasileira.

Anunciado como "um espetáculo inteiramente novo, interessante e curioso", *O Carnaval cantado* estreou nas duas salas do Central e suas orquestras foram reforçadas com instrumentos e coros que executaram, "entre outras canções caracteristicamente brasileiras", os tangos e maxixes que haviam sido os mais cantados no Carnaval daquele ano[32]. Um ensaiador da orquestra do cinema Odeon do Rio de Janeiro, onde o filme teria sido apresentado em 550 sessões consecutivas, foi convocado para ensaiar os músicos e cantores do Central[33]. Jean-Claude Bernardet, "considerando o excepcional sucesso do filme", transcreveu a programação completa da fita[34], cuja exibição se estendeu até o final do ano.

A surpresa com a repercussão da fita provocou uma reflexão no cronista cinematográfico do *Correio Paulistano* sob o título "Indústria nascente":

> Vamos hoje falar um bocado dos nossos jovens filmes nacionais. Esses primeiros produtos de uma indústria nova entre nós não têm dado lucro, em sua quase totalidade. Um, entretanto, em vez de ônus aos seus proprietários, tem lhes encaminhado boa receita. Referimo-nos a *O Carnaval cantado*. Esta curiosa película, que é uma complicada salada cinematográfica, com cenas rumorosas de Carnaval e alegorias triunfais de nações em guerra, continua ainda após tantas passagens pelas telas dos nossos cinemas a ser muito apreciada. E ainda consegue produzir boa renda, tanto assim que já foi encomendada ao Rio uma segunda cópia daquela rendosa fita [...].
>
> Quanto aos outros – a grande maioria dos filmes pátrios – continuam a ser uma quantidade negativa como fonte de renda. E isso, com franqueza, é pena, pois não é justo que tantos esforços, tanta dedicação, tanta iniciativa dos nossos patrícios ainda não possa ter uma compensação relativa à soma de sacrifícios despendidos[35].

Realmente, ecoando essa reflexão, é pena que tantos esforços e iniciativas não resultassem em produtos que tivessem lugar num mercado que deveria ser naturalmente seu. Mesmo os reconhecidos pela crítica como de boa qualidade artística não conseguiam o retorno do capital empatado, como no caso dos longas-metragens de ficção que Antônio Campos cuidadosamente elaborava. Sem nunca ter deixado as atividades de amador dramático e musicista, Campos abandonara o consultório dentário e se profissionalizara no cinema. Não apenas realizava seus documentários como fotografava filmes de outrem e paralelamente pensava sobre cinema. Maria Rita Galvão compilou alguns textos escritos por ele em 1918 para *A Fita* sob o título "Como se escreve para o cinematógrafo"[36], em que detalha procedimentos para adaptar textos literários para a tela e enquadramentos para dinamizar e embelezar as fitas[37].

Seus conhecimentos foram utilizados, sem dúvida, nos dois longas de enredo que realizou no fim daquela década: *O curandeiro* (1918) e *A caipirinha* (1919). O primeiro foi adaptado de diversos relatos do livro de Cornélio Pires *Quem conta um conto*, e o principal ator era Sebastião Arruda, popular intérprete de tipos caipiras nos palcos paulistanos. O filme estava em vias de conclusão quando *O Estado de S. Paulo* publicou um comentário chamando a atenção para o fato de que

> até há pouco não tinha sido possível transladar para a cinematografia já bem desenvolvida no Brasil os usos e costumes nacionais, não porque nos faltassem pessoas competentes, [mas porque] as tentativas até agora levadas a efeito foram realizadas por pessoas, se bem que criteriosas, que não possuíam os conhecimentos necessários para darem um cunho verdadeiramente brasileiro aos trabalhos por elas intentados[38].

O que se viam em nossos filmes eram "cenas de costumes europeus!". A brasilidade de Antônio Campos, aliada à de Sebastião Arruda e da atriz Laura Simões, teria eliminado esse risco, e os artistas não brasileiros haviam aprendido a abrasileirar seu desempenho[39]. "Quanto à parte fotográfica, não se pode desejar melhor [...] há truques e efeitos de cinematografia que só possuem as películas americanas"[40]. Estreando nos dois salões do Central, *O curandeiro* correu rapidamente o circuito paulistano e seguiu para o interior.

Passagem igualmente meteórica pelos cinemas da capital teve *A caipirinha*, baseado em peça de Cesário Mota. Em sessão especial para a imprensa no Central, em maio de 1919, a fita recebeu comentários elogiosos: a fotografia, as "paisagens magníficas", o elenco de amadores "que souberam tirar partido dos personagens, apresentando um trabalho cheio de naturalidade e de comovente sinceridade"[41]. *A caipirinha* – talvez inspirado pelo sucesso de *O Carnaval cantado* – foi apresentado com música especial e pelo menos dois números cantados: um "samba, em 'Coruquerê', e outro do cordão carnavalesco em plena avenida Paulista, onde o filme apanha grande extensão do corso nos dias do Carnaval"[42].

Apesar dos elogios, a fita só estreia para o público em agosto, mesmo assim no Cine Salesiano, anexo ao Liceu de Artes, Ofícios e Comércio Sagrado Coração de Jesus, na Barra Funda, colégio com o qual Antônio Campos tinha as melhores relações. Depois de um reduzido circuito em São Paulo, o filme teve exibições em Jundiaí[43], São José do Rio Pardo[44] e Ribeirão Preto[45], entre outras prováveis cidades do interior.

Paralelamente ao cinema dramático, Campos continuava a fazer os trabalhos que lhe davam dinheiro: documentários e filmes de propaganda (como *O roubo das joias da Casa Michel* [1918]). Desenvolvia também atividades musicais e de teatro amador, em geral na Associação dos Ex-Alunos do Dom Bosco, que se apresentava no Salesiano. Os jornais paulistanos anunciam e comentam os espetáculos dramáticos, musicais e de declamação realizados no Salesiano e neles aparece com frequência o nome de Miguel Milano, professor do Grupo Escolar do Triunfo, na alameda Cleveland. Milano era autor de livros didáticos de trabalhos manuais, envolvia-se com atividades de escotismo, mas acima de tudo apreciava teatro – como ator e encenador – e declamação.

Campos, Milano e alguns companheiros do Liceu Coração de Jesus resolvem, no final de 1919, criar a Sociedade Recreativa Romeiros do Progresso, eventualmente chamada também de Sociedade de Cultura Artística Romeiros do Progresso. A propósito da novel sociedade, *O Estado de S. Paulo* publicou um histórico do cinema que se fazia na cidade:

> Há cerca de três anos, o ator Capellaro, auxiliado pelo operador Antônio Campos, montou o primeiro filme paulista que não logrou grande êxito, *Inocência*, de Taunay. O mesmo, porém, não aconteceu com *O Guarani*, de Alencar: o público apreciou-o. Mas aí findou a primeira fase da cinematografia paulista, enquanto noutras partes se editavam *Pátria brasileira*, *Dioguinho*, *Heróis do Paraguai*, *Grito do Ipiranga* e *Tiradentes*. Cada uma dessas películas era produção de uma empresa.
>
> Acompanhando o movimento cinematográfico de São Paulo, o professor Milano tentou então o sistema cooperativista e, aproveitando o renascimento do sentimento socialista, foi buscar os assuntos das produções literárias brasileiras. Fundou a Cooperativa Filme, que produziu *A caipirinha*, de relativo nome. Deixando pouco depois a Cooperativa Filme, o sr. Milano, com os srs. Antônio Leite, João Belvisi, Crispim de Carvalho e Antônio Campos, constituiu a empresa Romeiros do Progresso que conta apenas quatro meses de existência[46].

A primeira produção da Romeiros foi uma adaptação do conto "Os faroleiros", do livro *Urupês*, de Monteiro Lobato, lançado em 1918, verdadeiro *best-seller* do também pouco rendoso panorama literário nacional. Lobato tinha enorme prestígio e o *Correio Paulistano* registrou a visita que fez ao ateliê cinematográfico de Antônio Campos, onde "teve a grata surpresa de ver já concluído o filme *Os faroleiros* [Miguel Milano, 1920] [...]. A impressão recebida pelo sr. dr. Monteiro Lobato foi excelente"[47].

Exibido em "*soirée* artística" nas duas salas do Central e simultaneamente no Royal, tudo em 11 de março de 1920, o filme dirigido por Miguel Milano percorreu em seguida um circuito discreto na capital antes de se embrenhar pelo interior. Ainda durante a exibição em São Paulo, o *Correio Paulistano* publicou em primeira página um artigo grande de Lélis Vieira sobre *Os faroleiros*. Alguns parágrafos iniciais enaltecem a "formidável atividade" de São Paulo, "cérebro que não repousa".

> A talho de foice, aí está essa associação particular Romeiros do Progresso, pequeno núcleo de rapazes da nossa sociedade, funcionários de bancos desta praça, auxiliares de comércio e outras atividades que, tipicamente, realizam também, como em todas as outras coletividades, essas grandes conquistas do esforço, pondo em relevo o fulgor das suas energias e em foco a afirmativa das faculdades criadoras[48].

Seguem-se referências ao conto de Lobato e ao entusiasmo que provoca a visão do filme,

> empolgante espetáculo de quanto pode a energia e do quanto vale o trabalho.
>
> Tratando-se de moços ocupados nos seus empregos, é de admirar o devotamento com que se houveram para a confecção daquele filme, aproveitando-se eles das horas de refeições, dos domingos e dos feriados para levarem avante a magnífica ideia que conceberam[49].

Os amadores encarregados dos papéis são devidamente elogiados, e a fotografia de Antônio Campos merece destaque:

> há lindas vistas do mar, do cais de Santos, de Conceição de Itanhaém, entre as quais aparece o velho convento dos Jesuítas, construído em 1553 [...].
>
> Enfim, este acontecimento de "Os faroleiros" adaptado a filme cinematográfico parece banal e perdido no turbilhão da vida intensa da nossa terra; mas o que é fato é que ele demarca ainda uma vez as fortes qualidades criadoras dos paulistas, que tanto se elevam nas várias obras de conquista social como nos fastos de empreendimentos materiais.

Trilhem sempre os Romeiros do Progresso essa estrada de iniciativas, dilatem os moços dessa associação os horizontes das suas ideias que não desmentirão jamais o renome de S. Paulo, sempre que se cultue a galhardia do esforço e se entoem ditirambos ao brilho das iniciativas[50].

Para a segunda produção, a Romeiros do Progresso foi buscar o romance *O rio do quarto*, de Joaquim Manuel de Macedo, publicado em 1869. Não existe nenhuma informação da época ou posterior que explique por que o fotógrafo do filme, que recebeu o título *Como Deus castiga* (Miguel Milano e Antônio Leite, 1920), não foi Antônio Campos, mas o jovem Antônio Medeiros, de longo currículo no cinema brasileiro.

O *Correio Paulistano* possuía naquela época a seção "Os nossos bairros" e, por duas vezes, sob a rubrica "Bom Retiro", o professor Antônio Reimão Hellmeister, residente à alameda Cleveland, 89, escreveu sobre a Romeiros do Progresso. Na primeira delas, *Como Deus castiga* estava em vias de ser concluído, motivo suficiente para o cronista escrever na introdução:

Até que enfim podemos dizer implantada em nosso meio a indústria cinematográfica, muito embora o estúdio de que dispõe a nossa única sociedade no gênero não se compare aos colossais estúdios norte-americanos e europeus.

A sociedade Romeiros do Progresso, instalada no Bom Retiro, modestamente, mas com todas as comodidades exigidas pelo ramo de trabalho a que se dedica – teatro de poses, laboratórios, ateliê cenográfico etc. –, é um destes empreendimentos arrojados que encantam, mormente em se pensando que os 25 rapazes que a compõem, todos empregados, são, a um tempo, atores, cenógrafos, marceneiros, ferreiros, mecânicos e... "capitalistas"[51].

O professor assiste à preparação do último cenário do filme, afirma sua confiança na direção de Miguel Milano e informa que ouviu dizer que a fotografia de Medeiros "– operador efetivo da sociedade – é de uma nitidez que admira e encanta". "Da nossa visita à Romeiros do Progresso [...] saímos convencidos de que uma sociedade como esta, em que não faltam elementos para todo e qualquer trabalho, não necessita de grandes capitais para progredir e estabilizar-se"[52].

Como Deus castiga teve uma sessão especial no pequeno e velho Cine Congresso (inaugurado por volta de 1910), na praça João Mendes, e mereceu elogios do *Correio Paulistano*:

Há no filme pequenos senões: os quadros não têm a mesma nitidez.

Ao fundo das cenas aparecem às vezes alguns curiosos que tiram a naturalidade da ação.

Mas não se pode deixar de reconhecer que tudo isso nada é comparado com o admirável esforço dos principais intérpretes, que são, alguns deles, artistas de real valor e físico apropriado para os papéis que encarnam[53].

Mas, apesar do aparente prestígio de que gozava a sociedade, *Como Deus castiga* consegue apenas uma exibição no Éden, na rua São Caetano.

A Romeiros do Progresso produziu, além de *Os faroleiros* e *Como Deus castiga*, um *Romeiros Jornal*, com "documentação histórica de Conceição de Itanhaém"[54], aparentemente não exibido em São Paulo. "Tristeza à beira-mar", que não passou de projeto, é computado como realizado, porque os jornais, quando se referem a "Parasitas" – também não concluído –, tratam-no como uma quinta produção.

O professor Hellmeister traçou um quadro bastante completo do ambiente de filmagem de uma cena de "Parasitas", realizada talvez no domingo, 14 de novembro de 1920, para a qual a Romeiros convidou a imprensa e amigos. O seu texto sobre o assunto começa com o registro do primeiro aniversário da associação e em seguida descreve a sede social, à rua Júlio Conceição, 125, onde se reuniu "grande número de famílias gradas e de representantes da imprensa, a fim de assistirem à tiragem de algumas cenas do quinto filme, 'Parasitas'"[55]. Depois, discorre sobre a filmagem:

Na ampla área que serve de teatro de pose, diante da vasta sala em que se vai desenrolar a ação – sala rica, de belíssimo efeito cenográfico – o diretor artístico, professor Milano, dá o último golpe de vista à cena, enquanto o operador, sr. Antônio Medeiros, focaliza o aparelho [...].

Alguns artistas vão fazer a sua estreia e, [...] diga-se de passagem, o corpo artístico feminino da Romeiros é constituído única e exclusivamente de senhoras e senhoritas de famílias respeitabilíssimas em nosso meio que, fazendo causa comum com os rapazes, muitos dos quais seus esposos ou irmãos, só visam um fim – estabilizar a cinematografia nacional e moralizar o cinema, com a produção de filmes da moral mais pura [...].

O diretor posta-se ao pé do operador, ordena o desenrolar da ação, acompanha os menores movimentos dos personagens, corrigindo e incitando-os de viva voz.

É o ensaio e, como tal, interrompe a ação com o seu "alto!", vai a este e observa-lhe os defeitos da gesticulação, da mímica; vai àquele e corrige-lhe as passagens malfeitas ou os movimentos desordenados... E tudo isto com uma paciência de monge que os artistas retribuem com o máximo do seu bom humor e com os melhores propósitos de acertar.

Isto se repete até se dar o diretor por satisfeito.

Prevenidos de que "vão para a máquina", os artistas preparam-se, com ou sem receio, o operador manda a mão à manivela e os olhos no visor, e a voz do diretor atroa: "vá".

A ação começa firme e firme se desenrola, até ao momento em que a voz "alto!" do diretor faz estacarem os personagens na posição em que se encontram.

Seguem-se as aproximações: o operador aproxima ou afasta a máquina, de conformidade com as ordens recebidas e de acordo com as exigências da cena.

E deste modo sucedem-se os quadros, até chegar-se à cena final do trabalho do dia, cena em que figuram mais de quarenta figuras de ambos os sexos.

Verifica-se o metrônomo [*sic*] e este acusa 148 metros. Uma tarde bem aproveitada[56].

O texto conclui com "um brado de revolta" e "um apelo às autoridades constituídas, aos nossos comerciantes, industriais e capitalistas", pois "o punhado de moços que constitui a Romeiros do Progresso [...] tem encontrado dificuldades na colocação dos seus filmes". O fato é que "as empresas exibidoras, alegando sobrecarga de películas estrangeiras [...], furtam-se à passagem de filmes nacionais" e, para demonstrar sua má qualidade, tiram o foco no momento da projeção. Hellmeister indigna-se com esse procedimento e apela para o patriotismo dos "empresários cinematográficos", ao "dever de gratidão à terra que os agasalha"[57].

Não é justo que os Romeiros do Progresso [...] continuem a ser párias em sua própria terra. E, não sendo justo, preciso se torna que o governo se interesse por eles, que os encoraje, os ajude e consiga das empresas cinematográficas um dia da semana para a exibição de filmes nacionais.

Garantida, por este modo, a colocação dos filmes, novos agrupamentos artísticos formar-se-ão, virá a concorrência, desta a perfeição e a consequente saída dos nossos trabalhos para o estrangeiro, onde irão atestar o nosso progresso e tornar conhecida a pujança da nossa natureza privilegiada.

[...] Demasiado já fizeram os rapazes da Romeiros do Progresso, despendendo energias e boa parte dos seus ordenados em favor de uma ideia que a todos nós aproveita e que tantos obstáculos apresenta[58].

Em texto de teor semelhante, publicado em *O Estado de S. Paulo* dois dias antes, texto em que Jean-Claude Bernardet vê "algo de gênio", um articulista anônimo classifica os obstáculos colocados à cinematografia nacional em "naturais" – falta de artistas, de técnicos e de dinheiro – e "criados pela má vontade dos homens". Os primeiros seriam vencidos pelo tempo e pela tenacidade, como o foram nos países em que se implantou uma indústria cinematográfica. Quantos aos segundos, impostos "pelas empresas de exibição", que "não cogitam no desenvolvimento da cinematografia nacional",

[...] estes são invencíveis. A base da vitória estaria justamente num entendimento amigável entre os exibidores e os produtores. Do contrário não há o que fazer. Só uma medida legislativa teria força para dar fôlego ao cinema nacional. E consta que um projeto existe em elaboração no Congresso Federal [...]. Por essa lei, os cinemas serão obrigados, sob pena de um agravamento sério de taxas, a incluir nos programas ao menos uma fita nacional por semana. É fácil compreender o alcance dessa medida. Os exibidores, a fim de fugir à taxa, agirão, ao inverso de hoje, estimulando a produção interna. Nascerá a procura e em consequência disso a produção de filmes brasileiros, crescendo de vulto, irá de melhoria em melhoria até a vitória[59].

Se efetivamente havia algum projeto em tramitação no Congresso Nacional, os interessados em manter o controle sobre o comércio de exibição para o filme estrangeiro cuidaram para que não fosse avante – como o fariam em inúmeras outras vezes na história do cinema brasileiro. Os políticos podiam se interessar pela produção cinematográfica nacional, mas quando ela abordava suas próprias realizações ou quando tratava de negócios que lhes eram rendosos.

Podemos encontrar um exemplo disso na exibição do longa-metragem documental *No sertão brasileiro* (1919), no salão Verde do Central em junho de 1919. O filme fora encomendado pela Companhia Viação São Paulo-Mato Grosso, de importantes negócios de navegação fluvial e transporte de gado e café. À sua exibição estiveram presentes Altino Arantes, presidente do estado de São Paulo; Cardoso de Almeida, secretário da Fazenda; Júlio Prestes, deputado estadual; Pedro de Toledo, ex-ministro de várias pastas, "numerosos fazendeiros paulistas, pessoas de destaque e distintas famílias do nosso meio social"[60]. Entre os fazendeiros, destacava-se Artur Diederichsen, principal capitalista da companhia – sócio de Francisco Tibiriçá, primo de Jorge Tibiriçá, também grande fazendeiro, ex-governador do estado e ex-presidente do Partido Republicano Paulista.

O filme (anunciado também como *Indiana e Porto Tibiriçá*) havia sido realizado pela São Paulo Natural Filme, do cinegrafista Gilberto Rossi, e a imprensa elogiou bastante os cuidados artísticos da película, que tornava "conhecidas as riquezas extraordinárias do nosso país, que só o desbravamento completo dos nossos sertões, onde jazem esquecidas, pode tornar aproveitadas como devem ser"[61].

Gilberto Rossi, ilustre membro das hostes italianas que enriqueceram o cinema brasileiro, foi certamente o homem de maior prestígio na década de 1920 paulista. Nascido em Livorno, mas crescido e formado em Pisa, quando chegou ao Brasil em 1911 era homem feito, já excelente profissional de fotografia e com família constituída. Um compatriota havia acenado São Paulo como paraíso virgem para um cinegrafista. Rossi entusiasmou-se, mas, ao perceber que na cidade ninguém sabia o que era um cinegrafista, embrenhou-se pelo interior e chegou aos sertões de Mato Grosso, onde permaneceu por alguns anos como fotógrafo e realizando outros comércios.

De volta a São Paulo, filma reportagens para cinejornais e documentários. Associa-se a Arturo Carrari, também cinegrafista italiano chegado ao Brasil em 1911. Além de documentários, realizam *O crime de Cravinhos* (1919), o grande sucesso brasileiro do ano. Uma filha de Iria Alves Ferreira[62], a "Rainha do Café", com vastíssimas propriedades na zona rural de Ribeirão Preto, casara-se em Paris com um francês, mas, ao descobri-lo aventureiro, voltara para o Brasil e morrera de gripe espanhola. O francês aparece na fazenda Pau Alto atrás de sua parte da herança e, dias depois, encontram seu cadáver barbaramente mutilado. Presos e interrogados, os assassinos indicam a Rainha do Café como mandante do crime[63]. Jornais de todo o país dedicam páginas ao caso; Washington Luís, recém-empossado presidente do Estado, é acusado de proteger fazendeiros e políticos envolvidos; e dona Iria acaba nem sendo indiciada. Ainda durante o inquérito, Rossi e Carrari rapidamente realizam uma fita "reconstituindo" o crime, mas a polícia proíbe a exibição. Os produtores recorrem, e a justiça libera a fita. Lançado em 25 de novembro no Palace Theatre, na avenida Brigadeiro Luís Antônio, em dois dias 8.279 pessoas assistem ao filme[64]; em 5 de dezembro, registram-se 25.643 espectadores apenas na capital. Em abril de 1921, é anunciado que três novas cópias haviam sido feitas para correr o interior do país[65].

No entanto, Rossi e Carrari separam-se logo depois de *O crime de Cravinhos*. A Carrari voltaremos adiante. Quanto a Rossi, sabe-se que ele procura Washington Luís e se propõe a fazer documentários de propaganda de São Paulo no exterior em troca de uma subvenção. Consegue um conto de réis por mês e, pouco depois, dá início à série *Rossi Atualidades*[66], cinejornal cujo primeiro número é exibido em dezembro de 1921, na inauguração do Cinema República – a nova sala da elite paulistana. Em 1930, o cinejornal alcançará mais de duzentas edições.

O dinheiro do governo possibilitou a Gilberto Rossi transformar-se no principal produtor paulista. Permitiu também que produzisse filmes de enredo, principalmente com direção de José Medina (descendente de espanhóis), com quem havia feito um curta de ficção a título de experiência: *Exemplo regenerador* ou *Prelúdio que regenera* (1919). Em pouco mais de cinco minutos, o filme narra, em corretos enquadramentos e perfeita articulação de planos, o episódio burguês de um marido atraído pelos prazeres mundanos a quem um mordomo atento reconduz à felicidade doméstica. Todos os filmes feitos pela dupla Medina-Rossi[67] se perderam, à exceção desse curta e de *Fragmentos da vida* (1929). "Os posados ocupavam muito mais tempo e rendiam muito menos dinheiro", declarou Gilberto Rossi em entrevista[68], e ele tinha família para sustentar. Melhor atender ao compromisso com o governo, que ainda permitia à Rossi Filme fazer documentários para comerciantes, fazendeiros e industriais.

A produção documental de Gilberto Rossi foi tão extensa que, mesmo tendo sofrido um incêndio que destruiu seu laboratório e filmes e a despeito da difícil preservação do patrimônio audiovisual brasileiro, ainda hoje podem ser vistas cerca de duas dezenas de filmes, na íntegra ou em fragmentos, produzidos por ele durante o tempo do cinema silencioso. Número significativo apenas aparentemente, diante das muitas centenas de documentários e cinejornais realizados pela Rossi Filme. Mesmo assim, isso representa parcela importante dentro dos menos de 10% da produção silenciosa brasileira preservada.

Nenhuma edição do *Rossi Atualidades* sobreviveu na íntegra, mas podemos assistir a um documentário sobre as obras do prefeito Pires do Rio, a uma antologia de reportagens sobre a Força Pública do Estado de São Paulo, sobre uma fábrica de calçados em Franca, sobre o Hospital do Juqueri, o Instituto Butantã, fazendas de café etc. Um longa-metragem sobre a Companhia Paulista de Estradas de Ferro e a montagem de 750 vagões em terrenos da Companhia Docas de Santos apresenta um dos mais sensacionais planos do cinema silencioso brasileiro: durante cerca de quatro minutos, a câmera, a partir de um guindaste, filma em panorâmicas cada vez mais próximas toda a área de trabalho com os operários em febril atividade. Em outro momento, as imagens de locomotivas elétricas e a vapor em reparo nas oficinas de Rio Claro demonstram, por um lado, grande apreço pela operosidade humana e, por outro, admiração incontestável pela grandiosidade e desenvolvimento da tecnologia moderna.

De certa forma, e em maior escala, Gilberto Rossi assume na década de 1920 o papel que Antônio Campos desempenhara na anterior. Aliás, a virada da década marcou uma radical mudança no foco das atividades cinematográficas de Campos. Em 1920-1921, ainda encontramos registros de exibição aqui e ali de documentários seus, e um deles sobreviveu: *Itapetininga* ou *Festa em Itapetininga* (*c.* 1920). Apesar da imagem bastante prejudicada pela decomposição, trata-se de um registro encantador dos festejos folclóricos na histórica cidade, com filmagem da dança de caiapós e sobretudo das diferentes fases da cavalhada. No final, a brincadeira de um intertítulo que reza "os meninos incorrigíveis de Itapetininga", seguido de uma panorâmica com um grupo de senhores de cabelos e barbas brancos.

Em texto de 1930, Campos relata a criação da censura cinematográfica em São Paulo a partir de sua experiência no Salesiano do Sagrado Coração dos Jesus. Por volta de 1907, Serrador alugara o teatro do Liceu para exibir os filmes que importava.

> A primeira vez em que apareceu uma fita imprópria para exibição naquela casa salesiana, os padres pretenderam interditá-la. [...] Mas o sr. Serrador explicou que, nem todas as cenas sendo desagradáveis à moral da casa, o filme poderia ser cortado e recortado, sem necessidade de se suspender sua apresentação. E isso [...] tornou-se uma ação sistemática. O sr. Serrador ensinou aos padres o manejo da tesoura no celuloide e a maneira da emenda dos cortes[69].

Não havia nenhum mecanismo federal de censura e, por volta de 1921, a polícia de São Paulo "chamou a si a tarefa"[70]. A partir daquele momento, Antônio Campos tornou-se o principal funcionário do Departamento de Censura Teatral e Cinematográfica, ligado ao Gabinete de Investigações da Polícia do Estado, e será nesse papel que iremos doravante encontrá-lo.

Depois de desfeita a sociedade com Rossi, Arturo Carrari, que desenvolvera intensa atividade documental até o final dos anos de 1910, foi responsável por uma nova tendência do cinema paulista, que em pouco se espalharia por todo o país: a realização (ou promessa de realização) de filmes de ficção a partir de escolas de cinema. A inspiração de Carrari foi a italiana Scuola di Recitazione per Attori Cinematografici, criada em 1914 por Paolo Azzurri (ator, diretor e produtor) e que se tornou conhecida como Scuola Cinematografica Azzurri. Parece que Carrari tinha conseguido autorização formal para utilizar o nome quando criou a sua Escola Artística Cinematográfica Azzurri, inaugurada em fevereiro de 1921 no Brás e em novembro transferida para a rua Quintino Bocaiúva, no centro. Além de Arturo, seu filho José era um dos diretores, ao lado de Nino Ponti (pseudônimo de Américo Matrangola, nascido em Sertãozinho e de ascendência italiana), ligado a diversos assuntos de cinema na São Paulo da década de 1920.

A ideia das escolas de cinema era atrair pessoas interessadas em trabalhar como atores e atrizes. Com as mensalidades pagas pelos alunos, as escolas – pelo menos as sérias – criavam um fundo para a produção de filmes interpretados pelos próprios alunos. Na verdade, as escolas fizeram mais do que isso. Nas palavras de Maria Rita Galvão, as escolas

> eram um lugar onde se conversava sobre cinema, onde se sabia de tudo o que se fazia em cinema, onde se encontrava gente que queria fazer cinema. [...] Muito mais que atores, as escolas formavam técnicos, operadores, cinegrafistas, laboratoristas que, por sua vez, se encarregavam de transmitir a outros os conhecimentos adquiridos[71].

São Paulo já era um conglomerado de bairros que o mais das vezes tinham uma vida própria. Prova disso é que, para encontrar informações sobre a Romeiros do Progresso, por exemplo, foi útil olhar a seção "Os nossos bairros" do *Correio Paulistano*. O mesmo vale para o Brás, em um texto anônimo dessa seção descrevendo uma visita à recém-criada Escola Artística Cinematográfica Azzurri, instalada

> no vasto salão do sobrado da avenida Rangel Pestana, esquina da avenida Martin Burchard.
>
> O grande salão foi dividido ao meio por uma grande cortina.
>
> Dum lado fica a sala de leitura. Estão dispostas aí várias mesinhas apinhadas de jornais e revistas, especialmente de arte e de cinematografia [...].
>
> Do outro lado da cortina é a sala de estudos. Bem extensa, com vários espelhos, onde os alunos estudam e educam as contrações dos músculos faciais.
>
> Quando lá estive, um grupo de atentos rapazes ouvia as explicações do professor.
>
> Existem cursos dramático e cômico, com a duração de poucos meses e para os quais é paga uma módica contribuição.
>
> No próximo mês será tirada a primeira fita de assuntos nacionais.

E assim é que a escola, fundada não faz dois meses, conta mais de 170 alunos, dentre homens, mulheres e crianças, todos entusiasmados e convictos do brilhante resultado que terá[72].

A promessa da primeira fita foi cumprida no prazo. Em maio, em sessão especial no Central, foi projetada *Uma festa de caridade* (Arturo Carrari, 1921), em quatro partes. Pelas descrições, tratava-se de um documentário seguido de um episódio dramático. O conde Francisco Matarazzo, no Hospital Humberto I, assenta a pedra fundamental de "um novo pavilhão em memória do seu inesquecível filho, comendador Ermelino Matarazzo". Discursos e champanhe. Em seguida, a festa muda-se para o parque da avenida Paulista (atual parque Siqueira Campos), onde se realiza uma quermesse. Estão lá milhares de pessoas, entre elas alguns alunos da Azzurri. Um rapaz, ao defender uma senhorita que vende flores beneficentes, atira no amigo de um galanteador ousado. O ferido é levado de automóvel para o Humberto I, onde a bala é extraída, o que não exime o rapaz de delirar com o incidente no parque[73]. Além da especial, *Uma festa de caridade* teve uma sessão pública no Mafalda, na avenida Rangel Pestana, mas a questão do retorno do capital investido na fita não se colocava: ela já estava paga, financiada por Matarazzo.

Nesse mesmo ano, a Azzurri apresentou o documentário *Um passeio na encantadora praia do Guarujá* ou *As belezas do Guarujá* (1921), com sessão especial e uma exibição no Central. Pouco se sabe sobre *O misterioso roubo dos quinhentos contos do Banco Italiano de Desconto* (Arturo Carrari, 1922), produzido pela Azzurri e exibido no Colombo em dezembro de 1922. Aparentemente, como em *O crime de Cravinhos*, tratava-se da reconstrução ficcional de um caso de desfalque, mas a repercussão demonstrou que esse tipo de crime não atraía tanto o público quanto um assassinato com mutilação e uma Rainha do Café como suspeita de mandante.

Fechada a Azzurri – ao que tudo indica, em 1923 –, Arturo Carrari e os filhos continuaram filmando sobretudo documentários de encomenda com a sua Guarani Filmes. Foram várias vezes acusados de enganar fazendeiros que queriam ver suas propriedades na tela: embolsariam o dinheiro da encomenda e não apresentariam filme algum. Curiosamente, dos dois filmes sobreviventes da Guarani, um deles é exatamente sobre as fazendas de café da família Martoni, na região de Pirajuí. *O progresso da Noroeste* (1928) foi doado à Cinemateca Brasileira por Auzélia Martoni Cardoso de Melo, mãe da futura ministra da Fazenda de Fernando Collor, famigerada por ter confiscado a poupança de todos os brasileiros em 1990. O filme documenta esplendidamente a riqueza dos cafezais, as sedes das fazendas e as relações sociais dos Martoni, que perderiam toda a sua fortuna com a monumental crise que se abateu sobre o café brasileiro na virada da década de 1930. O outro filme remanescente da Guarani, o também longa-metragem *Companhia Mogiana*

(1925-1926), apenas parcialmente preservado, apresenta imagens das oficinas da companhia em Ribeirão Preto, vistas de cidades atravessadas pela Mogiana e uma exposição de locomotivas em Campinas, por ocasião do centenário do transporte ferroviário.

Entre os alunos da Azzurri que deram significativa contribuição ao cinema silencioso paulista, João Cipriano merece destaque: foi responsável por um dos poucos longas-metragens de ficção sobreviventes: *O segredo do corcunda* (Alberto Traversa, 1924). Cipriano era encanador, morava no Brás e praticava com persistência o teatro amador na Trupe Dramática Juventude, na Federação Espanhola e no grupo das Classes Laboriosas. Na Azzurri, conheceu Francisco Garcia, que tinha um ferro-velho. Quando a escola fechou, ambos encasquetaram com a ideia de fazer um filme a partir de um argumento de Cipriano. Com um pequeno capital formado por suas economias, procuraram Gilberto Rossi que, encantado com a obstinação dos rapazes, concordou em entrar com a filmagem e o laboratório, onde realizou cuidadosos trabalhos de viragem e tingimento das cenas. O diretor, Alberto Traversa, apresentado por Nino Ponti a Cipriano[74], havia dirigido filmes na Itália e na Argentina[75].

Filmado em uma grande fazenda de café no interior do estado, como diz um intertítulo "cornucópia de ouro que derrama benefícios para todo o país", na Vila Clementino e em cenários internos montados no quintal da casa de Gilberto Rossi, *O segredo do corcunda* é o mais bem-sucedido exemplo existente de uma dramaturgia popular transposta para o cinema. O elenco, integralmente formado por amadores, encarna muito mais tipos do que personagens, a divisão entre o bem e o mal não dá margem a dúvidas e a conclusão é certeira: o pobre caboclo casa-se com a filha do fazendeiro[76].

Lançado no Natal de 1924, *O segredo do corcunda* fez boa carreira em São Paulo, capital e interior, e em Minas Gerais. A fita havia custado muito pouco e o lucro obtido permitiu que, em 1926, João Cipriano viajasse para Portugal e a exibisse em Lisboa e no Porto.

CAVAÇÃO DE ELITE

Em texto sobre a presença do cinema brasileiro na Exposição Internacional do Centenário da Independência do Brasil, realizada de 7 de setembro de 1922 a 2 de julho de 1923 no Rio de Janeiro, Eduardo Morettin escreveu: "Pela primeira vez em sua história, o Estado brasileiro ocupava-se do cinema"[77]. Isso é verdade se o autor estiver se referindo à esfera federal do governo, porque já vimos que as outras esferas há tempos tinham relações com o cinema brasileiro. Aprofundando um pouco mais a afirmação, podemos dizer que o envolvimento do cinema brasileiro com a Exposição do Centenário pela primeira vez atraiu membros da elite nacional para a área de produção cinematográfica. Dinheiro e prestígio estiveram envolvidos em todas as etapas do monumental evento e certamente pesaram na escolha feita pela Comissão Executiva das produtoras que, com exclusividade, ficaram encarregadas de filmar os documentários que seriam exibidos nos recintos da Exposição. Não que a comissão pagasse regiamente pelos filmes, mas a exclusividade garantia à empresa escolhida um manancial de recursos de órgãos públicos e empresas privadas interessadas em fazer propaganda de suas realizações e potencialidades durante a Exposição.

A contemplada de São Paulo foi a Pamplona, Del Picchia & Cia., dona da marca Independência Filme, criada especialmente para, em 20 de março de 1922, assinar o contrato de exclusividade e prestação de serviços. Do contrato, participava a carioca Omnia Filme e, inicialmente, as duas seriam as únicas credenciadas a filmar os pavilhões da Exposição, suas festas, fogos de artifício, concertos, inaugurações etc. Provavelmente por pressão das outras produtoras do Rio de Janeiro, o prefeito Carlos Sampaio suspendeu, no dia mesmo da abertura, a "intervenção indébita", tornando livre a filmagem nos recintos da Exposição[78].

Os Del Picchia da razão social eram José e Paulo Menotti. José responsabilizava-se pelas filmagens; e Menotti, pelo prestígio, adquirido como poeta (seu popular *Juca Mulato* é de 1917), como cronista social do *Correio Paulistano* desde 1920 (assinava "Hélios") e como membro ativo do Partido Republicano Paulista (em 1926, seria eleito deputado estadual pela primeira vez). O terceiro membro da sociedade e responsável por seu capital era Armando Leal Pamplona, de família rica, proprietária da Companhia Melhoramentos de São Caetano do Sul, entre outros empreendimentos[79]. Estudara na Itália, era advogado, ligado ao Banco Cooperativo Comercial de São Paulo e membro do PRP. Sócio muito ativo da Rádio Educadora Paulista, durante as eleições presidenciais de 1930 foi alvo de ataques por parte do *Diário Nacional,* que o acusava de colocar a Educadora a serviço do PRP, além de ser "detentor de uma sinecura na Censura Teatral"[80]. Obviamente perdeu muito com a Revolução de 1930. Em suma, o cinema paulista, até então formado por imigrantes, amadores de teatro, pequenos comerciantes, encanadores etc., nunca havia abrigado em seu seio nomes tão prestigiosos.

A Independência realizou 19 documentários para a Exposição do Centenário, sendo seis de longa-metragem. Durante sua curta existência, aliás, trabalhou exclusivamente com essa finalidade: filmes sobre o estado de São Paulo, casas comerciais da capital, culturas agrícolas e, sobretudo, café – da queimada para o plantio do grão à forma de preparar e servir o café em xícaras de porcelana. Dessa produção sobreviveram um pequeno curta, *Floricultura de João Dierberger*, e o longa *Companhia Fabril de Cubatão* (João de Sá Rocha, 1922), sobre uma fábrica de papel, produção à qual Morettin dedicou alguns parágrafos[81]. É dele também uma análise detalhada de *Ipiranga* (1922), que sobreviveu não sob a forma de filme completo, mas de alguns rolos de negativo não montado. Segundo suas pesquisas, as filmagens, que acompanham a construção do monumento do Ipiranga e a remodelação do espaço que o cerca, começaram em 1922 e talvez algumas imagens tenham sido utilizadas nos filmes entregues pela Independência à Exposição do Centenário. As imagens de trabalho são esplêndidas, e chama particularmente a atenção o plano de um operário comendo sua marmita ao lado de uma velha senhora com a sombrinha aberta[82]. Não relacionados à Exposição do Centenário, existem ainda, da produção da Independência, um curta sobre a cidade de Franca e *A Sociedade Anônima Fábrica Votorantim* (1922), longo documentário sobre as diferentes atividades da gigantesca empresa.

A Pamplona, Del Picchia & Cia. dissolveu-se em 26 de fevereiro de 1923[83], com a retirada dos Del Picchia. Estes criaram a Hélios Filme – obviamente em alusão ao pseudônimo de Menotti no *Correio Paulistano* –, da qual sobreviveu o curta *Taubaté em foco* (1927), a propósito da visita que Dino Bueno, presidente do Estado em exercício, fez ao município, e, provavelmente tirado na mesma oportunidade, o também curta *Fazenda Cataguá* (1927), sobre a propriedade de Félix Guisard Filho, homem público e historiador taubateano.

Armando Leal Pamplona não ficou sozinho por muito tempo. Nesse ínterim, produziu um documentário para a Sociedade de Produtos Químicos L. Queiroz, sobre o combate à saúva, e o ainda existente *O sagrado preito do povo de S. Paulo à memória de Ruy Barbosa: 25 março 1923* (1923), que registra as cerimônias de pesar pela morte de um dos orgulhos nacionais. Em maio, Pamplona lança o cinejornal *Sol e sombra* – que atingirá cerca de 120 edições até 1929 – e, quase ao mesmo tempo, funde-se com a Omnia Filme do Rio de Janeiro, criando a Empresas Reunidas Independência Omnia Filme.

Em 1924, a Independência Omnia lançaria seu grande sucesso longo: *Nos sertões do Avanhandava* (1924), documentário sobre as caçadas organizadas anualmente pela família Junqueira de Ribeirão Preto, em territórios ainda virgens do estado de São Paulo. Um comentário quando da exibição especial no República destacou os saltos de Avanhandava e Itapura, "de uma beleza magnífica, que se não descreve e que mostram bem a grandeza nossa". Pela fita, maravilha-se o comentarista, "é possível avaliar-se, em toda a sua plenitude, a exuberância da nossa terra, a grandiosidade inigualável da sua selva, da sua natureza prodigiosa"[84]. O filme teve composição especial de Marcelo Tupinambá e compilação musical do maestro Raul de Toledo Galvão, cuidados de acompanhamento pouco frequentes no cinema silencioso brasileiro. Lançado em abril, mais de 10 mil pessoas assistiram ao filme em seus dois primeiros dias de exibição, e outras 5 mil foram contabilizadas na exibição no Colombo e no Fênix[85]. No Rio de Janeiro, distribuído pelo Programa Matarazzo, *Nos sertões do Avanhandava* reabriu o Rialto, ficou uma semana em cartaz e atraiu "uma avalanche humana"[86].

No interior do estado, em uma porção bem menos virgem do que aquela onde os Diniz Junqueira faziam suas caçadas, a produção cinematográfica nacional também se manifestava. É o que demonstram anúncios da exibição em São Paulo de *João da Mata* (Amilar Alves, 1923), em dezembro de 1923, e de *Sofrer para gozar* (E. C. Kerrigan, 1923), em março de 1924, filmes realizados na cidade de Campinas. Aproveitaremos esses anúncios para abrir um parêntese campineiro.

PARÊNTESE CAMPINEIRO[87]

O movimento de produção cinematográfica campineiro no período silencioso durou cinco anos e é interessante porque compartilha, de maneira concentrada, as características do cinema que se praticava na capital do estado. Relações com grupos filodramáticos, escolas de cinema, cooperativa, documentários encomendados, adaptações literárias, tudo está presente em Campinas, mas, como era de se prever, nada engrena.

Campinas deveu sua riqueza e progresso à cultura cafeeira, e um dos seus orgulhos era rivalizar com a capital da província durante boa parte do século XIX. Clubes recreativos, sociedades literárias e musicais em geral abrigavam também grupos amadores que desenvolviam sua prática no teatro São Carlos, inaugurado em 1850 e, depois, no teatrinho que o primeiro bispo da cidade fez construir anexo ao Externato São João. As primeiras salas fixas de cinema surgem em 1909, mas somente com a eletrificação da iluminação pública e o desenvolvimento do transporte coletivo estabilizam-se e adquirem aceitação generalizada. A partir desse momento, pelo menos três cinemas funcionaram simultaneamente na cidade.

De acordo com o Censo Demográfico de 1920, Campinas possuía a segunda maior população do estado, superando Santos. Com mais de 100 mil habitantes, contava com indústrias variadas, estabelecimentos de ensino, teatros e cinemas e era berço de alguns dos principais políticos responsáveis pela condução do país durante a Primeira República, sem esquecer, claro, que também era a cidade natal de Carlos Gomes.

A iniciativa para a realização do primeiro filme campineiro emana desse complexo econômico, político e cultural. Um de seus pivôs, Amilar Alves, era secretário da Prefeitura de Campinas – cargo de carreira – e tinha uma atuação importante no movimento teatral amador da cidade. Há registro da encenação de uma peça de sua lavra já em 1911, e ele foi durante anos o ensaiador privilegiado dos grupos que se apresentavam no Externato São João.

Para um concurso da Academia Brasileira de Letras realizado em 1920, Amilar Alves escreveu a peça *João da Mata*, versando sobre um coronel prepotente que maltrata e expulsa de suas terras os colonos que não querem fazer suas vontades.

Com um apêndice sobre os procedimentos utilizados na transposição do linguajar sertanejo para o texto dramático, o trabalho mereceu elogios dos acadêmicos. Foi cercada da auréola do reconhecimento da Academia que *João da Mata* estreou no teatro São Carlos, em novembro de 1921.

Não há certeza sobre de quem teria sido o impulso original para transportar a peça para o cinema, mas isso sucedeu logo. Num caderno em que foram sistematicamente anotadas as receitas e despesas envolvidas na realização e exibição do filme *João da Mata*, a primeira entrada é de 2 de fevereiro de 1922. Amilar conquistou para o projeto a simpatia de três respeitáveis comerciantes locais que, com ele, se cotizaram para reunir cerca de sete contos e 400 mil réis – o capital do grupo que se autodenominou Fênix Filme.

Para a execução propriamente cinematográfica do empreendimento, foi fundamental a participação de Felipe Ricci, que tinha um ateliê de pintura e se especializara na confecção de transparências com anúncios comerciais e outros conteúdos, projetados nos intervalos dos filmes. Apaixonado por cinema, foi provavelmente Ricci quem se encarregou de dar um tratamento cinematográfico ao texto dramático de Amilar. Foi responsável também por entrar em contato com Thomaz de Tullio, figura-chave para o movimento campineiro. Os recursos da família Tullio, proprietária de uma grande marcenaria especializada na confecção de móveis finos, permitiram a Thomaz, já adolescente, aprofundar-se em fotografia e instalar em casa um laboratório com equipamentos modernos e bons aparatos técnicos. Interessado em aprender fotografia cinematográfica, foi para São Paulo, onde se empregou na Independência Filme. Ricci o procurou e juntos descobriram uma câmera usada – uma Pathé de 1910 ou 1912 – à venda, que Ricci adquiriu. As despesas para a compra de químicos e a construção dos teares de madeira para a revelação de negativo, cópia e confecção de intertítulos foram assumidas pela Fênix, e Thomaz de Tullio montou um pequeno laboratório no porão da casa de sua família, em Campinas.

O elenco de *João da Mata* foi constituído em parte pelos amadores que haviam apresentado a peça no São João. Exceções notáveis foram o personagem-título e sua noiva: João da Mata foi interpretado por Ângelo Fortes, serralheiro com boa experiência filodramática, e seu par foi interpretado por Carlota Richerme, filha de um maquinista da estrada de ferro. As filmagens prolongaram-se de janeiro a agosto de 1923, porque se trabalhava apenas aos domingos e feriados.

João da Mata é o único filme silencioso de Campinas do qual sobreviveram imagens em movimento: trata-se de fragmentos diversos e a sequência final praticamente inteira da luta entre o herói e o coronel vilão. Nas cenas que representam interiores, verifica-se certa teatralidade de representação, embora haja desenvoltura no uso do plano médio entrecortado de primeiros planos dos diferentes interlocutores. Os cenários internos foram todos montados ao ar livre, cobertos com um tecido leve para evitar que o sol incidisse diretamente sobre os atores. O vento batendo na cobertura e nas paredes falsas, entretanto, permite de vez em quando a entrada de réstias de sol, inclusive na luta final no escritório do coronel. A teatralidade desaparece nas cenas externas, como no idílio de João da Mata e a noiva perto de um poço. Como a cena é mais uma brincadeira do que um idílio propriamente dito, a câmera alterna planos próximos e médios e se movimenta sem constrangimento, o que certamente era trabalhoso para Thomaz de Tullio, porque o tripé utilizado não permitia o movimento da câmera sobre o próprio eixo. A mesma desenvoltura é perceptível numa espécie de documentário sobre os trabalhos com café inserido no drama e deveria existir também numa cena de rodeio. Nota-se certa verborragia – talvez porque tenham sobrevivido mais intertítulos do que imagens em movimento –, mas houve preocupação de transformar em imagens algumas metáforas do texto teatral, como o sabiá que volta a cantar depois da tempestade e a víbora, milenar representante do mal, esmagada sob o tacão de uma bota.

A movimentação cinematográfica acabou atraindo a atenção da imprensa local, que apresenta a Fênix como um brilhante a enriquecer ainda mais o diadema industrial campineiro. A estreia de *João da Mata* se deu em outubro de 1923, simultaneamente nos dois principais cinemas da cidade, o Rink e o Coliseu, alugados pela produtora. Nas semanas seguintes, o filme é reprisado nos dois outros cinemas da cidade, o Cassino e o São João. Esgotado o mercado local, os capitalistas da Fênix tentam uma carreira para o filme no Rio de Janeiro, mas esta se reduz a uma sessão especial para a imprensa às 11 horas da manhã de um sábado, "no Cinema Central, gentilmente cedido pela Empresa Cinematográfica Pinfildi"[88]. Os comentários positivos publicados nos jornais cariocas, contudo, não tiveram o efeito desejado de interessar algum exibidor pela carreira comercial de *João da Mata*. Em São Paulo, a fita foi exibida na inauguração do Cine Fênix, na Vila Mariana, em 18 de dezembro para a imprensa e, para o público, no dia 19[89]. Com duas outras exibições em bairros, *João da Mata* encerra sua carreira comercial na capital do estado. Restava para a Fênix o interior do país. O caderno de receitas e despesas de *João da Mata* tem anotada sua exibição em quinze cidades do interior de São Paulo e em Uberaba (MG). No início de 1926, quando é feita a última anotação no caderno, o *deficit* da produção era de um conto e 700 mil réis.

O meio cinematográfico paulista era acanhado e a notícia de que em Campinas estava se fazendo cinema logo se espalhou. As filmagens de *João da Mata* estavam em pleno andamento quando chega à cidade, para iniciar sua carreira cinematográfica, uma das mais intrigantes figuras do cinema brasileiro: E. C. Kerrigan – ou Eugênio Centanaro, ou Eugênio Cendler Warren Kerrigan, ou conde Eugênio Maria Piglione Rossiglione de Farnet, entre outros prováveis nomes que usou ao longo dos anos[90]. Apresentando-se como diretor com experiência na Paramount, Kerrigan instala-se numa pensão e abre a Escola Cinematográfica Campineira[91]. Logo conquista alunos, inclusive alguns que faziam parte do elenco de *João da Mata*. Valendo-se de seu poder de convencimento, obtém também a colaboração de Felipe Ricci e Thomaz de Tullio. Em pouco tempo, Kerrigan monta um espetáculo no teatro do Externato São João, com alunos da escola, dois refletores e a Pathé de Ricci, tudo "em cena aberta", demonstrando como se faziam os "truques cinematográficos"[92].

Os jornais anunciam que, com o apoio de dois capitalistas locais (ambos de ascendência portuguesa e ligados a transações imobiliárias), a cidade possuía sua segunda produtora, a Apa Filme – na verdade, A.A.P.A., derivada do lema latino *Ad augusta per angusta*, isto é, ao triunfo, por árduos caminhos. Além de Luiz Augusto Carneiro e Otacílio Fagundes, havia pequenos investidores e o capital reunido informado era de sessenta contos de réis. Os capitalistas alugam um terreno e constroem um galpão descoberto para a montagem de cenários. Alugam também um sobrado para os escritórios e a escola. Thomaz de Tullio constrói um parque de iluminação, com lâmpadas incandescentes montadas em estruturas de madeira. Ricci vende sua velha Pathé para a Apa, que também adquire uma Debrie mais moderna e uma terceira câmera, uma Prevost.

A primeira produção intitulou-se *Sofrer para gozar*, e o enredo era de Kerrigan: o bêbado Tim maltratava a mulher Edith, que, por sua vez, era cortejada pelo vilão Jacques, dono do cabaré local. Decidido a saciar seus desejos, o vilão providencia a morte do bêbado, junto a uma porteira. Mas a viúva não se submete, e o vilão a obriga a trabalhar em seu cabaré, estilo faroeste, onde um chinês conduz os jogos de roleta. Edith sofre até o aparecimento do galã, um jovem e loiro comprador de gado. O galã apaixona-se por Edith, surra o vilão e o manda para a cadeia.

O vilão de *João da Mata* e de *Sofrer para gozar* foi W. Rodrigues, pseudônimo de José Rodrigues, secretário no Externato São João; a heroína Edith foi Vicentina Richerme, que usou o pseudônimo de Cacilda Alencar; sua irmã Carlota, agora com o pseudônimo de Juraci Aimoré, fez o papel de uma moça do cabaré. O herói loiro foi Ricardo Zarattini[93], empreiteiro de obras.

Como acontecera com *João da Mata*, as salas campineiras precisaram ser arrendadas para o lançamento da primeira produção da Apa Filme. Exibida em dezembro de 1923 no Rink, no Cassino e no Coliseu (e reprisado neste em uma sessão um mês depois), *Sofrer para gozar* foi bastante apreciado pela imprensa local, ainda que ela se dividisse entre louvores às bonitas paisagens do noroeste do estado e críticas à excessiva americanização de nomes, cenários e situações. Atores e fotografia foram unanimemente elogiados. Na capital do estado, após uma sessão especial para a imprensa em março de 1924, no República, a fita foi lançada em junho no mesmo cinema e depois em sete outras salas, um dia em cada uma. A carreira foi interrompida pela Revolução de 1924, comandada por Isidoro Dias Lopes. Com a derrota revolucionária e mesmo com a cidade devastada pelas forças governamentais, *Sofrer para gozar* retomou a carreira, sendo exibido por mais três dias, em três salas diferentes. Na capital federal, o filme obteve com certeza apenas uma sessão especial no Pathé, em abril de 1925, conseguida por Pedro Lima, da revista *Selecta*, que mantinha correspondência com diferentes pessoas do movimento campineiro.

A conclusão de *Sofrer para gozar* marca o desligamento de Kerrigan da Apa, por motivos nunca esclarecidos: uns falam das sucessivas demonstrações de que ele pouco entendia de cinema, outros do desmascaramento de sua falsa identidade e experiência norte-americana. Kerrigan tenta criar uma segunda escola de cinema, mas prosseguirá a carreira cinematográfica em São Paulo, Guaranésia (MG) e Porto Alegre (RS). Há registro de tentativas suas também em outros pontos do país.

Durante 1924 a Apa nada produz. Felipe Ricci, agora diretor artístico, elabora roteiros, ensaia elencos, encena um projeto no salão do Cultura Artística e publica artigos sobre cinema em jornais locais e em *Selecta*. Enquanto isso, organiza-se em Campinas uma terceira produtora, a Condor Filme, que realiza e lança, no segundo semestre de 1924, *Alma gentil* (Antônio Dardes Netto, 1924). A iniciativa foi do barbeiro Antônio Dardes Netto e de Eustáquio Dimarzio, que havia sido pastor de carneiros, pedreiro e cocheiro na capital e, em Campinas, balconista num armazém de secos e molhados. Com ideias, mas sem dinheiro, os dois jovens procuram um terceiro, Aladino Selmi, herdeiro do Pastifício Selmi, de massas e biscoitos. Aladino se entusiasma e entra com o pequeno capital e o argumento do filme. Dardes dirigiu, Dimarzio foi o galã, Thomaz de Tullio fotografou e Felipe Ricci montou. O filme modestíssimo, com um enredo que narrava o amor de um pastor de ovelhas por uma jovem milionária, foi exibido apenas em Campinas e algumas cidades do interior. Em seguida, a Condor interrompe suas atividades.

Nesse entretempo, editoriais publicados nos jornais de Campinas hipotecam apoio para que a Apa Filme não desapareça. Agita-se uma campanha para o aumento de capital da companhia através de sua transformação em sociedade anônima, o que se concretiza em dezembro de 1924. A lista de acionistas da Apa Filme S.A. é uma expressão da respeitabilidade que a empresa assumira: sobrenomes tradicionais, jornalistas, profissionais liberais, o fazendeiro Orozimbo Maia, que já fora prefeito e voltaria a sê-lo por duas vezes, o engenheiro arquiteto Ramos de Azevedo etc. O capital a subscrever era de duzentos contos de réis. Concretamente, o capital da sociedade anônima ascende a 130 contos, sendo mais da metade da soma representada pelo acervo de equipamentos da Carneiro, Fagundes & Cia. e o filme produzido pela Apa, *Sofrer para gozar*. O restante era formado por acionistas quase simbólicos, com pequeno número de ações, e tudo leva a crer que nem todas foram integralmente pagas pelos subscritores. A assembleia de constituição elege uma diretoria presidida por Mário Estevam de Siqueira, gerente da filial campineira do Banco do Comércio e Indústria de São Paulo e interessado em vários empreendimentos, inclusive a geração de energia hidrelétrica.

A Apa Filme S.A. abre uma nova fase cinematográfica na cidade. A empresa é presença constante nos jornais, ora solicitando a doação de um terreno municipal para a construção de estúdios, ora comprando outro terreno, quando a doação não acontece; ora reabrindo a escola de cinema. Thomaz de Tullio incrementou consideravelmente o parque de iluminação; objetivas são importadas da Alemanha, inclusive uma tele; entra-se em entendimentos para trazer atores do Rio de Janeiro. Confirmando sua presença na esfera municipal, a produtora lança o primeiro número do *Apa Jornal*, com reportagens sobre eventos locais, como o banquete de um acionista e as núpcias da filha de Mário Siqueira com um rapaz da importante família Stevenson.

Felipe Ricci começa uma produção com o título provisório de "Escravidão". Para dirigir uma segunda, a ser realizada simultaneamente, importa-se do Rio de Janeiro o ator e dançarino Antônio Rolando, que fizera algumas aparições em filmes de Hollywood e ensinara tango a uma série de atrizes americanas. Rolando recebe na cidade tratamento de astro e dá instruções sobre maquiagem para filmes e construção de cenários, mas, em menos de três meses, uma "lamentável ocorrência" nunca devidamente esclarecida o afasta da Apa[94].

A filmagem de "Escravidão" ocupa o primeiro semestre de 1925, ao término do qual recebe seu título definitivo: *A carne* (Felipe Ricci, 1925), adaptação do romance de Júlio Ribeiro que, desde sua publicação em 1888, provocou polêmica e escândalo em virtude de sua filiação à corrente naturalista. A adaptação de Felipe Ricci cercou-se de cuidados para evitar as cenas mais carregadas de sensualismo que existem no romance, e as filmagens foram de verdadeira superprodução (custou mais de 36 contos de réis), com locações numa fazenda de café, dezenas de figurantes, efeitos de iluminação e mobiliário luxuoso. O principal personagem masculino foi interpretado por Ângelo Fortes, um pouco jovem para o papel do vivido e sofisticado Manduca Barbosa, que desperta a lubricidade da jovem Lenita. Esta foi encarnada por Isa Lins, importada de São Paulo por não ser possível encontrar em Campinas moça com coragem suficiente – e autorização familiar – para se envolver em projeto que poderia macular reputações. O também jovem Ricardo Zarattini, maquiado, fez o velho coronel Barbosa, e o italiano Felipe Delfino – pintado de preto – recebeu elogios na interpretação do negro feiticeiro Cambinda, queimado na fogueira.

A *première* de *A Carne* acontece em uma sessão especial no São João, de Campinas, em agosto de 1925, e o filme também é exibido no Congresso, em São Paulo, de 16 a 18 e de 23 a 25 de novembro, num verdadeiro festival em que o cinema mostrou quatro longas brasileiros. Na capital, a fita sofreu um duro golpe: o censor Antônio Campos cortou a cena em que Lenita vai ao quarto de Barbosa, de madrugada, e a do beijo final da heroína com o rapaz com quem se casa. Depois de duas exibições no recém-inaugurado República de Campinas, em janeiro de 1926, Otacílio Fagundes leva o filme ao Rio de Janeiro, mas nada consegue. Pouco se sabe sobre a exibição de *A Carne* no interior de São Paulo.

Ainda que a Apa tivesse desenvolvido uma linha de prestação de serviços, como a tradução e a filmagem de intertítulos para filmes estrangeiros, e realizasse alguns documentários de encomenda, o fato é que a companhia investiu muito em infraestrutura e na produção de um filme que simplesmente não conseguiu pagar seus custos. Obviamente, para os homens de negócios colocados na diretoria, a produtora era inviável, pois fabricava produtos que não atingiam o mercado. Convocada inúmeras vezes, realizou-se afinal, em abril de 1926, a derradeira assembleia de acionistas que liquidou a sociedade anônima, interrompendo a carreira do maior empreendimento cinematográfico que Campinas conhecera.

A Seleta Filme, última produtora da agitação campineira dos tempos silenciosos, segue um caminho inverso ao da Apa. Desde sua criação, no segundo semestre de 1925, a Seleta se configura como uma cooperativa que reúne pequenos artesãos e muitos ferroviários das companhias Paulista e Mogiana. Encontravam-se num galpão, ensaiavam cenas e pagavam uma pequena mensalidade para a constituição de um fundo. Com a liquidação da Apa S.A., os recursos reunidos foram utilizados para adquirir o parque de iluminação e as câmeras da extinta companhia. Felipe Ricci é convidado a participar e, a partir de um argumento seu, dirige *Mocidade louca* (1927).

Rodada de abril a julho de 1927, a fita tratava da competição entre duas fábricas têxteis e envolvia espionagem industrial e sabotagem de produtos. Os personagens: os industriais, a heroína, filha de um deles, e o herói, um rapaz estroina redimido pelo amor da jovem. Embora os recursos de produção tenham forçado Ricci a reduzir as filmagens e concentrar a história em cinco rolos com muitos intertítulos, havia uma profusão de efeitos especiais: a dança do par amoroso sobre um disco que gira no gramofone, um castelo em miniatura para onde o rapaz conduz a moça vestida de princesa, o choque de uma locomotiva com um automóvel e muitas filmagens noturnas e locações em palacetes campineiros.

Mocidade louca estreou no República de Campinas em julho de 1927. Submetido à censura, Antônio Campos novamente usou a tesoura no beijo final. A despeito disso, a fita teve boa crítica e bom público em Campinas; na capital, a Empresa Serrador o lançou no Royal, com boa divulgação, e depois em vários cinemas de bairro, sempre em companhia de um longa estrangeiro. No Rio de Janeiro, o filme não interessou nenhum exibidor. Com a realização da fita, o capital reunido pela Seleta foi esgotado e, diante de um retorno financeiro irrisório, o grupo de ferroviários decide se dissolver.

O canto do cisne do cinema campineiro, porém, acontece em 1928 e é, na verdade, um animado coro carnavalesco. Com recursos arrecadados em um livro de ouro, dois animadores de eventos momescos locais utilizam o parque de iluminação e os equipamentos ainda em funcionamento da Seleta para filmarem *O Carnaval de Campinas* (1928), exibido com acompanhamento de vozes e instrumentos. Depois, filmam um jogo de futebol e tentam abrir uma escola de cinema, violentamente desmoralizada pela revista *Cinearte*[95]. O que restava de luzes e máquinas é vendido para um fotógrafo local, e tudo se perde num incêndio em 1929.

Antes de fechar o parêntese que passa pelo interior paulista, é importante fazer uma referência a uma curiosa figura que desenvolveu sua atividade na cidade de Bariri[96]. José Borin era filho de italianos da região de Veneza e barbeiro de profissão. Numa rifa, ganha uma máquina fotográfica, apaixona-se por fotografia e, em 1921, transforma a paixão em profissão. Fascinado pelo cinema, além de criativo e hábil, construiu, a partir de um velho projetor, sua própria câmera cinematográfica e passou a filmar acontecimentos locais. Amigo do dono do Carlos Gomes, o principal cinema de Bariri, tinha livre trânsito para mostrar seus trabalhos, sempre bem recebidos. José Borin nunca pensou em cinema como profissão. Seus filmes, rodados sempre na bitola profissional de 35 mm, eram exibidos publicamente apenas para seu próprio deleite. Não se sabe ao certo quantos filmes fez. José Celso Borin, seu filho, entregou à Cinemateca Brasileira em 1977 o que sobrevivera dos filmes do pai, falecido havia pouco. A Cinemateca duplicou os materiais que ainda aguardam quem se interesse em estudá-los. Existem fragmentos sobre a cultura de café em Bariri, uma enchente na cidade, festejos aos aviadores do *Jahú* e dez minutos de uma comédia que teria quatro partes: *Um sonho atribulado* (José Borin, 1929), realizada por Borin com amadores locais. Não é impossível que ainda sejam localizados outros exemplos dessa atividade mista de profissional e amador em outras cidades do interior do estado de São Paulo durante a década de 1920.

DE VOLTA À PAULICEIA

Quando E. C. Kerrigan saiu de Campinas, envolveu-se na capital com um empreendimento dos mais prestigiosos do período, a Visual Filme, para a qual concluiu uma comédia de média metragem, *Quando elas querem* (E. C. Kerrigan e Paolo Trinchera, 1925), iniciada por Paolo Trinchera[97]. O prestígio da Visual, porém, tinha a ver com seu proprietário, Adalberto de Almada Fagundes, de família de ricos cafeicultores, formado em medicina veterinária em 1906 na Cornell University, no estado de Nova York. Em 1913, os Almada Fagundes diversificaram seus investimentos, tornando-se os capitalistas da Fábrica de Louças Santa Catarina, a primeira indústria brasileira de louças em faiança fina. Interessado por cinema, Adalberto dedicou-se ao estudo de roteiros por meio do curso à distância da Palmer Photoplay Corporation, criada em Los Angeles, em 1918, por Frederick Palmer.

Decidido a passar da teoria à prática[98], Adalberto construiu na rua Conselheiro Brotero um estúdio destinado a produções de enredo: “amplas acomodações, boas instalações elétricas, camarins, cenários, aparelhado para qualquer serviço, mesmo para a fabricação de grandiosos filmes"[99]. A adesão de um rico industrial à produção cinematográfica foi recebida com entusiasmo pela imprensa. "Um moço de lúcida coragem e de alta inteligência empreendedora, conhecedor adestrado da arte maravilhosa", escreveu um jornalista na ocasião de uma projeção especial de *Quando elas querem*, no próprio estúdio da Visual[100]. Dias depois, houve uma sessão para convidados no República, mas não há registro de outras exibições em São Paulo. No Rio de Janeiro, o filme obteve *succès d'estime* e, talvez em consequência disso, alguns dias de exibição no Parisiense e em cinemas de bairro, além de um comentário de Gilberto Souto no *Correio da Manhã*[101]. A fita foi a única produção de Adalberto de Almada Fagundes.

Armando Leal Pamplona e Adalberto de Almada Fagundes faziam parte de uma camada social muito acima da média das pessoas que se dedicavam a cinema em São Paulo. E não foram os únicos. Sheila Schvarzman chama a atenção para um grupo de jovens de classe média alta, boa parte estudantes de direito do Largo de São Francisco para quem fazer cinema era, como voar de aeroplano, uma das manifestações pândegas da juventude moderna[102]. Um desses rapazes era Antônio Tibiriçá, filho do já mencionado Jorge Tibiriçá, presidente do Estado de São Paulo nos períodos 1890-1891 e 1904-1908, além de grande fazendeiro. Tibi, como era chamado, formou-se advogado em 1919 e ocupou cargos no Judiciário paulista durante toda a vida, o que não dificultou sua carreira no cinema, que começa no Rio de Janeiro. Além de argumentista e ator, produz *A joia maldita* (Luiz de Barros, 1920) e *Hei de vencer* (Luiz de Barros, 1924), ambos com direção de Luiz de Barros. Quando do lançamento do primeiro em São Paulo, os jornais destacaram que as intenções do produtor eram absolutamente modernas:

> ao invés de procurar temas nos assuntos indígenas e buscar cenas dos sertões, tentará a nova empresa reproduzir os dramas passados no seio da sociedade brasileira culta, tomando para cenários os aspectos mais belos das nossas capitais, com a sua vida agitada e intensa e com os seus panoramas nos quais a obra da nossa engenharia levantou edifícios e construiu embelezamentos, colaborando com a natureza[103].

Embora afirmasse em entrevista que "o Brasil possui casas de exibições suficientes para garantir uma boa renda ao industrial cinematográfico sem que este tenha absoluta necessidade de colocar o seu trabalho no estrangeiro"[104], Tibiriçá não titubeou em refilmar algumas cenas de façanhas aviatórias de *Hei de vencer* e explorar a fita na Argentina e no Uruguai. A esses mercados voltaria com sua produção seguinte, *Vício e beleza* (Antônio Tibiriçá, 1926), "o filme que fez furor", como descreveu Octavio Gabus Mendes[105]. A direção era de Tibiriçá; o argumento, de Menotti Del Picchia[106]; o tema, os malefícios da promiscuidade sexual na juventude; e obviamente a fita foi proibida para menores e senhoritas. Lançado no Avenida, em São Paulo, em 29 de julho, e no Parisiense, no Rio, em 15 de outubro de 1926, *Vício e beleza* ficou duas semanas nas salas de estreia, antes de correr circuito. Era apresentado em geral pela manhã, ao meio-dia e à noite em horários tardios. Senhoras podiam entrar apenas acompanhadas e, no cinema lançador carioca, nem acompanhadas. Nada foi obstáculo, porém, para que o filme atraísse multidões e provocasse tumultos na porta dos cinemas, como no América, de Curitiba, onde o povo queria "invadir o teatro aos empurrões e socos", "sendo preciso a polícia usar de energia para acalmar a multidão que desejava assistir às funções"[107]. Em várias outras capitais registraram-se ocorrências semelhantes.

Salvo por anúncios pagos e algumas notas emanadas dos produtores, a imprensa ignorou a fita. Uma exceção – o comentário de João Raimundo Ribeiro, que assinava como "Fiteiro" na coluna "No país das sombras...", do *Correio Paulistano* – dá a tônica predominante com que foi tratada:

> *Vício e beleza* [...], ao que se diz, vai para outras terras.
>
> Bons ventos a levem... e não a tragam mais... [...]
>
> Há uma engraçadíssima série de poses da estrela Iolanda Flora (de plástica pouco mais que sofrível) reproduzindo estátuas de Vênus existentes nos museus da Europa... Ninfas esguias que surgem da areia da praia como... espectros de náufragos... Uma sedução nos rochedos da praia Grande... Um cocainômano que, por amor, recusa uma oferta de algumas gramas da poeira fatal... enfim, um rol de coisas que despertam no espectador, cioso do nosso desenvolvimento cinematográfico, "uma imensa vontade de chorar..."[108].

Independentemente do desejo do Fiteiro, *Vício e beleza* voltou várias vezes ao cartaz dos cinemas de São Paulo, até 1931. Atendendo seus votos, bons ventos levaram a fita do Amazonas ao Rio Grande do Sul e além. Antônio Tibiriçá escreveu de Montevidéu para Pedro Lima dando conta do "êxito enorme" que o filme tivera na cidade, exibido em uma dezena de cinemas, na "mesma apoteose de sempre", comenta sem falsa modéstia[109]. Hernani Heffner, no verbete sobre Tibiriçá que escreveu para a *Enciclopédia do cinema brasileiro*, afirma que *Vício e beleza* foi o "primeiro grande sucesso de público do cinema brasileiro desde o início do século", no que talvez tenha razão; e cita cifras de renda, "quinhentos contos de réis de bilheteria somente no Brasil", "mais trezentos contos de réis" de renda na Argentina, Uruguai e Chile – mas infelizmente não dá a fonte dessas fabulosas somas[110].

Também de boa família era Jaime (Fomm Garcia) Redondo. O pai, Manuel Garcia Redondo, foi lente da Politécnica de São Paulo e um dos fundadores da Academia Brasileira de Letras, na cadeira 24, apadroada por Júlio Ribeiro. Jaime fez carreira como seresteiro, compositor[111] e empresário da noite. A partir de 1925, era presença constante nas transmissões da Sociedade Rádio Educadora Paulista, acompanhando-se ao violão. Deve-se a ele a criação do primeiro clube de cinema no Brasil[112]. O Cine Clube foi inaugurado em 26 de novembro de 1925, na travessa do Grande Hotel 9 (atual rua Doutor Miguel Couto), com a presença de autoridades variadas, militares, o comandante do Corpo de Bombeiros, membros do Jóquei Clube etc. Houve exibição de fitas nacionais e taças de champanhe[113]. Desde o início, divulgou-se que a "novel sociedade" tinha "em mira incentivar a cinematografia entre nós"[114]. Para tanto, realizava matinês infantis e sessões aos sábados à noite, para sócios contribuintes e convidados, com *ouverture* pela orquestra e programas de filmes (em geral da Paramount) nos quais constava sempre ou uma edição do *Sol e sombra*, da Independência Omnia, ou um número do cinejornal realizado quinzenalmente pelo próprio Cine Clube.

Por décadas falou-se do Cine Clube como fachada para um clube de jogo[115]. Aparentemente havia um clube de jogo e havia o Cine Clube, no mesmo local físico, mas as atividades não se misturavam[116]. Pelo menos essa é a sensação que transmitem as notas de um jornal circunspecto como o *Correio Paulistano*, que destacam sempre a presença de "famílias de escol paulistano" "na suntuosa sede do Cine Clube". Foram essas as palavras utilizadas para descrever o público presente à exibição da primeira produção de enredo da "elegante sociedade": *Passei toda a vida num sonho* (Francesco de Rosa, 1925). A comédia em duas partes foi acompanhada de um número do *Novidades Paulistanas*, o jornal do clube, em que se via "a figura do sr. dr. Washington Luís desembarcando na estação do Norte de volta do Rio". A "seleta e numerosa assistência prorrompeu em calorosa salva de palmas" porque, além de estar na tela, o político, às vésperas de sua eleição à presidência da República, estava também na plateia, com a família[117]. Apesar de produção quase amadora, *Passei toda a vida num sonho* teve uma exibição no Santa Helena, com Jaime Redondo acompanhando a fita ao violão – "última invenção cinematográfica", escreveu Octavio Gabus Mendes, correspondente da *Cinearte* em São Paulo, que efetivamente não gostou da comédia: "um fracasso em dois atos". Estimula, contudo: "Avante Cine Clube! Um revés não é uma derrota! Tentem de novo..."[118].

O clube tentou. Havia, junto à sede, laboratórios, equipamentos de filmagem, estúdio e uma escola. É o que se depreende da seguinte nota:

Quem passa defronte ao Cine Clube, à noite, nota o excesso de luz que escapa das janelas dos seus salões.

É que nesses salões estão sendo filmadas as últimas cenas de *Fogo de palha*.

A essa filmagem têm assistido os alunos matriculados na escola de cinematografia do Cine Clube[119].

Apresentado no República e no Santa Helena, *Fogo de palha* (Canuto Mendes de Almeida, 1926) – com seis partes – teve simpática acolhida por parte do Fiteiro: "como arte e técnica, há deslizes, certamente. Mas como fita brasileira, feita com gente brasileira, exclusivamente nossa, ela vale muito e merece ser vista"[120]. Tudo indica que, quando *Fogo de palha* estreou, o Cine Clube já estava fechado, por motivos ignorados até agora. Foram "questões alheias à indústria do cinema e circunstâncias extraordinárias"[121], e durante algum tempo Redondo tentou reabrir o clube, sem resultado[122]. Nesse ínterim, criou a Redondo Filme, cuja primeira produção, nunca concluída, seria dirigida pelo mesmo realizador de *Fogo de palha*, Joaquim Canuto Mendes de Almeida, jovem acadêmico de direito. Futuro grande jurista de São Paulo, Canuto era naquele momento responsável pela coluna de cinema do *Diário da Noite*. No início de 1929, passaria para o *Diário de S. Paulo*, deixando a folha da noite para o também jovem Jorge Martins Rodrigues, na mesma função.

Esses dois nomes, assinados como "J. Canuto" e "JMR", ao lado do "Fiteiro", de "G." (Guilherme de Almeida em *O Estado de S. Paulo*) e de "OM" (Octavio Gabus Mendes durante o tempo em que foi correspondente da *Cinearte*), constituem a plêiade da crítica cinematográfica paulistana da segunda metade da década de 1920. A designação de responsáveis por colunas especializadas sem dúvida é reveladora da importância que o cinema assumira social e culturalmente na cidade. De certa forma, isso refletia o que sucedera na capital federal, com o surgimento, em primeiro lugar, de colunas especializadas nas revistas *Para Todos...* e *Selecta* – pelas quais se responsabilizavam, respectivamente, Adhemar Gonzaga e Pedro Lima. A dupla também tem importância na criação, em março de 1926, da *Cinearte*, com direção de Adhemar Gonzaga, entre outros, e à qual Pedro Lima se reuniria, menos de um ano depois[123].

Nunca será demais destacar o papel da *Cinearte* – para o bem e para o mal. Arvorados em bedéis do cinema brasileiro, Gonzaga e Lima aplicavam severas regras disciplinares àqueles que ousavam desobedecer aos parâmetros que fixavam para o bom filme nacional. Constituíram redes de informantes em praticamente todos os lugares do país onde surgia algum movimento de produção e, aos mais próximos, faziam sistemáticas visitas de inspeção. Eram visceralmente inimigos das escolas de cinema e dos documentários de encomenda – os dois pilares básicos da produção paulista. Para esse modo de produção documental, vulgarizaram o termo "cavação", que se transformou durante bom tempo em sinônimo de cinema brasileiro.

Em uma de suas visitas ao estado paulista, Pedro Lima escreveu: "S. Paulo, comparado ao Rio, parece assim uma cidade do interior...", mas edulcorou a pílula na continuação: "é mais aristocrática, dá maior impressão de grandeza e, em cinema, então, nenhuma outra se lhe compara, agora!". Elogia as salas, as orquestras, o público e conclui: "Se S. Paulo não fosse tão longe do Rio, eu só veria filmes nos seus cinemas"[124]. A frase devia soar como ameaçadora para boa parte das pessoas que faziam cinema na cidade; pelo menos a distância lhes dava ainda a segurança para algum espaço de atuação. Ainda que esse espaço fosse relativo porque, de acordo com as informações que recebia ou verificava *in loco*, Pedro Lima – com a autoridade que lhe emprestavam as páginas de uma revista de circulação nacional – construía ou demolia reputações.

Em seu depoimento para Maria Rita Galvão, Francisco Madrigano estabeleceu a diferença entre os dois jornalistas: Adhemar Gonzaga "era mais sincero, tinha mais confiança nas pessoas. Ele estava vendo que, em São Paulo, a turma bem ou mal fazia fitas; nos outros lugares, se não existiam as cavações, também não existia cinema, ora essa!". Já Pedro Lima

> era engraçado; não gostava do pessoal de São Paulo, dizia que só faziam drogas, mas vivia por aqui, atrás de todo mundo, para conseguir notícias. Metia o pau nas escolas de cinema, mas quando queria material para publicar na sua revista, onde é que ia buscar? Nas escolas de cinema. [...] Ele queria fitas, não queria? [...] A única coisa que a gente podia fazer era abrir uma escola de cinema para ver se, entre os alunos, juntando um pouco cada um, dava para arranjar dinheiro para comprar o material e fazer um filme[125].

Nenhum trabalho sério foi feito sobre os críticos paulistanos acima mencionados, nem sobre outros, meteóricos, que cruzaram os jornais na segunda metade dos anos de 1920, tampouco sobre o diálogo que mantinham com os redatores da *Cinearte*. Alguns desses críticos paulistanos, como Canuto, trocavam correspondência com Gonzaga e Lima; outros se referem a eles em suas colunas ora com simpatia, ora com ironia. Essa relação é ainda um tema a ser explorado tão logo se faça o levantamento extensivo do que publicaram[126].

Num longo texto em que relata uma visita a São Paulo e seus encontros com atrizes, produtores e realizadores (Isa Lins, Armando Leal Pamplona, Jaime Redondo, Adalberto de Almada Fagundes, entre outros), Pedro Lima se refere a uma conversa que teve com o representante da Metro-Goldwyn-Mayer, que tentava naquele momento estabelecer uma rede própria de exibição no Brasil. Com ele, o jornalista aprende – e tenta transmitir – como se estrutura o mercado cinematográfico brasileiro. O texto é árduo, mas o esforço de leitura é compensador:

> ...o nosso mercado de filmes [...] está hoje dividido entre a sua empresa e as outras grandes companhias estrangeiras, cuja luta pela supremacia vai levando de vencida mesmo os exibidores independentes, cujas linhas de programação de uma ou outra companhia lhes veda[m] em absoluto poder tomar para sua casa um filme extralinha. Quer dizer, portanto, que uma vez pronto um filme nosso, sua exibição fica dependendo do seu lançamento numa das grandes casas destas companhias para poder então seguir a marcha regular das produções estrangeiras[127].

Em 1926, nosso velho conhecido Vittorio Capellaro conseguiu a façanha, inédita até então, de ser apadrinhado por uma companhia estrangeira. Não temos os detalhes da transação, mas o fato é que, sem recursos para concluir as filmagens de uma nova versão que produzia de *O Guarani* (1926), Capellaro apelou para o representante da Paramount em São Paulo. Esta lhe avançou o capital necessário e, em contrapartida, ficou com os direitos de distribuir o novo *O Guarani*[128]. Embora a companhia reforçasse que se tratava de uma fita "patrocinada pela Paramount Pictures", a imprensa passou a se referir à fita como uma produção Paramount e alguns chegaram a afirmar que havia sido feita por encomenda da companhia. Esta teve muita propaganda gratuita graças ao gesto que fizera para com um filme brasileiro, mas, em muitos comunicados de imprensa, afirmou que ele havia sido feito apenas "a fim de retribuir a maneira gentil pela qual o público brasileiro lhe preferiu as produções"[129]. Durante a campanha publicitária para o lançamento, divulgou-se que a película estrearia ao mesmo tempo no Rio de Janeiro, em São Paulo e Nova York, o que não aconteceu.

O escritório da Paramount tomou cuidados com o acabamento de *O Guarani* e o cercou de uma campanha publicitária competente. Lançado no Capitólio carioca, inaugurado menos de um ano antes e gerido naquele momento pela própria Paramount, o filme ficou uma semana em cartaz, em outubro de 1926. O lançamento em São Paulo aconteceu um mês depois, no República, a melhor sala da cidade. Em seguida, percorreu a linha explorada pela Paramount, ou seja, foi exibido em todo o país, do Amazonas ao Rio Grande do Sul e em praticamente qualquer cidade do interior em que existia cinema. Em fevereiro de 1928, a Paramount divulgou uma lista oficial de todas as cidades em que o filme havia sido exibido[130] e parece que, em 14 meses, as rendas de comercialização ascenderam a quatrocentos contos de réis[131]. Isso era a comprovação da suspeita de Adhemar Gonzaga de que "os nossos filmes podem viver perfeitamente do nosso mercado"[132] ou, como escreveu Paulo Vanderley, "para termos cinema no Brasil, basta possuirmos este aparelho comercial, porque temos filmes apresentáveis". Pena que esse crítico oficial da *Cinearte*, que achara o filme quase insuportavelmente antiquado, ao augurar que a Paramount repetisse o gesto, aconselha: "mas intervindo mais diretamente no filme"[133]. Nisso, Vanderlei estava na contracorrente dos diretores que pediam mais liberdade de criação e menos interferência por parte dos executivos das produtoras.

O Guarani, porém, foi uma exceção[134]. A norma para os filmes de ficção brasileiros continuava sendo ou o favor conquistado dos empresários das salas ou a sujeição ao preço fixado para seu aluguel. Aluguel que não devia ser absolutamente confortável, a julgar, por exemplo, pelos 500 mil réis que José Medina teve de pagar, "conforme recibo em nosso poder, por uma simples sessão especial, fora das horas de espetáculo do Cine República, para a passagem de *Gigi*", denunciou Adhemar Gonzaga[135]. Enquanto isso, as empresas exibidoras ampliavam suas redes e incrementavam o luxo das salas. Os mais confortáveis e aparatosos cinemas da Pauliceia surgidos no período foram o São Bento (outubro de 1927) e o Alhambra (julho de 1928). Em outubro de 1928, a Empresa Serrador inaugurou na rua da Consolação o centro de diversões Odeon, com as salas Vermelha e Azul, capacidade total para 5 mil pessoas, grandes orquestras e uma moderníssima Victrola Auditorium espalhando "música para todos os cantos"[136]. Depois viriam o Paramount (abril de 1929) e o Rosário (agosto de 1929), em escalada de luxo e já equipados para a projeção de filmes sonoros. Isso para não mencionar os cinemas de bairro, mais numerosos e gigantescos para atender a um público sempre maior, em uma cidade que mergulhava no progresso incontrolável e se orgulhava de um crescimento cada vez mais acelerado, e descontrolado, que atingiria as raias do mitológico – constrói-se "um prédio por hora" na "cidade que mais cresce no mundo", segundo se dizia.

Nesse quadro, à maioria dos envolvidos com a produção cinematográfica restava como opção de sobrevivência abrir escolas de cinema e/ou cavar encomendas de documentários. A enorme quantidade de filmes perdidos incentiva os estudiosos a valorizar cada imagem em movimento sobrevivente. Mas algumas sobressaem pela qualidade fotográfica e pela potencialidade de revelação que propiciam a respeito de um mundo de significados semiocultos.

Um documentário de 1924, de produtora não identificada, sobre o enterro do industrial comendador Nami Jafet, acompanha o cortejo fúnebre encabeçado por carruagem de gala que percorre as ruas do Ipiranga, passa junto às indústrias do falecido, atravessa o centro da cidade e chega ao cemitério da Consolação. O documento é notável porque registra não apenas uma cerimônia funerária da elite paulistana mas, além da paisagem urbana, também a humana: os moradores do Ipiranga trepados nas grades que separam a mansão da rua, a movimentação dos coveiros, que equilibram o esquife no meio da multidão, antes que os engravatados comecem seus discursos[137]. Outro filme é um fragmento do longa *Brasil pitoresco: viagens de Cornélio Pires* (Cornélio Pires, 1925), realizado por uma das figuras mais populares das décadas de 1910 e 1920 e exibido por Cornélio em todo o país, acompanhando as palestras que fazia e que atraíam multidões. Um terceiro, *Companhia Docas de Santos* (1925-1928), longa-metragem realizado entre 1925 e 1928 por produtora não identificada, documenta em detalhes a movimentação do porto e as modernas instalações para o embarque do café, de outros produtos agropecuários e da elite endinheirada que toma os transatlânticos com destino à Europa. Uma última parte é dedicada à vila de Itatinga, de propriedade da Companhia Docas, à vida de seus habitantes e à usina hidrelétrica que abastecia Santos e complementava o fornecimento da eletricidade necessária à capital. Estes são apenas três exemplos destacados de um *corpus* bem maior.

Outra opção de sobrevivência para os produtores de São Paulo era enveredar pela trilha aberta por *Vício e beleza*. A fita demonstrara que era possível ganhar muito dinheiro com um filme brasileiro, ainda que exibido em horários restritos e explorando a "curiosidade malsã das camadas incultas"[138]. Sabe-se de vários projetos e de alguns filmes feitos na linha "ousada", todos desaparecidos. Vejamos apenas um caso.

No início de 1928, uma crônica do Fiteiro enumera as principais dificuldades da "cinematografia nacional": a falta de matéria-prima (filme virgem, químicos e "máquinas de filmagem") e "a obrigação de realizar filmagens de enredos de primeira ordem e com todos os requisitos da técnica moderna, uma vez que encontramos o cinema em adiantado grau de progresso, a que o público já se habituou". Mas o brasileiro "sabe persistir" e "por isso, o cinema nacional está fadado a ser, em breve, uma radiante realização". A confiança é baseada na criação da UBA (União Brasil Artística), que, com estúdios no bairro da Liberdade, estava filmando sua primeira produção, *Morfina* (Francisco Madrigano e Nino Ponti, 1927-1928), sobre a "disseminação perniciosa dos vícios elegantes". Havia quatro sócios, três deles intrinsecamente ligados a escolas de cinema – Nino Ponti, Francisco Madrigano, Carmo Nacarato –, e Antônio Medeiros, cinegrafista. O cronista visita a produtora – "boas instalações, se bem que rudimentares" – e assiste a alguns trechos da produção: "o quadro é de encantar. [...] É São Paulo que se apresenta vistoso na roupagem bizarra dos seus logradouros mais distintos e lindos". Embora houvesse no filme "coisas que espíritos mais acanhados julgarão, talvez, fortes em demasia para a plateia dos nossos cinemas"[139], o cronista não hesita em, durante algumas semanas, hipotecar seu apoio a *Morfina*.

No dia seguinte à estreia da película no Avenida, o Fiteiro escreve circunstanciada crítica. Reclama apenas do excesso de intertítulos na primeira parte: "o papel do cinema é justamente o de substituir o livro", ninguém tolera a "leitura de um quarto de hora de letreiros, acompanhada de música". Outro reparo é sobre a partitura que acompanhava a projeção: tentaram sincronizar temas musicais para cada situação, mas "como o filme tem quadros de pouca duração e varia muito de cena, a orquestra vê-se em palpos de aranha para saltar de um compasso para outro". De qualquer maneira, a estreia foi um sucesso e o Avenida "apanhou uma enchente jamais vista"[140]. Exibido em horários especiais e proibido para menores e senhoritas, o filme teve vasto circuito. No Rio de Janeiro, estreado no Central, as sessões eram exclusivamente para homens, e o filme ficou em cartaz por uma semana.

O entusiasmo do Fiteiro com a UBA e *Morfina* foi efêmero. Pouco depois da exitosa carreira da fita, Nino Ponti e Nacarato desapareceram da cidade, deixando dívidas, inclusive junto ao *Correio Paulistano*[141]. O Fiteiro criticou muito Nino Ponti: "teve todos os recursos da publicidade", "ganhou rios de dinheiro", "desapareceu da cidade [...] deixando montanhas de dívidas para os seus sócios pagarem"[142]. Mais do que em relação ao tema forte de *Morfina*, percebe-se que a decepção do Fiteiro ficou por conta da descontinuidade de produção. Isso faz com que desacredite do cinema brasileiro em São Paulo e enalteça várias vezes a produção mineira de Cataguases e da carioca Benedetti Filme. No cinema paulista, confiava apenas no pessoal da Hélios, da Rossi e da Independência Omnia Filme e, à luz do farol da *Cinearte*, persegue, também no *Correio Paulistano*, as escolas que atraem "considerável turba de rapazelhos e meninas ingênuas, presas da miragem perturbadora de Hollywood". Na mesma crônica em que usa essa expressão, algumas linhas servem para adubar o falso mito semeado e cultivado pela *Cinearte* de que o cinema brasileiro não era uma linha contínua:

> A incipiente cinematografia nacional assemelha-se a uma esponja: de vez em quando alguém lança-lhe um copo d'água em cima e logo toda se inflama, ganha entusiasmo, desperta energias até então entorpecidas, provoca celeumas, sacode a poeira das latas de filmes virgens, causa aborrecimentos aos empresários que jamais apreciam o artigo da casa, serve de assunto para uma dúzia de crônicas de Pedro Lima na *Cinearte* etc. etc., até que, repentinamente, uma síncope põe termo a tudo isso[143].

Evidentemente, essa sintomatologia espasmódica aplicava-se ao filme de enredo, mas acabou contagiando todo o cinema brasileiro. O entusiasmo dos cronistas inflava-se toda vez que alguma fita "de arte" conseguia vencer a resistência dos "empresários". Foi esse o caso, em 1929, de dois filmes hoje sobreviventes: *Fragmentos da vida*, dirigido por José Medina para a Rossi Filme, e *São Paulo, a sinfonia da metrópole*, de Adalberto Kemeny e Rodolfo Rex Lustig, documental de longa-metragem que retrata a vida na cidade gigantesca, ainda não tão agitada quanto pretendiam suas imagens. *Fragmentos* também observa a metrópole tentacular, porém com olhos entre amargos e irônicos. Lançados, respectivamente, no luxuoso Paramount e no fremente Odeon, esses filmes provocaram bons humores nos críticos que não concediam uma linha a uma fita como *O orgulho da mocidade* (Francisco Madrigano, 1925-1928), "filmada no Brás, com artistas também do Brás" e exibida numa sala no Brás[144].

Em meados de 1929, fazendo um balanço dos filmes de ficção que estavam em desenvolvimento, o Fiteiro lista[145] quatro títulos: *Às armas!* (Octavio Gabus Mendes, 1929), *Piloto 13* (Aquiles Tartari, 1929), *A escrava Isaura* (Antônio Marques Filho, 1929) e um quarto que não nomeia. A respeito dos três explicitados existem referências propalando que seriam sonorizados ou, de alguma forma, musicados. "A atualidade não comporta uma fita inteiramente muda"[146]. Quanto ao quarto filme da lista, o Fiteiro o atribui à Hélios Filme porque contaria com produção de Victor e argumento de Menotti Del Picchia. O cronista também informa que tal fita será sonorizado com discos. Esse filme, *Acabaram-se os otários* (1929), dirigido por Luiz de Barros e produzido pela Synchrocinex, foi o primeiro longa sonoro brasileiro. Os tempos do silencioso chegavam ao fim.

Durante os quase vinte anos de que se ocupou este capítulo, o cinema em São Paulo desenvolveu-se e se consolidou em sua precariedade. Na vertente documental, os poucos cinegrafistas existentes no começo do período se multiplicaram e, de certa forma, estabilizaram-se, a despeito das críticas que muitas vezes os tachavam de aventureiros no pior sentido da palavra. Apensos a essa linha contínua, temos os diversos momentos da produção de ficção. Uma inicial, ligada aos grupos filodramáticos de variada origem estrangeira, sobretudo italiana. A temática era predominantemente histórica e literária – esta, aliás, nunca abandonada. Em seguida, a produção ligou-se sobretudo às escolas de cinema, e os enredos se diversificaram, eventualmente enveredando por uma dramaturgia "adulta", de forte apelo público. Em todos esses momentos, porém, chama a atenção o fato de que esse foi um cinema muito vivo, emanante da vida urbana da cidade que se transformava em metrópole. Paralelamente, cresceram os negócios do comércio cinematográfico e se formou um núcleo de cronistas dedicados ao assunto. Esses cronistas, por seu lado, deram força de realidade a afirmações como a de que o cinema brasileiro ainda não era, mas estava fadado a ser, uma brilhante realização e a de que esse cinema padecia de constantes mortes e renascimentos. A chegada do cinema sonoro e de novas circunstâncias históricas do Brasil e do mundo, se por um lado reforça alguma dessas ideias, provoca uma reordenação radical no panorama.

NOTAS

1 As principais fontes de informações sobre o período são: Maria Rita Eliezer Galvão, *Crônica do cinema paulistano*, São Paulo: Ática, 1975; Jean-Claude Bernardet, *Filmografia do cinema brasileiro 1900-1935: jornal O Estado de S. Paulo*, São Paulo: Secretaria de Cultura/ Comissão de Cinema, 1979. Cf. "Filmografia Brasileira", base de dados disponível em: <www.cinemateca.gov.br>, acesso em: ago. 2015.

2 Campos é autor do primeiro filme paulista preservado, *Inauguração da Exposição de Animais no Posto Zootécnico* (1910), encaminhado à Cinemateca Brasileira por Chantal do Prado Guimarães em 1979 e duplicado no laboratório do Staatlichesfilmarchiv, da antiga República Democrática Alemã, pois o laboratório da Cinemateca não dispunha então de equipamento para duplicar a película, tal era seu grau de encolhimento.

3 Jean-Claude Bernardet, *op. cit.*

4 *Correio Paulistano*, São Paulo: 6 maio 1913.

5 *Diário Nacional*, São Paulo: 5 jul. 1930.

6 A notícia sobre os direitos de *Inocência* é de agosto de 1915, quando a trupe de Capozzi, com a participação de Capellaro, se apresentava no Rio de Janeiro (cf. *Correio Paulistano* e *O Fluminense*, Rio de Janeiro: 16 ago. 1915). A informação sobre o envolvimento de Capozzi com *O Guarani* está no *Correio Paulistano* (São Paulo: 29 nov. 1915) e no *Correio da Manhã* (Rio de Janeiro: 30 nov. 1915).

7 Maria Rita Eliezer Galvão, *op. cit.*

8 *Correio Paulistano*, São Paulo: 17 nov. 1915.

9 *O Estado de S. Paulo*, São Paulo: 17 nov. 1915, *apud* Jean-Claude Bernardet, *op. cit.*, 1915-21. Para todas as referências a esta obra de Jean-Claude Bernardet, utilizou-se a organização geral de sua *Filmografia*. No caso, por exemplo, 1915-21 indica que se trata da 21ª ocorrência do ano de 1915.

10 *Correio Paulistano*, São Paulo: 4 jun. 1916.

11 *O Estado de S. Paulo*, São Paulo: 5 jun. 1916, *apud* Jean-Claude Bernardet, *op. cit.*, 1916.

12 Maria Rita Eliezer Galvão, *op. cit.*, p. 130.

13 Sobre as relações do filme com o romance original, a ópera de Carlos Gomes e os "filmes de arte" de inspiração histórico-literária europeus da época, cf. o texto: Sheila Schvarzman e Mirrah Ianez, "O *Guarani* no cinema brasileiro: o olhar imigrante", *Galáxia*, São Paulo: dez. 2012, n. 24, pp. 153-65.

14 Maria Rita Eliezer Galvão, *op. cit.*, p. 130.

15 Department of Commerce/Bureau of Foreign and Domestic Commerce, *Motion Pictures in Argentina and Brazil*, Trade Information Bulletin n. 630, Washington: United States Government Printing Office, 1929.

16 Tradução do autor.

17 Esse filme também é conhecido pelo título *Propaganda do café brasileiro na América do Norte*.

18 *Correio Paulistano*, São Paulo: 24 ago. 1916.

19 *O Estado de S. Paulo*, São Paulo: 28 dez. 1916, disponível em: José Inácio de Melo Souza, Inventário dos Espaços de Sociabilidade Cinematográfica na Cidade de São Paulo: 1895-1929 (base de dados), <www.arquiamigos.org.br/bases/cine.htm>, acesso em: 16 jan. 2017.

20 Yolanda Penteado, "Tudo em rosa", pp. 53-4, disponível em: José Inácio de Melo Souza, Inventário dos Espaços de Sociabilidade Cinematográfica na Cidade de São Paulo: 1895-1929 (base de dados), <www.arquiamigos.org.br/bases/cine.htm>, acesso em: 16 jan. 2017.

21 *O Estado de S. Paulo*, São Paulo: 22 jun. 1917, *apud* Jean-Claude Bernardet, *op. cit.*, 1917-31.

22 *Ibidem.*

23 *Il Pasquino Coloniale*, São Paulo: 23 jun. 1917.

24 *Correio Paulistano*, São Paulo: 14 out. 1917.

25 *Ibidem.*

26 *Correio Paulistano*, São Paulo: 15 dez. 1917.

27 *Correio Paulistano*, São Paulo: 14 jan. 1918.

28 *Correio Paulistano*, São Paulo: 22 maio 1918.

29 *Correio Paulistano*, São Paulo: 19 jan. 1918.

30 *Correio Paulistano*, São Paulo: 19 jan. 1918.

31 *Correio Paulistano*, São Paulo: 21 maio 1918.

32 São várias vezes mencionadas, sem indicação de autoria: "Maroca" ou "Maruca" (*Vamo Maruca, vamo*, de Juca Castro), *Que sodade* e

Matuto (ambas de Marcelo Tupinambá), *Seu Amaro quer* (de Soriano Robert), *Quem são eles* (de Sinhô) e "Cateretê" ou "Cateretê do Ceará" (de autoria desconhecida). As quatro primeiras foram trabalhadas e citadas por Darius Milhaud em sua composição *Le Boeuf sur le toit*, de 1919.

33 *Correio Paulistano*, São Paulo: 29 abr. 1918.

34 Jean-Claude Bernardet, *op. cit.*, 1918-40.

35 *Correio Paulistano*, São Paulo: 26 ago. 1918.

36 Antônio Campos, "Como se escreve para o cinematógrafo", disponível na Documentação da Cinemateca Brasileira.

37 Além de um texto sob o nome "Artistas cinematográficos", que trata do exercício de expressões dramáticas para o cinema, são dois textos anotados de páginas da revista, de agosto e setembro de 1918 e outra sem data. Cf. também: José Inácio de Melo Souza, "Antônio Campos", em: Fernão Ramos e Luiz Felipe Miranda (orgs.), *Enciclopédia do cinema brasileiro*, São Paulo: Senac São Paulo, 2000, pp. 78-9.

38 *O Estado de S. Paulo*, São Paulo: 19 dez. 1917, *apud* Jean-Claude Bernardet, *op. cit.*, 1918-5.

39 *Ibidem.*

40 *O Estado de S. Paulo*, São Paulo: 10 jan. 1918, *apud* Jean-Claude Bernardet, *op. cit.*, 1918-5.

41 *Correio Paulistano*, São Paulo: 22 maio 1919.

42 *O Estado de S. Paulo*, São Paulo: 22 maio 1919, *apud* Jean-Claude Bernardet, *op. cit.*, 1919-41.

43 *Correio Paulistano*, São Paulo: 9 out. 1919.

44 *Correio Paulistano*, São Paulo: 20 jan. 1920.

45 *Correio Paulistano*, São Paulo: 31 jan. 1920.

46 *O Estado de S. Paulo*, São Paulo: 10 mar. 1920, *apud* Jean-Claude Bernardet, *op. cit.*, 1920-2.

47 *Correio Paulistano*, São Paulo: 25 jan. 1920.

48 Lélis Vieira, *Correio Paulistano*, São Paulo: 19 mar. 1920.

49 *Ibidem.*

50 *Ibidem.*

51 *Correio Paulistano*, São Paulo: 28 maio 1920.

52 *Ibidem.*

53 *Correio Paulistano*, São Paulo: 6 nov. 1920.

54 Jean-Claude Bernardet, *op. cit.*, 1920-34.

55 *Correio Paulistano*, São Paulo: 21 nov. 1920.

56 *Ibidem.*

57 *Ibidem.*

58 *Ibidem.*

59 *O Estado de S. Paulo*, São Paulo: 19 nov. 1920, *apud* Jean-Claude Bernardet, *Cinema brasileiro: propostas para uma história*, São Paulo: Companhia das Letras, 2009, pp. 49-51.

60 *Ibidem.*

61 *Correio Paulistano*, São Paulo: 22 jun. 1919. Quando da exibição em Ribeirão Preto, o *Correio Paulistano* (*Ibidem*), além de detalhada descrição das seis partes do filme, informa que a Companhia Viação pagara 26 contos de réis pela realização. Nesses anos de relativa estabilidade econômica, vejamos a seguir alguns preços de bens e produtos. Em 1926, uma casa modesta de quarto, sala e cozinha, no bairro da Saúde em São Paulo, podia ser comprada por nove contos de réis; um palacete de quatro dormitórios e duas salas no Paraíso, por cem contos; um automóvel Hudson tipo limusine por 19:500$000. Uma capa de gabardine custava 200 mil réis; uma camisa de tricoline, 24 mil réis; e um sapato feminino fino, 45 mil réis. O quilograma de arroz custava mil réis; o de feijão, seiscentos réis; e o de carne seca, 2,5 mil réis, considerando preços de feira livre. O preço do ingresso de cinema variava de cinco (cinemas do centro, para lançamentos) a mil réis (cinemas de bairro). Uma cadeira no Municipal, para assistir a um drama por companhia teatral italiana ou uma ópera, saía a 20 mil réis.

62 Dona Iria era viúva de Luiz da Cunha Diniz Junqueira, de família de ricos fazendeiros de Ribeirão Preto. Com a morte do marido, voltou a usar o sobrenome de solteira: Alves Ferreira.

63 Quando voltou de Paris, Sinhazinha Junqueira, como era conhecida a filha de dona Iria, tivera um amante. Ao suspeitar das relações dele com a conhecida mundana Nenê Romano, de 18 anos, providenciara para que o rosto da moça fosse navalhado. No processo aberto, julgado durante o inquérito sobre o crime de Cravinhos, dona Iria foi acusada de contratar também os meliantes profissionais da navalha.

64 *O Estado de S. Paulo*, São Paulo: 27 nov. 1920, *apud* Jean-Claude Bernardet, *Filmografia do cinema brasileiro 1900-1935*, *op. cit.*, 1920-22.

65 *O Estado de S. Paulo*, São Paulo: 29 abr. 1921, *apud* Jean-Claude Bernardet, *Filmografia do cinema brasileiro 1900-1935*, *op. cit.*, 1920-22.

66 O exame de alguns álbuns de recortes de Gilberto Rossi, guardados pela família, revela que a subvenção do governo estadual antecede o surgimento da série Rossi Atualidades. Pela Rossi & Cia., portanto já sem Arturo Carrari, foram lançadas pelo menos duas edições do *São Paulo Natural Filme Jornal* nos primeiros meses de 1921. Anúncios e notas em geral sem data e sem o nome do jornal fazem referência explícita ao apoio do governo do Estado de São Paulo.

67 Entre os longas-metragens, vale citar *Perversidade* (1920), *Do Rio a São Paulo para casar* (1922) e *Gigi* (1925).

68 Maria Rita Eliezer Galvão, *op. cit.*, p. 203.

69 *Diário Nacional*, São Paulo: 6 jul. 1930.

70 *Ibidem.*

71 Maria Rita Eliezer Galvão, *op. cit.*, p. 53.

72 *Correio Paulistano*, São Paulo: 2 abr. 1921.

73 Conforme descrição em: *O Estado de S. Paulo*, São Paulo: 14 jun. 1921, *apud* Jean-Claude Bernardet, *Filmografia do cinema brasileiro 1900-1935*, *op. cit.*, 1921-11.

74 Depoimento de João Cipriano *apud* Maria Rita Eliezer Galvão, *op. cit.*, p. 189. Na versão de Francisco Madrigano, foi Gilberto Rossi quem sugeriu a Cipriano que procurasse Alberto Traversa, chegado havia pouco da Argentina (cf. Maria Rita Eliezer Galvão, *op. cit.*, p. 107).

75 Sobre essa interessante figura, Hilda Machado desenvolveu extensa pesquisa, infelizmente interrompida por sua morte, e da qual publicou apenas resultados parciais (cf. Hilda Machado, "*O segredo do corcunda*: a cor em Gilberto Rossi", *Catálogo da IV Jornada Brasileira de Cinema Silencioso*, 2010, pp. 32-4. Publicado originalmente em *Cinemais*, Rio de Janeiro: jan.-fev. 1998, n. 9). Deve-se a ela também a localização de uma cópia que permitiu a reconstituição de *O segredo do corcunda* com suas cores primitivas, pois o material anterior existente na Cinemateca Brasileira havia sido duplicado em preto e branco e, por um mistério ainda não desvendado, a sequência em que o corcunda revela seu segredo havia desaparecido.

76 João, o caboclo pobre, enriquece a galeria dos heróis cinematográficos brasileiros que vencem a batalha contra o mal graças à interferência de terceiros: não é ele que desfere o tiro decisivo que mata o vilão, mas o velho Marcos, o corcunda (cf. Luciana Corrêa de Araújo, "Versão brasileira? Anotações em torno da incorporação do modelo norte-americano em filmes silenciosos brasileiros", em: Samuel Paiva e Sheila Schvarzman (orgs.), *Viagem ao cinema silencioso do Brasil*, Rio de Janeiro: Beco do Azougue, 2011, p. 36).

77 Eduardo Morettin, "Cinema e Estado no Brasil: a Exposição Internacional do Centenário da Independência em 1922 e 1923", *Novos Estudos Cebrap*, São Paulo: mar. 2011, n. 89, pp. 137-48.

78 Todas as informações sobre a organização da Exposição fazem parte de pesquisas de Eduardo Morettin e constam dos seguintes artigos: "Cinema e Estado no Brasil: a Exposição Internacional do Centenário da Independência em 1922 e 1923", *op. cit.*; "Um apóstolo do modernismo na Exposição Internacional do Centenário: Armando Pamplona e a Independência Film", *Significação*, São Paulo: 2012, n. 37, pp.75-91; "O cinema e a Exposição Internacional do Centenário da Independência do Brasil", *ArtCultura*, Uberlândia: jul.-dez. 2013, v. 15, n. 27, pp. 145-57.

79 Heloísa Pamplona, mãe de Armando, é nome de uma das principais ruas de São Caetano do Sul. Era casada com Mariano Paim Leal Pamplona que, conforme Menotti declarou a Maria Rita Galvão, "tinha uma fábrica de sabonetes". Ainda segundo Menotti, Armando Leal Pamplona "era caninamente seu amigo" e nada tinha a ver com cinema (Maria Rita Eliezer Galvão, *op. cit.*, p. 256).

80 *Diário Nacional*, São Paulo: 2 out. 1929.

81 Eduardo Morettin, "O cinema e a Exposição Internacional do Centenário da Independência do Brasil", *op. cit.*, pp. 153-4.

82 *Idem*, "Um apóstolo do modernismo na Exposição Internacional do Centenário: Armando Pamplona e a Independência Film", *op. cit.*, pp. 84-90. Além dos filmes mencionados no texto, cerca de cinco minutos do que foi um longa-metragem em seis partes chamado *Piracicaba*, feito para a Exposição, podem ser assistidos em <https://goo.gl/rztiih>. Acesso em: jan. 2017.

83 Um aviso à praça foi publicado no *Correio Paulistano*, São Paulo: 10 mar. 1923.

84 *Correio Paulistano*, São Paulo: 17 fev. 1924.

85 Jean-Claude Bernardet, *Filmografia do cinema brasileiro 1900-1935*, *op. cit.*, 1924-21.

86 *A Noite*, Rio de Janeiro: 7 out. 1924.

87 Todas as informações sobre a produção campineira são de: Carlos Roberto de Souza, *O cinema em Campinas nos anos 1920 ou Uma Hollywood brasileira*, s. f., dissertação (mestrado em Artes), Universidade de São Paulo, São Paulo: 1979.

88 *Jornal do Brasil*, Rio de Janeiro: 10 nov. 1923.

89 *Correio Paulistano*, São Paulo: 18 dez. 1923.

90 No final de 1921, o nome de Eugênio adquirira notoriedade nas páginas policiais dos jornais paulistanos (e em alguns cariocas), quando foi desvendado o golpe que aplicara a uma família da Mooca, fazendo-se passar por um rico conde italiano e se casando com a jovem Ester, de 17 anos. Descoberta a farsa, a irmã de Ester tentou matar Eugênio e todos foram parar na delegacia. Cf. a dissertação de mestrado de Ingrid Hannah Salame da Silva, *Entre fatos e boatos: as aventuras de E.C. Kerrigan no cinema silencioso brasileiro*, apresentada em 2016 ao Instituto de Artes da Universidade Estadual de Campinas.

91 Em São Paulo, Kerrigan aparentemente havia sido hóspede de Arturo Carrari (Maria Rita Eliezer Galvão, *op. cit.*, pp. 246-7) e conhecera a Azzurri.

92 *Diário do Povo*, Campinas: 7 jul. 1923.

93 Futuro pai do ator Carlos Zara e do engenheiro e militante de esquerda Ricardo Zarattini.

94 Fora de Campinas, Rolando dirige seu único filme, *Filmando fitas* (1926), sátira às pessoas que faziam filmes posados no Brasil. A fita, realizada em articulação com uma escola de cinema de São Paulo, tinha inclusive uma caricatura de E. C. Kerrigan na personagem de um conde italiano que se candidatava a diretor e dirigia um filme dentro do filme.

95 *Cinearte*, Rio de Janeiro: 28 mar. 1928.

96 As informações sobre as atividades de José Borin são de: Eugenio Gatto Netto, "Um pioneiro do cinema no interior paulista: José Borin", texto datilografado depositado na Cinemateca Brasileira, 198, 15 p.

97 Paolo Trinchera dirigiu vários filmes na Itália. No Brasil, foi anunciado como diretor, juntamente com Menotti Del Picchia, de *Dente de ouro* (1923), primeira produção "de arte" da Hélios Filme, baseada em romance homônimo de Menotti (*Correio Paulistano*, São Paulo: 29 jun. 1923). Muito provavelmente o filme não foi concluído, pois seria impossível que Menotti, excelente propagandista de seus próprios feitos, deixasse em silêncio o lançamento de um filme ao qual estivesse ligado.

98 Sem, contudo, abandonar a teoria, a crer no artigo que foi publicado nos números 2 e 3 da *Cinearte* (Rio de Janeiro: 10 mar. 1926; 17 mar. 1926): "Arte de visualizar", datado de dezembro de 1925.

99 Palavras de Hélios [Menotti Del Picchia] em "Hollywood em São Paulo", publicado na sua "Crônica Social" do *Correio Paulistano* (São Paulo: 11 dez. 1928). Nessa época, a Visual há muito interrompera suas atividades, mas o estúdio estava sendo utilizado por outra produtora nas filmagens de *A escrava Isaura* (Antônio Marques Filho, 1929).

100 *Correio Paulistano*, São Paulo: 21 maio 1925.

101 *Correio da Manhã*, Rio de Janeiro: 22 nov. 1925.

102 Sheila Schvarzman, "Fazer um filme em São Paulo: reconstituindo *Às armas* – antevisão conservadora de 1930", inédito, 2014.

103 *Correio Paulistano*, São Paulo: 7 jun. 1920.

104 *Correio Paulistano*, São Paulo: 24 set. 1920.

105 *Correio de S. Paulo*, São Paulo: 21 jun. 1933.

106 *Vício e beleza* foi iniciado na Hélios Filme, e José Del Picchia, além de fotografar, chegou a dirigir algumas cenas com Tibiriçá (carta de Antônio Tibiriçá a Pedro Lima, 1 mar. 1926, disponível na Documentação da Cinemateca Brasileira).

107 *O Paiz*, Rio de Janeiro: 29 jan. 1927.

108 *Correio Paulistano*, São Paulo: 18 ago. 1926.

109 Carta de Antônio Tibiriçá a Pedro Lima, Montevidéu: 18 maio 1927, disponível na Documentação da Cinemateca Brasileira. Pedro Lima reproduziu a lista dos cinemas uruguaios que exibiram *Vício e beleza* em sua coluna na *Cinearte* (n. 70, Rio de Janeiro: 29 jun. 1927, p. 4). No mesmo ano, a revista publicou matéria sobre o sucesso do filme em Buenos Aires (*Cinearte*, n. 79, Rio de Janeiro: 31 ago. 1927, p. 6).

110 Hernani Heffner, "Antônio Tibiriçá", em: Fernão Ramos e Luiz Felipe Miranda (orgs.), *Enciclopédia do cinema brasileiro*, São Paulo: Senac São Paulo, 2000, p. 539.

111 Entre suas canções mais famosas estão "Saudade", gravada por Jaime Redondo em 1929, e "Ave Maria" (com Vicente Paiva), sucesso na voz de Dalva de Oliveira, gravada em 1951.

112 Arthur Autran menciona a existência do Clube do Paredão, da década anterior, dos jornalistas cariocas Adhemar Gonzaga, Pedro Lima, Paulo Vanderley, Álvaro Rocha e outros, mas esse clube nunca teve constituição legal (Arthur Autran, "Pedro Lima em *Selecta*", *Cinemais*, Rio de Janeiro: 1997, n. 7, p. 54),

113 *Correio Paulistano*, São Paulo: 27 nov. 1925.

114 *Correio Paulistano*, São Paulo: 8 dez. 1925.

115 Rudá Andrade, *Cronologia da cultura cinematográfica no Brasil*, São Paulo: Fundação Cinemateca Brasileira, 1962, p. 6.

116 As "memórias" de Georgette Ferret – estrela de *Passei toda a vida num sonho* e *Fogo de palha*, enteada de Jaime Redondo – transmitem a mesma sensação: "exibições cinematográficas em um clube de jogo" (Artur Bosisio Junior [org.], *À mesa com Georgette: a arte da gastronomia francesa na mesa carioca*, Rio de Janeiro: Senac Nacional, 2005, pp. 13-4).

117 *Correio Paulistano*, São Paulo: 10 jan. 1926.

118 *Cinearte*, n. 2, Rio de Janeiro: 10 mar. 1926, p.27.

119 *Correio Paulistano*, São Paulo: 31 maio 1926.

120 *Correio Paulistano*, São Paulo: 9 dez. 1926.

121 *Diário Nacional*, São Paulo: 1 fev. 1928.

122 Pedro Lima escreveu que a "reabertura do Cine Clube" dependia de "resposta a uma petição enviada ao atual presidente de São Paulo" (*Cinearte*, n. 62, Rio de Janeiro: 4 maio 1927).

123 Sobre o universo estético e ideológico delineado por essas três revistas, cf. sobretudo: Paulo Emílio Sales Gomes, "O cinema brasileiro visto de *Cinearte*", em: *Humberto Mauro, Cataguases, Cinearte*, São Paulo: Perspectiva/Edusp, 1974, pp. 295-366.

124 *Cinearte*, n. 62, Rio de Janeiro: 4 maio 1927, p. 4.

125 Maria Rita Eliezer Galvão, *op. cit.*, p. 109.

126 Sheila Schvarzman fez um levantamento completo dos textos de Octavio Gabus Mendes na *Cinearte* em seu pós-doutorado; pessoalmente, fiz uma pesquisa bastante extensa dos de João Raimundo Ribeiro durante o meu.

127 O relato "Revendo S. Paulo" foi publicado em duas edições da *Cinearte* (n. 62; n. 63, Rio de Janeiro: 4 maio 1927; 11 maio de 1927).

128 Isso é o que podemos depreender do artigo "A Paramount e a filmagem brasileira", de Pedro Lima (*Cinearte*, n. 56, Rio de Janeiro: 23 mar. 1927), de um comentário de Paulo Vanderley, quando fez a crítica do filme (*Cinearte*, n. 51, Rio de Janeiro: 16 fev. 1927), e da entrevista concedida por John L. Day Jr., representante da Paramount para a América do Sul, à *Gazeta de Notícias* (Rio de Janeiro: 15 ago. 1926).

129 *O Imparcial*, Rio de Janeiro: 31 ago. 1926.

130 *Cinearte*, n. 155, Rio de Janeiro: 13 fev. 1929. Mas, em edição posterior da mesma revista, Pedro Lima comentou que a lista não era assim tão completa (*Cinearte*, n. 107, Rio de Janeiro: 14 mar. 1928).

131 Jorge J. Capellaro e Victorio G. J. Capellaro, *Vittorio Capellaro: italiano pioneiro do cinema brasileiro*, Rio de Janeiro: Centro de Pesquisadores do Cinema Brasileiro e Embrafilme, 1986, p. 30 (Cadernos de Pesquisa, v. 2).

132 *Cinearte*, n. 39, Rio de Janeiro: 24 nov. 1926, p.4.

133 *Cinearte*, n. 51, Rio de Janeiro: 16 fev. 1927, p. 29.

134 No cinema silencioso brasileiro, as outras foram: o mineiro *Brasa dormida* (Humberto Mauro, 1928), distribuído pela Universal, e o carioca *Barro humano* (Adhemar Gonzaga, 1929), distribuído também pela Paramount, que de novo não interferiu na fita – diferentemente da Universal, que alterou a montagem e substituiu os intertítulos de *Brasa dormida*.

135 *Cinearte*, n. 39, Rio de Janeiro: 24 nov. 1926.

136 *Correio Paulistano*, São Paulo: 11 out. 1928.

137 O material foi restaurado a partir de um negativo original não montado com cerca de vinte minutos. Provavelmente algumas imagens extremamente interessantes teriam sido cortadas na montagem final de modo a deixar o documentário com o tempo padrão de pouco mais de dez minutos.

138 *Cinearte*, n. 98, Rio de Janeiro: 11 jan. 1928, p. 4. A expressão está na coluna de Pedro Lima, que a usa entre aspas. Como ele está

comentando um artigo de Jorge Martins Rodrigues no *Diário da Noite*, talvez seja uma citação.

139 *Correio Paulistano*, São Paulo: 1 jan. 1928.

140 *Correio Paulistano*, São Paulo: 11 fev. 1928.

141 *Correio Paulistano*, São Paulo: 5 abr. 1928.

142 *Correio Paulistano*, São Paulo: 29 jun. 1928. Cf., no depoimento de Américo Matrangola [Nino Ponti] concedido a Maria Rita Galvão, os desentendimentos entre os sócios a propósito das rendas de exibição de *Morfina* que o levaram, desagradado, a queimar os negativos do filme (Maria Rita Eliezer Galvão, *op. cit.*, pp. 172-5).

143 *Correio Paulistano*, São Paulo: 12 maio 1928.

144 Jean-Claude Bernardet, *Filmografia do cinema brasileiro 1900-1935*, *op. cit.*, 1929-48.

145 *Correio Paulistano*, São Paulo: 3 jul. 1929.

146 *Correio Paulistano*, São Paulo: 8 ago. 1929.

MATAS DISTANTES, COSTUMES EXÓTICOS, SERES REMOTOS

SAMUEL PAIVA

Dentro do padrão autoral/longa-metragem de documentário, os dois principais cineastas do mudo brasileiro são Luiz Thomaz Reis e Silvino Santos. É interessante notar que ambos filmaram fora do eixo Rio-São Paulo, onde se concentra a produção da época, e tiveram como assunto matas distantes, seres exóticos e costumes remotos.

FERNÃO PESSOA RAMOS

Estas características que reúnem Luiz Thomaz Reis (1878-1940) e Silvino Santos (1886-1970) podem, a princípio, nos levar a pensar como são significativos esses cineastas na história do cinema brasileiro. Por tal razão, é pertinente investigar aspectos de sua produção cinematográfica, que se deu em princípios do século XX, pensando, contudo, em quanto ela continua relevante hoje, aproximadamente um século depois que ambos iniciaram o seu trabalho. O aspecto fundamental de interesse dirá respeito ao fato de que major Reis (como também é reconhecido Luiz Thomaz Reis na historiografia do cinema brasileiro) e Silvino Santos apresentam o deslocamento por meio das imagens em fronteiras diversas – étnicas, geopolíticas e tecnológicas. O trabalho deles associa-se eminentemente à Amazônia, incluindo os limites fronteiriços do Brasil com países como Peru, Colômbia, Venezuela e as Guianas. Mas, além disso, para realizar os seus filmes, ambos desenvolveram técnicas cinematográficas que trataram de adaptar à realidade da selva, por onde circularam na maior parte de suas vidas, registrando eminentemente a vida dos índios.

Uma vez realizados, seus filmes também circularam por muitos espaços distintos, nacionais e internacionais, inscrevendo-se em um contexto que podemos compreender, seguindo a proposição de Tom Gunning[1], como sendo o "do mundo inteiro ao alcance", momento do cinema dos primeiros tempos, quando a viagem se tornou um meio de apropriação do mundo pelas imagens. Na verdade, Gunning refere-se a uma variedade de mídias e dispositivos que, mesmo antes do cinematógrafo, já trabalhavam com a simulação de viagens, como as lanternas mágicas, os cartões postais, estereoscópios, panoramas, dioramas, cineramas, mareoramas.

Isso sem falar nas exposições mundiais, espaços onde eram apresentadas imagens que muitas vezes confirmavam os investimentos colonialistas de nações diversas. As questões levantadas em seu texto encaixam-se bem no contexto dessas realizações do major Reis e Silvino Santos, sobretudo no que diz respeito ao uso da fotografia e do cinema a propósito dos registros relacionados a matas distantes, seres exóticos e costumes remotos.

Assim, inicialmente, podemos explorar a hipótese de que o trabalho de Reis e Santos inscreve-se no âmbito dos filmes de viagem, um dos gêneros mais populares na passagem do século XIX para o século XX. Tal hipótese parte de algumas premissas. No que diz respeito ao major Reis, por exemplo, seus filmes foram produzidos no âmbito da Comissão Rondon, em suas várias expedições empreendidas aos sertões do país. Alguns filmes perderam-se: *Sertões de Mato Grosso* (do qual só restam alguns fragmentos, 1912-1913), *Expedição Roosevelt ao Mato Grosso* (1915), *De Santa Cruz* (1912-1917), *Indústria da borracha em Minas Gerais e no Amazonas* (1917), *Inspeção no Nordeste* (1922) e *Operações de guerra* (1926). Mas felizmente alguns filmes estão preservados na Cinemateca Brasileira, tais como: *Rituais e festas bororo* (1917), *Ronuro, selvas do Xingu* (1924), *Viagem ao Roraimã* (1927), *Parimã, fronteiras do Brasil* (1927), *Ao redor do Brasil: aspectos do interior e das fronteiras brasileiras* (1932), *Os carajás* (1932) e *Inspetoria de fronteiras* (1938)[2].

Por sua vez, da vasta produção de Silvino Santos, também muitos filmes se perderam. Ele realizou filmes como *Índios witotos do rio Putumayo* (1916), *O horto florestal de Manaus* (1918), *Expedição Leopoldo de Mattos ao Alto Guaporé* (1917), *Matches de football entre amazonenses e paraenses* (1918), *A inauguração do Banco Ultramarino em Manaus em 1º de junho de 1918* (1918), *A festa da bandeira* (1918), *Amazônia Jornal* (1919), *Uma família de Manaus* (1918), *Manaus e seus arredores* (1919), *O oriente peruano* (1920), entre outros. Além disso, segundo Selda Vale da Costa: "Na firma J. G. Araújo, onde permaneceu até sua morte, Silvino filmou então [1921] sua principal obra, *No país das amazonas*, primeiro longa-metragem rodado inteiramente no Amazonas, o mais expressivo documento visual da Amazônia dos anos 1920", complementando que "do conjunto de sua obra [...] foram localizados os longas *No país das amazonas*, *No rastro do Eldorado*, *Terra encantada*, *Miss Portugal* (5') e *Santa Maria da Vila Amazônia* (2 latas) e mais 15 curtas (dez em Lisboa e cinco no Brasil)"[3].

Assim, observada sumariamente a filmografia de ambos os realizadores, parece ser possível um recorte de algo que se destaca nesses trabalhos: a perspectiva dos filmes de viagem. E isso nos coloca diante da necessidade de checagem de tal possibilidade, valendo retomarmos o referido texto de Tom Gunning, para lembrarmos algumas características que nos interessa destacar no gênero em questão, em especial, a ideia de que os filmes de viagem exploram um princípio de "apropriação" de lugares distantes por meio do registro de suas imagens.

Os cinegrafistas que, na transição dos séculos XIX para o XX, viajavam pelo mundo tratavam de apropriá-lo através das imagens que produziam do outro registrado.

As vistas captadas, por um lado, dão a ver, na perspectiva eurocêntrica, indivíduos considerados "exóticos", como os índios; mas, por outro, também revelam o ponto de vista dos próprios cinegrafistas, bem como das instituições ou indivíduos responsáveis pela produção dos seus filmes. Assim, um dos pontos cruciais a propósito dos filmes de viagem diz respeito ao fato de a imagem estar relacionada ao viajar como forma de apropriação do mundo, uma forma de possuí-lo. E essa apropriação ocorria muitas vezes como propaganda dos interesses daqueles que eram os produtores dos filmes. Exemplos disso eram as exposições mundiais nas quais por vezes os filmes eram exibidos. Isso ocorreu com *No país das amazonas*, de Silvino Santos, exibido na Exposição do Centenário da Independência, em 1922 (o filme, como veremos, foi lançado em 1923). Segundo Gunning, "essas exposições eram hinos explícitos às expansões coloniais das nações industrializadas. Elas proporcionam ilustrações lancinantes do espetáculo como apropriação, na medida em que tradições e habitantes do mundo não industrializado eram posados para a contemplação dos cidadãos do mundo moderno"[4].

Tais imagens estavam explicitamente relacionadas a ideologias colonialistas, governistas, às expansões de estradas e/ou ferrovias, cujas empresas muitas vezes financiavam as fotos, filmes etc., isso sem desconsiderar a emergente indústria do turismo. Gunning, entretanto, bem demonstra que há uma distinção em termos das diversas mídias utilizadas na produção dessas imagens. Segundo ele propõe, há uma distinção na contraposição, por exemplo, de imagens fixas e imagens em movimento – convém lembrar, a propósito, que tanto Reis quanto Santos iniciaram seus trabalhos como fotógrafos. Haveria por parte do cinema, por seu caráter de reprodução de imagens em movimento, uma espécie de potência característica do próprio dispositivo cinematográfico capaz de resistir à apropriação do outro. E estaria aí uma perspectiva utópica do cinema e, mais precisamente, dos filmes de viagem.

Um exemplo dado pelo próprio Gunning esclarece melhor a ideia: depois que ele explica como as vistas eram por vezes produzidas, inclusive com a câmera sobre veículos em movimento, definindo movimentos que se incorporaram à própria linguagem do cinema – os planos em panorâmicas e *travellings*, por exemplo –, o autor fala de um filme de Edison, *Native Woman Washing a Negro Baby in Nassau* (1903), com duração muito curta (menos de um minuto). Na primeira parte desse filme, conforme o Catálogo Edison informa, "o bebê parece aproveitar o seu banho até que sabão lhe cai nos olhos e ele começa a chorar"[5]. Há nisso, segundo Gunning, uma espécie de ligeira zombaria e diversão condescendente. Entretanto, o filme continua e, subitamente, a câmera se movimenta em torno do seu eixo em um movimento panorâmico que acaba revelando outras crianças e adultos assistindo à filmagem. Portanto, essas pessoas deixam de ser o objeto do espetáculo e, em contrapartida, o próprio cinegrafista se vê em tal posição. Além disso, diante da possibilidade de serem captadas pela câmera, as pessoas fogem, resistindo ao *enquadramento* de sua imagem, perseguida por estrangeiros em sua área.

Essa é a dimensão utópica, de resistência à apropriação de uma imagem, paradoxalmente possível graças ao cinema. Ou mesmo graças ao documentário[6] – ou aos "naturais", como eram então designados os filmes de não ficção – se se pressupõe que nesses filmes a dimensão do imprevisto é recorrente em todos os sentidos, desde a preservação do material sensível até a possibilidade de encontros inusitados. Isso fica ainda mais evidente em se tratando de viagens por lugares de difícil acesso e de contato entre identidades tão diversas, tendo em vista as diferenças culturais implicadas, por exemplo, entre colonizadores e colonizados no contexto da Amazônia.

O *travelogue*, como se designa internacionalmente o gênero relacionado a filmes de viagem, acirra todas essas tensões envolvidas nos deslocamentos e disputas de poder em fronteiras geopolíticas e culturais, em contextos diversos. No Brasil, Sheila Schvarzman discute a questão a propósito do filme *Brasil pitoresco: viagens de Cornélio Pires* (1925), realizado pelo folclorista e escritor Cornélio Pires com José Palácios:

> O filme de viagem remonta à tradição e à prática da lanterna mágica, invenção óptica do século XVIII na Europa, misto de instrumento científico e máquina de ilusão e fantasmagoria, que se manteve por três séculos reproduzindo imagens artificiais, fixas e animadas para um público interessado em diabruras, cenas grotescas, eróticas, religiosas, históricas, científicas, políticas e satíricas. Apresentada em geral por um ambulante, torna-se um espetáculo estável no século XIX, momento de sua grande expansão, pelo uso generalizado da fotografia sobre vidro. Com o surgimento do cinema, o filme é introduzido junto com a lanterna mágica para prolongar as sessões com presença de conferencistas. Filmavam-se viagens, hábitos distintos como *Casamento abissínio de 1908* ou *A caça do hipopótamo no Nilo Azul*, 1907. Com o tempo, o filme substitui as fotos, enquanto os intertítulos tomam o lugar do conferencista[7].

A análise de Schvarzman mostra bem como o *travelogue* continua sendo um gênero presente no Brasil dos anos 1920 e, mais que isso, como se adapta aos interesses dos produtores e realizadores. Se na Europa e nos Estados Unidos as formas de representação do gênero davam a ver imagens relacionadas a formas exóticas correspondentes às experiências do colonialismo, com uma "dualidade entre a sedução e o menosprezo que nutriam espectadores e realizadores pelo outro filmado"[8], pergunta-se a autora como tais representações do gênero ocorriam entre nós, no Brasil. No caso de Cornélio Pires, segundo sua análise, há um viés regionalista, que encontra na figura do caipira uma forma exemplar de representação *pitoresca*, em acordo com a natureza e como contraponto à modernidade e ao modernismo emergente de São Paulo. Não por acaso *Brasil pitoresco* começa no monumento do Ipiranga e segue adiante, passando por Rio de Janeiro, Vitória, Salvador, Cachoeira, São Félix, Feira de Santana, Santo Amaro, Ilhéus, Aracaju. Ou seja, há um projeto que se desenvolve na fronteira leste do país, trajeto com características bem distintas em relação aos percursos feitos a oeste pelo major Reis e Silvino Santos. Ainda assim, haverá semelhanças, como podemos perceber na descrição de uma cena do filme de Cornélio Pires nas imediações do mercado de Salvador:

> Em primeiro plano se vê o rosto de uma mulher negra que carrega algo na cabeça. Ela fica de frente para a câmera e vai virando de perfil, para melhor exibir o que carrega num enquadramento semelhante àquele usado pelo Major Reis quando mostrava, a partir de medições antropométricas, o tipo biológico dos índios em seus filmes[9].

Essa aproximação entre o negro e o índio, na maneira como eram representados em *travelogues* diversos, expressa coincidentemente um tipo de alteridade tensionada dentro do próprio país. Mas há também diferenças, inclusive enquanto forma de produção. Por exemplo, em relação ao princípio de "cavação", ou seja, a busca por encomendas de filmes pedidas por autoridades políticas ou empresariais e famílias abastadas, como forma de garantir a sobrevivência do realizador. Se para Cornélio Pires a cavação está colocada, é provável que o mesmo não se possa afirmar acerca do major Reis, um militar em missões governamentais, embora ele tenha se envolvido também em projetos cinematográficos realizados fora do âmbito da Comissão Rondon, como veremos. Por sua vez, talvez seja possível alguma aproximação entre Cornélio Pires com Silvino Santos em termos de cavação. Tanto que, ainda segundo Schvarzman, o projeto do *Brasil pitoresco* teve início quando Cornélio Pires, nas festividades do centenário da Independência, em 1922, no Rio de Janeiro, "assiste a filmes documentários sobre o território brasileiro, em especial de Silvino Santos, e certamente terá observado a relação que havia entre a realização desse gênero de filme e o patrocínio oficial"[10].

De fato, quando procuramos estabelecer cotejos entre esses realizadores viajantes, tanto semelhanças quanto diferenças despontam entre eles, em termos internacionais, nacionais e regionais, obrigando-nos a uma aproximação às suas obras com o cuidado de procurar observá-las naquilo que mantêm de relação com o gênero em termos gerais, mas também com suas denotações específicas, segundo contextos de produção, características discursivas do próprio texto fílmico e as realidades de recepção. Só assim é gerada uma compreensão consequente de noções como "apropriação", "cavação", "rituais de poder", "berço esplêndido" – categorias recorrentemente debatidas na historiografia do cinema brasileiro do período mudo e, em especial, sobre os documentários ou "naturais".

No que diz respeito especificamente aos *travelogues*, tomemos como exemplo um fato um tanto geral, mas que assume características específicas em razão do contexto em pauta: as conferências de viagem. Ora, se essa era uma característica recorrente em termos gerais, pode, contudo, assumir sentidos muito específicos em razão dos contextos em jogo. As conferências que envolvem a Comissão Rondon e, consequentemente, o trabalho do major Reis, por exemplo, além das questões de política interna que, entre outros tópicos, diziam respeito à expansão dos meios de comunicação telegráfica e à "integração" do índio à nação brasileira, podiam envolver interesses estratégicos entre o Brasil e os Estados Unidos naquele momento. O principal indicador disso é a viagem do major Reis para Nova York em 1918. No início do seu relatório sobre essa viagem, apresentado ao capitão Amílcar Armando Botelho de Magalhães, Reis afirma:

> TENHO A HONRA de passar as vossas mãos o RELATÓRIO anexo a este onde dou conta resumidamente do serviço a meu cargo executado durante o ano corrente [1918], tendo por principal objetivo utilizar o filme tomado no interior do Mato Grosso, dos serviços desta Comissão, película que anexada aos diversos documentos científicos do mesmo serviço a cargo e sob a chefia do nosso eminente comandante coronel Cândido Mariano da Silva Rondon, preenche vantajosamente, sob o ponto de vista documental, artístico, o claro reservado para o retoque final que modernamente devem sofrer todos os grandes empreendimentos deste gênero[11].

Segue então nesse documento um minucioso relato de Luiz Thomaz Reis acerca de sua estadia nos Estados Unidos, onde chegou para negociar o referido filme e acaba contratando a companhia Interocean, uma vez que, "depois de me informar, empregando para isto toda a camuflagem de que se podia lançar mão entre os inúmeros ratos do negócio em New York, a minha convicção sobre esta companhia e a de sua confiança se formou" e, além disso, continua Reis, "ela [a companhia] podia explorar o filme no mundo inteiro dispondo para isto de muitas agências, sendo todos os seus negócios em comissão"[12].

Mas, além dos esforços comerciais, tendo Reis feito um estudo detalhado das empresas de cinema estadunidenses de grande e pequeno portes, havia também o empenho em propaganda. E nesse sentido era fundamental o seu reencontro com Theodore Roosevelt (1858-1919), que, além de ter sido presidente dos Estados Unidos por dois mandatos (1901-1909), era também um homem de interesses científicos e de espírito aventureiro, o que inclusive movera a expedição que ele conduzira em 1913 ao lado de Rondon[13], explorando aquele que era então conhecido como o rio da Dúvida – "afluente retinto e turbulento do Amazonas que serpenteia por cerca de 1.600 quilômetros em meio à densa floresta tropical brasileira", segundo informa Candice Millard[14]. Hoje denominado rio Roosevelt, à época da viagem exploratória praticamente não havia informações a seu respeito. Isso nos leva a lamentar ainda mais o fato de não terem sido preservados filmes como *Expedição Roosevelt ao Mato Grosso*, com o registro desses acontecimentos.

De acordo com o referido relato da viagem de Reis aos Estados Unidos, quando ele reencontra Roosevelt em Nova York, este já estava bem doente, o que evidentemente dificultou o contato entre ambos. Mas, uma vez superadas as dificuldades, afinal foi confirmada a presença do ex-presidente dos EUA como conferencista em um evento ocorrido em 15 de maio de 1918, no Carnegie Hall, com o apoio da Sociedade de Geografia daquele país. Nos preparativos para a conferência, Luiz Thomaz Reis, segundo o seu próprio e referido relato, empenhou-se enormemente para que tudo pudesse ocorrer da melhor maneira possível, até porque o evento alavancaria futuras negociações para o filme projetado naquela ocasião. Por isso, ele tratou pessoalmente da produção de uma série de ações necessárias ao sucesso da empreitada, fazendo contatos em várias instâncias e conseguindo apoios ora para exibir o filme, com a confecção do material de divulgação; ora para obter a liberação da censura, posto que a nudez dos índios era uma questão a ser considerada; ora para a tradução das legendas; ora para a contratação dos músicos que acompanhariam a projeção etc. A escolha dos instrumentos musicais e os compassos que deveriam acompanhar esta ou aquela sequência do filme a ser projetado foram decididos por Luiz Thomaz Reis em conversa com o maestro. Havia ainda a ornamentação do espaço, basicamente enfeitado com bandeiras do Brasil e dos Estados Unidos. Vale notar que, com exceção da orquestra, cujas despesas ficaram em parte por conta do Brasil, "as coisas se iam arranjar de modo que a Sociedade de Geografia [dos EUA] pagava todas as despesas do teatro cuja lotação era mais de 3 mil pessoas"[15]. E finalmente chegou a grande noite, assim descrita pelo próprio Reis:

> Quando o coronel Roosevelt deu entrada no palco acompanhado pelos membros da diretoria da Sociedade, todos em traje casaca, o teatro não tinha mais

um lugar disponível; os camarotes, onde os ocupantes mantinham o traje rigor, também estavam repletos, e o segundo *balcony*, que chamamos galeria, aparecia ocupado. O conferencista foi recebido por uma estridente salva de palmas findo o que todos se sentaram dando-se cumprimento ao programa. Na cabine, onde eu me achava com o operador, tinha à mão um contato elétrico fazendo acender e apagar uma pequena lâmpada verde colocada na estante do maestro e que indicava para a sua a minha inteligência, por número de sinais luminosos, não só a ordem do programa como a mudança das músicas durante a projeção do filme. Dei o sinal convencionado e a orquestra executou a sinfonia do *Guarani*, de Carlos Gomes, que foi silenciosamente apreciada por todos e a meu ver foi bem executada. Quando as últimas notas desta música, que para nós brasileiros é como um canto patriótico, terminaram, naquele final em que as notas muito graves e cheias fazem ressoar profundamente em todo o instrumental, a plateia como uma trovoada cobriu de aplausos os derradeiros ecos cuja impressão no nosso espírito a custo se ia desvanecendo[16].

Promover uma festa com o objetivo de projetar a imagem do Brasil e tendo como porta-voz um ex-presidente estadunidense, em um evento financiado eminentemente por uma instituição daquele país, foi um feito diplomático, que inclusive pôde contar com a presença do embaixador brasileiro Domício da Gama. Aos Estados Unidos, naquele momento de fim de Primeira Guerra Mundial, quando emergem como potência mundial, evidentemente interessava a promoção dessa conferência. Observando retrospectivamente, o evento antecipava de certa forma a Política de Boa Vizinhança que mais tarde, durante a Segunda Guerra Mundial, viria a ser empreendida por Franklin Delano Roosevelt, primo de Theodore que também foi presidente do seu país. A propósito, a conferência da noite em questão teve como assuntos principais, nos argumentos do estadista, a importância do Brasil em vários aspectos, inclusive na guerra contra a Alemanha, o caráter excepcional de Rondon e aspectos do livro que o próprio Theodore publicara sobre sua expedição pela selva. A palestra foi acompanhada pelas imagens projetadas. Fernando Tacca também menciona o episódio:

Em 1918, o então jovem capitão e cineasta Luiz Thomaz Reis viajou para os Estados Unidos, patrocinado pela National Geographic Society, exibindo no Carneggie Hall de Nova York a película *Wilderness* (chamada no Brasil *De Santa Cruz*), por ocasião de uma palestra proferida por Theodore Roosevelt. *Rituaes e festas bororo* fazia parte do programa *Wilderness*, juntamente com cenas do Pantanal com caçadas de onças e os *Saltos Iguassu*. Rondon guiou Roosevelt em uma expedição científica pelas selvas do Mato Grosso de 11 de dezembro de 1913 a 7 de maio de 1914. A expedição foi acompanhada por Reis, que, em 1914, dirige o filme *Expedição Roosevelt a Mato Grosso*. Segundo o próprio cineasta, esse filme ficou incompleto, mas foi exibido em 1915 com o título *Expedição Roosevelt*, durante conferências de Rondon no teatro Phenix, no Rio de Janeiro. A viagem foi nomeada pelo governo brasileiro de "Expedição Científica Roosevelt-Rondon"[17].

Como se vê, o próprio Rondon também proferia conferências valendo-se dos filmes. E por vezes essas conferências podiam ser o ponto de partida para novas iniciativas de produção cinematográfica. Eduardo Morettin, por exemplo, comenta um filme – *Ouro branco* (1917) – que, tendo sido cinegrafado pelo major Reis e exibido em Manaus em 1919, causou uma grande repercussão, a ponto de ter possivelmente suscitado no empresário J. G. Araújo a ideia de produzir *No país das amazonas*, a principal obra de Silvino Santos. Nas palavras de Morettin:

> *Ouro branco* (1917), exibido em Manaus em 1919, foi um documentário de longa-metragem produzido por uma empresa local, a Asensi & Cia, tendo como cinegrafista Luiz Thomaz Reis, que trabalhava à época na Comissão Rondon. Sua intenção foi a de registrar as "grandes propriedades daquela firma (Asensi & Cia), situadas no Ji-Paraná ou rio Madeira, que abrangem terras do Amazonas e grande parte do noroeste do Mato Grosso". De acordo com as informações retiradas da ficha filmográfica colocada à disposição no *site* da Cinemateca Brasileira, o filme mostrava as atividades do seringueiro e o processo de produção da borracha e da castanha, além do transporte e comercialização dos produtos no estabelecimento do capitalista. A exibição do filme em Manaus foi cercada de pompa em "grandioso festival de gala promovido pelos conhecidos industriais srs. Asensi & Companhia e especialmente dedicado às autoridades principais do Estado, União, Município, Corpo Consular e família amazonense"[18].

Essa citação leva a perceber que eventualmente o major Reis desenvolvia projetos fora do âmbito da Comissão Rondon, numa chave que talvez até pudesse aproximá-lo da cavação, embora, a rigor, não sejam conhecidas as condições desse tipo de trabalho realizado fora do âmbito da Comissão. Mas, além disso, o trecho citado explicita a dimensão dos interesses comerciais que se conjugavam a perspectivas governamentais. Esse aspecto também diz bastante respeito ao trabalho de Silvino Santos, inclusive no filme *No país das amazonas*, que, embora tenha sido concebido para fazer parte da Exposição Internacional do Centenário da Independência, ao mesmo tempo promovia os negócios do empresário J. G. Araújo.

Ou seja, no âmbito dos caminhos percorridos por major Reis e Silvino Santos, há interseções. Mais um exemplo, ainda a propósito das conferências como um dado do gênero viagem que aponta para características gerais e específicas: é interessante perceber que um dos filmes de Silvino Santos – a saber, *No rastro do Eldorado* (1924-1925), que documenta a expedição empreendida pelo médico e geógrafo norte-americano Alexander Hamilton Rice ao rio Branco e seu afluente, o rio Uraricoera, em Roraima – também foi "exibido em 1925 em Manaus e na Sociedade de Geografia de Nova York em sessão organizada por Rice"[19]. O fato confirma uma coincidência de interesses estratégicos, nacional e internacionalmente, em torno desses filmes de viagem feitos pelos realizadores cujas obras procuramos conhecer.

LUIZ THOMAZ REIS

Partindo agora para as especificidades de vida e obra de cada um dos cineastas, vale registrar inicialmente que Luiz Thomaz Reis nasceu na cidade de Alagoinhas, na Bahia, em 1878, e faleceu em 1940, no Rio de Janeiro. Sua formação militar teve início em 1900, ano em que ingressou na Escola Militar do Realengo[20]. Nomeado em 1910 para o Ministério de Viação e Obras Públicas, foi designado para atuar na Comissão de Linhas Telegráficas e Estratégicas de Mato Grosso ao Amazonas, no posto de tenente. Era então auxiliar de desenho, cargo que sugere a existência, desde então, do interesse por um trabalho simultaneamente artístico e técnico, aspectos que demarcam aproximações de Reis também com a fotografia e com o cinema.

Ao chegar ao Mato Grosso, ele fica encarregado dos registros fotográficos relacionados aos projetos da Comissão chefiada por Cândido Rondon. Os objetivos institucionais da Comissão Rondon orientaram em forte medida os registros fotográficos e cinematográficos de Luiz Thomaz Reis. Dentre esses objetivos, destaca-se certamente a questão das possibilidades de "pacificação", "integração" e "civilização" dos índios, conforme Fernando Tacca propõe em sua tese[21]. Havia no começo do século XX quem defendia o extermínio de indígenas, como H. Ihering, diretor do Museu de São Paulo, em cuja percepção os índios não representavam trabalho e progresso. Por outro lado, havia aqueles – Cândido Rondon e outros tantos – que lutavam pela incorporação do índio à nação brasileira. Como afirma Sylvia Caiuby Novaes:

Essas discussões dão bem o clima em que se organizam os trabalhos da Comissão Rondon, que se impusera como principal tarefa a construção da rede telegráfica, que a seu término abrangia a extensão linear de 4.500 km e o estabelecimento de 55 estações telegráficas. Em torno desse trabalho principal agrupam-se todas as outras atividades da Comissão – levantamento geográfico e topográfico, da fauna, flora, mineralogia, geologia, climatologia, etnografia, pacificação dos índios, observação de seus costumes, línguas etc.[22].

Desde que se formou engenheiro pela academia militar, Cândido Mariano da Silva Rondon já atuava em comissões de linhas telegráficas fazendo expedições, por exemplo, no Araguaia e no Mato Grosso, até se tornar a figura-chave na criação do Serviço de Proteção ao Índio (SPI). No que concerne especificamente à sua contribuição para o cinema, "em 1912, Rondon cria a Secção de Cinematographia e Photographia, sob a responsabilidade do então tenente Luiz Thomaz Reis"[23]. Teria sido por sugestão do próprio Reis que essa seção foi criada, o que sugere sua relevância no contexto da Comissão, sobretudo quando se sabe que houve nas diversas expedições outros integrantes da referida seção, tais como José Louro, Benjamin Rondon, Joaquim Rondon, Charlotte Rosenbaum e Carlos Lako.

Uma vez criada a seção, Reis viajou à Europa com o objetivo de adquirir equipamentos. De volta ao Brasil, seus primeiros registros cinematográficos datam de 1914. Para tanto, precisou desenvolver técnicas de adaptação do material fotossensível, porque seria utilizado em locais com altos índices de umidade e transportado por longos períodos e em condições bastante precárias de preservação. Acerca das câmeras utilizadas, Tacca reporta um relatório que "cita as duas câmeras de cinema pertencentes à Comissão e operadas por Reis: uma Williamson de trinta metros e uma Debrie Studio de 120 metros (que utilizava para os 'estudos mais importantes')"[24].

Os filmes produzidos – assim como as fotografias – tinham objetivos diversos; por exemplo, persuadir as autoridades acerca da relevância científica multidisciplinar da própria Comissão. Além disso, alimentar a opinião pública formada pelas populações urbanas do país e do exterior, valendo-se de sua curiosidade em torno dos distantes sertões para reforçar um caráter nacionalista capaz de instigar a vontade, em relação aos brasileiros, de integração daqueles povos da floresta situados em lugares tão distantes. Havia, portanto, uma dimensão de *marketing* político e propaganda implicada nas diversas ações da Comissão, contando-se para isso com as produções fotográfica e cinematográfica. Isso explica por que, em várias ocasiões as sessões dos filmes eram seguidas por palestras, como vimos anteriormente.

A propósito, o primeiro filme realizado por Luiz Thomaz Reis foi *Sertões do Mato Grosso*, sobre o qual ele mesmo afirma:

> Depois de seis meses de serviço, sob minha observação pessoal, pois que era a primeira vez que fazia isso no sertão, tendo por felicidade estudado a "emulsão" e o tempo de sua eficiência em zonas quentes e úmidas, o que me levou a preparar aparelhos de madeira especiais para revelar os *films* no local, foi então obtido com vantagem o *film* conhecido por *Sertões do Mato Grosso*, exibido em 1915 no Rio de Janeiro e, depois, em todo o Brasil[25].

Desse filme, como já foi observado, só restaram alguns fragmentos, embora possamos saber algo a seu respeito justamente por conta dos relatórios do major Reis. Em relação aos outros filmes desaparecidos – *Expedição Roosevelt ao Mato Grosso* (1915), *De Santa Cruz* (1912-1917), *Indústria da borracha em Minas Gerais e no Amazonas* (1917), *Inspeção no Nordeste* (1922) e *Operações de guerra* (1926) –, é de se esperar que futuras pesquisas em arquivos que ainda precisam ser investigados venham a revelar dados.

Mas, em relação aos filmes existentes – *Rituais e festas bororo* (1917), *Ronuro, selvas do Xingu* (1924), *Viagem ao Roraimã* (1927), *Parimã, fronteiras do Brasil* (1927), *Ao redor do Brasil: aspectos do interior e das fronteiras brasileiras* (1932), *Os carajás* (1932) e *Inspetoria de fronteiras* (1938) –, o que podemos observar? São filmes que vêm sendo estudados em distintas perspectivas, sobressaindo-se estudos de cinema e de antropologia visual e, por vezes, a interseção entre os dois campos. Fernando Tacca, por exemplo, propõe uma catalogação a partir de três recortes que considera marcantes da produção da Comissão Rondon em sua relação com os índios. O primeiro recorte diz respeito ao índio como "bom selvagem" e tem como principal exemplo *Rituais e festas bororo*. O segundo relaciona-se ao índio "pacificado" e baseia-se na análise sobretudo de *Ronuro, selvas do Xingu*. O terceiro reconhece o índio "integrado/aculturado" e parte da investigação sobre os filmes *Os carajás*, *Inspetoria de fronteiras* e *Viagem ao Roraimã*[26].

Essa catalogação[27] coincide, em alguma medida, com a noção de "apropriação", tal como antes discutida a propósito de Tom Gunning, uma vez que está em questão um princípio de dominação dos índios para enquadrá-los dentro da lógica positivista da Comissão Rondon. Contudo, há tensões em relação a esse projeto da expedição, e o trabalho do major Reis – lembrando a dimensão utópica antes mencionada como uma característica reversa da apropriação pelo cinema – seria uma prova disso. Nele, se por vezes prevalece um registro pautado pela perspectiva científica – por exemplo, "*Rituais e festas bororo* já é considerado um dos primeiros filmes etnográficos do mundo"[28] –, outras vezes prescinde-se da prerrogativa antropológica para privilegiar aspectos a seu ver mais relevantes, inclusive revelando contradições do processo de integração dos índios.

A respeito de *Rituais e festas bororo*, por exemplo, a leitura de Tacca problematiza como, embora os bororos tivessem uma antiga relação com os missionários salesianos que chegaram ao Brasil em 1883 e abriram suas missões no Mato Grosso já no ano seguinte, nada disso aparece no filme do major Reis, que mostra o índio isolado de qualquer contato, a não ser com a natureza, como um "bom selvagem". De fato, o interesse pelos rituais, em detrimento da presença dos agentes colonizadores, já é indicativo de um posicionamento próprio de Reis, enquanto realizador responsável pelos registros cinematográficos da Comissão Rondon, mas ao mesmo tempo interessado em expressar sua própria visão de tal projeto.

Em relação ao índio pacificado,

> interessava mostrar que, apesar de seu estado "selvagem" e indicial, referente a uma ideia de um Brasil remoto, esses "selvagens" não eram tão agressivos como se dizia e estavam receptivos para um contato pacificador que os integrasse à nova nação que se construía na expansão de suas fronteiras agrícolas e comerciais[29].

Em *Ronuro, selvas do Xingu*, por exemplo, uma das evidências dessa ideia está no índio já vestido fazendo parte de uma narrativa de aventura e colaborando em uma expedição de exploração do rio Ronuro. "Para aumentar o impacto da ideia de aventura serão feitas referências constantes [...] à tentativa de exploração dessa área pelo coronel inglês Fawcett, que se perdeu no Xingu"[30]. Contudo, Reis assume uma postura parcial, apresentando o caráter científico enquanto objetivo da Comissão (com a inserção de cenas relacionadas à antropometria, por exemplo), mas ao mesmo tempo inserindo-se na narrativa, a ponto de aparecer no filme:

> Nas cenas que mostram as medições antropométricas, Reis sai de trás das câmeras e se mostra com uma função a mais além de filmar. Ele é sujeito e personagem de seu próprio filme em cena montada somente para a filmagem (está fazendo "ciência" e filmando ao mesmo tempo), com seu assistente acionando a câmera de acordo com suas ordens. A ruptura com a ideia de índio/natureza é concebida pelo próprio diretor do filme, em pessoa, que transpõe os limites do visor para se mostrar como agente civilizatório[31].

Já como exemplo do índio "integrado/aculturado", *Viagem ao Roraimã* documenta uma expedição de Rondon ao monte Roraima, na fronteira entre Brasil,

Venezuela e Guiana. A viagem inicia-se no rio Amazonas, em um barco que também transporta turistas, e a câmera vai registrando as margens de vários locais (Santarém, Manaus etc., em direção à Venezuela). Já em terra, a expedição continua com Rondon acompanhado por muitos índios macuxis. Há diversos obstáculos no caminho, como rios e montanhas, mas a expedição consegue chegar ao seu objetivo, o monte, e a presença dos índios ajudando seria "uma proposta estratégica de Rondon de incorporá-los à ideia de nação e torná-los guardiões de nossas fronteiras"[32].

Outros exemplos da integração/aculturação são os filmes *Os carajás* e *Inspetoria de fronteiras*. No primeiro, os carajás aparecem reconhecendo símbolos da pátria, a bandeira, o hino, com Rondon lhes explicando efemérides, como a data de proclamação da República. A mensagem é que os índios estão não só pacificados como também respeitam as regras do Estado. Além disso, convivem com outro elemento branco, no caso, o garimpeiro. Entretanto, mesmo mostrando a aculturação, a montagem de *Os carajás* insiste em estabelecer uma tensão com tal projeto, por exemplo, ao mostrar índios nus em meio a índios vestidos. Por sua vez, *Inspetoria de fronteiras* inicia-se com o registro do coronel Manoel Alexandrino Ferreira da Cunha, que chega para substituir Rondon no cargo de inspetor de fronteiras. "O filme, após a apresentação do novo inspetor, começa mostrando cenas de Manaus e principalmente manifestações dos colégios salesianos na principal cidade do Amazonas, para, logo em seguida, exibir as solenidades comemorativas da fundação desses colégios."[33]

Daí segue por outros locais, como São Gabriel, Cucuí, as fronteiras com a Colômbia, missões no entorno do rio Uaupés, do rio Papori, postos do SPI em Anchieta e Nazareth. É interessante observar que, em certa altura, o inspetor deixa de ter interesse para a narrativa, e Reis se volta para os índios:

> Nessa parte do filme, Reis não está mais acompanhando o coronel inspetor (pois este último não aparece nas tomadas) e, assim, livre para fazê-las, as cenas ficam mais próximas de seus filmes anteriores. Reis liberta-se da pura descrição ilustrativa da viagem e apresenta uma série de registros etnográficos de festas e rituais, reencontrando-se na gênese da antiga Seção Fotográfica e Cinematográfica da Comissão Rondon[34].

O interesse etnográfico se contrapõe ao projeto da Inspetoria. Uma das cenas indicadoras dessa perspectiva ocorre quando as índias aparecem amamentando os filhos: "Pela primeira vez vemos também uma bela tomada da relação próxima de mães amamentando seus filhos, ou seja, os pequenos índios estão no ambiente de seu próprio grupo étnico. O contraponto com as missões é óbvio: o que seria melhor para eles? – parece perguntar implicitamente a narrativa"[35].

Contudo, antes de *Inspetoria de fronteiras*, seu último filme, Reis realizou *Ao redor do Brasil: aspectos do interior e das fronteiras brasileiras* (1932), longa-metragem constituído de trechos filmados por ele em várias expedições, entre 1924 e 1930, e que retoma inclusive cenas vistas em outros filmes já citados. Para analisar *Ao redor do Brasil*[36], é possível partimos dos pressupostos do filme de viagem e seu princípio de apropriação, mas interessa também tomar como princípios de investigação o discurso de Reis acerca do estrangeiro na Amazônia, sua representação do índio e a visão do cineasta sobre si próprio diante de sua realização.

Em primeiro lugar, sua representação do estrangeiro se dá um pouco pela menção a americanos ou europeus, como o já citado coronel Fawcett ou as instalações da empresa Ford nas imediações de Santarém. Entretanto, a narrativa se volta mais atentamente, por exemplo, ao contato com os venezuelanos na fronteira. Já em relação à representação do índio, embora se verifique a série de elementos relacionados ao projeto de integração segundo os objetivos da Comissão Rondon (as cenas de antropometria, além de sequências nas quais os índios estão sendo vestidos como indício de civilização e disposição para o trabalho, entre outras), há os momentos de observação dos rituais e gestos próprios dos índios, procurando-se respeitar o seu tempo, o seu espaço. Enfim, sobre a visão do cineasta a seu próprio respeito e diante de sua própria realização, é interessante observar como, nesse filme, Reis aparece várias vezes inscrito na narrativa, já desde os créditos iniciais, como se posasse para uma fotografia e, em outros momentos, interagindo com os índios, exposto à câmera tanto quanto eles. Ou seja, embora estejamos diante de um filme de viagem, muitas vezes não se reitera na obra o princípio de apropriação ou, ao menos, é estabelecida uma tensão no discurso fílmico a esse respeito.

O major Reis morreu em 1º de outubro de 1940, no Rio de Janeiro, em decorrência de um acidente ocorrido enquanto filmava a construção de um quartel. Não deixa de ser surpreendente o fato de, nesse momento, ele estar afastado da Amazônia, onde filmou a maior parte de sua obra. Mas também não é inusitada a sua entrega ao ato de filmar, mesmo correndo riscos.

SILVINO SANTOS

O que levaria um português, nascido em 29 de novembro de 1886, em Cernache do Bonjardim, uma pequena vila no centro de Portugal, a se interessar tanto pelo Brasil? Resposta: as imagens. Foram as imagens do rio Amazonas que tanto atraíram Silvino Simões dos Santos e Silva, numa época em que muitos estrangeiros encantavam-se com as histórias do Eldorado da Borracha, o Amazonas. Filho de uma família de posses, ele veio ainda adolescente para o Brasil, para Belém do Pará. Como afirma Selda Vale da Costa:

> Nascido em berço de ouro, servido por uma corte de empregados, o que teria levado aquele garoto, com 14 anos incompletos, a vir para o Brasil em 1889? A atração pelo rio Amazonas, afirma Silvino, atração que o levaria a atravessar o Oceano e a percorrer a Amazônia, do Pará ao Peru, de Roraima a Rondônia, fotografando e filmando suas paisagens, seus produtos, e principalmente os povos indígenas e seus costumes. Os índios seriam os atores principais de seu primeiro filme e tema constante de seu trabalho fotográfico[37].

Segundo o próprio Silvino, foi a leitura de um livro que o atraiu para o Amazonas: "A leitura da Selecta Portuguesa eu guardava na memória: o Amazonas, o maior rio do mundo! Essa leitura encantou minh'alma. Tinha em mim um tão grande desejo de o conhecer"[38]. O Amazonas e em especial Manaus, a capital do ciclo da borracha, eram então muito comentados na Europa, o que se refletia em publicações diversas de uma imprensa interessada em instigar a imaginação das populações urbanas acerca daqueles lugares distantes. Silvino veio para o Brasil acompanhando familiares e amigos de sua família e instalou-se primeiramente em Belém do Pará, onde, por três anos, passou a trabalhar em uma livraria.

Seu interesse por fotografia é concomitante às primeiras viagens que começa a realizar pela Amazônia. "Quando aparece no Pará o famoso fotógrafo e pintor Leonel Rocha e o convida a aperfeiçoar-se nessa arte e a viajar com ele até Iquitos, Silvino imediatamente aceita e segue aquele que será seu grande mestre."[39] Essa viagem durou dois meses. Logo depois, ele volta a Portugal, onde passa um ano fotografando e pintando, até retornar, em 1903, a Belém, onde novamente trabalha numa livraria antes de se mudar para Manaus, em 1910, para trabalhar na loja de seu irmão Carlos. A borracha, o "ouro negro", tornava Manaus uma cidade esplendorosa, com muito dinheiro, polo de atração para gente de todo o mundo.

Silvino deixou então de trabalhar com o seu irmão para montar o seu próprio negócio: um estúdio de fotografia e pintura. Foi onde conheceu o cônsul dom Carlos Rey de Castro, do Peru, que o convidou a ir ao Putumayo com o propósito de fotografar os índios. A viagem teria o patrocínio da Peruvian Amazon Rubber Company, que contava com J. C. Arana como um dos seus principais acionistas.

Júlio Cesar Arana estava sendo acusado, em Londres, de mandar matar milhares de indígenas em suas imensas propriedades de caucho ao longo do rio Putumayo, que toma o nome de Içá no Brasil. A história dos massacres indígenas no Putumayo não difere muito dos milhares de massacres indígenas em toda Amazônia, na época da borracha e desde a época da conquista luso-espanhola. O que a diferencia é a enorme divulgação que os fatos tiveram em todo o Norte do Brasil, nos países vizinhos e na Europa. As denúncias feitas em Londres por um jovem idealista americano, o engenheiro Walter Hardenburg, vítima de maus tratos nas terras de Arana, tiveram feliz acolhida junto à respeitável *Sociedade Inglesa para* a *Proteção dos Aborígenes e contra a Escravidão*[40].

Contudo, essa história é controversa, até mesmo segundo o próprio Silvino, que diz: "Fui várias vezes aos índios e não vi nada disso"[41]. Em todo caso, diante das fotos que Silvino realizou, Arana teve a ideia de produzir um filme ao perceber o maior impacto das imagens cinematográficas, as quais poderiam ser utilizadas em sua defesa. Assim, financiou a ida de Silvino a Paris, para um estágio nos estúdios Pathé Frères e no laboratório dos irmãos Lumière.

Os diretores e técnicos da Pathé mostraram-se entusiasmados com as fotos dos índios, conta Silvino, e ficaram com várias cópias. Após inúmeras lições, consideraram Silvino apto a trabalhar com o cinema. Arana compra uma máquina Pathé e 2 mil metros de filme negativo. Nos Lumière, os químicos preparam uma emulsão especial para clima quente. São compradas outras máquinas e filmes e depois de três meses Silvino volta ao Brasil para filmar os índios. Na viagem conhece Ana Maria Shurmaly, tutelada de Arana, casam-se em Iquitos, no dia 30 de agosto de 1913 e vão passar a lua de mel filmando o Putumayo. Começa, então, a aventura cinematográfica[42].

Esse que seria o seu primeiro filme, entretanto, não foi finalizado, porque o material filmado durante dois meses perdeu-se quando o navio que o transportava para Lima naufragou em decorrência de um bombardeio dos alemães. Só três anos depois, consta que, em 19 de janeiro de 1916, foi exibido em Manaus o primeiro filme de Silvino Santos: *Índios witotos do rio Putumayo*. Nesse momento, os jornais da cidade reconheceram o talento do homem que reunia as duas artes, fotografia e cinema[43]. No ano seguinte, 1917, ele filmava o Horto Florestal de Manaus, sob encomenda do governo estadual.

E, em 1918, mesmo com alguns sinais da crise da borracha já despontando, abriu-se a Amazônia Cine-Film, a primeira empresa amazonense produtora de filmes, financiada por comerciantes locais com o objetivo, entre outros, de produzir propaganda para os seus produtos. Silvino integrou a produtora como cinegrafista e, embora tenha realizado mais de 12 filmes na Amazônia Cine-Film, o seu maior projeto da fase foi *Amazonas, o maior rio do mundo* (1920). Novamente, contudo, o filme não chegou a ser finalizado, dessa vez depois de aproximadamente três anos de filmagens.

Com isso, a Amazônia Cine-Film foi à falência. Embora tenha ficado com os equipamentos (uma câmera Bell Howel, por exemplo), para Silvino a situação se complicou, pelo menos até ele escrever para J. G. Araújo e conseguir uma entrevista. Então o poderoso empresário afinal decidiu produzir o filme que, dirigido por Silvino Santos em codireção com Agesilau Araújo, filho do comendador J. G. Araújo, projetaria os realizadores em escala nacional e internacional: *No país das amazonas*.

O filme foi produzido com um objetivo primordial: ser exibido na Exposição Internacional do Centenário de Independência do Brasil, "evento inaugurado em 7 de setembro de 1922 e encerrado em 30 de junho de 1923 na cidade do Rio de Janeiro"[44]. Para essa exposição, foram produzidos filmes em vários estados do Brasil, em um projeto que envolvia propaganda tanto dos governos quanto de comerciantes de vários locais do país. Desde 1921, responsáveis pela organização do evento entravam em contato com setores governamentais de vários estados e municípios, além de empresas privadas, para obter materiais fílmicos a serem possivelmente utilizados na exposição. J. G. Araújo, empresário de muitos negócios, não poderia perder a ocasião e "teve participação intensa na Exposição, sendo *No país das amazonas*, cabe destacar, um de seus produtos a receber premiação em 1923"[45]. Fundamentalmente, o filme expõe os processos relacionados a vários produtos das empresas do comendador, sem descuidar do aspecto social implicado no trabalho dos envolvidos nas diversas tarefas. "Temos, dentre outros, o seringalista, o catador de castanha-do-pará, os pescadores, as mulheres que empacotam as bananas doces para exportação, os lavradores, os peões e os estivadores, construindo um verdadeiro panorama do chamado "herói oculto" desse processo"[46].

No país das amazonas causou uma grande e positiva repercussão junto a diversos públicos que assistiram à obra. Foi um sucesso: "Por onde passava, deixava os corações fremindo de amor pelo Brasil e de admiração pela obra de J. G. Araújo"[47], uma vez que funcionava como uma vitrine dos negócios do empresário, suas fábricas, seringais, criação de gado etc. Mas, para chegar a esse ponto, algumas estratégias foram utilizadas pelos realizadores do filme. Pesquisando jornais da época, Selda Vale da Costa reporta, por exemplo, uma entrevista de Agesilau de Araújo, codiretor de *No país das amazonas*, para o jornal *A Imprensa* (em 3 de setembro de

1923), na qual ele relata as dificuldades que tiveram para lançar o filme no Rio de Janeiro, onde, inicialmente, os proprietários das salas de cinema não manifestaram interesse em exibir um filme *natural*, ainda mais feito no Amazonas. Só depois de uma sessão com o presidente da República a história se reverteu[48]. Nas palavras de Agesilau Araújo:

> Venci as dificuldades iniciais com perseverança, pois estava convencido do valor do nosso trabalho. Procurei o dr. Miguel Calmon, ministro da Agricultura, que, tendo as melhores informações sobre a perfeição de nosso trabalho, logo demonstrou o mais vivo interesse em fazê-lo exibir no Catete, perante s. exa. o sr. dr. Arthur Bernardes, presidente da República e os ministros de Estado, o que, de fato, dias após acontecia, por duas vezes, não regateando o ilustre chefe de governo brasileiro os seus aplausos ao *No país das amazonas*[49].

De fato, o caráter promocional é um dos fatores que chamam a atenção sobre a obra. Além da sessão para o presidente da República, outras estratégias de propaganda foram montadas; por exemplo, colocaram no Cine-Palais, onde o filme entrou inicialmente em cartaz no Rio de Janeiro, os esqueletos de uma cobra (sucuriju) e de outros animais, além de o próprio Silvino aparecer no local com roupas ao estilo caçador e chapéu com couro de onça, atraindo o público por seu caráter exótico. Palestras sobre o Amazonas começaram então a ocorrer pelo Rio de Janeiro, onde afinal *No país das amazonas* foi exibido por meses em diversos cinemas.

Durante a estadia no Rio de Janeiro, contando com J. G. de Araújo & Cia. como companhia produtora, Silvino e Agesilau iniciaram um novo projeto: *Terra encantada* (1922), do qual só restaram fragmentos. Como esclarece Luciana Martins, o material que restou do filme original foi remontado por Roberto Kahané e Domingos Demasi décadas mais tarde, resultando em dois curtas: *Fragmentos de terra encantada* (1970) e *1922: a exposição da Independência* (1922)[50]. O longa-metragem original era um documentário sobre o Rio de Janeiro, com cenas de Carnaval, vários locais da cidade, avenidas, banhistas na praia, a própria Exposição do Centenário da Independência do país, jogo de futebol entre o Fluminense e o Vasco da Gama, o porto, o "Túnel Novo", a avenida Atlântica em Copacabana, lojas, o Palácio Guanabara, monumentos, a Biblioteca e a Escola de Belas Artes, o Teatro Municipal, o Corcovado etc., de acordo com registros da imprensa na época[51]. Assistindo a *Fragmentos de terra encantada* (o material montado por Domingos Demasi com recuperação dirigida por Roberto Kahané), encontramos as seguintes legendas, com informações sobre a obra original, logo no início:

> Este filme foi realizado por Silvino Santos (1886-1970), o pioneiro do documentário no Brasil, em 1923, quando esteve no Rio de Janeiro. O "super-film" em longa-metragem, com o título de "Terra Encantada", possuía 10 partes em 2 séries, com trabalho fotográfico de Silvino Santos e descrição de Milton Aguiar e Agesilau Araújo. [...] Suas imagens rebuscadas demonstram a preocupação com a "beleza" e a "sofisticação" do Rio de 1923, vivendo com esta cidade o mito da terra encantada.

Notavelmente, há em *Fragmentos de terra encantada* o que poderíamos designar como uma expressão de modernidade, que se coloca eminentemente pelo interesse no deslocamento, inclusive, dos muitos automóveis, bondes, carros de bombeiros, registrados pela câmera em diversos locais da cidade. Em íntima relação com a natureza exuberante do Rio de Janeiro, desponta uma vida urbana, de cidadãos que passam pelas ruas e avenidas, eventualmente parando só para observar a câmera que lhes observa. Como afirma Luciana Martins:

> A capital brasileira no período, o Rio de Janeiro, era uma cidade "em movimento". Ruas antigas e escuras eram deixadas de lado dando lugar a amplos e arejados bulevares; a energia elétrica estava estendendo o sistema de bondes além dos subúrbios relativamente abastados do sul para outras partes da cidade; combinados, o advento da eletricidade, o telefone, gramofone, cinema, o automóvel e o avião introduziram uma pequena revolução nos hábitos da população urbana. As reformas urbanas feitas no Rio de Janeiro por volta da virada do século [pelo prefeito Pereira Passos] criaram uma série de novos lugares para serem "olhados" desde carros de passeio, uma prática paralela à experiência móvel e visual dos filmes[52].

Depois da temporada de aproximadamente um ano no Rio de Janeiro, Silvino voltou para Manaus em 1924 e envolveu-se em mais um projeto relacionado aos índios. No caso, foi contratado como cinegrafista da expedição organizada por Alexander Hamilton Rice, o geógrafo e médico norte-americano interessado em seguir até as cabeceiras do rio Branco: "Rice mandou vir dos Estados Unidos um hidroavião Curtiss, a bordo do qual Silvino fez as primeiras tomadas aéreas de que se tem notícia no Brasil. [...] Em 1925, o filme ficou pronto e recebeu o nome de *No rastro do Eldorado*"[53]. De fato, o hidroavião ganha relevância já nas primeiras sequências de *No rastro do Eldorado*, quando o vemos navegando no rio em meio a vários barcos. E, ao longo do filme, o avião aparece várias vezes, até o momento das belas imagens aéreas sobre uma floresta então preservada. O fascínio pelo deslocamento assume uma dimensão extraordinária. Mas a rigor tal aspecto está presente em toda a narrativa do filme, cujo maior interesse é o esforço dos integrantes da expedição para ultrapassarem os diversos obstáculos impostos pelos rios e suas correntezas. Em muitas ocasiões, em vez de os meios de transporte conduzirem os homens, são os homens – os índios, eminentemente – que farão o esforço de conduzir os barcos, puxando-os contra as corredeiras, em um esforço épico. A tensão entre a natureza selvagem, com muitos detalhes da fauna e da flora, e os meios de uma civilização moderna – o avião, os barcos, o telégrafo sem fio, o cinema, a fotografia, as armas – está dada no filme como um todo. Vale registrar que a expedição era um projeto de viés realmente imperialista:

> Em 1924, os planos [de Rice] para sua sétima, última e mais conhecida das expedições à Amazônia, uma região que começara a explorar em 1901, foram submetidos à publicação na *Geographical Review*. As expectativas eram grandes, como a manifestada por Isaiah Bowman, editor do periódico e diretor da American Geographical Society, que comentou: "Trata-se de uma expedição gigantesca [...], da qual você deverá voltar carregado... Você se tornou mestre completo de uma grande seção de um país que necessita ser explorado e interpretado no sentido moderno dessas palavras. Que equipamento glorioso!"[54].

Como afirma Morettin citando Luciana Martins, o projeto de Bowman era mesmo imperialista[55]. Não deixa de ser revelador, portanto, o entusiasmo do diretor da Sociedade de Geografia dos Estados Unidos (a mesma associação que apoiou Theodore Roosevelt e o major Reis) com a expedição de Rice. De fato, chama a atenção, quando assistimos a *No rastro do Eldorado*, uma postura algo autoritária de Rice (distinta daquela de Rondon, quando aparece nos filmes do cinegrafista de sua Comissão). Deve-se também notar que o projeto de Rice, além do caráter científico, tinha em perspectiva a exploração comercial da região amazônica, implicando prospecções para a construção de uma possível estrada de ferro entre Manaus e Boa Vista, bem como a exploração econômica de suas margens. Assim, a presença de Silvino na expedição de Rice atendia também a interesses do próprio J. G. Araújo, que teria, graças ao seu funcionário inserido na expedição, informações privilegiadas sobre o andamento dos negócios dos norte-americanos na região.

Isso nos leva a pensar que, além da provável disposição artística e técnica no que concerne à fotografia ou ao cinema, se sobressai também a dimensão política de "cavadores" como Silvino Santos para lidar ora com os interesses dos barões da borracha, como Arana e J. G. Araújo, ora com imperialistas como Rice e seus empreendimentos diversos, ora com os próprios índios, que foram sem dúvida os *personagens* que mais lhe atraíram desde o início do seu trabalho. É interessante observar, nesse sentido, como *No rastro do Eldorado* revela uma espécie de tensão marcada, de um lado, pelo grupo do dr. Hamilton Rice, homens brancos, cultos, bem disciplinados e arrumados mesmo na selva, e, de outro, os índios que, a depender da circunstância, ou surgem forçados e coagidos diante de uma civilização que lhes é imposta ou estão em uma temporalidade e espacialidade que parecem mais próximas de sua cultura original. E nisso há uma aproximação entre o trabalho de Silvino Santos e o do major Reis – quando ambos se deixam levar por um interesse mais etnográfico.

Em 1926, Silvino embarcou novamente para Portugal, sua terra natal, dessa vez acompanhando a família de J. G. Araújo. Além dos registros da família do comendador, aspecto de sua obra que ainda precisa ser mais estudado no âmbito dos *filmes de família*[56], ele realizou na ocasião vários documentários relacionados aos portugueses sob os mais diferentes aspectos. O longa-metragem *Miss Portugal* (1927), por exemplo, trata de um concurso de *miss* realizado no país, com registro das concorrentes na competição e um especial interesse por dona Margarida Bastos Ferreira, inclusive no momento de seu "embarque a bordo do Niagara e a viagem a caminho da América, vendo-se, além da delegada de Portugal, Miss França, Miss Itália e Miss Luxemburgo"[57]. Esses filmes foram exibidos sobretudo em cinemas portugueses. Trechos deles, mais tarde, também circularam no Brasil com o título *Terra portuguesa: o Minho* (1934), mais uma vez em codireção com Agesilau Araújo e sobre o qual, à época de sua exibição no Brasil, encontrava-se a seguinte sinopse: "a reprodução fiel do Minho, com suas paisagens, suas cidades e aldeias, suas festas populares e romarias, seus hábitos e costumes. Um filme cheio de lendas portuguesas", segundo reportava o jornal *O Estado de S. Paulo*, em 30 de maio de 1934[58].

Quando voltou ao Brasil, Silvino continuou a trabalhar para J. G. Araújo, mesmo depois que este desativou, em 1934, o setor de produção de filmes. O cineasta foi então designado para outras funções nos negócios do empresário, primeiro na fábrica Brasil Hevea e, algum tempo depois, como responsável por depósitos de móveis e coisas antigas. Entretanto, além dos registros da família de J. G. Araújo, que continuou a filmar, Silvino ainda realizou o longa-metragem *Santa Maria da Vila Amazônia* (1957), que dirigiu, fotografou e montou. Este foi o seu último filme, um documentário sobre a construção de uma vila em Parintins: "todas as fases da construção da Vila (Amazônia), desde 1948 a 1957: construção da capela, hospital, escola, olaria, oficinas mecânicas, residências dos trabalhadores e do administrador"[59], entre outros registros do local.

Desde esse último trabalho, em 1957, até a sua morte, em 14 de maio de 1970, há um intervalo considerável de mais de uma década, na qual ele permaneceu praticamente esquecido. Até que, em outubro de 1969, ocorreu uma grande homenagem a Silvino Santos no I Festival Norte de Cinema, no Cine Odeon, em Manaus. O homenageado compareceu em pessoa nesse evento que reuniu personalidades relevantes do cinema brasileiro, como Rogério Sganzerla, Helena Ignez, Anecy Rocha, Milton Gonçalves, Walter Lima Jr., entre vários outros envolvidos com filmes exibidos na ocasião.

Cenas dessa homenagem, assim como trechos de filmes de Silvino Santos, são materiais de arquivo inseridos no filme *O cineasta da selva* (Aurélio Michiles, 1997), uma cinebiografia que segue cronologicamente vários momentos da vida e obra do protagonista. Há reencenações com José de Abreu no papel de Silvino Santos e inserção de depoimentos de algumas pessoas que estiveram ao lado do realizador em momentos diversos – por exemplo, sua filha Lília Shermuly Santos e o próprio Agesilau Araújo, codiretor e produtor da maior parte dos filmes. *O cineasta da selva* conta também com a participação de intelectuais e artistas, como Domingos Demasi, Djalma Limongi Batista e Márcio Souza, envolvidos na criação do referido Festival Norte de Cinema como um espaço que teria, naquele contexto de fins dos anos 1960, o papel de justamente marcar uma tradição do cinema amazonense, encontrando em Silvino Santos, àquela altura esquecido, a figura ideal para isso. Em outra obra acerca de Silvino Santos, entretanto, Márcio Souza afirma:

> Embora Silvino Santos convivesse com figuras da elite local e fosse um funcionário graduado da firma J. G. Araújo, ele nunca foi considerado um artista ou pretendeu ser um intelectual. Para a sociedade beletrista da época, Silvino era tido como figura excêntrica, que manipulava aquelas máquinas e alguns produtos químicos misteriosos que resultavam em filmes, projetados na casa do comendador J. G. Araújo. Para os bacharéis de Manaus, ele não passava de um técnico. De qualquer forma, Silvino Santos não era mesmo um intelectual, tinha apenas estudos primários e uma enorme curiosidade, aliada a uma viva inteligência inquisitiva[60].

Essa é uma razão para imaginarmos o quanto essa dimensão em parte, digamos, autodidata e ao mesmo tempo anti-intelectual do cineasta da selva pode ter suscitado de entusiasmo para gerações como a do Cinema Novo e a do Cinema Marginal, presentes na referida homenagem no Cine Odeon[61]. É como se, naquela ocasião, ocorresse por fim um reconhecimento que tanto tardou em relação a um realizador cujo trabalho com a fotografia e o cinema se deu ao longo de toda a vida, viajando na maior parte do tempo.

O INSTANTE DO (DES)ENCONTRO

Luiz Thomaz Reis e Silvino Santos trabalharam com fotografia e cinema, nos dois casos produzindo imagens ora fixas ora em movimento, valendo-se para isso de novas técnicas de circulação, por eles então empreendidas em espaços pouco *explorados* no começo do século XX, como a floresta amazônica. Na perspectiva do mundo inteiro ao alcance, de que falávamos no início deste capítulo, ambos dão a ver eminentemente imagens do índio, revelando muitas contradições de projetos colonialistas, imperialistas, capitalistas, implicados em sua *integração* à nação brasileira.

Enquanto realizadores, Luiz Thomaz Reis e Silvino Santos estão em consonância com um princípio de modernidade pautado por técnicas específicas de circulação, que eles desenvolveram em razão dos lugares por onde se deslocaram com o objetivo de produzir imagens ("poder-se-ia argumentar que técnicas de circulação definem as transformações convergentes na tecnologia e na indústria que chamamos de modernidade"[62]). Com isso, por um lado, reiteraram eventualmente a *apropriação* do outro – o indígena – segundo os interesses das instituições a que se vinculavam, tais como a Comissão Rondon ou empresas de barões da borracha ou projetos de norte-americanos no Brasil. Entretanto, por outro lado, expressaram também o seu próprio ponto de vista em relação aos índios, procurando percebê-los em suas temporalidade e espacialidade específicas e diversas. Nesse sentido, suas fotografias e especialmente os seus filmes de viagem, ao revelarem essa espécie de (des)encontro com um outro que resiste à captura de sua imagem, segundo uma filosofia positivista e uma ideologia capitalista, reafirmam dialeticamente a vocação utópica do cinema.

NOTAS

1 Tom Gunning, "The Whole World Within Reach: Travel Images Without Borders", em: Roland Cosandey e François Albera (orgs.), *Cinéma sans frontières 1896-1918: images across borders*, Lausanne/Québec: Payot/Nuit Blanche, 1995.

2 A fonte acerca dos filmes do major Reis, tanto perdidos quanto preservados, é: Fernando Tacca, *A imagética da Comissão Rondon: etnografias fílmicas estratégicas*, Campinas: Papirus, 2001, p. 20. Os dados conferem com o banco de dados da Cinemateca Brasileira.

3 Selda Vale da Costa, "Silvino Santos", em: Fernão Pessoa Ramos e Luiz Felipe Miranda (orgs.), *Enciclopédia do cinema brasileiro*, São Paulo: Senac e Edições Sesc São Paulo, 2012, p. 497.

4 Tom Gunning, *op. cit.*, p. 24 [tradução do autor, assim como ocorre em relação aos demais textos de origem estrangeira aqui citados].

5 Catálogo Edison *apud* Tom Gunning, *op. cit.*, p. 33.

6 Estamos repercutindo aqui a proposição de Jean-Louis Comolli de que os documentários se colocam de uma maneira menos roteirizada do que os filmes de ficção em seu registro do mundo (cf. Jean-Louis Commoli, "Sob o risco do real", em: *Ver e poder: a inocência perdida – cinema, televisão, ficção, documentário*, Belo Horizonte: Editora da UFMG, 2008, pp. 169-78). Cf. também: Samuel Paiva e Gustavo Souza, "Roteiros abertos em filmes de busca", *Intercom – Revista Brasileira de Ciência da Comunicação*, São Paulo: jan.-jun. 2014, v. 37, n. 1, pp. 175-91.

7 Sheila Schvarzman, "*Travelogue* e cavação no Brasil pitoresco de Cornélio Pires", em: Samuel Paiva e Sheila Schvarzman (orgs.), *Viagem ao cinema silencioso do Brasil*, Rio de Janeiro: Beco do Azougue, 2011, p. 48.

8 *Ibidem*, p. 47.

9 *Ibidem*, p. 54.

10 *Ibidem*, p. 60.

11 Carlos Roberto de Souza e Glênio Póvoas, "Anexos: relatório de viagem do major Reis – Relatório apresentado pelo sr. 1º. tenente Luiz Thomaz Reis da sua excursão aos Estados Unidos da América do Norte –1918", em: Samuel Paiva e Sheila Schvarzman (orgs.), *op. cit.*, p. 252.

12 *Ibidem*, p. 253.

13 Em algum momento, eles contaram com a participação de Reis.

14 Candice Millard, *O rio da Dúvida: a sombria viagem de Theodore Roosevelt e Rondon pela Amazônia*, São Paulo: Companhia das Letras, 2007.

15 Luiz Thomaz Reis *apud* Carlos Roberto de Souza e Glênio Póvoas, *op. cit.*, p. 273.

16 *Ibidem*, p. 275.

17 Fernando Tacca, *op. cit.*, p. 27.

18 Eduardo Morettin, "Tradição e modernidade nos documentários de Silvino Santos", em: Samuel Paiva e Sheila Schvarzman (orgs.), *op. cit.*, p. 154.

19 *Ibidem*, p. 173.

20 Sobre esses dados biográficos, uma das fontes é o documento: "Fé de ofício do capitão Luiz Thomaz Reis (de 1900 a 1928)", em: Carlos Roberto de Souza e Glênio Póvoas, *op. cit.*, pp. 288-98. E também: Arthur Autran e Fernando Tacca, "Luís Tomás Reis", em: Fernão Pessoa Ramos e Luiz Felipe Miranda (orgs.), *op. cit.*, p. 452.

21 A tese foi publicada como livro: Fernando Tacca, *op. cit.*

22 Sylvia Caiuby Novaes, "Apresentação", em: Fernando Tacca, *op. cit.*

23 Fernando Tacca, *op. cit.*, p. 16.

24 *Ibidem*.

25 Luiz Thomaz Reis *apud* Fernando Tacca, *op. cit.*, p. 19.

26 *Ibidem*, p. 21.

27 O método historiográfico da pesquisa de Tacca sobre a imagética da Comissão Rondon, logo, eminentemente sobre a obra do major Reis, é bastante relevante, dada a sua perspectiva intermidiática. Ou seja, além dos filmes mencionados, as análises também consideram a produção de fotografias, estabelecendo cotejos entre esses suportes. Em relação ao material fotográfico produzido pela Comissão, a propósito, foi publicado o livro *Índios do Brasil*, assinado por Rondon, em três volumes, o primeiro em 1946 e os dois últimos, em 1953 (cf. Cândido Mariano da Silva Rondon, *Índios do Brasil: do centro ao noroeste e sul de Mato Grosso*, v. 1, Rio de

Janeiro: Ministério da Agricultura /CNPI, 1946; *Idem*, *Índios do Brasil: cabeceiras do Xingu/rio Araguaia e Oiapoque*, v. 2, Rio de Janeiro: Ministério da Agricultura/CNPI, 1953; *Idem*, *Índios do Brasil: norte do rio Amazonas*, v. 3, Rio de Janeiro: Ministério da Agricultura/CNPI, 1953.

28 Fernando Tacca, *op. cit.*, p. 51.

29 *Ibidem*, p. 56.

30 *Ibidem*, p. 60.

31 *Ibidem*, p. 70.

32 *Ibidem*, p. 121.

33 *Ibidem*, p. 96. Segundo Fernando Tacca (*Ibidem*, p. 94), Rondon esteve na Inspetoria de Fronteiras de 1927 a 1934 e saiu para assumir a Comissão Mista Brasil-Peru--Colômbia, com o objetivo de negociar a paz entre esses dois últimos países, que chegaram a declarar guerra entre si.

34 *Ibidem*, p. 106.

35 *Ibidem*.

36 Samuel Paiva, "*Ao redor do Brasil* – cinema como apropriação?", em: Rubens Machado Jr.; Rosana Lima Soares e Luciana Corrêa de Araújo (orgs.), *Estudos de cinema Socine*, São Paulo: Annablume, 2006, pp. 225-31.

37 Selda Vale da Costa, "Paixão e arte na Amazônia", em: Selda Vale da Costa e Narciso Júlio Freire Lobo, *No rastro de Silvino Santos*, Manaus: SCA/Edições Governo do Estado, 1987, pp. 15-6.

38 Silvino Santos *apud* Selda Vale da Costa, *op. cit.*, p. 19.

39 Selda Vale da Costa, *op. cit.*, p. 20.

40 *Ibidem*, pp. 23-4 [grifo da autora]. Por vezes também é possível encontrar a grafia "Araña", referente ao controverso empresário.

41 Silvino Santos *apud* Selda Vale da Costa, *op. cit.*, p. 24.

42 Selda Vale da Costa, *op. cit.*, p. 27. O casal teve dois filhos, Guilherme e Lília.

43 *Ibidem*, p. 27.

44 Eduardo Morettin, *op. cit.*, p. 153.

45 *Ibidem*, p. 155.

46 *Ibidem*, p. 157. Segundo Morettin, o termo "herói oculto" foi emprestado de Milton Hatoum na apresentação que este faz do seguinte livro: *O olhar viajante: Silvino Santos / Museu Amazônico*, Manaus: Museu Amazônico/Universidade do Amazonas, 1993.

47 Selda Vale da Costa, *op. cit.*, p. 35.

48 *Ibidem*.

49 Agesilau Araújo *apud* Selda Vale da Costa, *op. cit.*, p. 39 [grifo do autor].

50 Luciana Martins, "Silvino Santos and the Mobile View: Documentary Geographies of Modern Brazil", em: Sara Brandellero (org.), *The Brazilian Road Movie: Journeys of (self) Discovery*, Cardiff: University of Wales Press, 2013, p. 4. Martins, fazendo referência a Eduardo Morettin, diz que ele sugere a possível existência de fragmentos de *Terra encantada* em outro curta-metragem: *Rio – anos 20 – Carnaval* (cf. Eduarto Morettin, "O cinema e a Exposição Internacional do Centenário da Independência do Brasil", *ArtCultura*, Uberlândia: 2006, v. 8, n. 13, p. 200).

51 Cf. a sinopse de *Terra encantada* na Base de Dados da Cinemateca Brasileira, disponível em: <http://www.cinemateca.gov.br/>, acesso em: jul. 2015.

52 Luciana Martins, *op. cit.*, pp. 6-7 [tradução do autor].

53 Selda Vale da Costa, *op. cit.*, p. 49.

54 Eduardo Morettin, *op. cit.*, p. 167.

55 *Ibidem*.

56 Roger Odin, *Le Film de famille: usage privé, usage public*, Paris: Klincksieck, 1995.

57 Cf. a sinopse de *Miss Portugal* na Base de Dados da Cinemateca Brasileira.

58 Cf. a sinopse de *Terra portuguesa: o Minho* na Base de Dados da Cinemateca Brasileira.

59 Cf. a sinopse de *Santa Maria da Vila Amazônia* na Base de Dados da Cinemateca Brasileira.

60 Márcio Souza, "O ambiente intelectual em que viveu Silvino Santos", em: *Silvino Santos: o cineasta do ciclo da borracha*, Manaus: Edua, 2007, p. 41.

61 Rogério Sganzerla, por exemplo, quando escrevia no *Suplemento Literário* do jornal *O Estado de S. Paulo*, nos anos 1960, enaltecia figuras como Humberto Mauro (um ícone para cineastas do Cinema Novo) ou José Mojica Marins (um ícone do Cinema Marginal), por suas posturas autodidatas e anti-intelectuais (cf. Samuel Paiva, *A figura de*

Orson Welles no cinema de Rogério Sganzerla, São Paulo: Alameda, 2015).

62 Tom Gunning, "O retrato do corpo humano: a fotografia, os detetives e os primórdios do cinema", em: Leo Charney e Vanessa R. Schwartz (orgs.), *O cinema e a invenção da vida moderna*, São Paulo: Cosac Naify, 2001, p. 39.

O CINEMA NO RIO DE JANEIRO (1914-1929)[1]

RAFAEL DE LUNA FREIRE

A realização de filmes na cidade do Rio de Janeiro, então capital federal, entre meados da década de 1910 e a chegada do cinema sonoro foi contínua – particularmente de filmes não ficcionais –, apesar das dificuldades estruturais que envolviam a produção local e não se alteraram ao longo desses 15 anos. Um pico de produção de filmes ficcionais – os ditos *posados* – pode ser percebido particularmente em 1917, quando os lucros extraordinários atribuídos à indústria cinematográfica norte-americana foram frequentemente invocados para justificar o surgimento de novas companhias cinematográficas na cidade[2].

Por outro lado, as mudanças nas formas de recepção[3] dos filmes e na própria presença do cinema na sociedade carioca foram muito intensas desde o final da chamada "bela época do cinema brasileiro", ocorrida entre 1907 e 1911, repercutindo na produção carioca. O aumento no número de filmes realizados no Rio de Janeiro durante essa bela época – principal justificativa para sua caracterização como uma "idade de ouro"[4] – esteve indissociavelmente ligado a transformações que ultrapassavam o setor da produção, como o advento das salas fixas, o crescimento do circuito exibidor e a popularização do hábito de frequentar os cinematógrafos. A ampliação do mercado resultou no crescimento da procura por títulos novos para preencher os programas, sobretudo em função do acirramento da concorrência entre os donos dos cinematógrafos que buscavam diferenciar suas ofertas de filmes. Essa demanda crescente foi suprida pelo aumento e regularização da importação de filmes – um marco é o contrato de representação assinado entre a empresa carioca Marc Ferrez &

Filhos e a poderosa companhia francesa Pathé Frères[5] – e, em menor escala, pela produção local.

Depois da enorme proliferação de salas fixas de cinema no Rio de Janeiro a partir de 1907, o início da década de 1910 testemunhou inegável retração no ritmo de abertura de novos cinemas, o que atingiu a produção local fomentada pelos próprios exibidores[6]. Embora menos de um terço dos cinemas abertos entre 1907 e 1911 ainda continuassem funcionando em 1914 – revelando que a acelerada expansão não era sustentável –, o crescimento geral foi evidente: de 36 salas de exibição em funcionamento em 1907, a cidade contava com o dobro em 1915[7].

Além do esgotamento da novidade, um dos motivos da crise foi o radical aumento dos impostos alfandegários em 1912. Incidindo sobre a importação de filme impresso e filme virgem, a elevação da taxação implicou a diminuição do número de cópias disponíveis no mercado e o encarecimento da matéria-prima essencial para a produção local[8]. Sem cópias novas para sustentar tantos cinemas concorrendo entre si, foi se estabelecendo uma crescente diferenciação de luxo, conforto e programação entre as mais prestigiadas salas da então avenida Central e os chamados "cinemas de bairro". O circuito voltaria a crescer na segunda metade da década, porém mais lentamente.

Além disso, como o mercado brasileiro era dominado pelo cinema europeu – particularmente pela cinematografia francesa, dona ainda da preferência do público carioca até então –, o impacto da Primeira Guerra Mundial (1914-1918) no agravamento da crise das companhias europeias também afetou os negócios dos importadores e exibidores cariocas e, por extensão, atingiu a produção cinematográfica local. A realização de filmes posados se tornou mais inconstante no Rio de Janeiro, restando a produção dos chamados filmes naturais como a principal forma de sustentação dos profissionais que se mantiveram em atividade durante o período silencioso.

Foi justamente durante a guerra que os seriados (*serials*) se tornaram um grande sucesso no Rio de Janeiro, coincidindo com a entrada de agências distribuidoras norte-americanas no mercado brasileiro, entrada essa iniciada em 1915 com a instalação da filial da Universal. A hábil ligação do cinema com a imprensa (com a publicação das tramas nos jornais quando os filmes estavam em exibição), o incremento da publicidade pelos distribuidores e exibidores (com a criação de concursos e o aumento dos anúncios) e o envolvimento do público provocado por tramas que evoluíam de episódio para episódio (gerando curiosidade e fidelização no espectador) colaboraram para o enorme sucesso desses "folhetins cinematográficos". Seriados norte-americanos como *A rapariga mysteriosa* (Francis Ford, 1914/1915) e *A moeda partida* (Francis Ford, 1915/1916), ambos da Universal, e *Os mysterios de New-York* (Louis J. Gasnier e George Seitz, 1914/1915), da Pathé New York, mobilizaram os fãs cariocas que se acostumaram a acompanhar com afinco as aventuras que se desenrolavam nas telas dos cinemas e também nas páginas dos jornais, nos programas distribuídos nos cinemas e até em livros publicados em edições populares[9].

Os seriados consistiam num formato de transição dos filmes mais curtos para o longa-metragem, que se estabeleceria gradativamente ao longo dos anos 1910. Em geral, tratava-se de episódios de cerca de trinta minutos de duração, exibidos aos pares e lançados semanalmente, com tramas rocambolescas de ação e aventura. O caráter sensacional e melodramático dos seriados de crime e aventura tornaram-se marcas do cinema norte-americano que se popularizava no Rio de Janeiro, atendendo, inclusive, à demanda do circuito exibidor por novos títulos. Não por acaso, a década de 1910 testemunhou mudanças evidentes na preferência do público carioca. O exemplo que daremos a seguir é uma amostra de como, em cinco anos, o gosto de parte dos espectadores se alteraria radicalmente.

Em 1915, numa enquete promovida pelo jornal *Correio da Manhã*, a italiana Francesca Bertini foi eleita a atriz favorita dos leitores, seguida da dinamarquesa Asta Nielsen. No caso do "artista dramático" preferido, a ordem das nacionalidades se inverteu: o primeiro lugar ficou com o dinamarquês Waldemar Psilander, seguido do italiano Emilio Ghione[10]. Já em 1920, astros de Hollywood ocuparam todos as primeiras colocações no concurso promovido pela revista *Para Todos...*, fossem como os artistas mais bonitos (Dorothy Dalton e Wallace Reid), mais talentosos (Mary Pickford e William Farnum) ou mais bem vestidos (Norma Talmadge e, novamente, Reid)[11].

O cinema acompanhava as transformações de costumes e hábitos dos cariocas ao mesmo tempo que influenciava essas mudanças. A imprensa reconhecia nos filmes a origem de tipos como o "almofadinha" e a "melindrosa", que se multiplicavam entre os cariocas. Anteriormente, o cinema europeu havia ampliado seu prestígio entre o público burguês carioca com o modelo do *film d'art*, que buscou conferir prestígio aos filmes através do empréstimo de atores, dramas e outros profissionais do teatro[12]. No final da década de 1910, porém, os temas adultos e trágicos dos dramas cinematográficos franceses e dinamarqueses eram cada vez mais criticados como enjoativos e viciosos. As encenações luxuosas e faustosas dos filmes italianos passaram a ser frequentemente vistas como teatrais e repetitivas. O cinema norte-americano, por sua vez, ia conquistando os cariocas por suas histórias envolventes, maniqueístas e sensacionais, mas, acima de tudo, por sua linguagem dinâmica e moderna – o que era um consenso entre seus admiradores e detratores.

Além disso, enquanto distribuidoras como a Universal, Fox e Paramount[13] – as duas últimas instaladas no Brasil em 1916 – encontravam receptividade no mercado para as novas produções norte-americanas, durante a Primeira Guerra a difusão do cinema europeu foi, em grande parte, refém de reprises de filmes antigos e cópias velhas. Após o fim do conflito, quando novas distribuidoras voltaram a suprir o mercado com a produção europeia mais recente, gerando a expectativa de uma concorrência mais acirrada, o domínio do cinema norte-americano já parecia inconteste:

> Os filmes norte-americanos, conquanto estejam gozando do pleno apoio das nossas plateias, estão ameaçados [...] pela concorrência das películas europeias, italianas, francesas, alemãs e até dinamarquesas [...].
>
> É certo que nem todas as Casas da América do Norte cuidaram esmerar o lado artístico das suas produções, a fim de que as mesmas, se não superar, pudessem igualar as europeias, mas não é menos um fato de que a sua influência atual no espírito público brasileiro não tem conta e de que depende só dela, unicamente dela, conservá-la[14].

De fato, se nos restringimos à análise do público alfabetizado, admiradores do cinema europeu ainda resistiam entre os cariocas, e a tentativa de manter seu apelo pode ser vista nos anúncios das novas películas. O epíteto de "filme de arte", por exemplo, continuava sendo utilizado na publicidade de produções europeias, sobretudo em comparação com seriados norte-americanos tidos como inverossímeis e infantis.

Nas páginas da revista *Palcos e Telas*, uma faceta interessante da disputa entre os cinemas europeu e norte-americano pode ser atestada pela troca de correspondência entre duas leitoras, rivais até em seus pseudônimos. Em carta à redação, Mademoiselle Jacqueline Renée, admiradora da cinematografia francesa, indagava se a suposta preferência pelo cinema norte-americano que se alardeava àquela altura não seria "uma questão de hábito, adquirido quando as fábricas francesas quase cessaram a produção, devido à guerra". Colocando em questão se essa preferência não seria provocada pela imprensa, que privilegiava notícias sobre os filmes norte-americanos, a leitora repetia a recorrente crítica à suposta banalidade dos seriados hollywoodianos:

> Nas fitas em série (li os romances) há muitas aventuras, é certo, mas verossímeis, não há [como nos filmes] correrias desenfreadas, acompanhadas de tiroteios que mais parecem de metralhadoras do que de revólveres. Quarenta, cinquenta tiros e não se esgota a carga de uma arma. Ao menos que seja este o gênero preferido pelo nosso público, mas não lhe quero crer tenha mau gosto[15].

Em resposta à carta de Mademoiselle Renée, a leitora Miss June Choiseul escreveu à revista para ressaltar o que, para ela, seria uma obviedade:

> Atualmente, toda gente sabe, o primeiro lugar em cinema cabe à América do Norte, e o segundo à Alemanha, em técnica, arte e perfeição [...] francamente não noto superioridade alguma na tal arte francesa. E parece-me que os proprietários dos cinemas do Rio pensam do mesmo modo. Enquanto se digladiam pela posse dos filmes americanos e alemães, dormem, indiferentes, às propagandas dos [filmes] das outras nações[16].

Na tréplica, Jacqueline Renée defendia que o valor dos filmes franceses estava na "caracterização apropriada e jogo de fisionomia" dos artistas. Afirmava ainda que, embora criticasse a inverossimilhança das fitas em série, apreciava muito as fitas norte-americanas quando estreladas por grandes astros como Elsie Ferguson, Clara Kimball, William Farnum, Montagu Love, Alice Brady ou William Hart. Retrucava também que, se os proprietários de cinema preferiam exibir filmes alemães e norte-americanos, seria porque "estes sabem fazer reclame", e o público, por sua vez, acabava atraído pela propaganda incessante. A leitora, por fim, dava ainda outra explicação que ressoava a tradicional noção da superioridade cultural do velho continente, ao mesmo tempo que afirmava a franca comunicabilidade da produção cinematográfica mais popular: "A grande maioria das fitas americanas e alemãs não exigem [*sic*] esforço de compreensão: o mesmo não sucede com certas fitas francesas [...], de inspiração mais elevada, por isso mesmo, difícil de apreender por mentalidades menos cultivadas que a da minha estimada Miss June"[17].

Podemos perceber ainda que, mesmo que os seriados não gozassem de prestígio junto às plateias cariocas "mais cultas" – embora mantivessem, anos a fio, enorme popularidade junto aos mais jovens, assim como nos cinemas de bairro e do interior –, o cinema norte-americano não era refém desse produto, pois também lançava "obras de arte" mais ambiciosas que conquistavam elogios unânimes mesmo de espectadores exigentes como Mademoiselle Renée. O destaque inegável ia para o desenvolvimento da narrativa cinematográfica, traduzida no linguajar da época por meio de elogios à "técnica moderna" dos americanos. Se até um filme italiano (como *A serpente* [Roberto Roberti, 1920], que foi exaltado por marcar a reaparição de Francesca Bertini) era elogiado por apresentar "*mise-en-scène* nos moldes americanos", o mesmo ocorria com os filmes brasileiros[18]. A publicidade de *A quadrilha do esqueleto* (1917)[19], por exemplo, destacava que os "processos de pose" foram, em grande parte, os mesmos seguidos pela Fox, enquanto *O Guarany* (João de Deus, 1920) era valorizado por apresentar "encenação ao estilo norte-americano"[20].

Além da consolidação da linguagem clássica narrativa, outro trunfo de Hollywood era a afirmação de um estrelismo sintonizado com os tempos modernos e, sobretudo, com a mulher moderna. Esse aspecto é facilmente notado nas cartas enviadas pelos leitores justificando seus votos nos concursos de atores e atrizes preferidos. Um fã de uma grande estrela dos seriados norte-americanos escreveu: "Onde uma francesa capaz de realizar os prodígios esportivos de uma Pearl White? Nós queremos a mulher forte, de vida ativa, ao ar livre e não bonecas de *boudoir*". Outro concordava: "As atrizes americanas revelaram-nos o tipo da mulher forte, vigorosa, sã, que ressalta ao lado do mesquinho tipo das atrizes europeias ao formidável contraste". Uma leitora ressaltava ainda a superioridade moral das estrelas de Hollywood sobre as "Bertinis, Menichellis e Mazinis", que "só aparecem em filmes enjoativos e ao mesmo tempo viciosos"[21].

Respondendo à acusação de as atrizes norte-americanas representarem sempre o tipo da "brejeira" (futuramente classificada como sapeca, melindrosa ou *flapper*), à diferença das mais versáteis divas italianas, um leitor afirmava que "ver-se um filme italiano é ver-se todos". Em sua opinião, todos os filmes italianos consistiam em histórias de amores não correspondidos, "terminando sempre ou num suicídio ou num ataque histérico por alguma Bertini"[22]. A falta de originalidade seria criticada com frequência nessas produções, com suas "caretas teatreiras" e sempre as "mesmas cenas mal ensaiadas e as mesmas poses cediças"[23].

Hollywood virava sinônimo de cinema enquanto o cinema cada vez mais era um emblema da modernidade. Os filmes posados realizados no Rio de Janeiro na segunda metade da década de 1910 não deixaram de manifestar essas transformações, refletindo a transferência do domínio do mercado cinematográfico brasileiro da Europa para os Estados Unidos, mesmo tentando afirmar uma identidade nacional. Nesse momento, dois foram os principais nomes responsáveis por movimentar novamente o cenário do cinema ficcional na capital federal a partir de 1915. Um veterano e outro novato, eram homens de diferentes gerações buscando criar condições para trabalhar com cinema num contexto adverso.

LEAL E LULU

Radicado no Brasil desde os 11 anos de idade, o fotógrafo português Antonio Leal (1876-1946) foi um dos pioneiros cinegrafistas em atuação no Rio de Janeiro desde o início do século XX. Tendo se dividido entre o Brasil e a Europa na primeira metade da década de 1910, buscou se reinserir no mercado cinematográfico carioca quando a Primeira Guerra se agravou. Em dezembro de 1915, o antigo fotojornalista assinou uma reportagem de página inteira na *Gazeta de Notícias*, na qual, além de tratar do nascimento e desenvolvimento da indústria do cinema, ressaltava seus feitos do passado. Então esquecido pelo público, Leal se esforçava para relembrar o "sucesso extraordinário" alcançado pelos filmes que realizara no Rio de Janeiro entre 1908 e 1910 para o Cine Parisiense. Mas, além da exposição de currículo, o texto destacava as enormes possibilidades econômicas da exploração do cinema entre nós. Seu principal objetivo era atrair novos parceiros comerciais, uma vez que a conjunção de interesses de realizadores e exibidores que ocorrera no período anterior – como a parceria entre Leal e o exibidor Giuseppe Labanca – não mais existia naquele momento[24].

A propaganda pessoal aparentemente funcionou ou pelo menos seguiu como tentativa, pois algumas semanas mais tarde era publicada uma reportagem intitulada "O Rio vai ter uma fábrica de 'fitas' cinematográficas", na qual o cinegrafista era o tema. Mas quem a veiculava era o jornal *A Noite*, cujo diretor, Irineu Marinho, viria a ser um dos futuros sócios de Leal na empreitada cinematográfica. O texto entusiasmado, acompanhado por uma rara fotografia de Leal, publicado na primeira página do jornal, parece indicar as sementes da futura associação entre o cinegrafista e o jornalista[25].

A matéria na capa de *A Noite* destacava a iniciativa de criação de uma nova indústria no Brasil, "tendo à frente um profissional de reconhecida competência, o nosso antigo colega de imprensa Antonio Leal, que é um espírito empreendedor e tenaz". Em entrevista, o cinegrafista voltava a lembrar o sucesso de seus filmes realizados alguns anos antes, "entre os quais, muitos tirados do natural, sem despesas de artistas nem de cenários", perguntando-se quanto não renderiam, então, adaptações para o cinema de "obras de Alencar, Macedo, Taunay, Coelho Neto, Machado de Assis e de tantos outros autores brasileiros [...] desde que fossem montados e reproduzidos com todos os rigores da técnica e as exigências da arte e do bom gosto"[26].

Se em janeiro de 1916 Leal afirmava estar reunindo capitais para montar em breve uma empresa forte, não demoraria muito para ele dar amostra de seu empenho e capacidade. Em 4 de julho, era exibido em sessão especial o filme *A moreninha* (Antonio Leal, 1916), adaptação do célebre romance de Joaquim Manuel de Macedo. A imprensa saudou a iniciativa da produção, em grande parte filmada nos cenários autênticos da ilha de Paquetá, onde se passava a obra original. Sem contar ainda com estúdio, as cenas da residência foram filmadas nos jardins e interiores do palacete do dr. Custódio de Magalhães, cedido à produção[27]. *A moreninha* estreou efetivamente no dia 10 de julho, no Cine Palais, anunciado como um "mimoso photo-drama em cinco extensas partes". As sessões começavam às 12h15, "em virtude de o filme ser um pouco longo", com duração que variava entre 30 e 45 minutos[28].

A moreninha parece ter sido feito para provar a capacidade de seu realizador e atrair investidores privados, no que foi aparentemente bem-sucedido. Afinal, em seu lançamento, era anunciado que "um grupo de pessoas de inteiro valor industrial" participaria da organização de uma empresa para a confecção de filmes cinematográficos. As "enchentes" que teriam lotado o cinema localizado na avenida Rio Branco durante uma semana devem ter servido para concretizar a empreitada. Poucos meses depois, Leal convidava pessoalmente a atriz romena Aurora Fúlgida para tomar parte em seu novo filme. Fúlgida, que estivera no Brasil dois anos antes, em turnê teatral da Empresa Seguin, de Buenos Aires, aceitou a proposta de estrelar *Lucíola* (Franco Magliani, *1916*), adaptação do romance de José de Alencar a ser produzido pela recém-criada Leal-Film. A empresa havia nascido do êxito alcançado por *A moreninha*, que corria então os cinemas do interior e servira como "cartão de visita oferecido pelo seu atual diretor artístico", Antonio Leal[29].

Em setembro de 1916, uma matéria de *A Noite* anunciando a fase final de filmagem de *Lucíola* tinha o pomposo título de "A implantação da arte cinematográfica no Brasil". Além de destacar a escalação do ator Franco Magliani como galã, o texto informava que o novo filme demonstraria "ainda maiores recursos da arte cinematográfica" do que o anterior realizado por Leal. Afirmava ainda que a organização da empresa Leal-Film já estava terminada, "dispondo dos elementos financeiros necessários à sua definitiva instalação, para o que já conta com um excelente teatro de 'pose'". Cabe lembrar que, entre os investidores da Leal-Film, estava a firma Marques, Marinho e Cia., proprietária de *A Noite*[30].

Lucíola estreou no Odeon em 10 de dezembro de 1916, com duração entre 30 e 40 minutos. Os anúncios o classificavam como um *film d'art*, destacando a "fotografia de nitidez jamais atingida nos trabalhos nacionais", as "cenas de interiores luxuosos, de pontos de vista soberbos" e as "*toilettes* elegantíssimas, e do último rigor da moda, trazidas [da Itália] pela sedutora Aurora Fulgida"[31].

Completando uma semana em cartaz no Odeon – sala cujo *slogan* era "o árbitro supremo da cinematografia" –, um anúncio do filme dizia: "Não precisamos dizer o preço que custou a confecção de *Lucíola*. Pelos nossos salões passaram já cerca de 20 mil pessoas [...]. Portanto, *Lucíola* é, na opinião de 20 mil pessoas que não nos desmentem, o melhor filme nacional até hoje aparecido". A indireta era destinada ao filme brasileiro *Vivo ou morto* (1916), produção da Guanabara-Film lançada naquela mesma semana no Cine Palais e que se anunciava como "o único filme brasileiro cuja fabricação custou para mais de quarenta contos"[32].

A esperta jogada publicitária de *Vivo ou morto* seria uma estratégia constante na carreira de seu diretor, o carioca Luiz de Barros (1893-1981), futuramente conhecido no meio cinematográfico pelo apelido de Lulu de Barros[33]. Nascido em família abastada, abandonou a faculdade de direito e embarcou para a Europa para estudar cenografia e pintura. Em Paris, descobriu e se apaixonou pelo cinema, retornando ao Brasil em fins de 1914 com a eclosão da Primeira Guerra. Tentando viabilizar uma carreira cinematográfica no Rio de Janeiro, financiou ele mesmo a produção de *A viuvinha* (Italo Dondini, 1915), baseado no romance de José de Alencar. Fotografado por João Stamato, o resultado foi tão ruim que decidiu não lançar o filme e o destruiu[34].

Em 1916, Lulu criou a empresa Guanabara-Film e dirigiu ele mesmo sua nova produção, *Perdida* (Luiz de Barros, 1915), drama sobre uma órfã ingênua que se perde na devassidão do Rio de Janeiro. Adaptado de texto original do escritor Oscar Lopes, o filme tinha no elenco o conhecido ator Leopoldo Fróes. O fotógrafo João Stamato foi substituído pelo veterano Paulino Botelho. Sem o mesmo currículo que Leal, o então jovem e desconhecido diretor era apresentado nos jornais como "pessoa que tem estudos nas fábricas Pathé e Gaumont". Com estreia em 14 de outubro, no Cine Pathé, o filme em seis atos possuía lâmpadas e decorações da casa A Exposição, vestidos da Casa Nascimento, móveis da Red-Star e serviço de cabaré ("mesas, toalhas, copos, talheres, orquestra") do Palace Club. Sem o mesmo respaldo da Leal-Film, Luiz de Barros parecia já lançar mão de um expediente que seria largamente utilizado no cinema brasileiro, conseguindo cenários, decoração e figurinos com apoio de comerciantes locais[35].

Com o relativo sucesso de *Perdida*, Luiz de Barros partiu imediatamente para seu caro e luxuoso filme seguinte, *Vivo ou morto*, lançado apenas dois meses depois. Como *Lucíola*, a produção da Guanabara-Film também usou um palacete emprestado para as cenas de interiores, convocando a cantora lírica italiana Tina d'Arco, radicada no Brasil, para o papel principal. Dando um resumo da acidentada história de amor, traição e morte, o jornal *Correio da Manhã* publicava: "O filme é, sem dúvida, belo. A sua impressão mais ou menos nítida e o seu desempenho foi confiado a artistas de notório valor"[36].

Em anúncio de *A Noite*, afirmava-se que a imprensa carioca havia classificado *Vivo ou morto* como "uma obra de arte impecável", sendo publicados vários trechos de críticas positivas de diferentes jornais cariocas. Mas, se a publicidade de *Vivo ou morto* valorizava Tina D'Arco como uma "atriz que triunfa pelo talento, seduz pela formosura, encanta pelas prodigiosas graças de sua elegância", uma crítica da revista *Careta* destoava dos elogios, debochando da intenção de dar destaque "à bela arte da prima-dona e à gorda elegância da senhorinha Tina D'Arco". Além de ressaltar o excesso de peso da atriz, a crítica comentava ainda a falta de coesão, os disparates e despautérios da trama[37].

Aparentemente, os dramas de amor realizados por Antonio Leal e Luiz de Barros entre 1915 e 1916 se aproximam das características valorizadas no cinema europeu da época, com destaque evidente para as roupas e cenários luxuosos e elegantes, filmados em palacetes e nos locais mais sofisticados da cidade, e o apelo a escritores consagrados[38]. O modelo do *film d'art* influenciava claramente os dois realizadores, que concretizaram sua formação na França e buscaram na literatura romântica não apenas prestígio como também matéria-prima para dramas pungentes.

Da mesma forma que o ator italiano Vittorio Capellaro fazia em São Paulo ao dirigir *Inocência* (1915) e *O guarani* (1916), no Rio de Janeiro Leal e Barros incorporavam elementos do teatro, da ópera e da literatura em seus filmes, com o possível objetivo de sensibilizar as altas classes, num momento em que a elite intelectual brasileira, no conjunto, mantinha-se distante da atividade cinematográfica[39].

Apesar do apelo à tradição, filmes como *Perdida* e *Vivo ou morto* tinham como tema e cenário "a vida moderna no Rio contemporâneo", apresentando "palacetes de Humaitá, automóveis Rotschild, baronesas milionárias, rapazes bem vestidos, avenidas como os *boulevards*"[40]. O mesmo ocorria com *A moreninha* e *Lucíola*, apesar de serem ambos adaptados de romances do século XIX. Por sinal, *A moreninha* chegou a ser ironizado pela modernização: "Há poucos dias, uma empresa nacional exibiu num cinema uma Moreninha *up to date*, vestida à moderna e residindo num palacete ricamente moderno, em cujo jardim a gente via passear lá fora automóveis de todas as marcas"[41]. No caso de *Lucíola*, a própria publicidade do filme destacou uma cena passada numa joalheria da avenida Rio Branco, a mais moderna e sofisticada via da cidade, e justificou a atualização da trama: "Como se tem feito na Europa e na América do Norte com inúmeras produções literárias, a empresa Leal-Film fez transportar as cenas para a época atual, adotando-se os vestuários, os cenários, o mobiliário e os veículos de transporte modernos"[42].

Embora muitas dessas características ainda continuassem a marcar outros filmes realizados posteriormente no Rio de Janeiro, é notável que a produção carioca posada de 1917 apresentaria como novidade alguns traços mais evidentes da influência dos filmes de aventura norte-americanos.

AVENTURAS SENSACIONAIS

Entre fins de 1916 e começo de 1917, havia um entusiasmo com o que parecia ser "o desenvolvimento da indústria dos filmes nacionais" no Rio de Janeiro, com o anúncio de novas produções por empresas como Guanabara-Film, Leal-Film e Brasil-Film[43].

O primeiro título dessa safra a ser exibido comercialmente foi *Le Film du diable* (1917)[44], que, apesar do título em francês, era uma produção brasileira da Nacional-Film estrelada pela atriz norte-americana Miss Ray. A trama supostamente se passava num "pequenino país" (a Bélgica) arrasado pela guerra, e o filme se dividia em seis partes.

O jornal *A Época* publicou uma valiosa descrição do drama, que se inicia no lar da família Vanderst, numa pequena cidade ameaçada pelo exército inimigo. Quando os soldados invasores chegavam, o filho tentava fugir de casa, mas era perseguido e morto. Seus pais protestavam, mas ambos também acabavam assassinados. Restava apenas Suzanna, a filha que, em lágrimas, atraía a atenção do oficial Otto por sua beleza. Mas o seu martírio estava apenas começando...

Aprisionada, ela era arrastada por Otto a uma taberna, onde era obrigada a assistir a uma orgia entre soldados e o mulherio. Em meio à balbúrdia, Suzanna apanhava escondida uma faca na mesa e, aproveitando uma distração, apunhalava o algoz pelas costas. De revólver em punho, a moça fugia do cabaré e tomava um automóvel, dando início a uma eletrizante perseguição. Excelente motorista, Suzanna vencia todos os desafios até acabar a gasolina de seu carro e ela se ver obrigada a abandonar o automóvel, que despencava num precipício enquanto ela se escondia na mata. "Através de mil perigos, Suzanna atravessa as linhas de fogo e, exausta, vai cair em lugar onde é avistada pelos defensores de sua pátria", dizia o resumo. Levada desacordada para um abrigo, ela acordava ao lado de um militar inimigo morto e desmaiava ao encarar o cadáver. No delírio que se seguia, a pobre moça via o morto se transformar na figura de Satanás, que a perseguia pelo cenário devastado da guerra. A descrição do final merece ser integralmente transcrita:

> No meio da batalha, vê um operador de cinema que, corajosamente, exerce o seu mister. Vem uma granada e mata-o. Satanás apossa-se da máquina, examina-a curiosamente e, entusiasmado, resolve fazer um *film*. Suzanna, entregue ao seu poder, terá que "posar" a protagonista desse *film*. Seguem-se alguns episódios simbólicos. E, de repente, voltando dos tormentos do pesadelo à angústia da vida real, Suzanna abre os olhos e vê-se de novo no barracão, entre o corpo morto do inimigo de sua pátria e o bom soldado que a salvou e continua carinhosamente a protegê-la[45].

Le Film du diable podia perfeitamente se chamar também "As aventuras de Suzanna", dado que sua destemida protagonista vivia e sobrevivia a mil perigos como as heroínas de populares seriados norte-americanos lançados nos anos anteriores no Brasil, como *Aventuras de Kathlyn* (Francis J. Grandon, 1913), *Os perigos de Paulina* (Louis J. Gasnier, 1914) ou *As aventuras de Elaine* (Louis J. Gasnier, 1915). O último, aliás, era a continuação daquele que tinha sido o grande propulsor do sucesso dos seriados no Rio de Janeiro, o já mencionado *Os mysterios de New-York*[46].

Nesse sentido, outro filme brasileiro daquele ano revelava já em seu título influência ainda maior do sucesso dos folhetins cinematográficos. Da mesma forma que *Le Film du diable*, *Os mistérios do Rio de Janeiro* (1917)[47] foi originalmente planejado como o início de uma série, mas ficou apenas no primeiro episódio, intitulado

"O tesouro do Viking" ou "O tesouro dos navios alemães". Era a história de "um pseudopríncipe, um aventureiro estrangeiro" que se apresentava ao cônsul no Rio de Janeiro como Djalmo de Khéper, príncipe de Tanis que possuía poderes "sobrenaturais". Entretanto, ele não era "mais do que um audacioso ladrão filiado a uma quadrilha internacional, organizada para operar nas grandes capitais, durante a Guerra". Acompanhado por Fiammeta, sua amante veronesa, executam o roubo de barras de ouro numa trama que terminava em suspenso, deixando o espectador curioso sobre a conclusão da narrativa[48].

Com uma história tão rocambolesca quanto a de *Le Film du diable, Os mistérios do Rio de Janeiro* apelava em sua divulgação para a popularidade do jornalista, romancista e dramaturgo Coelho Neto, responsável pela "direção intelectual" do filme. Membro da Academia Brasileira de Letras, Coelho Neto era o escritor mais lido do país naqueles anos e sua foto estampava, com enorme destaque, todos os anúncios de *Os mistérios do Rio de Janeiro*.

Mas a literatura também era utilizada como atração de *Le Film du diable*, que tinha a novidade de parte de suas legendas serem escritas em verso "por um dos nossos poetas mais apreciados"[49]. Como não era divulgada a identidade do autor, essa omissão teria sido, segundo *A Rua*, a razão da curiosidade dos jornalistas que prestigiaram a exibição para a imprensa no Theatro Phenix. Entretanto, na opinião do jornal, a qualidade dos "rasgos líricos" e "surtos poéticos" dos letreiros – cuja autoria hoje sabemos ser de Bastos Tigre – resultou em gargalhadas da plateia culta[50].

De fato, o escritor Humberto de Campos anotou em diário pessoal sua presença na sessão, confirmando que o "prosaísmo" dos versos foi "motivo de hilaridade nas rodas inteligentes". O ilustre imortal transcreveu alguns exemplos de versos do filme:

A luta de novo cresce
Luta intensa e desigual
E Suzanna desfalece
Nos braços do oficial

Entre o fogo da metralha
Parte da trincheira amiga
Um soldado que trabalha
Para salvar a rapariga[51].

Tanto *Le Film du diable* como *Os mistérios do Rio de Janeiro* receberam reprimendas quanto a seu resultado final. O primeiro se ressentiria "de algumas falhas" e teria apresentado "senões consideráveis e está longe da perfeição". Do segundo se dizia que "um pouco à distância está ainda do filme desejado por aqueles que o 'puseram de pé'"[52].

Os mistérios do Rio de Janeiro, uma produção da A. Musso que também lançou mão do expediente de utilizar palacetes emprestados para suas filmagens, demorou ainda mais tempo para ser lançado após a sessão para convidados em março. O filme só foi exibido comercialmente sete meses depois, no Cine Palais, aparentemente com sucesso, favorecido pelo lançamento conjunto a outro filme nacional, *A quadrilha do esqueleto* (1917)[53].

A quadrilha do esqueleto era a fita de "estreia de uma fábrica nova", a Veritas-Film, do jornalista Irineu Marinho, e não por acaso o filme recebeu enorme cobertura do jornal *A Noite*. A importância dessa produção pode ser apreciada pelo fato notável de ela ter sido lançada simultaneamente em dois cinemas do centro do Rio de Janeiro, o Avenida e o Ideal, permanecendo uma semana em cartaz em ambas as salas[54].

A ação do filme se passava no Rio de Janeiro "da época atual", relatando a trama sinistra que vitimou o "infeliz negociante Peixoto". Esta havia sido tecida pelo cínico Rodrigo, que se passava por amigo do capitalista, mas mantinha a ideia fixa de lhe roubar a esposa e a fortuna. Seus planos esbarravam, porém, nas virtudes de Emília, mulher "incapaz de uma traição". Ainda assim, decidido a levar a cabo o seu intuito, Rodrigo procurava a temível Quadrilha do Esqueleto e encomendava o assassinato de Peixoto, pagando com o dinheiro que extorquia de uma amante, presa a ele pelo "medo do escândalo", e fornecendo ao criminoso uma planta da casa da vítima.

A quadrilha do esqueleto foi divulgado como um filme de "aventuras policiais altamente sensacionais, que descrevem com grande verdade alguns tipos da nossa malandragem!". Já influenciada àquela altura pelo cinema norte-americano, a produção da Veritas-Film, assim como *Le Film du diable* e *Os mistérios do Rio de Janeiro*, apresentava características de um sensacionalismo popular que privilegiava o choque de sensações típicos da modernidade. Como apontou Rielle Navitski, um dos principais elementos nesse conjunto de filmes de 1917 eram os *trucs* (truques), que não apenas exprimiam algo incrível, inverossímil ou extraordinário – que desafiava nossos sentidos ou a lógica – como representavam um signo de engenhosidade e modernidade cinematográfica[55]. Os espectadores de *A quadrilha do esqueleto*, por exemplo, teriam ficado extremamente "impressionados" com o realismo de uma cena chocante em que um carro passava por cima da perna de um personagem – na de Inácio de Carvalho, repórter de *A Noite*, que na verdade tinha deficiência física e usava uma perna de pau[56].

Talvez mais sensacional ainda era a cena final de "perseguição no caminho aéreo do Pão de Açúcar" do mesmo filme. Ela foi indicada em inúmeras reportagens como o momento de grande emoção de *A quadrilha do esqueleto*, quando um dos bondinhos parava e um policial que seguia o bandido "desce à linha dupla e caminha lateralmente sobre os dois cabos de aço, numa viagem perigosíssima até alcançar o carro que conduz o fugitivo". A cena se encerrava com a queda de um dos personagens, simulada com um boneco. As filmagens no bondinho impressionaram o filho do proprietário de *A Noite* e financiador do filme, o então jovem Roberto Marinho, com 12 anos de idade, que fez até figuração na roda de curiosos que cercava o corpo estendido no chão[57].

Da mesma forma, a sensacional perseguição de carros de *Le Film du diable* foi bastante destacada pela imprensa: "Entre as cenas mais empolgantes, assistiremos à queda de um automóvel num horrível precipício da Tijuca. Para se fazer essa cena foi necessário se inutilizar um automóvel e procurar oito operadores cinematográficos para apanhar todas as fases da emocionante queda"[58]. Sem fugir à regra, em *Os mistérios do Rio de Janeiro* também não faltavam cenas emocionantes, como "uma luta no fundo do mar" ou uma batalha com "bombas de gases asfixiantes"[59].

Além dos espetaculares *trucs*, mantinha-se ainda a atração pelas cenas filmadas ao natural no Rio de Janeiro, com suas belas paisagens e cenários. Se *A moreninha*, por exemplo, apresentava os "recantos da Quinta da Boa Vista, Cascata do Campo de Santana, Furnas da Tijuca e os mais pitorescos recantos da nossa capital", *Os mistérios do Rio de Janeiro* também alardeava cenas tomadas nos mais formosos locais da cidade. Mais interessante era o caso de *Le Film du diable*: sua exibição foi precedida da projeção de diversos naturais sobre as belezas do Brasil e estes frequentemente receberam mais elogios do que o próprio filme posado[60].

Por outro lado, uma característica dos filmes lançados em 1917, que os diferenciava da safra do ano anterior, era a exaltação de costumes e cenários autênticos não mais restritos aos locais luxuosos e elegantes da capital federal. *A quadrilha do esqueleto* se dizia o resultado "de observação muito demorada e inteligente do *bas-fond* do Rio de Janeiro", pondo a descoberto os "antros, os crimes e a audácia dos bandidos de profissão"[61]. Já *Os mistérios do Rio de Janeiro* revelaria "o Rio de Janeiro com os seus palácios e as suas espeluncas, os seus vícios e seus escândalos – a alta sociedade e o *bas-fond*"[62]. Em comum, ambos traziam cenas passadas em botequins "autênticos", redutos de última classe onde se reuniriam os marginais e criminosos das histórias.

Não apenas botequins, *Os mistérios do Rio de Janeiro* também mostrava o interior de cabarés de má fama, assim como *Le Film du diable*. Este, por sua vez, tinha ainda como grande atração "o corpo nu de uma mulher de admirável plástica"[63]. Além do caráter apelativo, não se pode deixar de reconhecer, no destaque dado à nudez da protagonista em seu delírio final, algo de apropriação do cinema norte-americano, a começar pela suposta nacionalidade de Miss Ray e ao fato de que o nu era justificado pela pose para o "filme do diabo" dentro do próprio filme. Afinal, vinham obtendo grande sucesso no Brasil as produções estreladas pela nadadora

Annette Kellerman, atriz de "formas esculturais" que interpretava, em trajes sumários, sereias e rainhas do mar, sem falar na pouca roupa e muita maquiagem da *vamp* Theda Bara, cuja influência popularizou a expressão "thedabarismo"[64].

De fato, uma matéria de 1917 reclamando da crescente exploração da nudez pelo cinema "sob a capa do nu artístico" citava antecedentes no cinema estrangeiro e comenta que "o mal" também estava invadindo os filmes brasileiros, havendo mulheres nuas tanto em *Le Film du diable* quanto em *Lucíola*[65]. Posteriormente, também *Alma sertaneja* (Luiz de Barros, 1919) apresentaria um "nu artístico", dessa vez numa cena de banho da mocinha interpretada por Otília Amorim em um rio. Esse caso novamente mereceu reprimendas, quando a revista católica *A Tela* notou "a frequência com que aparecem, em filmes nacionais, cenas como aquela"[66].

Por fim, a duração de filmes como *A quadrilha do esqueleto* e *Os mistérios do Rio de Janeiro* aparentemente se elevou em relação à produção carioca posada anterior, mantendo-se entre setenta e oitenta minutos, como tornava-se padrão na época. Apesar do aumento na duração dos longas-metragens estrangeiros, os exibidores brasileiros ainda tentavam manter os programas mais curtos, utilizando artifícios como aceleração da projeção e mutilação da cópia, a fim de realizarem um número maior de sessões por dia[67].

DIFÍCIL CONTINUIDADE

Após o "grande triunfo" de *A quadrilha do esqueleto*, o jornal *A Noite* passou a dar destaque às duas novas produções da Veritas, a "comédia de costumes carioca" *Um senhor de condição* (1917) e o "drama patriótico" *Ambição castigada* (1917), este especialmente escrito pelo escritor e jornalista Medeiros e Albuquerque, amigo de Irineu Marinho, e "imitado de um conto de Lucio de Mendonça". Os dois filmes compunham um único programa e estrearam no Parisiense em 13 de dezembro de 1917[68].

A Veritas havia sido criada por Joaquim Marques da Silva e Irineu Marinho após romperem com a Leal-Film no início de 1917. Aparentemente, os empresários haviam sofrido um prejuízo de trinta contos de réis em sua associação com Leal na produção de *Lucíola*[69]. A aproximação entre o cinema e "homens de prestígio" como Marinho e os imortais Medeiros e Albuquerque e Coelho Neto poderia ter sido frutífera, mas, como lamentou Paulo Emílio Sales Gomes, durou pouco[70]. De fato, em fevereiro de 1918, por exemplo, a sociedade na Veritas-Film se encerrava devido a novos prejuízos financeiros.

Já Leal, que continuava perseguindo seu intento de adaptar escritores brasileiros para a tela, anunciou vários projetos jamais realizados, como adaptações das comédias *Miragem*, de Luiz Edmundo, e *A capital federal*, de Artur de Azevedo[71]. Antes de sua sociedade com Marinho se desfazer, Leal chegou a filmar, novamente com Aurora Fúlgida, *Rosa que se desfolha* (1917), baseado em texto teatral de Gastão Tojeiro e que trazia trama protagonizada por uma mulher do interior que se "perdia" no Rio de Janeiro. Exibido para convidados em maio de 1917, o filme só seria lançado comercialmente em 1920, com o título *Dominó misterioso*[72].

Em busca de novos parceiros, Leal se associou ao encenador Simões Coelho, sendo descritos como diretores artístico e técnico, respectivamente, de "uma nova fábrica de filmes nacionais, a Brasil-Film"[73]. O primeiro (e único) filme da empresa foi o "drama patriótico-militar" em sete partes *Pátria e bandeira* (1918), escrito pelo autor teatral Claudio de Souza e lançado no Palais em maio de 1918. Com uma trama sobre "um caso de espionagem alemã" – aproximando-se de *Os mistérios do Rio de Janeiro*, mas já no contexto da entrada do Brasil na Primeira Guerra –, a produção contou com o apoio das autoridades militares, mostrando "magníficas movimentações do nosso exército", envolvendo mais de 3 mil soldados brasileiros que provavam a "eficiência militar do Brasil". No filme, um ambicioso, mas ingênuo, farmacêutico do interior, Carlos Veiga, apaixonava-se por Linda (interpretada por Emma Pola), espiã inimiga de seu país e, seduzido, é convencido por ela a roubar a cifra telegráfica do Ministério da Guerra. Mas a espiã se enamorava do moço e, sabendo que seu marido, o banqueiro Castro, aliado ao alemão Hermann, pretendia matá-lo, se sacrificava em seu lugar[74].

O interesse por assuntos de guerra e o antigermanismo atravessaram outros filmes cariocas, como o filmete de animação do cartunista Seth, *O Kaiser* (1917), e, antes dele, *Perdida* (1915), cuja protagonista era Nanette, moça parisiense que emigrava para o Rio de Janeiro após perder o pai e o irmão na Primeira Guerra. Outro exemplo é o do já citado *Ambição castigada*. Sua trama se passava em uma "modesta vila do interior", onde um homem era obrigado a abandonar seus pais, amigos e sua noiva para ir à capital e apresentar-se ao exército. O filme teria sido "um espetáculo doloroso", pois as "senhorinhas acharam cruel fazê-las ver um noivo morrer, apunhalado pelo pai, deixando a noivinha sem noivo, triste viuvez do coração cândido de uma jovem"[75]. O público que foi ver *Ambição castigada* parece ter preferido o segundo filme da mesma sessão, a comédia *Um senhor de condição*, sobre uma esposa que, com a ajuda de amigos, vingava-se de seu marido mulherengo[76].

Apesar do alardeado sucesso de público desses títulos, nem a Veritas-Film, a Leal-Film ou a Brasil-Film continuaram suas atividades. Na passagem para a década de 1920, o único profissional que se manteve atuante na produção posada carioca foi Luiz de Barros, por meio de sua Guanabara-Film ou como diretor contratado por outros produtores. Mesmo quando seus filmes não agradavam aos críticos, seu esforço passaria a ser prezado por, bem ou mal, continuar realizando "filmes de enredo" quando eles se tornavam cada vez mais raros no Rio de Janeiro.

Após o êxito de *Vivo ou morto*, Luiz de Barros lançou a comédia moderna *Zerotreze* (1918), sobre um pobretão que ganha na loteria e, cansado da cidade, parte para o interior, onde se apaixona pela filha de um fazendeiro[77]. O filme *013* era uma realização sua e dos irmãos Botelho, parceria logo repetida com *Alma sertaneja* (1919), no qual Barros foi diretor contratado da Carioca-Film, de Alberto Botelho. Mais uma vez com uma história de amor passada numa fazenda, o filme prometia "uma hora de contato com a alma pura dos campos". De fato, um crítico reclamou que "a projeção estende-se muito, a fim de apresentar vários episódios da vida no interior, como rinhas de galo, festas de igreja com leilão de prendas, pastos com gado, etc."[78] No mesmo ano, o diretor voltou a José de Alencar com *Ubirajara* (1919), uma produção da Guanabara-Film fotografada por Stamato. Já *A joia maldita* (1920) foi filmado por Barros no Rio e em São Paulo, mas sua produção foi do paulista Antonio Tibiriçá. Há poucos detalhes a respeito disso, mas essa história policial apresentava aquelas que talvez sejam as primeiras cenas ficcionais filmadas numa favela carioca.

A derrocada ou *A vingança do peão* (1918) e *Coração de gaúcho* (1920) eram dramas sertanejos. No primeiro, baseado no romance *Manhã de sol*, de Leopoldo Teixeira Leite Filho (secretário particular de Nilo Peçanha e financiador da produção[79]), a filha do peão é seduzida pelo filho do fazendeiro e passa a ser perseguida pelo pai, que a mata sem querer e ainda inicia um incêndio que causa a morte também de sua esposa. O segundo filme, outra produção da Guanabara fotografada por Stamato, trazia um romance entre a filha do fazendeiro e o capataz, dessa vez ambientado nos pampas do Rio Grande do Sul, embora tivesse sido filmado no Rio de Janeiro[80].

Do drama à comédia, o apelo a elementos do teatro cômico brasileiro aliado à influência dos pastelões da Keystone, de Mack Sennett, e da Sunshine, da Fox, podiam ser vistos em duas produções que traziam moças em roupas de banho de mar: *Aventuras de Gregório* (1920), filme em dois rolos exibido em cinemas de bairro[81], e *Augusto Annîbal quer casar* (1923), estrelado pelo artista do título[82].

Lançado próximo do Carnaval, *O cavaleiro negro* (1922) aparentemente não foi bem-sucedido de público ou crítica[83]. Depois desse filme, Barros investiu novamente em comédia com *A capital federal* (1923), adaptação da revista de Artur Azevedo na qual um fazendeiro trazia sua família para o Rio de Janeiro em busca do caixeiro-viajante que fugira do compromisso com sua filha[84]. Nessa adaptação da peça originalmente passada no "fim do século passado", mas atualizada na produção fotografada por Jayme Pinheiro e pelo próprio Lulu, era destacada a cena da passagem da família roceira pela avenida, debaixo da curiosidade popular, filmada com a câmera dentro de um carro[85]. Dando uma pausa nas comédias, Barros voltou a dirigir para Tibiriçá em *Hei de vencer* (1924), melodrama policial elogiado pelas emocionantes cenas de voos de aeroplanos e acrobacias aéreas. A cena da passagem do herói de um avião a outro, em pleno voo, mostrava a permanência da atração pelas cenas sensacionais.

Aliás, a influência dos melodramas de aventura de Hollywood se evidenciava ainda nos filmes de Luiz de Barros pela presença constante das cenas de "lutas ferozes". De acordo com depoimento do diretor, *013* "foi o primeiro que apresentou um briga, tipo americana"[86]. O mesmo se repetiu em *Alma sertaneja*, cujo anúncio destacava uma "luta à William Farnun"[87]. Já em *Coração de gaúcho*, a briga terminava com a morte do vilão, um "perverso mestiço" chamado Pancho. O personagem, segundo crítica da época, era "muito parecido com os das fitas americanas e que por isso mesmo se dá ao luxo de ter um nome espanhol"[88].

Apesar do intenso diálogo com gêneros do cinema norte-americano presente nos filmes cariocas desde 1917, a diferença de sofisticação técnica e narrativa entre os posados brasileiros e a produção de Hollywood vai ser cada vez mais evidente. Deve ser ressaltado que, na segunda metade da década de 1910, a maioria dos filmes cariocas ainda empregava o chamado sistema de produção do "diretor", que Janet Staiger identificou como vigente no cinema norte-americano entre 1907 e 1909. Segundo ela, esse modelo sucederia o modo de produção do "cinegrafista", no qual um profissional conhecia todo o processo, e a concepção e a execução do filme estavam unificadas. No modo de produção do diretor, por sua vez, já haveria uma divisão de papéis, sendo uma pessoa responsável pela encenação e outro por filmá-la[89]. A primeira função no Brasil era chamada de "encenador", "diretor de cena" ou *metteur en scène*, geralmente ocupada, nos filmes cariocas do período, por um homem do teatro, frequentemente estrangeiro, a quem cabia a parte artística ou intelectual da obra, incluindo a direção dos atores. O outro profissional principal, intitulado "cinegrafista" ou "operador", ficava encarregado da fotografia, isto é, da iluminação, do manuseio da câmera e, no Brasil, também da revelação e copiagem. Mesmo num filme de 1920 como *O Guarany*, cuja projeção já se estendia por uma hora e quarenta minutos, essa divisão persistia, no caso entre o ator português João de Deus e o cinegrafista Alberto Botelho.

Mas, se Botelho e Leal, por exemplo, eram técnicos veteranos de filmes naturais e de atualidades que geralmente contratavam um encenador quando realizavam filmes de enredo, Luiz de Barros seria um diretor-produtor em moldes mais modernos, como se desenvolveria no sistema de produção de "diretor de unidade" (1909-1914), descrito por Staiger[90]. Contudo, esse novo modo de produção era acompanhado nos Estados Unidos pelo aprofundamento da divisão de trabalho e da especialização de funções, numa crescente complexificação da atividade cinematográfica. Já no contexto do cinema do Rio de Janeiro, Luiz de Barros foi um exemplo da junção, por pura necessidade, de diversos papéis no mesmo profissional. Em 1924, numa resenha de *Hei de vencer*, um crítico reclamava:

> De duas coisas precisa nosso cinema: especialização e seriedade. [...] Luiz de Barros [...] tem que decidir se vai ser fotógrafo ou diretor. Não é possível continuar como aqui se faz. Este mesmo diretor, no mesmo filme, era quem também fotografava, revelava, copiava, maquilava todos os artistas, consertava luz e todos os mais insignificantes retoques[91].

O *glamour* exportado pelas "fábricas" de Hollywood distanciava-se cada vez mais da realidade do cinema no Rio de Janeiro.

A INDÚSTRIA DOS SONHOS

Na passagem para os anos 1920, quando Hollywood tornava-se sinônimo de cinema, os cariocas amantes do cinematógrafo tinham se transformado definitivamente em fãs com gostos particulares, isto é, possuindo gêneros, estúdios e, sobretudo, astros e estrelas preferidos. O apetite desses fãs por detalhes da vida privada e profissional de seus atores favoritos era estimulado e saciado pela publicidade cada vez mais intensa dos distribuidores norte-americanos na imprensa carioca, aproveitando o desejo dos leitores por entrevistas, notícias e principalmente fotos – que se tornavam colecionáveis – de seus ídolos.

Alimentado pelo aumento dos leitores e dos anunciantes, o noticiário cinematográfico se ampliava e as imagens de astros de Hollywood passaram a estampar com cada vez mais frequência a capa dos magazines ilustrados. Em 30 de janeiro de 1920, a revista *Para Todos...* inaugurou a seção "Cinema Para Todos...", descrita como "uma revista dedicada aos interesses da cinematografia". O noticiário cinematográfico também já vinha ganhando cada vez mais espaço em *Palcos e Telas*, que passou a se intitular "o órgão oficial da cinematografia no Brasil". Seguindo a mesma tendência, a revista *Selecta* criou a seção fixa "Cinematográficas" na sua edição de 7 de fevereiro de 1920.

De acordo com Alice Gonzaga, as revistas eram necessárias para darem chancela à demanda por negócios mais vultosos no mercado exibidor carioca[92]. Com o encarecimento das superproduções de Hollywood[93], o custo das cópias importadas também foi elevado, provocando atritos entre distribuidores e exibidores. Diante de filmes mais longos e caros, era preciso aumentar o preço dos ingressos e o tamanho das salas de exibição para garantir o retorno financeiro – o que de fato ocorreu gradativamente[94]. O circuito de cinemas no Rio de Janeiro cresceu entre 1919 e 1921, com destaque para a ampla reforma de duas salas da rua da Carioca, Íris e Ideal, embora a maioria dos cinemas continuasse apresentando péssimas condições de segurança e conforto. Mas para garantir lucro era necessário também consolidar a divisão de renda por meio de porcentagem de bilheteria e prolongar o tempo de exibição. Essa prática encontrou incentivo na imprensa: em 1924, um artigo de *Selecta* reclamava que a maioria dos filmes ficava em cartaz por somente três dias nos cinemas cariocas, quando muito uma semana, e defendendo a exibição exclusiva e mais longa naquele que viria a ser chamado de "cinema lançador"[95].

Nesse quadro, superproduções de Hollywood, tais como os longas-metragens de D. W. Griffith e Charles Chaplin, cujos custos de aluguel de cópia seriam exorbitantes, frequentemente não chegaram ao mercado brasileiro na primeira metade dos anos 1920 – ou, na verdade, chegaram com longos atrasos[96]. Isso era um fato que atormentava os fãs mais exigentes e bem informados, sobretudo a geração nascida naquele que era o século do cinema. Entre eles estava um grupo de jovens de classe média carioca formado pelos amigos Álvaro Rocha (1898-1966), Adhemar Gonzaga (1901-1978), Pedro Lima (1902-1987) e Paulo Vanderley (1903-1973). Aficionados por cinema, que discutiam avidamente, os fãs viraram críticos e jornalistas. Gonzaga e Lima tornaram-se colaboradores de *Para Todos...* e *Selecta*, nas quais inauguraram, em 1924, colunas especialmente dedicadas ao cinema nacional, intituladas "Filmação nacional" (depois "Filmagem brasileira") e "O cinema no Brasil", respectivamente. Ao mesmo tempo, os dois jovens críticos cariocas deram início à "primeira campanha contínua e sistemática em favor do cinema brasileiro de ficção"[97], que ganharia ainda mais fôlego quando eles se reuniram – em companhia também de Rocha e Vanderley – na *Cinearte*, revista inteiramente especializada em cinema criada em 1926.

Apesar de dedicada sobretudo à divulgação do cinema hollywoodiano, *Cinearte* – cujos editores eram Mário Behring e o próprio Gonzaga – dava grande destaque ao cinema brasileiro. Suas altas vendagens, ampla distribuição e intensa repercussão social exerceram um papel fundamental na criação de uma consciência sobre a atividade cinematográfica em escala nacional. Principalmente por meio dos editoriais e da coluna fixa "Filmagem brasileira" – assumida por Pedro Lima a partir de 1927 –, a revista carioca mapeava as diversas e dispersas iniciativas de realização ao redor do país, fomentava debates e colocava em contato realizadores, técnicos, atores e fãs do cinema brasileiro. Através das páginas da *Cinearte*, discutiam-se apaixonadamente as vantagens, os desafios e, sobretudo, a necessidade de desenvolvimento de uma indústria cinematográfica no país. Pioneiros e autodidatas, Pedro Lima e Adhemar Gonzaga tornaram-se extremamente influentes na defesa em tons nacionalistas da realização, exibição e divulgação da produção local, como expresso no *slogan* "todo filme brasileiro deve ser visto", incansavelmente repetido edição após edição da revista[98].

Enquanto uns se profissionalizavam como críticos e repórteres cinematográficos em revistas e jornais, às vezes ocupando também empregos nas agências distribuidoras[99], outros e outras se aprofundavam em diferentes modos de exercer a paixão pelos filmes. Nos anos 1920, eram cada vez mais comuns relatos de casos de moças e até senhoras casadas da "melhor sociedade carioca" que passavam a fantasiar romances com os astros que só conheciam do *écran*. Outros fãs, porém, sonhavam em também se equipararem aos seus ídolos, virando artistas da tela. Se a maioria se contentava em imitar os astros e estrelas nas formas de andar, vestir ou falar, o desejo mais ambicioso de igualar-se a eles era diagnosticado, inclusive, como um dos novos "perigos do cinema", isto é, a "mania de ser estrela cinematográfica! Avassaladora, formidável, irresistível, a sua rajada é ciclônica e sua esfera de atividades não respeita idade, sexo, nem posição..."[100].

Alguns poucos destemidos – com mais recursos ou ousadia – iam mais longe, arriscando a sorte em jornadas aos Estados Unidos, às vezes chegando a desempenhar papéis secundários em pequenas produções norte-americanas, tais como a mineira Leonor Rodriguero, o paraense Antonio Rolando (cujo nome verdadeiro era Archimedes Lalôr) ou o carioca Mario Marano (pseudônimo de Mário Albuquerque Maranhão Pimentel). Mas, para aqueles que não podiam se aventurar além-mar, surgiam oportunidades que prometiam abrir as portas para o estrelato, mesmo que na realidade mais modesta do cinema carioca.

Ainda em 1917, a Leal-Film publicara um convite nos jornais: "Quereis ser artista de cinema? E ficar com uma profissão? Se tendes bom físico, boa vontade e pertinácia, procure o escritório da Leal-Film [...]. Este convite dirige-se tanto a senhoras como a homens que desejem adotar uma boa profissão"[101]. Já em 1919, foi a vez da Ômega Film Co., do americano William H. Jansen, abrir um concurso de artistas cinematográficos para selecionar o elenco de seu filme[102].

Quando a produção da Ômega Film, *Urutau* ou *A eterna história* (1919), foi exibida para convidados, a imprensa deu destaque ao ator português Alves da Cunha e à novata descoberta no concurso, "uma encantadora *mignonne*, com dezessete anos apenas e que é uma promessa brilhante para a nossa cinematografia". Filha de uma família de imigrantes portugueses, a jovem tinha largado os estudos para trabalhar como operária e depois como vendedora. Apesar de não ter dinheiro para frequentar as salas de cinema, ela viu naquele concurso a oportunidade de realizar o sonho de fama e estrelato[103]. Refletindo a dificuldade crescente de inserção das produções locais no mercado, *Urutau* não conseguiu ser lançado e Jansen teria saído do país levando a cópia consigo[104]. Porém, o filme serviu como porta de entrada no cinema da atriz, diretora e produtora Carmen Santos (1904-1952)[105].

Carmen, graças ao amparo econômico do empresário Antônio Lartigau Seabra, com quem ela se envolveu num relacionamento jamais oficializado, dedicaria tempo e recursos ao desejo de tornar-se estrela de cinema. Para isso, investiu intensamente em publicidade pessoal, enviando regularmente fotos e notícias suas para a imprensa. Depois de *Urutau*, estaria à frente de mais duas produções jamais concluídas, as ousadas adaptações literárias *A carne* (Leo Marten, 1924) e *Mademoiselle Cinéma* (Leo Marten, 1925), assim como da empresa Filmes Artísticos Brasileiros, encerrada após um incêndio em 1926. Àquela altura, mesmo sem jamais ter sido vista nas telas pelo grande público, Carmen Santos já era uma celebridade do cinema brasileiro.

Carmen era o símbolo maior da tentativa de construção de um estrelismo cinematográfico brasileiro sem uma indústria cinematográfica, sendo uma estrela que os fãs só conheciam das revistas. Na verdade, era alguém que aprendera e aplicava as lições de promoção e publicidade ensinadas por Hollywood[106]. Entretanto, à medida que cresciam o poder e a influência do cinema nos cariocas, mais difíceis pareciam os desafios para os que se aventuravam na atividade cinematográfica no Rio de Janeiro.

Em 1920, discutindo justamente a situação da "filmação nacional", como era o nome de uma de suas colunas – não assinada, mas provavelmente já escrita pelo jovem Adhemar Gonzaga –, a revista *Palcos e Telas* reconhecia que, apesar da existência de alguns experientes profissionais de cinema no Rio de Janeiro (eram citados Eduardo Victorino, Simões Coelho, Jansen, Barros, Leal, Stamato e os irmãos Botelho), "todas as tentativas têm falhado". A revista questionava os motivos para tal fracasso: "Por que não se dá amparo aos filmes brasileiros?"[107]. Uma das mais recorrentes respostas para o alegado fracasso do cinema brasileiro era a falta de capitais, como seria frequentemente repetido nas décadas seguintes[108]. O argumento surgia principalmente quando se comparavam os altíssimos custos de um filme estrangeiro, dado cada vez mais alardeado na publicidade de Hollywood, com o que era possível gastar no cinema nacional: "um filme bom custa os olhos da cara, lá pela grande República... Aqui no Rio, e no Brasil em geral, o processo é outro, mas a exigir iguais resultados na impressão a causar ao público..."[109].

Ao mesmo tempo, também se identificava um grave problema da nação para o qual o cinema seria o melhor remédio:

> Conquanto sofra com isso o nosso orgulho nacional, a verdade manda dizer que somos muito pouco conhecidos ainda no estrangeiro ou, melhor falando, não o somos tão suficientemente como requerem a nossa nacionalidade e nossos foros de país civilizado. Precisamos, e muito, de propaganda. [...] Ora, hoje em dia, [...] torna-se urgentemente necessário lançar mão do cinema para pôr diante dos olhos dos outros povos a imagem do que é nosso e do que mais nos interessa[110].

Mas a mesma reportagem, publicada em 1921, lamentava também que, apesar de o cinema ser a melhor propaganda, "no Brasil, a indústria do filme, por falta de auxílio oficial, está quase ainda por nascer"[111]. No ano seguinte, ainda que o auxílio oficial viesse a surgir pela primeira vez, ele não chegaria a mudar a situação.

GRANDES PROJETOS E GRANDES FRUSTRAÇÕES

Após o fim da Primeira Guerra, uma das iniciativas para aumentar a visibilidade do Brasil no exterior foi a realização, na então capital federal, de uma exposição internacional, a primeira desse gênero depois do conflito, servindo como comemoração do centenário da independência. O "megaevento" obrigou a cidade a uma série de preparativos, com o incentivo à construção de novos hotéis (como o Copacabana Palace e o Hotel Glória) e a remodelação radical de parte do centro da cidade, incluindo a conclusão do desmonte do morro do Castelo.

O cinema não deixou de ser incluído na grandiosa festa que foi a Exposição Internacional do Centenário da Independência do Brasil, realizada no Rio de Janeiro entre 1922 e 1923. Desde o planejamento da exposição, entendia-se que a arte muda teria um importante papel a cumprir dentro do objetivo do evento de servir como vitrine para uma imagem moderna do Brasil. Segundo Eduardo Morettin, com a Exposição de 1922, pela primeira vez em sua história o Estado brasileiro ocupou-se do cinema, adotando uma série de ações de incentivo, proteção e patrocínio visando sua inclusão no evento[112].

Entretanto, o cinema não estava sendo incorporado de fato a um projeto de propaganda oficial nem as ações empreendidas tiveram a função de apresentar resultados a longo prazo na constituição de uma indústria cinematográfica nacional. Por exemplo, a muito demandada isenção de impostos para a importação de filme virgem esteve em vigor apenas durante a exposição, sendo suspensa após seu término. De modo geral, ocorreu apenas a ação imediatista de produzir e exibir inúmeros filmes documentários durante a Exposição "referentes à história, à geografia, à natureza e à civilização do Brasil". Como resumiu Morettin, "findos os trabalhos e recolhidas as fantasias progressistas, não apenas os pavilhões foram derrubados mas também tudo o que restou de incentivos econômicos dado a um setor que, sem ele, voltaria ao seu próprio ritmo de dificuldades e de precário equilíbrio"[113].

O episódio da Exposição de 1922 – quando praticamente não houve cinegrafista no Brasil sem encomenda de filmagem – seria relembrado nos anos seguintes como exemplo da falta de visão dos governantes[114]. Inclusive porque, através principalmente da campanha em defesa do cinema brasileiro conduzida por Gonzaga e Lima em *Para Todos...*, *Selecta* e *Cinearte*, se consolidaria no meio cinematográfico a partir de meados da década uma visão mais detalhada dos entraves e das soluções para a criação e desenvolvimento de uma indústria cinematográfica no país[115]. É verdade que a sempre reclamada falta de capitais permanecia como um dos maiores entraves, como repetia *Selecta* em 1923:

> A indústria cinematográfica nacional... É uma pena, é uma lástima, mas força é confessar que não a temos. [...] Somente de jornais, e assim mesmo tirados em uma ou duas cópias, não pode viver uma indústria. Os poucos trabalhos que temos tido, afora jornais, ressentem-se da falta de tudo, mas positivamente de tudo. [...] Mas o que há, principalmente, é a falta de dinheiro[116].

Em 1924, "falta de capital" era também a resposta de Alberto Botelho ao ser questionado por Pedro Lima sobre o motivo de não realizar filmes de enredo havia quatro anos, dedicando-se apenas a jornais e filmes naturais. O cinegrafista apontava a dificuldade de obter retorno financeiro para um investimento mais alto, como o demandado pelo filme posado, num mercado reduzido e adverso ao produto nacional:

> Nós podemos confeccionar um filme dramático, empatando, por exemplo uns 40.000$000. Ora, para recuperarmos este dinheiro levaríamos cerca de dois anos, que foi como sucedeu com *O Guarany* [...]. Laboratório nós temos, aparelhos para fazermos um, dois e até três filmes por mês; o que nos falta portanto, são capitalistas de iniciativa ou um auxílio do governo!...[117]

"Falta de técnica, falta de artistas e – mais do que tudo – falta de dinheiro para uma montagem regular", dizia outra matéria publicada por *Selecta* em 1924 que também atestava a inexistência de uma "indústria nacional de cinematografia". O mesmo artigo, porém, aprofundava a questão ao identificar o problema da exibição como o outro lado da mesma moeda, afirmando que os filmes eventualmente feitos, mesmo quando oferecidos a preços ínfimos, eram recusados pelos melhores cinemas, sendo lançados apenas em salas de segunda ou terceira ordem: "E, apurando menos de meia dúzia de contos [o realizador] está satisfeito, porquanto por menos lhe ficou a confecção do filme"[118].

Isto é, diante das dificuldades de acesso ao mercado, dominado pelo filme estrangeiro, as produções locais só podiam ser feitas a custos baixíssimos, que se restringiam praticamente a apenas o custo do filme virgem, do qual "não se perde um metro". O salário dos artistas também não poderia representar grande despesa – e isso quando os atores não eram também os financiadores através das "escolas cinematográficas"[119]. Por fim, nem os custos de filmagem e de revelação precisavam ser levados em conta, já que os equipamentos e laboratório "pertencem ao dono da 'empresa cinematográfica', que é, ele também, diretor de cena"[120].

O quadro precário esboçado pelo artigo responderia, de fato, às condições do cinema carioca da época, quando os modestos estúdios e laboratórios existentes ocupavam porões, sótãos, cômodos ou barracões erguidos nos fundos das residências dos próprios produtores, como no caso de Luiz de Barros, Carmen Santos ou Paulo Benedetti. Como era praxe também no teatro, os figurinos eram de responsabilidade dos próprios atores (para eles, ter "bom guarda-roupa" era pré-requisito para seguir carreira), enquanto para os cenários quase sempre se apelava para parques, praias e jardins ao "ar livre", que "têm luz e encenação grátis"[121]. Quando se necessitava de interiores, optava-se geralmente por salões e palacetes emprestados, resultando numa "fotografia empastada" em função da má colocação dos refletores por falta de espaço adequado. Embora a crítica não tolerasse mais a filmagem em "interiores sem serem especialmente construídos", quando isso ocorria nos filmes brasileiros "o desastre" era ainda maior[122].

Além da ausência de recursos mínimos para um cinema de padrão industrial, alguns críticos protestavam ainda contra a falta de honestidade e capacidade de muitos homens de cinema. Quando o alvo eram os "aventureiros" estrangeiros, a radicalização se aproximava da xenofobia.

Por outro lado, em defesa de seu *métier*, um profissional atuante como Luiz de Barros responsabilizava a defasagem técnica pelas deficiências dos filmes brasileiros. Em artigo publicado em *Selecta*, Barros reclamava, por exemplo, que devido aos altos impostos os brasileiros só tinham acesso a filme virgem de baixa qualidade, velho e até velado. Além disso, trabalhavam ainda com antigas câmeras francesas como a Debrie, "a máquina mais usada entre nós", cujo foco era feito através do próprio negativo, dificultando o trabalho do cinegrafista. Enquanto isso, as modernas câmeras norte-americanas Bell & Howell, que permitiam um foco mais preciso, eram inacessíveis pelo alto preço[123]. As dificuldades apontadas por Barros podem ser lidas como tentativas de justificar um grau de precariedade que levava, por exemplo, à permanência de comentários sobre a "nitidez" dos filmes brasileiros – fosse a reclamação por sua ausência ou o elogio por sua obtenção.

Apesar desse cenário desanimador, a esperança pela concretização de dois ambiciosos projetos de um homem de cinema capaz de movimentar grandes capitais – o poderoso exibidor Francisco Serrador, presidente da Companhia Brasil Cinematográfica (CBC) – animava os fãs mais otimistas. Um dos projetos era a criação de uma "cidade do filme" no Brasil, um gigantesco estúdio inspirado na Universal City, que Serrador conhecera em sua viagem a Hollywood entre 1921 e 1922. O empreendimento ocuparia um castelo em estilo irlandês erguido na fazenda São Miguel, em Correias, distrito de Petrópolis, que fora adquirido pela CBC no início dos anos 1920.

Entretanto, se o megalomaníaco plano de criação de uma "cidade do filme" na região serrana do estado do Rio não foi concretizado por falta de investidores, Serrador ao menos conseguiu, mesmo com dificuldades, tirar do papel o projeto de construção de um "bairro dos cinemas" na capital federal. Esse projeto teve início em 1919, durante os preparativos para a Exposição do Centenário, quando a CBC adquiriu os terrenos onde outrora ficava o Convento da Ajuda, na parte inicial e menos frequentada da avenida Rio Branco. Seu objetivo era erguer um grandioso complexo de lazer, hotelaria e compras para o evento de 1922, mas o desinteresse de investidores atrasou seus planos. Somente em 1923, após concessões, loteamentos e conflitos com a prefeitura, a construção dos quatro primeiros arranha-céus dotados de modernos cinemas na parte térrea foi iniciada. Dois anos depois, eram inauguradas as primeiras salas que constituíram o que ficou conhecido como Bairro dos Cinemas, Quarteirão Serrador ou, como a região é chamada até hoje, Cinelândia. Em 1925, foram inaugurados os cinemas Capitólio, Glória e Império; em 1926, o Odeon; e, em 1928, o Pathé Palace. Ampliando o alcance da Cinelândia para além da praça Floriano, em 1929, foi a vez de o Palácio Theatro, completamente reformado, reabrir suas portas na rua do Passeio[124].

Inicialmente, Serrador teve dificuldades para convencer o público a pagar o caro ingresso para as salas da Cinelândia, apesar das inovações que ele trouxera dos Estados Unidos, que iam das lanterninhas uniformizadas e da iluminação gradual da sala até lanches como o *sundae* e o *hot dog*. Também foi experimentada a realização de elaborados prólogos teatrais relacionados aos filmes em cartaz[125].

Aos poucos, porém, os cinemas da Cinelândia conquistaram as plateias, resultando, inclusive, no fechamento das antigas "salinhas" da avenida. A confiança no retorno financeiro do investimento foi então assegurada[126]. As revistas podiam finalmente declarar que nós já tínhamos "salas *chics*, confortáveis e elegantes", mas principalmente amplas e lucrativas, para os "grandes filmes" de Hollywood, como os da Metro-Goldwyn-Mayer, que instalou sua filial no Brasil em 1926.

Mas, e os filmes brasileiros?

A BOTELHO-FILM E A PERMANÊNCIA DOS NATURAIS

Embora a realização de filmes naturais e jornais de atualidade mantivessem empresas e profissionais em atividade no Rio de Janeiro, o ideal de industrialização do cinema brasileiro – arduamente promovido e defendido pela campanha liderada por Lima e Gonzaga, entre 1924 e 1930 – assentava-se na crença de que somente o filme posado implantaria a indústria entre nós. Mesmo quando o filme natural era eventualmente lastimado como a única alternativa viável para o cinema brasileiro, a atestada má qualidade da maior parte da produção e a má fama associada a muitos de seus realizadores faziam com que os críticos considerassem sua produção prejudicial ao cinema nacional. Por sinal, uma das premissas do programa industrialista era o "saneamento" do meio cinematográfico, expurgando os maus elementos que seriam os "cavadores". Segundo essa crença, como se não bastasse o desprestígio que esses filmes traziam à atividade cinematográfica, afastando possíveis participantes e apoiadores, eles monopolizariam potenciais aliados, entre eles o Estado[127].

Além disso, os filmes naturais seriam também prejudiciais à imagem do Brasil, incapazes de mostrar – tal como o cinema norte-americano era elogiado por fazer – apenas "o que nossa pátria tem de bonito, de útil, de agradável" e "de forma interessante e fotogênica"[128]. Para a crítica, o cinema posado serviria melhor à propaganda da nação por permitir um retrato controlado e purificado da nossa realidade, ou seja, por meio de um "realismo limpo" sustentado na noção de fotogenia[129].

No Rio de Janeiro da década de 1920, a produção de filmes naturais foi em grande parte dominada pelas atividades dos irmãos Paulino Botelho (1881-1948)[130] e Alberto Botelho (1885-1973), sendo deles, inclusive, grande parte das imagens da capital federal que sobreviveram até nossos dias[131]. Em fevereiro de 1923, por exemplo, um anúncio destacava a exibição de "três filmes diversos" da Botelho-Film "nos quatro cinemas mais importantes desta capital"[132].

Originalmente fotógrafos de imprensa, os Botelho filmavam as notícias e fatos de maior repercussão, que gerassem interesse do público e dos exibidores. A visita, a chegada ou a partida de autoridades internacionais ao Rio de Janeiro, eventos que simbolizavam o prestígio da nação, eram sempre registrados[133], bem como os funerais de homens públicos que mobilizavam multidões. Obviamente, não houve posse de presidente que não tenha sido registrada pelas objetivas dos Botelho, inclusive em seus cinejornais.

Em setembro de 1921, a Botelho-Film lançou o *Brasil-Actualidades*, cinejornal quinzenal. A exibição de seu primeiro número no Palais – com imagens de fatos diversos, que variavam da corrida no Jockey Clube à parada militar em comemoração ao dia da Independência – mereceu elogios do jornal *O Imparcial*: "Todos quanto assistiram a este 'Jornal' sentiram-se satisfeitos, porque não há quem não aprecie estes magazines da tela quando eles são perfeitos e nos mostram em rápidos flagrantes, os fatos principais que conhecemos, mas não podemos ver ou que vimos e queremos rever". Indagando-se por que não tínhamos ainda um cinejornal carioca regular apesar do interesse do público, o jornalista dessa matéria entrevistou Paulino Botelho, que afirmou não ser falta de assunto o problema, mas o que "faltava era o interesse dos proprietários dos cinemas sobre estes filmes". O cinegrafista acrescentou: "Digo dos proprietários de cinemas porque do público existe, como V. acaba de ver, mas o proprietário de cinema não dá valor nenhum ao filme natural, esquecendo-se de que estes muitas vezes, apesar de serem o complemento do programa, são a vida do próprio programa"[134].

Provavelmente por falta de interesse contínuo dos exibidores, o *Brasil-Actualidades* não teve regularidade estrita, com a exibição da edição nº 13 apenas em 1925[135]. Mas eventuais filmes sobre "furos" faziam sucesso. Naturais como *Sua majestade, a mais bela* (1923) e *Os milagres do professor Mozart* (1924) – respectivamente sobre Zezé Leone, vencedora do concurso de beleza de *A Noite* e *Revista da Semana*, e sobre um curandeiro do interior de Minas Gerais – atendiam à curiosidade do público, como ressaltava a propaganda: "Há muito tempo que não se fala de outra coisa, senão nas curas milagrosas do professor Mozart [...]. A Botelho-Film, acudindo a ansiosa curiosidade do público, mandou vários de seus operadores filmar o professor na pequenina cidade de Recreio"[136]. Produções mais longas e ambiciosas, como o ufanista *Brasil grandioso* (1923), que reunia material de arquivo[137], ou o patriótico *Dêem asas ao Brasil* (1924), que ressaltava a importância da aviação em tempos de guerra ou de paz, recebiam elogios da imprensa, mas geravam menos bilheteria[138]. Não faltavam ainda os filmes anuais sobre o Carnaval[139], produzidos ao longo de toda a década, e também reportagens sobre o Rio de Janeiro em edições de cinejornais estrangeiros[140].

Aparentemente, os filmes naturais cariocas dos anos 1920 privilegiavam temas familiares ao seu público espectador, tratando, com intimidade e sem formalidade, de assuntos e notícias do cotidiano da cidade[141]. Um exemplo são as consequências do acidente ocorrido na véspera, mostradas em *A catástrofe da Ilha do Caju* (Alberto Botelho, 1925), felizmente preservado[142].

Assim como não deixaram de atuar no Rio de Janeiro diversos outros "cavadores"[143], a Botelho-Film não ignorava os filmes de encomenda, fazendo publicar a seguinte mensagem num anúncio de uma de suas produções:

> Fazendeiros e industriais: quando desejardes filmar os progressos de vossas indústrias ou as exuberâncias de vossas lavouras, deveis primeiramente visitar os laboratórios da Botelho-Film, à rua do Rezende 146 e 148, para, cientes de que são os maiores e melhores da América do Sul, a eles confiar a confecção do filme que idealizardes[144].

Em 1924, Paulino Botelho se desligou da Botelho-Film[145] e passou a se dedicar a filmes de encomenda e ao seu ateliê fotográfico. Para a Pátria-Film, realizou o "o filme de propaganda" *Brasil desconhecido* (1925), filmado em Goiás, Mato Grosso e Paraná. Em 1929, um incêndio em seu estúdio destruiu sua residência na ladeira Senador Dantas, 7, e todos os seus filmes. Enquanto isso, Alberto continuava ativo, com seu sócio

José Alves Netto, na A. Botelho-Film, depois Botelho & Netto, mas seu laboratório doméstico à rua Jorge Rudge, 37, também sofreria um incêndio em 1932, supostamente causado pela combustão espontânea das películas de nitrato de celulose.

EM BUSCA DE UMA ESPERANÇA

Apesar da relativa constância da produção de filmes naturais, segundo a visão defendida e popularizada pela *Cinearte*, não se acreditava que por meio deles chegaríamos a uma indústria. Com o cinema norte-americano então consagrado como o ideal estético e econômico, "o processo comparativo entre o Brasil e a produção hollywoodiana levou os críticos a perceber a necessidade da unidade industrial, ou seja, do estúdio"[146]. Isto é, uma "fábrica de filmes" que concentrasse tudo o que fosse necessário para a produção, em série e com qualidade profissional, do produto principal dessa indústria, que era o filme narrativo ficcional. Como não havia nada remotamente parecido com isso no Rio de Janeiro da segunda metade da década de 1920, os críticos e realizadores locais se entusiasmavam com qualquer iniciativa minimamente mais estruturada e respaldada pelo setor empresarial que surgisse em outros estados, fossem a Visual Films, em São Paulo, ou a Phebo Sul America Film, em Cataguases (MG). Afinal, eram poucas e modestas as realizações posadas no Rio de Janeiro, como as comédias curtas "em estilo *slapstick*" de William Shocair, *A lei do inquilinato* (1926) e *Maluco e mágico* (1927). O último, aliás, é um dos raríssimos filmes ficcionais silenciosos cariocas preservados.

A impressão de marasmo no meio cinematográfico carioca gerava até sentimentos nostálgicos em relação à animação de 1917. Paulo Emílio Sales Gomes resumiu esse momento: "Entre 1923 e 1933, a produção carioca [ficcional] foi pouco expressiva em quantidade [...]. Quando Luiz de Barros partiu para São Paulo, o único produtor carioca que trabalhava com certa continuidade era Paulo Benedetti, um dos últimos técnicos italianos da velha raça dos pioneiros"[147].

Radicado no Brasil desde 1897, o cinegrafista, laboratorista, exibidor e inventor italiano Paulo Benedetti (1863-1944) viveu em Barbacena (MG) de 1910 até 1916, quando retornou à capital federal, onde inaugurou um laboratório cinematográfico. Em 1922, foi premiado na Exposição do Centenário pelo seu sistema de sincronização de filmes intitulado cinemetrofonia, que ele desenvolvera em Minas Gerais e também utilizaria em seus filmes realizados no Rio de Janeiro[148].

Como escreveu Pedro Lima, "depois de um descanso, [Benedetti] surgiu de novo como produtor independente", tornando-se o principal nome do cinema posado carioca a partir de meados dos anos 1920[149]. Pela então criada Benedetti-Film, produziu e fotografou *A gigolette* (1924), dirigido pelo italiano Vittorio Verga. O melodrama contava a história de Liz (interpretada pela elogiada estreante Amélia de Oliveira), a filha de um pescador e de uma lavadeira, que, levada para um baile de Carnaval, terminava a noite numa praia deserta, sozinha, após ser deflorada pelo namorado almofadinha que desaparecia (Jaime Costa, também estreando no cinema). O filme terminava com o final feliz do casamento de Liz com um médico que a acolhia mesmo desonrada e grávida e dava uma surra no canalha que aparecia mais tarde para extorquir o casal[150]. Distribuído por Serrador, *A gigolette* deu lucro: o filme teria custado 15 contos e suas duas cópias renderam mais de quarenta[151]. Apesar de alguns elogios, a crítica apontou a permanência dos defeitos de sempre: cenários acanhados nas cenas interiores, fotografia sem arte, planos estáticos e distantes da ação, falta de controle da encenação etc. A cinemetrofonia era usada na cena do baile de Carnaval.

A parceria entre Benedetti e Verga foi imediatamente repetida em *O dever de amar* (1924), com Amélia de Oliveira, Teixeira Pinto e Aurora Fúlgida, em uma trama sobre dois irmãos apaixonados pela mesma mulher. Lançado em 29 de dezembro, no Cine Palais, o filme permaneceria "quase inédito, tal a prevenção com que foi recebido pelo distribuidor"[152]. A crítica defendeu que a produção apresentava avanços, apesar de suas deficiências. Problemas de "direção", como erros crassos de continuidade, por exemplo, persistiam no filme, e Pedro Lima, em *Selecta*, apontou que "raras foram as cenas gerais que bateram certas com os primeiros planos"[153].

Ainda em 1924, aproveitando a turnê pelo Rio de Janeiro da companhia teatral do ator e cineasta italiano Carlo Campogalliani (1885-1974) e sua esposa, a atriz Letizia Quaranta (1892-1877), Benedetti acertou com o renomado casal uma coprodução internacional[154]. O resultado foi *A esposa do solteiro* (1925), dirigido e estrelado pelo italiano e filmado no Brasil e na Argentina. Tratava-se de uma luxuosa comédia de aventuras sobre os encontros e desencontros do advogado dr. Peirada e Naya, uma experiente ladra por quem ele se apaixona. No final da película, após fugir para o Rio de Janeiro, Naya sofria pelo seu passado desonroso e decidia se suicidar no Pão de Açúcar. Em seu encalço desde Buenos Aires, dr. Peirada corria para salvá-la, escalando uma torre para conseguir pegar o bondinho que já saíra da estação, entrando nele pelos cabos, em pleno trajeto. Além dessa cena sensacional, chamavam a atenção o luxo dos cenários (como numa cena ambientada no Copacabana Palace) e o uso da cinemetrofonia quando o tango *Buenos Aires* era executado numa sequência da viagem de navio da Argentina ao Brasil.

Exibido em sessão especial no Rio em 27 de outubro de 1925, o filme só estreou efetivamente em 26 de abril de 1926, no Parisiense, após já ter sido "consagrado" em Buenos Aires, onde foi explorado pelo coprodutor Frederico Valle com o título *La mujer de medianoche*. Concordando com um anúncio de seu lançamento que dizia se tratar de "Uma realidade, enfim, um bom filme brasileiro", muitos o consideraram a melhor produção nacional até aquele momento[155]. Sem perder de vista o subtexto racial, Pedro Lima elogiava o fato de os artistas de *A esposa do solteiro* não aparecerem "negros" como sempre acontecia nos filmes nacionais[156]. A provável explicação era que Benedetti teria usado maquiagem e rebatedores de luz adequados, assim como boa focalização, exposição e revelação para obter limpeza e nitidez na fotografia[157]. Posteriormente, o crítico destacaria que o filme teria quebrado "a rotina do nosso padrão que manda nunca dispender quantia superior a vinte contos para a confecção de cada *film*", uma vez que teriam sido gastos em *A esposa do solteiro* "mais ou menos 150 contos"[158].

Ainda em 1926, Benedetti estava entre os fundadores do Circuito Nacional dos Exibidores, sociedade formada no Rio de Janeiro por realizadores, distribuidores e exibidores com o intuito de "fabricar para explorar fitas cinematográficas"[159]. A dupla Benedetti e Verga assumiu a primeira produção da sociedade, enquanto Adhemar Gonzaga e o grupo da *Cinearte*, devido à influência e prestígio de que desfrutavam, foram convidados a prestar orientação no processo de realização do filme[160]. Mas o Circuito, aparentemente, estava mais interessado na publicidade do "Concurso de beleza feminina" criado para escolher a estrela do primeiro filme da sociedade, pois a iniciativa se arrastou por vários meses, até meados de 1927. Diante da demora na entrega do roteiro prometido por Verga, em agosto daquele ano a *Cinearte* divulgou que a primeira produção do Circuito seria "Mocidade", baseado em roteiro do crítico da revista, Paulo Vanderley.

O rompimento ocorreu pouco depois do início das filmagens. No final de 1927, o Circuito afirmou não ter verba para o projeto. Assim, diante do desinteresse da sociedade, Benedetti e Gonzaga decidiram produzi-lo por meio da Benedetti-Film. O primeiro ficaria responsável pelo filme virgem e serviços de filmagem e revelação, enquanto o grupo da *Cinearte* arcaria com as demais despesas[161]. O roteiro primitivo foi deixado de lado, sendo preparado outro "mais forte", intitulado *Barro humano*. Como os mais experientes Humberto Mauro e Almeida Fleming haviam recusado o convite para dirigir o filme, o estreante Gonzaga foi conduzido à função[162].

Elevado a grande realização do "moderno cinema brasileiro", *Barro humano* (Adhemar Gonzaga, 1927-1929) tornou-se uma produção assumidamente amadora: "feito por amadores, sim, mas não cinema de amadores"[163], numa positivação do termo frente aos "cavadores", que supostamente infestariam o meio profissional cinematográfico. A chancela dos jovens de classe média permitiu, inclusive, a participação de pessoas "de família" no elenco, formado por vários estreantes que trabalharam de graça: "Eles [os atores] estão vindo dos lares. Não do palco"[164]. Um dos destaques era o galã Carlos Modesto, um respeitável estudante de medicina parecido com o astro Rodolfo Valentino.

Reunindo na equipe todo o grupo da *Cinearte* – além de Gonzaga e Vanderley, Pedro Lima, Álvaro Rocha e Gilberto Souto –, as filmagens de *Barro humano* só podiam ser feitas nas folgas dos fins de semana, prolongando-se até janeiro de 1929. Ao final da produção, *Barro humano* custou 12 contos de réis, mais sete, gastos em publicidade. Acertado o contrato de distribuição com a Paramount – que já havia distribuído *O Guarany* (Vittorio Capellaro, 1926), e também lançaria naquele ano *São Paulo, sinfonia da metrópole* (Adalberto Kemeny e Rodolfo Rex Lustig, 1929) –, o filme estreou no Império, em 10 de junho de 1929. O sucesso de bilheteria e de crítica foi animador. Até outubro de 1930 o filme já tinha rendido mais de 95 contos para a Benedetti-Film, garantindo lucro a todos os envolvidos[165].

A crítica, cúmplice, saudou o filme entusiasticamente como um ideal que se transformava em realidade, colaborando para sua transformação, na historiografia do cinema brasileiro, em uma obra quase mítica[166]. Sobre *Barro humano*, Paulo Emílio Sales Gomes conjecturou: "tudo que o grupo de Adhemar Gonzaga tinha arduamente apreendido durante os últimos anos em matéria de técnica e estética conflui e se exprime nessa fita", que teria marcado a conquista pelo cinema brasileiro da linguagem do cinema clássico narrativo[167].

Apesar do dinamismo de linguagem ("Benedetti ficou tonto tais foram as colocações de câmera a que teve de se sujeitar"[168]), Pedro Lima destacou a evolução de *Barro humano* especialmente em relação aos aspectos tradicionalmente problemáticos do cinema posado carioca. Lembrando como "nossos filmes sempre revelaram lamentável pobreza de interiores, pela falta de luz", Lima ressaltou a inovação no uso de lâmpadas incandescentes. À custa de muito trabalho e esforço da equipe, salientou ainda a "montagem" (isto é, os cenários), afirmando que "depois de *Barro humano*, ninguém mais se surpreenderá com a claridade e o luxo dos interiores dos nossos filmes"[169].

Por outro lado, mesmo reconhecendo que *Barro Humano* era "incontestavelmente a melhor produção que já apareceu em nossas telas", Antonio Rolando apontou a permanência dos velhos problemas de maquiagem, interpretação e enredo em contraponto à modesta evolução: "Apenas, um pouco mais de gosto nas locações e na escolha dos cenários internos; o mais como nas outras produções nacionais – deficiência geral em tudo!"[170].

Barro humano contava a história de Vera (interpretada por Grácia Morena) e Gilda (Lelita Rosa), duas moças vizinhas em uma humilde vila, que desejavam viver os atrativos da vida moderna. A primeira trabalhava no centro da cidade e se envolvia e perdia a virgindade com Mário (Carlos Modesto), um rapaz belo e rico que conhecia por acaso. A segunda, reprimida pela mãe, acabava se "perdendo" de vez, tornando-se prostituta. Apesar do moralismo do casamento de Vera e Mário como final redentor, o filme era um libelo em prol da juventude urbana dos novos tempos. Algumas reclamações sobre o caráter "americanizado" da produção, que celebrava o Rio de Janeiro rico e moderno, com casas com piscina e carros de último tipo, foram retrucadas por Pedro Lima:

Os estrangeiros que virem este filme poderão ver também como é o Brasil, com seu progresso, e não um Brasil como muitos querem, com baianas vendendo cocadas e pés de moleque ou cangaceiros passeando na avenida, sertões com cobras, pântanos com febres e jacarés chocando ao sol, com cobras, mosquitos e outras delícias destes fazedores de "cavação"[171].

O crítico – e diretor de produção de *Barro humano* – ressaltou ainda que o filme obteve o maior sucesso já registrado por qualquer produção brasileira, "precedido da maior e mais interessante propaganda que até hoje já se fez no Brasil"[172]. Tanta autopromoção mereceu o deboche do escritor Henrique Pongetti:

Os mocinhos e as mocinhas que leem as nossas revistas de cinema e aprendem a dizer certo "*plot*", "*close-up*", "clímax" etc. estão convencidíssimos de que só não temos cinema por falta de capitais. Deem dinheiro aos "fãs" do bairro Serrador e eles "ensoparão" a América do Norte e a Alemanha [...]. O capital da Benedetti-Film para a produção *Barro humano* [...] é de quinhentos mil-réis em passes de ônibus e selos de trezentos réis. O estúdio ainda não tem câmera e a câmera ainda não tem estúdio. Em compensação, abundam os *scenaristas* [roteiristas], os supervisionadores, os diretores, "estrelos", as "estrelas" e os admiradores das "estrelas". A fábrica é mais ambulante do que um mascate. Cada dia é instalada num lugar, segundo a conveniência de um dos artistas...[173]

Pongetti ironizava a pretensão daqueles jovens em meio à precariedade estrutural que, a par dos altos ideais e do êxito de *Barro humano*, não se alterara no cinema carioca. Mas o filme tinha servido de lição e de estímulo a Adhemar Gonzaga, que retornava, em agosto de 1929, de sua segunda viagem a Hollywood. Tendo convencido seu pai das possibilidades concretas de uma carreira cinematográfica, Gonzaga utilizou a fortuna de quinhentos contos de réis de um "adiantamento" de sua parte na herança familiar para dar o passo seguinte[174].

Em 2 de dezembro de 1929, Gonzaga assinava a escritura de compra de terrenos em São Cristóvão, onde seria construído o Cinearte Studio, "o maior da América do Sul", especialmente construído para o cinema. Renomeado no ano seguinte como Cinédia, seria o movimento tido como decisivo para superar os entraves principais ao desenvolvimento da indústria cinematográfica brasileira. Era uma decisão ansiada, mas ousada naquele momento em que o mercado cinematográfico brasileiro encontrava-se em polvorosa com a novidade do filme sonoro.

NOTAS

1 Infelizmente, pouquíssimas produções cariocas realizadas nesse período sobreviveram até a atualidade. A não ser quando mencionado, todos os filmes brasileiros citados neste texto são considerados perdidos.

2 O "mítico argumento" da extraordinária pujança de Hollywood – elemento fundamental e recorrente na defesa da criação e apoio à indústria cinematográfica brasileira ao longo de décadas a fio – aparecia recorrentemente na imprensa da época. Um exemplo: "Um novo e grande negócio apareceu nos Estados Unidos da América do Norte e figura atualmente em quinto lugar, sob o ponto de vista da importância, entre as indústrias do país: primeiro, a agricultura; segundo, os transportes; terceiro, o petróleo; quarto, o aço; e quinto, o cinematógrafo" (*A União*, 18 jan. 1917, p. 3). Sobre o tema, cf.: Arthur Autran Sá Neto, *O pensamento industrial cinematográfico brasileiro*, 283f., tese (doutorado em Multimeios), Universidade Estadual de Campinas, Campinas: 2004, pp. 38-9.

3 Sobre o conceito de recepção aplicado ao cinema, cf.: Richard C. Allen, "From Exhibition to Reception: Reflections on the Audience in Film History", em: Gregory A. Waller (org.), *Moviegoing in America: A Sourcebook in the History of Film Exhibition*, Oxford & Malden: Blackwell, 2002.

4 Jean-Claude Bernardet foi o primeiro a questionar a mitificação inerente ao conceito de "bela época do cinema brasileiro", apontando que, entre outras incoerências e imprecisões, "essa idade de ouro é muito pouco brasileira; é antes carioca, tanto pela produção como pela exibição" (cf. Jean-Claude Bernardet, *Historiografia clássica do cinema brasileiro*, São Paulo: Annablume, 1995, p. 47).

5 Não existe uma definição quanto à data exata da celebração desse contrato. William Condé indicou que o "contrato provavelmente foi assinado entre o final de 1907 e o início de 1908". Julio Moraes chegou à mesma conclusão, apontando seu estabelecimento no "biênio 1907-1908". Cf. William Nunes Condé, *Marc Ferrez & Filhos: comércio, distribuição e exibição nos primórdios do cinema brasileiro (1905-1912)*, 162f., dissertação (mestrado em Comunicação), Universidade Federal do Rio de Janeiro, Rio de Janeiro: 2012, p. 45; Julio Lucchesi Moraes, "Notas para uma história econômica do cinema brasileiro: o caso da firma Marc Ferrez & Filhos (1907-1917)", *Revista da Cinemateca Brasileira*, São Paulo: jul. 2013, n. 2.

6 Marcando o fim do que teria sido um ciclo "muito movimentado", Paulo Emílio Sales Gomes chamou esse momento de "colapso de 1911-12" (Cf. Paulo Emílio Sales Gomes e Adhemar Gonzaga, *70 anos de cinema brasileiro*, Rio de Janeiro: Expressão e Cultura, 1966, p. 35).

7 Alice Gonzaga, *Palácios e poeiras: 100 anos de cinema no Rio de Janeiro*, Rio de Janeiro: Record, 1996, pp. 94, 98 e 337.

8 William Nunes Condé, *op. cit.*, pp. 54-7.

9 Cf. Rafael de Luna Freire, *Carnaval, mistério e gangsters: o filme policial no Brasil (1915-1951)*, 504f., tese (doutorado em Comunicação), Universidade Federal Fluminense, Niterói: 2011.

10 *Correio da Manhã*, Rio de Janeiro: 18 out. 1915, p. 15; *Correio da Manhã*, Rio de Janeiro: 1 nov. 1915, p. 5; *Correio da Manhã*, Rio de Janeiro: 10 mar. 1916, p. 5.

11 *Para Todos...*, Rio de Janeiro: 10 jan. 1920, v. 2, n. 56.

12 José Inácio de Melo Souza, *Imagens do passado: São Paulo e Rio de Janeiro nos primórdios do cinema*, São Paulo: Senac, 2004, pp. 157-61.

13 Inicialmente estabelecida no país como Companhia Películas D'Luxo da América do Sul, a filial brasileira só adotou o nome Paramount em 1928.

14 *Selecta*, Rio de Janeiro: 26 jun. 1920, v. 6, n. 26.

15 *Palcos e Telas*, Rio de Janeiro: 11 mar. 1920, v. 2, n. 103.

16 *Palcos e Telas*, Rio de Janeiro: 5 ago. 1920, v. 3, n. 124.

17 *Palcos e Telas*, Rio de Janeiro: 12 ago. 1920, v. 3, n. 125.

18 *Palcos e Telas*, Rio de Janeiro: 5 ago. 1920, v. 3, n. 124.

19 Comentaremos a controvérsia sobre a autoria da direção desse filme posteriormente.

20 Cf. Rafael de Luna Freire, *op. cit.*, p. 157; *Palcos e Telas*, Rio de Janeiro: 23 set. 1920, v. 3, n.131.

21 *Para Todos...*, Rio de Janeiro: 18 out. 1919, v. 1, n. 44; *Para Todos...*, Rio de Janeiro: 8 nov. 1919, v. 1, n. 47. A referência do leitor corresponde às atrizes italianas Francesca Bertini, Pina Menichelli e Italia Mazini.

22 *Para Todos...*, Rio de Janeiro: 29 nov. 1919, v. 1, n. 50.

23 *Palcos e Telas*, Rio de Janeiro: 27 maio 1920, v. 3, n. 114; *Palcos e Telas*, Rio de Janeiro: 9 jun. 1920, v. 3, n. 115.

24 *Gazeta de Notícias*, Rio de Janeiro: 19 dez. 1915, p. 9.

25 *A Noite*, Rio de Janeiro: 19 jan. 1916, p. 1; Rafael de Luna Freire, *op. cit.*, pp. 154-62.

26 *A Noite*, *op. cit.*

27 *O Paiz*, Rio de Janeiro: 5 jul. 1916, p. 3.

28 *O Paiz*, Rio de Janeiro: 11 jul. 1916, p. 10.

29 *O Paiz*, Rio de Janeiro: 29 ago. 1916, p. 3; *Selecta*, Rio de Janeiro: 16 ago. 1924, v. 10, n. 33.

30 *A Noite*, Rio de Janeiro: 19 set. 1916, p. 4; Maria Alice Rezende de Carvalho, *Irineu Marinho: imprensa e cidade*, São Paulo: Globo, 2012, pp. 23 e 154.

31 *A Noite*, Rio de Janeiro: 9 dez. 1916.

32 *A Noite*, Rio de Janeiro: 12 dez. 1916, p. 5; *A Noite*, Rio de Janeiro: 16 dez. 1916, p. 5. Esse valor pode parecer exageradamente alto, mas a produção de *Vivo ou morto* teria contado com o "apoio do grande homem de negócios que era Zózimo Barroso de Amaral", empresário milionário e pai do colunista social de mesmo nome (Cf. Luiz de Barros, *Minhas memórias de cineasta*, Rio de Janeiro: Artenova/Embrafilme, 1978, p. 51). Além disso, um conjunto de onze fotos confirma a opulência dos cenários, com belos papéis de parede, rico mobiliário e luxuosos objetos de cena (cf. Acervo Pedro Lima do Arquivo Geral da Cidade do Rio de Janeiro).

33 Seu nome completo é Luiz Moretzhon da Cunha e Figueiredo da Fonseca de Almeida e Barros Castelo Branco Teixeira de Barros, mas algumas vezes também foi chamado de Luiz Teixeira de Barros.

34 Luiz de Barros, *op. cit.*, pp. 45-6.

35 *Correio da Manhã*, Rio de Janeiro: 27 ago. 1916, p. 4; *A Época*, Rio de Janeiro: 17 out. 1916, p. 8; *Gazeta de Notícias*, Rio de Janeiro: 27 ago. 1916, p. 4.

36 *Correio da Manhã*, Rio de Janeiro: 15 dez. 1916, p. 5.

37 *A Noite*, Rio de Janeiro: 15 dez. 1916, p. 5; *A Noite*, Rio de Janeiro: 14 dez. 1916, p. 5; *Careta*, Rio de Janeiro: 23 dez. 1916, v. 9, n. 444.

38 O anúncio de *Lucíola* destacava: "Neste *film* há interiores soberbos, há jardins e parques que são verdadeiras maravilhas e há pontos de vista de grande relevo [...]. Nada mais elegante. Nada mais luxuoso e rico" (cf. *A Noite*, Rio de Janeiro: 14 dez. 1916, p. 4).

39 Sheila Schvarzman e Mirrah Ianez, "*O Guarani* no cinema brasileiro: o olhar imigrante", *Galáxia*, São Paulo: dez. 2012, n. 24.

40 Crônica de José Antonio José, pseudônimo de João do Rio, publicada em *O Paiz*, Rio de Janeiro: 15 out. 1916, p. 2, *apud* Danielle Crepaldi Carvalho, *Luz e sombra no* écran*: realidade, cinema e rua nas crônicas cariocas de 1894 a 1922*, 509f., tese (doutorado em Teoria e História Literária), Universidade Estadual de Campinas, Campinas: 2014, pp. 349-50.

41 *A Notícia*, Rio de Janeiro: 22 jul. 1916, *apud* Jota Efege, "Um crítico sarcástico ironizou os 'cochilos' d'*A Moreninha*", *O Globo*, Rio de Janeiro: 27 jun. 1975, p. 36.

42 *O Paiz*, Rio de Janeiro: 5 jul. 1916, p. 3; *A Noite*, Rio de Janeiro: 6 dez. 1916; *A Noite*, Rio de Janeiro: 9 dez. 1916, p. 5.

43 *A Noite*, Rio de Janeiro: 5 dez. 1916, p. 1; *A Federação*, Porto Alegre: 10 abr. 1917, p. 2.

44 Há informações desencontradas sobre a direção de *Le Film du diable*, que teria se dividido entre dois franceses, Louis Monfils e Louis Delac.

45 *A Época*, Rio de Janeiro: 1 abr. 1917, p. 4.

46 Reclamando de inverossimilhança, uma crítica da época debochou das peripécias da protagonista: "Depois de muitas lutas, depois de ser arrastada por lugares acidentados, ela se nos apresenta muito bem penteada, com as roupas rigorosamente cuidadas. Mais tarde a artista procura corrigir um pouco o erro e surge com os cabelos desgrenhados" (cf. *O Imparcial*, Rio de Janeiro: 1º abr. 1917, p. 5).

47 Há controvérsias sobre quem foi o diretor de *Os mistérios do Rio de Janeiro*. Diferentes fontes indicam os operadores Guido Panello e Alfredo Musso (também produtor) e o ator Eduardo Arouca (Rafael de Luna Freire, *op. cit.*, p. 152).

48 Rafael de Luna Freire, *op. cit.*, pp. 150-4.

49 *Correio da Manhã*, Rio de Janeiro: 28 mar. 1917, p. 4.

50 *A Rua*, Rio de Janeiro: 1º abr. 1917, p. 2. A qualidade dos letreiros era um elemento fundamental para o sucesso dos filmes. Nesse sentido, a adaptação de obras literárias como as de José de Alencar permitia a seleção de trechos dos livros a serem utilizados nos intertítulos, evitando a necessidade de se redigir textos originais.

51 Humberto de Campos, *Diário secreto*, v. 1, Rio de Janeiro: Edições O Cruzeiro, 1954, pp. 28-9.

52 *A Noite*, Rio de Janeiro: 1º abr. 1917, p. 5; *A Noite*, Rio de Janeiro: 26 mar. 1917, p. 2.

53 No caso de *A quadrilha do esqueleto*, também não há certeza sobre seu diretor, em uma controvérsia que envolve os nomes de Eduardo Arouca e Carlo Comelli (cf. Rafael de Luna Freire, *op. cit.*, pp. 158-9).

54 *Ibidem*, pp. 154-8.

55 Rielle Edmonds Navitski, *Sensationalism, Cinema and the Popular Press in Mexico and Brazil: 1905-1930*, 213f., tese (doutorado em Cinema e Mídia), University of California, Berkeley: 2013, p. 41.

56 Rafael de Luna Freire, *op. cit.*, p. 165.

57 *Ibidem*, pp. 155-6.

58 *O Imparcial*, Rio de Janeiro: 19 mar. 1917, p. 4.

59 *A Noite*, Rio de Janeiro: 24 out. 1917, p. 5.

60 *O Imparcial*, Rio de Janeiro: 19 mar. 1917, p. 4; Humberto de Campos, *op. cit.*, p. 29; Rafael de Luna Freire, *Cinematographo em Nictheroy: história das salas de cinema de Niterói*, Niterói: Niterói Livros, 2012, p. 83.

61 *A Noite*, Rio de Janeiro: 24 out. 1917, p. 5; *Correio da manhã*, Rio de Janeiro: 27 out. 1917, p. 10.

62 *A Razão*, Rio de Janeiro: 29 out. 1917, p. 8.

63 Em carta à imprensa aparentemente se isentando pelo resultado do filme e pela cena de nudez, o ator francês Louis Monfils afirmou ter abandonado *Le Film du diable* antes do final das filmagens. As cenas do "pesadelo diabólico" teriam sido "feitas sob a direção do sr. Dillac" (cf. *O Imparcial*, Rio de Janeiro: 8 abr. 1917, p. 12).

64 "O thedabarismo ataca, indiferentemente, as solteiras, as casadas e as viúvas. É uma doença feminina, com casos extremamente virulentos, e inocula-se pelos olhos. Vive incubada na obscuridade das salas de cinematógrafo [...] Theda Bara é a professora de todas as gesticulações da sedução, a mestra dos meneios lúbricos, das expressões fascinantes, dos beijos empolgadores" (cf. *Revista da Semana*, Rio de Janeiro: 5 ago. 1916, v. 17, n. 26, p. 21).

65 *A União*, Rio de Janeiro: 3 maio 1917, p. 2. Segundo relato de Pedro Lima, que assistiu a *Lucíola* em 1917, Aurora Fúlgida não aparecia nua, "mas em trajes íntimos", numa cena de jantar em que imitava os quadros lascivos do personagem Sá (cf. *Filme Cultura*, Rio de Janeiro: set. 1974, n. 26, p. 15). Citando o crítico José Guilherme Corrêa, Flávio Ahmed afirmou que a personagem de Fúlgida "dançava em cima da mesa para retribuir a ceia que um grupo de devassos lhe oferecera", enquanto, noutra cena, "rasgava o vestido na frente do amado que a desprezara" (Cf. Flávio Ahmed, *Revolução dos espelhos: cinema e cultura no Brasil*, Rio de Janeiro: MEC, 1990, p. 93).

66 *A Tela*, Rio de Janeiro, 4 maio 1919, disponível no Acervo Alex Viany (Críticas de filmes de Luiz de Barros publicadas), <www.alexviany.com.br>, acesso em: jul. 2015.

67 Alice Gonzaga, *op. cit.*, p. 121.

68 Rafael de Luna Freire, *Carnaval, mistério e gangsters*, *op. cit.*, p. 158. Tanto *Um senhor de condição* como *Ambição castigada* não têm indicação de diretor, mas é de se notar a presença de Eduardo Arouca no elenco do segundo filme.

69 Maria Alice Rezende de Carvalho, *op. cit.*, p. 23. Além da produção do filme, esses recursos devem ter sido investidos na construção do célebre estúdio com teto e paredes de vidro de Leal.

70 Paulo Emílio Sales Gomes, *Cinema: trajetória no subdesenvolvimento*, São Paulo: Paz e Terra, 2001, pp. 43 e 48-9. Esse livro traz o mesmo texto de *70 anos de cinema brasileiro* (1966) com algumas alterações.

71 *O Imparcial*, Rio de Janeiro: 23 jan. 1917, p. 6; *O Imparcial*, Rio de Janeiro: 26 mar. 1917, p. 4.

72 Rafael de Luna Freire, *Carnaval, mistério e gangsters*, *op. cit.*, pp. 160 e 189.

73 Não confundir com a homônima Sociedade Anônima Brasil-Film, que lançou *Entre dois amores* (1917), com direção de Eduardo Victorino e fotografia de Paulino Botelho, além de filmes naturais.

74 *Palcos e Telas*, Rio de Janeiro, 9 maio 1918, v. 1, n. 8; *Palcos e Telas*, Rio de Janeiro: 16 maio 1918, v. 1, n. 9; *Jornal do Brasil*, Rio de Janeiro: 22 maio 1918, p. 9; *O Imparcial*, Rio de Janeiro: 11 maio 1918, p. 12.

75 Disponível no Acervo Alex Viany (Transcrição de críticas diversas sobre filmes brasileiros do período silencioso).

76 Não se pode deixar de chamar a atenção para a semelhança da trama de reconciliação de *Um senhor de condição* com a de um dos mais antigos filmes posados brasileiros preservados, a produção paulista *Exemplo regenerador* (José Medina, 1919).

77 "013 zero um três", disponível no Acervo Alex Viany (Transcrição de sinopse).

78 *Gazeta de Notícias*, Rio de Janeiro: 21 abr. 1919, p. 8. Por outro lado, foi criticada a inautenticidade das danças sertanejas e do personagem Graúna, marroeiro interpretado pelo ator português João de Deus (*Recorte sem identificação*, s. d., disponível no Acervo Pedro Lima do Arquivo Geral da Cidade do Rio de Janeiro).

79 Luiz de Barros, *op. cit.*, p. 74; Antonio Torres, *Pasquinadas cariocas*, Rio de Janeiro: Livraria Castilho, 1922, p. 172.

80 Mesmo sem nomear o alvo, a crítica de *Palcos e Telas* (Rio de Janeiro: 29 jul. 1920, v. 3, n. 123) provavelmente se referia a *Coração de gaúcho* ao publicar: "Os sonhadores entendem que o patriotismo tem de fazer tudo, mas o patriotismo, entendendo-se bem, do espectador... E assim, faz-se o filme, com o Campo Grande a fingir de Rio Grande, um cavalo ao serviço de toda a companhia que tem necessidade de o empregar nas várias cenas da peça e os terrenos da Gávea a fingirem de fazenda!".

81 Estrelado por M. F. Araújo – antigo alfaiate do diretor –, é a esse filme que, sem nomear, Luiz de Barros se refere em suas memórias ao comentar as dificuldades na filmagem de um leão no Jardim Zoológico do Rio de Janeiro (Luiz de Barros, *op. cit.*, pp. 65-7).

82 Cf. a respeito: Luciana Corrêa de Araújo, "*Augusto Anníbal quer casar!*: teatro popular e Hollywood no cinema silencioso brasileiro". Texto inédito. Versão revista e ampliada de: Luciana Corrêa de Araújo, "Teatro popular e cinema hollywoodiano em *Augusto Anníbal quer casar!* (1923)", em: XVIII Encontro Socine de Estudos de Cinema e Audiovisual, 8 out. 2014, Fortaleza, *Anais...*, disponível em: <http://www.socine.org.br/anais/2014/AnaisDeTextosCompletos(XVIII).pdf>, acesso em: jul. 2015.

83 O cavaleiro, na verdade, era uma moça, revelando a proximidade do filme com os seriados norte-americanos e os diversos perigos físicos enfrentados por suas heroínas (cf. Rielle Edmonds Navitski, *op. cit.*, pp. 55-6).

84 Chegando à capital, porém, o coronel Euzébio (Leonel Simi) acabava se apaixonando por Lola (Yolanda Diniz), amante do pretenso genro fujão. Quem também se "perdia" no turbilhão carioca era a criada mulata Benvinda (Odette Diniz), que, ao conquistar Seu Figueiredo (M. F. Araújo), tornava-se uma "*demi-mondaine* da moda!" (*Programa do Cine Rialto*, Rio de Janeiro, s. d., disponível no Acervo Pedro Lima do Arquivo Geral da Cidade do Rio de Janeiro).

85 Luiz de Barros, *op. cit.*, pp. 63-4.

86 *Ibidem*, p. 55.

87 *Gazeta de Notícias*, Rio de Janeiro: 21 abr. 1919, p. 8.

88 *Palcos e Telas*, Rio de Janeiro: 6 maio 1930, v. 3, n. 111.

89 Janet Staiger, "The Director System: Management in the First Years", em: David Bordwell, Janet Staiger e Kristin Thompson, *The Classical Hollywood Cinema: Film Style and Mode of Production to 1960*, New York: Columbia University Press, 1985, pp. 116-20.

90 *Ibidem*.

91 *Para Todos...*, Rio de Janeiro: 6 dez. 1924.

92 Alice Gonzaga, *op. cit.*, pp. 119 e 124.

93 *Para Todos...*, por exemplo, alardeou um aumento nos custos de produção nos Estados Unidos entre 50 e 500% entre 1919 e 1920 (cf. *Para Todos...*, Rio de Janeiro: 20 mar. 1920, v. 2, n. 66).

94 Sobre o encarecimento dos ingressos, cf. a charge "Cousas do cinema", de Seth, publicada na *Selecta* em 1922 (reproduzida em Rafael de Luna Freire, *Cinematographo em Nictheroy...*, *op. cit.*, p. 103).

95 *Selecta*, Rio de Janeiro: 28 jun. 1924, v. 10, n. 26.

96 Sobre a demora e expectativa para o lançamento de *O garoto* (Charles Chaplin, 1921), cf.: Igor Andrade Pontes, *Os caminhos de Carlitos: a exibição dos filmes de Charles*

Chaplin no Rio de Janeiro, suas histórias e seus personagens (1914-1922), 171f., dissertação (mestrado em Comunicação), Universidade Federal Fluminense, Niterói: 2016.

97 Paulo Emílio Sales Gomes e Adhemar Gonzaga, *70 anos de cinema brasileiro*, *op. cit.*, p. 55.

98 Sobre *Cinearte*, cf.: Paulo Emílio Sales Gomes, *Humberto Mauro, Cataguases, Cinearte*, São Paulo: Perspectiva/Edusp, 1974; Taís Campelo Lucas, *Cinearte: o cinema brasileiro em revista* (1926-1942), 174f., dissertação (mestrado em História), Universidade Federal Fluminense, Niterói: 2005.

99 Celestino Silveira, Lamartine Marinho, Paulo Lavrador, Raymundo Magalhães Júnior e Zenaide Andrea são alguns exemplos de jornalistas que ocupavam cargos de críticos e de publicistas nos anos 1920 e 1930, o que gerava frequentes misturas de interesses. Paulo Emílio Sales Gomes (*Humberto Mauro, Cataguases, Cinearte*, *op. cit.*, p. 356) resumiu enfaticamente a situação: "Nesse tempo quase todos os cronistas cinematográficos estavam na lista de empregados, ou de propinas, das agências americanas". Segundo Pedro Lima, a praxe nos anos 1920 era: "o crítico escrevia no jornal e, ao mesmo tempo, era publicista de uma companhia cinematográfica, fazendo comentários de acordo com o valor comercial dos filmes e com o sucesso de bilheteria" (*Filme Cultura*, Rio de Janeiro: set. 1974, n. 26, p. 8).

100 *Palcos e Telas*, Rio de Janeiro: 22 jul. 1920, n. 122.

101 *A Noite*, Rio de Janeiro: 1º abr. 1917, p. 5.

102 *Palcos e Telas*, Rio de Janeiro: 3 jul. 1919, v. 2, n. 67.

103 Ana Pessoa, *Carmen Santos: o cinema dos anos 20*, Rio de Janeiro: Aeroplano, 2002. Em artigo sobre a atriz, Alice Gonzaga forneceu outras duas versões para a entrada de Carmen no cinema. Numa, ao vê-la imitando uma foto de Mary Pickford escorregando pelo corrimão da escada, alguém a indicou aos produtores de *Urutau*. Na outra versão, o pai de Carmen, carpinteiro, montava o palco da Ômega Film e, ao frequentar o estúdio, ela acabou sendo convidada para o papel (*Filme Cultura*, Rio de Janeiro: maio 1979, n. 33, pp. 14-6).

104 Ana Pessoa, *op. cit.*, pp. 32-3.

105 Depois de Carmen, a estrela de *A capital federal*, Yolanda Diniz, também foi escolhida por meio de concurso divulgado na imprensa. O ápice dessa trajetória foi o Concurso de Beleza Fotogênica Feminina e Varonil, realizado entre 1926 e 1927 pelo estúdio norte-americano Fox Film, que selecionou Lia Torá e Olympio Guilherme para viajarem a Hollywood como contratados da empresa.

106 Em 1932, Raymundo Magalhães Júnior destacou o poder da "propaganda indireta" do cinema americano, "interessando o público em figuras que nem sequer tivemos oportunidades de ver na tela" (*Cine Magazine*, Rio de Janeiro: ago. 1932, v. 1, n. 4, p. 12).

107 *Palcos e Telas*, Rio de Janeiro: 27 maio 1920, n. 114.

108 Sobre a permanência desse discurso nos anos 1940, cf.: Rafael de Luna Freire, *Carnaval, mistério e gangsters*, *op. cit.*, pp. 279-93.

109 *Palcos e Telas*, Rio de Janeiro: 29 jul. 1920, v. 3, n. 123.

110 *Palcos e Telas*, Rio de Janeiro: 17 fev. 1921, v. 3, n. 151.

111 *Ibidem.*

112 Eduardo Morettin, "Cinema e Estado no Brasil: a Exposição Internacional do Centenário da Independência em 1922 e 1923", *Novos Estudos Cebrap*, São Paulo: mar. 2011, n. 89.

113 *Ibidem.*

114 Três anos depois, um editorial da *Cinearte* lamentava que a proposta de vinda ao país da "missão artística" de um dos grandes estúdios norte-americanos a fim de realizar um filme histórico para a exposição, deixando como legado "o aparelhamento completo e o pessoal nosso adestrado", não tenha sido aprovado na época por um de nossos ministros. O custo de 2 mil contos de réis estimados para o projeto teria sido muito alto. Entretanto, reclamava o redator, "só com filmes idiotas, de pura cavação, cuja existência ninguém conhece, veio o governo a gastar durante a exposição mais de quinhentos contos de réis, ao que nos informam". Isso sem falar nas cópias de exibição que foram trazidas sem pagar impostos, fazendo-se passar por filme virgem para o proveito da isenção temporária (cf. *Cinearte*, Rio de Janeiro: 9 jun. 1926, v. 1, n. 15, p. 3). Fornecendo um valor mais baixo, mas ainda vultoso, Morettin citou documentação que informa terem sido destinados 350 contos "para ocorrer à despesa proveniente da execução do serviço de filmes do Centenário" (cf. Eduardo Morettin, *op. cit.*).

115 Para a análise dos diferentes posicionamentos de Mário Behring, Adhemar Gonzaga e Pedro Lima nessas revistas, cf.: Paulo Emílio Sales Gomes, *op. cit.*, pp. 297-300; Hernani Heffner, "Do sonho à dura realidade: a questão da industrialização", em: José Carlos Avellar (org.), *Seminário Cinearte*, Rio de Janeiro: Centro de Pesquisadores do Cinema Brasileiro: Cinemateca do MAM, 1991, pp. 22--49; Arthur Autran, "Pedro Lima em Selecta", *Cinemais*, Rio de Janeiro: set.-out. 1997, n. 7.

116 *Selecta*, Rio de Janeiro: 3 mar. 1923, v. 9, n. 9 *apud* Ana Pessoa, *op. cit.*, p. 44.

117 *Selecta*, Rio de Janeiro: 26 jul. 1924, v. 10, n. 30.

118 *Selecta*, Rio de Janeiro: 10 maio 1924, v. 10, n. 19.

119 Sobre as escolas, escreveu Pedro Lima: "Todo estrangeiro que vem para o Brasil trabalhar em cinema, salvo raríssimas exceções, não encontrando trabalho aqui que lhes facilite ganhar os honorários que supunham, quer logo montar uma escola cinematográfica. Geralmente eles não entendem nada de filmes, mas julgam que entre nós ninguém sabe coisa alguma [...]. Aproveitam-se, entretanto, da imensa vontade que os aspirantes a artistas têm para figurar em filmes e começam a sua exploração" (cf. *Cinearte*, Rio de Janeiro: 1927, v. 2, n. 75, p. 5). Particularmente em São Paulo, essa visão puramente depreciativa das escolas foi revista em: Maria Rita Galvão, *Crônica do cinema paulistano*, São Paulo: Ática, 1975.

120 *Selecta*, Rio de Janeiro: 10 maio 1924, v. 10, n. 19.

121 *Selecta*, Rio de Janeiro: 7 jun. 1924, v. 10, n. 23.

122 *Selecta*, Rio de Janeiro: 10 maio 1924, v. 10, n. 19; *Selecta*, Rio de Janeiro: 22 nov. 1924, v. 10, n. 47.

123 *Selecta*, Rio de Janeiro: 21 jun. 1924, v. 10, n. 25. De corpo metálico, a Bell & Howell tinha inúmeras vantagens em relação às câmeras europeias que a antecederam, com melhorias na rotação da manivela, no arraste do filme e num sistema de foco mais prático e eficiente. A câmera popularizou-se nos Estados Unidos ao longo dos anos 1910, até se tornar onipresente nos estúdios por volta de 1920 (cf. Kristin Thompson, "Initial Standardization of the Basic Technology", em: David Bordwell, Janet Staiger e Kristin Thompson, *op. cit.*, pp. 267-8).

124 Ao ser inaugurado, o prédio do cinema Capitólio roubou do Copacabana Palace o título de mais alto edifício da cidade. Já no ano seguinte, esse posto foi ocupado pelo prédio do cinema Odeon. Cf. a respeito: Alice Gonzaga, *op. cit.*, pp. 127-37; Evelyn Furquim Werneck Lima, *Arquitetura do espetáculo: teatros e cinemas na formação da praça Tiradentes e da Cinelândia*, Rio de Janeiro: Editora UFRJ, 2000.

125 Luciana Corrêa de Araújo, "'Prólogos envenenados': cinema e teatro nos palcos da Cinelândia carioca", *Travessias*, Cascavel: 2009, v. 3, n. 2.

126 Alice Gonzaga, *op. cit.*, p. 137.

127 Hernani Heffner, *op. cit.*, pp. 28-9; Arthur Autran Sá Neto, *O pensamento industrial cinematográfico brasileiro*, *op. cit.*, pp. 19-21 e 112.

128 *Cinearte*, Rio de Janeiro: 23 jan. 1929, v. 4, n. 152, p. 36. Cf. também: Eduardo Morettin, "Dimensões históricas do documentário brasileiro no período silencioso", em: Eduardo Morettin, Marcos Napolitano e Mônica Almeida Kornis (orgs.), *História e documentário*, Rio de Janeiro: FGV, 2012.

129 Sobre fotogenia, cf.: Ismail Xavier, *Sétima arte: um culto moderno*, São Paulo: Perspectiva, 1978, pp. 179-85. Cabe apontar que "realismo limpo" é uma expressão usada pelo crítico Paulo Vanderley em *Cinearte* (cf. Rafael de Luna Freire, *Carnaval, mistério e gangsters*, *op. cit.*, pp. 194-5).

130 1881 é informado como o ano de nascimento de Paulino em *Selecta* (Rio de Janeiro: 2 ago. 1924, v. 10, n. 31). A maior parte dos pesquisadores indica o ano de 1879 (cf. Hernani Heffner, "Paulino Botelho", em: Fernão Ramos e Luiz Felipe Miranda (orgs.), *Enciclopédia do cinema brasileiro*, São Paulo: Senac, 2000, p. 64).

131 A destacar o filme preservado *Cidade do Rio de Janeiro* (Alberto Botelho, 1924). Vale mencionar ainda os fragmentos que sobreviveram de *Terra Encantada* (Silvino Santos, 1922), realizado na capital federal pelo cineasta radicado no Amazonas durante a Exposição do Centenário.

132 No Odeon, o filme de Carnaval *O banho de mar à fantasia na Praia das Flechas (Icaraí--Niterói)* (1923); no Pathé e no Ideal, *Rumo ao mar!* (1923), sobre a visita do presidente Artur Bernardes aos navios de guerra; e, no Palais, *A inauguração do Pavilhão da República Argentina* (1923), atualidade sobre os acontecimentos da Exposição do Centenário (cf. *O Paiz*, Rio de Janeiro: 1º fev. 1923, p. 10)

133 *A visita do General Pershing* (Alberto Botelho, 1924), sobre a recepção ao oficial militar norte-americano, é um raro exemplar preservado.

134 *O Imparcial*, Rio de Janeiro: 9 set. 1921.

135 Sobre o lançamento de uma edição de *Brasil-Actualidades*, o crítico da *Cinearte* comentou que o cinejornal "só sai quando há assunto" (Rio de Janeiro: 17 mar. 1926, v. 1, n. 3, p. 5).

136 *O Paiz*, Rio de Janeiro: 31 out. 1924, p. 2. Também chamado de *As curas do professor Mozart*, esse filme foi preservado. Assim como ele, outro título preservado da Botelho-Film, mas relacionado aos populares concursos de beleza, é *Os florões de uma raça* (1929), sobre a eleição da Miss Rio de Janeiro.

137 "O *Brasil grandioso*, pode-se dizer que é uma coletânea de fotografias tomadas anteriormente pelo mesmo operador [Alberto Botelho] em várias épocas e disso o próprio público, que está acostumado a ver sempre o programa de vários cinemas, certificou-se" (cf. *Para Todos...*, Rio de Janeiro: 19 jan. 1924, v. 6, n. 266).

138 *Selecta*, Rio de Janeiro: 2 ago. 1924, v. 10, n. 31.

139 *O que foi o Carnaval de 1920!* (1920), da Carioca-Film de Alberto Botelho, é um exemplo raro de filme de Carnaval preservado, com registro dos corsos e do desfile das sociedades carnavalescas.

140 Em 1922, Antonio Leal era "técnico correspondente da Fox News", enquanto Luiz de Barros teve contrato para fornecimento de notícias para "o jornal da Selznick" até este deixar de circular no Rio em 1923. Alberto Botelho, por sua vez, fez reportagens para o *Pathé Journal* e o *New-York-Journal*.

141 Cf. Hernani Heffner, "Paisagem carioca no cinema brasileiro", em: Isabella Raposo *et al.* (orgs.), *Imaginários cariocas: a representação do Rio no cinema*, Rio de Janeiro: Caixa Cultural, 2015.

142 Esse filme assume a forma de um relato de viagem pessoal pelos espaços atingidos diretamente pela enorme explosão, por meio de intertítulos com dizeres como: "quando de volta aos nossos laboratórios passamos ante o edifício de A Capital" ou "um pouco adiante na rua do Passeio".

143 Cf., por exemplo, o filme preservado *As grandes fazendas no estado do Rio* (*c.* 1925) de autoria desconhecida, sobre as propriedades e negócios de Abílio Marcondes de Godoy, agricultor industrial e prefeito do município de Resende.

144 *O Paiz*, Rio de Janeiro: 4 jan. 1925, p. 10.

145 Conforme anúncio "à praça e ao meio cinematográfico" publicado em *A Noite* (Rio de Janeiro: 21 ago. 1924, p. 4).

146 Arthur Autran Sá Neto, *op. cit.*, p. 133.

147 Paulo Emílio Sales Gomes e Adhemar Gonzaga, *op. cit.*, p. 60.

148 O sistema consistia na impressão, na parte inferior da película, de notas musicais e da imagem de um regente que correspondiam à música a servir de acompanhamento às cenas do filme. Posteriormente, Benedetti substituiu a imagem do regente por uma seta que funcionaria como metrônomo. Um fotograma de *O Guarany* (1914), realizado por Benedetti em Barbacena fazendo uso do cinemetrofonia, foi publicado em: Márcio da Rocha Galdino, "Paulo Benedetti – dossiê", em: Celina do Rocio *et al.*, *Cinema brasileiro: oito estudos*, Rio de Janeiro: MEC/Embrafilme/Funarte, 1980.

149 *Cinearte*, Rio de Janeiro: 28 set. 1927, v. 2, n. 83, p. 4.

150 Um trecho de três minutos dessa cena final foi preservado.

151 *Selecta*, Rio de Janeiro: 24 mar. 1926, v. 12, n. 12.

152 *Cinearte*, Rio de Janeiro: 28 set. 1927, v. 2, n. 83, p. 4.

153 *Selecta*, Rio de Janeiro, 17 jan. 1925.

154 O casal se apresentou na cidade com a "trupe cine-mímica ítalo-brasileira" (*Programa do Cassino Theatre Ipanema*, Rio de Janeiro, 14 jun. 1924, disponível no Acervo Pedro Lima do Arquivo Geral da Cidade do Rio de Janeiro).

155 *A Manhã*, Rio de Janeiro: 25 abr. 1926, p. 12; *Cinearte*, Rio de Janeiro: 14 jul. 1926, v. 1, n. 20, pp. 29-30.

156 Em crítica sobre *A derrocada* (1920), já se reclamava do fato de "todas as fitas nacionais apresentarem figuras invariavelmente escuras a mover-se em campo azul-cinzento" (cf. Antonio Torres, *op. cit.*, p. 175).

157 *Selecta*, Rio de Janeiro: 19 set. 1925, v. 11, n. 38.

158 *Cinearte*, Rio de Janeiro: 9 mar. 1927, v. 2, n. 54, p. 4.

159 *Cinearte*, Rio de Janeiro: 7 jul. 1926, v. 1, n. 19, pp. 4-5.

160 Alice Gonzaga, *50 anos de Cinédia*, Rio de Janeiro: Record, 1987, p. 9.

161 Posteriormente, Vittorio Verga dirigiu a comédia *Sinfonia da floresta* (1929), produzida pelo Circuito.

162 Conforme entrevista de Pedro Lima publicada em *O Globo*, 10 jun. 1929.

163 *O Fan*, Rio de Janeiro: jun. 1929, v. 1, n. 5, p. 3.

164 *Cinearte*, Rio de Janeiro: 16 jan. 1929, v. 4, n. 151, p. 6.

165 Rodrigo Campos Castello Branco, *Barro humano*, monografia (trabalho de conclusão de curso de Comunicação Social), Pontifícia Universidade Católica, Rio de Janeiro: 2010, pp. 57-8.

166 O desaparecimento precoce (já nos anos 1940) dos últimos materiais de *Barro humano*, hoje tido como perdido com exceção de fragmentos de poucos segundos, ajudou a elevar a lenda em torno do filme, como reconheceu em 1971 o crítico Salvyano Cavalcanti de Paiva: "O primeiro e possivelmente o maior mito fílmico – ou filme mítico – do cinema nacional é *Barro humano*. Mito no sentido [...] de conter uma carga de valores que, à época de sua exibição, muitos lhe atribuíram – e as gerações seguintes, que o desconhecem, aceitam" (cf. *Filme Cultura*, Rio de Janeiro: mar.-abr. 1971, n. 19, p. 51).

167 Paulo Emílio Sales Gomes, *op. cit.*, pp. 332-4.

168 "O cinema no Brasil", [*c.* 1928], texto datilografado e sem autoria, disponível no Acervo Pedro Lima do Arquivo Geral da Cidade do Rio de Janeiro.

169 *O Globo*, 10 jun. 1929.

170 *O Scenario*, Rio de Janeiro, 26 jun. 1929, pp. 10-1, disponível no Acervo Pedro Lima do Arquivo Geral da Cidade do Rio de Janeiro.

171 *Cinearte*, Rio de Janeiro: 18 dez. 1929, v. 4, n. 199, p. 33.

172 *Ibidem*, pp. 4 e 32. A publicidade foi bancada pelos produtores e não pela distribuidora, a Paramount.

173 Henrique Pongetti, *Câmera lenta*, Rio de Janeiro: Paulo, Pongetti & Cia., 1930, p. 255.

174 Hernani Heffner, "Um empreendimento arriscado", em: Aurélio Aragão, Hernani Heffner e Roberto Robalinho, *Cinédia 70 anos*, Rio de Janeiro: Centro Cultural Banco do Brasil, 2006, p. 10.

A CHEGADA DO CINEMA SONORO AO BRASIL

CARLOS ROBERTO DE SOUZA
& RAFAEL DE LUNA FREIRE

O CINEMA SONORO ANTES DE 1929

Cinema mudo ou cinema silencioso? Ainda que a terminologia provoque atualmente alguma polêmica, antes do surgimento do cinema sonoro usava-se, sobretudo, "cinema silencioso", e se dizia igualmente "arte muda" ou "arte do silêncio". Cronistas cinematográficos do período da transição chegaram a escrever que foi o cinema sonoro que deu origem ao termo "cinema mudo". Há quem diga que o cinema mudo nunca foi silencioso, embora o cinema silencioso quase sempre tenha sido mudo. Música e ruídos sempre fizeram parte do espetáculo cinematográfico, mas nem sempre os filmes silenciosos foram acompanhados de música e ruídos.

Numa crônica em que relata a primeira vez que entrou num salão de curiosidades para ver a projeção de imagens em movimento, no final do século XIX, Antônio Campos conta que a atenção dos transeuntes era atraída por "uma campainha a tinir"[1], mas não faz referência a algum tipo de som acompanhando os filmezinhos.

De acordo com suas recordações, depois que as fitas passaram do patamar de curiosidade para o de espetáculos, eram acompanhadas

> de ruídos e sons artificiais, produzidos atrás da tela; usaram-se para isso máquinas e aparelhos tradicionais de contrarregra teatral, além de outros expedientes. Os passarinhos da tela cantavam graças ao esfregar da ponta de uma

rolha sobre o vidro úmido de uma garrafa. As tempestades reboavam com o barulho de uma folha de zinco sacudida atrás do pano, ao mesmo tempo que uma lata redonda e cheia de pedrinhas girava em torno do seu eixo[2].

Sabemos que, durante a voga dos filmes cantantes, os intérpretes cantores eram acompanhados por orquestras – pelo menos nas metrópoles e cidades maiores. Mas, exceto por esse gênero de fitas, não sabemos quando e como se deu a migração das orquestras das salas de espera para dentro das de projeção. Carlos Eduardo Pereira anotou: "é de supor que, nas primeiras exibições no país, a música tenha sido utilizada antes, depois e nos intervalos das sessões. As fitas propriamente ditas eram exibidas mudas"[3]. O pesquisador complementa: "É difícil precisar o momento em que a música foi utilizada para acompanhar os filmes no Brasil [...]. É possível que essa prática tenha sido impulsionada com as películas de maior duração, em que o período de silêncio era bem maior"[4]. Corroboram as suposições de Pereira duas notícias de 1910, publicadas em *O País*, jornal do Rio de Janeiro. Na primeira, anuncia-se a exibição no Santana de *A vida de Cristo*, "última criação da Pathé Frères com grandes solos e coros e acompanhamentos de harmônio e orquestra"[5]. A outra chama a atenção para o Odeon, informa os filmes do programa e conclui com uma referência ao "admirável Ernesto Nazareth ao piano e as delícias de uma excelente orquestra"[6]. Muito provavelmente Nazareth tocava na sala de espera. Outros músicos célebres ou que se destacariam no futuro também tocaram em orquestras de cinemas (na sala de espera ou de projeção), como Chiquinha Gonzaga, Pixinguinha, Heitor Villa-Lobos e Radamés Gnatalli.

Já no início da segunda década do século XX estabelecera-se o procedimento de os grandes cinemas possuírem duas orquestras (de variada composição): uma na sala de espera e outra na de espetáculos. Em 1912, temos a notícia de uma greve de músicos de ambas, que tocavam no cinema Odeon, na rua da Bahia, em Belo Horizonte. O motivo era a demissão de membros da associação corporativa Centro Musical[7]. Até o final da Era Silenciosa, a questão da remuneração inadequada dos músicos de cinema volta e meia aflora nos jornais. A consequência direta disso era a má qualidade das orquestras – outro assunto frequente nas colunas cinematográficas. O Fiteiro – pseudônimo de João Raimundo Ribeiro, responsável pela coluna cinematográfica do *Correio Paulistano* –, referindo-se à orquestra do Triângulo, em São Paulo, reclama: "As músicas que executa são sempre sacrificadas e nunca estão em correspondência com o que se passa na tela, ficando a assistência sem saber o que mais lamentar: se a pobreza dos filmes, se a miséria da orquestra..."[8].

Desde a década anterior, havia um esforço da crítica em tentar disciplinar a qualidade e o tipo de acompanhamento sonoro dos filmes – que variavam entre as salas mais luxuosas e as mais populares –, como deixa claro a restrição que, em 1918, *Palcos e Telas* fazia sobre a sonoplastia:

> Não há cinema de primeira ordem que tenha um "imitador", mas os outros não o dispensam, para gáudio de seus frequentadores. [...] O imitador é [...] quem, quase sempre por trás da tela, se encarrega de "animar, de dar colorido e vida" às cenas projetadas no *écran*. Representa-se uma peça de artilharia disparando um tiro, e o imitador dá uma pancada num bombo; passa um automóvel? O imitador fonfona lá detrás da tela; há ondas em cena? Há vento? Há chuva? O imitador está firme no seu posto para imitar tudo o que for imitável e tudo o que não for. [...]
>
> Às vezes a imitação, de irritante que é, torna-se absurda, disparatada. [...] A cinematografia, como a grande arte dos gestos e das cenas mudas, não pode admitir tais "imitadores", e, se o seu papel é de ilustrar o povo, de instruí-lo, fazendo com que ele progrida não só moralmente mas também artisticamente, é preciso arredar de vez a incoerência de manter-se ainda hoje, mesmo nos cinemas mais modestos, o intruso "imitador".
>
> [...] Tornar ruidosas, barulhentas, cenas que são por excelência mudas, silenciosas, é erigir em regra geral no mundo a contradição[9].

Assim como a questão da sonoplastia, também foi pouco estudada a presença de apresentadores nas salas de cinema, que atuariam como mestres de cerimônia ou explicadores. Praticamente não há referências a essa figura na bibliografia brasileira, senão quando ela já havia desaparecido, como no livro de Silio Bocannera Júnior sobre os cinemas da Bahia, publicado pela primeira vez em 1919: "Houve tempo em que, em vez das legendas no *écran*, as situações mais importantes dos filmes eram, para orientação do público, anunciadas no palco por alguém"[10].

Nos anos 1920, parece definitivamente estabelecido no Brasil que o padrão de acompanhamento sonoro para as projeções cinematográficas era somente musical. Alberto R. Lazzoli, compositor e regente de orquestras de cinema em São Paulo e, posteriormente, de orquestras de rádio, além de professor da Escola Nacional de Música do Rio de Janeiro, publicou na *Cinearte* um interessante artigo, "A verdadeira voz do cinema", sobre o acompanhamento musical de filmes silenciosos[11]. Ele destaca a figura de João Quadros Júnior, que gerenciou inúmeras salas na Pauliceia. No Santa Helena e no República, Quadros assistia aos filmes que seriam exibidos, elaborava um roteiro com a indicação do "gênero de música adaptável à cena" e o entregava ao maestro para que este fizesse a escolha dos temas musicais e seu encadeamento. Lazzoli se refere ao lançamento de *O grande desfile*[12] (King Vidor, 1925), da Metro, no Santa Helena e no Teatro Cassino, no Rio de Janeiro, com ruídos de variada natureza (bombas, caminhões, aeroplanos etc.) e partitura vinda da América do Norte.

Essas apresentações especiais, porém, eram raras e apenas para filmes lançados como superproduções ou baseados em óperas – ocasiões em que as orquestras eram aumentadas, músicos adicionais eram chamados etc. O mais comum era as colunas cinematográficas reclamarem de orquestras precárias e, sobretudo, do repertório escolhido ou não escolhido para comédias de Ben Turpin assistidas ao som de noturnos de Chopin e intensos dramas românticos acompanhados de estrepitosos maxixes[13].

Paralelamente a filmes e orquestras, tecnologias menos artesanais iam se desenvolvendo, como a radiofonia e os processos fonográficos. Tudo remonta a 1906, quando o inventor Lee De Forest desenvolve a válvula de vácuo, conhecida como Áudion, destinada a aplicações na telegrafia sem fio, telefonia e radiotelefonia. A partir do início da década de 1920, o rádio se expande rapidamente nos Estados Unidos, com qualidade de reprodução sonora cada vez melhor. O desenvolvimento radiofônico provoca o da tecnologia fonográfica. Em 1925, o processo de gravação mecânica de discos é substituído pelo de gravação elétrica. A tecnologia demorou um pouco a chegar ao Brasil, mas a oferta dos produtos dela derivados foi rápida. Em meados de 1926, são feitas para a imprensa e para autoridades, no Rio e em São Paulo, apresentações da Victrola Ortofônica Auditorium, fabricada pela Victor Talking Machine. Era um sofisticado toca-discos com qualidade de reprodução sonora para grandes ambientes e certamente custava muito caro[14], pois nunca chegou a ser comercializado em escala notável. Em 1928, a empresa representante da Victor promoveu audições da Auditorium no Fênix, no Rio de Janeiro[15], e pouco depois o Capitólio exibiu *Escrava por amor*[16] (Rowland V. Lee, 1928), "acompanhado pela Victrola Ortofônica Auditorium, coisa que pela primeira vez se faz no Brasil"[17]. A prática se firmou, e *Asas*[18] (William A. Wellman, 1927) teve todos os seus sons de aeroplanos, caminhões e explosivos "sincronizados" com discos tocados na Auditorium[19]. A partir de então, volta e meia surgem comentários de cronistas cinematográficos revoltados com a voga cada vez maior de acompanhar filmes com música mecânica tocada nas possantes vitrolas ortofônicas ou, dependendo da capacidade econômica da sala, em simples gramofones. Alguns cinemas dispensam músicos e os substituem pelo que chamavam de música enlatada.

Diferentes tecnologias sonoras desenvolveram-se nos laboratórios de empresas como a American Telegraph and Telephone Company – uma das mais fabulosamente ricas indústrias americanas –, que, através de sua subsidiária Western Electric, as ofereceu à indústria cinematográfica. Esta, que não tivera bons resultados comerciais com experiências anteriores, foi cautelosa diante da oferta. A Warner Bros., empresa de segundo plano na indústria cinematográfica americana, achou bom negócio associar-se à Western Electric e criou uma subsidiária, The Vitaphone Company, para lançar filmes sincronizados com discos. A 6 de agosto de 1926, como resultado do acordo, é apresentado publicamente um primeiro programa de cinema sonoro com a exibição de sete curtas-metragens e do longa *Don Juan* (1926), dirigido por Alan Crosland e estrelado por John Barrymore.

No mesmo ano de 1926, a produtora Fox faz um acordo com Theodore Case, inventor que desenvolvera, em tumultuada cooperação com De Forest, o Movietone, sistema de sincronização de filmes mediante o registro das imagens sonoras na película cinematográfica. Em abril de 1927, a Fox-Case apresenta seu primeiro cinejornal sonoro, o *Fox Movietone*.

Em 6 de outubro de 1927, a Vitaphone Co. exibe publicamente *O cantor de jazz*[20] (Alan Crosland, 1927), sincronizado com música e ruídos, canções e algumas cenas com diálogos.

Durante 1927 e início de 1928, as grandes produtoras americanas investigam os diferentes sistemas de sincronização de filmes e a possibilidade de sua estandardização. Em 11 de maio de 1928, as chamadas *majors* assinam acordos com a Western Electric para a implantação de instalações de filmagens sonoras e projetores para suas redes de salas de exibição. Estava decidido que a era do cinema enquanto "arte do silêncio" havia terminado.

No Brasil, as notícias sobre a grande novidade vão surgindo quase simultaneamente aos lançamentos dos filmes sonoros nos Estados Unidos. Em *Cinearte*, principal magazine cinematográfico brasileiro do período, o aparecimento de notícias sobre o cinema sonoro reflete os momentos acima esboçados.

A primeira notícia publicada na revista é um artigo, evidentemente traduzido, sob o título "O que é o Vitaphone", que detalha como havia sido o lançamento de *Don Juan* no cinema Warner, em Nova York. O texto enumera os curtas com números executados pela Filarmônica de Nova York e cantados por estrelas do Metropolitan Opera House, além de fazer uma descrição "técnica" do sistema. Embora afirme que o Vitaphone é "o maior passo até hoje dado em favor dos tão ansiados filmes falados", na cabeça dos seus primeiros exploradores a ideia era outra. Isso fica claro quando o artigo diz que, com os aperfeiçoamentos a serem introduzidos na invenção, "dentro de poucos meses, os proprietários dos pequenos cinemas de todas as cidades e aldeias do mundo terão recebido uma dádiva de valor incalculável": a boa música. Porque "é justamente em prover os pequenos cinemas, que não podem sustentar orquestras apreciáveis, de música fina e apropriada, e até mesmo de trechos de óperas cantadas pelas maiores celebridades mundiais, que o Vitaphone se mostra em todo o seu imenso valor". Não se cogitava, ainda, o "imediato emprego desse invento para dotar os filmes de palavras"[21]. "Antes assim, pelo menos por enquanto. Se o cinema é hoje uma grande, uma formosa arte, dotada com o vastíssimo poder que só os imbecis não lhe reconhecem, é justamente por ser silencioso. Haverá alguma coisa maior e mais sublime que o silêncio?"[22]

Nesse primeiro momento, percebe-se que as informações que chegam ao Brasil a respeito do cinema sonoro têm um caráter eminentemente técnico. Diferentes matérias em jornais e revistas esmiúçam os mecanismos de sincronização, transcrevem diagramas, fotografias e desenhos de equipamentos. Logo, entretanto, outra vertente de especulação aparece e, na *Cinearte*, é introduzida por um novo artigo também traduzido: "Os filmes devem falar?". O articulista resenha as discussões que o cinema falado vinha provocando e enumera opiniões de produtores e diretores do cinema americano. A maioria deles declara que a sincronização é boa para que os pequenos cinemas tenham música de qualidade, mas duvida que o cinema inteiramente falado predomine. Jesse Lasky, da Paramount, acredita que a fala atrasaria o ritmo dos filmes. Irving Thalberg, da Metro-Goldwyn-Mayer, não acredita "que os filmes falados jamais substituam o drama silencioso, nem a fotografia colorida substitua inteiramente o branco e preto de hoje". O diretor Clarence Brown afirma que, com o falado, o cinema retrocederia ao teatro. Fred Niblo anuncia que os filmes falados "são apenas uma novidade que desaparecerá dentro de muito pouco tempo"[23].

Apesar da relutância da indústria, os filmes sonoros conquistam o público americano e a quantidade de salas equipadas para a nova forma de espetáculo cresce em progressão geométrica. As últimas resistências quanto à adoção do falado caem por terra quando, em setembro de 1928, é lançado em Nova York *A última canção*[24] (Lloyd Bacon, 1928), com Al Jolson, fita que foi a maior bilheteria da década, suplantada apenas pelo lançamento de *E o vento levou...*[25] (Victor Fleming, 1939), mais de dez anos depois.

A indústria americana de cinema ficou seriamente preocupada com a barreira linguística que impossibilitaria a compreensão dos filmes "universais" produzidos por Hollywood. As técnicas de legendagem e dublagem ainda estavam em pesquisa, mas vale lembrar que a maior parte da renda dos filmes americanos era obtida em seu mercado interno. Portanto, embora importante, era secundária a questão de se os filmes falados seriam ou não compreendidos nos países não anglofalantes.

Mário Behring, principal diretor da *Cinearte* e responsável por seus editoriais, na primeira vez que se manifestou sobre a momentosa questão, expôs o problema do filme falado ou falante e os vários processos "para obter o perfeito sincronismo entre a voz e o gesto". Ele tinha bastante clareza sobre a posição brasileira, "mercado quase que exclusivamente importador", mas sua reflexão principal gira em torno da perda da universalidade do cinema: "O filme até aqui tem sido internacional porque é silencioso. Toda gente compreende o que vê e por isso até os analfabetos podem frequentar o cinema. A legenda auxilia apenas a compreensão; não é indispensável". Por outro lado, a questão é que "ninguém irá ao cinema *ouvir* um filme em inglês"[26]. "Quando muito, musicado. Isso, sim, pode vir desde já, porque há nos Estados Unidos partituras excelentes, feitas especialmente para certos filmes [...]. Quanto ao mais... isso ficará para muito mais tarde, dado que nem ao menos possuímos casas capazes de exibir um filme falado."[27]

É bastante curioso ler crônicas e comentários de jornais e revistas que especulam sobre como seria, afinal de contas, ver/ouvir um filme sonoro. Em março de 1929, Guilherme de Almeida – o G. da coluna "Cinematógrafos" de *O Estado de S. Paulo* – realiza uma enquete. "O filme falante (se se preferir: o Vitaphone, o Movietone, os *talkies*, a *sound pictures*, o fonofilme, o cinefone...) é a questão do dia, de todos e para todos" e sobre ele o cronista quer ouvir a opinião dos leitores[28]. As cartas chegam aos borbotões e G. se vê em palpos de aranha para resumir o conteúdo de todas. A expectativa era enorme.

CHEGADA DO CINEMA SONORO A SÃO PAULO

Em meados de 1928, começou a ser construído na avenida Brigadeiro Luís Antônio um luxuoso cineteatro, o Paramount. Em setembro, uma notícia no *Diário Nacional* informava que, naquela sala, "é bem provável que seja instalado, pela vez primeira no Brasil, um Vitaphone completo"[29].

Algum tempo depois, o *Diário Carioca* divulga que João Quadros Júnior, que "vai gerir o grande cinema Paramount", chegara dos Estados Unidos trazendo "uma promessa de sincronização". O repórter entrevista John L. Day Jr., gerente geral da Paramount na América do Sul, que confirma, com as devidas cautelas de homem de negócios, que a nova casa apresentará

> uma amostra do que pode ser o filme falado. Não daremos, é certo, um filme inteiro com todos os sons e vozes, mas reproduziremos, para o efeito, os sons principais e deixaremos que se executem também algumas canções em inglês. Temos certeza de que a novidade agradará o público [...]. Pelo menos será uma amostra pálida do futuro...[30].

Talvez como estratégia para aumentar a expectativa, o escritório da Paramount divulga notícias vagas durante meses– "é provável", "talvez" – sobre a instalação de equipamentos sonoros em sua nova sala. Apenas no final de fevereiro de 1929, o tom de um comunicado à imprensa é mais assertivo: a Paramount "fará instalar" o "Movietone, produto da Western Electric e que será o primeiro aparelho desta espécie instalado na América do Sul"[31]. Curiosamente, as notas se referem sempre ao Movietone. Somente às vésperas da inauguração os comunicados passarão a mencionar também o Vitaphone.

Em março, avolumam-se os boatos sobre a inauguração de equipamentos sonoros em cinemas paulistanos: além do Paramount, publica-se que a Empresa Serrador instalará som no Odeon, e as Empresas Cinematográficas Reunidas, no República. Octavio Gabus Mendes, correspondente da *Cinearte* em São Paulo, comenta:

> Isso, sem dúvida, se não ficar pregado nos gorgomilos do reclamista, é bom. Bom porque, neste caso, teremos três empresas diferentes com aparelhos para filmes de sons. [...] E, então, poderemos *ouvir* todos os filmes, muito embora, na verdade, tenham os nossos olhos que chorar essa desgraça que anda avassalando o mercado produtor norte-americano[32].

A Paramount, contudo, saíra na frente. Em 15 de março, chega a São Paulo Melville Shauer, representante especial do Departamento Estrangeiro da empresa, junto com engenheiros da Western, para fazer a instalação dos aparelhos de cinema sonoro na sala prestes a se inaugurar. Ao noticiar o fato, Gabus Mendes observa: "Isto, além de testemunhar um grande progresso para São Paulo, porquanto já se sabe, será a primeira cidade da América do Sul a conhecer tal aparelho, traz a grande vantagem de podermos finalmente tirar sólidas conclusões a respeito do cinema falado"[33].

Notas informam que os filmes de estreia seriam *Alta traição*[34] (Ernst Lubitsch, 1928) e um curta com um discurso de Sebastião Sampaio, cônsul do Brasil em Nova York, saudando o público e entregando a nova sala à cidade. Um comunicado, publicado uma semana antes da inauguração, descrevia a azáfama que ia pelo cinema:

> Havia por toda parte caixas, grades e caixotes, aparelhos, porta-vozes colossais – era, numa palavra, o Movietone fazendo a sua entrada definitiva no cinema Paramount.

Uma turma de engenheiros da Western Electric, conjugada com outra de eletricistas e montadores nacionais, começará hoje a reunir as peças, de cuja combinação sairá a derradeira maravilha do cinema[35].

Estimava-se o custo geral do equipamento em quinhentos contos e se aguardava ansiosamente seus testes. Mas, às vésperas da inauguração, o cinema ainda não havia atendido algumas "exigências da Light", e os equipamentos sonoros não puderam ser testados[36]. Apenas dois dias antes da abertura da sala o prefeito Pires do Rio assinou o alvará de funcionamento. "Tudo isso é profundamente lamentável", comentou a revista carioca *Selecta*, não a propósito do transtorno nas instalações do Paramount, mas porque São Paulo seria "a primeira cidade brasileira que terá a funcionar uma descoberta científica da arte cinematográfica". A revista lamenta que o cinema sonoro não seja inaugurado na capital federal, "visto que o Rio é hoje a cidade mais adiantada da Sul América e não merece este desprestígio"[37].

O cronista certamente ficaria ainda mais irritado com a concentração de "próceres da indústria" que se reuniam em São Paulo para a inauguração do Paramount: Melville Shauer, John L. Day Jr., "Tibor Rombauer, gerente da matriz no Rio, Vasco Abreu, chefe da propaganda da agência do Rio", programadores da Paramount de várias zonas do Brasil e "quase todos os diretores das filiais das companhias cinematográficas americanas"[38]. Além de personalidades que os comunicados da Paramount não nomeiam, como Adhemar Gonzaga e Pedro Lima, redatores da *Cinearte*, o produtor e cinegrafista Paulo Benedetti, entre outras muitas.

Finalmente, no sábado, 13 de abril, os anúncios cresceram nas páginas dos jornais: inaugurava-se o cinema sonoro na América do Sul. No dia seguinte e nos outros, reportagens e comentários foram publicados em todos os jornais de São Paulo e em alguns do Rio de Janeiro. No *Correio Paulistano*: "Coisa admirável, digna de nota mesmo: apesar de ser grande o número de pessoas que queria ver o cinema, não houve atropelos e o vasto salão se encheu no meio da melhor ordem. Todos se acomodaram rapidamente"[39]. A primeira sessão começou às 14h e a quarta e última, às 21h45. A orquestra, sob a batuta do maestro Léo Renard, executou uma *ouverture*. "Apagaram-se as luzes. Um momento de sensação"[40]. Surge na tela a figura do cônsul brasileiro.

Cumprimenta a plateia e começa a pronunciar o seu discurso [...]. A voz clara, ampliada, sonora reboa por todo o recinto, deixando impressa em cada rosto uma sensação de pasmo e maravilha!

Os movimentos dos lábios coincidindo justamente com as palavras articuladas, os gestos precisos no momento do enunciamento das frases. Está ali, finalmente, a maravilha de que tanto nos falavam as revistas de cinema dos Estados Unidos[41].

O curta falado em português diminuiu o impacto de *Alta traição*, sonorizado com música, ruídos, latidos de cachorro, tropel de cavalos, vozerio de multidão e apenas uma fala, articulada por Emil Jannings, no papel de Paulo I, o czar louco, que grita pelos corredores desertos do palácio por seu primeiro-ministro e suposto amigo – "Pahlen! Pahlen!". Gabus Mendes apreciou os "efeitos que deixam a gente chocados [*sic*] pelo imprevisto e bem impressionados por causa desse mesmo efeito"[42]. Mas o correspondente da *Cinearte* continua ainda fervoroso adepto do cinema silencioso. "Eu creio que seja uma esplêndida novidade para se comentar após um filme como *Broadway Melody* ou *The Singing Fool*, com cantos, danças, coros e demais coisas que agradam à vista e deliciam os ouvidos. Mas o filme todo falado, como já se faz nos Estados Unidos?...Será bom, mas o outro é melhor..."[43]

O público, contudo, discordou de Gabus Mendes e lotou as sessões do Paramount durante três semanas. Provavelmente as enchentes foram ajudadas pela iniciativa do cinema de baixar o ingresso de seis mil-réis – cobrados nos dez primeiros dias – para quatro mil-réis. *Alta traição* saiu do Paramount e seguiu carreira nos cinemas da Empresa Serrador, nenhum ainda equipado para projeção sonora. O segundo programa do Paramount era constituído por um longa, um desenho animado e uma comédia curta, todos silenciosos. A atração sonora era um número do cinejornal *Paramount News*, com a posse de Herbert Hoover como presidente dos Estados Unidos e "que nos fará ouvir a voz do grande estadista americano"[44]. Durante algum tempo, as atrações sonoras foram os curtas que acompanhavam os longas silenciosos.

Enquanto as Reunidas continuavam anunciando a instalação de equipamentos da Western no República, a Empresa Serrador trazia dos Estados Unidos os aparelhos sonoros para a sala Vermelha do Odeon[45], provavelmente junto com os mesmos equipamentos para o Palácio Teatro, do Rio de Janeiro.

A inauguração dos equipamentos na segunda sala paulistana adaptada para filmes do novo tipo aconteceu em 10 de junho de 1929, ainda antes da inauguração do cinema sonoro na capital da República. O acontecimento deu-se com *Divina dama*[46] (Frank Lloyd, 1929), com Corinne Griffith fazendo Lady Hamilton, famoso caso extraconjugal do herói inglês almirante Nelson. Não era também um filme falado, mas havia música e ruídos à beça: tiros de canhões, espadas chocando-se, clarins, gritos de marujos. Corinne, dublada, cantava duas canções; em uma delas, acompanhando-se à harpa.

O Fiteiro ficou empolgado com a projeção, com a fita e com Corinne, "dona de uma voz divina"[47]. Gostou tanto de tudo que até achou os aparelhos do Odeon superiores aos do Paramount. Octavio Gabus Mendes discordou: os equipamentos eram idênticos nas duas salas e, ciente de que a atriz havia sido dublada, escreveu: "Corinne, positivamente, não cantou coisa alguma. E isto, continuando assim, vai de mal a pior..."[48].

Em 22 de julho, a Empresa Serrador inaugurou os equipamentos sonoros na sala Azul do Odeon; em 8 de julho, no Brás Politeama, primeiro cinema de bairro a se equipar para o cinema sonoro. Sempre com aparelhos Western Electric, a empresa equipou também o Capitólio, na Liberdade (em 10 de outubro), e outro cinema no Brás, o Colombo (em 27 de novembro).

O República, depois de meses anunciando, finalmente inaugurou seu equipamento para filmes sonoros em 5 de agosto, com *Boêmios*[49] (Harry A. Pollard, 1929), da Universal, um musical com Laura La Plante, que também foi dublada.

Nos primeiros meses do cinema sonoro em São Paulo, eventualmente apareciam equipamentos com nomes esdrúxulos, como foi o caso no Santa Helena, onde se dariam espetáculos com o Teatrofone, segundo anúncios[50]. De acordo com Octavio Gabus Mendes, tratava-se de "um aparelho Columbia, elétrico, com não sei quantos pratos e não sei que lotação de discos mutáveis automaticamente"[51]. Ou seja, era um gramofone potente, mas que tocava discos comuns, e não os discos de Vitaphone, que eram de diâmetro maior, tinham velocidade de 33 1/3 rotações por minuto (e não a de 78 rpm dos discos de vitrola), e o braço com a agulha ia da parte interna para a externa do disco.

Outro "fone" inédito surgido no período era fabricado pela Fitafone do Brasil S.A. e efetivamente sincronizava fitas com discos Vitaphone. Copiado de equipamentos estrangeiros e oferecido a preços incomparavelmente menores, o Fitafone foi instalado no cineteatro São José, no Belém, em agosto de 1929, e no Paramount, de Santos, no mês seguinte[52]. Aparelhos como o Fitafone e o Teatrofone levaram os críticos a cunhar expressões como "Tapeafone" e "Cavatone" (em referência à cavação) para designarem imitações genéricas que enganavam o espectador na expectativa de conhecer o "verdadeiro" cinema sonoro.

Além do Paramount, inaugurou-se em 1929 em São Paulo o Rosário, um dos cinemas mais elegantes da cidade, no seio do maior ícone do seu progresso e modernidade, o edifício Martinelli que, durante mais de uma década, foi o arranha-céu mais alto da América do Sul. A abertura oficial do Rosário ocorreu às 21h do dia 2 de setembro, e a fita simbólica foi cortada pelo prefeito Pires do Rio. Houve discursos "irradiados para a plateia" e, durante alguns dias, sirenes "gentilmente cedidas pela Casa Byington" soavam "em vários pontos da cidade", anunciando o início das sessões. O programa inaugural da sala, também equipada com aparelhos da Western, contava com *ouverture* regida pelo maestro Gabriel Migliori e uma *Revista Internacional*, da MGM, colorida e sincronizada, com cantores apresentando números em francês, italiano, espanhol e inglês. O longa era sincronizado com Vitaphone: *O pagão*[53] (1929), dirigido por W. S. Van Dyke para a Metro, com música, ruídos e Ramon Novarro cantando "The Pagan Love Song", que virou "coqueluche nacional". Ou seja, era mais um filme sem diálogos em inglês, preocupação dos exibidores para não espantar o público.

Tudo indica que o comendador Giuseppe Martinelli, empresário do edifício, estava agora interessado no ramo cinematográfico, pois formou a Empresa Brasileira de Cinemas e comprou o Alhambra, cinema em "estilo mourisco", na rua Direita, inaugurado um ano antes. Fechou a sala por duas semanas e a reabriu sonora, em outubro, com equipamentos Photophone da Radio Corporation of America (RCA), aparentemente os primeiros a serem instalados em São Paulo.

Gabus Mendes escreveu sobre o valor dos ingressos nos cinemas do comendador Martinelli. No Odeon, a Empresa Serrador, salvo ocasiões muito especiais, cobrava três mil-réis na sala Azul e quatro mil-réis na Vermelha.

> Os preços do Alhambra, sem favor, são exagerados. 5$000! E que não digam que os aparelhos são caríssimos. Porque, afinal, esse negócio de discos e Movietones sempre sai mais barato do que uma orquestra afinadinha... O Rosário, já que começou com 5$000 e, mesmo, tem um aspecto mais luxuoso e confortável, não se tem a reclamar. Mas o Alhambra? Tenha paciência, senhor comendador, mas o senhor assim acaba de castigo no canto, ouviu?...

Ao comentar o programa inaugural, Gabus Mendes destila seu mau humor contra a tecnologia sonora, que chegara à cidade seis meses antes. Além do longa sincronizado, havia uma edição do *Metro Movietone* e um curta: "Um tal tenor William O'Neil [...] cantou três canções que provocaram três bocejos"[54].

CHEGADA DO CINEMA SONORO AO RIO DE JANEIRO E SUA EXPANSÃO PELO BRASIL

Enquanto o cinema sonoro causava *frisson* em São Paulo, o público carioca assistia a filmes como *Alta traição*, *A rosa da Irlanda*[55] (Victor Fleming, 1928) e *Anjo pecador*[56] (Richard Wallace, 1929), que os paulistas viram sincronizados, em cópias sem o acompanhamento dos discos Vitaphone. Isso justifica a ampla repercussão causada pelo anúncio, em junho de 1929, da futura estreia da aparelhagem sonora

Western Electric no recém-renovado Palácio Teatro, da Companhia Brasil Cinematográfica (CBC), de Francisco Serrador[57].

A imprensa acompanhou a chegada e instalação dos equipamentos, e uma foto das caixas com o aparelhamento importado empilhadas no saguão do cinema foi publicada em praticamente todos os grandes jornais e revistas ilustradas cariocas na primeira quinzena daquele mês. Como no Cine Paramount em São Paulo, no Palácio Teatro foi instalado um modelo de projetor conjugado Movietone-Vitaphone, o que foi justificado pela imprensa: "Pois na América todos os filmes falados são feitos por um e outro processo, e daí a necessidade de possuir numa cabine os dois aparelhos, para poder receber e projetar qualquer filme que apareça"[58].

A inauguração do cinema sonoro no Palácio Teatro se daria com a exibição da produção da MGM *A melodia da Broadway*[59] (Harry Beaumont, 1929). No grande dia, os jornais comentaram que, se o Rio de Janeiro tinha ficado para trás em relação a São Paulo, só conhecendo o filme sonoro até então por ouvir falar, "de hoje em diante, porém, já não faremos, perante outros países, o papel de 'jeca' nessa questão cinematográfica"[60].

No dia 20 de junho, quinta-feira, às 21h, ocorreu a esperada sessão que contou com a presença do presidente da República e de quase todo o seu ministério em frisas e camarotes reservados. O programa inaugural consistia em um novo discurso de Sebastião Sampaio, três números musicais da cantora Yvette Rugel e no filme "todo musicado, todo cantado, todo sincronizado e em parte dialogado" da Metro[61].

O sucesso foi retumbante e a revista *A Scena Muda* chamou o cinema falado no Rio de Janeiro de "a maior maravilha dos últimos tempos". A revista *Fon-Fon!* também não poupou elogios: "Foi o primeiro filme falado que se ouviu no Rio de Janeiro. O público que o admirou foi multidão. Pode-se dizer que bateu o recorde da bilheteria em todos os tempos"[62].

A exibição mereceu alguns raros comentários com restrições técnicas, mas, como em São Paulo, o filme sonoro caiu no gosto do público carioca, resultando em filas enormes na frente do cinema, com espectadores voltando várias vezes para assistir novamente ao mesmo filme e os concorrentes já anunciando a compra dos aparelhos sonoros[63].

Previsto para ficar sete dias em cartaz como era comum, o sucesso de *A melodia da Broadway* adiou as estreias seguintes. Em uma semana de exibição no Rio, o filme já tinha sido visto por 35 mil pessoas e, na segunda semana, o público pagante chegou a 79 mil espectadores. Depois de 17 dias com *A melodia da Broadway* em cartaz, o Palácio estreou *Divina dama* – o que, segundo o exibidor Luciano Ferrez, ocorreu somente por pressão da distribuidora da First National, pois o filme da Metro estava ainda em pleno sucesso[64].

A relativa demora da estreia do cinema sonoro no Rio se devia possivelmente à cautelosa espera pela reação do público paulista. Demandando adaptações elétricas, acústicas e arquitetônicas, além de testes e treinamento dos funcionários, não era barato, rápido nem simples converter as salas de exibição brasileiras para o cinema sonoro.

Assim, ao prever as grandes quantias que os cinemas gastariam com novas instalações, um editorial da *Cinearte* alertava: "mas aqui é que surge a maior dificuldade: nem todos os nossos estabelecimentos de projeção serão prestáveis para as instalações, e as modificações necessárias serão em muitos impossíveis, custosas na maior parte, especialmente nos estabelecimentos de bairros e com a maioria das razões nos do interior"[65].

Era prevista, então, a futura divisão do circuito exibidor em dois grupos: um dos luxuosos cinemas das capitais, "aptos para a projeção de filme sonoro", e outro dos cinemas localizados nos bairros distantes do centro e nas pequenas cidades do país, "destinados exclusivamente aos silenciosos"[66].

De fato, o enorme sucesso da novidade dos "palácios de cinema" junto ao público – que pagava por ingressos mais caros e gerava maiores lucros para o exibidor – definitivamente estimulou que, a partir de julho de 1929, o cinema sonoro se espalhasse rapidamente pelos cinemas lançadores cariocas. Saindo na frente dos concorrentes, a CBC converteu também o Odeon carioca em 22 de julho, lançando o primeiro filme sonoro da Fox, o *Follies de 1929*[67] (David Butler 1929). A iniciativa valeu a pena, pois a revista musical foi um sucesso extraordinário, ficando em cartaz "com sucessivas enchentes" por 24 dias, "fato inédito nos anais da cinematografia brasileira", e entrando em cartaz em seguida no Odeon de São Paulo, onde repetiu o sucesso[68].

As demais salas lançadoras cariocas se apressaram em encomendar e instalar seus novos equipamentos antes dos concorrentes. Foi o caso do Pathé Palácio, da empresa Marc Ferrez & Filhos, que inaugurou o "Cinema Sonoro", como estampou em garrafais letras iluminadas em sua fachada, no dia 22 de agosto. A estreia da nova aparelhagem se deu com *Boêmios* – a mesma cópia Vitaphone exibida em São Paulo –, alcançando grande sucesso de público: 43 contos de réis de renda bruta em quatro dias de espetáculo, o que representava casa lotada nas quatro exibições diárias. Como vinha acontecendo com os demais *talkies*, o filme "dobrou" a semana e permaneceu em cartaz por 15 dias[69].

Em 6 de setembro, o Capitólio inaugurou sua aparelhagem Western com a exibição de *Marcha nupcial*[70] (Erich von Stroheim, 1929), estreia dos filmes sonoros da Paramount na capital federal. Repetindo o formato do programa inaugural em São Paulo, o filme foi precedido de um discurso em português – dessa vez do cônsul adjunto do Brasil em Nova York, David Moretzsohn – e um prólogo musical executado pela pianista carioca Dyla Josetti, ambos filmados nos Estados Unidos[71].

A outra sala do circuito Paramount no Rio, o Império, estreou seu Movietone--Vitaphone somente no dia 24 de setembro, com o filme *A canção do lobo*[72] (Victor Fleming, 1929). E, finalmente, em 27 de setembro, foi a vez do Cine Glória, a terceira e última sala da CBC na Cinelândia a estrear sua aparelhagem sonora, o que ocorreu com a cópia em Vitaphone de *O homem e o momento*[73] (George Fitzmaurice, 1929), da First National.

Em três meses, todas as salas da Cinelândia – pertencentes a CBC, Paramount e Marc Ferrez & Filhos – haviam sido convertidas para o filme sincronizado. Em setembro de 1929, diante da onda de inaugurações de salas convertidas para o cinema sonoro, a revista *Vida Capichaba* comentava o sucesso que os habitantes da capital do Espírito Santo ainda desconheciam:

> O cinema falado constitui a novidade do momento, no Rio e em São Paulo, onde já foram instalados os formidáveis aparelhos que o gênio moderno dos americanos adaptou à cena muda. Cinema sem sincronização, isto é, sem músicas cantadas pelos intérpretes dos filmes e sem diálogos mesmo em inglês (coisa que o povo pouco entende) está passando da moda[74].

Era justamente contra essa ideia de que o cinema silencioso estava acabando, rapidamente saindo de moda ou perdendo o interesse que os membros do Chaplin-Club – considerado o primeiro cineclube brasileiro – se revoltavam, desferindo críticas avassaladoras aos milhares de espectadores que tinham tornado musicais como *A melodia da Broadway* e *Follies de 1929* grandes sucessos no Rio e em São Paulo. Na edição de setembro de 1929 de *O Fan*, veículo oficial de comunicação do Chaplin-Club, filmes sonoros como esses eram desprezados como divertimentos banais, que evidenciariam apenas a imbecilidade do grande público, apostando que os *talkies* é que desapareceriam rapidamente[75].

Nesta que pode ser chamada de primeira fase de conversão do circuito exibidor carioca à nova tecnologia, todos os grandes cinemas adaptados instalaram a custosa e importada aparelhagem Western Electric. A companhia norte-americana pressionava os exibidores brasileiros, afirmando que os longas-metragens de Hollywood, sonorizados em seus equipamentos, só poderiam ser exibidos em sua aparelhagem reprodutora de som – praticamente inviabilizando que os donos de salas de cinema no Brasil adquirissem aparelhos de outras marcas. Na *Cinearte*, Pedro Lima refletia a esse respeito: “Se os grandes cinemas podem submeter-se à Western Electric, os pequenos não têm dinheiro. Forçosamente há de surgir uma solução, ou então terão de fechar as suas portas”[76].

Além da tentativa de criar um monopólio na venda de aparelhamento de cinema sonoro no Brasil, a Western ganhava a antipatia dos exibidores não somente pelos seus altos custos como também por impor uma série de condições adicionais, que iam da necessidade de compra de conjunto completo, com projetor novo, ao pagamento de taxas mensais[77].

Além da Western Electric, a primeira alternativa que surgiu para os exibidores brasileiros ainda em setembro de 1929 foi o Photophone, da RCA, cujos equipamentos eram compatíveis com os da Western, mas eram vendidos com preços e condições mais favoráveis. Outros equipamentos norte-americanos ainda mais baratos começaram a ser lançados no mercado brasileiro ainda naquele ano, como o Pacent, distribuído pela empresa Matarazzo, e o Mellaphone, representado pelo Programa Rex.

A oferta desses equipamentos foi um dos fatores envolvidos no início de uma segunda fase da expansão do cinema sonoro no Rio de Janeiro. Nesse momento, salas menos luxuosas também se aparelharam para tentar passar à posição de cinemas lançadores – de filmes de companhias como United Artists ou Columbia – ou para exibir, em segunda linha, os grandes sucessos sonoros de estúdios como a Metro, Fox ou Paramount. Já em 1º de outubro, o cineteatro São José, localizado na praça Tiradentes, foi anunciado como o “primeiro cinema fora da avenida a apresentar o cinema sonoro”[78]. Antes disso, o Popular, na avenida Marechal Floriano, também adquiriu aparelhagem Pacent. O cinema sonoro se expandiu para cinemas localizados no centro do Rio de Janeiro, mas fora da Cinelândia. Em outubro de 1929, também foi inaugurada aparelhagem sonora no Cine Ideal, localizado na rua da Carioca. Em 18 de novembro, o Eldorado – novo nome do reformado cinema Central, na avenida Rio Branco – foi reaberto com projeção sonora.

Mas o cinema sonoro também ultrapassou a região central da cidade. O Cine Hélios, no Andaraí, após ser convertido para a projeção sonora em outubro de 1929, propagandeava ser “o único cinema de bairro que tem o verdadeiro cinema falado”[79].

Convertidos nessa segunda fase, cinemas como o Ideal, Popular, Eldorado e São José, embora não estivessem no mesmo nível dos palácios da Cinelândia em termos de sofisticação, preço e conforto, eram os cinemas lançadores de outras cadeias exibidoras, respectivamente as de Luiz Severiano Ribeiro (Exibidores Reunidos Sociedade), de Vital Ramos de Castro (Empresa V. R. Castro), do comendador Martinelli e Generoso Ponce (Empresa Brasileira de Cinemas) e de Domingos Segreto (Empresa Paschoal Segreto).

Essa segunda fase vai se estender de outubro de 1929 até fins de 1930, quando os exibidores de grande e médio porte da cidade converterão progressivamente parte significativa de seus circuitos. Luiz Severiano Ribeiro, por exemplo, depois do Ideal, vai aparelhar, entre dezembro de 1929 e março de 1930, os cinemas

Atlântico (Copacabana), Velo (Tijuca), Vila Isabel (Vila Isabel) e Brasil (Tijuca), atingindo o público de diferentes bairros da cidade, da zona sul à zona norte. Por sua vez, Vital Ramos de Castro já tinha saído na frente, adaptando para o cinema sonoro, em novembro de 1929, os cinemas Mascote (Méier), Paris (praça Tiradentes) e Primor (avenida Passos)[80].

A possibilidade de lançar a lucrativa novidade do cinema sonoro motivou exibidores de outras cidades a seguir o exemplo dos exibidores do Rio e São Paulo, apesar dos altos custos envolvidos. Não demorou muito para que filmes sonoros fossem lançados nos primeiros cinemas adaptados com a nova tecnologia em cidades como Niterói (setembro de 1929), Santos, Piracicaba, Curitiba e Porto Alegre (outubro de 1929), Vitória (dezembro de 1929), Belo Horizonte e Campinas (janeiro de 1930), Recife (março de 1930) e Salvador (abril de 1930)[81].

Em um ano, o cinema sonoro chegou às melhores salas daquelas reconhecidas como as principais praças exibidoras do país, que consistiam nas capitais e cidades mais desenvolvidas do Sudeste, Sul e Nordeste. A maior parte desses cinemas adquiriu equipamentos importados Pacent e RCA[82].

Essa pode ser definida como a primeira fase do processo de adaptação à projeção sonora em âmbito nacional. Apesar de abranger três regiões diferentes do país, a conversão ficou restrita a uma parte pequena do circuito exibidor. Um editorial da *Cinearte* se dedicou a explicar uma das razões para isso:

> O maior embaraço para a divulgação do filme sonoro entre nós como em quase toda parte consiste no exagerado preço das instalações exigido pelos fabricantes, que absolutamente não se coaduna com os recursos financeiros da maioria dos proprietários de cinemas, menos ainda com as possibilidades econômicas dos pequenos núcleos de população do interior[83].

Devido aos altos custos, o editorialista apostava que o interior do Brasil continuaria por muitos anos ainda como mercado para o filme silencioso. E isso não se daria apenas pelo alto custo das instalações (projetores, retificadores, alto-falantes etc.) mas também pelo elevado preço de aluguel das cópias dos *talkies* cobrado pelas distribuidoras, o que se transformava em "problema de suma gravidade" para os exibidores do interior[84].

Era aí que aparecia uma boa oportunidade para os produtores brasileiros.

PRIMEIRAS EXPERIÊNCIAS DE FILMES SINCRONIZADOS BRASILEIROS

O sucesso do cinema sonoro levou exibidores, que não tinham condições de arcar com as caras instalações importadas, a improvisar para poderem concorrer com a novidade. A sincronização de filmes por meio de discos de 78 rpm comuns, produzidos pelo moderno processo de gravação elétrica e tocados em potentes gramofones, foi uma das soluções mais frequentes. Alguns realizadores logo passaram a produzir curtas-metragens sincronizados com discos musicais para também atenderem ao desejo por filmes sonoros, com o diferencial de as imagens e sons serem brasileiros.

Provavelmente a iniciativa mais rápida foi tomada pelo Circuito Nacional de Exibidores[85], no Rio de Janeiro. Em 23 de agosto de 1929, estreou no cinema Guarani, localizado na rua Frei Caneca, bairro do Estácio, o curta-metragem *Casa de caboclo* (1929), que mostrava a canção homônima sendo interpretada por Gastão Formenti e que foi anunciado como "o primeiro filme brasileiro cantado e sincronizado, por aparelhos nacionais"[86]. Por ação de seu proprietário, Justino do Amaral, o cinema já vinha apresentando filmes com acompanhamento sonoro, "servindo-se de aparelhos adquiridos no mercado e por ele próprio ajustados ao fim desejado"[87]. Poucos dias depois, *Casa de caboclo* também era exibido no Cine Politeama, no largo do Machado, sendo anunciado como o primeiro filme falado, cantado e sincronizado do Circuito Nacional de Exibidores[88]. Nesse momento, apenas o Palácio Teatro, o Odeon e o Pathé Palácio já estavam adaptados para a projeção dos filmes sonoros no Rio de Janeiro, o que atestava a novidade representada por essa notícia.

Nas semanas seguintes, *Casa de caboclo* foi substituído no cartaz do Politeama e Guarani por outros filmes feitos a partir de canções populares: *Sublime canção* (1929), interpretada por Laís Areda e Vicente Celestino; *Feijoada* (1929), por Laís Areda; *Baianinha* (1929), por Laís Areda; *Palhaço* (1929), por Vicente Celestino; e *Romança* (1929), por Vicente Celestino.

Os curtas-metragens – ou esquetes, como também eram anunciados – recebiam destaque maior nos anúncios do que os longas-metragens que eles antecediam. Seu sucesso pode ser verificado pela exibição dos filmes do Circuito em outras salas, como o Cineteatro Fênix, Cines Atlântico e Madureira, no Rio, e Éden e Santa Rosa, em Niterói.

Os filmes traziam a atração de uma música gravada em discos elétricos, executada por uma moderna vitrola – que pouquíssimas pessoas tinham condições de ter em casa –, sincronizada a imagens que mostravam aos admiradores os seus famosos intérpretes. Exibidos como complementos das sessões, esses "filminhos" musicais foram desprezados pela *Cinearte* como meros "discos ilustrados", e Pedro Lima, por exemplo, dizia não ser possível levá-los a sério. Para o crítico, os curtas sincronizados do Circuito seriam como os filmes rodados com câmera Pathé Baby, ou seja, amadores, feitos fora do padrão industrial. Mesmo que o redator da *Cinearte* elogiasse comedidamente *Casa de caboclo* (o "sincronismo é aceitável. A reprodução da voz deixa a desejar"), ele reiterava que aquilo não era cinema, limitando-se apenas "ao sincronismo de discos já feitos". Afinal, seguindo esse princípio, "pode[-se] pegar um disco do Caruso e filmar o [comediante] Pinto Filho cantando", referindo-se à famosa ária da ópera de Leoncavallo que tinha sido interpretada em um dos filmes com o cantor Vicente Celestino[89].

Em carta a seu irmão, o exibidor Luciano Ferrez também manifestou desprezo pelos filmes sincronizados do Circuito, que, em suas palavras, usariam o mesmo sistema da Gaumont e da Pathé de vinte anos antes – isto é, a filmagem de atores que tentavam cantar em sincronia com discos pré-gravados. Conforme seu relato, para a exibição desses filmes no Fênix foi usado um alto-falante de "quatro ou cinco contos" que emitia o som de discos comuns. O sincronismo com os filminhos de 120 metros seria perfeito – ele cita *Casa de caboclo*, *Baianinha* e *Feijoada* –, embora não deixasse de ser "macaqueação de filme falado". Na visão de Ferrez, tratava-se simplesmente de um "conto do vigário" a ser explorado nos cinemas do interior[90].

Por sua vez, a reportagem "O sincronismo e os filmes nacionais", publicada na revista *Selecta*, descreveu com mais detalhes alguns desses "proto-videoclipes" do Circuito, conferindo-lhes uma avaliação mais benevolente e otimista:

> A criação de aparelhos nacionais para sincronização de filmes trouxe, como consequência, a filmagem de pequenas películas de metragem limitada, mas que, no entanto, são uma excelente propaganda dos costumes e músicas genuinamente brasileiros. O Circuito Nacional de Exibidores, entre outros, filmou, e têm grande sucesso de exibição, alguns d'esses curtos filmes [...] Dir-se-á que é pouco como tentativa. [...] [Mas] Essas películas são suscetíveis de se desenvolverem e, com os aparelhos nacionais, se transformarem com o tempo em bons filmes brasileiros[91].

A reportagem da *Selecta* dá a entender que, além dos filmes do Circuito, havia outros, entre os quais os "trinta e tantos filmes de uma parte, cantados etc., produzidos por Benedetti", mencionados por Pedro Lima na *Cinearte*[92]. De toda essa vasta produção de curtas-metragens sincronizados a discos 78 rpm realizados pelo produtor, fotógrafo e laboratorista Paulo Benedetti, sobreviveram apenas as imagens de um dos realizados com o Bando dos Tangarás – do qual faziam parte, entre outros, os futuramente célebres Almirante, Noel Rosa e João de Barro – cantando a embolada "Vamos falá do Norte", gravada em disco pela Parlophon[93]. O próprio Almirante lembrou a realização do filme em suas memórias, contando que Benedetti "tomou a iniciativa de aproveitar, em várias cenas curtas, os discos das gravadoras e a presença dos artistas de maior popularidade". O radialista recordou-se da filmagem de quatro números do Bando dos Tangarás ter ocorrido "num dia de setembro [de 1929]", no quintal da casa de Benedetti, no Catete, com "um velho gramofone no chão a rodar os discos, com as cinco figuras, inteiramente mudas, apenas gesticulando as cantigas e mal soando os instrumentos"[94].

Fica claro, portanto, que por volta de setembro de 1929 existia uma tendência em curso junto aos mais ativos e oportunistas produtores brasileiros, pois Gabus Mendes reclamava que "filmar uma cena com um disco a servir de ponto é coisa que qualquer um faz. O C.N.E. do Rio tem apresentado um disco por semana. Benedetti já fez mais de vinte para os pequenos exibidores do interior"[95].

Mas, diferentemente dos filmes do Circuito e das primeiras experiências de Benedetti no Rio, Luiz de Barros teria dado "um passo à frente" em São Paulo, não somente utilizando discos preexistentes como também gravando discos especialmente para o seu filme, alguns poucos com diálogos.

Desde o início de 1927, Luiz de Barros mantinha intensa atividade na Pauliceia, onde fez sucesso com sua companhia de revistas Rataplã em apresentações no Apolo, no Boa Vista e sobretudo no cineteatro Santa Helena, no palacete do mesmo nome, o primeiro edifício multifuncional da cidade. Em março desse ano, aceitou convite para dirigir os prólogos – pequenas encenações de palco antes da apresentação de alguns filmes – no Santa Helena. No Carnaval de 1928, responsabilizou-se pela decoração dos salões do Santa Helena para um baile promovido pela Sociedade Harmonia[96] e, ainda no Santa Helena, realizou espetáculos musicais[97].

Embaixo do cineteatro havia um auditório pequeno, que Luiz de Barros arrendou juntamente com Tom Bill, cômico especializado em interpretar personagens inspirados em imigrantes de diferentes nacionalidades que viviam em São Paulo. O local, com o nome de Moulin Bleu – obviamente inspirado no Moulin Rouge parisiense –, começou a funcionar em agosto de 1928 e obteve sucesso imediato. A dupla cômica principal era formada por Tom Bill e Genésio Arruda, intérprete de um tipo acaipirado supostamente ingênuo. Além deles, que atuavam também como mestres de cerimônia, o Moulin Bleu apresentava números de variedades, cantores nacionais e estrangeiros, malabaristas, mágicos e dançarinas, algumas em trajes menos que sumários, o que fazia com que os espetáculos fossem classificados como impróprios para menores e senhoritas.

O cineteatro Santa Helena era de propriedade da Empresas Cinematográficas Reunidas Ltda., que tinha escritórios também no palacete Santa Helena. Vários membros da família Bruno eram sócios da Reunidas e foi para gracejar com um deles, “que estava entusiasmado com o cinema sonoro, que acabava de chegar”, que Luiz de Barros disse que também ele ia fazer um filme com som. Perguntado sobre o nome da fita, respondeu na hora, traduzindo para o português o título de um tango argentino de sucesso: “Acabaram-se os otários”[98]. A cena lembrada por Luiz de Barros deve ter ocorrido pouco depois da inauguração do Paramount, pois uma notícia de sua disposição de fazer um filme sincronizado com discos de músicas e canções foi publicada no *Diário de S. Paulo* em 26 de abril de 1929.

Durante os meses seguintes, os jornais informam que a fita seria estrelada por Tom Bill, Genésio Arruda, além de atores e dançarinas que faziam parte da trupe mais ou menos fixa do Moulin Bleu; que José Del Picchia era o responsável pela fotografia; bem como publicaram informações “técnicas” sobre como Luiz de Barros, Tom Bill – “que (quem diria?) também é mecânico”[99] –, Moacir Fenelon, Romeu Muniz Barreto e outros especialistas em disco, rádio e eletricidade haviam construído os equipamentos de sonorização nas oficinas de Gustavo Zieglitz, representante da Pathé em São Paulo. Os discos com as canções e uns poucos diálogos que seriam sincronizados com as imagens foram registrados antes das filmagens, na Parlophon, que inaugurara seu estúdio de gravações elétricas em São Paulo em abril de 1929.

Do Rio de Janeiro, a *Cinearte* seguia atentamente a movimentação de Luiz de Barros. Pedro Lima, em uma de suas viagens de inspeção à cinematografia paulista, assistiu a algumas filmagens de *Acabaram-se os otários* (1929) e a testes de projeção sincronizada no Santa Helena. “E é com isso que ele [Luiz de Barros] pretende fazer frente à Western Electric”, escreveu no relatório da viagem[100]. Há no comentário uma ponta crítica irônica: a fita era sincronizada com discos comuns de 78 rotações, com duração de cerca de quatro minutos, não com os modernos discos Vitaphone, que correspondiam cada um a um rolo de película com aproximadamente dez minutos de duração. O “sistema” utilizado no filme foi intitulado Synchrocinex. Em suas memórias de cineasta, Luiz de Barros descreve a laboriosa projeção de *Acabaram-se os otários*, alternando-se o projetor 1 – com as cenas sincronizadas de alguns diálogos e canções (discos Parlophon) – e o projetor 2 – com as cenas apenas acompanhadas de música (em geral, discos Columbia)[101]. Ou seja: era uma exibição que demandava um operador vigilante e treinado, diferentemente da projeção quase automática propiciada pelos equipamentos da Western Electric[102].

Acabaram-se os otários estreou no Santa Helena em 3 de setembro de 1929, mesma data em que o elegante Rosário era inaugurado com *O pagão*: de um lado, um espetáculo voltado para o grande público popular e, do outro, uma sala que queria atrair a elite social paulistana. O primeiro ficou três semanas em cartaz, uma a mais que o filme americano. Lançado no Rialto, no Rio de Janeiro, o filme ficou de 26 de setembro a 6 de outubro e, depois, no Íris, mais uma semana. Isso sem contar as exibições nos bairros em São Paulo, no Rio de Janeiro e em outras capitais. Mas o sucesso da fita não foi suficiente para que a crítica dita especializada tentasse compreender a motivação disso ou sequer a considerasse, como era seu vezo, uma promessa para a existência de um cinema brasileiro. A ainda pouco investigada postura cultural elitista profunda que tende a desvalorizar a nação e seus produtos – mesmo quando a primeira e os segundos ultrapassam por alguns momentos seu estado de periferia – impediu que a fita de Luiz de Barros fosse admitida como aceitável. Ela tinha alcançado um sucesso exclusivamente popular e, portanto, não podia ser de boa qualidade. Comentaristas como Paulo Duarte, no *Diário Nacional*, e Guilherme de Almeida, n'O *Estado de S. Paulo*, eximiram-se de escrever sobre *Acabaram-se os otários*. No Rio de Janeiro, o mesmo silêncio crítico cercou o êxito da fita.

O primeiro filme sonoro longo brasileiro ainda está desaparecido, mas é possível ouvir alguns dos discos Parlophon gravados para o filme[103]. Octavio Gabus Mendes, um dos poucos a comentar *Acabaram-se os otários*, gostou do enredo – "as aventuras de um caipira e de um italiano que vêm a São Paulo. Compram um bonde. São depenados num cabaré. E assim, desiludidos, voltam para o interior" –, elogiou a participação do seresteiro Paraguaçu e muito a de Genésio Arruda. Reclamou apenas de que a escolha das locações não fazia jus às belezas de São Paulo: a direção escolhera apenas a São Paulo de fundos de quintal[104]. Curiosamente, algumas poucas imagens de *Acabaram-se os otários* localizadas até o presente e disponibilizadas na Internet mostram Tom Bill e Genésio Arruda andando por um desses fundos de quintal[105].

Acabaram-se os otários foi exibido em salas paulistanas até, pelo menos, fevereiro de 1930. Entre 1929 e 1930, Luiz de Barros lançou outros filmes de apenas um rolo (cerca de dez minutos) sonorizados e produzidos pelo Synchrocinex. Certamente, o "sistema" foi levado para diversas cidades do interior do Brasil que ainda não conheciam o cinema sonoro ou que teriam público em potencial para filmes falados em português.

IMPASSES DA CONVERSÃO: OS MÚSICOS E A LÍNGUA

Em fins de 1929, após os primeiros meses da lucrativa exibição de filmes sonoros em várias capitais brasileiras, o problema da compreensão pelos espectadores brasileiros dos filmes falados em inglês começou a se tornar cada vez mais evidente, sobretudo com o lançamento de mais produções parcialmente faladas e até "cem por cento faladas".

Já na estreia do cinema sonoro no Rio de Janeiro, com a exibição de *A melodia da Broadway*, o problema da incompreensão dos diálogos em inglês teve de ser contornado pelo exibidor Francisco Serrador e pela agência distribuidora da Metro, diante das imprevistas reações negativas. Às pressas, a distribuidora encomendou ao laboratório de Paulo Benedetti a contratipagem de trechos da cópia para a impressão de legendas – chamadas de "letreiros sobrepostos"– nas sequências principais do filme[106].

A legendagem cara, improvisada e seletiva, como a feita em meados de 1929 no lançamento de filmes como *A melodia da Broadway* e *Hollywood Revue*[107] (Charles Reisner, 1929) – duas das principais superproduções do ano –, não foi e nem podia ser o principal meio de solucionar o "problema linguístico" na primeira fase da chegada do cinema sonoro ao Brasil. O procedimento mais comum se tornou a inserção de intertítulos escritos em português, como era feito tradicionalmente no "cinema silencioso", mas substituindo as cenas dialogadas ou intercalados a elas. O resultado foi uma enxurrada de críticas aos filmes falados com "letreiros quilométricos" e que muitas vezes eram transformadas em "cópias mudas" com a exclusão das cenas dialogadas[108].

Entretanto, em meio à turbulência do momento, não havia ainda regras ou padrões definidos sobre como tornar os filmes falados atraentes para os espectadores que compreendiam apenas o português. Nesse primeiro momento, foram lançadas cópias de filmes sonoros sem nenhuma adaptação para o mercado brasileiro, trazendo até intertítulos em inglês[109].

Essa "invasão de filmes falados em inglês" acirrou os ânimos mais nacionalistas, juntamente com os protestos pelo desemprego crescente dos músicos demitidos dos cinemas que tinham substituído suas orquestras por projetores sonoros e por potentes vitrolas[110].

Em outubro de 1929, no Rio de Janeiro, professores de orquestras já se reuniam com deputados pedindo ajuda à categoria, sugerindo aumento de impostos para os filmes falados[111]. Embora a *Cinearte* lamentasse esse "inconveniente" sofrido pelos músicos, atribuía o destino da classe à "lei fatal do progresso"[112].

Por outro lado, frente ao inegável lucro obtido pelos filmes sonoros nos melhores cinemas da cidade, o escritor e jornalista Medeiros e Albuquerque fez um apelo, na Academia Brasileira de Letras, em sessão do dia 7 de novembro, contra a desnacionalização através do cinema, que, além de ameaçar a língua nacional, também estava "suprimindo quase a profissão musical. Centenas de pessoas que viviam dessa arte foram despedidas, estão na miséria". O imortal urgia com o Conselho Municipal para tomar providências enérgicas, sugerindo "a elevação das tarifas para todos os filmes falados em qualquer língua, que não seja a portuguesa: elevação que torne proibitiva a importação de filmes dessa natureza"[113].

A repercussão foi imediata e não apenas no Rio de Janeiro[114]. A sugestão de Medeiros e Albuquerque foi logo transformada em projeto de lei encaminhado ao Conselho Municipal pelo intendente Floriano de Góes. Seguindo a proposta do acadêmico, o projeto criava um imposto rigoroso e proibitivo para suspender a invasão dos *talkies*:

> Art. 1º – A partir de 1º de março do ano de 1930, os cinemas e teatros que exibem filmes falados, em qualquer língua que não seja a portuguesa, além de tudo o mais que já pagam, [pagarão] o imposto de um conto de réis (1:000$) cada dia em que um filme dessa natureza for passado.
>
> Art. 2º – Os filmes simplesmente musicados pagarão por dia, além dos impostos atuais, mais cem mil-réis (100$000).
>
> Art. 3º Revogam-se as disposições em contrário[115].

O rigor de um projeto que, pela primeira vez até então, imporia restrições concretas à importação de filmes estrangeiros para o Brasil resultou em respostas contundentes por meio da imprensa. Tal campanha foi liderada pela poderosa Associação Brasileira Cinematográfica (ABC), que na verdade reunia as agências distribuidoras estrangeiras em operação no mercado brasileiro. Na ausência de uma associação que congregasse os donos de salas, a ABC abrigava também exibidores[116]. Criada em 1926 e presidida desde o início pelo ilustre advogado carioca Alberto Torres Filho, o secretário da ABC era Ademar Leite Ribeiro. Respaldada pelos dois mui dignos brasileiros, a ABC mantinha as melhores relações com a imprensa e com a classe política, em defesa de seus interesses.

Principal porta-voz da reação ao projeto, a ABC foi despudoradamente descrita na imprensa como "a única entidade [...] capaz de dar a palavra insuspeita sobre o assunto"[117]. Duas longas entrevistas dadas por representantes da entidade, Torres e Ribeiro, e publicadas respectivamente no *Correio da Manhã* e em *O Globo* desmontavam veementemente os principais argumentos que sustentavam o projeto de lei[118].

Apesar de Medeiros e Albuquerque ter defendido sua iniciativa[119], a avalanche de críticas enterrou a proposta de elevação de impostos[120]. Embora a situação dos músicos fosse dada como lamentável, era tida como inevitável. Além disso, Torres e Leite argumentavam que não haveria "imperialismo ianque em querer obrigar o estrangeiro a ouvir a sua língua", uma vez que em breve os estúdios de Hollywood fariam três versões de todos os seus filmes: a primeira inteiramente falada em inglês, a segunda sincronizada na língua dos países para onde se destinam e a terceira silenciosa para as salas dotadas de aparelhos silenciosos.

Por outro lado, deve-se destacar que, numa evidente política de boa vizinhança, desde as primeiras exibições dos filmes sonoros no Brasil as distribuidoras norte-americanas procuravam complementar as sessões com curtas falados na língua dos espectadores locais. Já na estreia do cinema sonoro no Cine Paramount, havia sido um discurso de Sebastião Sampaio, filmado nos estúdios da Paramount em Long Island. Na estreia no Rio, no Palácio Teatro, outro discurso de Sampaio fora exibido, dessa vez uma apresentação do Movietone encomendada pela Fox. Posteriormente, na estreia em São Paulo do primeiro filme falado da recém-criada companhia RKO, um terceiro discurso do cônsul foi exibido[121].

Já a Metro tinha tentado inovar com o curta *Mensagem de simpatia de Raquel Torres e da Metro-Goldwyn-Mayer* (1929), uma espécie de *trailer* do futuro lançamento do estúdio, *Deus Branco*[122] (W. S. Van Dyke, 1928). No curta, o diretor-geral da Metro no Brasil, Benjamin Finenberg, em visita a Hollywood, apresentava a jovem atriz mexicana, protagonista de *Deus Branco*, que falava "ao nosso público, num português que poderá ter incorreções, mas que foi declamado num momento de simpatia com a nossa terra"[123].

Além de todos esses complementos em português realizados nos Estados Unidos e exibidos no Brasil ainda em 1929, no ano seguinte começaram a chegar os primeiros longas-metragens estrangeiros dublados em português. Anunciado como "o primeiro filme falado em português"[124], a experiência pioneira deve ter sido a do filme religioso *Cristo Redentor*[125] (Dimitri Buchowetzki, 1921), lançado, como era de costume, durante a Semana Santa. Exibido no Eldorado, tratava-se da versão americana de um antigo filme silencioso alemão, inédito no Brasil, sincronizado com coro e música sacra. A cópia tinha sido trazida por Benjamin Finenberg, e sua verdadeira novidade era, ao fim, um sermão proferido em português pelo brasileiro residente em Nova York, Henrique de Almeida Filho, interpretando um sacerdote: "Esta parte, dita com muita expressão e verdade, ainda torna o espetáculo que o Cine Eldorado vai proporcionar aos crentes mais interessante e valioso"[126].

Após *Cristo Redentor*, foram lançados no Brasil outros filmes que traziam a atração de serem parcial ou inteiramente narrados em português, todos documentários. Por exemplo, o supostamente filmado nas selvas africanas *Jango!*[127] (1930), que foi distribuído com sucesso pelo Programa Serrador. O jovem paraibano Almeida Filho, responsável pela dublagem de *Cristo Redentor*, também estava por trás de *Jango!*[128].

Muito provavelmente Almeida Filho também se encarregou da dublagem de outros dois documentários distribuídos no Brasil pela Paramount ainda em 1930. Um era *Com Byrd no Polo Sul*[129] (Julian Johnson, 1930), filme sobre a pioneira exploração aérea da Antártica, que tinha uma breve narração em português. O segundo, *O inimigo silencioso*[130] (H. P. Carver, 1930), que fora filmado em meio a uma tribo de índios da América do Norte, apresentava um prólogo narrado em português[131].

Apesar dessas experiências, a maior parte dos lançamentos sonoros no Brasil eram os chamados "bagaços" ou "esqueletos" de filmes, como os críticos apelidavam as versões mudas com intertítulos substituindo ou traduzindo as cenas dialogadas e as descuidadas versões silenciosas[132]. Diante da ausência de uma única solução definitiva e satisfatória para adaptar os filmes falados em inglês às plateias brasileiras, em outubro de 1930 a Paramount dava como resolvido o "problema da língua" com três métodos diferentes[133]. Um deles era a legendagem, não mais feita de forma improvisada e parcial em laboratórios brasileiros, mas aplicada diretamente ainda nos Estados Unidos à cópia a ser enviada para o Brasil. O método foi inaugurado com o musical *Alvorada do amor*[134] (Ernst Lubitsch, 1929), dirigido por Ernst Lubitsch, estrelado por Maurice Chevalier e lançado em abril de 1930. O filme foi assim descrito pela revista da Paramount:

> O filme é mandado ao estrangeiro todo em dialogação inglesa, tal como é apresentado na América, sendo os letreiros explicativos impressos sobre o negativo de tal maneira que há perfeita sincronia entre as frases verbais. Assim, quem não sabe o inglês segue o sistema das legendas impressas ao pé das cenas, enquanto que os que entendem a linguagem do filme o apreciam através do verbo falado[135].

Os outros dois métodos também foram aplicados pela Paramount ao longo de 1930. Um deles era a "vocalização" ou dublagem, e o outro, a inclusão de versões em português no sistema de realização de versões em línguas estrangeiras, que o estúdio norte-americano começara a fazer em suas instalações em Joinville, na França.

Como era explicado na *Mensageiro Paramount*, as grandes produções desse estúdio, cujos principais atrativos estariam no aspecto visual, teriam suas cópias brasileiras legendadas em português. Já "os filmes de enredo puramente dramático e cuja ação se baseia no diálogo verbal serão uns vertidos diretamente em português [...], sendo outros adaptados pelo sistema de vocalização". Ou seja, seriam *refilmados* ou *dublados* especialmente aqueles filmes baseados em peças ou romances de sucesso nos quais o som – e particularmente a voz – tivesse papel preponderante[136].

A primeira "produção em língua estrangeira" realizada em português pela Paramount foi uma versão do popular romance *Sarah and Son*, de Timothy Shea, que, além do filme homônimo em inglês – dirigido por Dorothy Arzner em 1930 –, ganharia também versões cinematográficas em espanhol, francês, italiano, sueco e polonês. Intitulado *A canção do berço* (1930), o filme foi dirigido pelo brasileiro radicado na França Alberto Cavalcanti, com elenco inteiramente formado por atores portugueses[137].

Antes ainda do lançamento de *A canção do berço* em fins de 1930, já era anunciado *A dama que ri* (Jorge Infante, 1931) – versão de *The Laughing Lady* (Victor Schertzinger, 1929) –, mantendo o mesmo elenco do filme anterior. Depois de produzir dois dramas, a Paramount decidiu realizar uma versão em português de uma produção de "gênero alegre e musical", *Her Wedding Night* (Frank Tuttle, 1929). O filme *Minha noite de núpcias* (1931), dirigido pelo alemão W. Emo, tinha, pela primeira vez, um brasileiro no elenco, o célebre ator teatral Leopoldo Fróes[138].

Simultaneamente aos trabalhos em seus estúdios na França, a dublagem foi experimentada como uma clara alternativa da Paramount à realização de versões em português. Tanto que a primeira dublagem para o mercado brasileiro feita para o estúdio foi a de *Noivado de ambição*[139] (Edmund Goulding, 1930), que ainda foi refilmado em Joinville em italiano, alemão, sueco e francês (a última dirigida por Cavalcanti). Para realizar o trabalho de dublagem, a Paramount contratou justamente Henrique de Almeida Filho, mediante sua empresa Brasil Studios, sediada em Nova York[140]. Conforme a *Mensageiro Paramount* noticiava em outubro de 1930, ele "conseguiu todas as vozes na colônia brasileira de Nova York e já sincronizou no estúdio da companhia toda a primeira parte daquela produção, com surpreendentes resultados". Feita a dublagem, não era necessário realizar a versão em português[141].

Antes ainda do lançamento de *Noivado de ambição*, em dezembro de 1930, a Paramount anunciava mais um filme dublado por Almeida Filho, *Esposa de ninguém*[142] (Dorothy Arzner, 1930)[143]. Essa segunda produção dublada da Paramount, porém, não foi lançada nos meses seguintes. Diante da demora, em 1º de setembro de 1931, Almeida Filho enviou uma carta à Academia Brasileira de Letras e a diversas outras autoridades brasileiras denunciando um boicote dos estúdios norte-americanos à língua portuguesa[144]. O diretor da Paramount no Brasil, Tibor Rombauer, respondeu prontamente que Almeida Filho era motivado apenas por "interesses pessoais", querendo obrigar as companhias produtoras a utilizarem seus serviços, embora nenhuma das películas dubladas tivesse alcançado o "resultado que o sr. Almeida Filho prometia e esperava", não tendo merecido "acolhimento público"[145]. De fato, somente após essa polêmica pública foi lançado *Esposa de ninguém*, em outubro de 1931, cuja dublagem foi criticada na *Cinearte*:

> Para que o processo *dubbing* fosse uma coisa viável entre nós, preciso era que não conhecêssemos as vozes dos artistas e, principalmente, só tivéssemos assistido a filmes assim. [...] dessa forma, acharíamos naturais aquelas inflexões forçadas e possível de apreciar a nossa língua substituindo a fala em inglês [...] A mudança das inflexões das vozes, o desencontro de certos momentos nos movimentos labiais perturbam todo filme e ninguém o poderá apreciar nos seus verdadeiros méritos[146].

Finalmente, em dezembro de 1931, foi lançada a última dublagem da "troupe de H. de Almeida Filho", *Coragem de amar*[147] (George Cukor e Louis J. Gasnier, 1930). A *Cinearte* novamente criticou:

> *Coragem de amar* vem atrasado... O que houve com ele foi apenas isto: o filme era originalmente fraco e, a piorá-lo, a versão *dubbing* apresentada por H. de Almeida Filho [...] O processo *dubbing*, mais uma vez, prova ser fracasso. Deteriora as devidas expressões dos artistas. Está ininteligível quase todo e a voz de H. de Almeida Filho ouve-se falando por vários artistas, o que tira todo o cunho de sinceridade que o filme possa ter. Além de pouco se entender, não convence esse processo[148].

As dublagens de Almeida Filho foram rejeitadas no Brasil, em geral, por imperfeições na sincronização labial e por utilizar artistas amadores, tanto brasileiros quanto portugueses, que viviam nos Estados Unidos. As dublagens da Paramount, portanto, não tiveram continuidade, pois, além de implicar em maiores gastos por cópia, havia acima de tudo a reclamação pelo fato de a "vocalização" em português impedir os espectadores brasileiros de ouvirem a verdadeira voz dos mais queridos astros de Hollywood, um dos maiores atrativos dos *talkies* aos quais os fãs estavam se acostumando[149]. O mesmo problema obviamente também afligia as refilmagens em português, processo ainda mais dispendioso que a dublagem. Assim, dos três métodos anunciados pela Paramount em 1930, seria a legendagem que se consolidaria como padrão do formato de exibição de filmes falados estrangeiros no Brasil.

IMPASSES DA CONVERSÃO: ECONOMIA E POLÍTICA

O período de transição do cinema silencioso para o sonoro coincidiu com um dos mais tensos da história contemporânea. A década de 1920, rotulada como "anos loucos", terminou numa crise econômica que deprimiu o planeta, incentivou a criação de governos totalitários de direita e preparou o panorama para uma segunda conflagração mundial de terríveis consequências.

A crise brasileira não teve sua origem no craque da Bolsa de Nova York, em outubro de 1929, mas foi acelerada por ela. Seu cerne foi o café: as safras cada vez maiores, que faziam os preços caírem no mercado internacional, e a política artificial de remuneração aos cafeicultores mantida pelo governo brasileiro, que, em 1929, se tornou insustentável. Se o estado de São Paulo, por sua produção cafeeira, era a locomotiva que puxava o Brasil, em 1930 foi o Brasil que precisou se mobilizar em torno da "nossa maior riqueza" para que o país não se esboroasse.

Em oposição à parte da elite que defendia que o Brasil era um país essencialmente agrícola e como tal deveria ser governado, havia os que acreditavam na possibilidade de desenvolvimento da indústria nacional[150]. Para tanto, conseguiram, ao longo dos anos 1920, a criação de leis de proteção industrial através da elevada taxação alfandegária de produtos importados. Se a indústria nacional era uma fantasia, não vem ao caso aqui, exceto no que diz respeito à produção e ao comércio cinematográficos. Em 1930 – último ano da República Velha –, aumentou o protesto contra as taxas alfandegárias. Com o movimento de outubro daquele ano, que guindou Getúlio Vargas ao poder supremo da nação, a situação de caos econômico nacional – e as imensas dívidas internacionais – foi muito oportuna a apelos para que o governo dito revolucionário estudasse uma drástica redução das taxas e direitos aduaneiros.

O mercado cinematográfico brasileiro ficara bastante confuso com a chegada do som. O alto preço dos equipamentos sonoros, a discussão indefinida sobre filmes falados ou não, em inglês ou não, as versões silenciosas de filmes falados – tudo era vago quanto aos rumos que tomaria o espetáculo cinematográfico. Contudo, Francisco Serrador não via, em abril de 1930, motivos para preocupação. Respondendo a inquérito de *A Noite* sobre a tão propalada crise, relata que estava com Vivaldi Leite Ribeiro (o grande financiador de seus empreendimentos cinematográficos cariocas) em Nova York, em outubro do ano anterior, e ficara encantado com os cuidados com que o governo de Herbert Hoover administrara os efeitos da crise, mandando afixar, "nas ruas e estradas de quase todas as cidades desse grande país, cartazes de coragem e de fé"[151]. Para Serrador, o cinema no Brasil continuaria a ser o principal divertimento público, a começar porque tinha preços módicos; quanto ao cinema falado, também não via grandes dificuldades:

> O senhor sabe que a maioria dos filmes para o estrangeiro estão sendo feitos somente com reduzida parte falada ou quase toda sem diálogos. [...] De mais, meu amigo, o cinema falado e sincronizado é uma das mais lindas realidades da ciência e, portanto, representa o progresso que, andando como anda, a par com o tempo, não poderá nunca ser detido, principalmente sendo, como é, mecânico e sujeito, portanto, a novas aplicações da ciência que virão dar-lhe, dia a dia, maior eficiência. E quer um conselho? Não fale muito em crise[152].

Um ano e meio depois, Serrador estava só um pouco menos otimista:

Nem muito ao mar, nem muito à terra.

Nunca o mundo precisou tanto de uma grande campanha para auxiliar o seu reerguimento econômico e financeiro. [...] Vamos todos dizer e repetir a frase, que já se torna popular: "Sorria, sorria sempre"[153].

Essas declarações foram feitas a Pedro Lima, que, responsável pela seção de cinema no *Diário da Noite* carioca, realizou no final de 1931 uma enquete sob o título "Fecharão todos os cinemas do Brasil?". Ao que tudo indica, a enquete foi estimulada – talvez solicitada – pela já mencionada Associação Brasileira Cinematográfica (ABC). Como dito anteriormente, o secretário da ABC era Ademar Leite Ribeiro, irmão do Vivaldi mencionado anteriormente e braço direito de Francisco Serrador na Companhia Brasil Cinematográfica.

O primeiro entrevistado de Pedro Lima em sua enquete foi William Melniker, diretor da MGM para a América do Sul. Em longo depoimento, Melniker fala sobre os milhões de dólares investidos pela companhia na adaptação aos tempos sonoros, o problema das estrelas antes silenciosas etc. Quanto ao mercado brasileiro, ele não nega que o volume de negócios tenha aumentado, mas com mais despesas e trabalhos e "não só devido ao filme falado, que trouxe serviços complementares". Os problemas maiores são os direitos alfandegários, que subiram muito, o mil-réis que foi desvalorizado e o governo que, para equilibrar a balança comercial, suspendera temporariamente "a remessa de dinheiro para fora do país". Felizmente, os exibidores brasileiros contavam com a "representação direta" das produtoras americanas no Brasil[154].

Mas por quanto tempo se aguentará esta situação? [...] chegará o dia em que receberemos ordem para cerrar nossas portas porque deixaremos de receber mais filmes, ao menos para evitar as despesas do transporte e do material. E então os exibidores nada poderão fazer senão acabar com as suas casas ou se sujeitarem a passar filmes de estoque[155].

Para contornar o problema, Melniker conta que as agências vão reduzir a quantidade de cópias importadas: em vez de três ou quatro, uma só, para atender "as cidades mais importantes do Brasil". As outras ficarão, portanto, sem a produção recente e, exauridas as cópias existentes no país, os pequenos cinemas do interior terão de fechar as portas. À sugestão de copiar os filmes no Brasil, Melniker responde: "não temos laboratórios aparelhados em condições para este serviço" e afirma que "a Metro não mandará seus negativos para serem copiados aqui, nem em outro país da América do Sul". Consta-lhe que, para piorar a situação, "alguns entusiastas de filmagem nacional" vão pedir ainda mais impostos "como pseudoproteção aos desejos de disporem de todo o mercado de cinema para passar seus filmes... inexistentes". Enumera então algumas fitas que considera louváveis – *Barro humano* (1927-1929), *São Paulo, a sinfonia da metrópole* (1929), *Limite* (1930) e *Iracema* (1930) –, mas que são "promessas" e não podem, "como indústria, ser tomadas em consideração". Portanto, o governo brasileiro deve diminuir as despesas de importação "para que possamos retirar pelo menos três cópias com que socorrer os 2 mil cinemas do Brasil". Caso contrário, o primeiro passo será importar apenas uma cópia para os principais mercados. Se a crise continuar, seriam forçados a fazer o inevitável: despedir "empregados e fecharmos as agências de filmes"[156].

Durante as semanas seguintes, com ameaças semelhantes mais ou menos explícitas quanto à suspensão da importação de filmes, com dados estatísticos mais ou menos consistentes, foram entrevistados representantes da United Artists, da Universal, da Fox, da Paramount, além de Francisco Serrador e Júlio Ferrez. Houve algumas respostas. Carmen Santos, por exemplo, mandou carta afirmando a existência do cinema brasileiro. Também um leitor escreveu sobre as leis que vários países decretavam protegendo suas cinematografias nacionais, mas parece clamar no deserto quando pergunta: "E é, em um momento destes, que os importadores do Brasil, com aquela arrogância do diretor da Metro, vêm falar em protecionismo para os seus filmes?! Não lhe parece isso um absurdo?"[157].

O assunto transbordou para outros jornais e para fora das colunas cinematográficas. Artigos lamentam a aflição das distribuidoras americanas e acenam com revoltas populares diante do fechamento de cinemas. A ABC continua firme em seus propósitos: anuncia um memorial que entregará ao chefe do governo provisório, Getúlio Vargas, e a próxima realização da I Convenção Nacional Cinematográfica, em que discutirá a alarmante situação. O longo memorial – redigido por Ademar Leite Ribeiro e Júlio Ferrez e publicado em vários jornais[158] – foi levado ao palácio do Catete no dia 25 de novembro, por uma comissão da ABC, e entregue a Getúlio Vargas com discurso de Alberto Torres Filho. Getúlio prometeu estudar pessoalmente o assunto e encaminhar uma solução. Mas negociou: uma vez que o governo

> conceda o favor que [os postulantes] solicitam, tem também o direito de pedir que se comprometam a retribuir, cooperando pelo engrandecimento da Pátria, não só nas boas iniciativas como fazendo a propaganda moral, intelectual e sanitária do Brasil através do filme.

Os cinematografistas mostram-se de acordo com o que o chefe do Governo lhes sugeriu, dizendo que, com o favor do Governo reduzindo os direitos aduaneiros, eles farão mais do que s. ex. lhes solicita[159].

De certa forma, adiantando-se ao pedido de Getúlio, o memorial – repleto de argumentações e estatísticas no pleito pela redução das taxas alfandegárias que incidiam sobre as cópias de filmes estrangeiros – enxertava, antes de sua conclusão, meia dúzia de parágrafos solicitando ao chefe do governo que reduzisse também os custos de importação do filme virgem positivo e negativo, "pedra angular" da cinematografia nacional e "primeiro auxílio de que ela precisa para os seus passos iniciais"[160]. Talvez o enxerto se devesse à presença dos jornalistas Celestino Silveira e sobretudo Pedro Lima na comissão organizadora da futura Convenção, mas talvez fosse também o caso de lembrar a extraordinária repercussão que cercava o lançamento do filme *Coisas nossas* (1931). Produzido por Alberto Byington Jr., dono de tradicional rede comercial de produtos elétricos, além de representante brasileiro da gravadora Columbia[161], *Coisas nossas*, primeiro filme realizado no Brasil pelo processo Vitaphone, foi lançado no Rosário de São Paulo, em 23 de novembro de 1931 e, uma semana depois, estreou no Cine Eldorado, no Rio, de propriedade de Generoso Ponce. A exemplo do *Follies de 1929*, o filme não tinha enredo: era uma sucessão de quadros humorísticos entremeados de números musicais (batuques nordestinos, serestas, canções regionais) interpretados por cantores de sucesso em discos e audições radiofônicas. Em todos os lugares em que foi exibida, de norte a sul do país, a fita arrastou multidões. Em 5 de dezembro, Getúlio Vargas e comitiva compareceram ao Eldorado, assistiram a *Coisas nossas* e conversaram com Ponce e "representantes da Casa Byington"[162]. Pedro Lima, no longo artigo que escreveu sobre o acontecimento, enfatizou que havia sido "o maior e único estímulo que já teve qualquer filme brasileiro" por parte do governo, "sendo de esperar que novos horizontes surjam para a consagração definitiva de todos os esforços em prol de um ideal tão bonito e patriótico"[163].

A Convenção Nacional Cinematográfica realizou-se de 6 a 7 de janeiro de 1932 nos salões do Automóvel Clube, sob a presidência de honra de Pedro Ernesto, interventor do Rio de Janeiro. Algumas mulheres, entre as quais a poeta Maria Eugênia Celso, a cronista Zenaide Andréa e a produtora Carmen Santos falaram sobre a força poética do cinema, cinema brasileiro, cinema educativo – aspectos também abordados por Guilherme de Almeida e outros. Indubitavelmente os discursos de mais impacto foram os políticos, de Ademar Leite Ribeiro, William Melniker e Generoso Ponce. Os dois primeiros reafirmaram enfaticamente os argumentos expostos no memorial. Ponce, falando pelos exibidores, referiu-se ao sucesso de *Coisas nossas* e à generosa intercessão das distribuidoras estrangeiras para que o governo reduzisse as taxas sobre filme virgem e também hipotecou o apoio dos donos de salas ao cinema brasileiro, sobretudo aos filmes de curta metragem educativos, de canções regionais e de propaganda do Brasil.

Ainda antes que o governo respondesse às solicitações contidas no memorial da ABC e renovadas na Convenção, houve uma reação do meio cinematográfico brasileiro, particularmente dos produtores, realizadores e cinegrafistas concentrados no Rio de Janeiro. Depois de algumas reuniões, foi resolvida a criação da Associação Cinematográfica de Produtores Brasileiros (ACPB)[164], entidade que, a partir de então, participou ativamente das batalhas pelo cinema nacional.

Em 4 de abril de 1932, Getúlio Vargas assinou o decreto nº 21.240. Embora seja considerado o primeiro documento legal em benefício do cinema brasileiro, é interessante observar que, de um total de 25 artigos, 13 dizem respeito diretamente à nacionalização da censura, três se referem vagamente à exibição obrigatória de filmes brasileiros e dois reduzem drasticamente as taxas alfandegárias para importação de filmes impressos (art. 16º) e de filmes virgens positivos e negativos (art. 17º). Estava, portanto, atendida a principal reivindicação dos importadores estrangeiros e, subsidiariamente, uma antiga reclamação dos produtores nacionais. Colocada de imediato em vigor, a lei evitou que se cumprisse a tal ameaça de fechamento de todos os cinemas do Brasil.

A obrigatoriedade de exibição de filme brasileiro demorou a ser regulamentada e, se somente em agosto de 1934 foi posta em execução, isso aconteceu muito a contragosto dos importadores estrangeiros e dos exibidores nacionais, que tudo fizeram para que não se concretizasse – ainda que a obrigatoriedade fosse apenas de inclusão de um curta nacional em cada programa. A ACPB batalhou pela obrigatoriedade e, como uma de suas armas, elogiou a mais não poder o apoio dado por Getúlio ao cinema brasileiro. A Associação também definiu que maio era o Mês do Cinema Brasileiro e durante alguns anos promoveu diversas manifestações nessa época do ano. Em maio de 1936, por solicitação da ACPB, várias palestras comemorativas foram proferidas ao microfone no programa radiofônico oficial *A Hora do Brasil*. Uma delas foi feita por Lamartine S. Marinho, antigo correspondente da *Cinearte* em Hollywood. Ao falar sobre a chegada ao Brasil do "filme falado em idioma estrangeiro", ele comenta que "o brasileiro ambientou-se em excesso a ouvir o que não entende e, pior, a gostar demasiado dessa anomalia"[165].

A experiência de *Coisas nossas*, a primeira revista cinematográfica brasileira sincronizada com discos Vitaphone, apesar de muito bem-sucedida, permaneceu singular. A primeira produção da Cinédia, fundada por Adhemar Gonzaga em março de 1930, ainda foi inteiramente silenciosa: *Lábios sem beijos* (1930), com direção de Humberto Mauro. Mas Gonzaga tinha plena consciência de que a tecnologia sonora chegara para ficar. Tanto que o segundo filme que produziu, *Mulher* (Octávio Mendes, 1931), já era acompanhado com discos Vitaphone, embora apenas com músicas sincronizadas – uma seleção feita, arranjada e regida por Alberto Lazzoli.

Já *Ganga bruta* (1931-1932), a terceira produção da Cinédia, dirigida por Humberto Mauro, teve uma trajetória complicada, pois as filmagens começaram em setembro de 1931 e o lançamento somente aconteceu em maio de 1933. Aparentemente teria sido concebido como filme silencioso, mas, diante da modificação do mercado cinematográfico, decidiu-se que seria sincronizado com discos Vitaphone. A trilha, composta e arranjada por Radamés Gnatalli, tinha um pouco de música clássica, batuques, serestas cantadas, ruídos e alguns poucos diálogos sincronizados. Quando de sua exibição pública, já era um objeto tecnologicamente ultrapassado, se comparado aos filmes norte-americanos então em exibição e que haviam resolvido praticamente todos os problemas técnicos e estéticos surgidos com o predomínio dos filmes sonoros e falados. Isso não impediu que, posteriormente, *Ganga bruta* fosse consagrado como uma das maiores obras da história do cinema brasileiro devido à sua extraordinária unidade plástica e narrativa.

A Cinédia ainda lançaria um último filme sincronizado com discos Vitaphone, *Onde a terra acaba* (Octávio Mendes, 1932), produzido com Carmen Santos. Estreado em outubro de 1933, era "uma relíquia histórica": tinha ruídos, música e alguns diálogos, com "o toque esdrúxulo de que os diálogos eram reproduzidos também sob a forma de legendas"[166].

A CONVERSÃO DO CIRCUITO EXIBIDOR EM NÚMEROS

A chegada do cinema sonoro ao Brasil baseia-se, em sua essência, na conversão – gradual e desigual – do circuito exibidor nacional à projeção de filmes sonoros. Portanto, terminamos este capítulo com a análise mais detalhada do ritmo de adaptação das salas de cinema à nova tecnologia ao longo da década de 1930. Uma fonte importante para isso são as edições correntes e os anuários do jornal norte-americano *The Film Daily*[167].

As edições do anuário *The Film Daily Year Book* incluíam regularmente relatórios sobre o mercado cinematográfico de inúmeros países, inclusive o Brasil, com informações sucintas a respeito da legislação, censura, taxação e produção local, fornecidas pelo governo e por correspondentes locais. A partir desta e de outras fontes, é possível verificar a transformação do mercado exibidor brasileiro através de números mais precisos. Já no anuário *The Film Daily* publicado em 1930, relativo a 1929, indicava-se a existência de 18 instalações sonoras completas no Brasil, além de nove instalações já encomendadas e mais outras cinco em curso, totalizando 32 cinemas sonoros num universo de 1.431 salas (2,2%)[168].

De fato, em dezembro de 1929 certamente já havia pelo menos três dezenas de salas exibindo filmes sonoros no Brasil. Somando os 16 cinemas convertidos no Rio de Janeiro aos nove já convertidos em São Paulo, assim como às salas pioneiras de cidades como Niterói, Santos, Piracicaba, Curitiba, Porto Alegre e Vitória, certamente chegamos a pelo menos trinta cinemas brasileiros adaptados ao longo de nove meses.

A rápida conversão dos cinemas lançadores brasileiros prosseguiu em 1930, atingindo, por exemplo, as principais capitais do Nordeste. Citando um relatório do Departamento de Comércio do Governo dos Estados Unidos, uma reportagem de *The Film Daily* relatava a existência de 54 cinemas sonorizados no Brasil em meados do ano, estando 22 deles no Rio de Janeiro[169]. Ao final de 1930, de acordo com o *The Film Daily Year Book*, já seriam 125 salas adaptadas dentre as 1.600 existentes no país (7,8%)[170].

A credibilidade desses números pode ser atestada pela semelhança com os dados publicados, no mesmo período, pela revista brasileira *A Scena Muda*. Sem especificar a fonte original das informações, no editorial da edição de janeiro de 1931 era informada a existência de 106 salas convertidas num universo de 1.628 cinemas brasileiros (6,5%). Isto é, o número de cinemas convertidos parece ter duplicado entre 1929 e 1930, embora eles ainda representassem uma fração mínima do circuito total[171].

Nesse mesmo momento, a dificuldade para a obtenção de dados precisos e atualizados era comentada pela própria imprensa especializada. Também em janeiro de 1931, a *Mensageiro Paramount* criticava uma reportagem da revista portuguesa *Cinéfilo* afirmando que o Brasil teria apenas 12 salas equipadas para o som pelo fato de os brasileiros só admitirem filmes em português. Corrigindo essas informações, a publicação da Paramount reproduzia os números publicados por *A Scena Muda*, informando que no Brasil existiam 106 salas convertidas para o som, pouco menos do que a Argentina, que teria 125 cinemas sonoros[172].

Apesar do número aparentemente pequeno, o Brasil e a Argentina respondiam por mais da metade dos cinemas sonoros de todo o continente. Afinal, segundo dados transcritos de uma apresentação em Nova York em outubro de 1930, a América Latina teria 4 mil cinemas, mas cerca de apenas 450 convertidos para o som. Mesmo assim, esse número de cinemas sonoros representaria uma proporção de apenas 11% das salas de todo o continente, porcentagem inferior à da Europa e do Oriente (em torno de 20%) e maior apenas que a da África (5%)[173].

De qualquer modo, o ritmo de conversão no Brasil continuou acelerado em 1931. Segundo *The Film Daily Year Book*, o ano de 1931 se encerrava com o Brasil possuindo 185 salas já convertidas num circuito de 1.600 salas (11,5%)[174].

Novamente, outra fonte nos leva a corroborar esses dados. O pesquisador Lécio Augusto Ramos, sem especificar a origem de suas informações, apontou números semelhantes para julho de 1931: existiriam 183 instalações sonoras num universo de 1.658 salas brasileiras (11%)[175]. Da mesma forma, num encontro em Hollywood no primeiro semestre de 1931, representantes do Departamento de Comércio do Governo dos Estados Unidos indicavam duzentas salas brasileiras aparelhadas num total de 1.600 (12,5%), mas apontando que a conversão para o sonoro seguia em ritmo acelerado em toda a América Latina[176].

Nesse contexto, encontramos, porém, uma fonte particularmente dissonante, pois um número significativamente maior de cinemas sonoros era apresentado no já citado memorial entregue ao presidente Getúlio Vargas pelos distribuidores e exibidores, datado de 25 de novembro de 1931. Nesse documento, a informação era de que havia quatrocentos cinemas sonoros para o total de 1.753 salas no país, representando 22% do circuito. O número de salas não aparelhadas para o som (1.353) equivaleria quase ao total de cinemas do interior do país (1.218)[177]. A diferença dos números apresentados nesse documento em relação às outras fontes pode se dever ao fato de o Memorial possivelmente não diferenciar salas dotadas de projetores sonoros – fossem de som em discos (Vitaphone) ou som óptico (Movietone) – daquelas salas que haviam simplesmente instalado potentes vitrolas para o acompanhamento sonoro por discos de cópias mudas.

De qualquer forma, o patamar de um quinto do circuito já convertido para o som não tardou a ser alcançado. Na edição referente a 1932, *The Film Daily Year Book* informava que, dos 1.600 cinemas brasileiros, 330 (20%) já tinham sido adaptados para a tecnologia sonora desde 1929, embora não mais que 225 (14%) funcionassem regularmente[178]. Novamente, um dos possíveis problemas dessas estatísticas é a provável indistinção entre as salas dotadas de projeção Vitaphone e/ou Movietone daquelas aparelhadas com os meros "tapeafones".

Números aparentemente mais precisos são as estatísticas do Ministério da Educação divulgadas pela revista brasileira *Cinearte* em meados de 1933. Segundo esses dados, o Brasil teria 1.683 cinemas, sendo 658 dotados de equipamentos para filmes falados (39%)[179]. Ainda segundo as estatísticas oficiais do governo, dos cinemas já convertidos, 475 deles ficariam na região Sudeste (72%), sendo 240 no estado de São Paulo (51%). Ou seja, um só estado respondia por mais da metade dos cinemas então convertidos em todo o país. Já os estados do Amazonas, Piauí e Acre ainda não contariam com nenhum cinema aparelhado para os filmes sonoros. Esses mesmos dados vão ser citados posteriormente, por exemplo, pela revista *Cine Magazine*[180].

Em 1933, o ritmo da conversão continuava acelerado, mas provavelmente passando a atingir os circuitos secundários, aparentemente devido à saturação do mercado das grandes capitais brasileiras. Desse modo, os clientes que ainda havia para serem conquistados eram os pequenos exibidores, especialmente do interior, inclusive, por exemplo, proprietários de cinemas que não funcionavam todos os dias da semana. Esse quadro chegou a resultar, entre fins de 1933 e meados de 1934, numa verdadeira campanha pela conversão para o cinema sonoro nas páginas da revista *Cine Magazine*. Entre outros aspectos, havia a necessidade de padronizar a exibição de filmes sonoros no sistema de som óptico, com as distribuidoras anunciando que interromperiam o lançamento de cópias acompanhadas por discos[181].

Pressionados pela falta de filmes silenciosos e, a partir de então, pela escassez até mesmo de cópias com som em discos, os exibidores brasileiros viram-se obrigados a converter suas salas à projeção sonora, fechar as portas ou passar a funcionar como teatros. As consequências poderiam ser lidas nos anuários de *The Film Daily*: em 1933, seriam 525 cinemas sonoros para aproximadamente 1.125 cinemas (46%), destacando-se o "declínio regular no número de cinemas desde o advento do som"[182]. Em 1934, o número era de oitocentos cinemas sonoros para apenas 1.200 salas, totalizando 66% do circuito. Novamente era ressaltado que, "devido à dificuldade de obtenção de filmes silenciosos e à maior popularidade dos filmes sonoros, vários exibidores impossibilitados de adquirirem instalações para cinema sonoro foram obrigados a fecharem suas salas"[183].

O que ocorria, portanto, era que o grande aumento da proporção de cinemas convertidos em relação ao total de salas entre 1932 e 1934 (de 20% para 66%) também estava inevitavelmente ligado à diminuição do circuito brasileiro, com o fechamento, provisório ou definitivo, de muitos cinemas.

Não por acaso, foi nesse período que os principais produtores brasileiros adotaram definitivamente o verdadeiro "cinema falado", isto é, o Movietone. No final de 1932, Adhemar Gonzaga importou dos Estados Unidos uma unidade de gravação óptica, na forma de um caminhão, da pouco conhecida marca Rico. Testando o equipamento para registro sincrônico de imagem e som, a Cinédia produziu o curta *Como se faz um jornal moderno* (Adhemar Gonzaga, 1933) e, por ocasião dos festejos do Momo, entremeando documentário e ficção, *A voz do Carnaval* (Adhemar Gonzaga e Humberto Mauro, 1933).

Disputando a primazia do cinema falado, estava o operador Fausto Moniz, com sua empresa Cine-Son, que desenvolveu no Rio de Janeiro um gravador óptico próprio, apelidado de Monizotone[184]. Em dezembro de 1932, ele exibiu, para o presidente Getúlio Vargas e comitiva, seu *Monizotone Brasil Jornal* (1932), "espécie de *Fox News* carioca"[185]. E, meses depois, lançou também seu carnavalesco falado e cantado, *O Carnaval de 1933* (1933).

O grande impulso, porém, veio em meados de 1934, com a já citada regulamentação da obrigatoriedade de exibição do complemento brasileiro, determinando a inclusão em todos os programas de um "filme nacional de boa qualidade, sincronizado, sonoro ou falado, *sistema Movietone*"[186]. A ampliação da produção de curtas sonoros repercutiu no lançamento de longas-metragens inteiramente falados em 1935. A Cinédia, por exemplo, associou-se para isso à Waldow Filmes, de Wallace Downey, que possuía um caminhão RCA Victor, permitindo uma qualidade de gravação sonora muito superior à alcançada até então pelos demais produtores. Dessa parceria resultaram os longas-metragens musicais *Alô, alô, Brasil* (Wallace Downey, 1934), *Estudantes* (Wallace Downey, 1935) e *Alô, alô, Carnaval* (Adhemar Gonzaga, 1935). O extraordinário sucesso desses filmes marcou definitivamente a ligação do cinema sonoro brasileiro com a música popular, o disco e o rádio, que se tornou fundamental a partir de então.

Nesse momento crucial de adoção definitiva do som óptico pelos produtores brasileiros, enquanto novas salas de exibição abriam já equipadas para o filme sonoro, alguns antigos cinemas aparentemente continuavam resistindo à conversão – mesmo à força de ficar sem funcionar regularmente. O anuário *The Film Daily*, por exemplo, mencionou que 59 cinemas permaneceram fechados em 1935[187]. No mesmo ano, a *Cine Magazine* ainda indicava o funcionamento de somente 1.125 cinemas no país[188]. Tratava-se de um circuito de salas menor que o da Austrália e pouco maior que o da Suécia – também bem menor que os supostos 1.600 cinemas em funcionamento no próprio Brasil dois anos antes.

Em 1935, a proporção de cinemas convertidos (67%) praticamente não se alterou em relação ao ano anterior: num universo de 1.351 salas, existiam 906 cinemas sonoros[189]. As cidades do Rio, São Paulo, Salvador, Recife e Porto Alegre respondiam por 196 salas, todas já adaptadas para o som[190]. Em suas duas edições seguintes, *The Film Daily Year Book* aparentemente fez apenas uma estimativa vaga da quantidade total de cinemas em funcionamento no país, uma vez que o número redondo de 1.400 salas indicado no anuário de 1936 seria repetido no de 1937[191]. Mais confiável parece ser o dado fornecido por relatório do governo norte-americano e reproduzido na revista brasileira *O Informador da Cinematografia*: 1.246 cinemas em funcionamento no Brasil em 1937[192]. Esse número provaria a continuidade do processo de encolhimento do circuito em relação aos 1.351 cinemas de 1935.

Com a diminuição do circuito, a porcentagem de salas adaptadas para a projeção sonora em relação ao total de cinemas voltou a se elevar. Em 1936, segundo *The Film Daily Year Book*, a conversão para o cinema sonoro teria chegado a 83%, com 1.170 salas adaptadas[193]. Baseando-se em dados da revista norte-americana *Variety*, Randal Johnson chegou a números semelhantes, indicando 85% das salas convertidas para o filme falado em 1936 no Brasil[194]. Desse modo, parece seguro afirmar que finalmente o país alcançava – aliás, ultrapassava – os "três quartos de cinema falado", inversos aos "três quartos de cinema silencioso" que, em editorial da *Cine Magazine*, o jornalista L. S. Marinho lamentava haver no Brasil dois anos antes[195].

NÚMERO DE CINEMAS ADAPTADOS PARA O SOM NO BRASIL

Fonte: elaborado pelo autor a partir de *The Film Daily Year Book* (Nova York: 1930-1939)

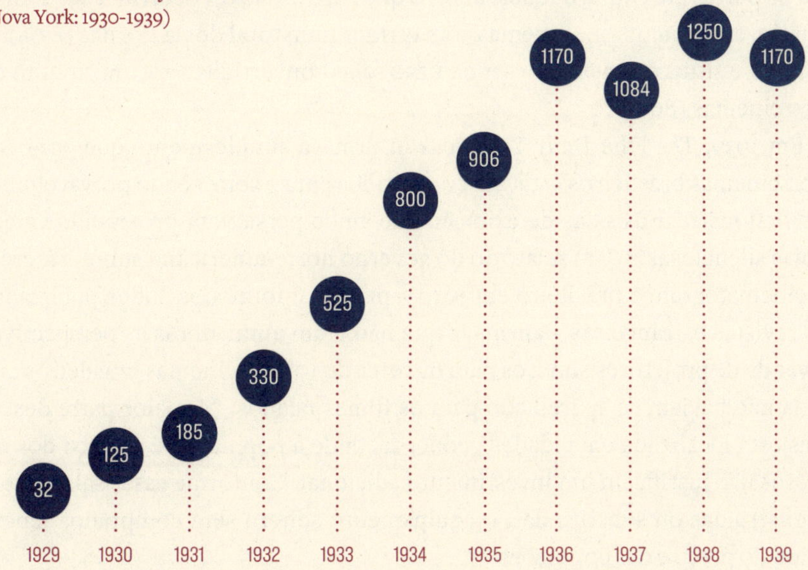

PORCENTAGEM DE CINEMAS ADAPTADOS PARA O SOM NO BRASIL

Fonte: elaborado pelo autor a partir de *The Film Daily Year Book* (Nova York: 1930-1939)

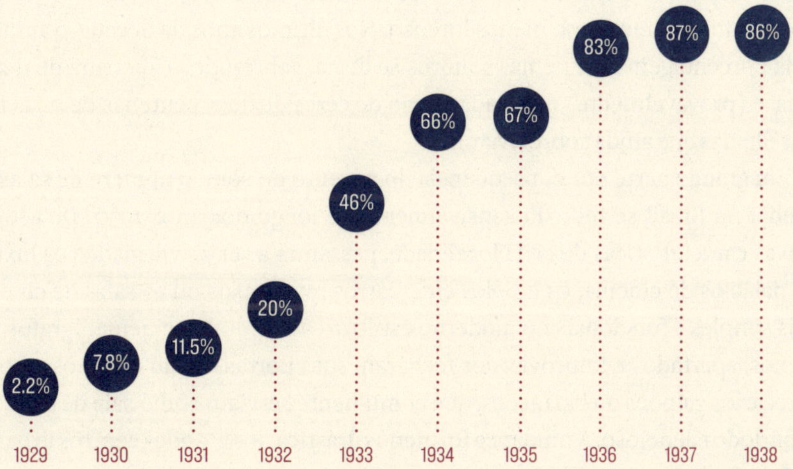

Em sua edição referente ao ano de 1937, *The Film Daily Year Book* anunciava que 150 das últimas 200 salas brasileiras não equipadas para o som deveriam fechar as portas até o final daquele ano – o que parece não ter ocorrido. Segundo o anuário, existiriam 1.084 cinemas convertidos num total de 1.246 salas (87%)[196]. Em 1938, a situação passaria a ser de 1.250 salas convertidas para um circuito de 1.450 cinemas (86%)[197].

Em 1939, *The Film Daily Year Book* informava simplesmente que 90% dos 1.300 cinemas brasileiros estavam convertidos para o som, sendo provavelmente difícil rastrear as salas de exibição que ainda persistiam projetando velhas cópias silenciosas[198]. Um relatório do governo norte-americano sobre o mercado cinematográfico brasileiro em 1940 – principal fonte dos dados publicados nas revistas estrangeiras – afirmava que não eram animadoras as perspectivas de venda de projetores sonoros para os cerca de 10% de cinemas brasileiros que ainda não haviam se aparelhado para os filmes falados: "A maior parte dessas salas está localizada em cidades pequenas, onde a população e o preço dos ingressos não justificam um investimento adicional. Conforme essas salas forem reconstruídas ou substituídas, o equipamento sonoro será comprado, dependendo do preço e das condições"[199].

O gráfico "Número de cinemas adaptados para o som no Brasil" mostra uma curva ascendente. O aumento foi contínuo e estável entre 1929 e 1932, mas atingiu principalmente os cinemas lançadores que, como pode ser visto no gráfico "Porcentagem de cinemas adaptados para o som no Brasil", representavam menos de um quinto do circuito exibidor nacional. Entre 1932 e 1934, a conversão se acelerou acentuadamente, sobretudo com a expansão na venda dos equipamentos sonoros nacionais – mais baratos, simples e acessíveis[200]. Nesse período, a maioria dos cinemas brasileiros passou a exibir filmes sonoros. Entre 1935 e 1938, a conversão prosseguiu, mas em ritmo menos intenso. Nos últimos anos da década, o aumento da porcentagem de cinemas sonoros se devia, sobretudo, à abertura de novas salas, e (provavelmente) não à adaptação de cerca de duas centenas de salas não aparelhadas que ainda sobreviviam.

Em grande parte por consequência do advento do som, o número de salas de cinema no Brasil se reduziu sensivelmente ao longo dos anos 1930. De acordo com as características de cada localidade, passaram a ser privilegiados os luxuosos palácios de cinema, os amplos cineteatros municipais ou as salas de cinema mais simples e funcionais no moderno estilo *art déco*. Muitos cinematógrafos pequenos, apertados e improvisados fecharam suas portas, assim como os amplos e precários galpões ou barracões, que comumente serviam como sala de exibição no período silencioso. A mudança foi menos drástica nos grandes centros urbanos do Sul e Sudeste – onde já vinha ocorrendo uma renovação do circuito na segunda metade da década de 1920 –, se comparada ao que ocorreu nas pequenas e médias cidades do interior. Muitas delas se viram, em algum momento da década de 1930, sem nenhum cinema em funcionamento regular. Enfim, o circuito exibidor brasileiro só se recobraria no início dos anos 1940, passando, em seguida, por uma nova e acentuada expansão no pós-guerra.

NOTAS

1 *Diário Nacional*, São Paulo: 5 jul. 1930.

2 *Diário Nacional*, São Paulo: 9 jul. 1930.

3 Carlos Eduardo Pereira, *A música no cinema silencioso no Brasil*, Rio de Janeiro: Museu de Arte Moderna, 2014, p. 31.

4 *Ibidem*, p. 33.

5 *O País*, Rio de Janeiro: 24 mar. 1910.

6 *O País*, Rio de Janeiro: 12 set. 1910.

7 *O País*, Rio de Janeiro: 8 set. 1912.

8 *Correio Paulistano*, São Paulo: 26 jan. 1927. Cf. também: Carlos Roberto de Souza. "Orquestras e vitrolas no acompanhamento do espetáculo cinematográfico silencioso brasileiro: o caso do cinema Triângulo, um saco de pancadas exemplar", *Rebeca: Revista Brasileira de Estudos de Cinema e Audiovisual*, jul.-dez. 2014, v. 6, n. 6, disponível em: <http://goo.gl/gYN8WV>, acesso em: out. 2015.

9 *Palcos e Telas*, Rio de Janeiro: 8 ago. 1918.

10 Silio Boccanera Júnior, *Os cinemas da Bahia: 1897-1918*, Salvador: Edufba, 2007, p. 27.

11 *Cinearte*, n. 188, Rio de Janeiro: 2 out. 1929, pp. 6-7 e 32.

12 Título original: *The Big Parade*.

13 *Correio Paulistano*, São Paulo: 28 abr. 1929.

14 Em setembro de 1927, um classificado oferecia uma Victrola Ortofônica com seis meses de uso e sessenta discos por um conto e 500 mil-réis (cf. *Correio da Manhã*, Rio de Janeiro: 7 set. 1927). À guisa de comparação com outros produtos de consumo de luxo, em 1926, um automóvel Oldsmobile do ano, modelo Standard, custava onze contos, e um Hudson Limosine Sedan de sete lugares, 19 contos e 500 mil-réis.

15 *O País*, Rio de Janeiro: 25-26 jun. 1928.

16 Título original: *Doomsday*.

17 *O País*, Rio de Janeiro: 7 jul. 1928.

18 Título original: *Wings*.

19 *O Jornal*, Rio de Janeiro: 17 jul. 1928.

20 Título original: *Jazz Singer*.

21 *Cinearte*, n. 36, Rio de Janeiro: 3 nov. 1926, p. 20.

22 *Ibidem*.

23 *Cinearte*, n. 73, Rio de Janeiro: 20 jul. 1927, p. 34.

24 Título original: *The Singing Fool*.

25 Título original: *Gone with the Wind*.

26 *Cinearte*, n. 133, Rio de Janeiro: 12 set. 1928, p. 3. Salvo indicação em contrário, todos os grifos das citações são originais.

27 *Ibidem*.

28 *O Estado de S. Paulo*, São Paulo: 5 mar. 1929.

29 *Diário Nacional*, São Paulo: 20 set. 1928.

30 *Diário Carioca*, Rio de Janeiro: 7 nov. 1928.

31 *Correio Paulistano*, São Paulo: 26 fev. 1929.

32 *Cinearte*, n. 162, Rio de Janeiro: 3 abr. 1929.

33 *Cinearte*, n. 130, Rio de Janeiro: 20 mar. 1929, p. 6.

34 Título original: *The Patriot*.

35 *Diário Nacional*, São Paulo: 5 abr. 1929.

36 *Diário Nacional*, São Paulo, e *Correio Paulistano*, 10 abr. 1929.

37 *Selecta*, Rio de Janeiro: 3 abr. 1929.

38 *Gazeta de Notícias*, Rio de Janeiro: 13 abr. 1929; *Jornal do Brasil*, Rio de Janeiro: 13 abr. 1929.

39 Segundo a base de dados de José Inácio de Melo Souza, "Inventário dos espaços de sociabilidade cinematográfica da cidade de São Paulo (1895-1929)", o cinema tinha 1.902 lugares, sendo 1.592 poltronas, 34 frisas e 28 camarotes.

40 *Correio Paulistano*, São Paulo: 14 abr. 1929.

41 *Correio da Manhã*, Rio de Janeiro: 21 abr. 1929.

42 *Cinearte*, n. 165, Rio de Janeiro: 24 abr. 1929, p. 13.

43 *Ibidem*.

44 *Correio Paulistano*, São Paulo: 28 abr. 1929.

45 *Diário Nacional*, São Paulo: 27 abr. 1929.

46 Título original: *Divine Lady*.

47 *Correio Paulistano*, São Paulo: 12 jun. 1929.

48 *Cinearte*, n. 175, Rio de Janeiro: 3 jul. 1929.

49 Título original: *Show Boat*.

50 *Diário Nacional*, São Paulo: 16 jun. 1929.

51 *Cinearte*, n. 175, Rio de Janeiro: 3 jul. 1929, p. 8.

52 Criado por Ítalo Cortopassi, o Fitafone, "um aparelho mecânico destinado à sincronização de sons e imagens fotográficas animadas", teve patente oficialmente indeferida pelo parecer do consultor

técnico Martins Costa, pois imitava a marca previamente registrada pela Vitaphone Corporation (cf. *Diário Oficial da União*, 22 maio. 1930; *Diário Oficial da União*, 3 jun. 1930).

53 Título original: *The Pagan*.

54 *Cinearte*, n. 193, Rio de Janeiro: 6 nov. 1929, p. 10.

55 Título original: *Abie's Irish Rose*.

56 Título original: *The Shopworn Angel*.

57 Em 1917, o braço carioca da Companhia Cinematográfica Brasileira (CCB), criada por Francisco Serrador seis anos antes, passou a fazer parte da Companhia Brasil Cinematográfica (CBC). Já o braço paulista, após algumas fusões e dissoluções, constituiu-se como Sociedade Anônima Empresa Serrador (cf. Alice Gonzaga, *Palácios e poeiras: cem anos de cinema no Rio de Janeiro*, Rio de Janeiro: Record, 1996, pp. 103 e 141).

58 *Correio da Manhã*, Rio de Janeiro: 9 jun. 1929.

59 Título original: *The Broadway Melody*.

60 *Jornal do Brasil*, Rio de Janeiro: 20 jun. 1929.

61 *Jornal do Brasil*, Rio de Janeiro: 20 jun. 1929; Programa do Palácio Teatro, Rio de Janeiro, s. d. [jun. 1929], disponível no acervo da Cinemateca do MAM-RJ.

62 *A Scena Muda*, Rio de Janeiro: 27 jun. 1929; *Fon-Fon!*, Rio de Janeiro: 6 jul. 1929.

63 *Cinearte*, n. 176, Rio de Janeiro: 10 jul. 1929.

64 *Jornal do Brasil*, Rio de Janeiro: 28 jun. 1929; *Jornal do Brasil*, Rio de Janeiro: 5 jul. 1929; *Fon-Fon!*, Rio de Janeiro: 20 jul. 1929; *Gazeta de Notícias*, Rio de Janeiro: 2 jul. 1929; Carta de Luciano Ferrez a Júlio Ferrez, Rio de Janeiro: 20 jul. 1929, disponível no Arquivo Família Ferrez do Arquivo Nacional, Rio de Janeiro.

65 *Cinearte*, n. 177, Rio de Janeiro: 17 jul. 1929, p. 3.

66 *Ibidem*.

67 Título original: *Fox Movietone Follies of 1929*.

68 *Fox Revista*, Rio de Janeiro, set. 1929.

69 Carta de Luciano Ferrez a Júlio Ferrez, Rio de Janeiro: 13 jul. 1929, disponível no Arquivo Família Ferrez do Arquivo Nacional, Rio de Janeiro; *Idem*, 26 ago. 1929. A foto do Pathé Palace foi reproduzida em: Rafael de Luna Freire, "A febre dos sincronizados: os primeiros meses da exibição de filmes sonoros no Rio e em São Paulo em 1929", em: Gustavo Souza *et al.* (orgs.), *XIII Estudos de cinema e audiovisual Socine*, São Paulo: Socine, 2012, v. 2, p. 259.

70 Título original: *The Wedding March*.

71 *Gazeta de Notícias*, Rio de Janeiro: 6 set. 1929. O discurso encontra-se transcrito em: Rafael de Luna Freire, *op. cit.*, p. 260.

72 Título original: *The Wolf Song*.

73 Título original: *The Man and the Moment*.

74 *Vida Capichaba*, Vitória: 22 ago. 1929.

75 Almir Castro, "Através de *Broadway Melody*", *O Fan*, Rio de Janeiro: set. 1929, n. 6; Octávio de Faria, "*Follies* Fox", *O Fan*, Rio de Janeiro: set. 1929, n. 6.

76 *Cinearte*, n. 185, Rio de Janeiro: 11 set. 1929, p. 4.

77 Rafael de Luna Freire, "Truste, músicos e vitrolas: a tentativa de monopólio da Western Electric na chegada do cinema sonoro ao Brasil e seus desdobramentos", *Imagofagia: Revista de la Asociación Argentina de Estudios de Cine y Audiovisual*, Buenos Aires: abr. 2012, n. 5, disponível em: <http://www.asaeca.org/imagofagia/index.php/imagofagia/article/view/193>, acesso em: out. 2016.

78 *A Noite*, Rio de Janeiro: 1 out. 1929.

79 *O Jornal*, Rio de Janeiro: 20 out. 1929.

80 Cf. Rafael de Luna Freire, "A segunda fase da conversão para o cinema sonoro no Rio de Janeiro (1929-1930)", *Rebeca: Revista Brasileira de Estudos de Cinema e Audiovisual*, São Paulo: jan.-jul. 2016, v. 5, n. 1, disponível em: <https://rebeca.socine.org.br/1/article/view/235>, acesso em: dez. 2016.

81 Rafael de Luna Freire, "A conversão para o cinema sonoro no Brasil e o mercado exibidor na década de 1930", *Significação: Revista de Cultura Audiovisual*, São Paulo: 2013, v. 40, n. 40, pp. 32-7, disponível em: <http://www.revistas.usp.br/significacao/article/view/71670>, acesso em: out. 2015.

82 *Ibidem*, pp. 32-7 e 47-8.

83 *Cinearte*, n. 222, Rio de Janeiro: 28 maio 1930.

84 *Ibidem*.

85 Sobre o Circuito Nacional de Exibidores, conferir o capítulo "O cinema no Rio de Janeiro (1914-1929)", pp. 252-93 deste livro.

86 *Correio da Manhã*, Rio de Janeiro: 23 ago. 1929.

87 *Correio da Manhã*, Rio de Janeiro: 4 ago.1929. A mesma reportagem alardeava o sucesso das sessões do Guarani, “o primeiro cinema fora do centro que apresenta a novidade”.

88 *Correio da Manhã*, Rio de Janeiro: 18 ago. 1929.

89 *Cinearte*, n. 185, Rio de Janeiro: 11 set. 1929, p. 4; *Cinearte*, n. 192, Rio de Janeiro: 30 out. 1929, p. 4.

90 Carta de Luciano Ferrez a Júlio Ferrez, Rio de Janeiro: 16 set. 1929, disponível no Arquivo Família Ferrez do Arquivo Nacional, Rio de Janeiro; *Idem*, 31 set. 1929.

91 *Selecta*, Rio de Janeiro: 10 out. 1929.

92 *Cinearte*, n. 188, Rio de Janeiro: 2 out. 1929. Cf. os títulos provavelmente produzidos por Benedetti e exibidos em São Paulo que foram citados em: Jean-Claude Bernardet, *Filmografia do cinema brasileiro, 1900-35: Jornal O Estado de S. Paulo*, São Paulo: Governo do Estado de São Paulo/Secretaria de Cultura/Comissão de Cinema, 1979.

93 Essas imagens – sincronizadas digitalmente com o disco original – podem ser facilmente vistas na internet.

94 Almirante, *No tempo de Noel Rosa*, Rio de Janeiro: Francisco Alves, 1977, p. 157.

95 *Cinearte*, n. 189, Rio de Janeiro: 9 out. 1929, p. 8.

96 *Correio Paulistano*, São Paulo: 8 fev. 1928.

97 *Correio Paulistano*, São Paulo: 9 maio 1928.

98 O episódio é contado pelo próprio diretor em: Luiz de Barros, *Minhas memórias de cineasta*, Rio de Janeiro: Artenova/ Embrafilme, 1978, p.104. O tango “Se acabaron los otarios”, gravado por Carlos Gardel em 1927, tem letra de Juan Andrés Caruso e música de Francisco Canaro.

99 Carta de Luiz de Barros a Guilherme de Almeida, publicada por este em sua coluna “Cinematógrafos” em *O Estado de S. Paulo*, São Paulo: 16 jul. 1929.

100 *Cinearte*, n. 184, Rio de Janeiro: 4 set. 1929, p. 5.

101 Luiz de Barros, *op. cit.*, pp. 104-5.

102 A dificuldade de projeção resultou, por exemplo, em problemas que obrigaram o adiamento da estreia do filme no Rio de Janeiro (cf. Rafael de Luna Freire, “*Acabaram-se os otários*: compreendendo o primeiro longa-metragem sonoro”, *Rebeca: Revista Brasileira de Estudos de Cinema e Audiovisual*, jan.-jun. 2013, v. 3, n. 3, disponível em: <http://goo.gl/9fd5nF>, acesso em: out. 2015.

103 Rafael de Luna Freire, “*Acabaram-se os otários*: cinema e disco na chegada do filme sonoro”, em: Stephanie Dennison (org.), *World Cinema: as novas cartografias do cinema mundial*, Campinas: Papirus, 2013, pp. 105-15.

104 *Cinearte*, n. 186, Rio de Janeiro, 18 set. 1929.

105 Disponível em: <https://goo.gl/eNZwVa>, acesso em: out. 2015. O trecho de quase dois minutos é sincronizado com uma canção – “Deixei de ser otário” – que Genésio Arruda cantava no curta-metragem *O amor não traz vantagem*, que servia de complemento a *Acabaram-se os otários*.

106 Rafael de Luna Freire, “O início da legendagem de filmes no Brasil”, *Matrizes*, São Paulo: jan.-jun., 2015, v. 9, n.1, disponível em: <http://www.matrizes.usp.br/index.php/matrizes/article/view/372>, acesso em: out. 2015.

107 Título original: *The Hollywood Revue of 1929*.

108 Rafael de Luna Freire, “O início da legendagem de filmes no Brasil”, *op. cit.*

109 Era citado o caso do curta-metragem musical da ária da ópera *Orfeu*, interpretado pelo cantor lírico Tita Ruffo, com a cartela inicial escrita em inglês: “Era só traduzir e substituir alguns metros de fita por outros com a versão portuguesa, como se fazia antigamente. Pois nada disso foi feito. Passou-se a fita tal e qual viera da Norte América, sem um letreiro em português” (cf. *Jornal do Comércio*, Rio de Janeiro, 23 nov. 1929).

110 Villa-Lobos denunciou a situação de seus colegas músicos: “O Rio está gramofonizado, horrivelmente gramofonizado... Toca-se, aqui, hoje em dia, tanta vitrola, tanta radiola, tanta meia-sola musical do momento, no meio da rua [...] Outra coisa que também me entristeceu desta vez no Rio: a precária situação em que vão ficando os nossos músicos de orquestra, esses heroicos e tradicionais lutadores pela vida, com a instituição do cinema falado...” (cf. *O Globo*, Rio de Janeiro: 20 ago. 1929).

111 *O Globo*, Rio de Janeiro: 16 out. 1929.

112 *Cinearte*, n. 192, Rio de Janeiro: 30 out. 1929, p. 3.

113 *Revista da Academia Brasileira de Letras*, Rio de Janeiro: dez. 1929.

114 Em São Paulo, ainda em agosto os músicos solicitaram oficialmente ajuda aos vereadores. Com a declaração de Medeiros e Albuquerque, já em 16 de novembro foi apresentado na Câmara Municipal um projeto de lei com teor semelhante ao que seria encaminhado no Rio de Janeiro (cf. *Correio Paulistano*, São Paulo: 17 nov. 1929).

115 *Diário da Noite*, Rio de Janeiro, 21 nov. 1929, p. 1.

116 A voga de associações de classe e sindicatos começou apenas depois da Revolução de 1930. O Sindicato Cinematográfico dos Exibidores foi fundado em 24 de janeiro de 1933, aliás em reunião realizada na sede da ABC (cf. *Diário Carioca*, Rio de Janeiro: 25 jan. 1933).

117 *Correio da Manhã*, Rio de Janeiro: 23 nov. 1929.

118 *Correio da Manhã*, Rio de Janeiro: 23 nov. 1929; *O Globo*, Rio de Janeiro: 26 nov. 1929. As duas entrevistas foram republicadas parcial ou integralmente em vários outros jornais.

119 *O Jornal*, Rio de Janeiro: 23 nov. 1929.

120 Cf. Rafael de Luna Freire, "O projeto de lei de taxação de filmes falados em língua estrangeira", em: Maria Dora Genis Mourão *et al.* (orgs.), *XVII Estudos de cinema e audiovisual Socine: anais de textos completos*, São Paulo: Socine, 2014. pp. 563-73.

121 Esse excesso foi ironizado em *Para Todos...* (Rio de Janeiro: 16 nov. 1929): "Antigamente, no tempo em que o cinema não falava, o cônsul Sebastião Sampaio não era tão feliz...".

122 Título original: *White Shadows in the South Seas.*

123 *O País*, Rio de Janeiro, 13 jul. 1929; *Gazeta de Notícias*, Rio de Janeiro: 13 jul. 1929; *Gazeta de Notícias*, Rio de Janeiro: 17 jul. 1929; Programa do Cine Palácio Teatro, Rio de Janeiro: s. d. [21 jul. 1929], disponível no acervo da Cinemateca do MAM-RJ.

124 *Jornal do Brasil*, Rio de Janeiro: 5 abr. 1930, p. 17.

125 Título original: *Der Galiläer.*

126 *Jornal do Brasil*, Rio de Janeiro: 8 abr.1930; *O País*, 12 abr. 1930.

127 Título original: *Jango: Exposing the Terrors of Africa in the Land of the Trader Horn.*

128 *O País*, Rio de Janeiro, 18 maio 1930.

129 Título original: *With Byrd at the South Pole.*

130 Título original: *The Silent Enemy.*

131 *Mensageiro Paramount*, Nova York, set.1930, v. 12, n. 3.

132 Rafael de Luna Freire, "O início da legendagem de filmes no Brasil", *op. cit.*, pp. 202-4.

133 *Mensageiro Paramount*, Nova York, out. 1930, v. 12, n. 4.

134 Título original: *The Love Parade.*

135 *Mensageiro Paramount*, Nova York, dez. 1929, v. 10, n. 6.

136 *Mensageiro Paramount*, Nova York, nov. 1930, v. 12, n. 5.

137 Além de *A canção do berço*, Cavalcanti dirigiu também a versão francesa do mesmo romance, intitulada *Tout sa vie* (1930) (cf. *Mensageiro Paramount*, Nova York, ago. 1930, v. 12, n. 2; *Mensageiro Paramount*, Nova York, set. 1930, v. 12, n. 3).

138 *Mensageiro Paramount*, Nova York, abr. 1931, v. 13, n. 4.

139 Título original: *The Devil's Holiday.*

140 *Jornal do Brasil*, Rio de Janeiro: 28 fev. 1931. Almeida Filho também possuía uma empresa que prestava serviços de informações a respeito do Brasil, a Brazil Information Service (BIS).

141 *Mensageiro Paramount*, Nova York, out. 1930, v. 12, n. 4; *Mensageiro Paramount*, Nova York, jan. 1931, v. 13, n. 1.

142 Título original: *Anybody's Woman.*

143 *Mensageiro Paramount*, Nova York, mar. 1931, v. 13, n. 3.

144 *Cinearte*, n. 298, Rio de Janeiro: 11 nov. 1931.

145 *Diário de Notícias*, Rio de Janeiro: 11 out. 1931.

146 *Cinearte*, n. 298, Rio de Janeiro: 11 nov. 1931, p. 29.

147 Título original: *Virtuous Sin.*

148 *Cinearte*, n. 305, Rio de Janeiro: 30 dez. 1931, p. 29. A revista oficial do estúdio norte-americano, por sua vez, elogiaria em *Coragem de amar* "a mais perfeita coincidência de movimentos dos lábios dos atores com a articulação das frases portuguesas por eles proferidas. Desta forma, pode o espectador apreciar um filme inteiramente falado em português, sendo entretanto interpretado por artistas que não conhecem uma única palavra da nossa

língua" (cf. *Mensageiro Paramount*, Nova York, ago. 1931).

149 Cf. Rafael de Luna Freire, "'Versão brasileira': contribuições para uma história da dublagem cinematográfica no Brasil nas décadas de 1930 e 1940", *Ciberlegenda*, Rio de Janeiro: 2011, v. 1, n. 24, disponível em: <http://goo.gl/8Tdtby>, acesso em: out. 2015.

150 Roberto Simonsen, na conferência "As finanças e a indústria", de abril de 1931, estimou naquele momento o consumo interno de produtos industriais estrangeiros em 25%, contra 3,5% de nacionais; em termos de produtos agrícolas a proporção seria de 40% de origem nacional contra 3% de importados (cf. *O Jornal*, Rio de Janeiro: 11 abr. 1931).

151 *A Noite*, Rio de Janeiro: 9 abr. 1930.

152 *Ibidem.*

153 *Diário da Noite*, Rio de Janeiro: 12 nov. 1931.

154 *Diário da Noite*, Rio de Janeiro: 28 out. 1931.

155 *Ibidem.*

156 *Ibidem.*

157 *Diário da Noite*, Rio de Janeiro: 4 nov. 1931. O leitor assina como Mário de Assis Almeida.

158 Ademar Leite Ribeiro e Júlio Ferrez, *Memorial apresentado ao exmo. snr. dr. Getúlio Vargas pela Associação Brasileira Cinematographica, organizadora da Primeira Convenção Cinematographica Nacional*, Rio de Janeiro: Associação Brasileira Cinematographica, 1931, disponível no Arquivo Família Ferrez do Arquivo Nacional, Rio de Janeiro. Cf. também: *Correio da Manhã*, Rio de Janeiro: 26 nov. 1931; *Diário Carioca*, Rio de Janeiro: 26 nov. 1931; *Diário da Noite*, Rio de Janeiro: 26 nov. 1931.

159 *Diário de Notícias*, Rio de Janeiro: 26 nov. 1931.

160 Ademar Leite Ribeiro e Júlio Ferrez, *op. cit.*

161 Sobre Alberto Byington Jr., ver: Rafael de Luna Freire, "Da geração de eletricidade aos divertimentos elétricos: a trajetória empresarial de Alberto Byington Jr. antes da produção de filmes", *Estudos Históricos*, Rio de Janeiro: 2013, v. 26, pp. 113-31, disponível em: <http:goo.gl/ayycX8>, acesso em: out. 2015.

162 *Diário de Notícias*, Rio de Janeiro: 6 dez. 1931.

163 *Diário da Noite*, Rio de Janeiro: 7 dez. 1931.

164 Embora tivesse seus estatutos aprovados em assembleia e eleito sua primeira diretoria em 1º de fevereiro de 1932, a ACPB foi juridicamente constituída somente em 2 de junho de 1934, tendo registrado seus estatutos no dia 16 do mesmo mês (cf. Armando de Moura Carijó, *Associação Cinematographica de Productores Brasileiros: relatório da directoria, biennio de 2-6-34 a 2-6-36*, Rio de Janeiro: Typographia do Jornal do Commercio, 1937).

165 Armando de Moura Carijó, *op. cit.*, p. 203.

166 Hernani Heffner, *Edgar Brasil, um ensaio biográfico: aspectos da evolução técnica e econômica do cinema brasileiro*, Rio de Janeiro: Embrafilme, s. d., mimeografado.

167 Esse periódico começou a ser publicado em 1915 como *Wid's Film and Film Folk* e adotou o nome de *The Film Daily* em 1922, o qual foi mantido até o seu fim em 1969. A partir de 1918, a revista começou a publicar um anuário, que posteriormente assumiu o título de *The Film Daily Year Book of Motion Pictures* e o formato de livro.

168 *The 1930 Film Daily Year Book of Motion Pictures*, Nova York: 1930, v. 12.

169 *The Film Daily*, Nova York, 24 jun. 1930. A pesquisa em outras fontes corrobora esse número para o circuito exibidor carioca. Cf.: Rafael de Luna Freire, "A segunda fase da conversão para o cinema sonoro no Rio de Janeiro (1929-1930)", *op. cit.*

170 *The 1931 Film Daily Year Book of Motion Pictures*, Nova York: 1931, v. 13.

171 *A Scena Muda*, Rio de Janeiro: 28 jan. 1931.

172 *Mensageiro Paramount*, Nova York, jan. 1931, v. 13, n. 1.

173 Clarence Jackson North e Nathan Daniel Golden, "Meeting Sound Film Competition Abroad", *Journal of the Society of Motion Pictures Engineers*, Nova York: dez. 1930.

174 *The 1932 Film Daily Year Book of Motion Pictures*, Nova York: 1932, v. 14.

175 Lécio Augusto Ramos, "*Cinearte* e a polêmica do sonoro", em: José Carlos Avellar (org.), *Seminário Cinearte*, Rio de Janeiro: Centro de Pesquisadores do Cinema Brasileiro/ Cinemateca do MAM, 1991, p. 54.

176 Clarence Jackson North e Nathan Daniel Golden, "Latin-American Audience Viewpoint on American Films", *Journal of the Society of Motion Picture Engineers*, Nova York: jul. 1931, n. 1.

177 Ademar Leite Ribeiro e Júlio Ferrez, *op. cit.*, pp. 8 e 13.

178 *The 1933 Film Daily Year Book of Motion Pictures*, Nova York: 1933, v. 15.

179 *Cinearte*, n. 370, Rio de Janeiro: 1º jul. 1933, p. 37.

180 *Cine Magazine*, Rio de Janeiro: dez. 1933.

181 Rafael de Luna Freire, "A conversão para o cinema sonoro no Brasil e o mercado exibidor na década de 1930", *op. cit.*, pp. 29-51.

182 *The 1934 Film Daily Year Book of Motion Pictures*, Nova York: 1934, v. 16 [tradução do autor].

183 *The 1935 Film Daily Year Book of Motion Pictures*, Nova York: 1935, v. 17 [tradução do autor].

184 "O aparelho do sr. Fausto Muniz não tem, decerto, as características de invento e não pode, por isso mesmo, interessar ao mundo. É mais uma prova de habilidade que de gênio inventivo. O seu valor está em ter o técnico brasileiro construído aqui, sem oficinas próprias e sem recursos de espécie alguma, um aparelho que nos Estados Unidos custa uma fortuna e que agora – montada aqui a respectiva fábrica – não precisaremos mais importar" (cf. *O Globo*, Rio de Janeiro: 27 dez. 1932, p. 1).

185 Anúncio da exibição no Cine Eldorado destacava: "Pela primeira vez no Brasil cinema falado genuinamente brasileiro! Sem sincronização! Filmagem e gravação no próprio filme!". O programa do cinejornal incluía: "O escritor dr. Paulo de Magalhães apresenta ao Brasil o cinema falado nacional" (*Diário de Notícias*, Rio de Janeiro: 27 dez. 1932, p. 12).

186 *Diário oficial da União*, Rio de Janeiro: 26 maio 1934, p. 14 [sem grifo no original]. A instrução do Ministério da Educação e Saúde tinha um prazo de noventa dias para entrar em vigor.

187 *The 1936 Film Daily Year Book of Motion Pictures*, Nova York: 1936, v. 18.

188 *Cine Magazine*, Rio de Janeiro: maio 1935.

189 *The 1936 Film Daily Year Book of Motion Pictures*, Nova York: 1936, v. 18.

190 *Variety*, Nova York: 26 fev. 1936.

191 *The 1937 Film Daily Year Book of Motion Pictures*, Nova York: 1937, v. 19.

192 *O Informador da Cinematografia*, São Paulo, 25 fev. 1939.

193 *The 1937 Film Daily Year Book of Motion Pictures*, Nova York: 1937, v. 19.

194 Randal Johnson, *The Film Industry in Brazil: Culture and the State*, Pittsburgh: University of Pittsburgh Press, 1987, p. 45.

195 *Cine Magazine*, Rio de Janeiro: jan. 1934.

196 *The 1938 Film Daily Year Book of Motion Pictures*, Nova York: 1938, v. 20.

197 *The 1939 Film Daily Year Book of Motion Pictures*, Nova York: 1939, v. 21.

198 *The 1940 Film Daily Year Book of Motion Pictures*, Nova York: 1940, v. 22.

199 Edward D. McLaughlin, *Annual Survey of Motion-Picture Industry in Brazil, 1940*, Washington, fev. 1941, Industrial Reference Service/Bureau of Foreign and Domestic Commerce/U.S. Department of Commerce, v. 25 [tradução do autor], disponível no acervo da Margaret Herrick Library, Los Angeles, EUA.

200 Rafael de Luna Freire, "Cinetom e outros tons: a adaptação do circuito exibidor brasileiro ao cinema sonoro", *Filme Cultura*, Rio de Janeiro: jan.-mar. 2013, n. 58.

2

ESTÚDIOS E INDEPENDENTES (1930-1954)

A CHANCHADA E O CINEMA CARIOCA (1930-1950)

JOÃO LUIZ VIEIRA

O DESEJO DE CONSTRUÇÃO DE UMA INDÚSTRIA CINEMATOGRÁFICA

Os anos de 1930 iniciavam-se sob um falso clima de euforia para o cinema brasileiro. As principais razões para esse ânimo passageiro deviam-se às transformações pelas quais passava o mercado cinematográfico brasileiro e internacional com o advento do cinema sonoro. Nos Estados Unidos, o final do cinema mudo – se tomarmos como referência o ano de 1927, quando houve a estreia de *O cantor de jazz* (Alan Crosland, 1927) – por pouco não coincidiu com o craque da bolsa de valores de Nova York, ocorrido em Wall Street em outubro de 1929. O resultado imediato disso foi que os norte-americanos ficaram muito mais preocupados em realimentar o poderoso mercado interno, deixando para resolver mais à frente os problemas naturais decorrentes das adaptações do cinema falado às plateias estrangeiras, tais como a questão básica da língua e do uso de legendas. No Brasil, era crença geral que o cinema brasileiro finalmente poderia se desenvolver, agora um pouco mais aliviado do peso da presença estrangeira em nosso mercado. O público preferirá um filme sofrível falado em português a um muito bom todo falado em inglês, diria Pedro Lima, esperanças reiteradas também por Mário Behring nas páginas da *Cinearte* ao afirmar que mudos ou falados, os filmes nacionais, desde que satisfaçam o público, terão garantida sua exibição[1].

O entusiasmo fundava-se na esperança de que o público rejeitaria naturalmente o cinema falado pela impossibilidade de compreensão da língua estrangeira e rejeitaria do mesmo modo a introdução das legendas[2], que o obrigaria a simultaneamente ver e ler a imagem. Muita confusão se instalou nesse período com as distribuidoras norte-americanas reprisando velhos filmes mudos, enquanto a má qualidade de reprodução sonora dos filmes estrangeiros afastava cada vez mais a plateia dos cinemas. Com a chegada do som, a produção foi reduzida, e não aumentada, como pensavam os mais otimistas. Aumentados foram apenas os custos, não só de produção de novos filmes, mas, principalmente, de adaptação técnica das salas de exibição, fortalecendo ainda mais a dependência tecnológica em relação aos Estados Unidos e provocando o fechamento de muitos cinemas ligados a exibidores de menor porte. A retração do público brasileiro foi da ordem de 40% nos dois primeiros anos da década, e o número de cinemas caiu de 1.650 em 1930 para 1.370 em 1937, sendo 1.170 destes adaptados para o sonoro[3].

A vontade de produzir um cinema vigoroso, que almejasse construir aos poucos uma indústria audiovisual no país, é um dos traços fortes da disseminação do modelo de produção do filme narrativo operado com sucesso por Hollywood, especialmente nos mercados periféricos sob a influência direta da economia norte-americana, caso da América Latina após o fim da Primeira Guerra Mundial. Ao longo da década de 1920, essa presença consolida-se como hegemônica em termos de distribuição e exibição da produção norte-americana feita por estúdios que legitimam e consagram seus nomes e suas marcas – Paramount, Fox, Metro-Goldwyn-Mayer, United e outras que já se encontravam bem instaladas no Brasil. Nota-se, ao comparar a programação cinematográfica no Rio de Janeiro antes e depois da Primeira Guerra nas páginas de um jornal como o *Correio da Manhã*, em uma data qualquer do início de 1914, a presença de uma diversidade maior na origem dos filmes exibidos, com predominância, inclusive, da produção europeia, proveniente da França, Itália, Alemanha e países nórdicos e também anúncios de nossas produções locais. Evidentemente, com a Europa em guerra, essa produção caiu e o cenário apresentou-se favorável para a consolidação do filme norte-americano pela América Latina. O mesmo *Correio da Manhã*, em outra data qualquer do início dos anos 1920, surpreende ao exibir, majoritariamente, anúncios de filmes norte-americanos em cinemas que mantêm contratos de exibição exclusivos com os principais estúdios de Hollywood, associando o nome de uma sala tradicional com o nome e a marca do estúdio produtor. Mal se inaugura o primeiro “palácio de cinema” no trecho do centro do Rio de Janeiro, o Cine Capitólio, em 1925, que, com a grande e posterior concentração de salas de cinema ali existentes, ficaria conhecido como Cinelândia, já aparece a marca e o logotipo da Paramount por cima do letreiro “Capitólio”, fornecendo no público a associação inseparável do meio de expressão “cinema” com “cinema norte-americano” e, mais especificamente, um grande estúdio produtor. A prática reproduzia aqui os mesmos mecanismos de expansão e controle verticais da atividade exercida na matriz norte-americana, posteriormente denunciada em campanhas antitruste.

Na historiografia clássica do cinema brasileiro, quando nos referimos a "cinema de estúdio", apesar de várias experiências país afora, em geral são três os nomes que imediatamente vêm à tona: a Cinédia (fundada em 1930) – exemplo inaugural que se costuma considerar como modelo de um desejo de estúdio *de verdade*, sobretudo ao longo dos anos 1930 e início dos anos 1940 – seguida da Atlântida (1941), ao longo das décadas de 1940 e 1950, e finalmente da Vera Cruz (1949). Houve outras experiências de maior ou menor presença e continuidade, como a Phebo Brasil Film nos anos 1920, a Sonofilms (1937), a Brasil Vita Filmes (1935) ou, mais tarde, a Companhia Cinematográfica Maristela (1950). Entretanto, a Cinédia foi realmente a primeira experiência que permitiu essa comparação com o modelo matricial norte-americano. Entre outras características que a aproximam desse ideal de "cinema de estúdio" estão a construção de estrutura arquitetônica especial que lembra galpões de fábricas, a importação de equipamentos especializados de registro e iluminação, um regime de trabalho em que atores e atrizes possuíam exclusividade.

A década de 1930 marcou o início da intervenção do Estado na atividade cinematográfica desenvolvida no país. O sonho de alcançar o *status* de verdadeira indústria era legitimado pela própria Revolução de 1930, que representou para o país a mudança de poder da oligarquia rural para os setores urbanos da classe média, uma burguesia industrial em potencial. A concentração de poder nas mãos do governo federal permitiu criar condições de transformação de um Estado oligárquico de base eminentemente agrícola[4] para um "Estado burguês". A consciência de um momento histórico marcado pela defesa de uma indústria nacional tomou conta de setores estratégicos da sociedade brasileira durante os anos inaugurais do primeiro governo de Getúlio Vargas. A experiência da Cinédia vinha ao encontro do início da intervenção do Estado nas atividades cinematográficas, quando se animava a ênfase à defesa de uma indústria nacional, em sintonia com o desenvolvimento e a implantação de uma série de reformas de caráter social, administrativo e político – por exemplo, a criação de organismos como o Ministério do Trabalho, Indústria e Comércio (1930), o Ministério da Educação e Saúde Pública (1932) e o Instituto do Açúcar e do Álcool (1933). Essas medidas, na verdade, surgem mais como respostas governamentais imediatas a certas crises e problemas enfrentados pela administração da economia do país do que como fruto de um planejamento bem cuidado. Os setores urbanos da classe média se agitaram, e é nesse período da década de 1930 que há as primeiras tentativas mais sérias de uma possível industrialização da atividade cinematográfica no país. Em pauta, estava acima de tudo a discussão clara do papel do cinema visto como meio estratégico para a criação de uma nova imagem do Brasil – mola propulsora da modernidade, levando a uma visão positiva da nação, moldando mentes por meio de imagens. Segundo a crença vigente nos poderes pedagógicos da imagem em movimento que resolveria, num horizonte com traços ainda positivistas, questões críticas como o analfabetismo, acreditava-se que o cinema seria o meio mais poderoso de valorizar a natureza e a cultura brasileiras, de levar a informação pelo país afora, com eficácia e alcance até então inimagináveis, ilustrando a massa de incultos e iletrados. Nas palavras de Roquette Pinto, "nosso cinema tem que informar, cada vez mais, o Brasil aos brasileiros". O resultado prático mais visível e duradouro desse desejo foi a criação, em 1936, do Instituto Nacional de Cinema Educativo (INCE)[5].

A partir dessa iniciativa, intensos debates tensionaram posições antagônicas em torno do que seria, para os propósitos pedagógicos do governo, um bom cinema – aquele de viés meramente educativo – e um mau cinema, ou seja, todo o cinema de ficção, o comercial. Conciliar propósitos em princípio antagônicos dentro dessa visão estreita que opõe educação e entretenimento, ao mesmo tempo que se preconiza *informar o Brasil aos brasileiros*, orienta, em boa parte, certos dilemas encontrados na produção da Cinédia e, com certeza, alguns anos depois, também na gestação do projeto da Atlântida.

A RESPOSTA DA CINÉDIA E O PROTAGONISMO DA *CINEARTE*

Três acontecimentos importantes assinalam, no Rio de Janeiro, o final do cinema mudo: o filme *Barro humano* (1927-1929), a fundação da Cinédia em 1930 e, no ano seguinte, a exibição, ainda que efêmera, do legendário *Limite* (1930), de Mário Peixoto. Em todos esses momentos, é forte a presença, direta ou indireta, de uma estética específica, uma forma especial de ver e trabalhar o cinema defendida nas páginas da *Cinearte*[6]. Estamos em meados da década de 1920, quando o cinema norte-americano já é dominante no Brasil, em virtude, principalmente, da organização da distribuição e da exibição, vinculadas sobretudo aos interesses maiores da indústria de Hollywood. Ainda dentro de uma concepção e desejo de implantação e desenvolvimento de uma indústria de cinema no Brasil, também seguindo o modelo bem consolidado do cinema norte-americano, a construção de um mercado consumidor no país foi alavancada pelo que Christian Metz chamou de "terceira indústria", ou seja, a mídia impressa, muito bem assentada por publicações especiais, com destaque absoluto para a *Cinearte*. Considerada derivativa da similar norte-americana *Photoplay* (1911-1980), tanto em seu aspecto gráfico quanto editorial, seu primeiro número se autoproclamava um mediador natural entre o mercado brasileiro e o produtor norte-americano, exaltando e promovendo a universalidade do modelo de produção de Hollywood, porém sem perder de vista o interesse pelo cinema brasileiro. Com campanhas regulares em favor da produção de filmes no Brasil, seus editores acreditavam no surgimento de uma verdadeira indústria cinematográfica no país, sintonizados com o pensamento desenvolvimentista comum na época em outros setores que não exclusivamente o cinematográfico. Por outro lado, a *Cinearte*, ao defender esses interesses, fazia-o contraditoriamente identificada com os ideais do cinema dominante, propondo um verdadeiro transplante desses ideais e legitimando a universalidade de um modo específico de produção, moldado em Hollywood. A revista faz apologia do cinema clássico da continuidade, da fluência e clareza narrativas, apoiado em duas estruturas fortes do cinema hegemônico, o estrelismo (*star system*) e o cinema de estúdio. O culto ao *estrelismo* – base de venda dessas revistas mundo afora – foi adaptado, com maior ou menor sucesso, ao cinema nacional e em suas páginas encontramos generoso material para empreender diversos estudos sobre o culto às estrelas (não só do cinema, mas também do rádio) na cultura audiovisual brasileira. Também de acordo com o que aqui chegava da produção dominante norte-americana, havia a celebração de um mal disfarçado racismo ao exaltar a hegemonia de um padrão de beleza branco em que fotogenia era sinônimo de ambientes luxuosos e higiênicos por onde circulavam de preferência corpos jovens e saudáveis. A revista sugeriu, inúmeras vezes, que a criação de um bom cinema no Brasil deveria ser um ato de purificação de nossa realidade social, com uma cuidadosa seleção do que deveria ou não ser mostrado nas telas, enfatizando uma noção de progresso, de conquistas da engenharia nacional, de uma inseparável relação entre as belezas naturais de nossas paisagens geográficas e a paisagem social, branca, e, por isso mesmo, agradáveis de serem vistas e fotografadas.

> Fazer um bom cinema no Brasil deve ser um ato de purificação de nossa realidade, através da seleção daquilo que merece ser projetado na tela: o nosso progresso, as obras de engenharia moderna, nossos brancos bonitos, nossa natureza. Nada de documentários, pois não há controle total sobre o que se mostra e os elementos indesejáveis podem infiltrar-se; é preciso um cinema de estúdio como o norte-americano, com interiores bem decorados e habitados por gente simpática[7].

A defesa desse sistema ditava normas que deveriam produzir a "boa aparência" que qualquer filme brasileiro deveria ter[8]. Nessa mesma linha, o crítico Paulo Vanderley faz o elogio de um filme com base na fotogenia de um apartamento, privilegiando critérios de riqueza e elegância. Nesse esquema, não sobra lugar para a sujeira das ruas europeias (e brasileiras) mal calçadas nem para a feiura de certos figurantes, características visuais apontadas e criticadas, por exemplo, nos filmes soviéticos.

Esse esforço na construção de uma imagem nacional só seria viabilizado por meio de um modelo assentado no controle maior que a produção do cinema de estúdio do tipo norte-americano garantia, "com interiores bem decorados e habitados por gente agradável". A Cinédia, em diversos filmes, colocou esses preceitos em pauta e, ao longo da década de 1930, consolidou-se como o centro de produção mais importante do Brasil. *Bonequinha de seda* (1936), como veremos mais adiante, pode ser o paradigma de quase todas essas intenções ao materializar alguns dos padrões de qualidade discutidos e defendidos durante anos por Adhemar Gonzaga nas páginas da *Cinearte*, especialmente a cuidadosa elaboração de uma *mise-en-scène* na qual cenografia, vestuário, iluminação, movimentos de câmera, interpretações e enquadramentos foram orquestrados na busca de um visual bem mais elaborado e inédito até então no cinema brasileiro[9].

Assim, a proposta de um cinema brasileiro com padrão internacional de qualidade significava a adoção irrestrita do modelo de produção glorificado por Hollywood. *Barro humano* (1927-1929) colocará esses ideais em prática. Realizado pelo grupo de jovens intelectuais reunidos em torno de Paulo Benedetti, como Adhemar Gonzaga, Pedro Lima, Paulo Vanderley e Álvaro Rocha, o filme teve uma produção arrastada que durou ano e meio. Benedetti, proprietário do melhor laboratório cinematográfico do Rio de Janeiro, experiente fotógrafo e produtor eventual de filmes como *A gigolette* (1924) e *O dever de amar* (1924), foi quem forneceu o suporte técnico e profissional, emprestando câmera e filme virgem. Dirigido por Adhemar Gonzaga, *Barro humano* foi bastante elogiado em relação ao seu aspecto técnico, prova da absorção das lições apresentadas teoricamente nas páginas de *Cinearte* e do amadurecimento estético do grupo. Segundo Paulo Emílio, a significação intrínseca do filme é enorme:

> Tudo que o grupo de Adhemar Gonzaga tinha arduamente apreendido durante os últimos anos em matéria de técnica e estética conflui e se exprime nessa fita: *scenario*, *collocações de macchina*, *subentendimento*, *symbolo* e *sofisma*, a última de emprego mais recente, significando as alusões dotadas de certa malícia. Esta, como o luxo, havia adquirido importância, tendo em vista, por um lado, o meio social alto em que se desenrolava o enredo e, por outro, o público de elite que se pretendia atingir, ambos muito vinculados ao cinema norte-americano[10].

Além de alguns ambientes luxuosos filmados em interiores, esse longa procurava construir as bases de um estrelismo brasileiro com o apoio da *Cinearte*, lançando mão de todos os "astros" e "estrelas" à disposição na época, e criando alguns novos. Atuam nele Lelita Rosa, Gracia Moreno, Eva Schnoor, Gina Cavalieri, Eva Nil,

Carmen Violeta, Estela Mar, contracenando com Carlos Modesto, Paulo Morano e Raul Schnoor. Dessa lista, à exceção de Eva Nil e Lelita Rosa, todos os outros nomes eram estreantes e, portanto, tábula rasa para a possível eficácia do estrelismo fabricado pelas fotografias, textos-legendas, entrevistas, caricaturas e retratos de capa da revista.

Barro humano obteve êxito comercial e notoriedade nos meios intelectuais e artísticos do Rio de Janeiro, mas a consequência maior do seu sucesso foi estimular ainda mais a vontade de Adhemar Gonzaga de criar sua própria companhia cinematográfica, convencendo seu pai a investir dinheiro em cinema. O Cinearte Studio, que depois se chamaria Cinédia, começa a existir concretamente a partir da assinatura da escritura dos terrenos situados na então rua Abílio 16, em São Cristóvão[11], em 2 de dezembro de 1929. Foi efetivamente a mais antiga e duradoura produtora cinematográfica brasileira e o primeiro estúdio realmente digno desse nome, segundo certos padrões ditados por Hollywood e defendidos pela *Cinearte*.

Ainda assim, o clima parecia favorável ao surgimento de uma produção brasileira mais regular, agora com chances de maior visibilidade em virtude da retração da oferta norte-americana. Os mais otimistas subestimavam o poder e a maleabilidade da indústria cinematográfica norte-americana, bem como sua capacidade de adaptação aos problemas ocasionados pelo som. Pouco tempo depois, o público já se mostrava bastante receptivo ao filme sonoro, e a subtitulagem triunfava rapidamente.

É dentro desse quadro que Adhemar Gonzaga, lançando mão da doação de quinhentos contos de réis feita por seu pai, concessionário da Loteria Federal, funda a Cinédia em 1930, e transforma o panorama da produção cinematográfica brasileira da época ao criar uma empresa nos moldes norte-americanos, trabalhando em palcos simultâneos e com equipamentos de qualidade. De início, a produtora recebeu o nome de Cinearte Studio em razão da revista liderada por Gonzaga, mas logo por escolha feliz dele passou a se chamar Cinédia, que significa "cinema em dia". Totalmente dedicado à realização desse projeto, Gonzaga presidiu todas as etapas da organização da produtora, incluindo a escolha da marca da empresa, criada por J. Carlos, célebre intérprete da vida mundana carioca por meio de desenhos e caricaturas.

Gonzaga, então sobrecarregado pelos trabalhos de instalação dos estúdios, trouxe diretamente de Cataguases para a Cinédia, funcionando inicialmente como firma produtora, o jovem amigo Humberto Mauro, que o substituiria na direção de *Lábios sem beijos* (1930). A essa altura, Mauro já era, sem sombra de dúvidas, o profissional mais completo do cinema brasileiro, com experiência notável adquirida no ciclo de filmes por ele realizado na cidade de Cataguases. *Lábios sem beijos* marcava sua estreia carioca, anunciada pela *Cinearte* com grande expectativa, promovendo um "Humberto Mauro de casaca", num filme "moderno", bem ao gosto da revista. Era a primeira produção da promissora empresa – antes mesmo da construção do estúdio – e a segunda versão de uma história escrita por Gonzaga sobre os mal-entendidos provocados por troca de nomes. Lelita (interpretada por Lelita Rosa), jovem rica que se apaixona pelo conquistador Paulo (representado por Paulo Morano, pseudônimo de um primo-irmão de Gonzaga, Francisco Paulo Guimarães Barreto), por uma coincidência de nomes, acredita que sua irmã mais nova também gosta do mesmo rapaz e o rejeita. Apesar de julgado como "fútil" por um crítico de *A Gazeta*, o filme foi considerado pela *Cinearte* como o passo mais avançado e sólido da indústria do cinema no Brasil, mostrando um Mauro caminhando em direção a um sensualismo já muito além de sua época, que explodiria no seu filme seguinte, o clássico *Ganga bruta* (1931-1932). A boa recepção do filme motivou ainda mais a conclusão dos estúdios em São Cristóvão. Animado, Gonzaga, além da contratação de Humberto Mauro, dá início à importação, nos anos seguintes, de uma série de equipamentos sofisticados e pioneiros no Brasil.

Antes da realização de *Ganga bruta*, Mauro responsabilizou-se pela fotografia da segunda produção da Cinédia, *Mulher* (1931), dirigida por Octávio Mendes Mendes, com roteiro deste e de Gonzaga, sonorizada com discos que reproduziam orquestrações e trechos de diálogos dos atores. Estrelado por Carmem Violeta e Celso Guimarães, o filme utiliza como roteiro uma história "forte": a jovem Carmem (representada por Carmem Violeta), expulsa de casa por resistir aos avanços amorosos do padrasto (interpretado por Humberto Mauro), encontra um jovem rico de quem se torna amante, passando a frequentar o círculo social do rapaz. Ele acaba conhecendo uma rica herdeira, e Carmem dele se afasta, obrigando-o a ter de escolher entre as duas. Expondo uma série de preconceitos de ordem moral e social, intrigas e infortúnios, com algumas cenas consideradas bastante ousadas para o padrão da época, *Mulher* é um filme importante pela representação do erotismo no cinema brasileiro e também por explorar o que, provavelmente, foram as primeiras imagens rodadas em uma favela, embora estas tenham sido cortadas e destruídas a pedido dos exibidores, "pois desagradavam o público"[12].

Um dos verdadeiros marcos do início da década é *Limite* (1931), considerado ainda hoje a melhor contribuição brasileira para a *avant-garde* internacional, junto talvez a *São Paulo, sinfonia da metrópole* (1929), de Rodolfo Rex Lustig e Adalberto Kemeny. A ligação com os movimentos europeus de vanguarda não é casual. O autor de *Limite*, Mário Peixoto, nascido na Bélgica, era filho de família rica, escritor e poeta aos 15 anos de idade, tendo passado boa parte de sua juventude na Europa, com estudos na Inglaterra, vivendo os anos de efervescência do expressionismo alemão, da *avant-garde* francesa e do cinema de montagem teorizado e praticado pelos soviéticos. De volta ao Brasil, juntou-se ao grupo do Chaplin Club, cineclube fundado em 13 de junho de 1928 por jovens intelectuais como Otávio de Faria, Plínio Sussekind Rocha, Almir Castro e Cláudio Mello, com objetivo de "estudo do cinema como uma arte", conforme expresso em seus estatutos. Esses jovens eram simpatizantes da música renovadora de Erik Satie e César Franck, assim como da literatura de Proust, Joyce, Virginia Woolf, T. S. Elliot, naquilo que ela trazia de novo em seus momentos mais radicais, entre os quais o abandono da linearidade narrativa. Foi, inclusive, no aspecto formal de *The Waves*, de Virginia Woolf, que Mário Peixoto se inspirou, influenciado pelas discussões que a publicação do livro em Londres (1926) suscitou e nas quais apaixonadamente se envolveu. Além do roteiro entregue a Adhemar Gonzaga, Peixoto assumiu a direção do filme, considerado muito pessoal para ser assumida por Gonzaga.

As filmagens de *Limite* foram realizadas em 1930, na região de Mangaratiba, Rio de Janeiro, com muitas sequências filmadas na praia de Itassunema, contando com uma equipe mínima, os atores Raul Schnoor, Brutus Pedreira, Olga Breno, Taciana Rei, Carmen Santos, Iolanda Bernardes, o próprio Mário Peixoto, o fotógrafo Edgar Brasil e o assistente de realização Ruy Costa. O resultado, já esperado, não era de um filme narrativo que se constrói apenas no plano visual. Na tradição de um cinema europeu proposto na década de 1920 por Jean Epstein, Germaine Dulac, Abel Gance, Sergei Eisenstein ou mesmo Dziga Vertov, as imagens que o tema gerava só tinham sentido no ritmo dado pela montagem. Exibido pela primeira vez publicamente em 17 de maio de 1931, no cinema Capitólio, em sessão promovida pelo Chaplin Club, *Limite* provocou controvérsias, e o público ficou arredio. Mais sorte obteve Mário Peixoto na Europa, onde o filme estreou no Marble Arch, em Londres, ficando em cartaz algum tempo para, em seguida, ser apresentado com igual sucesso na Salle des Agriculteurs, cineclube nos Champs-Élysées, Paris.

Em 29 de maio de 1933, estreava no cinema Alhambra[13] a terceira produção da Cinédia, *Ganga bruta*, cujas filmagens foram iniciadas em setembro de 1931 sob o título *Dança das chamas*. Apesar de sua história "adulta", *Ganga bruta*, ao ser exibido, já estava completamente defasado com relação ao uso do som, falado apenas em alguns momentos e com ruídos que não se aproximavam do padrão sonoro mais realista, já demonstrado nesse mesmo ano pelas produções norte-americanas. De enredo aparentemente simples, sua narrativa permitiu a Mauro Humberto a criação de muitos climas sensuais, só apreciados muito tempo depois da exibição do filme. Esses climas são elaborados, principalmente, a partir de elementos cenográficos, numa iconografia até certo ponto óbvia na sugestão erótica que evolui de formas fálicas, como os guindastes e as grossas tubulações de uma fábrica em construção. Mais sutil e sensual é a sequência de sedução entre os personagens interpretados por Déa Selva e Durval Bellini no meio da exuberante vegetação do horto da Quinta da Boa Vista, articulada por olhares, com a câmera assumindo a posição marcada pelo corpo do ator. O personagem grande e mal representado por Durval Bellini, escondendo seus impulsos, acompanha em uma brincadeira o corpo provocante e aparentemente frágil de Déa Selva, que, num clímax erótico, ao tentar escapar dos avanços dele, rasga seu vestido, deixando aparecer um pouco mais de seu corpo.

Literalmente descontrolado, ele avança sobre a moça, carregando-a nos braços. A sequência resistiu ao tempo e ainda hoje mantém um clima erotizado pela movimentação dos atores, olhares, composição do espaço e cenografia. Apesar de tudo, público e crítica não apreciaram muito o filme. Henrique Pongetti, com frases pejorativas, referiu-se a ele como "Ganga Bruta com tremoços" e "Freud em cascadura". De fato, em 1969, em entrevista ao *Jornal do Brasil*, Mauro declarara:

> [...] quando começou a febre de Freud, andei lendo tudo o que dele nos chegava. Procurei ver o que se poderia aplicar em cinema. Em *Ganga bruta*, quis ver se conseguia alguns efeitos freudianos, principalmente através de símbolos fálicos, como guindastes, objetos, composições e movimentos verticais da câmara. Os efeitos foram obtidos, acho, mas caí na asneira de falar nisso com os outros, e não faltou quem não me chamasse de Freud de Cascadura[14].

Já a essa altura, a Cinédia começa a se defrontar com problemas de distribuição e exibição das películas produzidas, que infelizmente não alcançam o retorno necessário à sustentação de uma produção mais regular que cobrisse, principalmente, os altos investimentos em equipamentos e instalações. À medida que a entrada de capital começa a faltar, a empresa tenta várias possibilidades para se manter em ação, como o aluguel de laboratórios e estúdios, a edição de títulos para as empresas estrangeiras e, sobretudo, a realização de filmes de encomenda para o setor privado ou governamental. Aproveitando a obrigatoriedade de exibição do curta nacional, a Cinédia concentra-se no documentário, nas encomendas institucionais, propagandas, reportagens em som direto, além de produzir também um jornal falado. Em 1933, realiza sua primeira experiência com o som gravado diretamente na película, no curta *Como se faz um jornal moderno*, documentando as novas máquinas rotativas utilizadas pelo jornal *A Nação*.

O ENCONTRO COM A MÚSICA BRASILEIRA E O *CINEMA DE RÁDIO*

A tentativa de implantação de uma verdadeira indústria cinematográfica se concentrará, com maior peso, na produção quase exclusiva de comédias carnavalescas. Talvez a consequência mais imediata – e, no fundo, a mais duradoura – da consolidação do cinema sonoro no Brasil tenha sido, ironicamente, a retomada de poder pelo cinema dominante como uma saída para o cinema brasileiro. Impossibilitado de fazer frente ao fascínio de uma técnica propositadamente sedutora, o cinema brasileiro começou a lançar mão de algo que – apesar de conter ideias mais ou menos semelhantes – se diferenciava do produto estrangeiro, com determinantes nacionais próprios, como a língua e, principalmente, a música. O sucesso do primeiro filme sonoro exibido no Rio de Janeiro, *Melodia da Broadway*, a partir de 20 de junho de 1929 no cinema Palácio, mostrava os bastidores do teatro nova-iorquino numa narrativa em que a história, simples pretexto para a apresentação de números musicais, era o que menos contava. O cinema brasileiro também se aproveita dos bastidores do teatro burlesco, das revistas, dos *shows* de cassinos e sobretudo do rádio para desenvolver suas histórias. Em sintonia perfeita com a popularização do rádio e de uma iniciante indústria fonográfica, o advento do som no cinema permitiu a visualização das vozes de cantores e cantoras já populares no disco e no rádio, ao ritmo de sambas e marchinhas inscritos, por sua vez, mas não só, no universo maior do Carnaval. Embora, como via de saída frente à competição estrangeira ou como proposta estética, esse rumo tenha sido combatido durante muitos anos, não restam dúvidas de que, nas décadas de 1930, 1940 e 1950, a promissora união entre o cinema e a música brasileira, especialmente mediada pelo rádio e identificada para sempre com o filme produzido majoritariamente no Rio de Janeiro, possibilitou a sobrevivência e garantiu a permanência do cinema brasileiro nas telas do país.

O sucesso de *Coisas nossas*, lançado em novembro de 1931 no cinema Eldorado, ironicamente dirigido por um norte-americano, Wallace Downey, abriu caminho para que, na Cinédia, Adhemar Gonzaga e Humberto Mauro dirigissem, em 1933, o primeiro filme carnavalesco da nova companhia, *A voz do Carnaval*, um semi-documentário inspirado na história de Joracy Camargo, estreado habilmente às vésperas do Carnaval, mostrando desfiles do corso e batalhas de confete com ranchos e cordões, registrados com som direto nas ruas da cidade. Essas sequências documentais são intercaladas com cenas filmadas em estúdio, mostrando o célebre comediante Palitos no papel do rei momo, que chega ao Rio de Janeiro a bordo do Mocanguê, é aclamado pela população e segue pela avenida Rio Branco até o Beira-Mar Cassino, onde, após ser entronizado, foge para apreciar o Carnaval da cidade. Nesse filme, uma sequência tomada no estúdio da Rádio Mayrink Veiga mostra Carmen Miranda, então em sua segunda aparição cinematográfica.

No cinema norte-americano, dois gêneros se destacaram nesses primeiros anos do filme sonoro – os filmes de gângster, com o fascínio pelo rajar de metralhadoras, e o musical. Mas em diversos outros países musicalmente fortes, o filme sonoro será muito bem-vindo e surgem, por exemplo, o "filme de tango", na Argentina; o "filme de fado", em Portugal; um cinema musical no Egito; e aqui no Brasil, os primeiros filmusicais com os astros e as estrelas do rádio e de uma indústria fonográfica em plena efervescência[15]. Um esquema narrativo inicial também se desenvolve a partir de matrizes de enredos ambientados em espaços relacionados com a música e o espetáculo, como estações de rádio, cassinos, teatros. O público conhecia o áudio, mas faltava o visual, e o cinema veio preencher essa necessidade muito bem, ora ilustrando o que poderia perfeitamente ser ouvido num programa de rádio, ora buscando e experimentando outros caminhos, ao combinar números musicais com pequenos esquetes cômicos, muitas vezes de forma autônoma entre uma passagem de diálogo com outra de música, ora buscando algum tipo de entrelaçamento, como no clássico *Alô, alô, Carnaval* (1935), de Adhemar Gonzaga, que felizmente sobreviveu e pode ser apreciado por espectadores de hoje. Essa ligação inseparável entre música e humor, e romance, suspense, correrias e confusões, modelou uma forma e construiu um gênero de longa duração em nosso cinema.

Outra estratégia da Cinédia foi o esquema de coproduções, tentado com êxito a partir de 1935. A empresa entrava com seu capital, investido sob a forma de serviços de laboratórios, técnicos, maquinaria e estúdios, enquanto ficavam por conta da outra empresa os custos maiores da produção. Nesse esquema, a associação entre a Cinédia e o produtor Wallace Downey tornou-se fundamental para o sucesso da nova experiência. Chegando ao Rio de Janeiro com equipamento importado Movietone, que permitia a gravação sonora diretamente na película em vez do som gravado em discos do antigo sistema Vitaphone, Downey, nessa produção conjunta, Waldow Filmes e a Cinédia, dirigiu *Alô, alô, Brasil* (1934), consolidando de vez a presença do rádio no cinema brasileiro, não só com a saudação característica do "alô", mas principalmente pela visibilidade dada a uma verdadeira constelação de astros e estrelas do rádio e do disco.

O sucesso do lançamento do filme às vésperas do Carnaval motivou a repetição do esquema no meio do ano, a fim de aproveitar a mobilização em torno das festas juninas e transformar o cinema em um suporte do disco mensal e da promoção radiofônica, no momento em que o rádio começava a penetrar nos lares e influir no comportamento das metrópoles brasileiras em organização. Em 1936, iniciam-se as transmissões de *A Voz do Brasil*, a rádio nacional que por mais de vinte anos exercerá papel de liderança na comunicação radiofônica brasileira[16]. Em julho desse mesmo ano, a Waldow Filmes e a Cinédia, menos de seis meses após a estreia de *Alô, alô, Brasil*, lança *Estudantes*, novamente dirigido por Wallace Downey, repetindo aqui um ciclo de filmes sobre a vida estudantil também tentado em diversos países, por exemplo Estados Unidos e Japão. O roteiro de filme gira em torno dos problemas e romances colegiais passados numa república universitária, tendo como pano de fundo as festas juninas embaladas pela música popular brasileira. O público podia ouvir, entre outras canções, *Cadê Mimi?*, cantada pelo galã Mário Reis para a famosa Carmen Miranda. Aurora Miranda namorava, de forma muito vaga, Jorge Murad, ao passo que Barbosa Júnior e Mesquitinha faziam declarações de amor a Carmen Miranda, que, no entanto, preferia o galã Mário Reis. Carmen, pela primeira vez, além de cantar, interpretava o papel de uma garota do rádio colecionando namorados.

A IMPORTÂNCIA DE CARMEN SANTOS

Antecedida pela paulista Cleo de Verberena, considerada a primeira realizadora brasileira e autora de um único longa, *O mistério do dominó negro* (1930), a portuguesa Carmen Santos (Maria do Carmo Santos Gonçalves) é o grande nome feminino na atividade cinematográfica brasileira nesse período, seguida por Gilda de Abreu. Em uma atividade marcadamente patriarcal ao redor do mundo, Carmen conseguiu, graças ao seu talento e também obstinação, associar o estrelismo e o *glamour* tão cultuados pela *Cinearte* com atuação política e resistência na luta pelo desenvolvimento do cinema brasileiro. Antes de se lançar como produtora, ela se aproximou de realizadores como Mário Peixoto e Humberto Mauro na década de 1920, ampliando seu interesse pelo cinema em experiências de atuação com os dois. Em pouco tempo, Carmen Santos, além de atriz, conseguiria a proeza de estar à frente de todo o processo cinematográfico, gerenciando companhias, contratando profissionais e chegando até à direção.

Além da associação entre Wallace Downey e Adhemar Gonzaga, outro marco fundamental da união prolífica entre cinema e música brasileiros, apontando experiências que só seriam tentadas muitos anos depois, foi a primeira realização da Brasil Vita Filme, intitulada *Favela dos meus amores* (1935), produzida e interpretada por Carmen Santos. Alicerçada no dinheiro do marido, o industrial Antônio Seabra, Carmen tornou-se uma empreendedora independente, construindo sua própria companhia em 1935, a Brasil Vox Filme, que mais tarde teve seu nome alterado para Brasil Voz Filme e finalmente Brasil Vita Filme, por ingerências da 20th Century Fox. Com seus estúdios localizados na rua Conde de Bonfim, 1.331, Tijuca, Carmen Santos produz, em 1932, *Onde a terra acaba*, associada a Adhemar Gonzaga, com direção de Octávio Mendes, contando com sua própria interpretação e a de Celso Guimarães. Adaptação do romance *Senhora*, de José de Alencar, o filme é uma segunda versão de outro filme homônimo, iniciado e inacabado em 1931, sob a direção de Mário Peixoto. Sua associação com Humberto Mauro já havia sido estabelecida anteriormente, ainda em Cataguases, quando Carmen se tornou produtora associada e atriz em *Sangue mineiro* (1929), mas fortaleceu-se desde que Mauro desligou-se da Cinédia depois do fracasso de *Ganga bruta*.

Para Carmen Santos, Mauro dirigiu alguns documentários em curtas-metragens, tais como uma série de sete curtas intitulados *As sete maravilhas do Rio de Janeiro* (1934), além de uma reportagem sobre a VII Feira Internacional de Amostras do Rio de Janeiro e mais alguns curtas de natureza didático-histórica como *General Osório* (1934) e *Pedro II* (1935), aproveitando o clima favorável ao cumprimento da primeira lei protecionista aplicada ao cinema brasileiro, promulgada pelo governo provisório de Getúlio Vargas em 4 de abril de 1932. Nessa data, Getúlio assinou o decreto-lei nº 21.240, que centralizava e nacionalizava o serviço de censura, criando uma comissão específica para esse fim. No artigo 12 dessa mesma lei, ele estabelecia a obrigatoriedade, em cada programa, da "inclusão de um filme considerado educativo pela Comissão de Censura". Mais importante ainda e com reflexos que se estenderiam até os nossos dias, está o esboço da lei protecionista de "quotas" de reserva de mercado, inaugurada no artigo 13, com base na justificativa de que "anualmente, tendo em vista a capacidade do mercado cinematográfico brasileiro, e a quantidade e as qualidades dos filmes de produção nacional, o Ministério da Educação e Saúde Pública fixará a proporção da metragem de filmes nacionais a serem obrigatoriamente incluídos na programação de cada mês".

A lei, apesar de ter sido promulgada em 1932, só entrou mesmo em vigor dois anos depois. Em 30 de junho de 1934, em discurso perante a recém-fundada Associação Cinematográfica de Produtores Brasileiros (ACPB), Getúlio reafirmava ser a educação uma função do Estado e reconhecia no cinema a "melhor ferramenta para estimular o desenvolvimento intelectual, moral e físico do povo brasileiro", que deveria ter, como função prioritária, a ilustração das massas analfabetas. Como é fácil perceber, a preocupação do presidente era, na verdade, mais quanto aos fins educacionais do cinema do que com o desenvolvimento de uma indústria cinematográfica. Entretanto, é essa produção documental da década de 1930 que, paralelamente à produção dos longas-metragens da Cinédia, Brasil Vita e Sonofilmes, entre outras produtoras menores, que manterá artistas e técnicos em atuação, possibilitando o exercício da prática cinematográfica.

A experiência com Humberto Mauro e sua associação com Adhemar Gonzaga em *Lábios sem beijos*, entre outras iniciativas, contribuíram para que Carmen Santos desenvolvesse uma consistente atuação política na consolidação de intenções em prol de uma indústria cinematográfica no país. O investimento em *Favela dos meus amores* parecia apontar um caminho possível. Com o passar do tempo, esse filme ganhou uma aura que quase o transforma em outra versão de *Limite*, pelo que de novidade introduziu no cinema brasileiro e, principalmente, pela inexistência de cópia de exibição. Entretanto, ao contrário de *Limite*, o filme de Humberto Mauro fez muito sucesso na época, sendo reprisado posteriormente no início da década de 1940. Com Alex Viany, temos uma avaliação da grande novidade de *Favela dos meus amores*:

> [...] primeiro filme carioca a aproveitar um dos aspectos mais trágicos, exuberantes e musicais da vida na capital do Brasil: o morro [...] marco importantíssimo, não só para construir a coisa mais séria dos primeiros anos do período sonoro, mas também por seu sentido popular, que apontava um rumo verdadeiro a nossos homens de cinema[17].

Com argumento encomendado ao cronista Henrique Pongetti, o filme acabou mesmo nas mãos de Mauro, responsável pelo roteiro, som, revelação e montagem. Do elenco faziam parte Carmen Santos, o cantor Sílvio Caldas, Rodolfo Mayer, Jaime Costa, Belmira de Almeida e Armando Louzada, numa elogiada interpretação do personagem Nhonhô, inspirado na figura do sambista carioca Sinhô. A narrativa conta as aventuras de dois rapazes recém-chegados de Paris que resolvem abrir um cabaré na favela. Um deles se apaixona por uma professora do morro, Rosinha, interpretada por Carmen Santos. Elegante e abnegada, ela desperta o amor de dois homens, um estudante e um sambista, projetando uma tensão que voltaria com nuances diferentes em outros momentos do cinema brasileiro. A direção de Humberto Mauro parece ter conseguido momentos de brilho, conforme os relatos de Alex Viany e Adhemar Gonzaga, misturando cenas cômicas e climas sentimentais a um enredo dramático, no qual se destaca a sequência final, o enterro do compositor, vivido por Armando Louzada. Outro espectador famoso que, na época cobriu o filme de elogios, foi Jorge Amado. Apesar de mencionar a existência de alguns defeitos, sem no entanto os analisar, o escritor afirmava que a soma dos defeitos era mínima em relação às suas virtudes:

> O que Humberto conseguiu tirar da favela (fotografias absolutamente admiráveis) como motivo de emoção humana é simplesmente extraordinário. O grande morro legendário não aparece nesse filme com a sua fisionomia deturpada. Muito ao contrário Humberto Mauro soube conservar o ar próprio do morro, a sua vida miserável e, no entanto, com tanta beleza. Os pretos e as mulatas do morro que movimentam o filme se revelam além de tudo artistas admiráveis. Estão de uma naturalidade espantosa como se diante deles não tivesse a câmera. Os efeitos de fotografia conseguidos com as ruas da favela estão além de qualquer expectativa. Note-se também, com todos os louvores, a introdução das escolas de samba, o maxixe dançando no cabaré, e todas as músicas do filme que são muito boas. O som também está bom, perdendo-se um número relativamente pequeno de palavras[18].

Após esse êxito, Carmen Santos produz *Cidade-mulher* (1936), com argumento de Pongetti e roteiro e direção de Mauro. A história reproduz, outra vez, a estrutura do enredo "por trás dos bastidores", intercalando um episódio sentimental entre Carmen Santos e Mário Salaberry com um entrecho cômico desenvolvido por Jaime Costa e Sara Nobre, como pretextos para a montagem de uma revista teatral rodada no Beira-Mar Cassino, e números musicais compostos por Noel Rosa e Assis Valente, assim como aparições de Orlando Silva, Irmãs Pagãs, Bibi Ferreira, além de um *fox-trot* improvisado por Raul Roulien.

Em 14 de outubro de 1935, sob o título inicial de *O grande cassino*, foram iniciadas pela Waldow Filmes, uma vez mais associada à Cinédia, as filmagens de *Alô, alô, Carnaval*, com argumento de Alberto Ribeiro e João de Barro. Downey, por motivos de viagem, entrega a direção a Adhemar Gonzaga, que o transforma em um retumbante sucesso, com pré-estreia em 15 de janeiro de 1936, à meia-noite, no Cine Alhambra. A narrativa repetia o sucesso da experiência anterior de *Alô, alô, Brasil*. Intercalando números musicais com um fio narrativo que inclui piadas satirizando figuras e fatos de 1935, envolve dois autores cariocas interpretados por Pinto Filho e Barbosa Júnior, e suas aventuras ao tentar atrair o interesse de um empresário, vivido por Jaime Costa, para montar uma revista elaborada pelos dois intitulada *Banana da terra*. O empresário, na verdade, estava mais interessado no canto lírico, e não em espetáculo popular. No entanto, como a cantora contratada por ele não chegara da França, acaba cedendo e corre em busca dos dois autores, decidido a montar a revista, para a alegria de um embriagado espectador no Cassino, interpretado por Oscarito, em sua segunda aparição cinematográfica. Os números musicais constituem o forte do filme, além da sutil tensão entre cultura de elite e cultura popular (canto lírico *versus* música popular)[19]. Em meio a diversos desses números, vemos o Bando da Lua e Aurora e Carmen Miranda diante de um cenário modernista de J. Carlos e Emílio Casalegno, fazendo uma apologia apoteótica do rádio através da marcha *Cantoras do rádio*. Ainda nesse filme, Carmen Miranda define a *persona* com a qual seu nome se identificaria para sempre no cinema, ou seja, a mulher de olhos vivos e espertos, com um sorriso nos lábios e com timbre expressivo, sempre consciente da importância do figurino (aqui um *palazzo* pijama de lamê), requebrando no solo *Querido Adão*. Quase obrigando a câmera a seguir seus movimentos, ao contrário dos esperados números musicais estáticos, ela cria uma expressão visual dinâmica para as letras dessa marcha, e o filme ganha seus momentos altos na combinação do movimento da cantora com a ironia de frases como "Adão, meu querido Adão/ Todo mundo sabe que perdeste o juízo/ Por causa da serpente tentadora/ O nosso mestre te expulsou do paraíso...".

Após a consagração popular do filme, a Cinédia tenta diversificar sua produção com a comédia romântica e musical *Bonequinha de seda* (Oduvaldo Vianna,

1936), um bom exemplo de realização que buscava tornar realidade os padrões ditados pela *Cinearte*, principalmente no que se refere a valores cenográficos. A história passa-se em ambientes luxuosos, interiores refinados criados pelo cenógrafo Hipólito Colomb, com destaque para uma sala com grande janela de vidro circular, uma escadaria com corrimão *art-déco* e móveis modernos que lembram o *design* da Bauhaus, por onde circulavam figuras da alta sociedade carioca. A fotografia e a excelente iluminação ficaram a cargo de Edgar Brasil, já nessa época o melhor fotógrafo do cinema brasileiro. Utilizando técnicas ainda pioneiras por aqui, como o *back projection* (projeção de fundo) e movimentos de grua, o filme estreou com estardalhaço em 26 de outubro de 1936, no antigo Palácio Teatro, onde permanece em cartaz por cinco semanas seguidas. O sucesso de *Bonequinha de seda* fez com que a Cinédia insistisse em diversificar sua produção nos anos seguintes, sem abandonar de todo os esquemas estritamente carnavalescos.

Logo depois de *Alô, alô, Carnaval*, Wallace Downey interrompeu o esquema de coprodução com a Cinédia, trabalhando por conta própria na sua Waldow Filme, utilizando elenco, técnicos e argumentistas próprios. Em 1936, produz o filme *João Ninguém*, comédia dramática cuja maior curiosidade é a experiência pioneira em cores no Brasil, numa sequência de sonho. Além de alguns números musicais, surgem nesse filme características narrativas que definirão o tipo de comédia que consagrará a Atlântida a partir de *Carnaval no fogo* (1949). *João Ninguém* é o caso, por exemplo, do romance sentimental envolvendo o herói, a mocinha e o vilão, tendo como pano de fundo a música não propriamente carnavalesca. Talvez, junto com *Favela dos meus amores*, esse filme tenha sido mais uma tentativa verdadeira do registro de alguns aspectos característicos da vida na capital federal, captando um temperamento e modo de ser tipicamente cariocas.

A concretização mais imediata da preocupação de Getúlio Vargas com os fins educacionais do cinema foi a criação, em 13 de janeiro de 1937, do Instituto Nacional de Cinema e Educação (INCE), através da lei nº 378, artigo 40, que reorganizava o Ministério de Educação e Saúde Pública. Nesse mesmo ano, como estratégia para a incorporação de artistas e intelectuais em torno de uma política oficial para a cultura do Estado Novo, Getúlio criou também o Serviço Nacional de Teatro (SNT) e o Instituto Nacional do Livro (INL). O INCE, organizado pelo antropólogo Edgar Roquette Pinto a pedido do ministro Gustavo Capanema, da Educação e Saúde Pública, foi o primeiro órgão oficial no Brasil especificamente planejado para o cinema, com função estritamente pedagógica, em sintonia com o que Getúlio definia como o papel do cinema – fornecer um programa geral para a educação das massas que valorizasse, principalmente, os aspectos variados e desconhecidos da cultura brasileira. Um dos resultados dessa experiência é o longa *O descobrimento do Brasil* (1937), de Humberto Mauro, interpretação cinematográfica tradicional de um fato histórico, tendo como ponto de partida a carta de

Pero Vaz de Caminha ao rei de Portugal, dom Manuel, o Venturoso. De forma didática e descritiva, o filme ilustra o que se aprendia nos livros escolares, incluindo a exaltação do português colonizador, sem a preocupação de desenvolver ações narrativas em um enredo mais atraente. O que se vê são imagens bonitas, sem dúvida, que procuram reproduzir telas famosas como a *Primeira missa no Brasil*, de Vítor Meireles, ao som de belíssima música de Villa-Lobos, mas sem maiores atrativos para um público que, possivelmente, aguardava um emocionante filme de aventuras. Inclusive, os poucos diálogos existentes na fita são em sua maior parte falados em tupi, refletindo a preocupação de autenticidade e pesquisa levada a cabo por Humberto Mauro em toda a sua carreira. Graciliano Ramos referiu-se com encantamento ao filme em 1937:

> Ordinariamente víamos as películas nacionais por patriotismo. E antes de vê-las, sabíamos perfeitamente que, excetuando o patriotismo que nos animava, tudo se perdia. Temos enfim um trabalho sério, um trabalho decente: a carta de Pero Vaz reproduzida em figuras com admiráveis cenas, especialmente as que exigem multidão. Aí estão os fidalgos cobertos de veludo e de seda, a maruja descalça, a nau perdida, a chegada de Santa Cruz, a missa, a dança dos índios, a excelente missa de Villa-Lobos[20].

CINÉDIA E SONOFILMES: AMPLIANDO AS COPRODUÇÕES

Na Cinédia, Adhemar Gonzaga experimentava outros gêneros, como aventura, adaptações de textos literários, melodrama e documentários. Nessa tentativa de diversificação da produção, sob encomenda do Clube de Regatas do Flamengo, Milton Rodrigues dirige *Alma e corpo de uma raça* (1938), ambientado num cenário esportivo, com a participação desse popular time de futebol. Mas são as comédias musicais carnavalescas que sustentarão a produção da empresa, especialmente se forem levados em consideração os baixos custos de produção investidos. Em 1938, Luiz de Barros roda na companhia a comédia musical *Tereré não resolve*[21] no tempo recorde de sete dias.

Na empresa de Wallace Downey, já transformada em Sonofilmes em 1937, Ruy Costa, um dos primeiros artesãos das comédias musicais cinematográficas brasileiras, dá início à sua trilogia de frutas tropicais, iniciada com *Banana da terra* (1938), seguida de *Laranja da China* (1939) e encerrada com *Abacaxi azul* (1943). O primeiro da série conseguiu distribuição pela Metro-Goldwyn-Mayer graças às ligações entre Alberto Byington Junior, sócio de Downey e os norte-americanos, sendo lançado no espetacular Metro Passeio[22].

O sucesso e o impacto de *Banana da terra* podem ser comparados ao de *Alô, alô, Carnaval* alguns anos antes. O argumento, do experiente João de Barro, em parceria com Mário Lago, apresenta Oscarito como chefe de uma campanha publicitária em favor da banana, e a narrativa se passa em meio à sofisticação dos cassinos cariocas e do rádio, possibilitando assim a inserção de números musicais que também se tornaram clássicos, como o dueto *Pirulito* entre Carmen Miranda e Almirante. Foi também na voz de Carmen Miranda que Dorival Caymmi, então um compositor ainda desconhecido, lançou o célebre samba *O que é que a baiana tem?* Era o último filme de Carmen no Brasil, pois sua *performance* ao vivo no Cassino da Urca atraíra a atenção do empresário norte-americano Lee Schubert, que a convidou para cantar na Broadway.

O êxito inicial da empreitada da Sonofilmes deve-se, principalmente, a uma tentativa menos ambiciosa de realização de um "grande" cinema e a uma consciência mais clara das limitações impostas pelo mercado para o qual suas produções são adaptadas. Assim, a empresa passa a produzir a partir de 1937, além de alguns documentários, os filmes anuais de Carnaval, intercalados com uma produção igualmente regular para o meio do ano, quando são exploradas adaptações teatrais de textos de sucesso em comédias rápidas como *O bobo do rei* (1937), dirigida por Mesquitinha, e *Bombonzinho* (1938), dirigida por Joracy Camargo, ou ainda *O simpático Jeremias* (1940), com direção de Moacyr Fenelon.

> [...] preciso obter maiores rendimentos na exibição, para melhorar e intensificar a produção [...] O problema artístico é, hoje, de muito mais fácil solução [...] Capital não falta, mas as possibilidades do mercado, tal como se encontram, continuam restritas. A lei que estabelece obrigatoriedade de cada cinema exibir um filme nacional, anualmente, já não satisfaz. Penso que seria mais eficiente a existência de nossos filmes para cada 30 importados[23].

O assunto levantado por Adhemar já não era novidade nessa época. Desde o início da década de 1930, pensou-se em adotar leis protecionistas, mas foi só com o artigo 34 do decreto-lei nº 1949, de 30 de dezembro de 1939, que se estabeleceu a quota de exibição nos cinemas de *um* longa-metragem brasileiro por ano. Entretanto, essa ideologia do protecionismo já se mostrava equivocada, uma vez que acabava restringindo a produção brasileira, e não a estrangeira, como se esta fosse detentora natural do mercado em uma época em que os filmes brasileiros já dispunham de várias empresas que produziam anualmente, de forma regular, havendo ainda as produções independentes, como é o caso de *Aves sem ninho* (1939), de Raul Roulien[24].

Paralelamente ao trabalho no INCE, Humberto Mauro dirige a produção de Carmen Santos, *Argila* (1940), na qual é visível a experiência com os curtas educativos e, principalmente, a intenção nacionalista e pedagógica de revelar um Brasil desconhecido por meio de elementos culturais; no caso, a cerâmica marajoara, ao som de Villa-Lobos. Estreado dois anos depois, em 28 de maio de 1942, no Cine Capitólio, *Argila* conta a história de uma jovem e rica viúva, incentivadora das artes e da produção cultural brasileira, personagem que, de certa forma, se confundia com a própria Carmen Santos em sua atuação fora das câmeras. Ela faz uma sofisticada viúva, às voltas com um empregado por ela protegido (interpretado por Celso Guimarães), talentoso artesão interessado nas formas marajoaras e na produção de cerâmica na região de Correias, no estado do Rio de Janeiro. O rapaz, apesar de namorar uma moça da região, sente-se atraído pela viúva, que afinal o recusa numa atitude de nobre sacrifício[25].

A CHEGADA DA ATLÂNTIDA

A década de 1940 inicia-se com bons e maus presságios. Diminuindo seu ritmo de produção, a Cinédia aluga seus estúdios em 1942 para a RKO a fim de possibilitar a realização de *Its'All True*, de Orson Welles. Paralelamente, a Brasil Vita Filme encontra-se completamente envolvida na produção do épico *Inconfidência mineira*, iniciada em agosto de 1936, antes, portanto, da conclusão dos estúdios de Carmen Santos, que só ficaram prontos em 1937. À frente do projeto, Carmen será auxiliada na direção por ninguém menos do que o excelente fotógrafo Edgar Brasil e, à frente das câmeras, interpretará Bárbara Heliodora, a atuante esposa do inconfidente Alvarenga Peixoto.

Para complementar o quadro, a Sonofilmes, de Downey e Byington, sofre um incêndio em novembro de 1940, paralisando suas atividades. Em cena, entram então duas pequenas produtoras independentes de curtíssima vida, a Pan-América Filmes e Régia Filmes[26]. Na primeira, Leo Marten (pseudônimo de Ivan Dolsky), um tcheco que já trabalhava com cinema no Brasil desde a década de 1920, dirige em 1940 dois filmes: *O direito de pecar*, com César Ladeira, e o musical *Vamos cantar*, com números de Estelinha Egg. Na Régia, Luiz de Barros (Lulu de Barros), que já havia coproduzido o filme *Carioca maravilhosa* (1934), realiza *Entra na farra* (1940), mais um filme carnavalesco apresentando, entre vários outros números musicais, canções interpretadas por Dircinha Batista.

Com o intuito de dar continuidade à sua carreira cinematográfica, Fenelon pretendia reconstituir, em novos moldes e depois do incêndio, o que havia sido a experiência da Sonofilmes. Decidiu então organizar uma produtora cinematográfica pelo lançamento de ações populares, mobilizando para sua fundação os irmãos Paulo e José Carlos Burle, além do conde Pereira Carneiro, proprietário do *Jornal do Brasil*, onde Burle trabalhava como cronista de rádio. Por meio de uma dessas ações colocadas à venda, tendo a assinatura de Paulo Burle como diretor, fica-se sabendo que a Atlântida Empresa Cinematográfica do Brasil S. A., com sede na rua Visconde do Rio Branco, 51, Rio de Janeiro, fora constituída por assembleia geral em 13 de outubro de 1941, conforme publicação do *Diário Oficial* de agosto de 1941. A nova empresa trazia também a assinatura de Nelson Schultz e Arnaldo de Faria.

Em palavras que ecoam ostensivamente ideais construtivos, em sintonia com a ideologia governamental preconizada na década anterior, a Atlântida dizia a que vinha, destacando um papel social mais elevado e educador para a arte, consciente do poder de influência e penetração do cinema, segundo as palavras de José Carlos Burle no que parece ter sido um discurso proferido nessa assembleia geral da Associação Comercial do Rio de Janeiro de 13 de outubro de 1941, onde os estatutos da empresa foram apresentados e aprovados:

> [...] na hora presente, mais do que qualquer outra instituição, as nações reúnem e exaltam os seus elementos nacionalizantes mais expressivos. Não precisaríamos aqui, numa simples explanação de nossos propósitos, realçar todos os fatores que fazem do cinema um desses fortes elementos. Lembramos, porém, que a arte completa o nível de cultura superior e constitui com a ciência, a política e a religião, todo o patrimônio moral e intelectual de uma época, de um povo. O cinema, arte resultante de todas as artes e com maior poder dentre todas, para objetivar e divulgar, adquiriu métodos próprios de expressão, fez-se arte independente e, por esse grande poder de penetrar e persuadir as mais diversas multidões, tornou-se indústria de vulto universal, órgão essencial de educação coletiva.
>
> A finalidade da Atlântida é a produção de filmes cinematográficos – documentários, noticiosos, artístico-culturais, de longa e pequena metragem, desenhos animados, dublagem de produções estrangeiras e atividades afins – implantando uma indústria e uma arte de cinema no Brasil.
>
> A isso nos propomos levados pelo que vimos nos referindo e pelo grande ideal de levantarmos as paredes dessa grandiosa construção que será o cinema brasileiro, cujos alicerces já estão lançados – o nosso meio social.

A criação da Atlântida – Empresa Cinematográfica S/A, de caráter absolutamente brasileiro, é, sem dúvida, o melhor emprego de capital na atualidade e realização das mais necessárias, quando o Brasil, procurando bastar-se a si próprio, vive a fase definitiva de sua emancipação econômica[27].

Costuma-se também tradicionalmente agrupar e "classificar" a produção da Atlântida, numa visão sempre apressada e simplista, em duas fases distintas e, aparentemente, inconciliáveis, ou seja, a primeira, desde a fundação da empresa em 1941, estendendo-se até 1947; e uma segunda, a partir de 1947, ano que marca uma radical mudança de poder na empresa, que passa então a ter seu controle acionário nas mãos do maior exibidor cinematográfico do país, o poderoso Luiz Severiano Ribeiro Júnior. De acordo com as palavras de Burle anteriormente, as "nobres" intenções formuladas por esse grupo inicial foram materializadas em projetos cinematográficos de viés crítico-social como *Moleque Tião* (1943), dirigido pelo próprio e roteirizado por Alinor Azevedo, este o articulador talvez mais comprometido com um cinema de "consciência social"; ou ainda filmes com pretensões artísticas ambiciosas, como *É proibido sonhar* (1943), dirigido por Fenelon e a comédia *Romance de um mordedor* (1944), adaptação literária de Galeão Coutinho, dirigida por Burle. Mas esse grupo diretor da Atlântida também havia experimentado o tão bem alcançado sucesso popular da união entre cinema e música pelas produções da Cinédia e de realizadores como Wallace Downey, além do próprio Fenelon, sempre ligado a questões de sonorização e, por isso mesmo, atento ao papel sedutor que a música desempenhava junto ao público. Portanto, além dessas produções mais artísticas e dos cinejornais presentes desde o início da produção – pelos quais, além das chanchadas, a marca Atlântida permaneceria para sempre no imaginário dos espectadores –, a realização de comédias musicais também foi experimentada nesses primeiros anos, em títulos às vezes premonitórios e visionários como *Tristezas não pagam dívidas* (1944), sob a direção de Burle, ou *Não adianta chorar* (1945), de um estreante Watson Macedo, com Oscarito, Grande Otelo e vários outros nomes de grande popularidade no rádio.

Nesses primeiros anos, a ideia de um cinema de estúdio significava na Atlântida espaços mais ou menos improvisados localizados em um barracão situado na rua Visconde do Rio Branco, centro do Rio. A direção da empresa localizava-se na sede do *Jornal do Brasil* (avenida Rio Branco, 51), cujo endereço, dono e acionista, o conde Pereira Carneiro, imprimiam credibilidade ao projeto. Técnicos da competência de um Edgar Brasil, Cajado Filho e Waldemar Noya foram contratados, e a produção vai se equilibrando entre os cinejornais, os filmes tidos como "artísticos" e as comédias musicais. Com a entrada de Ribeiro Júnior nesse quadro, em outubro de 1947, assumindo o controle da empresa como seu principal acionista, esse equilíbrio entre o risco de uma produção mais ambiciosa e a certeza de retorno financeiro prometido pelas chanchadas permanece de certa forma, mas com a balança pendendo bem mais para a segurança garantida pelas comédias musicais. Ainda assim, entre retumbantes êxitos de bilheteria como *Carnaval no fogo* (1949) e *Aviso aos navegantes* (1950), ambos de Watson Macedo, havia espaço para produções como as adaptações literárias *Terra violenta* (1948-1949), de Edmond F. Bernoudy (do livro de Jorge Amado *Terras do sem fim*) ou o pioneiro melodrama racial *Também somos irmãos* (1949), de José Carlos Burle. Na década de 1950, entre chanchadas e comédias, incluindo adaptações de peças como *O golpe* (1955), *Papai fanfarrão* (1956) e *Cupim* (1959), todas dirigidas por Carlos Manga, hão sempre de se destacar produções de fôlego como *A sombra da outra* (1949), de Macedo, *Areias ardentes* (1951), de J. B. Tanko, o *noir Amei um bicheiro* (1952), de Jorge Ileli e Paulo Vanderley, além de uma coprodução com a Alemanha, *Paixão nas selvas* (1954), dirigido por Franz Eichhorn.

A estratégica entrada de Ribeiro Júnior como sócio majoritário da Atlântida não acontece por acaso, responde diretamente a seus interesses como, primordialmente, grande exibidor de cinema, e não produtor. Seus objetivos maiores vinham ao encontro de uma situação que lhe era favorável, permitida pela obrigatoriedade de reserva de mercado para filmes brasileiros, o decreto nº 20.493 de 24 de janeiro de 1946, dispositivo que determinava aos cinemas a exibição anual de pelo menos três filmes nacionais. Após o autoritarismo do Estado Novo (1937 a 1945), o presidente Eurico Gaspar Dutra manteve o interesse estratégico pelo cinema inaugurado por Getúlio. Ribeiro, ao cumprir esse decreto, passava a produzir para os seus próprios cinemas, garantindo assim todos os lucros de uma cadeia na qual ele também era o distribuidor. Com a montagem de seu próprio laboratório de revelação, a Cinegráfica São Luiz, uma cadeia econômica de produção se fechava de forma inédita no cinema brasileiro. Com muitos cinemas espalhados pelo país, especialmente do Rio de Janeiro para o Nordeste e região Norte, o grupo garantiu uma visibilidade também até então inédita para o filme nacional. Objetivando o lucro, os investimentos na produção eram mínimos – agora localizados na Tijuca, na rua Haddock Lobo, os "estúdios" eram bem diferentes do que um jovem Carlos Manga imaginava a partir do *glamour* que ele idealizava e lia sobre a atividade cinematográfica. Dá o que pensar afirmações contrastantes em que, de um lado, o patrão Ribeiro afirmava que Oscarito era a sua "mina de ouro" e do outro, a do próprio comediante, que, em diversas entrevistas, repetia que nunca se enriquecera com o cinema. As equipes deveriam comparecer às filmagens nos estúdios já alimentadas e, em muitos casos, vestidas com suas próprias roupas, de acordo com depoimentos de Carlos Manga, Margot Louro e Adelaide Chiozzo na abertura do evento Muito Comédia – 100 Anos de Oscarito, em 27 de junho de 2006, no Centro Cultural Correios, Rio de Janeiro. Equipes reduzidas ao mínimo necessário, equipamentos técnicos reciclados, tudo contribuía para um esquema de produção de baixo orçamento, rápido e dinâmico. Essa estratégia de produção também tinha eco nas experiências anteriores de Moacyr Fenelon, que abandonou a Atlântida após a entrada de Ribeiro Júnior. Já na Sonofilms, nos anos 1930, Fenelon era um nome reconhecido no meio exatamente pela habilidade em saber fazer filmes destinados ao grande público a partir de estratégias de baixo custo.

Na Atlântida sob o comando de Severiano Ribeiro Jr., os filmes eram revelados pelo próprio estúdio e enrolados à mão. Ribeiro, com essa estratégia de manter os custos baixos para obter lucros cada vez maiores, não quis se beneficiar, ao contrário da Vera Cruz, da isenção de impostos para importação de equipamento e material cinematográfico conseguida pelo Sindicato Nacional da Indústria Cinematográfica em 1949. Diretores como Watson Macedo, que manifestavam maiores ambições em seus projetos, tiveram que postergar suas aspirações cinematográficas ou então sair de vez, como foi o caso de Moacyr Fenelon, que, independente, realizou oito filmes entre 1948 e 1950.

A garantia de exibição resolveu, durante pelo menos duas décadas, um eterno "calcanhar de Aquiles" da atividade cinematográfica brasileira. A experiência da Atlântida, em termos de pensamento industrial, materializou um conhecimento prático das condições reais e possíveis de um mercado periférico, especialmente se comparadas a outras tentativas de implantação e defesa de um cinema mais sofisticado e ambicioso. A consciência e demonstração desse conhecimento e dessa prática estão presentes tematicamente e de forma reflexiva em um filme emblemático de José Carlos Burle realizado em 1952, *Carnaval Atlântida*, ao qual voltaremos adiante.

UM POUCO DE HISTÓRIA

Produzindo de início o cinejornal *Atualidades Atlântida*, a empresa logo passa para o média-metragem, numa reportagem chamada IV Congresso Eucarístico Nacional de São Paulo (1942), acompanhado, entretanto, por um média-metragem de natureza profana, *Astros em revista* (1942). O filme, ao apresentar números musicais de Luís Gonzaga, do conjunto Quatro Ases e Um Coringa e de Emilinha Borba, entre outros destaques, sinalizava o que seria, de fato, a principal linha de produção da nova companhia.

O primeiro filme da Atlântida a obter repercussão data de 1943, o célebre e igualmente desaparecido *Moleque Tião*, dirigido por José Carlos Burle, com fotografia de Edgar Brasil, filmado em locações e em precário estúdio localizado no centro do Rio. O roteiro, de Alinor Azevedo, Nélson Schultz e do próprio Burle, era inspirado numa reportagem de Joel Silveira e Samuel Wainer publicada em

Diretrizes, baseada em dados biográficos da vida e difícil trajetória de um garoto de Minas Gerais até a sua consagração artística, Grande Otelo (pseudônimo de Sebastião Prata). Segundo Burle, o enredo consistia na história de um "negrinho do interior, fascinado pela ideia de ser artista e que, tendo visto no jornal a notícia de que uma Companhia Negra de Revistas vinha obtendo grande sucesso no Rio, para lá se dirige pegando carona nos mais variados meios de transporte". Pelas mãos de um maestro, consegue, depois de muito sofrimento, apresentar-se em um espetáculo com sucesso, sendo assistido pela mãe que viera do interior.

Em artigo especial sobre a Atlântida, José Sanz destacou a novidade que o filme lançava no cinema brasileiro, introduzindo alguns elementos do neorrealismo italiano, como a filmagem em locações e o privilégio de uma ambientação mais pobre, identificada com as classes trabalhadoras. De fato, a lembrança que Otelo guarda do filme permite que se reconstitua, ainda que com muito esforço, um pouco do seu clima neorrealista e da crueza do seu diálogo: "Eu era marmiteiro de uma pensão, mas deixava a marmita para jogar figurinha com os outros moleques na rua. Numa cena, o pai do personagem Zé Laranja morria atropelado e eu dizia pra ele 'que é que tem ficar sem pai? Pai às vezes até atrapalha'"[28].

Otelo já havia trabalhado em *Noites cariocas* (1935) e em *João Ninguém* (1936), mas foi sob a direção de Burle que alcançou sucesso instantâneo, numa interpretação que não passou despercebida na época. Segundo a crítica, *Moleque Tião* abria caminho de modo brilhante para um filão preocupado tanto com questões sociais quanto musicais.

Os primeiros filmes da Atlântida obtiveram uma recepção da crítica e do público bastante oscilante, que tendia infelizmente mais para o negativo, segundo pesquisas sobre a chanchada no cinema brasileiro, de Afranio Mendes Catani e José Inácio de Melo Souza, tomando por base a crítica da revista *A cena muda*. Talvez por essas razões, não se torna difícil – a partir da própria experiência prática vivida pelo cinema brasileiro da década passada – deduzir o que aconteceu com a Atlântida a seguir, pois os nomes dos filmes, ironicamente, projetam caminhos de forma autorreferencial: *Tristezas não pagam dívidas* (1944) e *Não adianta chorar* (1945). O primeiro, dirigido por Burle, desenvolve a história bastante interessante de um casal de viúvos que se encontram em um cemitério para relembrar seus falecidos e acabam descobrindo afinidades, isso após um prólogo metafórico em que aparecem anjos e demônios numa sequência no céu. A mulher (interpretada por Ítala Ferreira) tem um filho lunático no sanatório (representado por Oscarito), que, ao ser liberado, descobre seu novo "pai" e resolve aprontar confusões em festas e no cassino frequentado pela família, pretexto uma vez mais para a inserção de números musicais. Ao final, o casal, surpreendentemente, resolve não se casar. Oscarito e Grande Otelo faziam sua estreia na Atlântida nesse mesmo filme, porém sem comporem a famosa dupla.

O filme carnavalesco do ano seguinte, *Não adianta chorar* (1945), marca a estreia de Watson Macedo na Atlântida como diretor aos 27 anos, auxiliado por José Carlos Burle e pelo próprio Fenelon, após ter realizado *Barulho na universidade* (1941), comédia em média metragem produzida nos estúdios Carmen Santos, onde Macedo iniciou carreira, que se encontravam paralisados devido a um incêndio.

A Cinédia retoma suas produções em 1943, depois da experiência com a RKO. Luiz de Barros dirige as duas comédias musicais mais bem-sucedidas desse período, *Samba em Berlim* (1943) e *Berlim na batucada* (1944), ambas explorando paralelamente o conflito da Segunda Guerra Mundial e a política de boa vizinhança do presidente Franklin Roosevelt, interessado no mercado latino-americano em virtude da retração europeia por causa da guerra. Ainda em 1945, seguindo a alternância, a empresa volta-se outra vez para produções não carnavalescas, adaptando o romance de Aluísio Azevedo *O cortiço* (1945), filme que, além de marcar a estreia de Colé Santana no cinema, deu a Luiz de Barros o merecido troféu Índio, instituído pelo *Jornal de Cinema*, e um diploma de honra para a Cinédia, considerada a melhor produtora do ano.

No ano seguinte, Adhemar Gonzaga produz *O ébrio* (1946), o filme mais célebre da empresa e um dos maiores êxitos do cinema brasileiro durante décadas. Quintessência do melodrama de tons morais, com direção e roteiro de Gilda de Abreu, argumento de Vicente Celestino, também o ator principal (no papel do doutor Gilberto Silva) e autor da célebre música de mesmo nome da narrativa, que o imortalizou[29]. Fred Lee, famoso crítico de *O Globo*, afirmava que o filme divertia, interessava e renovava as esperanças no cinema nacional, ao passo que a revista *Diretrizes* conferia a *O ébrio* a cotação de bom, afirmando que havia sido a grande surpresa agradável do cinema nacional de 1946. A consagração veio mesmo do público, que assistiu ao melodrama nas capitais e por todo o interior do país durante anos seguidos.

Na Atlântida, José Carlos Burle dirige uma sátira ao mundo do futebol, intitulada *O gol da vitória* (1945), considerada pela crítica uma insólita abordagem do futebol, em tons realistas e com calor humano, na qual Grande Otelo interpretava o personagem Laurindo, um craque que lembrava o célebre jogador Leônidas (apelidado de "Diamante Negro"). *Segura esta mulher* (1946), outra comédia musical de Watson Macedo, alcançou maior sucesso, obtendo consagração popular que se estendeu até a Argentina, onde o filme também foi exibido. Em seu próximo filme, *Este mundo é um pandeiro*, título carnavalesco em cartaz na temporada de 1947, Macedo delineava com mais precisão alguns contornos que as comédias musicais carnavalescas assumiriam nos anos seguintes, com destaque para a paródia à cultura estrangeira, em especial ao cinema hegemônico norte-americano, aliada à preocupação em expor algumas feridas da vida política e social do país. Como atração máxima dessa comédia e musical, Oscarito traveste-se de Rita Hayworth, parodiando o célebre número *Put the Blame on Mame* do filme *noir Gilda* (Charles Vidor, 1946), ao mesmo tempo que os personagens denunciam o recente fechamento dos cassinos por todo o país. No seu musical seguinte, o quarto dirigido na Atlântida, *E o mundo se diverte* (1948), há, igualmente, uma referência paródica a uma sequência hilariante do musical americano estrelado por Red Skelton e Esther Williams, *Escola de sereias* (George Sidney, 1944), em que Skelton, fugindo de uma perseguição, disfarça-se de bailarina. Na chanchada de Macedo, Oscarito repetiu os ensinamentos, escondendo-se em uma academia de balé.

Fora da Atlântida, os irmãos Alípio e Eurides Ramos inauguram a produção de sua Cinelândia Filmes com *Querida Suzana* (1947), comédia dirigida por Alberto Pieralisi, marcando a estreia no cinema de dois jovens atores, Anselmo Duarte e Tônia Carrero, ao lado de Silvino Neto. Mais impacto, entretanto, conseguirá Anselmo Duarte no final da década, quando Watson Macedo, em seu trabalho seguinte para a Atlântida, *Carnaval no fogo* (1949), dá novo fôlego à comédia musical brasileira, moldando definitivamente a forma sob a qual o gênero atingiria seu clímax e atravessaria, soberano, toda a década de 1950. Esse molde motivava a repetição correta de certos esquemas infalíveis já testados com sucesso e garantia a resposta sempre positiva do público. No final do processo, os resultados de bilheteria mostravam-se sempre compensatórios, ainda mais que, desde 1947, como vimos, o principal acionista da Atlântida era precisamente o maior exibidor de cinema do país, Luiz Severiano Ribeiro Júnior, que passou a comprar ações dos pequenos acionistas isolados, tornando-se, em pouco tempo, o sócio majoritário que passou a sustentar a empresa no tripé produção-distribuição-exibição, gerando lucros necessários à manutenção de uma atividade cinematográfica dinâmica e inédita no Rio de Janeiro. A entrada do grupo de Severiano assegurou, de imediato, maior penetração no público dos filmes produzidos pela Atlântida em todo o país e definiu com mais precisão os parâmetros desse sucesso para garantir sua perpetuação. Na verdade, não se tratava de nenhuma política para o desenvolvimento integrado do cinema brasileiro e, consequentemente, do país, como queriam os autores do manifesto de 1941, àquela altura cada vez mais distante de seus postulados iniciais. Para aproveitar-se da melhor forma possível da nova lei, Ribeiro passou a produzir o estritamente necessário para o cumprimento do decreto, mantendo sob controle os custos de produção e obtendo, proporcionalmente, o maior percentual de lucro.

Esse esquema industrial sustentado por uma controlada economia representou uma experiência inédita de produção de uma série de filmes voltados exclusivamente para o mercado, em sua maioria apoiados na repetição de fórmulas de sucesso comprovado, articulado a outros ramos da indústria cultural, como o rádio, o teatro, o circo e a imprensa. Consolidava-se a chanchada como gênero, incluindo, além da repetição formal e narrativa, o desenvolvimento de uma política de estrelismo. Preenchidos esses requisitos, *Carnaval no fogo* (1949) será o filme paradigmático do período.

A CONSOLIDAÇÃO DE UM CINEMA DE GÊNERO NO BRASIL

Watson Macedo deu mostras de uma perfeita alquimia ao misturar habilmente os tradicionais elementos do *show business* e do romance com uma intriga policial envolvendo a situação clássica de troca de identidades em *Carnaval no fogo*. Ricardo (Anselmo Duarte) é o diretor musical da boate do hotel Copacabana Palace, que de posse da cigarreira pertencente ao Anjo (José Lewgoy), chefe de uma quadrilha que havia roubado 3 milhões de cruzeiros de uma joalheria, acaba sendo confundido com o vilão, o que gera toda uma série de confusões que serão esclarecidas apenas no final da história. A comicidade desse longa aliado ao filme policial, contou com a competente fotografia de Edgar Brasil, com referências à iluminação do filme *noir* norte-americano, bastante presente nas telas brasileiras no imediato pós-guerra. As lutas e as infalíveis perseguições de *Carnaval no fogo* misturam-se aos números musicais e ao romance que retarda tanto quanto possível a conclusão sempre feliz das aventuras. A esse esquema narrativo básico, Macedo acrescentou personagens que sustentam uma relação triangular entre herói, mocinha e vilão, notadamente no clima de cumplicidade que gira tanto ao redor dos bons, como é o caso dos cômicos Oscarito e Grande Otelo, e também da personagem representada por Adelaide Chiozzo, a amiga da "mocinha", quanto do lado dos maus, possibilitando inúmeras variações que seguem até o final da produção de longas-metragens na Atlântida em 1962.

Com relação à política de estrelismo, a importância de *Carnaval no fogo* deve ser salientada exatamente por haver instaurado a triangulação herói/mocinha/vilão entre atores que formariam o núcleo central da maioria das comédias posteriores, em uma relação de redundância necessária à fixação do gênero dentro do esquema de produção ininterrupta praticado pela Atlântida pós-Ribeiro Júnior. Esse triângulo criou os primeiros atores exclusivamente cinematográficos com os quais nosso público pôde ter uma identificação maior durante os anos seguintes, uma vez que a maioria dos outros astros e estrelas famosos do cinema brasileiro era proveniente, como já vimos, do teatro, do rádio ou do circo. Esse filme foi o primeiro a formar o modelo do par romântico dos filmes da Atlântida, na dupla Anselmo Duarte e Eliana, além de assinalar a estreia do eterno vilão José Lewgoy e consagrar, definitivamente, o sucesso da dupla Oscarito e Grande Otelo, a essa altura trabalhando juntos pela sétima vez na clássica sequência da paródia de Romeu e Julieta.

OTELO E OSCARITO: UMA DUPLA DO BARULHO E DA ASSIMILAÇÃO RACIAL

Se tivéssemos de escolher uma única imagem icônica capaz de resumir o cinema popular brasileiro, ela teria de ser desse par de comediantes que, de 1944 a 1954, representou o verdadeiro fenômeno de bilheteria para o cinema brasileiro. Existem diversas imagens da dupla cômica – desde uma fotografia dos dois vestidos em *smoking* em *A dupla do barulho* (1953), até a imagem de dois improváveis *cowboys* de *Matar ou correr* (1954), paródia de *Matar ou morrer* (1952). Juntos eles mantiveram a tradição internacional de duplas artísticas cujo humor visual provinha do contraste entre paradoxos físicos – nesse caso, a cor da pele e os traços físicos de ambos. Dentro das comédias musicais da chanchada, Grande Otelo, com sua pele negra afro-brasileira, era constantemente alvo de piadas de cunho racial, e suas características físicas eram uma fonte fácil de humor, e Oscarito, com sua pele branca, bem como os traços do rosto – o formato de sua boca, enfatizado por suas bochechas e nariz –, que lembram os contornos da clássica máscara do palhaço, fornecia o alívio cômico perfeito para protagonistas brancos e belos. Alex Viany sintetizaria muito bem, em 1970, quando da morte de Oscarito, a importância da dupla: "Oscarito, com suas caretas e seus passinhos de urubu malandro, Otelo com seu gênio trágico-satírico, representavam um fenômeno de comunicação popular, apreendendo o jeito de falar e agir, de pensar e sonhar, do típico malandro do Rio de janeiro"[30].

A tradição da chanchada dominou a produção cinematográfica brasileira entre meados dos anos 1930 até meados dos anos 1950, mesclando narrativamente e com certo equilíbrio cômicos, heróis, heroínas, cantores, cantoras e vilãos, muitas vezes acumulando papéis. Otelo era uma notável exceção à hegemonia de atores e atrizes brancos no cinema brasileiro até os anos 1960.

Oscarito tornou-se uma das maiores estrelas da Atlântida, sendo muitas vezes comparado a Chaplin, ao comediante mexicano Cantinflas ou ao italiano Toto. O desempenho do ator remete ao seu passado no circo e à aptidão para o humor físico levado para as telas com a sua expressão de palhaço, o corpo ágil e maleável, construindo a figura cômica de um homem comum capaz de gerar o riso e a identificação com as plateias majoritariamente populares das chanchadas. Dennison e Shaw assim o descrevem:

> [...] frequentemente representava um migrante da zona rural deslocado, ou um personagem igualmente modesto, que passa de um período de má sorte para uma situação onde sua fortuna muda temporariamente em uma inversão

carnavalesca das hierarquias sociais que era uma marca registrada da trama da chanchada. Seu personagem na tela encapsulava o conceito do jeitinho bastante brasileiro, utilizando-se da esperteza para evadir a lei ou transpor um obstáculo na vida. Ele é o arquétipo do malandro, outro personagem popular no Brasil, que rejeita a "respeitabilidade" e o trabalho duro em favor de uma vida mansa nas margens da sociedade[31].

Mestre de um tipo de humor escrachado e visual, sua genialidade pode ser vista em *performances* memoráveis, tais como sua paródia da dança "moderna" de Nijinsky (em *A dupla do barulho*) ou nos maneirismos de Elvis Presley em sua tempestuosa personificação do astro do *rock* em *De vento em popa* (1957), como o desinibido Melves Prestes. O repertório é grande, com destaque para sua imitação de Getúlio Vargas, cuja eloquência verbal e gestual Oscarito reproduziu com boa dose de histrionismo em *Nem Sansão nem Dalila* (1954).

A química perfeita com Otelo, com quem já havia trabalhado anteriormente em *Noites cariocas* (1935), e em *Céu azul*, começou a ser moldada na Atlântida durante a produção de *Tristezas não pagam dívidas* (1944). Após a entrada de Ribeiro Júnior, Oscarito foi promovido ao patamar de uma verdadeira estrela, mesmo em um papel secundário em *O caçula do barulho* (1948), um ano antes de *Carnaval de fogo*. A dupla de comediantes representava uma inversão paródica de raça e gênero em numerosas chanchadas produzidas pelo estúdio, como na festejada cena do balcão de *Romeu e Julieta* em *Carnaval de fogo*, em que Otelo surge "faceiro", usando uma absurda peruca loira trançada.

Em *Aviso aos navegantes*, Otelo faz o papel de um cozinheiro a bordo de um navio onde Oscarito viaja clandestino. Ao descobri-lo, o cozinheiro tira proveito da situação, em um caso clássico de inversão carnavalesca no contexto histórico pós-colonial brasileiro – o homem negro força o branco a trabalhar para ele. Entretanto, os dois personagens tornam-se parceiros, algo que Otelo diz nunca ter acontecido fora das telas; os atores se respeitavam e até mesmo gostavam um do outro, mas tinham personalidades diferentes e eram bastante competitivos. Em consequência da cor de sua pele, Otelo parecia fadado a ser o companheiro engraçado de Oscarito. Em *A dupla do barulho*, Otelo abandonou as filmagens antes que elas fossem concluídas, alegando problemas entre os dois. A narrativa fílmica capitaliza, em parte, o ressentimento de Otelo, ao contar a história das desventuras de uma dupla de artistas itinerantes, Tonico (Oscarito) e Tião (Grande Otelo), que viajam ao redor do Brasil em busca de fama e fortuna. A viagem dos dois é prejudicada por situações cômicas, porém difíceis, especialmente quando Tião começa a se sentir negligenciado por seu parceiro. Aparentemente, a Atlântida obtinha frutos com a exploração dos conflitos entre suas duas estrelas da comédia e promovia uma imagem pública da dupla como rivais. Uma sequência de um dos cinejornais da Atlântida mostra a equipe e os atores do estúdio juntos para celebrar os projetos de expansão da empresa (nunca concluídos), e, antes de posar para uma foto oficial, todo o elenco principal do estúdio aparece visitando as obras, com Oscarito e Otelo inicialmente fingindo uma discussão, algo como uma briga encenada na qual eles disputavam o privilégio da proximidade com o patrão, Luiz Severiano Ribeiro Júnior.

A última aparição da dupla foi em *Matar ou correr*. Nessa paródia do *western*, os dois contracenam em momentos hilários que sintetizam a parceria, culminando com um interrompido beijo acidental, quando Kid Bolha (Oscarito), o medroso xerife do vilarejo de City Down, de olhos fechados, por pouco não acaba beijando o parceiro Cisco Kada (Grande Otelo), confundido com a protagonista feminina.

O PROTAGONISMO DA *CINELÂNDIA*

O lançamento de *Cinelândia* na imprensa em maio de 1952 foi o que houve de mais oportuno para o estrelismo nacional da Atlântida, apesar de a maior parte das matérias estarem ligadas ao cinema norte-americano, tal como na *Cinearte* nas décadas de 1920 ou mais tarde com *Cinemin* e todas as revistas de vídeo que apareceram ao longo da década 1980. *Cinelândia* foi fundamental para o bom funcionamento do esquema redundante da Atlântida.

Com o sucesso crescente dos filmes da Atlântida, pouco a pouco os brasileiros foram se acostumando a ver em nossas telas atores e atrizes com quem se identificar, isso graças, principalmente, aos nomes já famosos do rádio, que possuíam fã-clubes espalhados por todo o país arrastando multidões ao cinema.

Cinelândia ajudava a manter o estrelismo da Atlântida, reforçando os estereótipos necessários para materializar a velha, mas ainda sempre eficaz, lei dos tipos, sustentáculo maior da redundância almejada pela empresa. Assim, a figura do galã, corporificada por Cyll Farney, por exemplo, é apresentada na revista como "o jovem ator brasileiro que triunfou no cinema, e cujo prestígio cresce dia a dia, é sempre um rapaz simples, amável, educado. Cyll Farney conversa em voz baixa, sempre com seu sorriso jovial de bom rapaz"[32]. Nessa mesma linha, a eterna "mocinha" Eliana chegou a ser escolhida como *a pin-up da quinzena*, obsessivamente comparada, como de resto todo o cinema brasileiro, aos padrões ditados por Hollywood:

> Finalmente há a *pin-up* da quinzena, a estrelíssima da Atlântida, Eliana, que por muitos títulos merece este lugar reservado à beleza e à juventude do cinema nacional: como veem os leitores, ela nada fica a dever nem a Betty Grable, nem a Jane Russel... Além disso, tem um rosto de linhas muito bonitas, e poderia ser eleita, inclusive, Miss Sweater de nossos elencos de cinema[33].

Em sintonia com o galã, a mocinha das comédias musicais da Atlântida deveria repetir alguns dos atributos indispensáveis aos "heróis" e aos "bons", tais como juventude, alegria, ingenuidade, candura, tudo isso sublinhado pelas qualidades de ser prestativa e amorosa, respeitados, obviamente, os limites impostos pelo recato necessário a esses filmes, assistidos livremente por toda a família. Se ao universo do galã e da mocinha correspondia um ideal de perfeição e beleza, por contraste o mesmo não aconteceria com o vilão. *Carnaval no fogo* mais uma vez enfatiza bastante esse elemento-chave na elaboração das intrigas, polarizada, no caso, pela figura de José Lewgoy. Watson Macedo soube muito bem manipular o repertório de estratégias visuais que comporiam a caracterização do mal – seja pelo *décor* cheio de sombras, seja na identificação imediata de Lewgoy como o perfeito bandido, olhos grandes, rosto magro e anguloso.

De vez em quando, a Atlântida retornava aos filmes "sérios". É o caso de dois trabalhos assinados por José Carlos Burle: o melodrama *Luz dos meus olhos* (1946-1947), que lançou a atriz Cacilda Becker, e *Também somos irmãos* (1949), primeira produção brasileira a lidar diretamente com a questão do preconceito racial. O argumento de Alinor Azevedo girava em torno de problemas raciais no Brasil, contando a história de um viúvo rico que adota quatro crianças, sendo duas brancas (interpretadas por Vera Nunes e Agnaldo Rayol) e duas negras (representadas por Grande Otelo e Aguinaldo Camargo). Otelo é Altamiro (ou Miro), e Camargo é Renato. Este se apaixona por sua irmã adotiva branca Marta (Vera Nunes). Em uma das sequências mais inesquecíveis desse filme notável, Renato, vestido em um terno branco impecável, sai de casa em direção ao seu baile de formatura na faculdade de direito. Do lado de fora há um lamaçal, e seus amigos e vizinhos improvisam uma passagem para ele com uma placa de madeira, de modo que consiga atravessar em segurança, encenando um verdadeiro rito de passagem que materializa sua posição social ascendente. Todos o cumprimentam com palmas, referindo-se a ele como "o orgulho da comunidade". Miro, contudo, sempre foi mais inclinado ao jogo, música e bebida. Tanto o roteiro quanto a direção criam um contraste entre o processo de "embranquecimento" de Renato com a revolta de Miro e o orgulho que este tem de seu "sangue negro". Verdadeiro melodrama racial, o filme não fez sucesso de bilheteria, porque, segundo Burle, "os brancos se sentiam inconfortavelmente atingidos com a denúncia, e os negros não se encontravam suficientemente politizados para alcançar sua mensagem"[34]. No entanto, *Também somos irmãos* foi considerado o melhor filme de 1949 pela Associação Brasileira de Críticos Cinematográficos, e a atuação de Otelo foi igualmente festejada e merecedora do prêmio de melhor ator de 1949 pela crítica.

Também a adaptação literária foi tentada pela Atlântida nesse período em duas outras produções, *Terra violenta* (1948-1949) e *A sombra da outra* (1949). A primeira traduziu para a tela o romance *Terras do sem-fim*, de Jorge Amado, com direção do norte-americano Edmond Bernoudy. *A sombra da outra*, filme predileto de Watson Macedo, é uma versão do romance de Gastão Cruls, *Elza e Helena*, adaptado para o cinema por Amaral Gurgel. Eliana desempenha um papel diferente daquele a que estava acostumada nos musicais, desafio interpretativo de dar vida ao drama psicológico enfrentado por uma personagem de dupla personalidade. Com esse filme, Macedo recebeu o prêmio de melhor diretor em 1950, oferecido pela Associação Brasileira de Cronistas Cinematográficos. Antes de sair de vez da companhia e tornar-se seu próprio produtor, ele dirigiu mais dois musicais para a Atlântida, *Aviso aos navegantes* (1950) e *Aí vem o barão* (1951). Esses filmes contaram com a dupla Oscarito e Grande Otelo, que estendeu ainda mais o seu sucesso nessas comédias.

Fora da Atlântida, entre os independentes, Silveira Sampaio, o médico cineasta que havia escrito o argumento de *O gol da vitória* para José Carlos Burle, prosseguiu sua carreira realizando um dos mais curiosos filmes da década: *Uma aventura aos 40* (1947), comédia sofisticada com toques de Ernst Lubitsch notados por alguns críticos, mas que, segundo Alex Viany, diluem-se em inúmeras passagens de mau gosto. Última experiência cinematográfica do fotógrafo pioneiro Antônio Leal, esse filme de certa maneira antecipa, em sua autorreferencialidade, *Carnaval Atlântida* (1952). No seu início, inclusive, *Uma aventura aos 40* faz uma crítica à própria obra, que, sem créditos, apresenta os seus personagens dirigindo-se diretamente aos espectadores, advertindo-os de que todos ali na tela eram espectadores como os da plateia, com a intenção de realizar o melhor filme do mundo. "Mas falhamos... na próxima vez, melhoraremos", anunciava o longa.

O APOGEU DA COMÉDIA CARIOCA

A década de 1950 cristalizou o momento máximo da comédia carioca, com ou sem músicas carnavalescas, dentro ou fora da Atlântida, a partir, basicamente, do trabalho de três diretores responsáveis pelos maiores sucessos do período – José Carlos Burle, Watson Macedo e Carlos Manga. Entretanto, esse dinamismo da cinematografia carioca que já se configurava a partir de 1947, com a intensificação da produção de comédias musicais carnavalescas, não encontrava eco positivo na crítica do Rio de Janeiro nem na de São Paulo, que, a partir do final de 1949, com a inauguração da Companhia Cinematográfica Vera Cruz, vislumbrava a possibilidade de se fazer um cinema "verdadeiro", distanciado da "indigência" em que havia se transformado o cinema brasileiro visto do Rio de Janeiro. O crescimento surpreendente de São Paulo, a partir do final da Segunda Guerra Mundial, exigia da cidade uma atualização cultural que satisfizesse as necessidades e os gostos mais apurados de suas classes abastadas. A Vera Cruz pretendia realizar um cinema com "expressão cultural", criticando o tom popularesco e vulgar das comédias carnavalescas cariocas, padrão que não era bem o que uma elite gostava de ver nas telas.

A experiência da Vera Cruz abriu caminho para a qualidade técnica e diversidade temática que seriam privilegiadas em termos da produção, indicando novos rumos para o cinema brasileiro que pudessem finalmente inseri-lo em um cinema de qualidade internacional. Para isso, a empresa paulista construiu estúdios grandes, trazendo profissionais competentes da Europa e importando equipamento caro, ao contrário da Atlântida. É em meio a essas promessas e à discussão geral sobre os novos parâmetros introduzidos pela Vera Cruz que a Atlântida responde com mais um filme carnavalesco, verdadeiro manifesto prático de uma política mais "realista" para o cinema brasileiro. O filme-manifesto foi, apropriadamente, chamado *Carnaval Atlântida* (José Carlos Burle, 1952), afirmação de uma identidade que, pela primeira vez, explicitava o nome dos estúdios, associando-o eternamente ao Carnaval. Era uma experiência inédita no campo do cinema reflexivo, uma vez que sua narrativa é centrada exatamente sobre a (im)possibilidade de se fazer determinado tipo de cinema de qualidade no Brasil, nos termos provavelmente sonhados pela Vera Cruz. Vale lembrar aqui que, à época de *Carnaval Atlântida*, a Vera Cruz já estava tentando diversificar sua produção em direção a temas e filmes mais populares, com experiências no melodrama musical, no drama sócio-histórico e nas comédias, inclusive levando para São Paulo artistas e técnicos do Rio de Janeiro, como Anselmo Duarte, Edgar Brasil e Alinor Azevedo.

Carnaval Atlântida reconhece e assume, uma vez mais e de forma prática, a incompetência de se copiar os padrões de qualidade estabelecidos pelo cinema de "estúdio" sonhado pelo produtor Cecílio B. De Milho (Renato Restier), referência paródica óbvia ao diretor norte-americano Cecil B. DeMille. A intenção de De Milho de filmar um épico sobre Helena de Troia no Brasil é protelada em virtude do reconhecimento implícito de que o cinema nacional não é dado a temas sérios, reconhecendo a impossibilidade de se filmar no país superproduções com cenários luxuosos e muitos extras dentro dos padrões que Hollywood ditava para o gênero. Contrário às intenções do diretor estão os argumentos que favorecem uma adaptação "menos séria", mais popular de Helena de Troia, ou até mesmo a substituição daquele argumento por outro, ou seja, um filme carnavalesco, o que, no final, acaba mesmo acontecendo, sob a condição exigida por De Milho de que o projeto de Helena de Troia fosse adiado para quando o cinema brasileiro contasse com melhores condições técnicas e orçamentos condizentes com superproduções. No limiar da década de 1950, tudo o que o cinema brasileiro poderia fazer bem era mesmo os filmes carnavalescos. A inferioridade cinematográfica reaparece então sob forma carnavalesca, como se no Brasil temas considerados sérios tivessem lugar apenas no Carnaval. É a personagem Lolita (Maria Antonieta Pons), latina, também conhecida pelo apelido de "Furacão de Cuba" e sobrinha do produtor, que sugere a mudança de planos. "El Pueblo quer cantar, bailar, divertir-se, tio!", ideia reforçada por Augusto (Cyll Farney), que afirma o fato de "não estarmos em condições de produzir, com perfeição, um filme como Helena de Troia". É didática a referência à seriedade dos temas históricos, característicos da imutabilidade do passado, de coisas antigas e mortas, próprias de uma visão popular de cultura de elite, intelectualizada. Aqui, o presente e o passado são identificados como pertencentes, o primeiro, à cultura popular e, o segundo, à elite. À luz dessa lógica, explica-se a trajetória do professor Xenofontes (Oscarito), que abandona suas aulas de filosofia grega no Colégio Atenas para cair nos braços do "Furacão de Cuba", que desestabiliza diferentes espaços com sua sensualidade à flor da pele. O professor, sob efeito do rebolado de Lolita, aprende o mambo, cai no samba e se mete com cinema. Depois de confessar ter estudado apenas os esqueletos, e não as mulheres (identificadas com o presente), em sua passagem por Cuba, ele se dá conta do tempo e da energia perdidos e, seduzido pela rumbeira, abandona seus gestos polidos e sua linguagem erudita e descamba para a total autoavacalhação.

A posição clara da Atlântida nesse confronto entre as possibilidades e promessas de um cinema de qualidade *versus* o filme carnavalesco é manifestada de forma mais direta na sequência em que o personagem De Milho mostra os cenários montados para a filmagem do épico e explica suas ideias para a realização de Helena de Troia. A produção parece toda muito pesada, enquanto os gestos dos atores são excessivamente teatrais e artificiais. A cena mostra o jardim de um palácio grego, construído precariamente em estúdio. Contrastando com a visão pomposa do diretor, segue-se um plano subjetivo, imagem mental dos dois representantes populares e serventes do estúdio, que personificam os típicos malandros cariocas (Colé e Grande Otelo) do contexto do público maior dessas comédias. Pelo imaginário dos dois serventes, passa-se imediatamente da cena "acadêmica" para o Carnaval, com o cantor Blecaute fantasiado de grego, cantando a marchinha *Dona cegonha*, sucesso do Carnaval de 1953, enquanto Grande Otelo, desajeitado, tropeça nas vestes de sua fantasia de grego, dançando ao redor de Blecaute.

Além do aspecto autorreferencial desenvolvido no filme, é transparente a posição assumida por Burle em relação ao cinema norte-americano e ao transplante, para o Brasil, de alguns de seus ideais. Em Watson Macedo e principalmente em Carlos Manga, essa reação será diferente, com nuances que, apesar de constantemente mediadas pela paródia, demonstram muitas vezes um processo ambíguo de adesão e fascínio em relação ao universo veiculado por Hollywood (principalmente nos musicais), mais do que propriamente uma recusa ou resistência. Em filmes como *Matar ou correr*, por exemplo, chega a ser tênue a fronteira que confunde paródia com homenagem. Burle, o mais velho dos três, detestava declaradamente o cinema norte-americano, chegando a denunciar corajosamente, em um encontro nacional de cineastas em São Paulo (1953), um pacto segundo o qual os norte-americanos, caso o Brasil produzisse mais filmes para o mercado interno, ameaçariam em boicote não comprar mais do maior produtor de exportação brasileiro na época, o café[35].

No mesmo ano em que dirigiu *Carnaval Atlântida*, Burle, de forma simplória, dirigia-se uma vez mais à questão da hegemonia cultural norte-americana no curioso *Os três vagabundos* (1952). Nesse filme, um cientista louco (interpretado por José Lewgoy) queria trocar o cérebro de um mendigo (representado por Oscarito) pelo do banqueiro vilão (Renato Restier), apostando nas mudanças que certamente ocorreriam no meio social em que os dois viviam. A dicotomia maniqueísta do filme localiza-se no meio dos desocupados e transforma os excluídos (interpretados por Oscarito e Otelo) em portadores de uma carga simbólica, em que a própria nomeação dos oscilantes personagens transita entre representações do "bom" (chamado Rapadura) e do "mau" (intitulado Milk-Shake), ambos interpretados por Grande Otelo.

Burle realizou, com *Carnaval Atlântida*, um filme-chave para o entendimento de bom número de comédias carnavalescas produzidas na década de 1950. É um filme em que as relações existentes entre paródia, chanchada e Carnaval tornam-se transparentes, apresentadas de tal forma que cada termo é absorvido e explicado dentro dos limites e desdobramentos dos outros. Assim, a paródia, traço fundamental que vai caracterizar essa produção, surge como a única resposta subdesenvolvida possível de um cinema que, ao procurar imitar o cinema dominante, acaba rindo de si próprio, isso dentro de um gênero específico, a chanchada, que, por sua vez, está inserida no universo maior do Carnaval, de longa tradição no cinema carioca e na cultura brasileira como um todo.

É a linguagem do Carnaval, com seus códigos culturais específicos, que alimentou grande parte da produção dessas comédias, desde a época de *A voz do Carnaval* (1933) até os derradeiros exemplares do gênero, com desdobramentos que influenciarão o cinema brasileiro daí para a frente. Dentro do universo maior do Carnaval, por exemplo, com sua dinâmica própria de inversões, sátiras e paródias, esses filmes denunciavam, ainda que na maioria das vezes de forma bastante ingênua, a existência de aspectos críticos do funcionamento da estrutura social. Há, na maioria desses filmes, críticas e observações frequentes sobre a vida política e administrativa do Rio de Janeiro, a capital federal da época, a eterna "cidade maravilhosa" que, apesar de igualmente idealizada, tinha problemas graves e endêmicos, como a falta de luz e água em muitos bairros da cidade, ruas constantemente esburacadas, falta de segurança, questões que infelizmente se estendem até os dias de hoje. Os problemas do país também não eram deixados de lado, como a inflação, a retórica oportunista e populista de certos políticos, a mudança da capital para Brasília, as diferenças "gritantes" de classe, a burocracia, o mau serviço e comodismo do funcionalismo público, os cabides de emprego, o racismo e a situação do negro na sociedade brasileira, a família opressiva, entre outros sintomas de uma sociedade conservadora.

Utilizando-se bem desse "poder dos fracos", o jovem diretor quase estreante Carlos Manga dirige no biênio 1953-1954, na Atlântida, dois filmes que também podem ser considerados paradigmáticos do uso da linguagem carnavalesca para fins que extrapolam a mera gargalhada despretensiosa: *Nem Sansão nem Dalila* e *Matar ou correr*. Manga, então com 25 anos, havia sido levado para a Atlântida por Cyll Farney, passando por praticamente todos os cargos técnicos da empresa, de assistente de contrarregra a ajudante de maquinista e vigia de almoxarifado, vendo e participando de todas as etapas de filmagem, experiência que, segundo ele, foi a melhor forma de aprender a trabalhar com o cinema até conseguir a assistência de direção e de montagem no filme policial *Amei um bicheiro* (Jorge Ileli, 1952)[36]. Em seguida, dirigiu os números musicais de *Carnaval Atlântida*, com destaque para *Alguém como tu*, samba-canção interpretado por Dick Farney, em que Manga idealizou um efeito de "iluminação" que, na verdade, era provocado por círculos brancos pintados no chão preto, uma ideia que surgiu da visão do clássico *Metrópolis* (1926), de Fritz Lang. Seu primeiro filme como diretor foi *A dupla do barulho*, no qual já demonstrava muito bem o aprendizado dos principais códigos narrativos do cinema clássico. A trajetória da dupla do título, Oscarito e Otelo, que viajava de trem pelo interior do país levando um *show* por várias cidades antes da grande estreia no Rio de Janeiro, era mostrada em rápida sucessão por meio de placas com os nomes das cidades por onde o grupo se apresentava, em uma forma tradicional de narrativa. É esse aprendizado com o cinema de Hollywood que, esteticamente, marcou o diálogo do cinema brasileiro com a indústria cinematográfica norte-americana, numa tensão problematizada de forma muito especial na década de 1950 por Carlos Manga.

Nem Sansão nem Dalila, paródia da superprodução de Cecil B. DeMille, *Sansom and Delilah* (*Sansão e Dalila*, 1949), é um dos melhores exemplos de comédias cariocas de temática política, pois exibe, com clareza didática, as manobras de um golpe populista, bem como os mecanismos de um contragolpe. Partindo de vários pontos de contato com o original norte-americano (inclusive musicais, na trilha composta por Lírio Panicali e algumas sequências "espetaculares", como danças no palácio e a queda e a destruição do templo no final), Manga elaborou uma paródia alegórica na qual Sansão (Oscarito), devido à sua força, é nomeado governante do reino fictício de Gaza, anteriormente composto pelo rei, os líderes militares e a Igreja, e escolhe como secretária particular a bela Miriam (Fada Santoro), irmã morena da loura Dalila (Eliana), ambas filhas de um rico mercador. Com o poder nas mãos e na cabeça, Sansão passa a ser constantemente vigiado pelo líder militar, que aspira ao poder total de Gaza. Ingênuo e desavisado, Sansão não percebe as intenções do militar, claramente contrárias às medidas tomadas pelo herói no interesse do povo. Inúmeras são as referências satíricas à gestão do então presidente Getúlio Vargas, como a criação da aposentadoria, a euforia desenvolvimentista no incentivo ao consumo de eletrodomésticos, a instituição de feriados todos os dias do ano à exceção do dia do trabalho, a redução no preço do pão e do farelo, enfim, medidas que desagradam diretamente os comerciantes. Estes reclamam, e a corte mostra-se insatisfeita, preparando-se para derrubar Sansão. Dalila, sob tortura, é compelida a descobrir onde reside a força de Sansão, o qual acaba levando uma paulada na cabeça enquanto dorme e perde a peruca para o chefe militar. Sempre atual, pois "os problemas de Gaza são iguais aos de uma terra que conheço", adverte Sansão, o filme ainda discute a relação complexa entre mídia e poder. Denuncia escândalos endêmicos, como a mistura de água no leite e o enfraquecimento da moeda local, o guinar, que por sugestão de Sansão deve ser imediatamente trocado por dólares. Além disso, *Nem Sansão nem Dalila*, por uma narrativa onírica, dá forma ao sonho de Oscarito, que, enquanto empregado como barbeiro no Salão Dalila, aspira chegar ao poder um dia, derrubar seu patrão, o senhor Artur (que, no sonho, ocupa exatamente a posição do líder militar) e construir uma sociedade mais justa. O filme torna-se um bom exemplo do potencial da comédia – no caso, através da paródia de um filme norte-americano – na abordagem de certos temas que, alguns anos mais tarde, povoariam muitas narrativas do Cinema Novo de forma radicalmente diversa.

No ano seguinte em que realizou *Nem Sansão nem Dalila*, Carlos Manga dirigiu outra comédia, *Matar ou correr* (1954), dessa vez parodiando o *western Matar ou morrer* (1952), de Fred Zinnemann. Entretanto, ao contrário do primeiro filme, esse faroeste tropical exibe uma desconcertante ambiguidade em relação ao filme original, na medida em que respeita muito mais a integridade do filme norte-americano, em especial sua linguagem e estética, seus códigos narrativos de amplo domínio das plateias. Os elementos cômicos presentes na narrativa são os personagens de Oscarito e Otelo, enquanto a galeria de tipos do gênero mantém-se intacta, levando todo o filme muito a sério em sua competência cenográfica. O vilarejo do faroeste, City Down, ainda hoje impressiona pela sua detalhada construção e respeito à iconografia genérica do *western*. Na época de seu lançamento, alguns espectadores acreditaram que, em pelo menos um trecho do longa, o da diligência cruzando a paisagem no início da história, as imagens tivessem sido "pirateadas" de um filme norte-americano.

Em 1950, Moacyr Fenelon inaugurou auspiciosamente a sua Flama Filmes. Com *Tudo azul*, concebido para o Carnaval do ano de 1952 e estrelado por Marlene e Luís Delfino. Com argumento e roteiro de Alinor Azevedo e Henrique Pongetti, é uma crônica sobre um compositor infeliz que vê "tudo azul", sonhando com o dia em que gravará suas próprias composições. Recheado de números musicais, recebeu do crítico Mário Nunes do *Jornal do Brasil* alguns elogios nos quais afirmava que, apesar de apresentar apenas um passatempo explorando, uma vez mais, a popularidade das canções carnavalescas, revelava também as possibilidades da nova produtora de Fenelon, em um espetáculo a que se assistia com prazer e muito bem realizado tecnicamente.

Um ano antes, uma novidade acontece com a produção de Adhemar Gonzaga para a adaptação que Luiz de Barros dirigia do romance *Lucíola*, de José de Alencar. Estrelado por Virgínia Lane, no papel de Lucíola, *Anjo do lodo* (1950) apresenta uma cena de nudez, que, apesar de insinuada por uma silhueta refletida na parede, foi o bastante para não só provocar sua interdição a maiores de 18 anos como também para retirar o filme de cartaz sob campanha pública liderada pelo então deputado democrata-cristão Jânio Quadros. Alguns intelectuais, como José Lins do Rego e Antônio Olinto, defenderam o filme, que acabou sendo liberado com o corte da cena em que, segundo Luiz de Barros, a mão do galã aparecia a um palmo do seio da atriz.

Também a Atlântida voltava-se esporadicamente ao filme não musical. *Amei um bicheiro* (1952), dirigido por Jorge Ileli e Paulo Vanderley, é o exemplo mais célebre da década de 1950. Há nesse longa a visível integração da fórmula do submundo carioca ligado ao jogo: marginais explorados por um poder econômico maior, mulheres fatais e personagens ingênuos, como o casal principal, interpretado por Cyll Farney e Eliana. Estes, vindo do interior, tornam-se vítimas fáceis da corrupção da cidade grande, em uma dicotomia clássica do melodrama. O elenco era basicamente o mesmo das comédias, incluindo um notável desempenho de Grande Otelo no papel de Passarinho, o ajudante dos bicheiros que, durante uma batida policial, esconde-se na apertada caixa do medidor de gás e acaba morrendo por asfixia. Nessa memorável sequência, Otelo desempenha toda a riqueza interpretativa de um ator dramático de primeira linha, mostrando uma vez mais sua fantástica versatilidade e repertório performático. Apesar das intenções reveladas no tema e num certo realismo observado em locações pela cidade, o clima do filme lembra mais o policial norte-americano – com incursões, inclusive, pelo *filme noir* (como na sequência da perseguição de carros à noite pelas ruas molhadas da cidade ou mesmo na presença da loura fatal, interpretada por Josette Bertal) – do que o neorrealismo que estava prestes a se esboçar no cinema carioca.

Há transformações notáveis também com relação às comédias no decorrer da década. A própria utilização de música, por exemplo, não excluía do samba e do Carnaval ritmos internacionais como a rumba, no início da década (*Carnaval*

Atlântida), ou o *rock*, mais para o final (*De vento em popa*, de Carlos Manga, ou *Alegria de viver*, de Watson Macedo). Com Macedo e Manga, as comédias vão se tornando mais sofisticadas ao exibir cada vez mais um maior apuro técnico. Muitos desses filmes abandonaram a música, porém não totalmente o espírito carnavalesco das paródias e inversões de sentido ao ampliarem seu olhar para o cotidiano da vida carioca e seus tipos populares.

Com *Aí vem o barão* (1951), premiado como o "melhor filme do ano" no Festival Cinematográfico do Distrito Federal, Watson Macedo apresentava Cyll Farney como o novo galã de Eliana, e o filme fazia sucesso nas bilheterias. Esse seria o derradeiro trabalho de Macedo para a Atlântida, antes de se tornar um "independente", insatisfeito com as condições financeiras impostas pela produtora, que não compartilhava os lucros com seus diretores. Posteriormente, Watson Macedo afirmaria, em raro depoimento de televisão, que dirigiu de graça durante os sete anos em que permaneceu na Atlântida. "Recebia em folha apenas os vencimentos de montador. No sétimo ano, nos dois últimos filmes, incluíram no orçamento a soma ridícula de dez contos de réis para o meu trabalho como diretor. Eu me sujeitei a isso porque esperava a chance de realizar *A sombra da outra*. Saí pobre da Atlântida"[37].

Sua primeira produção fora da Atlântida acaba sendo, contraditoriamente, mais uma comédia, e não o filme sério de um diretor com pretensões autorais. *É fogo na roupa* (1953) reúne Oscarito, Heloísa Helena, Violeta Ferraz e Adelaide Chiozzo no Hotel Quitandinha, em Petrópolis, envolvidos num hilariante Congresso de Esposas, no qual Violeta interpretava uma figura caricatural, masculinizada, sapropriadamente chamada de Madame Pau Pereira. Pouco a pouco, Macedo vai sofisticando as comédias musicais em filmes como o nacionalista *O petróleo é nosso* (1954) e *Rio fantasia* (1956). *Sinfonia carioca*, lançado em 1956 e reprisado no circuito MGM em 1964, obteve, talvez pela indisfarçável homenagem à então "cidade maravilhosa", os prêmios de melhor filme, ator, atriz e fotografia no festival de cinema promovido pela prefeitura da cidade.

Carlos Manga, depois do sucesso de *Matar ou correr* e *Nem Sansão nem Dalila*, tem em Oscarito e nos argumentos de Cajado Filho seus maiores trunfos. O ator, desde 1954 sem a parceria de Otelo, demonstrou enorme talento em papéis e sequências notáveis, que sustentaram filmes como *O golpe* (1955), *Vamos com calma* (1956), *Papai fanfarrão* (1956), *Colégio de brotos* (1956) e *Esse milhão é meu* (1958). Nesse último, Oscarito encarnou o personagem de Felismino Tinoco, a quintessência do funcionário público padrão, mulherengo que sonha um dia conseguir escapar da repressão doméstica exercida pela mulher (interpretada por Margot Louro, esposa do ator na vida real) e por uma tia (representada por Zezé Macedo). O filme faz ainda referência a uma campanha institucional que se espalhou pelo Brasil com o objetivo de motivar o consumidor a exigir nota fiscal em todas as suas compras. Outra paródia sensacional de Oscarito dirigido por Manga surge em uma sequência de *Os dois ladrões* (1960), quando o ator, travestido mais uma vez, procura imitar os trejeitos de uma desconfiada Eva Todor, em frente de um "espelho", lembrando um momento semelhante do filme dos irmãos Marx em *Hotel da fuzarca* (1929).

Entre todos esses filmes de Carlos Manga, talvez *O homem do Sputnik* (1958) seja aquele que, sem números musicais, conseguiu sintetizar o melhor espírito irreverente da comédia carioca no final da década. O mundo agitava-se pela corrida espacial quando o primeiro satélite soviético lançado ao espaço veio desabar justamente no galinheiro do senhor Anastácio (Oscarito) e de sua *patroa*, dona Clecy (Zezé Macedo), nos arredores de Campo Grande, então zona rural do Rio de Janeiro. Ali, o matuto e simplório casal bendizia a sorte que "caiu dos céus" – ainda que por pouco tempo e de forma equivocada – e sonhava, no caso dela, com a ascensão representada pela notoriedade que certamente alcançaria no *high society* da capital através da coluna social do cronista Jacinto Puxar (Cyll Farney), enquanto Anastácio, mais modesto, só queria uma nova chocadeira para suas galinhas. Russos, norte-americanos e franceses mandavam seus agentes ao Rio de Janeiro na tentativa de resgatar o satélite. Nada escapa ao olhar corrosivo dessa comédia: do sotaque à caracterização dos soviéticos, que ainda em Moscou escondiam garrafas de bebida (incluindo Coca-Cola) por trás de falsas estantes, em cenários pomposos, enquadrados e iluminados de forma dura, enfatizando sombras, câmera baixa "dignificando" os soviéticos à maneira do realismo socialista. Já os norte-americanos são infantilizados, rodeados de *gadgets* e identificados por uma insígnia com a representação de uma águia – representação cujo corpo era composto por uma garrafa de Coca-Cola, torres de petróleo e um saco de dinheiro –, onde se percebiam com clareza as legendas "USA e ABUSA"[38]. Os franceses vinham com perfumarias, moda e principalmente Brigitte Bardot, outro ícone cinematográfico parodiado com garra por Norma Bengell, estreando no cinema depois de aparecer na televisão brasileira em um comercial de achocolatado, ao lado de Márcia de Windsor. Uma sequência na qual ela canta para uma plateia no Copacabana Palace, tendo Anastácio como espectador privilegiado e completamente embasbacado pela sedutora BB, repete o mesmo modelo do comercial, com uma abertura na frente para mostrar as belas pernas de vedete do teatro de revista que fizeram a fama da então jovem atriz e construíram para sempre sua *persona* e *texto estelar* como ícone erótico. A comicidade de duplo sentido permitido pelo trocadilho BB aparece no filme numa de suas mais brilhantes utilizações. Quando apresentada a Anastácio sob o olhar vigilante da patroa, dona Clecy imediatamente intervém e adverte a francesa a ir "beber" outro marido, pois o dela "não era refresco".

Nessa segunda metade da década de 1950, a comédia carioca ampliou o leque de personagens à disposição das tramas com a entrada de novos produtores e diretores, a formação de novas duplas cômicas e também maior definição dos tipos já esboçados por alguns atores e atrizes no período anterior. A década iniciava com o retorno de Getúlio Vargas ao poder, eleito pelo voto direto, dando prosseguimento à democracia populista que caracterizou seus governos anteriores. Em todo o seu decorrer, na economia, o setor industrial começava a tomar pé, provocando de imediato um crescimento demográfico generalizado nas principais cidades brasileiras, fato agravado pelo aumento gradativo de levas migratórias, o que forçou a abertura de um relativo espaço cultural e político para a expressão de classes populares. O cinema brasileiro marcou esse espaço de inserção do homem simples brasileiro em suas narrativas e na constituição de um mercado consumidor para os filmes. Jogando habilmente com o processo de identificação entre o mundo da tela e o universo do espectador, a comédia carioca consagrou tipos populares, como o herói espertalhão e desocupado, os mulherengos e preguiçosos, imigrantes ingênuos, vendedores ambulantes sovinas ou espertalhões, as empregadas domésticas e as donas de pensão, os nordestinos, além de outros tipos que viviam os dramas e a experiência do desenvolvimento urbano.

Dentro da comicidade geral desses filmes, destacam-se três personagens que, ao lado dos principais tipos desenvolvidos e consagrados pela Atlântida a partir de *Carnaval no fogo*, delinearão com contornos mais precisos a *persona* cinematográfica de atores como Zé Trindade ou atrizes como Violeta Ferraz e Zezé Macedo, em alguns filmes que, paralelamente ao trabalho dessa companhia, introduziram novos atores e atrizes no gênero, como Ankito, Ronald Golias, Costinha, Consuelo Leandro, Vera Regina e os palhaços Fred e Carequinha, ou diretores como J. B. Tanko, Victor Lima, Aluísio T. Carvalho, Roberto Farias e Eurides Ramos, além de produtores como Herbert Richers, entre outros. Os tipos desenvolvidos por Zé Trindade, Violeta Ferraz e Zezé Macedo giram em torno de representações mais ou menos homogêneas a serviço de uma tipificação de gênero em funções narrativas para os papéis caricatos de casais maduros e de empregados domésticos. A "coroa" poderia tanto ser a "patroa" quanto a "viúva", igualmente dominadoras e opressoras, exercendo sua prepotência sobre os homens em sua órbita de poder (marido, genro, filho, empregado etc.). O "coroa" era muitas vezes seu parceiro, oprimido em casa e liberado na rua, confiante em si mesmo e, por isso, obtendo sucesso instantâneo com as mulheres. A "empregada" poderia ser magra, com voz estridente, normalmente acentuando um contraste com outra empregada mais jovem e atraente ou mesmo com a heroína do filme.

Todos esses tipos eram caricaturas, na medida em que suas atuações satirizavam os próprios tipos representados, forçando determinados efeitos cômicos, como a piada seguida de uma careta, herança das raízes populares dessas comédias, encontradas no teatro de revista, no rádio ou no circo. Violeta Ferraz era pródiga em produzir caretas com seu rosto redondo e maleável, criando os mais diferentes efeitos cômicos a partir de situações dramáticas que envolviam choro e briga. As sobrancelhas levantadas e curvas faziam contraponto com a linha da boca, recriando a máscara "triste" do teatro clássico. O caráter cômico e grotesco dessa excelente atriz era acentuado por uma estética do excesso, com penteados e acessórios de vestuário, chapéus, laçarotes no cabelo e na roupa, lenços amarrados, brincos e flores exageradamente grandes colocadas na lapela, em filmes como *O golpe* (Carlos Manga, 1955), *O batedor de carteira* (1957) e *Minha sogra é da polícia* (1958) – esses dois últimos realizados por Aluísio Carvalho – ou na percepção cômica de seus quadris rebolantes em *Rico ri à toa* (1957), de Roberto Farias, então estreando na direção. Já o "coroa", na pele de Zé Trindade, era a própria imagem do cafajeste maduro, esperto, cheio de sabedoria popular, criando um tipo bastante idealizado pelo público masculino nos diversos papéis que representou. Seu olhar e sorriso variavam da apreensão e desapontamento para a satisfação e malícia, dependendo ou não da presença repressora da "patroa", que flagrava, invariavelmente, a paquera em cima da "mulher boa". O rosto de Zé Trindade não escondia propositadamente as marcas da idade, necessárias à caracterização de seus personagens, nem as espinhas, que acentuavam tipos meio rudes. O sotaque somava, ao modo de falar carioca, traços linguísticos de outras regiões brasileiras. O filme mais representativo das situações frequentes que envolveram os personagens-tipo de Violeta Ferraz e de Zé Trindade talvez seja *Rico ri à toa*. Mas Zé Trindade, nesse mesmo ano, já teria o seu tipo definido em *Maluco por mulher* (1957), de Aluísio Carvalho, e reiterado, sempre com muito sucesso, em *Tem boi na linha* (1957) do mesmo diretor, ou contracenando com Ronaldo Lupo em *O camelô da rua Larga* (Eurides Ramos, 1958), *Mulheres à vista* (J. B. Tanko, 1958) e *Massagista de madame* (Victor Lima, 1959). Quanto a Zezé Macedo, a atriz realçava mais ainda a magreza em figurinos escuros ou uniformes de empregada que exibiam linhas verticais, como, uma vez mais, em *Rico ri à toa*. Seus grandes brincos, aliados a uma voz invariavelmente estridente, tornavam-na ainda mais engraçada.

Esses tipos populares que se tornavam frequentes na produção cinematográfica brasileira encontravam enorme aceitação no público. Apesar de terem feito a fortuna de poucas pessoas, permitiram o aparecimento e desenvolvimento de talentos por mais de trinta anos. Mesmo ostensivamente apoiado em códigos do cinema dominante norte-americano, principalmente na década de 1950, em função da tipificação do triângulo principal construído em torno de galãs, mocinhas e vilões, a comédia produzida no Rio de Janeiro expressou muito bem uma visão irônica e crítica da realidade brasileira nesse período. Com exceção do cômico, os heróis masculinos e femininos, em geral, não acompanharam as transformações que se operavam no cinema norte-americano desde a década de 1930, como sutilezas na representação da "mulher fatal" ou mesmo com o vilão e a mocinha. Pelo contrário, nessas comédias, uma heroína como Eliana sempre reforçava sua eterna juventude como nos constantes bailes de aniversário, ao completar 21 anos em *Carnaval Atlântida* em 1952, ou três anos mais tarde, encarnando uma jovem de 17 anos em *Sinfonia carioca*. Não se operou nessas comédias a alquimia que superpôs o bom e o mau no cinema norte-americano da década de 1940. Repetimos aqui a moral anterior à década de 1930 vigente em Hollywood, segundo a qual, por exemplo, o sexo era visto como um apelo bestial e destrutivo, a ser personificado apenas pelo vilão. Essa dicotomia simplista é clara em *Amei um bicheiro*, em que a "mulher fatal" (Josette Bertal), amante do banqueiro (José Lewgoy), tenta conquistar o ingênuo Carlos, vestida em um *négligée* preto, sexualmente liberada por oposição à personagem de Eliana, dona de casa, pura, vinda do interior e grávida, vivendo somente para o lar. A erotização dos heróis norte-americanos, ocorrida na década de 1940, não afetou os correspondentes brasileiros, muito diferente do que já começava a ocorrer nos palcos cariocas com as encenações de, entre outros, Nelson Rodrigues. Há, entretanto, uma evolução na ingenuidade de um Anselmo Duarte, de *Carnaval no fogo* e *Aviso aos navegantes*, para a esperteza do personagem Zé Bomba em *Depois eu conto* (José Carlos Burle, 1956), que se fazia passar por rico ao desfilar com carro dos clientes do posto de gasolina onde trabalhava como frentista. Em *Os dois ladrões*, Cyll Farney continua sendo o galã de sempre, porém na pele de um simpático ladrão.

De resto, o gênero começou a envelhecer ao final da década por conta, principalmente, da repetição exagerada dos mesmos esquemas de sempre, numa linguagem que começava a dar sinais de exaustão. A partir da realização dos dois congressos do cinema brasileiro (1952, no Rio de Janeiro, e 1963, em São Paulo), surge uma consciência maior dos vários problemas que afetam o cinema, e toma corpo a ideia de que não bastava a viabilização de um cinema industrial, com bons equipamentos, técnicos, instalações modernas, para a materialização de um cinema culturalmente forte e economicamente viável se não fossem alterados os limites impostos no mercado pela dominação do cinema estrangeiro. Esse processo levou inevitavelmente, entre outras ambições, a uma descoberta e reflexão sobre outras possibilidades e *desejos de cinema* no Brasil. Sob o impacto do neorrealismo italiano, já se esboçavam no Rio de Janeiro, ainda na primeira metade da década de 1950, obras que antecipariam o cinema do final da década, como as crônicas urbanas *Agulha no palheiro* (Alex Viany, 1952) ou até mesmo *Amei um bicheiro*. No primeiro filme, como assistente de Alex Viany, encontramos a figura central de Nelson Pereira dos Santos, que dois anos depois inauguraria, de fato, um cinema muito mais preocupado como instrumento de expressão e denúncia social do que os musicais e comédias de sucesso. *Rio, 40 graus* (1954-1955) e *Rio Zona Norte* (1957), assim como, em São Paulo, *O grande momento* (Roberto Santos, 1957), também produzido por Nelson, plantavam as sementes do que viria a ser um novo cinema que explodiria nos primeiros anos da década de 1960.

O final da década de 1950 testemunhava a concretização do sonho de construção de uma nova capital para o país em Brasília, em um contexto de renovação cultural fortalecido pela eleição de Juscelino Kubitschek em 1955. O presidente eleito administrava o Brasil aproveitando o clima favorável à expansão econômica e à industrialização, sustentado por uma ideologia de desenvolvimentismo. Embora motivada por um sentimento nacionalista, esta era, contraditoriamente, montada em cima de investimentos de capital estrangeiro, cujo melhor exemplo é a consolidação da indústria automobilística em São Paulo. Muitos setores se opunham a esses programas, e o período testemunhou também maior conscientização política da classe média em torno de problemas de natureza econômica, como o papel do capital estrangeiro na economia do país e a inflação. O Brasil mudava, e é em torno de 1960 que a televisão estende-se em todas as direções, transformando-se rapidamente no meio de comunicação mais eficaz e poderoso do país. Chanchadas continuaram sendo produzidas na década de 1960, mas as filas diminuíram. Para a televisão migraram não só diretores e estrelas (Chico Anísio, Jô Soares, Costinha, Renato Aragão ou, bem mais tarde, Carlos Manga e Roberto Farias), mas, principalmente, estratégias de humor, ironia e paródia que definiram uma linguagem de grande apelo e eficácia populares, que haviam sustentado durante mais de três décadas a sobrevivência do cinema brasileiro na primeira metade do século XX. Com o final da Atlântida como produtora de longas-metragens em 1962, pode-se afirmar que a chanchada e o Carnaval eclipsaram no cinema brasileiro. Aqui e ali alguma sobrevida apareceu em títulos de veteranos como J. B. Tanko em *Bom mesmo é Carnaval* (1961) e *Carnaval barra limpa* (1967) e Victor Lima em 007 *e meio no carnaval* (1965), para reaparecer em outra chave, como na coprodução *Carnaval de assassinos* (Robert Lynn, 1969) ou no cinema marginal de *Carnaval na lama* (Rogerio Sganzerla, 1970), e, claro, na linha do erotismo *soft* ou *hardcore*, como *Carnaval das taras* (Roberto Machado, 1983) ou *Carnaval do sexo* (1986), enquanto a paródia retornou voltada para o cinema de efeitos especiais, como em *Bacalhau* (Adriano Stuart, 1975) ou em *Costinha e o King Mong* (Alcino Diniz, 1977), entre outros.

Olhando retrospectivamente dados de mercado referentes aos maiores sucessos de público do cinema brasileiro conforme pesquisa realizada por João Carlos Rodrigues para a Ancine, em lista que compreende quase quatro décadas (1970 a 2007), fica evidente que tanto na faixa que compreende 500 mil a um milhão de espectadores quanto na dos filmes que ultrapassaram esses números, a ênfase cai indiscutivelmente nas comédias[39]. Essa duradoura permanência sempre introduziu narrativas originais ao combinar argumentos apoiados na música e também no sexo, no erotismo ou na história, como no bem-sucedido *Xica da Silva* (Carlos Diegues, 1975-1976).

Curiosamente, o percurso intermidiático que no passado aproximou o cinema do rádio retorna no século XXI com a total hegemonia de uma linguagem de humor televisivo garantindo alguma visibilidade ao cinema brasileiro de mercado. Se antes poderíamos afirmar a existência e o sucesso do cinema brasileiro apoiado no rádio, em nossos dias, não há como falar de um cinema brasileiro economicamente dominante que não passe por um *cinema de televisão*.

NOTAS

1 *Cinearte*, n. 189, Rio de Janeiro: 9 out. 1929, pp. 3-4.

2 Depois das experiências malsucedidas com as versões em espanhol, os norte-americanos tentaram a introdução das legendas.

3 Cf. *Variety*, Nova York: 15 out. 1930 e 19 maio 1937.

4 Referimo-nos ao federalismo da Primeira República, que vai de 1889 a 1930.

5 Para uma visão mais completa do papel do cinema educativo no Brasil a partir da criação do INCE, cf. Sheila Schvarzman, *Humberto Mauro e as imagens do Brasil*, São Paulo: Unesp, 2004, bem como Fernanda Caraline de Almeida Carvalhal, *Luz, câmera, educação! O Instituto Nacional de Cinema Educativo e a formação da cultura áudio-imagética escolar*, 311f., dissertação (mestrado em Educação), Universidade Estácio de Sá, Rio de Janeiro: 2008.

6 Esta era, assim como *A Scena Muda* (1921 a 1955), uma influente publicação no Brasil entre as décadas de 1920 e 1950. Sob a responsabilidade editorial de Mário Behring e Adhemar Gonzaga – este vindo junto com Pedro Lima de experiência anterior na cobertura de assuntos cinematográficos em *Para Todos...* (1919) e *Selecta* –, a *Cinearte* surgiu no mercado editorial brasileiro inserida em um esquema de indústria cultural destinado a promover o consumo do cinema com sede em Hollywood.

7 *Cinearte*, n. 198, Rio de Janeiro: 11 dez. 1929, p. 28.

8 Sobre esse tema, cf. ainda Ismail Xavier, *Sétima arte: um culto moderno: o idealismo estético e o cinema*, 2.ed., São Paulo: Edições Sesc São Paulo, 2017, p. 184. Xavier chama a atenção para esses aspectos em artigo da *Cinearte* assinado por uma alta "autoridade científica", o psiquiatra Louis Bisch, que discorre sobre os enigmas do *sex appeal*, entranhando também essa mesma concepção: a presença de "gente bonita" na tela como necessidade básica do "bom cinema", movendo-se por "ambientes vistosos" ou pelas "belas paisagens fotogênicas".

9 Para uma análise mais detalhada do significado desse filme para a Cinédia e para o desenvolvimento de um visual modernista no cinema brasileiro de acordo com os preceitos ditados pela *Cinearte*, cf. João Luiz Vieira, "Cinema brasileiro *art déco*", em: Débora Butruce, *Hipólito Collomb, Lazlo Meitner, Ruy Costa: cenógrafos de cinema*, Rio de Janeiro: Caixa Cultural, 2007, pp. 26-31.

10 Paulo Emílio Sales Gomes, *Humberto Mauro, Cataguases, Cinearte*, São Paulo: Perspectiva/Edusp, 1974, p. 332.

11 Hoje rua General Almério de Moura.

12 Alice Gonzaga, *50 anos de Cinédia*, Rio de Janeiro: Record, 1987, p. 39.

13 Vale a pena enfatizar a importância que o Cine Alhambra teve para o cinema brasileiro, pois foi com *Ganga bruta* que o exibidor Francisco Serrador firmou contrato pela primeira vez para a exibição de um filme brasileiro, após o sucesso de *Barro humano* e *Brasa dormida*. Último projeto de Serrador para a Cinelândia carioca, o Alhambra era programado pela Fox e nele estrearam em 1936 dois outros filmes da Cinédia: *Alô, alô, Carnaval* e *Estudantes*.

14 Cf. entrevista do cineasta a Míriam Alencar: "Volta ao passado", *Jornal do Brasil*, Rio de Janeiro: 21 out. 1969, p. 5.

15 Para uma leitura mais detalhada, cf. João Luiz Vieira, "Brazil", em: Corey K. Creekmur e Linda Y. Mokdad (orgs.), *The International Film Musical*, Edinburgh: Edinburgh University Press, 2012, pp. 141-54.

16 Mais tarde veio a se chamar *A Hora do Brasil*.

17 Alex Viany, *Introdução ao cinema brasileiro*, Rio de Janeiro: MEC/INL, 1959, pp. 107-8.

18 Jorge Amado, "Favela dos meus amores", *Boletim de Ariel*, Rio de Janeiro: s. d., p. 30.

19 Para ficarmos apenas em um tipo recorrente dessa tensão que alimentou inúmeras comédias do cinema brasileiro, temos os exemplos de *Futebol em família* (Ruy Costa, 1939) e *De vento em popa* (Carlos Manga, 1957). No primeiro, o personagem de Leônidas Jaú abandona a escola e a pressão da família que o queria professor para dedicar-se ao futebol. No segundo, Cyll Farney retorna de seus estudos de física nuclear e, no navio que o traz de volta da Europa, desperta-lhe o interesse por música popular e a decisão de abrir uma boate.

20 Graciliano Ramos, *Linhas tortas*, Rio de Janeiro: Record, 1975, pp. 143-4.

21 Essa era mais uma narrativa de troca de identidades envolvendo dois casais cujas mulheres, fantasiadas de "dominó", saem em busca dos maridos, tentando surpreendê-los em meio à farra carnavalesca.

22 Essa sala, inaugurada em setembro de 1936, revolucionou a exibição cinematográfica no Rio ao introduzir, além do ar-condicionado, o mais elevado padrão de luxo e conforto até então conhecido pelo carioca, incluindo poltronas estofadas em couro. Foi, até então, o cinema que mais se aproximou do padrão *movie palace* exibido nos gigantescos cinemas norte-americanos.

23 Conforme registra o programa da mostra retrospectiva *50 Anos da Cinédia*.

24 De volta ao Brasil, animado com as perspectivas de fazer cinema não mais apenas como ator, Raul Roulien roteirizou e dirigiu em 1936 *O grito da mocidade*, que contou com as atuações de Conchita Montenegro, Jaime Costa e Jorge Murad, entre outros. O fôlego de Roulien prolongou-se na produção *Aves sem ninho*, contando com a popularidade de seu nome, já bastante conhecido do público brasileiro através de seus filmes norte-americanos falados e cantados em espanhol ou em inglês – como *Voando para o Rio* (1933).

25 Cf. mais detalhes na excelente biografia da atriz: Ana Pessoa, *Carmen Santos – o cinema dos anos 20*, Rio de Janeiro: Aeroplano, 2002.

26 A Régia Filmes, a exemplo de outras produtoras cinematográficas, já vinha trabalhando na década de 1930 dentro de um esquema improvisado junto à Cinédia, à Carmen Santos e à Sonofilmes.

27 Cf. imagem do original do documento intitulado "Estatutos da Atlântida" reproduzida em recente biografia de Luiz Severiano Ribeiro: Toninho Vaz, *O rei do cinema: a extraordinária história de Luiz Severiano Ribeiro*, Rio de Janeiro/São Paulo: Record, 2008, pp. 122-3.

28 Grande Otelo em entrevista a Geisa Mello, *Filme Cultura*, Rio de Janeiro: 1982, n. 40, p. 8.

29 A narrativa teve origem nessa música, gravada em 7 de agosto de 1936 pela RCA. Mais uma vez o cinema brasileiro se apoiou na música popular, dessa vez longe da alegria do Carnaval. O êxito imediato e duradouro dessa canção dramática fez com que Vicente Celestino a transformasse também em enredo de uma peça teatral com o mesmo nome, que conheceu igual sucesso ao ser encenada no Teatro Carlos Gomes, no Rio de Janeiro.

30 Alex Viany, "Carnaval Atlântida", *Jornal do Brasil*, Rio de Janeiro: 6 ago. 1970.

31 Stephanie Dennison e Lisa Shaw, *Popular Cinema in Brazil*, Manchester: Manchester University Press, 2004, pp. 65-6.

32 *Cinelândia*, Rio de Janeiro: 1953, n. 11, p. 39.

33 *Cinelândia*, Rio de Janeiro: 1953, n. 14, p. 10.

34 Para uma leitura definitiva do papel seminal de Alinor Azevedo, não só durante os anos da Atlântida, cf. Luís Alberto Rocha Melo, *Argumento e roteiro: o escritor de cinema Alinor Azevedo*, 349f., dissertação (mestrado em Comunicação), Universidade Federal Fluminense, Niterói: 2006.

35 José Carlos Burle, depoimento, 1979, disponível no Museu de Imagem e Som do Rio de Janeiro.

36 Carlos Manga, depoimento, 10 mar. de 1975, disponível no Museu de Imagem e Som do Rio de Janeiro.

37 Depoimento transcrito por José Carlos Monteiro, O *Globo*, Rio de Janeiro: 9 abr. 1981, p. 31.

38 Em depoimento ao autor deste capítulo, concedido em 1980, Manga diria que, na época, a repercussão negativa dessa imagem e trocadilho custou-lhe uma bolsa de estudos nos Estados Unidos.

39 Cf. João Carlos Rodrigues, "Arrasando quarteirões", *Filme Cultura*, Rio de Janeiro: 2010, pp. 62-5.

O CINEMA INDEPENDENTE NO RIO DE JANEIRO (1940-1950)

LUÍS ALBERTO ROCHA MELO

PRODUÇÃO INDEPENDENTE: PRÁTICAS E DISCURSOS

Em termos bastante amplos, é possível datar a segunda metade da década de 1940 como o momento em que surge no Brasil, especificamente na cidade do Rio de Janeiro, o discurso sobre a produção independente de filmes de longa-metragem de ficção[1]. Por volta do final dos anos 1940 e durante toda a primeira metade da década seguinte, o meio cinematográfico carioca vai conhecer uma intensa batalha pela afirmação política da classe dos produtores, ocasião em que o termo *independente* ganhará inegável valor estratégico, sobretudo com a atuação do veterano técnico de som, produtor e diretor Moacyr Fenelon. Um dos fundadores da Atlântida, Fenelon lá permaneceu de 1941 a 1947, como produtor e diretor. Após desligar-se daquela companhia, constituiu em 1948 sua própria produtora, a Cine-Produções Fenelon. Desde então, passou a assumir publicamente, em diversas entrevistas concedidas à imprensa, o rótulo de produtor independente.

Durante os anos 1950, o tema amplia seu raio de alcance e ganhas novos enfoques. Como demonstra o ensaio seminal de Maria Rita Galvão, "O desenvolvimento das ideias sobre cinema independente"[2], foram férteis as discussões sobre o assunto no meio cinematográfico paulista, bastando mencionar o empenho de nomes como, entre outros, Carlos Ortiz, Ortiz Monteiro, Alex Viany, Nelson Pereira dos Santos e Rodolfo Nanni, críticos e realizadores ligados em sua maior parte ao PCB (Partido Comunista Brasileiro), muito atuantes na realização de filmes, nas mesas-redondas da APC (Associação Paulista de Cinema) e nos Congressos de Cinema realizados em São Paulo e no Rio entre os anos 1951-1953[3].

Desde já é importante sublinhar que não há um consenso em torno do termo "produção independente", se observados os diferentes contextos em que ele surge. Para os realizadores e críticos de esquerda atuantes em São Paulo nos anos 1950, cinema independente significava um conjunto de ideias e propostas que uniam a defesa da produção de baixo custo realizada fora dos grandes estúdios (como Vera Cruz e Maristela) a um conteúdo social e à busca pela expressão nacional e popular nos filmes. Além disso, para eles significava também um compromisso com a luta anti-imperialista, isto é, contra a hegemonia cultural e econômica do produto estrangeiro (notadamente hollywoodiano) no mercado interno. O texto de Maria Rita Galvão analisa as contradições implicadas nessa defesa, ao mesmo tempo que sublinha o "verdadeiro salto no desenvolvimento das ideias sobre cinema no Brasil" proporcionado por tais discussões[4].

Já para uma considerável parcela do meio cinematográfico carioca dos anos 1940-1950, falar em independência era pensar, antes de tudo, em sistemas de produção, não sendo determinante *a priori* a questão ideológica e de conteúdo dos filmes. Cronistas e repórteres especializados, tais como o veterano Pedro Lima e os jovens Manoel Jorge, Joaquim Menezes, Luiz Alípio de Barros, Clóvis de Castro Ramon, Costa Cotrim e Célio Gonçalves, além de cineastas como Luiz de Barros, Silveira Sampaio e Watson Macedo, entre outros, farão uso da expressão "produtor independente" conferindo a ela um caráter de diferenciação em relação ao cinema empresarial: independentes seriam os realizadores sem estúdios, que por meio de diversos expedientes conseguiam levantar recursos para produzir. De acordo com o modelo de produção adotado, tanto um diretor de filmes dramáticos (os chamados "filmes sérios") como um produtor de chanchadas carnavalescas poderiam ser considerados independentes.

Moacyr Fenelon talvez seja um caso à parte: sempre se preocupou com o papel político, social, artístico e cultural do cinema. Não por acaso teve influência expressiva no I Congresso Nacional do Cinema Brasileiro, realizado em 1952 no Rio de Janeiro. Mas para ele a palavra "independente" também significava, antes de tudo, a defesa de um perfil diferenciado de competência profissional. Usando as expressões da época, tratava-se de brigar pela sobrevivência do *produtor avulso*. Nesse sentido, Fenelon não se diferenciava dos demais realizadores e cronistas sediados no Rio.

Para que melhor se compreenda então o contexto das discussões aqui abordadas, é necessário levar em conta as lutas políticas no meio cinematográfico carioca, travadas entre *produtores*, *distribuidores* e *exibidores*, com intervenções pontuais do Estado. Vale ressaltar que o termo "independente" não só se aplicava ao setor da produção como também ao da exibição. Os chamados "exibidores independentes", expressão que remete aos anos 1920, eram aqueles que não possuíam "casa lançadora, contrato de exclusividade com determinada produção ou compromisso com uma linha específica capitaneada por determinado cinema"[5]. Isso nos ajuda a entender o mercado interno de salas de projeção, não apenas como reflexo da hegemonia hollywoodiana mas também como palco de disputas entre os exibidores.

No Rio de Janeiro dos anos 1940-1950, o cenário que se desenha é o da hegemonia quase absoluta de Luiz Severiano Ribeiro Júnior, então dono da maior cadeia de exibição do país, com quem os exibidores independentes precisavam negociar, fazer acordos e também contra quem deviam concorrer, quase sempre em franca desvantagem. Os produtores, por sua vez, não tinham muita escolha: ou aceitavam as condições impostas pelo grupo Severiano Ribeiro ou tentavam vencer a sólida resistência dos exibidores independentes.

O ambiente em que se dão essas disputas caracteriza-se, portanto, pela marginalidade do setor da produção de filmes, que não encontra em seu próprio mercado espaço suficiente para fazer retornar seu investimento. Inicialmente sob o governo do general Eurico Gaspar Dutra (1946-1950) e depois durante o segundo governo de Getúlio Vargas (1951-1954), o Estado vai ser um importante agente ideológico e mediador nessa relação conflituosa entre produtores, distribuidores e exibidores, criando, com sucessivas portarias e leis de obrigatoriedade de exibição, as únicas condições concretas de penetração do filme nacional nas salas de cinema, ainda que de forma limitada e a reboque do produto estrangeiro, proveniente na maior parte de Hollywood.

A partir do exame das ideias em circulação no meio cinematográfico carioca, sobretudo aquelas divulgadas pela imprensa, e da análise das formas de produção de determinados filmes, foi possível destacar, em relação ao sistema de produção independente então praticado, três procedimentos recorrentes, em geral combinados, no cinema feito no Rio de Janeiro desde os anos 1930. São eles a *produção associada*, a *produção planificada* e o *sistema de cotas*[6].

Cabe notar que essas modalidades de produção não são exclusivas dos independentes. Elas serão utilizadas tanto por empresas (Cinédia, Waldow Filmes, Sonofilms, Atlântida, Flama etc.) como por produtores autônomos. No entanto, e esse é o dado a ser levado em conta, a partir do final dos anos 1940 será comum a promoção dessas práticas produtivas articuladas ao discurso de legitimação do realizador independente, notável, por exemplo, em um cronista como Manoel Jorge ou em um cineasta como Moacyr Fenelon.

A PRODUÇÃO ASSOCIADA

No período de 1940-1950, Moacyr Fenelon exerceu um inegável protagonismo. Como veremos adiante, sua prática como produtor independente a partir de 1948 estará intimamente ligada ao modelo da *produção associada*. Nascido em Patrocínio do Muriaé (MG) em 5 de novembro de 1903, Fenelon começou a trabalhar no cinema na passagem dos anos 1920-1930, momento de enormes transformações tecnológicas e econômicas impulsionadas pelo desenvolvimento do cinema sonoro e consequentes alterações nos setores da indústria e do comércio de filmes em todo o mundo.

O trabalho inicial em salas de exibição, instalando alto-falantes e sincronizando a execução de discos com a projeção de filmes, sua participação como técnico de som em *Acabaram-se os otários* (Luiz de Barros, 1929) e o emprego de chefe-técnico de rádio e engenheiro de som na Byington & Cia., empresa pertencente ao industrial Alberto Jackson Byington Jr., representante em São Paulo da Columbia Phonograph Company, serão experiências fundamentais para o ingresso definitivo de Fenelon no cinema[7].

O supervisor artístico da fábrica de discos da Columbia no Brasil era o norte-americano Wallace Downey, que, em sociedade com Byington, produz e dirige o filme-revista *Coisas nossas* (Wallace Downey, 1931), do qual Fenelon participa como responsável pelas gravações dos diálogos em disco. Três anos depois, em 17 de setembro de 1934, Downey constituirá no Rio de Janeiro a Waldow Filmes S. A., que, segundo seus estatutos, tinha por objetivo atuar de forma ampla nos ramos industrial e comercial do cinema e da música[8].

O primeiro trabalho realizado pela Waldow Filmes foi o musical *Alô, alô, Brasil!* (Wallace Downey, 1934), com Mesquitinha, Barbosa Júnior e Manuelino Teixeira. Fenelon não fez parte dessa equipe, que teve a sonografia a cargo de Charles Whalley. Só no filme seguinte, *Estudantes* (Wallace Downey, 1935), é que Moacyr Fenelon trabalhou como técnico de som.

Alô, alô, Brasil! e *Estudantes* foram produzidos pela Waldow Filmes em associação com a Cinédia S. A., marcando o início de uma importante parceria entre Wallace Downey e o pioneiro produtor e diretor Adhemar Gonzaga[9]. Nesse esquema de produção associada, Gonzaga entrava com os estúdios, o laboratório e parte dos equipamentos e da equipe técnica, restando a Downey o complemento dos custos de produção, a negociação com o elenco e a direção artística[10].

O terceiro e último filme da Waldow realizado em coprodução com a Cinédia, *Alô, alô, Carnaval* (Adhemar Gonzaga, 1935), que também contou com o trabalho de Fenelon no registro sonoro, foi o mais bem-sucedido da trilogia[11]. Além dos resultados financeiros positivos, trouxe a Gonzaga uma definitiva conscientização sobre a realidade do mercado cinematográfico. O veio aberto pela exploração do filme musical recolocaria em outros termos as noções de modernidade, sofisticação e qualidade técnica, não mais atrelados aos conceitos de "beleza", "subentendimento" ou "fotogenia", defendidos desde os tempos da *Cinearte*. Depois disso, aquelas ideias passaram a se colar aos imperativos do entretenimento e do gosto popular.

Com o ingresso de Alberto Byington Jr. no ramo da produção cinematográfica, primeiro em 1934 com a São Paulo Sonofilms e, três anos depois, em sociedade com Wallace Downey na Sonofilms, Moacyr Fenelon viu alargarem-se os horizontes de sua atuação como técnico de som, montador, assistente de direção, assistente de produção, gerente do estúdio e até mesmo, de acordo com alguns registros, fotógrafo e iluminador[12].

A oportunidade de dirigir o primeiro longa-metragem – *O simpático Jeremias* (Moacyr Fenelon, 1940), adaptação da peça de Gastão Tojeiro com produção da Sonofilms – surge para Moacyr Fenelon em 1939, quando ele já contava mais de dez anos de atividade como técnico de som. A péssima recepção de público e de crítica, além do incêndio que atingiu a Sonofilms em 1940, desarticulou os seus planos, e ele precisou esperar até 1943 para realizar um segundo longa-metragem. Este foi *É proibido sonhar* (Moacyr Fenelon, 1943), já pelos estúdios da Atlântida Empresa Cinematográfica do Brasil S. A., produtora sediada na rua Visconde do Rio Branco, 51, que ele fundou em 13 de outubro de 1941 com o jornalista Alinor Azevedo e os irmãos Paulo e José Carlos Burle, entre outros[13].

No início, a Atlântida propunha um cinema de preocupações sociais, como seria "Tumulto", argumento original de um longa em episódios escrito por Alinor Azevedo[14], ou a adaptação do romance *O quinze*, de Rachel de Queiroz, anunciada por Fenelon ao *Cine-Rádio Jornal*, em maio de 1941: "A seca d'*O quinze*, nós a conservaremos em primeiro plano, como o grande personagem [...]. Nada de mesclarmos um dos maiores temas de nossa terra com enredos falsos [...] Flagelo é flagelo, sem enredo, sem folhetim. Sem água, sem o de-comer"[15].

Os projetos mencionados, entre vários outros de teor semelhante, não foram realizados. De 1943, ano de *Moleque Tião* (José Carlos Burle, 1943), primeiro longa lançado pela Atlântida, até 1947, Moacyr Fenelon realizou na empresa, como diretor, seis filmes (além de ter sido o produtor de todos os demais longas realizados naquele período): *É proibido sonhar*, *Gente honesta* (1944), *Vidas solidárias* (1945), *Sob a luz do meu bairro* e *Fantasma por acaso* (1946) e *Asas do Brasil* (1947). É difícil hoje avaliar esse conjunto de filmes, pois apenas a comédia *Fantasma por acaso*, que lançou Oscarito como protagonista e foi um grande sucesso de público, sobreviveu ao tempo. Fenelon, contudo, se tornou conhecido como um diretor ligado aos dramas sociais, ainda que tratados de modo tênue em enredos que tenderiam ao melodrama ou à crônica de costumes.

Existem diversas versões que justificam o afastamento de Fenelon da Atlântida: desavenças pessoais com José Carlos Burle e Watson Macedo, os fracassos de bilheteria que alguns dos dramas dirigidos por Fenelon representaram para a empresa, as disputas internas em torno dos projetos que deveriam ser realizados – Fenelon era contrário à produção das chanchadas – e, por fim, a entrada de Luiz Severiano Ribeiro Júnior como acionista majoritário, que tornou ainda mais desconfortável a posição de Fenelon dentro da empresa[16]. O fato é que, em 31 de dezembro de 1947, Moacyr Fenelon renunciou ao cargo de diretor-superintendente da então renomeada Atlântida Cinematográfica S. A.[17].

Em reportagem publicada no dia 13 de abril de 1950, Newton Carlos transcreve a seguinte declaração atribuída a Fenelon:

> A Atlântida foi o início da concretização de um sonho que há muito vinha mexendo com os meus miolos. Ainda não era independente, mas já ganhara um pouco de liberdade. [...] o velho sonho continuava presente e fui obrigado a ceder aos seus impulsos; tornei-me produtor independente com a organização da Cine-Produções Fenelon[18].

Ao se tornar independente, Fenelon então retoma o antigo modelo da produção associada já experimentado na década de 1930 por Wallace Downey, Alberto Byington Jr. e Adhemar Gonzaga.

A entrada de Moacyr Fenelon na Cinédia se deu em 2 de janeiro de 1948, dois dias após sua renúncia oficial do cargo de diretor-superintendente da Atlântida[19]. Adhemar Gonzaga parecia bastante animado com a perspectiva de trabalhar com Fenelon, como é possível perceber no tom de uma carta que o primeiro envia, em 16 de janeiro de 1948, a seu amigo Gilberto Souto, velho companheiro dos tempos da revista *Cinearte*, àquela época vivendo em Hollywood: "Sim, o Moacyr Fenelon deixou a Atlântida e voltou à Cinédia. Há muito que tínhamos combinado isto. Ele é o elemento que me faltava aqui e já está em atividade. [...] Este ano espero tirar o pé da lama"[20].

A sociedade devia se mostrar vantajosa para ambos os lados. Se a Cinédia significava para Fenelon a chance de continuar a produzir sem a Atlântida, Gonzaga também tinha a expectativa de que uma parceria com Fenelon pudesse significar uma volta por cima, oportuna porque os estúdios estavam enfrentando uma grave crise financeira que vinha desde o ano anterior.

O acordo entre a Cine-Produções Fenelon e a Cinédia consistiu na realização de cinco filmes, entre fevereiro de 1948 e novembro de 1949. Quatro deles – *Obrigado, doutor* (Moacyr Fenelon, 1948), *Poeira de estrelas* (Moacyr Fenelon, 1948), *Estou aí?* (Cajado Filho, 1948) e *O homem que passa* (Moacyr Fenelon, 1949) – foram inteiramente realizados dentro da Cinédia. Mas não a montagem e a finalização de *...Todos por um!* (Cajado Filho, 1949), pois, dois dias depois de concluídas as filmagens, o acordo de coprodução foi desfeito. No dia 26 de dezembro de 1949, Fenelon já não se encontrava mais instalado nos estúdios de São Cristóvão[21].

Os cinco filmes correspondiam a uma estratégia de produção bem delimitada: dois dramas, uma comédia musical, dois carnavalescos. Três foram dirigidos por Fenelon (*Obrigado, doutor*, *Poeira de estrelas* e *O homem que passa*) e os outros dois por José Cajado Filho (*Estou aí?* e *...Todos por um!*). Roteirista e diretor de arte, Cajado Filho era um antigo colaborador de Fenelon dos tempos da Atlântida e, tal como o montador Rafael Justo Valverde e o operador de câmera Roberto Mirilli, também saiu daquela empresa em solidariedade a Fenelon.

Obrigado, doutor é um melodrama com incursões pelo suspense policial e gira em torno das desventuras de Roberto Maregal (Rodolfo Mayer), um jovem e promissor cirurgião que, ao surpreender a esposa com um amante, comete um crime passional e se refugia em um lugarejo pobre do interior.

O musical *Poeira de estrelas* se centra na história de duas cantoras, Sônia (Lourdinha Bittencourt) e Norma (Emilinha Borba), que se juntam para formar a dupla Irmãs Avelar. Depois de alguns anos apresentando *shows* e fazendo sucesso, Norma decide abandonar os palcos para se casar, instaurando uma crise entre as duas.

Retomando a clássica situação já explorada por um outro filme da Cinédia[22], *Estou aí?* narra as peripécias de dois maridos (Colé e Pedro Dias) que querem se ver livres das esposas (Celeste Aída e Zizinha Macedo) para pular o Carnaval e, sem saber, acabam fazendo par com as mesmas em um baile de máscaras.

Já *O homem que passa* é um melodrama psicológico, cujo personagem principal, o jornalista Mário (Rodolfo Mayer), culpado pelo suicídio da mulher, tem uma crise e começa a sofrer alucinações, sentindo-se perseguido por seu melhor amigo[23].

...Todos por um!, como o título indica, é uma paródia do clássico *Os três mosqueteiros*, de Alexandre Dumas. Repetindo a dupla de *Estou aí?* (Colé e Celeste Aída), Cajado Filho inclui em sua comédia números musicais com Emilinha Borba, Black-Out, Cyro Monteiro, Trio Guarás, Floripes Rodrigues e César de Alencar.

Assim, o programa de produção estabelecido por Moacyr Fenelon em associação com Adhemar Gonzaga insere-se na tradição do cinema popular carioca dos anos 1930, ao mesmo tempo que procura superar as limitações características do cinema brasileiro do final dos anos 1940, realizando filmes que pudessem responder aos anseios de uma renovação temática e formal e à necessidade de conquistar um público para o produto brasileiro. O diálogo com o rádio – em suas vertentes melodramática e carnavalesca – tinha por objetivo resolver essa difícil equação.

A PRODUÇÃO PLANIFICADA

A extraordinária capacidade de trabalho de Moacyr Fenelon é, sem dúvida alguma, um aspecto a ser sublinhado. Mas a associação entre Fenelon e Gonzaga indica também que, sem os estúdios da Cinédia, a atividade do primeiro como produtor não teria sido possível ou teria se dado em condições bem menos favoráveis. A estrutura da Cinédia era o que garantia a Fenelon elaborar um programa de ação dentro de uma estratégia de fundamental importância para a sobrevivência do realizador independente: a *produção planificada*.

A utilização consciente e articulada do termo "produtor independente" como autodenominação de Moacyr Fenelon, a experimentação de gêneros diversos (do melodrama ao carnavalesco) e o desempenho eficiente da produção planificada são traços que conferem singularidade ao encontro da Cine-Produções Fenelon com a Cinédia. Isso se compararmos a dupla a iniciativas anteriores (como a Waldow-Cinédia) e também a contemporâneas a ela, bastando citar o caso de dois outros cineastas importantes daquele período, Silveira Sampaio e Luiz de Barros.

O médico, escritor, ator e encenador José da Silveira Sampaio notabilizou-se no teatro como autor de comédias de grande sucesso, tais como a *Trilogia do herói grotesco* (1948-1949), composta pelas peças *A inconveniência de ser esposa*, *Da necessidade de ser polígamo* e A garçonière *de meu marido*. Seu primeiro trabalho profissional em cinema se deu na Atlântida, quando escreveu o roteiro de *O gol da vitória* (José Carlos Burle, 1945). Naquele mesmo ano, com o advogado João Novais de Souza e um sócio espanhol, Amancio Rivera Rodriguez, funda a Centauro do Brasil Cinematográfica Ltda., com capital de Cr$ 60 mil e o propósito de atuar na produção, distribuição, exibição e em "serviços gerais de laboratório"[24]. Após dirigir dois filmes de curta metragem, Silveira Sampaio forma o grupo Os Cineastas, do qual também faziam parte Novais de Souza, Flávio Cordeiro, Samuel Markenzon e Darcy Evangelista[25].

O filme de estreia de Os Cineastas, com produção da Centauro do Brasil, intitulava-se *Uma aventura aos 40* (Silveira Sampaio, 1947) e era uma sofisticada comédia futurista com Flávio Cordeiro como protagonista. O filme foi saudado como "uma das mais agradáveis surpresas do ano"[26], e Sampaio foi comparado a Sacha Guitry, famoso comediógrafo e cineasta russo radicado na França[27]. *Uma aventura aos 40* surpreendeu a crítica por suas qualidades – o humor refinado e a leveza da narrativa e da encenação, ainda hoje notáveis – e por ter sido o resultado de uma *produção amadora*.

Os cronistas repisam esse aspecto: tratava-se de um filme "rodado sem recursos", "uma autêntica produção de amadores [...] entretanto, que película interessante!". Em *Uma aventura aos 40*, tirando os diretores de fotografia Antônio Leal e F. M. L. Mellinger, "tudo é novo: a empresa [...] os artistas [...]"; o filme teve a maior parte de suas cenas rodadas em exteriores, e Sampaio dirigiu o filme "assim como quem não quer". Contando com tão bons colaboradores, é de se imaginar o que poderá fazer em condições melhores, "com maior conforto técnico, e sem a preocupação de arranjar o capital necessário"[28].

Uma aventura aos 40 terminou por receber, em 1948, cinco dos principais prêmios da Associação Brasileira dos Cronistas Cinematográficos: melhor filme, melhor roteirista, argumentista e diretor (Silveira Sampaio) e melhor ator (Flávio Cordeiro)[29]. Mesmo com todo o sucesso, Os Cineastas não prosseguiram, e Silveira Sampaio passou a se dedicar ao teatro, deixando incompleto o seu segundo filme, *As sete viúvas de Barba Azul* (iniciado em 1948), que, a julgar pelos comentários publicados na imprensa, seguiria o mesmo estilo de *Uma aventura aos 40*, também uma produção amadora.

Diante da demora de Silveira Sampaio na conclusão de *As sete viúvas de Barba Azul* e da insistência no método amadorístico de produção, os elogios logo cedem à desconfiança. Não é possível, protesta o cronista Manoel Jorge nas páginas de *O Mundo*, rodar um filme por mais de um ano ou mesmo por meses a fio, como é o caso de *As sete viúvas de Barba Azul*; o resultado até poderia ser uma obra-prima, mas a custo de rombos no orçamento. E quem sofreria com isso? O produtor. "É preciso que esse lado não deixe de ser olhado, de vez que é ele [o produtor] a pedra lapidar de muitas iniciativas"[30].

Por trás das argumentações de Manoel Jorge estão os ensinamentos de um realizador que será reconhecido (e duramente criticado) por sua extrema rapidez: Luiz de Barros. Nascido em 12 de setembro de 1893 e tendo iniciado sua carreira de diretor e produtor em 1915, Luiz de Barros era, em meados dos anos 1940, um cineasta com mais de trinta filmes de longa-metragem realizados. Em meio às suas múltiplas atividades no cinema, no teatro e em *shows* de cassino, ainda encontrou tempo para ser o titular da coluna "Cinema. Comentário do dia" no *Diário Trabalhista*, jornal carioca fundado em 1945. Entre março de 1946 e fevereiro do ano seguinte, o cineasta escreveu sobre as relações entre arte e indústria, técnica e estética, cinema e Estado e a própria crítica cinematográfica. Em julho de 1946, encontramos Luiz de Barros discutindo a questão do cinema independente como reflexo da luta entre "a ideia e o mercantilismo"[31].

O dado significativo não é a escolha do assunto, mas seu ponto de partida: o cinema hollywoodiano. No momento em que Luiz de Barros escreve, são raríssimos, quando não inexistentes, os cronistas que buscam articular qualquer tipo de relação entre Hollywood e o cinema brasileiro tomando como base a produção independente.

O que motiva Luiz de Barros a tratar desse assunto são as então recentes declarações de Frank Capra, afirmando que "a indústria [do cinema] será salva pelos independentes". O colunista afirma que *Cidadão Kane* (Orson Welles, 1941) pode ser visto como o "primeiro grito de revolta" dos que compreendem o cinema como "algo mais do que indústria". Esse "grito", informa Luiz de Barros, foi seguido por muitos outros: dos 350 filmes produzidos por Hollywood em 1945, 122 são "independentes"[32].

A questão está em saber se esses filmes podem ou não se sustentar nas bilheterias e se os produtores independentes dispõem de recursos suficientes para enfrentar os grandes estúdios. Para uma determinada parcela do público espectador – "as plateias cultas [...] o povo melhor [*sic*] educado" –, os independentes "forçosamente vencerão"; afinal, trata-se de defender a finalidade ideal do cinema, qual seja, "criar verdadeiras obras-primas, onde os diretores, os produtores, livremente, pudessem dar largas aos seus sentimentos artísticos imprimindo à sua obra a sua personalidade"[33].

Luiz de Barros conclui o artigo sem disfarçar a ironia: "Tanto desejo eu para o nosso cinema, que, infelizmente, não pode se libertar das comédias e filmes musicados de Carnaval, porque são esses que lhe garantem a vida, por ora, e que oferecem renda capaz de suavizar a grande percentagem que reservam para si os exibidores menos patriotas"[34].

Para o veterano cineasta, muito mais urgente do que valorizar a "produção independente" seria valorizar a figura do *produtor* simplesmente, isto é, daquele que "põe à disposição do diretor todas as necessidades, todas as facilidades, todos os elementos que este necessita para levar a bom cabo a sua direção". Somente um bom entendimento entre o "diretor de produção" e o "diretor de filmagem" garantiria a boa qualidade do trabalho[35].

A boa qualidade e também sua viabilidade financeira: "Para se produzir um bom filme não se pode gastar meses e às vezes anos, como fazem alguns, pois o tempo encarece a produção", diz ele em entrevista a Pedro Lima, publicada em 1949. Para Luiz de Barros, no cinema não há espaço para o amadorismo, pois ao fator tempo alia-se a necessidade de produzir em quantidade, e os custos de um filme só são amortizados a longo prazo. Além do mais, cinema é atividade de risco: ninguém pode prever com exatidão se um filme dará público ou não[36].

Voltando a Silveira Sampaio, ao escrever, dirigir e produzir em regime de cooperativa o longa-metragem *Uma aventura aos 40*, ele assumia e, de certa forma, antecipava um modo de produção semiprofissional marcado pela criatividade, pela improvisação sofisticada e pela ideia de um estilo pessoal de filmar. Seu plano de produção, porém, não teve continuidade. Já Luiz de Barros encarnava o típico diretor profissional, pragmático, veloz e criativo, realizando filmes voltados para o mercado. Com isso, mantinha-se em constante atividade: entre 1945-1949, Luiz de Barros dirigiu dez títulos.

O programa estabelecido pela Cine-Produções Fenelon em associação com a Cinédia buscava uma espécie de *meio-termo* entre a ambição estética de Silveira

Sampaio e o pragmatismo comercial de Luiz de Barros. Era, pois, nesse sentido que Moacyr Fenelon procurava se afirmar no meio cinematográfico carioca como produtor independente. Por isso também havia o apelo aos temas dramáticos em filmes como *Obrigado, doutor*, *O homem que passa* e até mesmo *Poeira de estrelas*, assim como a concessão à produção de carnavalescos como *Estou aí?* e *...Todos por um!*, embora estes tenham sido estrategicamente assinados por Cajado Filho.

O SISTEMA DE COTAS

Em 1946, Luiz Severiano Ribeiro Júnior era um jovem empresário de 34 anos que controlava 60 das 120 salas do Rio de Janeiro. Como vice-presidente da Companhia Brasileira de Cinemas (com seus seis circuitos de exibição) e da Empresa L. S. Ribeiro, atuava no Norte, Nordeste e Sudeste – Belém, Fortaleza, Recife, Petrópolis, Niterói, Rio de Janeiro, Juiz de Fora e Belo Horizonte –, programando mais de quatrocentos dos cerca de 2 mil cinemas em território nacional[37].

A posição de maior exibidor do país decorria de uma política agressiva de arrendamentos e aquisições de salas, iniciada já nos anos 1920 por Severiano Ribeiro pai. Sua liderança no mercado exibidor nacional logo atraiu os interesses das distribuidoras norte-americanas (Fox, Warner, Columbia etc.), que passaram a manter com Ribeiro estreitas e duradouras ligações, alimentando a sua vasta cadeia de salas e ocupando a maior fatia do mercado interno.

Nos anos 1940, Ribeiro Júnior ampliou o campo de atuação da exibição para outros setores da atividade cinematográfica, incluindo serviços de laboratório e publicidade (Laboratório e Gráfica São Luiz), distribuição (União Cinematográfica Brasileira) e produção de filmes (em outubro de 1947, torna-se o acionista majoritário da Atlântida). Como se sabe, o investimento mais efetivo no ramo da indústria se deu após o decreto nº 20.493, de 24 de janeiro de 1946[38], que obrigava os cinemas lançadores em todo o território nacional a exibirem anualmente no mínimo três filmes brasileiros de longa-metragem (um longa por quadrimestre), classificados pela censura como de "boa qualidade". Além disso, o decreto reiterava que o preço mínimo da locação de um filme deveria ser de 50% da renda da bilheteria, o que comprometia os exibidores[39].

Na verdade, o interesse de Ribeiro Júnior pelo setor produtivo remete a um período anterior ao decreto e até mesmo à fundação da Atlântida, quando, em 1939, ele comprou uma pequena participação em cotas de *Aves sem ninho* (1941), filme dirigido pelo então famoso astro egresso de Hollywood, Raul Roulien, e produzido pela DFB (Distribuidora de Filmes Brasileiros).

O fato de Ribeiro Júnior participar como cotista na produção de filmes não era, absolutamente, algo excepcional. O *sistema de cotas* era um mecanismo de uso generalizado desde os anos 1930, de que lançavam mão tanto produtores autônomos como estúdios e, também, empresas exibidoras. No caso de *Aves sem ninho*, Ribeiro Júnior baseou-se na experiência do primeiro longa-metragem dirigido e produzido por Raul Roulien, *Grito da mocidade* (1936), coproduzido pelo exibidor Vivaldi Leite Ribeiro, da Companhia Brasileira de Cinemas[40].

A segunda metade da década de 1940 verá Ribeiro Júnior ligado a diversas iniciativas de produção, como cotista de alguns filmes (por exemplo, *Querida Suzana* [Alberto Pieralisi, 1947]) e realizando adiantamentos sobre a previsão de renda de outros tantos. Foram essas modalidades de atuação que lhe permitiram tornar-se o principal credor da Atlântida e, em seguida, seu maior acionista[41].

Podemos ilustrar o funcionamento do sistema de cotas tomando como exemplo o caso da associação entre a Cine-Produções Fenelon e a Cinédia. O estúdio de Gonzaga cobria para Fenelon grande parte dos custos de produção: funcionários, parte da equipe técnica e dos operários do estúdio; equipamentos, carpintaria e cenários; palcos de filmagem, montagem e laboratório. Era responsabilidade de Fenelon pagar a equipe técnica principal (fotógrafo, montador, cenógrafo etc.) e providenciar todo o material sensível para as filmagens. Esses gastos, no entanto, não cobriam a totalidade dos orçamentos. Elenco principal e secundário, maestros, músicos, cantores e cantoras, bailarinos e coreógrafos, direitos autorais para os compositores, móveis e objetos de cena; transporte, alimentação e hospedagem para filmagens fora do Rio de Janeiro, figurino e material cenográfico, além do eventual aluguel de espaços para filmagem fora dos estúdios e demais gastos extras – todos esses itens demandavam recursos que estavam fora do alcance tanto do estúdio como do produtor autônomo. O principal mecanismo utilizado para contornar ou cobrir esses outros gastos, integralmente ou ao menos em parte, era o sistema de cotas.

Tratava-se de um acordo estritamente privado: produtores, estúdios, equipe e demais cotistas eram investidores particulares de risco, sem quaisquer bases de garantia, caso a iniciativa fracassasse. A integralização de um orçamento por meio de cotas exigia um trabalho de convencimento desses possíveis sócios. Em geral, os produtores trabalhavam com agentes ou corretores encarregados de vender as cotas de participação, o que demandava manter um mínimo e constante círculo de relações profissionais ou de amizade com industriais, comerciantes ou mesmo – o que era bem mais raro – pessoas ricas que se mostravam interessadas em investir no cinema.

O sistema de cotas não era, portanto, apenas uma alternativa de financiamento, e sim praticamente o único recurso possível para o produtor independente de filmes de ficção. Em todo caso, era esse mecanismo que possibilitava a continuidade mínima de produção e o funcionamento dos estúdios. É claro que isso, no mínimo, interferia na escolha dos temas e, na maior parte dos casos, orientava mesmo as temáticas, atores e gêneros, determinando o próprio tratamento estético a ser dado a cada filme. Entende-se assim a estratégia de Moacyr Fenelon ao contratar nomes do rádio, da música e do teatro, conhecidos do grande público (como Rodolfo Mayer, Emilinha Borba e Lourdinha Bittencourt), investindo no gênero carnavalesco e no melodrama. Isso tudo para não falar da associação com a Cinédia, marca que avalizaria qualquer iniciativa e que tinha em seu currículo êxitos de bilheteria como *Alô, alô, carnaval* (1935) e *O ébrio* (Gilda de Abreu, 1946).

Embora de uso corrente, o sistema de cotas não era isento de contradições. A principal delas é que, com ele, não se garantia aos produtores e ao estúdio o retorno integral dos lucros obtidos por um bom desempenho nas bilheterias. Excluídas as porcentagens devidas ao exibidor e ao distribuidor, a maior parte da renda que sobrava tinha de ser proporcionalmente redistribuída entre vários cotistas, que, muitas vezes, como não pertenciam ao meio cinematográfico, também não se sentiam obrigados a reinvestir em outros filmes. Assim, ao mesmo tempo que o sistema de cotas proporcionava recursos para a produção, também dificultava a capitalização dos próprios produtores e estúdios associados.

A saída para tal impasse seria criar alternativas ao sistema de cotas, de preferência dando a produtores e estúdios a possibilidade de receber a maior parte dos lucros obtidos com a venda de ingressos. Algo possível apenas se os produtores fossem também investidores e controlassem a maior parte das etapas de produção, distribuição e exibição. Em uma palavra, a solução para o impasse do sistema de cotas estaria na *verticalização* da atividade.

Não surpreende, por isso, que a notícia da entrada na Atlântida de Luiz Severiano Ribeiro Júnior fosse elogiada por alguns cronistas como um grande acontecimento e a prova maior de que o cinema brasileiro vivia o início de uma nova fase. Manoel Jorge, um dos mais bem informados repórteres cinematográficos daquele momento, publica no jornal *Democracia* um texto revelador, do qual vale a pena transcrever um trecho:

> A maior surpresa do momento é essa adesão mais íntima ao setor industrial cinematográfico, dada pelo sr. Luiz Severiano Ribeiro Júnior. Ele, que se avultara como exibidor. Ele, que tomara o controle da distribuição, que montara seu próprio laboratório e realizava jornais para seus cinemas. Ele, que participava das cotas de vários filmes, vinha agora de subscrever uma grande parcela do capital da Atlântida e tinha à sua disposição um lugar na diretoria. [A novidade] não deixa de ser sensacional. Porque não nos consta que nenhum empreendimento em que aquele senhor se tenha envolvido haja sofrido a desilusão de um fracasso.

Nem sabemos de nenhum negócio cinematográfico que, no justo momento de ser realmente "negócio", não venha a contar com a adesão do referido capitalista[42].

No contexto do cinema carioca da segunda metade dos anos 1940, em que o modelo dominante era caracterizado pela produção associada e pelo sistema de cotas, a perspectiva de verticalização nos setores de produção-distribuição-exibição era percebida como uma bem-vinda exceção à regra e, de certo modo, como uma alternativa ideal aos padrões estabelecidos.

Ironicamente, isso se dá no mesmo momento em que, nos Estados Unidos, as chamadas "oito grandes", isto é, as companhias integradas – Paramount, Fox, Warner, Columbia, Metro-Goldwyn-Mayer, RKO e United Artists – estavam sofrendo um processo antitruste movido pelo Departamento de Justiça norte-americano, processo que as obrigaria a se desfazer das respectivas cadeias de cinema, selando o início do longo declínio do *studio system* e o fortalecimento de diversos produtores independentes. Como no Brasil o modelo predominante não era o verticalizado, e sim a pulverização da produção por cotas, é bastante compreensível que a estratégia de Luiz Severiano Ribeiro Júnior, apesar de caminhar no sentido contrário ao que ocorria em Hollywood, tivesse sido entendida como um passo além no quadro da produção de filmes no país.

AS REGRAS DO JOGO

Embora tenha causado um justificado impacto no meio cinematográfico carioca, a entrada de Luiz Severiano Ribeiro Júnior na Atlântida não foi o único acontecimento importante de 1947. Deve-se acrescentar a isso um fato anterior, a fundação da União Cinematográfica Brasileira S. A., em 28 de julho daquele mesmo ano.

A UCB propunha-se a distribuir, exibir, importar e exportar filmes nacionais e estrangeiros, mas não se limitava ao setor comercial, prevendo também atividades de produção de filmes de curta e longa metragens. O capital social era de Cr$ 400 mil, e Ribeiro Júnior, seu principal sócio, detinha sozinho metade das ações. Dentre os demais acionistas, destacam-se também os irmãos Eurides e Alípio Ramos, proprietários da Cinelândia Filmes, sendo que o segundo ocupava na UCB a função de diretor de produção[43].

A União Cinematográfica Brasileira acabou por neutralizar a concorrência de duas outras distribuidoras até então atuantes no mercado, a já citada DFB e a DN (Distribuição Nacional), fundada por Alberto Byington Jr. e Wallace Downey em 1936 para distribuir os filmes da Sonofilms.

A DFB foi criada em 1934 por Adhemar Gonzaga, Carmen Santos, Armando de Moura Carijó, Jayme Pinheiro, entre outros, e tinha o propósito de comercializar os filmes documentais curtos e cinejornais realizados pelos produtores reunidos na ACPB (Associação Cinematográfica dos Produtores Brasileiros), entidade constituída em 1º de fevereiro de 1932. Vale lembrar que a DFB foi organizada a partir da Distribuição Cinédia, cuja estrutura foi oferecida por Adhemar Gonzaga à ACPB[44].

Após o incêndio na Sonofilms, em 1940, a Distribuição Nacional conseguiu se manter por conta da distribuição de três filmes da Atlântida, *Romance de um mordedor* (José Carlos Burle, 1944), *Não adianta chorar* (Watson Macedo, 1945) e *Vidas solidárias* (Moacyr Fenelon, 1945). Esse acordo de distribuição foi rompido em 1946, e o maior sucesso da produtora, *Este mundo é um pandeiro* (Watson Macedo, 1947), não foi comercializado pela DN, e sim pela própria Atlântida. De 1947 em diante, todas as produções dessa companhia passaram a ser distribuídas pela UCB[45].

Tanto na DFB como na DN, Luiz Severiano Ribeiro Júnior possuía inegável poder de interferência, fosse porque detinha grande parte das ações (caso da DFB, desde 1939), fosse porque mantinha à frente de seus quadros diversos aliados e futuros sócios da UCB (caso de Alípio Ramos, na DN, e de Orêncio Alves Tinoco, Aníbal Pinto de Paiva e José Augusto Rodrigues, na DFB).

O fato é que, em pouco tempo, a UCB concentrou o setor da distribuição no Rio de Janeiro nas mãos do grupo Severiano Ribeiro, assumindo a comercialização de filmes de longa-metragem e cinejornais e eliminando da concorrência as outras duas distribuidoras. A partir de agora, os produtores independentes precisariam lidar com as novas regras impostas pela centralização da UCB.

Nesse contexto, logo após a promulgação do decreto nº 20.493/46, instituindo a obrigatoriedade de exibição de três longas-metragens brasileiros de ficção por ano, realizou-se em São Paulo, de 17 a 22 de junho de 1946, o I Congresso Nacional de Exibidores Cinematográficos, comandado pelo presidente do Sindicato dos Exibidores de São Paulo, Mansueto de Gregório[46].

Entre outras resoluções, o conclave sugeria aos exibidores nacionais que se tornassem acionistas ou cotistas de filmes, bem como recomendava a criação de uma Cooperativa de Fitas dos Exibidores, que se destinaria a produzir e a distribuir filmes. Com isso, reverteriam a obrigatoriedade de exibição em seu próprio favor, pois poderiam participar dos lucros como exibidores, distribuidores e coprodutores.

Em sua coluna no *Diário Trabalhista*, Luiz de Barros cobriu esse congresso, publicando as citadas resoluções no dia 23 de junho, logo após o término do evento[47]. Dois dias depois, escreve, peremptório: “o futuro do nosso cinema está exclusivamente nas mãos dos exibidores”[48].

Ao perceber que o jogo de forças no meio cinematográfico estava mudando e que os exibidores passariam a investir mais na produção, Luiz de Barros também entendeu que o modelo da produção associada entre produtores independentes e estúdios, então em vigor, seria igualmente atingido. Quando os produtores independentes passassem a contar com a sociedade de um exibidor, o estúdio deixaria de ser o elemento determinante em uma produção. Não importava que o filme fosse produzido por este ou aquele financiador privado ou que fosse rodado nos palcos deste ou daquele estúdio. Necessário seria que o filme tivesse desde o início a participação de um exibidor, pois isso significaria entrada imediata no mercado – logo, geraria maior circulação da renda[49].

As reflexões de Luiz de Barros foram logo postas em prática, com a realização de uma série de quatro filmes coproduzidos e distribuídos pela UCB e lançados entre novembro de 1947 e fevereiro de 1949 nos circuitos Palácio e São Luiz, do grupo Severiano Ribeiro. São eles: *O malandro e a granfina* (1947), com argumento de Henrique Pongetti e fotografia de Ruy Santos, comédia melodramática sobre um malandro de morro que, ajudado por uma amante milionária, obtém sucesso como cantor de ópera; *O cavalo 13* (1947), comédia romântica que se passa em um haras e no Jóquei Clube, com música de Guerra Peixe e argumento original de Raymundo Magalhães e Henrique Pongetti; *Pra lá de boa* (1948), comédia musical escrita por Gita de Barros sobre as aventuras de uma viúva do interior que, ao chegar na capital vestida de caipira, logo se transforma em uma moça "pra lá de boa"; e *Eu quero é movimento* (1949), comédia carnavalesca coescrita por Luiz e Gita de Barros, apresentando diversos números musicais com Linda e Dircinha Batista, Jorge Veiga, Pato Preto, Severino Araújo e Orquestra Tabajara, Deo Maia, Garbel e seus Cachorros, Vocalistas Tropicais e Henricão e Sua Escola de Samba.

Realizados com produtores de diferentes origens e experiências (Carmen Santos, Cláudio Luiz Pinto, Araújo Filho, além do próprio Luiz de Barros, em associação com seu filho Victor) e em estúdios mais ou menos bem equipados, como a Brasil Vita Filmes e a Imperial, os quatro filmes contaram com a efetiva coprodução de Luiz Severiano Ribeiro Júnior como exibidor e proprietário de estúdio (Imperial) e de laboratório (Cinegráfica São Luiz). A UCB coroava todo o processo, servindo de garantia aos cotistas, financiando os filmes por meio do sistema de avanço de distribuição e colocando-os no mercado – facilmente, já que as salas exibidoras eram do próprio Ribeiro.

Dessa maneira, Luiz de Barros conseguiu manter um ritmo de produção extraordinário, com até dois longas em cartaz em vários cinemas no Rio de Janeiro. E Ribeiro Júnior mantinha-se em dia com a lei de obrigatoriedade, ganhando com ela como exibidor, coprodutor e distribuidor – na Atlântida e com as produções independentes.

Por outro lado, ao contrário do que frequentemente se afirma, a saída de Moacyr Fenelon da Atlântida, em dezembro de 1947, não significou rompimento entre ele e Luiz Severiano Ribeiro Júnior. Mesmo antes de terminar *Obrigado, doutor*, em abril de 1948, Fenelon já cogitava entregar a distribuição do filme para a UCB, o que, aliás, provocou atritos entre Fenelon e seu sócio Adhemar Gonzaga, este sim avesso à ideia de trabalhar com Ribeiro Júnior. No entanto, em agosto de 1948, Fenelon entrou em entendimentos e o filme foi lançado pela UCB. O mesmo ocorreu com o filme seguinte da Cine-Produções Fenelon/Cinédia, o musical *Poeira de estrelas*[50]. Mas, em maio de 1949, o contrato com a UCB é rompido, logo que se tornam claras algumas irregularidades nos balancetes da distribuidora entregues à Cinédia[51]. A partir daquela data, o próprio Fenelon tenta se encarregar da distribuição dos filmes, chegando mesmo a constituir, com Venceslau Verde Martinez e Antônio Antunes, a Cine-Distribuidora do Brasil Ltda.[52].

O atrito entre Gonzaga e Fenelon por conta da UCB merece ser contextualizado. Em maio de 1948, uma denúncia do exibidor independente Domingos Segreto contra Luiz Severiano Ribeiro Júnior, acusando-o de praticar o truste na exibição, motivou uma série de depoimentos de alguns produtores à CCP (Comissão Central de Preços), que então debatia o tabelamento dos ingressos de cinema e que incorporou a denúncia de Segreto contra Ribeiro Júnior[53]. Adhemar Gonzaga foi um dos produtores que depôs na CCP contra o exibidor. Além disso, os desentendimentos entre Gonzaga e Ribeiro Júnior já vinham de muito antes, pelo menos desde o final dos anos 1930, quando aos poucos o segundo foi se apropriando da DFB.

Ao longo de 1948 e até a primeira metade de 1949, enquanto o contrato com a UCB e a Cine-Produções Fenelon/Cinédia esteve vigente, Fenelon manteve-se afastado das denúncias da CCP sobre o truste da exibição. A maior parte de seus pronunciamentos na imprensa dedicam-se a promover os filmes que estava produzindo. Só após o rompimento do contrato com a UCB é que surgem na imprensa declarações de Fenelon contra Ribeiro Júnior. Fenelon concede uma série de entrevistas nas quais denuncia a existência de um monopólio de exibição, defende a lei de obrigatoriedade para o filme brasileiro e o sistema de cotas como único recurso para a sobrevivência do produtor independente e acusa as irregularidades nas prestações de contas entre exibidores, distribuidores e produtores, que só prejudicam os últimos[54].

O contra-ataque de Luiz Severiano Ribeiro Júnior vem em uma entrevista ao jornal *O Globo*, em agosto de 1949. O alvo não é outro senão o velho conhecido sistema de cotas, praticado pela maior parte dos produtores e estúdios (inclusive a Atlântida), mas associado ao modelo típico da produção independente, da qual Moacyr Fenelon era seu mais notório defensor e representante. Embora longa, vale transcrever a argumentação de Ribeiro Júnior:

Está sendo criada no Brasil uma modalidade de produção de filmes que, por sua esquisita organização, constitui uma verdadeira aberração jurídica. Queremo-nos referir ao sistema muito em voga de se venderem cotas de filmes a serem produzidos. O "produtor", título enfático que é usado e abusado entre nós, organiza, ou melhor, planeja a produção de um filme, dele fazendo um orçamento. Até aí, tudo vai bem; o pior, porém, é que ele, o "produtor", não tem dinheiro para o empreendimento e, se tem (esses casos são raríssimos), não quer arriscar o seu. Então [...], sem um contrato social, sem uma escritura pública e às vezes até sem sede ou mesmo sem domicílio certo, o "produtor" emite cotas que, vendidas por hábeis intermediários, proporcionam o levantamento do capital necessário [...]. Em troca do seu rico dinheiro, os cotistas recebem um papelucho impresso e selado, com todos os aspectos de uma ação nominal de um banco, e ficam sonhando com os lucros enormes que vão ter, como aconteceu com os que participaram do filme *Este mundo é um pandeiro* e outros citados como exemplos pela lábia dos intermediários [...]. Nossas leis comerciais regulam muito bem todas as sociedades. Mas isso que se faz por aí, com as tais cotas, não se enquadra em nenhuma sociedade legal. Assim sendo, o que vem sendo feito é ilegal e merece bem a atenção dos que têm o dever de zelar pelos incautos [...][55].

A essa acusação responde Fenelon, à época presidente da recém-fundada ACB (Associação do Cinema Brasileiro), em carta ao mesmo jornal:

A única interpretação a extrair-se da entrevista, é a de que o referido senhor [Ribeiro Júnior], num corajoso e louvável ímpeto, decidiu-se a uma bela atitude de autoacusação, pois sendo, precisamente, diretor influente em empresa produtora cinematográfica que aplica – como todos sabem – o sistema de produção contra o qual investe de maneira tão violenta [...], só por experiência própria poderia [...] ter chegado às conclusões que expendeu. Por isso mesmo [...] a Associação do Cinema Brasileiro vem, através das colunas d'O *Globo*, convidar o mencionado exibidor-produtor a declarar, nominalmente, quais os outros produtores também enquadrados nos delitos de que a si próprio acusa[56].

Desde então, as desavenças entre Moacyr Fenelon e Luiz Severiano Ribeiro Júnior se tornam explícitas e passam a significar, no meio cinematográfico, uma cisão entre os produtores independentes e o grupo Atlântida-UCB-Severiano Ribeiro.

As consequências do atrito podem não ter sido trágicas, mas geraram ao menos uma comédia: o musical *Não é nada disso* (1950), produção de encomenda ditada por Ribeiro Júnior e dirigida a toque de caixa por José Carlos Burle, cuja sinopse, mandada publicar pela Atlântida nos jornais cariocas, é no mínimo inspiradora:

> *Não é nada disso* procura mostrar ao espectador o que acontece dentro de um estúdio cinematográfico, na fase que antecede a produção de um filme. Catalano encarna a principal personagem da história, na composição de um tipo de personalidade complexa e contraditória. É o homem que, saído da prisão, pensa em fazer cinema. Como, se não tem dinheiro? Imaginar um plano, arranjar um companheiro e procurar depois um capitalista com disposição para financiar, somente isso era o bastante. Mas cinema "Não é nada disso" e o filme prova[57].

A HORA E VEZ DA FLAMA – PRODUTORA CINEMATOGRÁFICA LTDA.

O ano de 1950, decisivo na mudança dos rumos políticos do país com o retorno de Getúlio Vargas à presidência pelo voto popular, será também o momento de intensas negociações entre o meio cinematográfico e o Estado, visando o aumento da cota de obrigatoriedade de exibição do filme brasileiro de longa-metragem, naquele momento fixada em três filmes anuais. Mediante a ACB (Associação do Cinema Brasileiro), fundada no Rio de Janeiro em 16 de junho de 1949, cineastas como Moacyr Fenelon, Luiz de Barros e Adhemar Gonzaga participaram ativamente dessas negociações. A campanha contou com o apoio fundamental de dois órgãos de comunicação: o jornal *O Mundo* e a rádio Emissora Continental, ambas de propriedade de Rubens Berardo Carneiro da Cunha.

Filho de Oscar e de Gasparina Loureiro Berardo Carneiro da Cunha, Rubens Berardo nasceu em 7 de julho de 1914, no seio de uma tradicional família de usineiros em Pernambuco. Em 1941, ainda no Recife, ingressou na Rede Nacional de Rádio Amadores. A mudança para o Rio de Janeiro orientou os interesses para o campo das comunicações, embora, entre os anos 1944-1953, também participasse como sócio de outros empreendimentos ligados aos ramos financeiro, industrial, comercial e hoteleiro[58].

Com os irmãos Carlos e Murilo Berardo Carneiro da Cunha, Rubens adquiriu a Rádio Clube Fluminense, com sede em Niterói, e fundou em 1948 a Rádio

Emissora Continental do Rio de Janeiro[59], inaugurando com ela o que viria a se tornar a ORB (Organização Rubens Berardo), oficialmente constituída em 24 de maio de 1952[60].

Com capital social de Cr$ 1 milhão, a Organização Rubens Berardo, Serviços Técnicos Publicitários, Comerciais, Industriais e Artísticos S. A. tinha por objetivos:

> a) Fazer a locação de serviços profissionais ou artísticos necessários ao funcionamento de estações de radiodifusão e televisão, jornais, revistas e empresas comerciais e industriais em geral; b) Coordenar atividades de empresas de produção cinematográfica, industriais e comerciais; c) produzir e vender planos de propaganda comercial, industrial, política ou de qualquer outra natureza[61].

A menção aos "planos de propaganda política" merece destaque, pois Rubens Berardo vai se utilizar deles elegendo-se deputado federal pelo Partido Trabalhista Brasileiro em outubro de 1954 e, quatro anos depois, chega à vice-liderança do PTB na Câmara. A historiadora Maria Celina D'Araújo chega a citá-lo como um dos "parlamentares notáveis do partido", ao lado de Sérgio Magalhães e Eloy Dutra, na virada dos anos 1950-1960[62].

Também com os irmãos Carlos e Murilo, Rubens Berardo fundou, em 12 de dezembro de 1957 no Rio de Janeiro, a Emissora de Televisão Continental S. A. (Canal 9), com capital social de Cr$ 20 milhões. Berardo era seu acionista majoritário, com Cr$ 9,5 milhões. O contrato de concessão, com validade de dez anos, foi assinado em 13 de setembro de 1959, pelo genro de Getúlio Vargas, o contra-almirante Ernani do Amaral Peixoto, então ministro de Viação e Obras Públicas[63].

Nas eleições de outubro de 1962, Rubens Berardo foi novamente eleito deputado federal pelo PTB. Em meio à crise política instaurada pelo golpe militar de 1964, elegeu-se vice-governador do estado da Guanabara, em 1965, pela coligação PTB-PSD liderada por Negrão de Lima. Mais tarde, sob o regime do bipartidarismo, filiou-se ao MDB (Movimento Democrático Brasileiro). Em novembro de 1970, voltou a se eleger deputado federal pelo MDB, ocupando o cargo até 7 de fevereiro de 1973, quando, em circunstâncias até hoje não esclarecidas, foi assassinado em sua residência.

Há que se mencionar a proximidade entre Berardo e o então ex-presidente e senador pelo Rio Grande do Sul Getúlio Vargas. Durante a segunda era Vargas (1951-1954), o apoio de Rubens Berardo ao presidente se manteve por meio da Emissora Continental, da Rádio Cruzeiro do Sul e das páginas dos jornais *O Mundo* e *Diário Popular*. O apoio a Vargas foi fundamental para que Berardo conseguisse a aprovação do decreto nº 30.179, de 19 de novembro de 1951[64], que estabelecia a exibição obrigatória nos cinemas lançadores de um filme brasileiro de longa-metragem a cada oito produções estrangeiras, a chamada Lei dos 8 × 1, sobre a qual voltaremos a falar adiante.

O cronista Manoel Jorge, que, além de publicista da Cine-Produções Fenelon, também era repórter do jornal *O Mundo* e da Rádio Emissora Continental, empresas pertencentes, como vimos, à Organização Rubens Berardo, foi um nome decisivo na aproximação entre Berardo e Moacyr Fenelon, à época presidente da ACB (Associação do Cinema Brasileiro).

A entrada de Berardo no meio cinematográfico era muito vantajosa para os produtores reunidos em torno da ACB. Pela primeira vez um jovem empresário do ramo de comunicações (em 1949, Rubens Berardo contava 35 anos de idade) interessava-se pelo cinema de forma efetiva e planejada, constituindo uma rede de relações políticas bastante promissora. Tendo Rubens Berardo como aliado, a Associação do Cinema Brasileiro passaria a contar com pelo menos um jornal e uma estação de rádio como armas efetivas na interlocução com o Estado e na pressão pela ampliação da cota de obrigatoriedade de exibição. A garantia do cumprimento dessa lei era condição fundamental para que Berardo desse um passo mais seguro rumo ao investimento na produção.

Em janeiro de 1950, fora da Cinédia, Moacyr Fenelon teve de repensar seu plano de trabalho. Já contava com duas produções encaminhadas, a primeira delas em filmagem e a segunda em preparação: *A inconveniência de ser esposa* (Samuel Markenson, 1950), coprodução entre a Cine-Produções Fenelon e a Cooperativa Cinematográfica Brasileira, e o policial *O dominó negro* (1950), a ser dirigido pelo próprio Fenelon. Em fins de fevereiro, prestes a iniciar *O dominó negro*, Fenelon começou a negociar com os irmãos Carlos e Rubens Berardo a incorporação do acervo de sua Cine-Produções Fenelon a uma nova empresa a ser constituída em sociedade por cotas, a Flama Produtora Cinematográfica Ltda.[65].

A primeira produção da Flama começou a ser rodada no dia 1º de março de 1950, dentro dos estúdios Primavera, dois armazéns transformados em palcos de filmagem, situados na rua Inabu, bairro do Jacarezinho, subúrbio do Rio[66]. *O dominó negro* se passa no Carnaval e tem como personagens principais dois amigos jornalistas, o repórter Fernando (Milton Carneiro) e o fotógrafo Miguel (Paulo Porto), que investigam a morte de Florenço Alves, um empresário envolvido com o tráfico internacional de maconha. As suspeitas recaem sobre um misterioso folião foragido, fantasiado de "Dominó Negro", que tanto poderia ser um homem como uma mulher.

Enquanto Fenelon rodava a primeira produção da nova empresa, Rubens e Carlos Berardo providenciavam a compra de parte dos equipamentos que o engenheiro de som norte-americano Howard Randall trouxe ao Brasil em 1947, no intuito de construir um estúdio de ponta, a Columbia Pictures do Brasil, projeto que não foi adiante[67].

Resolvido o problema dos equipamentos, restava encontrar uma sede apropriada para a nova produtora. Isso foi solucionado com a entrada em cena de um outro personagem importante para as origens da Flama: o produtor Jayme Pinheiro, um dos fundadores da ACPB e da DFB, além de dono da Pan Filme do Brasil, antiga produtora de cinejornais[68]. Rubens Berardo arrendou da Pan Filme o terreno da rua das Laranjeiras, 291. Em junho de 1950, o terreno já estava em obras, e Berardo empatava boa parte de seu capital na reforma do prédio e na construção de novas instalações[69].

A inauguração oficial dos novos estúdios da Flama se deu nove meses depois, na noite de uma terça-feira, 20 de março de 1951, com a presença de vários jornalistas, dezenas de convidados do meio cinematográfico e de algumas autoridades, entre as quais estava o oficial do gabinete do presidente Getúlio Vargas, Geraldo Mascarenhas. No estúdio principal, discursos, entrevistas e a filmagem de uma cena de *Milagre de amor* (Moacyr Fenelon, 1951). Coberta pelas rádios Emissora Continental e Cruzeiro do Sul, a festa se completou com um coquetel, transcorrido "num excepcional clima de fraternidade e alegria, entre o espoucar constante dos *flashes* fotográficos"[70].

Mais do que inaugurar novos palcos de filmagem, a cerimônia acima descrita teve como principal objetivo marcar uma nova fase para a Flama, que incluiria a elevação do padrão de qualidade dos filmes realizados e a ambição de alcançar a maior parcela possível do mercado de exibição.

É interessante observar que a própria Flama procurou estabelecer, em textos institucionais sobre a trajetória da empresa, duas fases distintas[71]. A primeira delas compreende "o período experimental", com a realização de três filmes: *O dominó negro*, *O falso detetive* (Cajado Filho, 1951) e *Milagre de amor*; os dois primeiros rodados no estúdio Primavera, e o terceiro, já nos novos estúdios da rua das Laranjeiras. Após o "período experimental" e a partir do musical carnavalesco *Tudo azul* (Moacyr Fenelon, 1952), uma nova fase marcada pelo aumento da qualidade técnica e artística teria início, compreendendo as comédias dramáticas *Com o diabo no corpo* (Mário Del Rio, 1952) e *Agulha no palheiro* (Alex Viany, 1952).

Se *O falso detetive* dialoga, em chave paródica, com o gênero do filme anterior *O dominó negro*, Moacyr Fenelon retorna ao melodrama radiofônico em *Milagre de amor*, dessa vez adaptando uma novela escrita por Hélio do Soveral sobre um triângulo amoroso ambientado na ilha de Paquetá, com Paulo Porto, Fada Santoro e Rosângela Maldonado nos papéis principais.

Apresentando números musicais com Marlene, Jorge Goulart, Carmélia Alves, Black-Out, Linda Batista, entre outros, *Tudo azul* foi, sem dúvida, o maior sucesso de público da produtora. A história de Ananias (Luiz Delfino), um escriturário e compositor inédito que tenta suicídio e vai parar em uma outra dimensão, onde tudo é sucesso e felicidade, articula dois planos dramáticos, um ligado à realidade e o outro, ao sonho. Tal divisão não deixava de remeter à própria tensão entre um cinema de preocupações sociais e o compromisso com o mercado de entretenimento, já observada na obra de Fenelon.

Além da bem cuidada produção e das ótimas interpretações de Luiz Delfino, Laura Suarez, Marlene e Milton Carneiro, o filme conta com argumento de Henrique Pongetti e Alinor Azevedo. Alinor era outro nome fundamental para o cinema carioca dos anos 1940-1950. Amigo de longa data de Moacyr Fenelon, escreveu o longa-metragem de estreia da Atlântida, *Moleque Tião*, e foi o roteirista de *Também somos irmãos* (José Carlos Burle, 1949), o primeiro filme a tratar do preconceito racial no Brasil[72].

Luiz Delfino foi também o ator escolhido para o papel central de "O homem dos espartilhos", argumento original de Alinor Azevedo logo transformado em *Com o diabo no corpo* – referência direta a *Le diable au corps*, filme que no Brasil recebeu o nome de *Adúltera* (Claude Autant-Lara, 1947). João da Silva Silvares (Luiz Delfino) é um tímido gerente de uma loja de *lingeries* intitulada La Rève, que só parece se sentir à vontade quando está diante da manequim que ele veste toda manhã, na vitrine parcialmente resguardada pela cortina. Quando Silvares se apaixona por Sônia (Patrícia Lacerda), bela e temperamental corista do teatro de revista, a comédia se transforma em melodrama, com direito à tentativa de suicídio – verdadeira fixação da Flama – por parte da vedete[73].

Se *Tudo azul* foi o filme de maior sucesso, *Agulha no palheiro* é a produção de maior prestígio artístico realizada pela Flama. Basta mencionar o fato de que dela se ocuparam críticos eruditos como Francisco Luiz de Almeida Salles e Walter da Silveira, que bem pouca atenção prestavam aos filmes saídos dos estúdios das Laranjeiras, mas tiveram o maior interesse em assistir à bem-sucedida estreia na direção do então renomado crítico Alex Viany[74].

Entre as atrações de *Agulha no palheiro*, a excepcional atuação de Doris Monteiro, espontânea e muito à vontade no papel de Elisa, é seguida de perto pela *performance* de Jackson de Souza como Baiano, o motorista de lotação. A intenção de Viany, segundo depoimento deixado pelo próprio cineasta, era "fazer uma comédia carioca em chave neorrealista", mas o resultado teria se aproximado bem mais de um "melodrama sentimental"[75].

Essa avaliação se prende às concepções particulares do realizador. Mas é necessário entender *Agulha no palheiro* também como consequência do projeto empresarial da Flama. As frases publicitárias elaboradas para anúncios e divulgação na imprensa são reveladoras dessa tensão entre as convicções artísticas de Viany e os compromissos comerciais dos produtores: "Uma comédia realista!", "Números musicais! História simples e humana!", "Simples, humana, quase triste... Mas sempre alegre!"[76].

O sucesso dessa nova fase da Flama se devia também a profissionais e técnicos como o diretor de produção Mário Del Rio, os cenógrafos Victor Pablo Olivo e Alcebíades Monteiro Filho, o fotógrafo Mario Pagés, o montador Rafael Justo Valverde, o roteirista Alinor Azevedo e, nas equipes de assistência de direção e de fotografia, Nelson Pereira dos Santos e Hélio Silva (ambos em *Agulha no palheiro*).

Deve-se mencionar ainda a parceria com a CIC (Companhia Industrial Cinematográfica), em atividade desde 1949 sob a direção de dois engenheiros de som franceses, Mathieu Adolphe Bonfanti e Paul Alphonse Duvergé. A CIC oferecia serviços de montagem, edição de som, dublagem, gravação de trilha musical e mixagem com mesa de seis canais[77]. Duvergé foi também o responsável por implantar no Brasil o sistema de som DEB (Duvergé-Émon-Bonfanti), que possibilitava filmar em locações exteriores com maior qualidade e controle. Consistia em um gravador de densidade variável com um galvanômetro acoplado, "portátil", mas ainda assim instalado em um caminhão, com uma equipe de três técnicos[78].

Depois de *Agulha no palheiro*, o ritmo de produção da Flama desacelera: em outubro de 1953, começam as filmagens do sexto filme da produtora, *Carnaval em Caxias* (Paulo Vanderley, 1953), comédia carnavalesca que satirizava o então deputado Tenório Cavalcanti (José Lewgoy). A produção executiva foi de Jorge Ileli e Murilo Berardo, e a equipe de roteiristas incluía Ileli, Leon Eliachar, Alex Viany e Paulo Vanderley.

O filme marca o começo do declínio da Flama, processo que está ligado a pelo menos dois fatores. O primeiro deles é o total desinteresse de Rubens Berardo em continuar a gerir os negócios da produtora. Na prática, desde 1952 era seu irmão Murilo quem vinha assumindo as funções de produtor executivo; em 1953-1954, as preocupações de Rubens estarão direcionadas à política. O segundo fator que determinou a decadência da Flama foi o falecimento de Moacyr Fenelon, em 1953. Fenelon vinha lutando há cerca de dois anos contra uma doença que lhe afetava o coração e que só uma cirurgia – cara e de risco – poderia reverter[79]. Fenelon conseguiu se submeter à operação, mas não resistiu, falecendo no dia 14 de agosto no Hospital Samaritano, no Rio de Janeiro[80].

Sem Fenelon, a Flama manteve-se como estúdio de aluguel, ressurgindo com maior destaque em filmes como *O primo do cangaceiro* (Mario Brasini, 1955) ou *Tem boi na linha* (Aluísio T. Carvalho, 1957). O período entre 1955 e 1959 marca ao mesmo tempo o lento processo de fechamento da Flama e a instalação da TV Continental, que passa a funcionar em setembro de 1959 no mesmo endereço da rua das Laranjeiras, 291, pondo fim à trajetória do antigo estúdio cinematográfico.

A UNIDA FILMES S. A. E O CIRCUITO INDEPENDENTE CARIOCA

Um mês após o encerramento do já comentado I Congresso Nacional dos Exibidores Cinematográficos, em que se recomendava a criação de uma Cooperativa de Fitas dos Exibidores para a produção e distribuição de filmes, foi constituída no Rio de Janeiro, em assembleia realizada no dia 20 de julho de 1946, a distribuidora Unida Filmes S. A.

Com capital de Cr$ 400 mil, a Unida tinha como acionistas os exibidores Domingos Vassalo Caruso, Francisco Cupello, Gabriel Martins Villela, Girolamo Cilento, Jaime de Campos Freixo, entre outros. O objetivo da sociedade era a "exploração do comércio de distribuição, no Brasil, de películas cinematográficas nacionais e estrangeiras de qualquer origem e qualidade", bem como a produção e a exibição de filmes[81].

A Unida Filmes surge como medida cautelar tomada pelos exibidores, temerosos com o decreto nº 20.493, de 1946, que, como se sabe, obrigava a exibição de três filmes de longa-metragem brasileiros por ano com preço mínimo da locação em 50%. Vitimada pelo desinteresse de seus próprios associados, a distribuidora acumulou, entre 1947 e 1951, sucessivos prejuízos, vegetando no mercado. A "carta na manga" se mostrara enfim desnecessária, uma vez que as leis de proteção ao filme brasileiro em vigor nunca chegaram de fato a ameaçar os interesses e os negócios do mercado exibidor. A ínfima cota de três filmes anuais era sempre burlada pelos exibidores, que tinham por hábito reter de 60% a 70% da renda, desprezando por completo o estabelecido por lei.

Em 16 de maio de 1950, por pressão dos produtores reunidos na Associação do Cinema Brasileiro, o governo baixou uma portaria aumentando a obrigatoriedade de três para seis longas brasileiros anuais (dois filmes por quadrimestre). No ano seguinte, com a entrada em cena de Rubens Berardo, Getúlio Vargas assinou em 19 de novembro de 1951 o decreto nº 30.179, a já citada Lei do 8 × 1, que estabelecia a proporção de um filme brasileiro para cada oito estrangeiros exibidos.

O dado mais interessante desse último decreto é que ele não interferia apenas nos cinemas lançadores – aqueles que exibiam um filme estrangeiro por semana –, mas atingia sobretudo os circuitos de segunda e de terceira linhas, que exibiam vários filmes estrangeiros por semana ou por dia. Essas salas (o grosso do mercado exibidor brasileiro, em termos nacionais) é que se sentiram prejudicadas pela lei. Como a base de sua programação eram os chamados "programas duplos" ou a exibição de vários filmes por semana, tais salas seriam em tese obrigadas a passar uma quantidade muito maior de filmes brasileiros.

A reação dos exibidores foi imediata, e não tardaram a surgir na imprensa os protestos encabeçados pelos presidentes dos Sindicatos de São Paulo, do Rio de Janeiro e do Rio Grande do Sul, respectivamente Mansueto de Gregório, Nelson

Cavalcanti Caruso e Francisco Cupello. Esses três nomes, ao lado das poderosas cadeias de Luiz Severiano Ribeiro Júnior e de Francisco Serrador, representavam, por meio de seus sindicatos, a maioria esmagadora dos exibidores nacionais – naquele momento, autointitulados "independentes".

Após quase cinco meses de tensão entre produtores e exibidores, incluindo mandados de segurança dos últimos contra a obrigatoriedade de exibição, visitas articuladas ao Palácio do Catete, entrega de memoriais e mútuos xingamentos por meio da imprensa entre as partes litigantes, os exibidores conseguiram a assinatura de um outro decreto (nº 30.700, em abril de 1952[82]), modificando a Lei dos 8 × 1 e instituindo, em vez de um filme brasileiro por oito estrangeiros, a nova proporção de um filme brasileiro por oito *programas* de filmes estrangeiros. Para se ter uma ideia do que isso significava, um programa poderia incluir de um a dez títulos estrangeiros por dia.

Além de contemplar os exibidores, essa alteração fez ressurgir no cenário, com força total, uma antiga distribuidora até então apagada no mercado: a Unida Filmes S. A. Como se deu esse processo?

A batalha entre produtores e exibidores só chegou a termo por conta de um acordo de bastidores: de um lado, capitaneados por Rubens Berardo, principal articulador da Lei dos 8 × 1, os produtores aceitaram mudar o critério de proporcionalidade, de um filme brasileiro por oito *programas*, em vez de oito *filmes* estrangeiros. Em troca, os exibidores resgatariam da sombra a velha Unida Filmes e a transformariam em uma distribuidora atuante, voltada para os filmes brasileiros independentes, quer dizer, aqueles produzidos, distribuídos e exibidos sem a participação, em nenhum dos três setores, do grupo de Luiz Severiano Ribeiro. De propriedade dos exibidores, a Unida Filmes contaria com as salas independentes de seus associados, completando o circuito de produção-distribuição-exibição[83].

Por isso, não admira que, ao ressurgir no noticiário cinematográfico em fevereiro de 1952, a Unida Filmes sob a direção dos jovens exibidores Nelson Caruso e Carlos Flack, tenha sido divulgada como uma "nova" distribuidora no setor[84]. De fato, Caruso e Flack buscaram imprimir um ritmo dinâmico à empresa, que passa a trabalhar de forma articulada com os setores da produção e da exibição.

O acordo de 1952 era duplamente vantajoso: para produtores como Moacyr Fenelon e Rubens Berardo, porque poderiam exibir seus filmes fora do circuito de Severiano Ribeiro (e foi o que, de fato, ocorreu com as produções da Flama *Tudo azul*, *Com o diabo no corpo* e *Agulha no palheiro*); para os exibidores, porque participariam dos lucros dos filmes por eles distribuídos e exibidos. A combinação Flama-Unida Filmes-Vital Ramos de Castro, por exemplo, permitiu que *Tudo azul*, o maior sucesso comercial da produtora de Berardo e Fenelon, fosse lançado em vinte cinemas no Rio e ficasse duas semanas em cartaz somente no Plaza[85].

Entre 1952-1954, a Unida distribuiu filmes de diversas produtoras – Flama, Produções Watson Macedo, Brasil Vita Filmes, Cinematográfica Mauá, Castelo Filmes, Sacra Filmes, Cinedistri etc. –, lançados nos cinemas de Vital Ramos de Castro (circuito Plaza) e Casa Marc Ferrez (circuito Pathé-Palace), no Rio de Janeiro, além do circuito Serrador, em São Paulo. A Unida também entrou na produção de filmes, financiando *Rua sem sol* (Alex Viany, 1953), coprodução da Brasil Vita Filmes e da Cinedistri lançada no circuito Pathé-Palace. Mas, apesar do cenário promissor para os produtores, esse circuito independente sofreria um considerável revés na segunda metade dos anos 1950.

Em 1954, Nelson Caruso e Carlos Flack saem da diretoria da Unida para se dedicar à exibição, e a distribuidora passa a ser administrada pelo italiano Mario Falaschi, em atividade no Brasil desde 1928 como distribuidor de filmes. Falaschi é outra figura-chave no cinema independente carioca dos anos 1940-1950: além de ter sido o responsável pelo departamento de distribuição da Atlântida, comercializando *Este mundo é um pandeiro*, trabalhou na UCB de 1947 a 1950 e integrou o conselho consultivo da Associação do Cinema Brasileiro, agremiação dos produtores independentes[86].

Nelson Caruso e Carlos Flack estabelecem, à frente da Cinemas Unidos S. A., uma rede de associações que, segundo Alice Gonzaga, renovou o circuito de cinemas independentes no Rio de Janeiro[87]. Os objetivos desse circuito ficaram claros em junho de 1955, quando seus integrantes fecharam um acordo com a Warner Bros. para a exibição de filmes em Cinemascope, fato que foi anotado em *Cine-Repórter* como o "grande acontecimento no mundo da cinematografia carioca"[88]. No final daquele mesmo ano, um outro acordo, desta vez com a Allied Artists, que também fornecia filmes em processo anamórfico, tornou mais forte o circuito independente liderado por Caruso e pela Azteca Cinematográfica[89].

A partir de 1954, os cinemas Caruso, Pax, Azteca, Imperator, Coliseu e São Pedro, pertencentes ao novo circuito independente exibidor carioca, passaram a integrar o circuito lançador, o que lhes permitia trabalhar com preços de ingressos mais altos[90] e os capacitava a concorrer com Luiz Severiano Ribeiro Júnior. A prova maior da força disso é que, ao fechar o acordo com as empresas Cinemas Unidos e Azteca, em 1955, a Warner Bros. rompia uma relação comercial de vinte anos com o grupo L. S. Ribeiro[91].

Para um cineasta como Watson Macedo, essa alteração no mercado de exibição acabou sendo momentaneamente vantajosa, por conta da entrada em cena dessa nova cadeia de cinemas. À frente da Unida Filmes, Mario Falaschi lançou *O petróleo é nosso* (Watson Macedo, 1954), *Carnaval em Marte* (Watson Macedo, 1955) e *Sinfonia carioca* (Watson Macedo, 1955), três dos maiores sucessos de bilheteria da distribuidora e da Produções Watson Macedo, alcançando os habituais circuitos Pathé, Presidente e São José, além dos novos Caruso, Imperator, Pax, Coliseu e São Pedro.

Apesar do grande sucesso de público, a fórmula de Watson Macedo sobreviveu enquanto o gênero carnavalesco se manteve interessante (até o início dos anos 1960), sendo aos poucos rejeitado pelo novo tipo de espectador que, já por volta de 1954-1955, refletia as alterações do comércio exibidor e começava a mudar o perfil social e econômico do público consumidor de filmes, ditando novos padrões culturais.

Mesmo tendo seus filmes exibidos em um circuito independente ampliado e renovado, a situação da Produções Watson Macedo e da própria Unida Filmes continuava a mesma a que o cinema brasileiro sempre esteve atrelado. O incremento das salas independentes não foi senão ocasionalmente revertido para a produção e a distribuição de filmes brasileiros, atendendo de forma prioritária à demanda das companhias hollywoodianas, como a Warner e a Allied Artists.

OS INDEPENDENTES E O ESTADO

As medidas de proteção ao longa-metragem brasileiro de ficção sancionadas nos anos 1950-1952 resultaram, como vimos, da articulação de produtores cariocas junto ao Estado. Elas se enquadram, portanto, na continuidade de uma prática política que remete aos anos 1930 (primeira era Vargas), quando tem início um diálogo mais efetivo entre os cineastas e o poder público[92].

O cinema independente carioca dos anos 1940-1950 é herdeiro dessa prática, marcada pelo paternalismo e identificada à própria tradição do trabalhismo getulista, que nos anos 1950 ressurge sob o signo do nacionalismo desenvolvimentista, em um contexto internacional polarizado pela Guerra Fria[93].

O alinhamento ao getulismo por parte de produtores e cronistas cariocas ligados à Associação do Cinema Brasileiro, ao Sindicato das Empresas Cinematográficas do Rio de Janeiro e à Associação Brasileira dos Cronistas Cinematográficos não deve ser tomado apenas em seu caráter conjuntural ou pragmático. Havia mesmo o entendimento de que o diálogo com Vargas, o "*amigo número um* do cinema e do teatro brasileiro", era benéfico à "grande família cinematográfica"[94].

Isso se verifica em reportagens, crônicas, artigos e também em pronunciamentos publicados na imprensa e atribuídos aos próprios cineastas. Sobre o decreto nº 30.179/51 (a Lei dos 8 × 1), dirá Luiz de Barros que "o sr. presidente Getúlio Vargas não hesitou em atender ao pedido que lhe fizeram todos aqueles que produzem e trabalham pelo cinema brasileiro"[95]. E Moacyr Fenelon complementa: "Quando fomos pedir que o sr. Getúlio Vargas não nos desamparasse, estávamos certos de seu apoio. O presidente não faltou aos homens do cinema, por isso mesmo os trabalhadores do cinema não o decepcionarão"[96].

Declarações como essas apontam para a incorporação de determinados pressupostos ideológicos do trabalhismo ao discurso de nomes representativos do cinema independente carioca dos anos 1940-1950. Mais ainda, elas dão respaldo a uma rede de associações entre a imprensa de orientação trabalhista-getulista e as agremiações de produtores, técnicos e cronistas cinematográficos cariocas, com o objetivo de conseguir a outorga das leis de proteção ao filme brasileiro. A contrapartida era o apoio político da classe ao presidente Vargas, em um momento de ferrenha campanha contrária ao getulismo, não apenas na grande imprensa conservadora dita "liberal" como também por parte dos comunistas, estes bastante articulados em termos culturais, apesar da ilegalidade imposta ao PCB[97].

Os problemas do cinema brasileiro eram pauta de interesse em diversos periódicos afinados ao trabalhismo: *Democracia* (jornal pertencente ao PTB[98]), *Diretrizes*, *O Mundo*, *Diário Popular*, *Diário Trabalhista*, *Folha Carioca*, *Folha do Rio*, *A Tribuna* e o mais duradouro e influente deles, o jornal *Última Hora*, dirigido por Samuel Wainer. Encontraremos Manoel Jorge como cronista cinematográfico de pelo menos quatro desses jornais: *Democracia*, *Diretrizes*, *O Mundo* e *Diário Popular*, os dois últimos dos quais, como se sabe, pertenciam a Rubens Berardo.

É, portanto, de especial interesse examinar a maneira como correntes em disputa vão dialogar com a figura de um dos personagens centrais daquele período, Moacyr Fenelon. Em veículos de orientação comunista, como *Panfleto* e *Imprensa Popular*, por exemplo, Fenelon surge como um cineasta afim às diretrizes do partido. Entrevistado pelo jornal *Imprensa Popular*, Fenelon destaca, dos filmes que realizou, *Vidas solidárias* como aquele que mais o agrada e *Obrigado, doutor* como o mais "comercial". O repórter endossa as escolhas, chamando a atenção do leitor para o fato de que *Vidas solidárias* abordava um "tema interessante", qual seja, "o da socialização da medicina". E *Obrigado, doutor*, além da franca aceitação de público, possuía no elenco "o querido artista popular Modesto de Souza", cuja proximidade ao comunismo era conhecida no meio cinematográfico, embora a matéria não faça alarde desse fato[99].

Já na imprensa trabalhista, a maior parte das reportagens e entrevistas com Moacyr Fenelon, quando não serviam ao propósito de engrossar o apelo ao governo para o cumprimento das leis de obrigatoriedade, apresentavam um cunho publicitário, divulgando os filmes em realização ou prestes a serem lançados, sem maiores aprofundamentos quanto à temática: "Outra coisa a se destacar na produção de Moacyr Fenelon", promove a *Folha do Rio*, "são as histórias. Os filmes mais simples encerram temas sugestivos, boas ideias, ótimos roteiros cinematográficos. Agora mesmo está sendo rodada a comédia *O falso detetive*, com Colé no principal papel masculino". Sobre *O dominó negro*, Fenelon assegura: "Tem o principal para ser aceito pelo grande público: movimento"[100].

Se para os comunistas Moacyr Fenelon deveria ser elogiado por ser também um cineasta preocupado com questões sociais, para Manoel Jorge, Joaquim Menezes,

Clóvis de Castro Ramon, Roberto Ruiz e outros, o diretor de *Obrigado, doutor* encarnava, antes de tudo, a figura típica do produtor-trabalhador, em muitos aspectos diversa do produtor-financiador (como o era Rubens Berardo, por exemplo, ou os industriais paulistas). Joaquim Menezes assim se refere à carreira de Fenelon: "Era Moacyr, dentro da Atlântida, aquilo que o vulgo convencionou chamar de "pau para toda obra" – autêntico homem dos sete instrumentos. [...] E, deixando-a, fez-se produtor-diretor independente, fundando sua própria empresa: Cine-Produções Fenelon"[101].

A produção independente é entendida menos como *arte* e mais como *trabalho*, símbolo que confere dignidade e honradez e está ligado às noções de "mobilidade e ascensão social, tanto em termos econômicos, quanto políticos"[102]. Não era indiferente ao meio cinematográfico o fato de que Moacyr Fenelon havia surgido no cinema como técnico de som, passando por diversas funções até chegar à direção e à produção. Chega notadamente a assumir a presidência do Sindicato das Empresas Cinematográficas do Rio de Janeiro em 30 de maio de 1952, concorrendo pela chapa B, "do grupo independente", e tendo como adversária a chapa A, do "grupo Severiano Ribeiro"[103].

A construção da imagem de Fenelon como um líder trabalhador de classe, operada pelos cronistas cinematográficos da imprensa trabalhista e assumida pelo próprio cineasta, segue pareada com a promoção de Rubens Berardo como líder político-empresarial. No panegírico "Levando a sério o cinema no Brasil", a personalidade de Rubens Berardo é descrita como possuidora de uma "encantadora simplicidade" e de um "espírito democrático sem rebuscamentos nem formalismos". É digno de elogio o fato de que Rubens Berardo ouve sem discriminar "o mais modesto de seus operários do estúdio ou o mais abastado dos exibidores com que venha a entrar em negociações comerciais para a colocação dos filmes que produz"[104]. É esse caráter democrático, aliado à habilidade conciliatória, que faz de Berardo o "líder da grande classe dos homens do cinema brasileiro"[105].

Por outro lado, o engajamento nas associações e sindicatos, fundamental para a representação simbólica da "coletividade" na negociação entre os produtores e o Estado, servia à noção de corporativismo como "instrumento político de representação de interesses", em convivência direta com "outras formas de representação próprias aos regimes liberais, como os partidos políticos"[106]. Entende-se assim a sociedade estratégica entre um produtor ligado ao sindicalismo, Moacyr Fenelon, e o empresário e político Rubens Berardo, este efetivamente filiado ao PTB (Partido Trabalhista Brasileiro).

A atuação dos independentes cariocas teve resultados concretos, mas não consolidou um projeto político suficientemente orgânico e duradouro. A partir de 1953-1954, paralelamente às transformações ocorridas no setor da exibição, os elos vão se dissolvendo: Adhemar Gonzaga encerra provisoriamente as atividades da Cinédia em 1950 e se muda para São Paulo dois anos depois[107]; Moacyr Fenelon falece em 1953; Rubens Berardo abandona o cinema e elege-se deputado estadual pelo PTB em 1954; Luiz de Barros permanece ativo na profissão, mas politicamente desarticulado; Manoel Jorge aos poucos afasta-se do campo de batalha para dedicar-se ao funcionarismo público; entidades atuantes como a Associação do Cinema Brasileiro, a Cooperativa Cinematográfica Brasileira, o Sindicato das Empresas Cinematográficas do Rio de Janeiro e a Associação Brasileira dos Cronistas Cinematográficos tornam-se inexpressivas agremiações sem maior influência política. Tudo isso ao lado dos traumáticos acontecimentos precipitados pelo suicídio de Getúlio Vargas e, mais tarde, pela transferência do centro de decisões do Poder Executivo da antiga capital federal para Brasília.

Aos poucos, a política cinematográfica vai sendo transferida do Rio de Janeiro para São Paulo. Críticos e produtores paulistas, que Arthur Autran associa a uma corrente "claramente sintonizada com o desenvolvimentismo"[108], passam a exercer maior influência sobre os novos rumos das relações entre o cinema e o Estado – na Apicesp (Associação Profissional da Indústria Cinematográfica), nas Comissões Municipal, Estadual e Federal de Cinema e nas lideranças do Geic (Grupo de Estudos da Indústria Cinematográfica), em 1958, e do Geicine (Grupo Executivo da Indústria Cinematográfica), em 1961, órgãos respectivamente criados pelos governos de Juscelino Kubitschek e Jânio Quadros.

Do ponto de vista da produção, a segunda metade da década de 1950 traz uma série de transformações tanto para as concepções industrialistas, representadas pelos estúdios Vera Cruz, Maristela e Multifilmes, como para a produção independente. O dado principal desse novo período que se abre é a introdução do financiamento oficial para a produção de filmes.

A chamada Lei do Adicional de Renda, implementada no âmbito municipal paulistano em 1955, e a Carteira de Cinema do Banco do Estado de São Paulo, inaugurada no ano seguinte, com empréstimos de Cr$ 1 milhão em seguida ampliados para Cr$ 2 milhões, em 1957, estimularam as produções paulistas (e também as coproduções entre Rio e São Paulo) logo após a paralisação dos grandes estúdios (Vera Cruz, em 1954; Maristela, em 1957)[109]. Isso teve consequências decisivas para a alteração do modelo tradicional de produção independente até então praticado, baseado na produção associada e no sistema de cotas.

Com o início do financiamento oficial em São Paulo, aos poucos a participação dos órgãos públicos passou a substituir a do financiador privado, em um longo processo político repleto de idas e vindas, rupturas e contradições internas, que culminaria no atrelamento ao Estado de parte significativa da produção cinematográfica logo após a criação, em 1966, do INC (Instituto Nacional do Cinema) e, três anos mais tarde, da Embrafilme.

Em consonância com os novos modelos de financiamento, surge a disposição em se rediscutir a figura do produtor – não qualquer produtor, mas aquele ideal.

Ocorre que esse produtor é inexistente: "A falta de produtores no Brasil é um dos lados mais preocupantes do cinema nacional", afirma o cineasta Flávio Tambellini ao *Diário da Noite*[110].

A questão poderia também ser colocada de outra forma, como o faz Cavalheiro Lima em *O Tempo*: não existem produtores porque não existe uma indústria, do que se conclui que o Estado deveria intervir nessa conjuntura desfavorável. Como "remédio adequado", Cavalheiro Lima receita "a criação do crédito cinematográfico, no Banco do Brasil, através da constituição de uma subgerência para financiamento de filmes"[111].

Se o Estado deve se ocupar do financiamento, o que resta para o produtor? O jovem Nelson Pereira dos Santos, que realizava *Rio, zona norte* (Nelson Pereira dos Santos, 1957), vai atacar o problema de um ângulo novo:

> A parte do governo é de ordem prática e consiste, particularmente, em resolver o problema da matéria-prima controlada pelo mercado negro e medidas de fiscalização do mercado exibidor, para aumentar o lucro dos produtores. Quanto ao outro problema, de índole artística, cabe aos produtores: *o autor de uma história deve ser o produtor e o diretor do seu filme*, pois só numa indústria que chegou à perfeição essas três pessoas podem ser distintas. Reunidas as funções numa só pessoa, ela, pelo menos, pode fazer o que idealizou[112].

Eis aqui a nova palavra-chave: "autor". Ao mesmo tempo que mantém cautelosa desconfiança em relação a qualquer tipo de intervencionismo estatal mais direto, Nelson Pereira dos Santos defende uma nova postura para o produtor, que deveria ser também o autor do filme, perfil característico daquele que trabalha em uma situação não industrial.

Como se articulam essa noção de autor com a tradição do cinema independente carioca dos anos 1940-1950, bem como as estratégias de realização experimentadas pelo próprio cineasta em filmes como *Rio, 40 graus* (Nelson Pereira dos Santos, 1954-1955) e *Rio, zona norte* (1957)?

No campo estrito da produção, *Rio, 40 graus* pode ser entendido como uma das derradeiras experiências de um esquema que, já em 1954, ano de sua realização, demonstrava sinais de esgotamento: o sistema de cotas, no caso, em sua vertente cooperativada, isto é, com a participação também da própria equipe, que investe no filme sua força de trabalho. Não por acaso a denominação de Equipe Moacyr Fenelon – como ficou sendo chamado o grupo que realizou *Rio, 40 graus* –, mais do que homenagear o produtor recém-falecido, estabelecia o vínculo com a prática anterior.

Já *Rio, zona norte* pertence ao novo modelo de produção independente instaurado desde 1955. O filme foi coproduzido por Mário Audrá Júnior, realizado com equipamentos de luz e câmera da Maristela e obteve financiamento de Cr$ 1 milhão do Banco do Estado de São Paulo. Além disso, contou com adiantamentos parcelados da Cine Distribuidora Livio Bruni S. A., de Cr$ 900 mil[113]. O mecanismo de produção não difere muito do antigo esquema da produção associada entre produtor independente/estúdio/distribuidora – a não ser pelo financiamento oficial de uma instituição bancária.

Em entrevista ao *Suplemento Dominical* do *Jornal do Brasil*, Nelson Pereira dos Santos, que então acabara de produzir *O grande momento* (Roberto Santos, 1957) em condições bastante semelhantes a *Rio, zona norte*, dirá aos jovens Joaquim Pedro de Andrade e Cláudio Mello e Souza:

> Antes de mais nada quero esclarecer que se hoje em dia exerço as funções de produtor, o faço como consequência das condições de trabalho que encontra o autor de filmes no Brasil de hoje. Quando escrevi *Rio, 40 graus*, não tinha a menor intenção de ser eu mesmo o produtor de meu filme. Fui levado a isso por necessidade, uma vez que não existem ainda em nossa indústria cinematográfica condições que permitam a uma equipe organizar-se com base em uma efetiva e harmoniosa divisão de trabalho [...]. Assim, todo o trabalho de criação é praticamente realizado por uma só pessoa[114].

Na mesma entrevista, Nelson afirma que os "homens de cinema" têm uma "formação empírica", e os produtores brasileiros não possuem qualquer noção do cinema como "fato industrial e artístico". O resultado é que, muitas vezes, as boas ideias são destruídas pelos próprios produtores. Além de não terem gosto artístico, os produtores no Brasil são inexperientes. Isso obriga a que os filmes sejam realizados de forma solitária, pois não se pode contar com a ajuda desse tipo de produtor. Aqui, Nelson reintroduz a questão do "autor" por um viés bem diferente:

> [...] a célebre discussão sobre o verdadeiro autor do filme, em outros centros tão apreciada e válida, em nosso país fica sem nenhum cabimento. Mas, embora possa parecer contraditório, é esse fato, o de toda a responsabilidade de criação recair sobre uma só pessoa [...], uma das razões dos resultados aceitáveis obtidos, vez ou outra, até agora[115].

Ou seja, em países onde não há uma indústria de cinema (caso do Brasil), a autoria é uma necessidade ditada pela ausência de verdadeiros produtores. Contudo, essa necessidade também é desejada, também se configura como uma solução atraente, pois ela ao menos pode garantir a liberdade de criação, eventualmente com bons resultados. Daí o conceito de autor acabar suplantando a figura do produtor.

A noção de cinema de autor é, portanto, o dado ideológico realmente novo surgido na segunda metade dos anos 1950 e será nele que se baseará o discurso do Cinema Novo na década de 1960, conferindo novo impulso ao debate em torno da produção independente.

Mas é necessário compreender o quanto esse impulso corresponde a uma conjuntura bem diversa da que se verifica no Rio de Janeiro entre os anos 1930-1955. Embora marcada pela intervenção legisladora do Estado, a produção de longas-metragens ficcionais caracterizou-se durante aquele período por iniciativas de caráter privado, baseadas em esquemas associativos e em cotas de participação.

Enfim, o surgimento dos financiamentos oficiais diretos e, com isso, o gradual fortalecimento do protagonismo do Estado, inaugurará um novo patamar nas relações sempre tensas e contraditórias entre o cinema brasileiro e as instâncias de poder, desarticulando os antigos sistemas de produção independente e eclipsando a figura do produtor no discurso do cinema de autor.

NOTAS

1 Luís Alberto Rocha Melo, *"Cinema independente": produção, distribuição e exibição no Rio de Janeiro* (1948-1954), 425f., tese (doutorado em Comunicação), Universidade Federal Fluminense, Niterói: 2011.

2 Maria Rita Galvão, "O desenvolvimento das ideias sobre cinema independente", em: *Trinta anos de cinema paulista, 1950-1980*, São Paulo: Fundação Cinemateca Brasileira, 1980, pp. 13-23 (Cadernos da Cinemateca, v. 4).

3 Fundado em 1922 e vivendo grande parte de sua história na ilegalidade, o Partido Comunista Brasileiro teve grande importância na organização política de artistas e intelectuais, entre os quais havia muitos críticos e cineastas. Após um breve intervalo em que pôde atuar legalmente (1945-1947), o PCB voltou à clandestinidade. Ao longo dos anos 1950, período marcado pela Guerra Fria e por um ferrenho anticomunismo, a maior parte das ideias relativas a um cinema de preocupações sociais, realizado segundo esquemas de produção independentes, foi, no Brasil, sustentada por críticos e realizadores filiados ao PCB. Sobre as relações entre o partido, os intelectuais e a cultura brasileira, cf.: Antônio Albino Canelas Rubim, *Partido Comunista, cultura e política cultural*, s.f., tese (doutorado em Sociologia), Universidade de São Paulo, São Paulo: 1987 (mimeo.); Dênis de Moraes, *O imaginário vigiado: a imprensa comunista e o realismo socialista no Brasil* (1947-1953), Rio de Janeiro: José Olympio, 1994; Marco Roxo e Igor Sacramento (orgs.), *Intelectuais partidos: os comunistas e as mídias no Brasil*, Rio de Janeiro: E-papers, 2012. Sobre as relações entre os cineastas e o PCB, cf. especialmente: Arthur Autran, "Cineastas comunistas no Brasil", em: Marco Roxo e Igor Sacramento (orgs.), *op. cit.*, pp. 297-324.

4 Maria Rita Galvão, *op. cit.*, p. 13.

5 Alice Gonzaga, *Palácios e poeiras: cem anos de cinemas no Rio de Janeiro*, Rio de Janeiro: Record/Funarte, 1996, p. 184.

6 Esses três procedimentos foram estudados com mais detalhes em: Luís Alberto Rocha Melo, *op. cit.*

7 Alice Gonzaga e Ernesto Saboya, "Moacyr Fenelon e a chanchada", *Filme Cultura*, Rio de Janeiro: jan.-mar. 1980, ano 8, n. 34, p. 12; Maximo Barro, *Moacyr Fenelon e a criação da Atlântida*, São Paulo: Edições Sesc, 2001, p. 15; Rafael de Luna Freire, "Da geração de eletricidade aos divertimentos elétricos: a trajetória empresarial de Alberto Byington Jr. antes da produção de filmes", *Revista Estudos Históricos*, Rio de Janeiro: jan.-jun. 2013, v. 26, n. 51, pp. 113-31.

8 "Waldow Filmes S.A. Ata da Assembleia Geral de Constituição", *Diário Oficial*, Rio de Janeiro: 29 set. 1934, seção I, n. 227, v. 4, ano LXXIII, pp. 20113-5.

9 Alice Gonzaga, *Cinquenta anos de Cinédia*, Rio de Janeiro: Record, 1987, p. 44.

10 Afranio Mendes Catani, "Wallace Downey", em: Fernão Ramos e Luiz Felipe Miranda (orgs.), *Enciclopédia do cinema brasileiro*, São Paulo: Senac, 2000, p. 200.

11 O filme, lançado em 20 de janeiro de 1936 no Cinema Alhambra do Rio de Janeiro, ficou três semanas em cartaz (cf. Alice Gonzaga, *Cinquenta anos de Cinédia*, *op. cit.*, p. 47).

12 Maximo Barro, *op. cit.*, p. 40.

13 "Atlântida – Empresa Cinematográfica do Brasil S. A. Ata da Assembleia Geral de Constituição", *Diário Oficial*, Rio de Janeiro: 21 nov. 1941, seção I, n. 269, ano LXXX, pp. 1999-2001.

14 Alinor Azevedo, depoimento, 5 ago. 1969, disponível no Museu da Imagem e do Som do Rio de Janeiro; Alex Viany, *Introdução ao cinema brasileiro*, Rio de Janeiro: Instituto Nacional do Livro, 1959, p. 120.

15 "O cinema brasileiro já engatinhou", *Cine-Rádio Jornal*, Rio de Janeiro: 15 maio 1941, disponível no Arquivo Cinédia. Agradeço a Alice Gonzaga pelo acesso ao Arquivo Cinédia, fundamental para a realização e o aprofundamento da pesquisa apresentada neste capítulo.

16 Maximo Barro, *op. cit.*; *Idem*, *José Carlos Burle: drama na chanchada*, São Paulo: Imprensa Oficial, 2007.

17 "Atlântida Cinematográfica Sociedade Anônima. Ata da Assembleia Geral Extraordinária realizada em 16 de agosto de 1948", *Diário Oficial*, Rio de Janeiro: 15 dez. 1948, seção I, n. 289, ano LXXXVI, p. 17922.

18 Newton Carlos, "Silhuetas... Moacyr Fenelon", *S. Veículo*, Rio de Janeiro: 13 abr. 1950, disponível no Arquivo Cinédia.

19 Anuário da Cinédia, diário do estúdio,1948, disponível no Arquivo Cinédia.

20 Carta de Adhemar Gonzaga a Gilberto Souto, Rio de Janeiro: 16 jan. 1948, datilografada, disponível no Arquivo Cinédia.

21 Anuário da Cinédia, diário do estúdio, 1949, disponível no Arquivo Cinédia.

22 *Tereré não resolve* (Luiz de Barros, 1938).

23 Alice Gonzaga, *Cinquenta anos de Cinédia*, *op. cit.*, p. 150.

24 "Resumo dos documentos arquivados e registrados. Dia 13 de dezembro de 1945. Contratos: nº 6.744 – Centauro do Brasil Cinematográfica Ltda.", *Diário Oficial*, Rio de Janeiro: 3 abr. 1946, seção I, p. 4914.

25 *Ibidem*; Luiz Felipe Miranda, *Dicionário de cineastas brasileiros*, São Paulo: Art Editora/ Secretaria de Estado da Cultura, 1990; Hernani Heffner, "Silveira Sampaio", em: Fernão Ramos e Luiz Felipe Miranda (orgs.) , *op. cit.*, pp. 486-7.

26 "As cotações da semana. *Uma aventura aos 40*", *A Cena Muda*, Rio de Janeiro: 3 jun. 1947, v. 27, n. 22, p. 31.

27 "Aumenta a indústria cinematográfica brasileira", *Folha Carioca*, Rio de Janeiro: 13 maio 1947, disponível no Arquivo Pedro Lima da Cinemateca Brasileira.

28 *Ibidem*; "As cotações da semana. *Uma aventura aos 40*", *op. cit.*; Roberto Ruiz, "Novos caminhos para o cinema nacional", *A Cena Muda*, Rio de Janeiro: 18 mar. 1947, v. 27, n. 11, pp. 18-9.

29 "A ABCC distribuiu seus diplomas anuais", *A Cena Muda*, Rio de Janeiro: 20 abr. 1948, v. 28, n. 16, p. 4.

30 Manoel Jorge, "As atividades dos cineastas", *O Mundo*, Rio de Janeiro: 17 jun. 1949, p. 5.

31 Luiz de Barros, "Cinema. Comentário do dia", *Diário Trabalhista*, Rio de Janeiro: 12 jul. 1946, p. 6.

32 Luiz de Barros, *op. cit.*

33 *Ibidem*.

34 *Ibidem*.

35 *Idem*, "Cinema. Comentário do dia", *Diário Trabalhista*, Rio de Janeiro: 25 jan. 1947, p. 6.

36 Luiz de Barros *apud* Pedro Lima, "O caminho mais curto", *O Jornal*, Rio de Janeiro: 10 jul. 1949, pp. 4 e 10.

37 Anita Simis, *Estado e cinema no Brasil*, São Paulo: Annablume, 1996, p. 152.

38 Brasil, lei nº 20.493, 24 jan. 1946, disponível em: <http://goo.gl/vsYoeW>, acesso em: ago. 2015.

39 Alex Viany, *Introdução ao cinema brasileiro*, Rio de Janeiro: Instituto Nacional do Livro, 1959, pp. 401-7; Anita Simis, *op. cit.*, p. 135.

40 O filme foi lançado em 1936 no cinema Rex, de propriedade de Leite Ribeiro.

41 Hernani Heffner, "Luiz Severiano Ribeiro Júnior", em: Fernão Ramos e Luiz Felipe Miranda (orgs.), *op. cit.*, p. 460.

42 Manoel Jorge, "Os capitalistas aderem ao nosso cinema", *Democracia*, Rio de Janeiro: 17 out. 1947, p. 11.

43 "União Cinematográfica Brasileira S.A. Ata da Assembleia Geral de Constituição realizada em 28 de julho de 1947", *Diário Oficial*, Rio de Janeiro: 29 ago. 1947, seção I, n. 199, ano LXXXVI, pp. 11640-1.

44 Sobre a criação da ACPB e da DFB, cf. Alice Gonzaga, *Cinquenta anos de Cinédia*, *op.cit.*, pp. 10-2, e Anita Simis, *op. cit.*, pp. 99-100.

45 "Distribuição Nacional S. A.", *Diário Oficial*, Rio de Janeiro: 3 set. 1936, seção I, n. 205, v. 1, ano LXXV, pp. 19541-2; "Distribuição Nacional S. A. Relatório da diretoria, balanço geral, conta de lucros e perdas e parecer do conselho fiscal a serem apresentados em Assembleia Geral Ordinária", *Diário Oficial*, Rio de Janeiro: 29 mar. 1947, seção I, n. 74, v. 4, ano LXXXVI, p. 4352.

46 "As conclusões do I Congresso Nacional de Exibidores Cinematográficos", *Cine-Repórter*, São Paulo: 29 jun. 1946, ano 13, n. 545, pp. 11-2.

47 Luiz de Barros, "Cinema. Comentário do dia", *Diário Trabalhista*, Rio de Janeiro: 23 jun. 1946, p. 6.

48 *Idem*, "Cinema. Comentário do dia", *Diário Trabalhista*, Rio de Janeiro: 25 jun. 1946, p. 6.

49 Para Luiz de Barros, a estratégia não era nova, bastando mencionar experiências muito anteriores como as de *Acabaram-se os otários* (1929), produzido em sociedade com o exibidor paulista João Antônio Bruno, das Empresas Cinematográficas Reunidas, e de *Augusto Aníbal quer casar* (Luiz de Barros, 1923), produzido pela Guanabara Films e por Generoso Ponce Filho, dono do cinema Parisiense e presidente da Associação dos Exibidores no Rio de Janeiro (cf. Rafael de Luna Freire, "*Acabaram-se os otários*:

compreendendo o primeiro longa-metragem brasileiro sonoro", *Rebeca: Revista Brasileira de Estudos de Cinema e Audiovisual*, São Paulo: 2013, ano 2, n. 3, pp.104-28; Luciana Corrêa de Araújo, "*Augusto Annibal quer casar!*: teatro popular e Hollywood no cinema silencioso brasileiro", 2015, artigo inédito gentilmente cedido pela autora, versão revista e ampliada de: "Teatro popular e cinema hollywoodiano em *Augusto Aníbal quer casar!* (1923)", em: XVIII Encontro Socine de Estudos de Cinema e Audiovisual, 2014, Fortaleza, *Anais*..., São Paulo: Socine, 2015, disponível em: <http://goo.gl/wfUdyb>, acesso em: ago. 2015.

50 Anuário da Cinédia, diário do estúdio, 1948, disponível no Arquivo Cinédia.

51 "Balancetes da Cine-Produção [*sic*] Fenelon em c/c com Cinédia S/A: renda total dos filmes/saldo a favor da Cinédia conforme a participação nos filmes", Rio de Janeiro: maio 1949, disponível no Arquivo Cinédia.

52 *Diário Oficial*, Rio de Janeiro: 30 ago. 1931, seção 1, p. 12591.

53 O caso teve ampla divulgação na imprensa e está relatado em um editorial intitulado "Cinema e truste. Golpe de morte no filme nacional", *Correio da Manhã*, Rio de Janeiro: 12 jun. 1948, disponível no Arquivo Cinédia.

54 Cf., por exemplo, C. T. de Pádua e Carlos Ortiz, "Duras as perspectivas do cinema nacional", *Folha da Manhã*, São Paulo: 31 maio 1949; "Sabotagem", *A Noite*, Rio de Janeiro: 4 jul. 1949; "Nos bastidores do cinema nacional", *Diário de Notícias*, Rio de Janeiro: [21 ago. 1949], disponível no Arquivo Cinédia.

55 Luiz Severiano Ribeiro Júnior, "O conto do cinema...", *O Globo*, Rio de Janeiro: 2 ago. 1949, disponível no Arquivo Cinédia.

56 Moacyr Fenelon, "O 'conto do cinema'...", *O Globo*, Rio de Janeiro: 3 ago. 1949, disponível no Arquivo Cinédia.

57 "Cinema", *Folha Carioca*, Rio de Janeiro: 23 mar. 1950, p. 4.

58 Luís Alberto Rocha Melo, *op. cit.*, pp. 212-3.

59 Flávia Lúcia Bazan Bespalhok, *A prática da reportagem radiofônica na Emissora Continental do Rio de Janeiro*, 338f., dissertação (mestrado em Comunicação), Universidade Paulista Julio Mesquita Filho, Bauru: 2006, p. 51.

60 "Organização Rubens Berardo, Serviços Técnicos Publicitários, Comerciais, Industriais e Artísticos S. A. ORB.", *Diário Oficial*, Rio de Janeiro: 3 set. 1952, seção I, pp. 13884-6.

61 *Ibidem*, p. 13885.

62 Maria Celina D'Araújo, *Sindicatos, carisma e poder: o PTB de 1945-1965*, Rio de Janeiro: FGV, 1996, p. 75.

63 "Emissora de Televisão Continental S. A. Certidão", *Diário Oficial*, Rio de Janeiro: 11 mar. 1958, seção I, pp. 4960-1; "Ministério da Viação e Obras Públicas. Departamento de Administração. Divisão de Orçamento. Termo de contrato celebrado com a Emissora de Televisão Continental Sociedade Anônima – TV Continental, para estabelecer uma estação radiodifusora de ondas médias, nesta Capital", *Diário Oficial*, Rio de Janeiro: 19 set. 1959, seção I, pp. 20182-4.

64 Brasil, lei nº 30.179, 19 nov. 1951, disponível em: <http://goo.gl/ZAn8Mu>, acesso em: ago. 2015.

65 No *Diário Oficial* há um resumo do contrato, arquivado em 17 de maio de 1950, informando que a Flama tinha como objetivos realizar filmes "de curta e longa-metragem, quer no Brasil, quer no exterior, bem como o desenvolvimento artístico cultural do povo". O capital social era de Cr$ 3 milhões divididos em trinta cotas para cada um dos três sócios: os irmãos Rubens e Carlos Berardo Carneiro da Cunha, ambos perfazendo Cr$ 2 milhões, e Moacyr Fenelon, com Cr$ 1 milhão (cf. "Flama – Produtora Cinematográfica Ltda.", *Diário Oficial*, Rio de Janeiro: 18 out. 1950, seção I, p. 15096).

66 Anuário Cinédia, diário do estúdio, 1949, disponível no Arquivo Cinédia; Manoel Jorge, "Quem será o 'Dominó Negro'?", *O Mundo*, Rio de Janeiro: 22 jul. 1950, p. 8.

67 Jonald, "Um punhado de notícias", *A Noite*, Rio de Janeiro: 27 maio 1948, disponível no Arquivo Cinédia; Jurandyr Passos Noronha, "O cinema brasileiro em marcha", *Diário Trabalhista*, Rio de Janeiro: 17 nov. 1949, pp. 1-3; "Empreendimentos Cinematográficos S. A.", *Diário Oficial*, Rio de Janeiro: 20 set. 1948, seção I, pp. 13732-3.

68 Durante o Estado Novo, Jayme Pinheiro esteve bem próximo a Getúlio Vargas, pois era o homem indicado por Lourival Fontes, diretor do DIP (Departamento de Imprensa e Propaganda), para cuidar do Serviço de Divulgação Cinematográfica daquele departamento. Pinheiro foi durante anos

responsável pelas edições do *Cine-Jornal Brasileiro*, editado pelo DIP (cf. "Cinema brasileiro", *Gazeta de Notícias*, Rio de Janeiro: 15 set. 1940, p. 12, disponível no Arquivo Cinédia; Manoel Jorge, "Jayme Pinheiro vereador", *O Mundo*, Rio de Janeiro: 27 fev. 1950, p. 6).

69 Luís Alberto Rocha Melo, *op. cit.*, pp. 250-1.

70 "Inauguração oficial da Flama", *A Tribuna*, Rio de Janeiro: 22 mar. 1951, disponível no Arquivo Pedro Lima da Cinemateca Brasileira.

71 "Levando a sério o cinema no Brasil", *Folha Carioca*, Rio de Janeiro: 29 jul. 1952, p. 4; "Paz entre produtores e exibidores", *Folha Carioca*, Rio de Janeiro: 19 fev. 1952, p. 4.

72 Luís Alberto Rocha Melo, *Argumento e roteiro: o escritor de cinema Alinor Azevedo*, 351f., dissertação (mestrado em Comunicação), Universidade Federal Fluminense, Niterói: 2006.

73 Um dos projetos não realizados pela Flama intitulava-se "Departamento de suicídios". Seria um musical carnavalesco (cf. *Flama-Repórter*, Rio de Janeiro: out. 1925, n. 1, p. 4 [boletim editado pela Seção de Divulgação Cinematográfica da Flama]).

74 Arthur Autran, *Alex Viany: crítico e historiador*, São Paulo: Perspectiva; Rio de Janeiro: Petrobras, 2003, pp. 105-20.

75 Alex Viany, "*Agulha no palheiro*: um depoimento", em: Pedro Jorge de Castro (org.), *Agulha no palheiro*, Fortaleza: Fundação Cearense de Pesquisa e Cultura; Brasília: Capes, 1983, p. 14.

76 Flama – Produtora Cinematográfica Ltda. Departamento de Publicidade. Seção de Divulgação Cinematográfica, "Textos soltos para jornais e rádios", Rio de Janeiro: [1953], p. 3 (Informações para o exibidor. Folheto para orientação publicitária do filme *Agulha no palheiro*), disponível no Arquivo Cinédia.

77 Tabela de preços da Companhia Industrial Cinematográfica, Rio de Janeiro: 31 jan. 1951, datilografado, disponível no Arquivo Cinédia; Hernani Heffner, "Um empreendimento arriscado", *Cinédia 75 anos*, Rio de Janeiro: Centro Cultural Banco do Brasil, 2006, pp. 8 e 11, catálogo.

78 Tabela de preços da Companhia Industrial Cinematográfica, *op. cit.*, p. 1; Eduardo Ades e Luís Alberto Rocha Melo (orgs.), *Homenagem a Hélio Silva*, Rio de Janeiro: Centro Cultural Banco do Brasil, 2009, pp. 37 e 50; Hernani Heffner, depoimento concedido ao autor deste artigo, Rio de Janeiro: dez. 2012.

79 Maximo Barro, *op. cit.*, p. 90.

80 "Cinemas", *Jornal do Brasil*, Rio de Janeiro: 18 ago. 1953, p. 8, disponível no Arquivo Pedro Lima da Cinemateca Brasileira.

81 "Unida Filmes S. A.", *Diário Oficial*, Rio de Janeiro: 12 ago. 1946, seção I, n. 183, v. 2 p. 11636.

82 Brasil, decreto 30.700, 2 abr. 1952, disponível em: <http://goo.gl/rqaKS4>, acesso em: ago. 2015.

83 Luís Alberto Rocha Melo, *"Cinema independente": produção, distribuição e exibição no Rio de Janeiro* (1948-1954), *op. cit.*, pp. 330-9.

84 "Duas forças que se unem em prol do cinema nacional", *Cine-Repórter*, São Paulo: 12 set. 1953, v. 20, n. 921, p. 1.

85 Manoel Jorge, "Tudo azul", *Diário Popular*, Rio de Janeiro: 5 fev. 1952, disponível no Arquivo Pedro Lima da Cinemateca Brasileira.

86 Para mais informações sobre Mario Falaschi, cf. Luís Alberto Rocha Melo, *"Cinema independente": produção, distribuição e exibição no Rio de Janeiro* (1948-1954), *op. cit.*, especialmente pp. 196-200.

87 A rede de associações com a Cinemas Unidos envolvia as empresas Cine Delta, Cinematográfica Guanabara Comércio e Indústria, Azteca Cinematográfica S. A., Paschoal Segreto e Cinemas Leopoldina (cf. Alice Gonzaga, *Palácios e poeiras: cem anos de cinemas no Rio de Janeiro*, *op. cit.*, p. 217).

88 "A Warner Bros. no circuito independente carioca", *Cine-Repórter*, São Paulo: 25 jun. 1955, ano 22, n. 1014, pp. 47 e 50.

89 "A Allied Artists no circuito independente!", *Cine-Repórter*, São Paulo: 24 dez. 1955, ano 22, n. 1040, p. 10.

90 Anita Simis, *op. cit.*, p. 190; Alice Gonzaga, *Palácios e poeiras: cem anos de cinemas no Rio de Janeiro*, *op. cit.*, pp. 203 e 210.

91 Alice Gonzaga, *Palácios e poeiras: cem anos de cinemas no Rio de Janeiro*, *op. cit.*, p. 217.

92 Sobre as relações entre o cinema brasileiro e o Estado ao longo dos anos 1930, cf.: Jean-Claude Bernardet, *Cinema brasileiro: propostas para uma história*, São Paulo: Companhia de Bolso, 2009, pp. 52-98; Anita

Simis, *op. cit.*, pp. 13-130; Arthur Autran, *O pensamento industrial cinematográfico brasileiro*, São Paulo: Hucitec, 2013, pp. 70-203.

93 Maria Celina D'Araújo, *O segundo governo Vargas 1951-1954: democracia, partidos e crise política*, São Paulo: Ática, 1992, pp. 111-2 e 133.

94 [Joaquim Menezes], "Cinema", *Folha Carioca*, Rio de Janeiro: 7 nov. 1952, p. 4; *Idem*, "Cinema", *Folha Carioca*, Rio de Janeiro: 27 dez. 1952, p. 4.

95 "Hábil manobra para burlar a lei de amparo à indústria de filmes", *Folha Carioca*, Rio de Janeiro: 18 fev. 1952, p. 4.

96 "A atual situação do cinema brasileiro", *Diário Popular*, Rio de Janeiro: 25 dez. 1951, disponível no Arquivo Cinédia.

97 Antônio Albino Canelas Rubim, *op. cit.*

98 Sobre o trabalho de divulgação ideológica do PTB por meio da imprensa, cf. Ângela de Castro Gomes e Maria Celina D'Araújo, *Getulismo e trabalhismo*, São Paulo: Ática, 1989, especialmente pp. 48-51.

99 João de Souza Lima, "Vitorioso o cinema nacional", *Imprensa Popular*, Rio de Janeiro: 9 dez. 1951, p. 2. A afirmação de que *Vidas solidárias* trata da socialização da medicina é reproduzida por Alex Viany em: *Introdução ao cinema brasileiro*, *op. cit.*, p. 121.

100 "Novos filmes brasileiros", *Folha do Rio*, Rio de Janeiro: 27 jun. 1950, p. 9.

101 Joaquim Menezes, "Moacyr Fenelon – o maior cineasta brasileiro!", *Folha Carioca*, Rio de Janeiro: 22 dez. 1949, p. 9, disponível no Arquivo Cinédia.

102 Ângela de Castro Gomes, *A invenção do trabalhismo*, Rio de Janeiro: FGV, 2010, p. 223.

103 Manoel Jorge, "Eleições no Sindicato dos Produtores", *Diário Popular*, Rio de Janeiro: 28 maio 1952, p. 4.

104 "Levando a sério o cinema no Brasil", *Folha Carioca*, Rio de Janeiro: 29 jul. 1952, p. 4.

105 "Paz entre produtores e exibidores", *Folha* Carioca, *op. cit.*

106 Ângela de Castro Gomes, *op. cit.*, p. 261.

107 A Cinédia volta a funcionar no Rio de Janeiro em 1956, mantendo-se até hoje como a mais antiga empresa cinematográfica em atividade no país.

108 Arthur Autran, *O pensamento industrial cinematográfico brasileiro*, *op. cit.*, p. 179.

109 José Mário Ortiz Ramos, *Cinema, Estado e lutas culturais: anos 1950/60/70*, Rio de Janeiro: Paz e Terra, 1983, especialmente pp. 15-49.

110 Flávio Tambellini, "Um sério problema", *Diário da Noite*, São Paulo: 17 mar. 1955, disponível no Arquivo Pedro Lima da Cinemateca Brasileira.

111 "Financeira, não econômica é a crise de nosso cinema", *O Tempo*, São Paulo: 21 dez. 1954, disponível no Arquivo Pedro Lima da Cinemateca Brasileira.

112 "Um filme que se vem juntar aos poucos realmente bons que temos", *s. veículo*, s.l: 1957, disponível no Arquivo Pedro Lima da Cinemateca Brasileira.

113 *Dossiê Rio, zona norte*, São Paulo: dez. 1956-mar. 1958, 65 fls. Roberto Santos Pinhanez (pp. Nelson Pereira dos Santos) e Mário Audrá Júnior, Carta datilografada ao Banco do Estado de S. Paulo, São Paulo: 16 jan. 1957; Carta-ofício do Banco do Estado de São Paulo para Nelson Pereira dos Santos e Mário Boeris Audrá Júnior (datil.), São Paulo: 7 jun. 1957; e Acordo de distribuição entre Cine Distribuidora Livio Bruni, Mario Maino (Ubayara Filmes), Nelson Pereira dos Santos e Mário Boeris Audrá Júnior para distribuição de *Rio, zona norte* e de *O grande momento*, São Paulo: 6 jul. 1957, p. 2.

114 Joaquim Pedro de Andrade e Cláudio Mello e Souza, "Nelson Pereira dos Santos: *O grande momento*", *Jornal do Brasil*, Rio de Janeiro: 11 jan. 1959, p. 4.

115 *Ibidem.*

A VERA CRUZ E OS ESTÚDIOS PAULISTAS NOS ANOS 1950

AFRANIO MENDES CATANI

> Representativo do tipo de mentalidade governamental, então combatida por Paulo Emílio Sales Gomes, é um caso narrado pelo produtor Mário Audrá Jr. quando a Comissão Federal de Cinema, da qual fazia parte, foi recebida no Catete para a entrega de um relatório ao presidente Juscelino Kubitschek [que governou de 1956 a 1961] e este indagou se as medidas ali reclamadas não prejudicariam o cinema estrangeiro.
>
> ARTHUR AUTRAN

A CULTURA CINEMATOGRÁFICA PAULISTA PÓS-SEGUNDA GUERRA[1]

Quando se pensa no cinema brasileiro dos anos 1950 de São Paulo, uma das primeiras imagens que nos vêm à mente é a da Companhia Cinematográfica Vera Cruz, criada no final de 1949. A empresa conta com o interesse e o apoio da intelectualidade e da elite financeira paulista. A partir de sua criação, o cinema não seria mais considerado atividade marginal por setores da crítica e da academia.

Entre 1949 e 1953, criaram-se em São Paulo cerca de duas dezenas de companhias cinematográficas e produtoras de filmes. Mas a maioria não vai em frente, exceto três empreendimentos de vulto, a Vera Cruz, a Maristela e a Multifilmes, sustentados por grupos industriais paulistas, que pela primeira vez dariam à crítica de cinema no Brasil a possibilidade de falar, sem eufemismo, em "indústria cinematográfica". Tais grupos industriais são produto do desenvolvimento de São Paulo, em especial durante e após a Segunda Guerra Mundial, em um processo acelerado de substituição de importações que ocorreu no país, principalmente nesse estado da federação. Grande parte dos produtos que até então eram importados começaram a ser produzidos localmente, permitindo acentuada acumulação de capital em setores que se dedicavam ao fabrico de bens de consumo (alimentação, vestuário, produtos para o lar, bebidas etc.). Deve-se mencionar também a presença de um grande contingente de imigrantes que se dirige, de início, às fazendas de café, a partir de meados do século XIX e, depois, à capital, compondo de maneira gradativa a classe operária que foi se formando. Frações desses imigrantes que se enriqueceram vão se mesclar às elites comerciais e industriais paulistas.

No período de 1935 a 1949, a situação do cinema em São Paulo era trágica. Na vigência do Estado Novo (1937-1945), o Departamento de Imprensa e Propaganda (DIP) e os Departamentos Estaduais de Imprensa e Propaganda (Deips) monopolizam a produção de jornais cinematográficos, destruindo ou cooptando os concorrentes e levando ao desaparecimento a maioria dos produtores privados. Havia algumas poucas exceções – casos de Lima Barreto, do crítico e cineasta Benedito Junqueira Duarte (B. J. Duarte) e de alguns veteranos dos cinemas paulista e carioca: Vittorio Capellaro, Gilberto Rossi, José Medina e Oduvaldo Vianna. Houve também uma pequena Vera Cruz na década de 1930, a Companhia Americana de Filmes, que produziu somente *A eterna esperança* (Leo Marten, 1937-1940). No final dos anos 1940, surgiu um "italiano exuberante", Mario Civelli, versão moderna e sofisticada dos nossos velhos cavadores. Nesse quadro, além de documentários, jornais cinematográficos e poucos curtas-metragens, produz-se em São Paulo outros cinco filmes: *Fazendo fita* (Vittorio Capellaro, 1935), *Canto da raça* (José Medina, 1943), *Palhaço atormentado* (Rafael Falco Filho, 1946-1948), *Quase no céu* (Oduvaldo Vianna , 1949) e *Luar do sertão* (Tito Batini e Mario Civelli, 1949).

Não se pode deixar de examinar, ainda que de forma sucinta, a relação existente entre a burguesia paulista, o mecenato cultural e a cultura cinematográfica. Nas páginas iniciais de seu livro sobre a Vera Cruz, Maria Rita Galvão escreve sobre seu esforço em tentar compreender a companhia como manifestação de uma burguesia paulista suficientemente forte e amadurecida para poder dar-se ao luxo de financiar a produção de cultura. O que se chamou de "indústria cinematográfica paulista" surge num momento de intensa atividade cultural na cidade, pois, em apenas cinco ou seis anos, se observa a criação de dois museus de arte, o Museu de Arte Moderna (MAM) e o Museu de Arte de São Paulo (Masp); a formação de uma companhia teatral de alto nível, o Teatro Brasileiro de Comédia (TBC); a multiplicação de concertos, escolas de arte, conferências, seminários, exposições, revistas de divulgação artística e cultural; a construção de uma grande e moderna casa de espetáculos; a criação de uma filmoteca; a inauguração de uma bienal de artes plásticas, entre outros empreendimentos de destaque[2]. Delineia-se claramente uma postura cultural da burguesia paulista. Tais manifestações vão se constituir na infraestrutura para a elaboração de um sistema cultural que pudesse estender-se a toda a sociedade, veiculando uma determinada visão de mundo. A burguesia implementa uma *produção cultural baseada em instituições*, criando museus, escolas, teatros etc., ou seja, todo um equipamento para a difusão de cultura.

Em depoimento ao Museu da Imagem e do Som (MIS), em 1973, Rudá de Andrade, professor e ex-dirigente da Cinemateca Brasileira, entende que, com essa postura de fomento cultural, a burguesia paulista refina sua existência cercando-se de arte e cultura, sendo a ausência dessa dimensão uma debilidade no aparato exterior da própria burguesia. Nesse quadro, o cinema é fundamental, pois é a arte do século XX, a mais "moderna" das artes e, além disso, é "arte industrial".

A burguesia paulista, a partir da década de 1920, vinha gradativamente perdendo o seu poderio político no país. Após a Segunda Grande Guerra, ela não se encontrava qualificada para responder à crescente complexidade tecnológica nem para investir uma grande massa de capital, além de lhe faltar condições políticas para viabilizar seu projeto, sendo praticamente arrastada pelos acontecimentos. Nessa situação, o Estado voltou a intervir na economia de forma crescente, suprindo a incapacidade burguesa, paulista e brasileira. Vários grupos industriais – parte deles constituídos por imigrantes enriquecidos, italianos em especial – e segmentos de classe vinculados à cafeicultura não se deram conta de que haviam perdido a vez no pós-1945, com a queda do regime ditatorial encabeçado por Getúlio Vargas. Tais grupos e segmentos, com a redemocratização do país, não capitanearam a prosperidade dos negócios, o crescimento urbano, bem como a aceleração do processo industrial. Explora-se aqui a ideia segundo a qual o movimento cultural na capital paulista, no final dos anos 1940 e início dos 1950, resulta da ilusão de poder da burguesia. À perda da hegemonia política e econômica contrapõem-se a arte e a cultura, possíveis meios de tentar impor uma visão de mundo à sociedade. A burguesia talvez necessitasse de um poderoso "aparato exterior de refinamento", representado por cadilaques, palacetes, vestuários suntuosos, para convencer-se do seu vigor, e a veleidade de criar uma cultura própria poderia ser primordial, uma forma de compensar o quase inexistente poder político que possuía.

O cinema participa desse processo: além de certo "renascimento" dessa arte no pós-guerra, em âmbito internacional – em que se podem destacar o movimento neorrealista, a cinefilia, o cinema sendo gradativamente considerado como arte –, observa-se em São Paulo um "renascimento artístico geral", dando seus frutos iniciais com a já mencionada criação do TBC em 1948, por iniciativa do mesmo grupo que no ano seguinte participaria da criação da Vera Cruz, tendo à frente o engenheiro italiano Franco Zampari. Foram contratados diretores e cenógrafos europeus para encenar clássicos da dramaturgia universal e autores da vanguarda europeia e americana. Desde o início das atividades, vieram para São Paulo profissionais competentes, como o cenógrafo Aldo Calvo, que trabalhara no Scala de Milão. Em seguida, por indicação de Calvo, Adolfo Celi é contratado na Argentina para ocupar o posto de diretor artístico do TBC. A Calvo e Celi vieram juntar-se Bassano Vaccarini, Luciano Salce, Ruggero Jacobbi, Flaminio Bollini e, mais tarde, Alberto d'Aversa, Mauro Francini e Gianni Ratto, compondo o excelente grupo de cenógrafos e diretores italianos do TBC, muitos dos quais seriam contratados para dirigir filmes na Vera Cruz e na Cinematográfica Maristela – casos de Celi, Jacobbi, Salce e Bollini[3].

Além de arte, o cinema é também indústria. São Paulo, em razão do processo econômico e por ser o maior mercado consumidor do Brasil, é o local da criação de um centro de produção que pretendia ser referência nacional. Acrescente-se, ainda, o seu interesse intelectual sobre cinema, destacando-se, por exemplo, o Clube de Cinema da Faculdade de Filosofia, criado no início da década de 1940, bem como, no âmbito da própria faculdade, através de um grupo de seus alunos, a constituição da revista *Clima*, em que Paulo Emílio assina a crítica de cinema. O cinema que se discutia no Clube e em *Clima* não era cinema brasileiro, e, sim, clássicos europeus e norte-americanos. Fechado pela ditadura do Estado Novo, o Clube é recriado em 1946 como o segundo Clube de Cinema de São Paulo. Amplia-se a primeira biblioteca de cinema da capital paulista, e Paulo Emílio, que representava o Clube no Congresso Internacional de Cineclubes, realizado em 1947, em Cannes, filia-o à Federação Internacional dos Clubes de Cinema e adquire, em nome da entidade, uma coleção de filmes para quatro programas completos. Com esse pequeno acervo, é criada a Filmoteca do Clube do Cinema de São Paulo, futura Cinemateca Brasileira. Em 1948, o industrial Francisco Matarazzo Sobrinho doa ao grupo (B. J. Duarte, Almeida Salles, Rubem Biáfora, Lourival Gomes Machado, Múcio Porfírio Ferreira, entre outros) projetores novos e convida a diretoria do Clube para compor o futuro departamento de cinema do MAM, então em organização. Inaugurado em 8 de março de 1949, inicia suas sessões cinematográficas sob o comando do Clube de Cinema de São Paulo, sendo, portanto, a pequena filmoteca formada por Paulo Emílio incorporada ao MAM.

O Masp, criado em 1947 por Assis Chateaubriand, organiza no ano seguinte um Centro de Estudos Cinematográficos que, por iniciativa de Ruggero Jacobbi, Adolfo Celi e Carlos Ortiz, promove, em 1949, um seminário de cinema. Por sugestão do crítico Francisco Luiz de Almeida Salles, Pietro Maria Bardi, diretor do museu, convida o cineasta brasileiro Alberto Cavalcanti, que estava radicado na Europa há anos, para pronunciar uma série de conferências no evento.

Cavalcanti chega ao Brasil no dia 4 de setembro de 1949. Nesse momento, Ciccillo Matarazzo, Franco Zampari e todo um grupo de pessoas que haviam participado da fundação do MAM e do TBC discutiam a criação de uma companhia produtora de filmes. Por sugestão de Almeida Salles, Cavalcanti é convidado para ser o produtor geral da Companhia Cinematográfica Vera Cruz, constituída em 3 de novembro de 1949.

Mário Audrá Júnior, produtor e diretor-superintendente da Cinematográfica Maristela, em depoimento a Maximo Barro e a mim[4], assim se expressou acerca do entusiasmo que tomou conta do público brasileiro – paulista, em particular – em fins da década de 1940 e primeira metade dos anos 1950:

> [...] quem não fosse ao cinema três ou quatro vezes por semana ficava totalmente desatualizado e até sem papo com os amigos, pois tudo girava em torno

de filmes. Foi a maneira que os Estados Unidos encontraram para se impor em todo o mundo [...]. E isso era geral: dentifrícios, brilhantinas, refrigerantes, automóveis, era tudo baseado no quadro que o cinema divulgava.

A COMPANHIA CINEMATOGRÁFICA VERA CRUZ[5]

No período de 1949 a 1954, a Vera Cruz produziu alguns documentários (entre os quais se destacam os curtas-metragens *Painel* e *Santuário*, dirigidos por Lima Barreto) e 18 filmes de longa metragem, a saber: *Caiçara* (1950), *Terra é sempre terra* (1950), *Ângela* (1951), *Appasionata* (1952), *Sai da frente* (1951), *Tico-tico no fubá* (1951), *Veneno* (1952), *Sinhá Moça* (1952-1953), *O cangaceiro* (1952), *Uma pulga na balança* (1953), *Família lero-lero* (1953), *Nadando em dinheiro* (1952), *Esquina da ilusão* (1953), *Luz apagada* (1953), *É proibido beijar* (1953), *Candinho* (1953), *Na senda do crime* (1953) e *Floradas na serra* (1953-1954). A queda da empresa cinematográfica foi tão espetacular como o início de sua intensa atividade, liquidando por completo com a fortuna pessoal de Franco Zampari, seu fundador e principal acionista.

Já em 9 de novembro de 1949, Cavalcanti retornou à Europa para escolher e convidar técnicos especializados para trabalhar na Vera Cruz. De volta no início de janeiro de 1950, acompanhou as filmagens de *Caiçara*, o primeiro filme da companhia, desde as tomadas iniciais. Em seguida vão chegando os contratados de Cavalcanti: H. Chick Fowle, fotógrafo e chefe de iluminação; Erik Rasmussen, engenheiro de som; Oswald Haffenrichter, montador e editor; Bob Huke, iluminador; John Waterhouse, diretor e editor; Jacques Deheinzelin, operador e iluminador; Jerry Fletcher, caracterizador; Rex Endsleigh, montador; Michael Stoll, operador de microfone; Tom Payne, diretor e coordenador de produção. Acrescentam-se a estes os diretores e cenógrafos italianos que trabalhavam no TBC citados anteriormente, que tiveram participação ativa nos filmes da Vera Cruz: Aldo Calvo, Adolfo Celi, Bassano Vaccarini, Luciano Salce, Ruggero Jacobbi, Flaminio Bollini, Alberto d'Aversa, Mauro Francini e Gianni Ratto, além de outros diretores, técnicos e atores brasileiros – casos de Lima Barreto, Carlos Thiré, Agostinho Martins Pereira, Salvador Daki, Nélson S. Rodrigues, Oswaldo Sampaio, Inezita Barroso, Tônia Carrero, Eliane Lage, Mariza Prado, Anselmo Duarte, Mário Sérgio e Alberto Ruschel.

A Vera Cruz divulga um lema que se tornou famoso: "Produção brasileira de padrão internacional". Com filmes de "alto nível" garantido por diretores e técnicos europeus, a empresa almejava altos voos: "Agora o Brasil irá correr o mundo". Além da qualidade dos técnicos e do eficientíssimo departamento de publicidade, a empresa conta com outros trunfos para que esse projeto se torne realidade: a construção de estúdios gigantescos e caros, tomando como modelo os similares de Hollywood, e a importação dos melhores equipamentos disponíveis no mercado internacional.

A companhia constituiu seu *star system* também em moldes hollywoodianos, constantemente alimentado por um forte departamento de publicidade, que enviava noticiário a cerca de setecentos jornais e revistas de todo o país e de alguns outros da América Latina. Os salários dos principais atores, atrizes e diretores eram extraordinários, todos com contratos fixos, recebendo salários se trabalhassem ou não.

O capital social da Vera Cruz, que em 1949 era de 7 milhões e meio de cruzeiros passou a 25 milhões de cruzeiros em 9 de abril de 1951, representado por 2.500 ações ordinárias, ao portador, no valor nominal de 10 mil cruzeiros cada uma.

O lento retorno financeiro do investimento realizado em *Caiçara*, a primeira fita da companhia, e os considerados altos custos de produção de *Terra é sempre terra* e de *Ângela*, que ainda estavam sendo filmados, derrubaram Cavalcanti, que foi substituído pelo produtor e diretor Fernando de Barros em fevereiro de 1951.

As produções da cinematográfica continuam em ritmo acelerado, e o capital retorna vagarosamente, obrigando-a a contrair um empréstimo de 20 milhões de cruzeiros no Banco do Estado de São Paulo. Nos noticiários dos jornais encontram-se delineados os diferentes problemas de produção e comercialização que a Vera Cruz enfrenta: empréstimos bancários, altos custos, desorganização da produção, dificuldades de colocação dos filmes no mercado exterior etc. Tais questões, em maior ou menos grau, permanecerão ao longo de todo o período examinado.

A Vera Cruz lançou e tentou vários gêneros cinematográficos: o filme histórico (*Sinhá Moça*), a comédia à americana (*É proibido beijar*), o policial (*Na senda do crime* e *Luz apagada*), a comédia sofisticada (*Uma pulga na balança*), o melodrama musical (*Tico-tico no fubá*), o melodrama elegante (*Floradas na serra*), o melodrama expressionista (*Veneno*), o melodrama "bruto" (*Caiçara*, *Ângela* e *Terra é sempre terra*), a comédia urbana e suburbana (*Esquina da ilusão*, *Família lero-lero*, *Sai da frente*, *Nadando em dinheiro* e *Candinho*), o *western* brasileiro (*O cangaceiro*) e o dramalhão (*Apassionata*). Além disso, lançou dois documentários de curta metragem (*Painel* e *Santuário*) e um de longa metragem (*São Paulo em festa*).

Os êxitos artísticos vieram com *Sinhá Moça*, premiado com um Leão de Bronze em Veneza; *Santuário*, também premiado em Veneza; e *O cangaceiro*, Primeiro Prêmio Internacional para Fitas de Aventuras, com Menção Especial para a Música, no VI Festival Internacional de Cinema de Cannes (1953), além de outro prêmio no Festival Internacional de Cine de Punta del Este, Uruguai. *O cangaceiro* atingiu dez semanas de exibição contínua em inúmeros cinemas ao mesmo tempo, tendo sido visto por mais de 800 mil pessoas, um recorde absoluto de bilheteria no país até então. É importante ressaltar essa cifra, superior inclusive à das chanchadas cariocas, comédias que possuíam grande empatia com os espectadores. Outro êxito alcançado pela Vera Cruz, embora mais modesto, deu-se com *Sinhá Moça*, que estreou em 26 cinemas da capital paulista, no circuito da Companhia Serrador.

Em 1954, a crise financeira da companhia vai se agravando e se torna aguda. Com o passar dos meses, demissões ocorrem e muitos contratos não são renovados. Sem a ajuda dos poderes públicos, a Vera Cruz limita-se a terminar e a lançar os filmes já em produção. Em março do mesmo ano, o governo do Estado de São Paulo se manifesta pela primeira vez com relação ao problema da companhia, determinando que as autoridades competentes estudem a possibilidade de transformar a empresa em autarquia estadual ou sociedade de economia mista. O governador Garcez sugere que o Banco do Estado, na qualidade de maior credor, assuma o ativo e o passivo da empresa, promovendo ao mesmo tempo um aumento de capital.

Um Relatório Geral da Diretoria da Vera Cruz, de 1963, contém relação de todas as produções da empresa – terminadas ou em diferentes fases de preparação até 1954 –, com seus respectivos custos. Os dados são confusos, não especificando se se trata do custo direto de produção ou são computadas as despesas com o preço das cópias, os juros do capital investido e a parte que cabe ao filme no rateio das despesas administrativas gerais do estúdio, a verba de publicidade etc. Não há informações acerca de *O cangaceiro*. Segundo Franco Zampari, o filme custou 7 milhões e meio de cruzeiros, tendo sido gastos mais 2 milhões em cópias para 22 países, além do custo de 28 mil fotografias de publicidade. Lima Barreto, diretor do filme, fala em 8 milhões, enquanto outras pessoas ligadas à película mencionam 10 milhões. São transcritos, a seguir, apenas os custos dos filmes efetivamente realizados pela Vera Cruz, a saber:

TÍTULO	CUSTO (CR$)
Caiçara	6.864.120,50
Terra é sempre terra	4.125.455,00
Ângela	6.287.051,40
Candinho	4.434.122,10
Família lero-lero	5.925.598,70
Santuário	177.077,40
Tico-tico no fubá	6.123.141,40
Sai da frente	4.711.564,90
Apassionata	6.410.520,70
Nadando em dinheiro	5.503.947,00
Veneno	4.048.095,00

TÍTULO	CUSTO (CR$)
Sinhá Moça	9.517.898,00
Uma pulga na balança	4.635.522,00
São Paulo em festa	458.192,00
Luz apagada	6.173.398,40
Na senda do crime	5.393.747,80
Esquina da ilusão	4.788.638,30
Floradas na serra	6.348.629,00
É proibido beijar	5.657.722,00

O fato é que a Vera Cruz enfrentou, desde seu primeiro lançamento, os problemas específicos da realidade brasileira no que se refere à exibição. A lentidão na comercialização dos filmes e, portanto, o vagaroso retorno do capital investido impossibilitavam que o rendimento obtido com as primeiras fitas pudesse financiar as próximas. O mercado externo também se revelou de difícil acesso, em razão do desinteresse das distribuidoras norte-americanas em patrocinar o desenvolvimento de cinematografias que pudessem oferecer, mesmo que remotamente, qualquer espécie de concorrência. Procurando acelerar o retorno moroso do capital aplicado nos filmes, a Vera Cruz se valeu de vultosos empréstimos bancários, tomados a juros altos e a prazos relativamente curtos, estratégia incompatível com o ritmo de circulação financeira do capital investido na indústria cinematográfica, em que um filme demorava em média cinco anos para percorrer o mercado.

Os financiamentos em bancos privados foram seguidos por outros, de instituições oficiais (Banco do Estado de São Paulo e Banco do Brasil), mantendo a companhia em um círculo vicioso de empréstimos, dívidas e novos empréstimos para pagar os anteriores. Acrescenta-se a isso um complexo de causas que ajudaram a levar a Vera Cruz à falência: os custos elevados e a dispendiosa manutenção, quando até em Hollywood essa forma de produção começava a experimentar transformações; orçamentos altos e elaborados sem nenhum critério mais profundo de objetividade; salários irreais e manutenção de um corpo de artistas e técnicos com dedicação exclusiva à companhia, remunerados quando trabalhavam ou não; a falta de apoio governamental na criação de barreiras à concorrência desigual exercida pelo filme estrangeiro; a não criação, paralelamente ao complexo industrial paulista instalado, de uma grande cadeia distribuidora e exibidora. Não se deve esquecer, ainda, do mecanismo cambial de remessa de lucros das empresas norte-americanas atuando no país, só descoberto tardiamente. Na verdade, o governo brasileiro financiava a exibição do filme norte-americano no Brasil, cobrindo a diferença entre o câmbio oficial (que mantinha o dólar artificialmente fixado em 18,80 cruzeiros) e o câmbio livre, em que o dólar alcançava (em meados da década de 1950) a cotação de aproximadamente 100 cruzeiros. Vale mencionar a explicação de Maria Rita Galvão:

> Com a violenta inflação de todo o período, o tabelamento dos ingressos de cinema reduzira em cinco vezes o seu valor, transformando o espetáculo cinematográfico num símbolo mistificador de não inflacionismo [...]. Para evitar a (remota) possibilidade de afugentar a produção estrangeira oferecendo lucros muito pequenos, o governo brasileiro, ao mesmo tempo em que reduzia pelo tabelamento a renda do cinema em cruzeiros, aumentava esta renda em divisas pelo artifício cambial. A indústria cinematográfica nacional, que contava com uma renda em cruzeiros, e não em divisas, era a grande vítima do tabelamento, recebendo em cada entrada paga cinco vezes menos do que o seu valor em termos de mercado mundial[6].

Embora o cinema norte-americano fosse dominante no mercado, as produções paulistas no período, mesmo com público considerável, em razão do congelamento do preço dos ingressos durante anos, não contribuía para assegurar uma boa equação financeira às produtoras[7].

Em março de 1955, Abílio Pereira de Almeida (ator, diretor, autor teatral e produtor) foi eleito para ocupar o cargo de diretor superintendente da Vera Cruz. Assumindo o controle da companhia e afastando Franco Zampari da direção, o Banco do Estado de São Paulo colocou Abílio à frente da produção, com grande autonomia para exercer seu trabalho. Com a experiência na direção de alguns filmes na Vera Cruz, além de ter sido o responsável pela estreia de Mazzaropi no cinema, Abílio modificou todo o sistema de produção e distribuição da empresa, criando inclusive outra companhia, a Brasil Filmes[8], paralela à Vera Cruz.

As novas produções, realizadas nos estúdios da Vera Cruz, utilizando inclusive os seus equipamentos, mas com o nome da Brasil Filmes, procuram aliar boa qualidade e baixo custo, tentando aproveitar as lições de duas outras companhias da época, a Maristela e a Multifilmes, como se verá adiante. Abílio entrega a direção dos filmes a jovens cineastas paulistas, a maioria estreantes. Com essa estratégia, escapava-se do contrato de exclusividade que a Vera Cruz mantinha com a Columbia para a distribuição de seus filmes. Uma nova distribuidora é fundada e, assim, a Brasil Filmes conseguiu sensível melhora financeira, pois ficava com um percentual maior da arrecadação.

Os filmes realizados nessa época foram: *O gato de madame* (1956), *O sobrado* (1955), *Osso, amor e papagaios* (1956), *Paixão de gaúcho* (1957), *Rebelião em Vila Rica* (1957), *Estranho encontro* (1957) e *Ravina* (1957-1958). No final da década de 1950, Abílio deixou a empresa e, a partir de então, estúdios e equipamentos da Vera Cruz foram alugados para produções "independentes". Depois, os estúdios foram alugados para a extinta TV Excelsior e a Vera Cruz virou palco de gravação de telenovelas. Após uma série de *démarches*, os estúdios passaram às mãos dos irmãos William e Walter Hugo Khouri.

A CINEMATOGRÁFICA MARISTELA E A KINO

O surgimento da Vera Cruz, que, como vimos, desencadeou uma verdadeira "febre" por cinema em São Paulo, reforçou também a constituição de todo um aparato de legitimação e difusão cultural na área cinematográfica, destacando-se, entre outros, cineclubes, concursos, prêmios, festivais, congressos, legislação, comissões e grupos de trabalho, publicações especializadas, críticos e associações de classes.

Capitaneada pela família Audrá, industriais, proprietários de terras, de companhia de transporte etc., a Companhia Cinematográfica Maristela surgiu em 1950 nas trilhas abertas pela Vera Cruz pouco menos de um ano antes, tentando imitá-la – apesar de, em nível discursivo, ser contrária, por meio de Mário Boeris Audrá Jr., que foi quem idealizou a companhia[9].

Um aparato de produções respeitável para a época é montado, e quase 30 milhões de cruzeiros são gastos em poucos meses. Constituem-se grandes estúdios no então distante bairro do Jaçanã, com um quadro fixo considerável – cerca de uma centena e meia de atores e técnicos, boa parte dos quais estrangeiros –, montando-se uma razoável máquina de propaganda e produzindo quatro ou cinco filmes. Essas foram as características da primeira fase do trabalho desenvolvido pela família Audrá e pelo produtor Mario Civelli, evidentemente com menos brilho, mundanismo, pompa e estardalhaço que a Vera Cruz. O retorno do capital não é o esperado, e a situação é contornada pela direção da empresa com a demissão de mais de uma centena de empregados. Chegava ao fim a primeira fase das atividades da Maristela, compreendida entre o final do ano de 1950 e meados de 1951, tendo sido produzidos em seus estúdios *Presença de Anita* (1951), *Suzana e o presidente* (1951), *O comprador de fazendas* (1951) e *Meu destino é pecar* (1952), além da locação dos equipamentos para os realizadores de *A carne* (1952).

No início do empreendimento são contratados basicamente pelo produtor Mario Civelli, entre outros, os montadores espanhóis Mario del Rio e José Cañizares; o diretor de produção italiano Alberto Attili; os fotógrafos argentinos Mario Pagés e Juan Carlos Landini. Além desses, para lá também foram os diretores Ruggero Jacobbi e Manuel Peluffo, uruguaio, que trabalhava do México. O *star system* da Maristela contava com Henriette Morineau, Antoinette Morineau, Vera Nunes,

Orlando Vilar, Margot Bittencourt etc. Em outras fases da companhia também trabalharam o comediante Procópio Ferreira, Jaime Barcelos, Pagano Sobrinho, Jackson de Souza, além dos diretores Alberto Pieralisi e Fernando de Barros e do diretor de fotografia italiano Aldo Tonti.

Na segunda fase, que compreende do fim de 1951 a meados de 1952, apenas *Simão, o Caolho* (1952), dirigido por Alberto Cavalcanti, é produzido pela Maristela. *Areão* (1952) e *O saci* (1951-1953) também são concluídos com equipamentos alugados pelos estúdios do Jaçanã. Apesar de não ter dado prejuízo, a bilheteria alcançada com *Simão*... ficou longe do mínimo necessário à amortização dos prejuízos acumulados na primeira fase.

A partir dessa experiência, a família Audrá decidiu vender seus estúdios e equipamentos a uma nova companhia que se constituía, a Kino Filmes, tendo à frente o cineasta Alberto Cavalcanti e um grupo de capitalistas. Entretanto, a Kino também não conseguiu avançar muito: Cavalcanti dirigiu apenas dois filmes, *O canto do mar* (1953) e *Mulher de verdade* (1954), fracassando comercialmente em ambos. A diretoria da Kino não teve condições de pagar as prestações previstas no contrato firmado com os antigos proprietários da Maristela, sendo obrigada a devolver-lhe o imóvel e seus outros ativos. Essa fase abrange o final de 1952, todo o ano de 1953 e alguns meses de 1954.

Em 1954, Mário Audrá Júnior, conhecido como Marinho Audrá, o filho mais novo da família Audrá e quem a lançou no negócio cinematográfico, consegue, finalmente, administrar a Maristela sem a interferência de seus parentes. Foi a fase mais dinâmica da companhia, em que se produzem ou coproduzem, nos anos de 1954, 1955 e 1956, sete filmes – *Magia verde* (1953), *Carnaval em lá maior* (1954), *Mãos sangrentas* (1954), *Quem matou Anabela?* (1955), *Getúlio, glória e drama de um povo* (1954), *A pensão de d. Stela* (1956) e *Cinco canções* (1955), além de *Leonora dos sete mares* (1955) e *Os três garimpeiros* (1954), de produtores independentes. Essa terceira fase foi um autêntico "vale-tudo", pois foram coproduzidas fitas internacionais e nacionais, sendo que na maior parte dos casos a Maristela não desembolsou dinheiro, participando com seus ativos e pessoal técnico. Observa-se, igualmente, outra mudança significativa: Marinho alia-se à Columbia, entregando-lhe a distribuição de seus filmes, pois as alternativas para que os produtores chegassem às salas exibidoras eram praticamente inexistentes, uma vez que a Columbia, a Universal e a UCB, essa última pertencente ao grupo de Luiz Severiano Ribeiro Júnior, também comprometido com os trustes, dominavam o mercado.

A Maristela, para sobreviver e tentar reduzir os custos de suas produções e coproduções, aluga seus estúdios e equipamentos mediante o pagamento imediato ou de percentuais de participação em bilheteria; firmam-se contratos com técnicos para trabalhar em "pacotes" de películas; trocam-se produtos e serviços mediante a inserção publicitária nos filmes ou de agradecimentos nos créditos;

levantam-se empréstimos em bancos para a participação em produções independentes. Há, ainda, a inserção de notas em colunas cinematográficas ou no próprio noticiário, por ocasião da atribuição das premiações oficiais, que resultam em algum retorno material, bem como pressões a grupos de trabalho e comissões de cinema criadas ao longo da década para que a Maristela receba os adicionais de renda, concedidos a filmes com determinado patamar de público pagante e qualidade artística.

Em fins de dezembro de 1956, Mário Audrá se vale de vários de seus contatos na tentativa de levar às telas o romance *Os flagelados*, de Jesuíno Ramos, tendo inclusive adquirido os direitos para a sua adaptação. Consegui reunir mais de setenta documentos (cartas, telegramas, orçamentos e contratos) envolvendo a ignota P.A.O. Films, de Roma, e os também desconhecidos Milo Panaro e A. Albani Barbieri. A produção acaba não se concretizando. Outras coproduções internacionais são tentadas ou propostas por novos parceiros, como John Hall, de Paris, amigo de Cavalcanti: *Os cangaceiros*, baseado em José Lins do Rego; *La Femme et la fleuve*; *Os capitães de areia*, do romance de Jorge Amado; e *The Last Voyage*, sinopse de Pierre Levie e Jacques Dupont – todas, sem exceção, não saem do papel.

O contato mais estreito com a Columbia faz com que, em 1957, seja assinado um contrato de coprodução para quatro películas, das quais apenas duas – *Casei-me com um xavante* (1957) e *Vou te contá* (1957) – são feitas. Afora essas, *Arara vermelha* (1956), *Rio, zona norte* (1957) e *O grande momento* (1957) contam com pequena participação da Maristela.

A Maristela, que inicia suas atividades como uma sombra da Vera Cruz, vai aos poucos trilhando seu caminho próprio, alcançado em grande medida na terceira fase. Comédias rápidas e baratas, coproduções nacionais e internacionais (essas últimas com certo mercado já garantido, de modo que os custos fossem recuperados em curto ou médio prazo), filmes de encomenda e aluguel de estúdios e equipamentos podem ser caracterizados como a tônica dessa trajetória própria.

O negócio acaba fracassando pelas mesmas razões da queda da Vera Cruz: políticas dos trustes cinematográficos, congelamento do preço dos ingressos durante anos, política cambial em favor dos produtores estrangeiros etc. Assim, era impossível a qualquer produtora brasileira, que operasse nos moldes “tradicionais” – com estúdios a serem mantidos, *cast* e técnicos exclusivos –, sobreviver contando quase que exclusivamente com o mercado interno para obter o retorno do capital investido. Sintomaticamente, uma “produção independente”, como *O grande momento*, foi concretizada em 1958, ano em que a Maristela encerrou suas atividades, e Nelson Pereira dos Santos foi seu principal produtor, alugando estúdios, pagando os atores na base de participação em bilheteria e obtendo com outros, ainda, alguns dos apetrechos necessários. Paradoxalmente, Marinho Audrá foi um dos produtores dessa película.

O “prejuízo” acumulado pela Maristela ao longo dos anos foi bem menor do que os enfrentados por Franco Zampari na Vera Cruz e Anthony Assunção na

Multifilmes – que será analisada posteriormente. Em 1958, quando rescindiu o contrato de coprodução que o prendia à Columbia, Marinho vendeu os terrenos do Jaçanã e continuou atuando como produtor cultural: parte do equipamento sonoro de sua empresa foi utilizada na constituição, juntamente com alguns amigos, da Grava-Som[10], firma pioneira na dublagem de filmes para televisão. Montou também o primeiro laboratório a trabalhar com cores no Brasil, o Policrom, depois vendido para a Líder. No início da década de 1960, residiu na Espanha com sua mulher, a bailarina e atriz Ana Esmeralda, tentando, sem sucesso, a coprodução internacional *Yerma*, baseada no clássico de García Lorca.

A MULTIFILMES

A Multifilmes[11] surgiu graças à lábia derramada por Mario Civelli, ex-produtor na primeira fase da Cinematográfica Maristela, sobre Anthony Assunção, em meados de 1952. Assunção, no momento da constituição da Multifilmes, tinha 51 anos e era vice-presidente de uma fábrica de montagem de automóveis, além de possuir grande patrimônio imobiliário e poderosa cadeia de lojas de eletrodomésticos.

De 1952 a 1954, a companhia produz as seguintes películas: *Modelo 19* (1952), *Destino em apuros* (1953), *Fatalidade* (1953), *O homem dos papagaios* (1953), *Uma vida para dois* (1953), *O craque* (1953), *A sogra* (1953), *Chamas no cafezal* (1953) e a coprodução com a Atlântida, *A outra face do homem* (1954).

Ainda em 1954, a Multifilmes adquire equipamentos para filmagem e começa a produzir filmes cuja bilheteria é menor do que o investimento. A partir de julho de 1952, inicia a construção dos estúdios de Mairiporã. Até meados de 1953, com o capital declarado de 15 milhões de cruzeiros, a companhia já investira quase o dobro em instalações, equipamentos e produção. Em julho de 1953, "A Grande Cidade do Cinema" já contava com cerca de duzentos empregados, 25 edifícios e se gabava de ser "a única empresa do Brasil que dispunha de maquinário moderno para filmagens coloridas"[12].

A exemplo da Vera Cruz, a Multifilmes pretende ser uma "escola de cineastas", produzindo, além dos filmes de longa metragem comerciais, documentários culturais sem fins lucrativos, que servirão de iniciação a futuros cineastas brasileiros, "constituindo oportunidades para que as nossas equipes aperfeiçoem continuamente suas possibilidades técnicas"[13].

O *cast* da cinematografia reunia, entre outros, Procópio Ferreira, Paulo Autran, Beatriz Consuelo, Hélio Souto, Orlando Vilar, Jaime Barcelos, Luigi Picchi, Ludy Veloso, Armando Couto, Elísio de Albuquerque e Inezita Barroso.

Acumulando sucessivos fracassos de bilheteria, a situação financeira da Multifilmes é, no início de 1954, bastante delicada. Ela passa por sucessivas reformulações, mas o resultado continuava sendo desfavorável. Nessa época, lança *Chamas no cafezal*, um drama dirigido por José Carlos Burle e com Angelika Hauff, Guido Lazarini, Luigi Picchi e Áurea Cardoso no elenco. Essa produção se arrastou muito além do prazo previsto, em nada contribuindo para melhorar a situação da Multifilmes.

Anthony Assunção assume pessoalmente todas as dívidas da empresa, apesar de ser uma sociedade anônima, vendendo uma fazenda, vários prédios no centro da cidade e desfazendo-se de outros negócios. A partir desse momento, a Multifilmes abandona a produção autônoma e, a exemplo da Maristela, tenta sobreviver alugando estúdios e equipamentos e também participando de coproduções que não envolvessem o dispêndio de dinheiro. Várias coproduções são anunciadas, mas a única que se realiza é *A outra face do homem* (1954), coproduzida com a Atlântida do Rio de Janeiro e dirigida por J. B. Tanko.

A Multifilmes vai morrendo aos poucos. Não há demissões coletivas, mas os artistas e técnicos vão sendo dispensados à medida que vencem os contratos. O equipamento é vendido em pequenos lotes, e as atividades da companhia sofrem longos períodos de inatividade, até a paralisação total. Entretanto, Assunção, bem como os Audrá, teve seus terrenos de Mairiporã extremamente valorizados.

INDEPENDENTES ATÉ CERTO PONTO

Algumas observações são necessárias acerca do chamado "cinema independente"[14] que se desenvolveu em São Paulo nos anos 1950, numa tentativa de oposição ao chamado "cinema industrial". O fracasso da produção industrial paulista, que tinha como base, em termos estéticos, a ilusão do universalismo, a aparência do filme estrangeiro e a obsessão pela *qualidade*, acabou criando um violento esforço para a superação desse modelo que até então se pretendia impor ao cinema brasileiro.

Os congressos organizados em São Paulo e no Rio de Janeiro no início da década trataram exaustivamente de tais questões[15]. O fato é que uma série de filmes realizados no período não recebeu a chancela dos grandes estúdios, sendo produzidos por meio de aluguel de estúdios, equipamentos, esquemas de venda de cotas de produção, cooperativa etc. Conforme o cineasta Roberto Santos, muitos diretores se tornavam "independentes" por circunstância, pois não conseguiam armar um esquema de produção empresarial, e partiam para a realização do filme com os parcos recursos alcançados, embora alguns deles diferissem ideologicamente da Vera Cruz mais pelos temas que pretendiam explorar nos filmes. Santos cita o caso de Alberto Pieralisi, que era no fundo um homem de empresa e dirigiu *João Gangorra* (1952), e também o de *Da terra nasce o ódio* (1954), rodado em Santa

Rita do Passa Quatro, interior do estado de São Paulo. "Voluntariamente ou não, a ausência dos recursos da grande empresa forçava [o cineasta "independente"] a descobrir outras soluções de produção e linguagem que resultavam por vezes numa liberdade de expressão realmente estimulante e rica, em alguns dos filmes mais interessantes da época"[16].

Para Roberto Santos, são exemplos dessa tendência *O saci* (Rodolfo Nanni, 1951--1953), *Cara de fogo* (Galileu Garcia, 1957), *A carrocinha* (Agostinho Martins Pereira, 1955), *A estrada* (Oswaldo Sampaio, 1955) e *O grande momento* (Roberto Santos, 1957).

Em suma, havia mesmo a ausência de oposição entre cinema independente e indústria. Para o grupo de Nelson Pereira dos Santos, Rodolfo Nanni, Alex Viany e Carlos Ortiz, tratava-se de, por intermédio dos independentes, alcançar a "verdadeira indústria", seja consolidando-a, seja realmente criando-a. "O grupo do cinema independente entendia que a indústria era inviável sem embasamento econômico efetivo representado por fomento financeiro regular, distribuição adequada e predomínio no mercado interno"[17].

INDUSTRIALIZAÇÃO, CONGRESSOS DE CINEMA E SITUAÇÃO ECONÔMICO-FINANCEIRA DO CINEMA PAULISTA NOS ANOS 1950

No início dos anos 1950, ocorreram em São Paulo e no Rio de Janeiro uma série de congressos para a discussão dos problemas do cinema nacional[18], desencadeando um processo de conscientização dos mais fecundos sobre a atividade realizada nesse domínio. Em tais encontros começavam a se delinear quase todos os temas que vão ocupar o pensamento cinematográfico durante os próximos vinte ou vinte e cinco anos.

Os estudos iniciais acerca do funcionamento do mercado brasileiro, realizados de maneira mais rigorosa, chegam à conclusão de que seria totalmente inviável o desenvolvimento de uma indústria cinematográfica sem a implantação de uma legislação protecionista que modificasse por completo a situação. Criticam-se os trustes e denunciam-se os mecanismos de artifício cambial pelo qual as companhias cinematográficas estrangeiras remetiam para os países de origem, pelo câmbio oficial, até 70% dos lucros obtidos na exploração de seus filmes em território nacional.

Diante da impossibilidade de desenvolver uma indústria cinematográfica brasileira baseada no sistema de produção do cinema norte-americano, estudam-se novas formas de produção fundamentalmente artesanais, que não utilizem grandes estúdios e dispensem todo o aparato técnico que caracteriza a produção estrangeira. Diretamente relacionado a tais propostas, começa a ser elaborado todo um processo de descoberta e de reflexão sobre a significação cultural do cinema brasileiro. A produção deveria ser artesanal, rápida, barata, realizada por pequenas equipes e, de preferência, fora dos estúdios.

Solicitava-se das autoridades o estímulo à indústria cinematográfica nacional através da facilidade na concessão de financiamento, considerando as seguintes garantias: a) porcentagem de renda bruta que cabe ao produtor; b) obrigatoriedade de exibição, assegurada pelo decreto-lei nº 30.179, que obrigava a exibição, em cada sala, de um filme nacional a cada oito estrangeiros.

Procura-se definir o que é um filme brasileiro, que deveria atender às seguintes condições: a) capital 100% nacional; b) produção em estúdios e laboratórios brasileiros; c) argumento, diálogos e roteiros escritos por brasileiros; d) falado em português; e) dirigido por brasileiro nato, naturalizado ou estrangeiro radicado no país; f) a composição das equipes técnicas e artísticas teria que obedecer à lei que previa que dois terços dos profissionais que realizariam o filme fossem brasileiros.

A partir de estudos básicos sobre o cinema brasileiro – em que se destacam Bernardet[19], Galvão e Bernardet[20], Ramos[21], Johnson[22] e Simis[23] –, Autran[24] analisou o pensamento industrial cinematográfico que imperou no país, circunscrevendo seu trabalho entre os anos de 1924 e 1990. Chegou à conclusão de que tal pensamento industrial, "visando dar solução para as constantes 'crises' de produção do cinema brasileiro", tornou-se recorrente no período[25]. Para ele,

> [...] a cinematografia nacional nunca se industrializou efetivamente, apesar das tentativas de vulto, como quando tentou copiar o modelo americano de produção com grande investimento de capitais – o caso Vera Cruz na primeira metade dos anos de 1950 – ou quando o Estado assumiu a tarefa de coordenar e financiar o processo de industrialização – o caso da Embrafilme nas décadas de 1970 e 1980[26].

Alberto Cavalcanti, por exemplo, na qualidade de primeiro produtor geral da Vera Cruz, afirmava ser impossível criar uma indústria sem as fábricas[27], ou seja, incorria na acepção "do estúdio como unidade fabril de onde sairiam os produtos para o consumo no mercado, sem nenhuma consideração de ordem econômica da crise do *studio system* nos Estados Unidos e das novidades ao nível da produção trazida pelo advento do Neorrealismo italiano"[28]. Para vários produtores do período, durante muito tempo tudo se passou

> [...] como se a construção do estúdio, as importações de técnicos e de equipamentos por si só pusessem em marcha a indústria. Desconsiderava-se não apenas a conformação real do mercado, mas ainda a divisão de tarefas e res-

ponsabilidades no *studio system* [...], a articulação das diferentes etapas da realização do filme, a forma de avaliar se determinado produto já estava pronto para o mercado etc.[29]

Um estudo intitulado *Situação econômico-financeira do cinema nacional*, realizado em 1955, na gestão do prefeito Lino de Mattos, pela Comissão Municipal de Cinema, composta pelo cinegrafista Jacques Deheinzelin e o crítico Almeida Salles, entre outros, destaca que o Brasil era o primeiro mercado cinematográfico sul-americano e o décimo do mundo ocidental em número de espectadores[30]. Para uma população de 52 milhões de habitantes em 1953, venderam-se 250 milhões de ingressos e produziram-se 34 filmes nacionais. Contudo, as proporções financeiras da crise em São Paulo eram alarmantes, conforme pode ser observado no estudo sobre a rentabilidade de 25 fitas produzidas pela Vera Cruz, Maristela e Multifilmes:

COMPANHIAS	Nº DE FITAS ESTUDADAS	CUSTO MÉDIO DE CADA FITA	RENDA MÉDIA ESTIMADA/4 ANOS	%
Vera Cruz	13	Cr$ 5.227.000,00	Cr$ 3.850.000,00	70
Maristela	5	Cr$ 2.920.000,00	Cr$ 1.319.000,00	45
Multifilmes	7	Cr$ 3.662.800,00	Cr$ 1.600.000,00	44

Em suma, as três empresas tiveram prejuízo com suas produções. Constatou-se, ainda, com base no índice do custo de vida publicado pela Prefeitura de São Paulo, que os ingressos estavam 5,5 vezes mais baratos do que em 1939, pois para corresponder ao preço daquele ano o ingresso de 10 cruzeiros deveria custar 55 cruzeiros. O relatório, publicado na revista *Anhembi* de dezembro de 1955, concluía: "cinema é problema de governo [...]. Problema sem dúvida complexo e que exige a intervenção de muitos setores do governo. Mas os problemas só se tornam problemas de governo depois de tomar corpo na consciência do país: o cinema brasileiro só existirá se o povo e os seus representantes sentirem a sua necessidade"[31].

O cinema brasileiro, contrariamente, por exemplo, às cinematografias do México e da Argentina, apenas contava com o seu mercado interno para sobreviver. A produção mexicana passa de 37 películas, em 1941, para 124, em 1950, atingindo o auge em 1958 (136 filmes). A Argentina, por sua vez, experimentou produção mais modesta: 50 filmes em 1939, 57 em 1950, baixando para 23 em 1959. Ambos os países – México, principalmente – contavam com a exploração de todo um mercado de fala espanhola para a venda de seus filmes[32]. A produção brasileira, como se pode observar pela tabela seguinte, era bem mais modesta que a mexicana:

NÚMERO DE FILMES PRODUZIDOS

Fonte: *Anuários Estatísticos do Brasil* de vários anos.

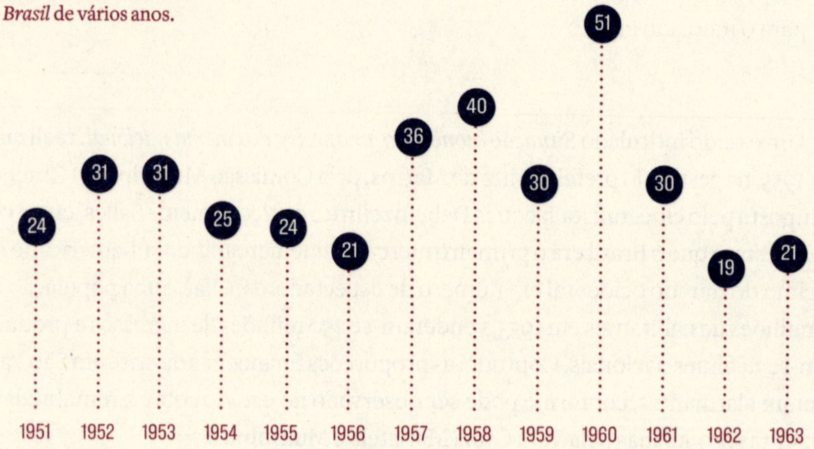

Ao longo do período em que a Vera Cruz, Maristela e Multifilmes operaram, isto é, 1950 a 1958, durante quatro anos a produção brasileira foi inferior a 30 filmes, em três anos ultrapassou essa cifra e em 1958 atingiu 40 películas. É uma produção quantitativamente reduzida diante da avalanche de filmes estrangeiros – sobretudo norte-americanos –, para conseguir transformar as reivindicações da classe produtora em uma política de Estado ou, ao menos, de governo.

Embora exagerado e conservador em seu métier, no exercício da crítica cinematográfica, o paulista B. J. Duarte (1910-1995) não deixa de ter certa razão ao escrever que em abril de 1952, quando se realizou o I Congresso Paulista do Cinema Brasileiro, o crítico Carlos Ortiz, velho desafeto de B. J., alardeava que "nada menos que 40 empresas produtoras de filmes de curta e longa-metragem haviam subscrito o manifesto de convocação"[33]. B. J. Duarte, atacado, rebate Ortiz e diz sobre o cinema paulista:

> [...] no dizer desses incorrigíveis improvisados da época logo ultrapassaria, em importância industrial, o próprio sistema de produção, em quantidade pelo menos, vigente em território norte-americano. Essa nova Califórnia, entretanto, se compunha, realmente, de pequenos cogumelos de uma só manhã, cujo aparecimento no chão humoso de São Paulo se anunciava[34].

Ao ouvir que a capital paulista contava com cerca de quarenta produtoras, Cavalcanti assim se expressou, ao ler o disparate: "Folgo muito com isso, pois vejo que em São Paulo há mais empresas produtoras do que na Grã-Bretanha e em Hollywood juntas..."[35].

NOTAS

1 Este capítulo foi desenvolvido a partir de três trabalhos meus: "Mario Civelli: empreendedor, cavador e produtor-relâmpago de filmes", em: Afranio Mendes Catani; Mariarosaria Fabris e Wilton Garcia (orgs.), *Estudos Socine de Cinema*, ano VI, São Paulo: Nojosa Edições, 2005, pp. 201-7; "A constituição do campo cinematográfico em São Paulo nos anos 40 e 50", em: Fernão Pessoa Ramos *et al.* (orgs.), *Estudos Socine de Cinema*, Porto Alegre: Sulina, 2001, pp. 209--16; "O cinema na cidade de São Paulo: lazer popular em meados do século XX", em: F. Alambert (org.), São Paulo: Edições Sesc, livro no prelo, ainda sem título; e de três outros autores: Paulo Antonio Paranaguá, *A invenção do cinema brasileiro: modernismo em três tempos*, Rio de Janeiro: Casa da Palavra, 2014; Maria Rita Eliezer Galvão, *Burguesia e cinema: o caso Vera Cruz*, Rio de Janeiro: Civilização Brasileira/Embrafilme, 1981; e Maria Rita Galvão e Carlos Roberto de Souza, "Cinema brasileiro: 1930-1964", em: Boris Fausto (org.), *História geral da civilização brasileira*, v. 3, t. 4, São Paulo: Difel, 1986, pp. 463-500.

2 Cf. Maria Rita Eliezer Galvão, *op. cit.* Para compreensão das transformações culturais ocorridas em São Paulo nesse período devem ser consultados, dentre outros: Maria Arminda do Nascimento Arruda, *Metrópole e cultura em São Paulo no meio do século XX*, Bauru: Edusc, 2001; Francisco Alambert e Polyana Canhête, *Bienais de São Paulo: da era dos museus à era dos curadores*, São Paulo: Boitempo, 2004.

3 Cf. a respeito Alessandra Vannucci, *A missão italiana: histórias de uma geração de diretores italianos no Brasil*, São Paulo: Perspectiva; Belo Horizonte: Fapemig, 2014.

4 Disponível no Museu da Imagem e do Som (MIS), setembro, 1982.

5 Este capítulo foi desenvolvido a partir de Maria Rita Eliezer Galvão, *op. cit.*; *Idem*, *Companhia Cinematográfica Vera Cruz: a fábrica de sonhos (um estudo sobre a produção cinematográfica industrial paulista)*, s.f., tese (doutorado em Semiótica e Linguística Geral), Universidade de São Paulo, São Paulo: 1975, 5 v.; Maria Rita Galvão e Carlos Roberto de Souza, "Cinema brasileiro: 1930-1964", *op. cit.*; Afranio Mendes Catani, "A aventura industrial do cinema paulista (1930-1955)", em: Fernão Ramos (org.), *História do cinema brasileiro*, São Paulo: Art Editora, 1987, pp. 189-297.

6 Maria Rita Galvão e Carlos Roberto de Souza, "Cinema brasileiro: 1930-1964", *op. cit.*, p. 494.

7 O editor, professor e crítico de cinema Maximo Barro relatou que nos anos 1940 e 1950 trabalhava como mecânico em uma oficina de seu tio, tendo um salário modesto, e ia diariamente ao cinema: à noite durante a semana, e aos sábados e domingos, duas vezes em cada um desses dias. "Trabalhei por onze anos como mecânico e, nessa época, o preço da entrada de cinema era baratíssimo, correspondendo a 25 centavos de dólar. Às segundas, ia ao Cine Bandeirantes; às terças, ao Art Palácio; às quartas, ao Ópera; e às quintas, ao Metro", e nos demais dias assistia aos filmes de acordo com a programação (Maximo Barro, depoimentos a Zulmira Ribeiro Tavares, Secretaria Municipal de Cultura de São Paulo, set. 1978, e a Afranio Mendes Catani, arquivo pessoal, fev. 2014).

8 Trato a seguir da Brasil Filmes tendo como base Maria Rita Galvão e Carlos Roberto de Souza, "Cinema brasileiro: 1930-1964", *op. cit.*; Afranio Mendes Catani, "A aventura industrial do cinema paulista (1930-1955)", *op. cit.*; e o depoimento de Abílio Pereira de Almeida a Maria Rita Eliezer Galvão, *Burguesia e cinema: o caso Vera Cruz*, *op. cit.*

9 A exposição a respeito da trajetória da Maristela baseia-se em Mário Boeris Audrá Jr., *Cinematográfica Maristela: memórias de um produtor*, São Paulo: Silver Hawk, 1997; Afranio Mendes Catani, "A aventura industrial do cinema paulista (1930-1955)", *op. cit.*; *Idem*, *A sombra da outra: a Cinematográfica Maristela e o cinema industrial paulista nos anos 50*, São Paulo: Panorama, 2002; *Idem*, *História do cinema brasileiro: 4 ensaios*, São Paulo: Panorama, 2004; *Idem*, "Dois fotógrafos argentinos no Brasil: Mario Pagés e Juan Carlos Landini", em: Afranio Mendes Catani *et al.* (orgs.), *Estudos Socine de Cinema*, ano V, São Paulo: Panorama, 2004; *Idem*, "Mario Civelli: empreendedor, cavador e produtor-relâmpago de filmes", *op. cit.*; *Idem*, "A Cinematográfica Maristela e tentativas frustradas de coproduções internacionais nos anos 50", em: XII Socine, Brasília, UnB,

2008; Maria Rita Eliezer Galvão, *Companhia Cinematográfica Vera Cruz: a fábrica de sonhos (um estudo sobre a produção cinematográfica industrial paulista)*, *op. cit.*; Maria Rita Galvão e Carlos Roberto de Souza, "Cinema brasileiro: 1930-1964", *op. cit.*

10 Posteriormente, a Grava-Som se associou a uma subsidiária da Columbia, passando a se chamar AIC.

11 A exposição acerca da curta trajetória da Multifilmes foi baseada em Maria Rita Eliezer Galvão, *Companhia Cinematográfica Vera Cruz: a fábrica de sonhos (um estudo sobre a produção cinematográfica industrial paulista)*, *op. cit.*; Afranio Mendes Catani, "A aventura industrial do cinema paulista (1930-1955)", *op. cit.*; *Idem*, *História do cinema brasileiro: 4 ensaios*, *op. cit.*; *Idem*, "Mario Civelli: empreendedor, cavador e produtor--relâmpago de filmes", *op. cit.*

12 Afranio Mendes Catani, *A sombra da outra: a Cinematográfica Maristela e o cinema industrial paulista nos anos 50*, *op. cit.*, p. 95.

13 *Ibidem*.

14 Cf. a respeito Maria Rita Eliezer Galvão, *Burguesia e cinema: o caso Vera Cruz*, *op. cit.*; *Idem*, *Companhia Cinematográfica Vera Cruz: a fábrica de sonhos (um estudo sobre a produção cinematográfica industrial paulista)*, *op. cit.*; Arthur Autran, "Ilusões, dúvidas e desenganos: a Vera Cruz e o cinema independente frente à questão da indústria", em: André Gatti e Rafael Freire (orgs.), *Retomando a questão da indústria cinematográfica brasileira*, Rio de Janeiro: Caixa Cultural/Tela Brasilis, 2009; *Idem*, "O pensamento industrial cinematográfico: ontem e hoje", em: Alessandra Meleiro (org.), *Cinema e mercado: indústria cinematográfica audiovisual brasileira*, v. III, São Paulo: Escrituras, 2010; *Idem*, *O pensamento industrial cinematográfico brasileiro*, São Paulo: Hucitec, 2013.

15 Na impossibilidade de aprofundar o tema, indico o trabalho de José Inacio de Melo Souza, *Congressos, patriotas e ilusões e outros ensaios de cinema*, São Paulo: Linear B, 2006. Na seção seguinte, recupero algumas ideias centrais debatidas.

16 Cf. Maria Rita Eliezer Galvão, *Burguesia e cinema: o caso Vera Cruz*, *op. cit.*, pp. 213-4.

17 Arthur Autran, *O pensamento industrial cinematográfico brasileiro*, *op. cit.*, pp. 305-6.

18 Houve mesas-redondas promovidas pela Associação Paulista de Cinema – APC (30 e 31 de agosto e 1º de setembro de 1951); I Congresso Paulista do Cinema Brasileiro (15, 16 e 17 de abril de 1952); I Congresso Nacional do Cinema Brasileiro (Rio de Janeiro, 22 a 28 de setembro de 1952); II Congresso Nacional do Cinema Brasileiro (São Paulo, 12 a 20 de dezembro de 1953).

19 Jean-Claude Bernardet, *Cinema brasileiro: propostas para uma história*, Rio de Janeiro: Paz e Terra, 1979.

20 Maria Rita Galvão e Jean-Claude Bernardet, *O nacional e o popular na cultura brasileira – cinema: repercussão em caixa de eco ideológica*, São Paulo: Brasiliense/Embrafilme, 1983.

21 José Mário Ortiz Ramos, *Cinema, Estado e lutas culturais – anos 50/60/70*, Rio de Janeiro: Paz e Terra, 1983.

22 Randal Johnson, *The Film Industry in Brazil – Culture and State*, Pittsburg: University of Pittsburg Press, 1987.

23 Anita Simis, *Estado e cinema no Brasil*, São Paulo: Annablume/Fapesp, 1996.

24 Arthur Autran, *O pensamento industrial cinematográfico brasileiro*, *op. cit.*

25 *Ibidem*, p. 23.

26 *Ibidem*, p. 31.

27 Alberto Cavalcanti, *Filme e realidade*, São Paulo: Martins, 1953, p. 17.

28 Arthur Autran, *O pensamento industrial cinematográfico brasileiro*, *op. cit.*, pp. 216-7.

29 *Ibidem*, p. 217.

30 Cf. *Anhembi*, São Paulo: dez. 1955, n. 61, pp. 198-211.

31 AAVV, "Situação econômico-financeira do cinema nacional", *Anhembi*, São Paulo: dez. 1955, n. 61, p. 201. Cf. também Afranio Mendes Catani, *A revista de cultura Anhembi (1950-1962): um projeto elitista para elevar o nível cultural do Brasil*, Maringá: Eduem, 2009; Paulo Emílio Sales Gomes, *Cinema: trajetória no subdesenvolvimento*, Rio de Janeiro: Paz e Terra/Embrafilme, 1980.

32 Afranio Mendes Catani e Luiz Felipe Miranda, "Cinema", em: Emir Sader *et al.* (orgs.), *Latinoamericana: enciclopédia contemporânea da* América *Latina e do Caribe*, São Paulo: Boitempo; Rio de Janeiro: LPP/Uerj, 2006, pp. 298-312 [pp. 301-4].

33 B. J. Duarte, "Indústria cinematográfica brasileira", *Anhembi*, São Paulo: jul. 1958, n. 92. Cf. também Afranio Mendes Catani, *Cogumelos de uma só manhã – B. J. Duarte e o cinema brasileiro* (*Anhembi: 1950-1962*), s.f., tese (doutorado em Sociologia), Universidade de São Paulo, São Paulo: 1991, 3 v.

34 B. J. Duarte, "Indústria cinematográfica brasileira", *op. cit.*

35 *Ibidem.*

O CINEMA PAULISTA PARA ALÉM DOS ESTÚDIOS

FLÁVIA CESARINO COSTA
& LAURA LOGUERCIO CÁNEPA

A era dos estúdios paulistas, iniciada com a fundação da Companhia Vera Cruz, em 1949, entraria em colapso poucos anos depois. No entanto, seria acompanhada pelo nascimento de alternativas paralelas de produção de longas-metragens, algumas das quais mais longevas e comercialmente bem-sucedidas. Essas experiências incluem iniciativas muito diferentes e de duração diversa, que criaram condições para fenômenos como o cinema independente dos anos 1950, o ciclo dos filmes de cangaço, as séries televisivas em 35 mm, o ciclo do cinema erótico paulista. A vitalidade desse ambiente permitiria também a consagração de atores/realizadores que se transformaram em figuras midiáticas de grande alcance nacional.

Boa parte dessas iniciativas esteve voltada para as produções populares, com a adesão a gêneros de sucesso que também foram aproveitados pelos estúdios: o faroeste, a aventura, a comédia, o melodrama, o musical. Com isso, o cinema paulista do período formou uma rede complexa de profissionais e revelou-se centro irradiador de tendências, inspirando cineastas de outras regiões.

OS *INDEPENDENTES* E A INFLUÊNCIA DO NEORREALISMO

Enquanto Franco Zampari e Francisco Matarazzo Sobrinho se dedicavam à fundação do primeiro grande estúdio de cinema de São Paulo, em São Bernardo do

Campo, cineastas de diferentes estirpes – críticos, técnicos, cavadores, amadores, encenadores de teatro – buscavam outras formas de financiamento e realização de longas-metragens no estado, formando redes associadas e/ou paralelas ao grande estúdio da Vera Cruz e, também, às produtoras menores Maristela e Multifilmes, surgidas em sua esteira. Essas últimas, que abraçaram alternativas mais rápidas e baratas para a realização de seus filmes, contribuíram para o surgimento de obras que, para Maria Rita Galvão, estiveram "na origem da futura produção paulista dita 'independente'"[1].

Conforme observa Rubens Machado Jr., as primeiras realizações da Vera Cruz "animaram em sua esteira a abertura de outras casas produtoras, propiciando um ciclo alentado de produções com características próprias, dominando toda a primeira metade da década de 1950, e deixando enraizadas certas forças produtivas que perduraram"[2]. Para o pesquisador, os filmes feitos nesse contexto exprimiram aquilo que em São Paulo se imaginava que pudesse ser um cinema desenvolvido e de apelo popular. Mas, argumenta ele, tanto o cinema *desenvolvido* como seu *apelo popular* dependiam não apenas de projetos e ambições, mas principalmente de experiências que pudessem articular o desenvolvimento empresarial e a repercussão de público[3], equação nem sempre bem resolvida.

Entretanto, não é possível atribuir o surgimento das múltiplas produções paulistas da década de 1950 apenas a uma espécie de empurrão dos estúdios. Machado Jr. destaca que, para compreendermos esse recomeço do cinema paulista nos anos 1950 – após uma década e meia sem produção regular de filmes de ficção –, devemos levar em conta também o fato de que a cidade via o aprimoramento da cultura cinematográfica e da crítica, sobretudo com o surgimento dos clubes de cinema nos anos 1940, que redundariam na criação da Filmoteca em 1946 e na organização dos Congressos do Cinema Brasileiro em abril de 1952 e dezembro de 1953[4]. É importante lembrar também de um dado específico da cinefilia paulista, caracterizado pela instalação, nos anos 1950, de salas especializadas na projeção de filmes para a comunidade nipônica no bairro da Liberdade, na cidade de São Paulo. Essas salas atraíam cineastas, cinéfilos e curiosos para o consumo regular de filmes japoneses que estavam apenas começando a ser descobertos internacionalmente[5].

Nessa conjuntura, marcada ainda pelo nacionalismo do governo Vargas e pelo desenvolvimentismo do governo Kubitschek, o debate sobre o cinema paulista e brasileiro ganhou novos contornos. Como descrevem Maria Rita Galvão e Jean-Claude Bernardet, uma série de fatores – entre eles, a valorização do cinema como produção cultural e a divulgação do ideário do neorrealismo nos anos 1950 – levaram o cinema nacional a adquirir uma originalidade que não tinha na primeira metade do século, e a se politizar fortemente, como se percebe na discussão que se estabeleceu entre a crítica especializada[6].

Arthur Autran, com base na descrição de Fabio Lucas[7], divide a crítica cinematográfica brasileira dos anos 1950 em dois grupos principais: o dos *críticos históricos* e o dos *esteticistas*. O grupo dos críticos históricos se posicionava à esquerda do espectro político, tendia a ser favorável ao cinema europeu – principalmente aos filmes vinculados ao neorrealismo – e valorizava sobretudo o conteúdo dos filmes, as histórias contadas. Já o grupo dos esteticistas era mais partidário do estilo que do conteúdo, era identificado com posições políticas de direita e admirava os filmes de Hollywood[8].

No lado dos esteticistas, estavam, por exemplo, Moniz Vianna (do *Correio da Manhã*), Benedito Junqueira Duarte (que escrevia na revista *Anhembi* e n'*O Estado de S. Paulo*), Ely Azeredo (da *Tribuna da Imprensa*), Almeida Salles e Rubem Biáfora (d'*O Estado de S. Paulo*). No lado dos críticos históricos estavam Alex Viany, que iniciara sua carreira jornalística como correspondente da revista *O Cruzeiro* em Hollywood, tornando-se depois um dos articulistas mais importantes da *Fundamentos – Revista de Cultura Moderna*, fundada em 1948; Carlos Ortiz (da *Folha da Manhã*); Salvyano Cavalcanti de Paiva (*Revista Manchete*, *O Globo* e *A Scena Muda*) e Walter da Silveira (*Diário da Bahia* e *Revista Recôncavo*). Esses últimos eram nacionalistas ligados ao Partido Comunista, colaboravam com a imprensa paralela aos grandes jornais e revistas e dominavam os congressos de cinema realizados em São Paulo. Segundo Autran, a crítica de esquerda revelava entusiasmo pela representação do povo, valorizando a simplicidade e o realismo das histórias. Daí por que criticavam os elaborados filmes da Vera Cruz e, ao mesmo tempo, o estilo fantasioso e debochado das chanchadas.

Bernardet e Galvão identificam o grupo dos esteticistas com os cineastas e jornalistas ligados à Vera Cruz, vistos pelos críticos históricos como "decadentes e subservientes ao imperialismo"[9]. Para os articulistas da revista *Fundamentos*, o cinema cosmopolita da burguesia nacional preparava "um clima psicológico propício à política imperialista de dominação e de guerra"[10]. Os esteticistas, por sua vez, atacavam os críticos históricos pelo que consideravam ser uma espécie de "burrice nacionalista"[11] e acusavam os colegas de má-fé na manipulação dos resultados dos congressos de cinema ocorridos no começo da década de 1950. Havia uma acirrada disputa entre os dois grupos sobre quem defendia ou fazia o cinema mais *genuinamente* brasileiro. O único crítico a argumentar nos anos 1950 que a disputa representava uma falsa oposição foi Paulo Emílio Sales Gomes. Em 1959, ele alertava para o que considerava o erro de se confundir a noção de universal com a de estrangeiro, indagando "se o caminho certo não seria o exame mais cuidadoso da vitalidade sociológica da comédia carioca e do drama regional"[12].

Segundo Luís Alberto Rocha Melo, a produção historiográfica sobre o cinema brasileiro do final dos anos 1940 e dos anos 1950 tende a associar o chamado "cinema independente" aos realizadores próximos do polo dos *críticos históricos*, que foram muito atuantes tanto no Rio de Janeiro como em São Paulo, seja na organização das mesas-redondas da Associação Paulista de Cinema (APC, criada em 1951) e dos Congressos Nacionais do Cinema Brasileiro (1952-1953), seja na produção de filmes emblemáticos, tais como *O Saci* (Rodolfo Nanni, 1951-1953), *Rio, 40 graus* (Nelson Pereira dos Santos, 1954-1955) e *O grande momento* (Roberto Santos, 1957). Para Melo, esse grupo criticava o modelo industrial importado pelos estúdios paulistas, ao mesmo tempo que defendia a industrialização do cinema brasileiro. Os textos da historiografia apontam, neste debate,

> a procura por uma forma "brasileira" e "realista", essencialmente popular e comunicativa, que seria expressa sobretudo pelo "conteúdo", isto é, pelos temas e histórias levados à tela, compreendendo aí aspectos culturais e sociais, tais como o folclore, a música popular, o campo, a favela, o universo do trabalhador e do "homem comum" etc.; a defesa teórica de uma determinada prática de produção, não atrelada ao "mito dos estúdios", mas adaptando a lição do cinema neorrealista italiano do pós-guerra às condições brasileiras: poucos recursos financeiros, equipe reduzida e utilização de estúdios como forma de barateamento da produção, visto que as filmagens externas, nos anos 1950, encareciam o orçamento; por fim, um compromisso ético e estético a partir do qual a realização de filmes no Brasil fizesse parte de um sentido maior de reflexão em torno das condições sociais, econômicas e culturais do próprio país, donde a crença de que tais filmes imbuídos desse espírito progressista encontrariam diálogo com o público – aqui, frequentemente entendido como "povo"[13].

É a partir da relação com os intensos debates da época e com o modelo problemático dos estúdios que se pode sistematizar uma extensa produção de filmes paulistas realizados fora das grandes casas produtoras na década de 1950.

No entanto, antes de apresentar a significativa produção paulista, é necessário recuperar, justamente por conta de toda essa conjuntura, a experiência de Humberto Mauro em Minas Gerais. Influenciado por essas discussões e pelos filmes de temática rural das produtoras paulistas e dos independentes, o diretor no Instituto Nacional de Cinema Educativo do Rio de Janeiro (INCE) construiu em 1952 um pequeno estúdio chamado Rancho Alegre, em Volta Grande, sua cidade natal. Para isso, ele usou o sistema de cotas e tomou empréstimos para o financiamento de *O canto da saudade*, valendo-se de cenários rurais e da cidadezinha. O filme foi feito com equipamentos e técnicos do INCE, alguns deles trabalhando como atores. A fotografia ficou a cargo de José de Almeida Mauro, seu filho. O filme foi concebido como um melodrama musical e irônico que mescla um triângulo amoroso e explorou o sucesso do acordeonista Mário Mascarenhas. O longa teve no elenco também suas alunas, uma delas, Cláudia Montenegro, foi a protagonista. Participou ainda o próprio Humberto Mauro, que faz o cabotino Coronel Januário, que cultua seu carro de bois e tenta se eleger prefeito. Entre as ironias sobre o poder e o drama de amor no meio rural, o envolvimento da comunidade local foi fundamental inclusive em cenas como o antológico "sonho do carreiro", quando, com seu acordeão, Mascarenhas rege, sobre um carro de bois e do alto de uma montanha, homens e mulheres com seus instrumentos de trabalho. Tomados em conjunto, eles formam, ao executar músicas tradicionais brasileiras, a imagem de notas musicais em movimento. Humberto Mauro e José Mauro foram agraciados com o prêmio Saci em 1953, pela direção e a fotografia de *O canto da saudade*. Apesar dos prêmios que recebeu, o filme não fez uma bilheteria expressiva e deixou dívidas que afastaram o diretor da ficção. No entanto, sua forma de produção enxuta e também o filme original serviram de paradigma para jovens estreantes.

A trajetória de Carlos Ortiz, crítico de cinema, professor de história do cinema no Seminário de Cinema do Masp (Museu de Arte de São Paulo) entre 1949 e 1952 e primeiro presidente da APC, é o exemplo inaugural da produção independente paulista nos anos 1950. Ele foi autor de livros como *Romance do gato preto* (1952), primeira publicação brasileira de história do cinema inspirada nos escritos de Georges Sadoul. Sua abordagem é referência de como, nos anos 1950, a história do cinema se fazia bastante misturada à atividade de crítica. O tom é de lamentação em relação à dominação do mercado brasileiro pelos distribuidores estrangeiros. O último capítulo repassa, em apenas 19 páginas, toda a história do cinema brasileiro, dedicando grande parte a atacar Hollywood e a defender o heroísmo dos nossos produtores, em uma luta da qual deveriam participar "não só os [...] diretores, atores e técnicos, mas inúmeros críticos e cronistas do rádio e da imprensa, os jovens de nossos cineclubes e uma verdadeira legião de fãs que o cinema nacional conquista a cada momento em todo o Brasil"[14].

Entusiasta do neorrealismo, Ortiz reuniria uma equipe de estudantes e técnicos iniciantes para dar forma ao seu projeto-piloto para o cinema brasileiro. Em 1950, de uma iniciativa surgida em sistema de cooperativa, resultou seu primeiro longa-metragem, *Alameda da saudade, 113*. O filme, escrito, dirigido e produzido por ele, foi filmado, em sua maior parte, na cidade de Santos, no litoral sul do estado de São Paulo, e também nos estúdios da Divulgação Cinematográfica Bandeirante[15], na capital, sendo lançado em 1951. Curiosamente, porém, o cineasta que estava em busca do realismo popular escreveria uma história espírita envolvendo jovens da alta sociedade santista[16]. Baseada em uma lenda urbana, a trama apresentava um jovem (Rubens de Queiroz) que, apaixonado por uma moça misteriosa (Sônia Coelho), é levado ao suicídio ao descobrir que sua amada morrera anos antes de se conhecerem.

Os temas sombrios continuaram acompanhando a carreira cinematográfica de Ortiz. Absorvido pouco depois pela Maristela, ele participou da adaptação do folhetim gótico de Nelson Rodrigues *Meu destino é pecar* (Manuel Peluffo, 1952). Ortiz dirigiria ainda, de encomenda, *Luzes nas sombras* (1951-1953), melodrama sobre uma mulher vítima de câncer, produzido e finalizado no Rio de Janeiro por Heládio Fagundes, da pequena companhia Brasfilmes. A obra, lançada em 1954 e recebida com indiferença, seria o último trabalho do cineasta atrás das câmeras.

Ainda que a experiência de Ortiz tenha sido desastrosa, o fato é que em pouco tempo os cineastas brasileiros constatariam que, como ele pensava, o mercado consumidor interno não suportaria os altos custos das produções dos estúdios, cuja situação era agravada pelas vantagens competitivas obtidas pelas distribuidoras estrangeiras no Brasil. Assim, conforme sintetiza Mariarosaria Fabris, "das reflexões surgidas nos Congressos, do fracasso da Vera Cruz, da reavaliação das chanchadas [...] nascem os filmes mais representativos dessa fase do cinema brasileiro, aqueles que significaram a afirmação da produção independente"[17].

Buscando resumir as preocupações essenciais de um conjunto de filmes paulistas surgidos, em sua maioria, na segunda metade da década de 1950, Maria Rita Galvão e Carlos Roberto de Souza chamam a atenção para alguns aspectos, como as propostas independentes, artesanais, baratas e feitas por pequenas equipes; a inspiração temática e estilística no neorrealismo italiano; a busca por temas autenticamente nacionais e capazes de conter uma visão crítica da realidade[18]. Em São Paulo, os autores destacam como obras representativas dessa leva de produções os filmes *O saci* (Rodolfo Nanni, 1951-1953), *Cara de fogo* (Galileu Garcia, 1957), *A carrocinha* (Agostinho Martins Pereira, 1955), *A estrada* (Oswaldo Sampaio, 1955) e *O grande momento* (Roberto Santos, 1957), que comentaremos a partir de agora[19]. Trata-se de obras de estreia de jovens diretores, que realizaram seus filmes em produções associadas com os estúdios, fazendo uso da infraestrutura ociosa então à disposição.

Com exceção de *O saci*, essas produções tiraram proveito da linha de crédito aberta em 1955 pelo Banco do Estado de São Paulo, que concedia empréstimos a realizadores após a avaliação de seus projetos pelas comissões Municipal e Estadual de Cinema, formadas por exibidores, distribuidores, técnicos, produtores e críticos. Normalmente se candidatavam brasileiros, estreantes, porém com experiência técnica comprovada nos estúdios[20]. Esse mecanismo de financiamento que viabilizou o cinema independente da época era reforçado pela premiação de percentuais de 15 ou 25% da renda bruta dos filmes considerados "de qualidade" pelo júri municipal, praticamente dobrando seu rendimento devido à relação entre a renda bruta e a líquida[21].

Os filmes *O saci* e *Cara de fogo* surgiram de histórias de fantasia inspiradas na literatura infantil brasileira e foram bem recebidos na época, acumulando mais de uma dezena de prêmios Saci (do jornal *O Estado de S. Paulo*) e Governador do

Estado de São Paulo (do governo estadual). O primeiro, inspirado na coleção *O Sítio do Pica-pau Amarelo*, de Monteiro Lobato, foi realizado entre 1951 e 1953, na cidade de Ribeirão Bonito, com equipamentos alugados da Maristela. O artista plástico Rodolfo Nanni, estreando como diretor, assumiu a liderança do projeto, conduzido também por profissionais que, como ele, estavam ligados ao PCB: o assistente de direção de Nelson Pereira dos Santos, o diretor de produção Alex Viany e o fotógrafo Ruy Santos, que vinha de longa experiência na realização de documentários para o DIP (Departamento de Imprensa e Propaganda) getulista.

Ainda que *O saci* estivesse dedicado ao público infantil, sua realização encarnava uma proposta mais abrangente de seus realizadores para abordar a cultura e a identidade brasileiras. Como observa Autran, o filme tem elementos que permitem alinhá-lo às normas preconizadas por Viany na revista *Fundamentos*: era baseado em obra de um escritor nacional considerado crítico; fazia uma abordagem da questão social na figura da cozinheira Tia Nastácia (interpretada por Benedita Rodrigues); produzia um retrato da cultura popular em tom positivo[22]. *O saci* acabou fazendo uma boa carreira comercial, beneficiando-se da popularidade dos textos de Monteiro Lobato e da circulação da fita nas cidades do interior.

A experiência bem-sucedida com o cinema infantil inspiraria, quatro anos depois, Galileu Garcia, que, em sua estreia como diretor, realizou *Cara de fogo*, inspirado na novela infanto-juvenil *A carantonha* (1953), do escritor e jornalista paulista Afonso Schmidt. O filme, estrelado pelos astros de *O cangaceiro* Alberto Ruschel e Milton Ribeiro, trazia uma família urbana recém-emigrada para o interior e ameaçada por aparições de um ser diabólico. *Cara de fogo* foi realizado em São José dos Campos e produzido por Garcia e seu colega Ary Fernandes, com o investimento de três fazendeiros que haviam cedido suas terras para as filmagens de *Paixão de gaúcho* (Walter Jorge Durst, 1957), da Brasil Filmes[23]. A equipe também trazia o fotógrafo húngaro Rudolf Icsey e o compositor italiano Enrico Simonetti, dois dos mais requisitados profissionais dos estúdios paulistas.

Apesar de *Cara de fogo* ter alcançado retorno satisfatório nas bilheterias, Garcia não voltaria a dirigir longas-metragens de ficção, direcionando suas atividades, como vários de seus colegas desde então, aos documentários institucionais e também ao cinema publicitário, que crescia a passos largos no mesmo período, em função do novo mercado aberto pela chegada da televisão ao Brasil. Mas ele ainda faria a assistência de direção do ambicioso *A primeira missa* (Lima Barreto, 1960), melodrama estrelado por Margarida Cardoso e Dionísio Azevedo. O filme, uma produção financiada pela Arquidiocese de São Paulo, tentava cumprir a promessa de um retorno triunfal de Lima Barreto às telas, depois de *O cangaceiro* (1952). Segundo suas próprias declarações divulgadas na época, o diretor teria prometido "fazer o Papa chorar" ao assistir à história de um menino pobre que tem a ajuda da mãe analfabeta e de um vizinho paraplégico (e ateu) para seguir a carreira eclesiástica. *A primeira missa*, inspirado no conto "Nhá Colaquinha cheia de graça", da escritora paulista Nair Lacerda, foi indicado para representar o Brasil no Festival de Cannes. O longa obteve recepção fria, encerrando a carreira de Lima Barreto como diretor, em grande parte devido a problemas de bastidores fartamente divulgados pela imprensa[24] – como o corte inicial da fita com 180 minutos, além de uma violenta batalha judicial com sua ex-esposa, a atriz Araçari de Oliveira.

Já na seara da comédia, *A carrocinha* (1955) buscaria aproveitar a aceitação popular da figura do comediante Amácio Mazzaropi nos filmes da Vera Cruz *Sai da frente* (Tom Payne e Abílio Pereira de Almeida, 1951), *Nadando em dinheiro* (Carlos Thiré e Abílio Pereira de Almeida, 1952) e *Candinho* (Abílio Pereira de Almeida, 1953). O projeto ficou sob a direção do português radicado no Brasil Agostinho Martins Pereira, ligado desde a década de 1940 ao Foto-Cine Clube Bandeirante, agremiação responsável pela formação de vários profissionais do cinema paulista. O filme foi escrito por ele e seus companheiros Galileu Garcia e Jacques Deheinzelin, da Vera Cruz, com base em argumento de Walter George Durst.

Filmado, em sua maior parte, em cenas externas diurnas na cidade serrana de Santa Branca, *A carrocinha* contou com equipamentos alugados da Multifilmes, representando um respiro em meio à crise que colocara os profissionais dos estúdios sob a sombra do desemprego. Também pode ser considerado uma experiência mais realista em torno da comédia, contando com a participação da própria comunidade da cidade. Mazzaropi encarnava o simplório Jacinto, contratado como motorista de carrocinha de cachorros pelo prefeito de uma pequena cidade, que cria o serviço para se livrar do cachorro da própria mulher – interesse privado travestido de serviço público. A produção ficou a cargo do uruguaio Jaime Prades, que já passara pelos estúdios argentinos – então em crise – e chegara ao Brasil como distribuidor de fitas espanholas, seguindo depois para a Espanha. O filme teve ótimo retorno comercial, o que fez com que Pereira, Garcia e Mazzaropi fossem convidados por Abílio Pereira de Almeida para realizarem *O gato de madame* (1956) na Brasil Filmes. Com a ajuda de Mazzaropi, o diretor de *A carrocinha* abriria, em 1960, sua própria produtora, a A.M.P., dedicando-se desde então aos filmes publicitários e institucionais. Já Durst seguiria carreira de grande sucesso na televisão brasileira (na TV Tupi e na Rede Globo), e Deheinzelin se transformaria em importante consultor sobre mercado audiovisual no Brasil, atuando em cargos políticos relacionados ao cinema, tais como a Comissão Municipal de Cinema em São Paulo. Ele também se dedicaria à publicidade, realizando ainda documentários institucionais e outros projetos de não ficção[25].

Outro que obteve nesse momento sua primeira chance de dirigir foi Oswaldo Sampaio, que filmou *A estrada* (1955) usando recursos alugados da Multifilmes. Sampaio fora corroteirista e assistente de Adolfo Celi em *Tico-tico no fubá* e codirigira com Tom Payne *Sinhá Moça*, ambos na Vera Cruz. Em 1955, conseguiu levar à frente o projeto de um filme de viés realista sobre uma revolta de caminhoneiros. *A estrada* teve boa recepção dos colegas cineastas, chegando a ser indicado pelo Itamaraty para representar o Brasil no Festival de Cannes de 1956, mas um problema de última hora excluiu o filme do festival. *A estrada* foi substituído pela produção paulista *Sob o céu da Bahia* (Ernesto Remani, 1955)[26], financiada por dom João Orleans de Bragança e filmada, em cores, na Bahia. O filme de Remani acabaria recebendo o Grande Prêmio da Comissão Superior Técnica do festival. A polêmica em torno desse episódio foi explorada pela imprensa da época, com matérias nos jornais *O Globo*, *Diário Carioca*, *Última Hora*, entre outros. Segundo relatos e reportagens da época reunidos pelo pesquisador Rodrigo Pereira[27], o representante do Brasil no Festival (o *playboy* Jorge Guinle) teria substituído o filme, ignorando uma cópia entregue na Embaixada. Essa cópia foi resgatada pelo inglês Nigel Huke (Robert Huke, 1920-2002), diretor de fotografia de *A estrada*, que organizou uma sessão para convidados – entre eles, Vittorio De Sica e Georges Sadoul – em um cinema alugado em Cannes. O filme fez sucesso entre os presentes e conquistou carreira internacional, chegando a ser exibido na então URSS.

Apesar do início promissor, Sampaio dirigiria apenas mais dois filmes. Em 1958, realizou de maneira independente, em coprodução com sua esposa, a atriz ucraniana Vera Sampaio, o drama sobre futebol *O preço da vitória*, estrelado por Maurício Morey. O fracasso comercial dessa produção parece tê-lo desencorajado, já que só voltaria às telas em 1972, com *A marcha*, drama sobre a escravidão inspirado em novela de Afonso Schmidt e que contou com a participação do jogador de futebol Edson Arantes do Nascimento, o Pelé. Nigel Huke, que atuava há mais de uma década como diretor de fotografia no Reino Unido, voltaria ao Brasil para trabalhar com Sampaio na realização dessa fita.

Trilha mais consistente seguiu Roberto Santos, que estreou como diretor em 1957, após trajetória ascendente na Multifilmes. Durante a primeira metade da década de 1950, ele estabelecera parceria com o também paulista Nelson Pereira dos Santos, desenvolvendo interesse por um tipo de cinema capaz de refletir de maneira crítica sobre problemas estruturais da sociedade brasileira. Com a dificílima experiência de produzir *Rio, 40 graus* (Nelson Pereira dos Santos, 1954-1955), no Rio de Janeiro, pelo sistema de cotas, a dupla buscou financiamento do Banco do Estado de São Paulo. Foram dois projetos então desenvolvidos em associação com Mário Audrá Júnior, que cedeu equipamentos da Maristela: *Rio, zona norte* (Nelson Pereira dos Santos, 1957) e *O grande momento* (Roberto Santos, 1957).

Nesse sentido, vale destacar a observação de José Mario Ortiz Ramos sobre a atuação política dos cineastas do grupo paulista. Segundo o autor, a presença deles nas comissões Municipal e Estadual de Cinema permitiu a emergência de uma variedade de obras, em sua maioria ligadas aos modelos estabelecidos pelos estúdios, mas também de outras que se encontram entre as precursoras do Cinema Novo, em particular *O grande momento*, que constituiu uma importante incursão no universo urbano das classes populares[28]. Estrelado por Gianfrancesco Guarnieri e Myriam Pérsia, o filme trazia a história de um jovem casal suburbano que precisa de dinheiro para a cerimônia de casamento. *O grande momento* recebeu inúmeros prêmios estaduais e nacionais, mas Roberto Santos só dirigiria seu longa seguinte sete anos depois: *A hora e vez de Augusto Matraga* (1965), com produção de Luiz Carlos Barreto, sendo um dos poucos diretores paulistas ligados ao Cinema Novo. Ele seguiria uma longa carreira como diretor até a década de 1980, realizando filmes em São Paulo e no Rio de Janeiro, entre os quais a comédia carioca *O homem nu* (1967) e o filme paulista *Os amantes da chuva* (1978), produzido com o apoio da Embrafilme.

Outro cineasta oriundo dos estúdios e que nesse momento experimentou com o cinema independente foi Luiz Sérgio Person, que iniciara seu contato com o cinema na produtora Maristela, onde atuara como assistente de direção do longa *Casei-me com um xavante* (Alfredo Palácios, 1957). Vindo do teatro e da televisão, ainda em 1957 Person se arriscaria na produção independente com *Um marido para três mulheres*, que tinha no elenco o comediante de teatro José Ronald Golias, depois consagrado na TV. O filme era uma produção da PNF (Produtora Nacional de Filmes), de Palácios, e só seria finalizado dez anos depois, com o título *O marido barra limpa* (1957-1967), e direção atribuída a Renato Grecchi, que filmou cenas adicionais.

Decepcionado com a experiência no cinema brasileiro, Person partiu para a Itália em 1961, onde estudou no Centro Sperimentale di Cinematografia, em Roma, e lá realizou alguns curtas. Seu amigo e parceiro em projetos cinematográficos e teatrais, Glauco Mirko Laurelli, formado em diversas funções na Maristela e na Multifilmes, acompanhou-o em parte dessa viagem, vindo a trabalhar, depois de seu retorno ao Brasil, com Amácio Mazzaropi, como veremos posteriormente.

Quando Person retornou ao Brasil, em 1963, deu início à realização de *São Paulo S.A.* (1964), filme que lhe reservou um lugar de destaque no cinema moderno brasileiro. Em 1966, ele e Laurelli criaram a produtora Lauper Filmes, por meio da qual produziram *O caso dos irmãos naves* (Luiz Sérgio Person, 1967) e *A moreninha* (Glauco Mirko Laurelli, 1970), além da sátira aos *westerns* *Panca de valente* (1968) e da comédia erótica *Cassy Jones – O magnífico sedutor* (1972), ambos de Person. A Lauper contou com colaborações importantes, como a de Jean-Claude Bernardet (no roteiro de *O caso dos irmãos Naves*), e dedicou-se também à publicidade. Suas atividades foram encerradas no começo dos anos 1970, e os dois sócios logo voltaram suas atenções ao teatro, fundando o Teatro Augusta em 1973.

AS OPORTUNIDADES E OS PRODUTORES

A solução econômica representada por filmes como *O grande momento*, *A estrada* e *Rio, zona norte*, que fizeram uso do material parado nos estúdios e buscaram fomento do Estado para viabilizar produções baratas (com a utilização de locações urbanas e cenas externas, *casting* de atores amadores para papéis secundários e estilo dos filmes neorrealistas, por exemplo), seria fundamental para a consolidação de um novo modelo para o cinema nacional. A partir das relações estabelecidas com o Estado e, também, com os escombros dos estúdios e com a publicidade, alguns produtores assumiriam novos papéis no cinema paulista.

A reconfiguração do mercado em São Paulo no final dos anos 1950 colocou em destaque um dos mais importantes produtores do cinema brasileiro: o paulistano Oswaldo Massaini, que ingressara no mundo do cinema em 1938 como auxiliar de contabilidade na Distribuidora de Filmes Brasileiros, e em 1942 passara a gerenciar o escritório paulista da Cinédia. Esse escritório, depois de encerrado por Adhemar Gonzaga, daria origem à distribuidora de Massaini: a Cinedistri, que, a partir de 1954, tornou-se também produtora, associando-se a produtores como Herbert Richers e Watson Macedo. Nessa fase, a empresa apostou também em produções próprias mais ambiciosas, como *Absolutamente certo* (1957), longa de estreia do galã Anselmo Duarte atrás das câmeras[29]. O filme fez sucesso nas bilheterias e foi bem recebido pelos críticos, encorajando o diretor e o produtor a realizarem *O pagador de promessas* (1962), baseado na peça homônima de Dias Gomes, e vencedor da Palma de Ouro do Festival de Cannes.

O prêmio daria enorme prestígio à Cinedistri, que buscou se inserir no mercado internacional, exportando *O pagador de promessas* para dezenas de países. Mas Massaini não descuidaria das bilheterias nacionais, sendo responsável pela distribuição e coprodução de filmes populares ligados, por exemplo, ao "ciclo do cangaço", cujas origens ainda serão abordadas neste texto. No final da década de 1960, passou a dividir as responsabilidades da empresa com o filho Aníbal Massaini Neto, que teve papel relevante no cinema paulista dos anos 1970.

Na década de 1980, Aníbal firmaria parceria lucrativa com o diretor Walter Hugo Khouri, figura singular do cinema brasileiro, cuja trajetória inclui, em meados dos anos 1960, uma jogada arriscada na produção cinematográfica. Khouri iniciara sua carreira em cinema em 1951, aos 21 anos, quando estudava filosofia na Universidade de São Paulo[30]. Nesse ano, deu início à atribulada produção de *O gigante de pedra*, drama sobre um triângulo amoroso envolvendo uma mulher com amnésia (Irene Kramer), que seria filmado em 1952 e finalizado em 1953, sendo lançado no I Festival Internacional do Cinema do Brasil, realizado em São Paulo, em fevereiro de 1954. O filme rendeu a Khouri os prêmios Saci e Governador do Estado de Melhor Montagem, em 1955, sendo considerado exemplar das dificuldades enfrentadas pelo cinema independente[31].

Em meio à produção de *O gigante de pedra*, Khouri trabalhou como assistente de Lima Barreto na preparação das filmagens de *O cangaceiro*. Em 1954, foi contratado pela TV Record, emissora para a qual dirigiu adaptações literárias para encenação ao vivo. Ele também apresentava um programa sobre cinema e atuava como crítico do jornal *O Estado de S. Paulo*, função para a qual havia sido indicado por Rubem Biáfora[32].

Em 1957, seu roteiro *Estranho encontro*, que versava sobre desencontros amorosos entre cinco personagens (interpretados por Mário Sérgio, Andrea Bayard, Lola Brah, Luigi Picchi e Sérgio Hingst) isolados em uma casa de campo, foi premiado em um concurso do Banco do Estado de São Paulo. O longa deveria ser filmado nos estúdios da Maristela, aproveitando os cenários de *Leonora dos sete mares* (1955), do argentino Carlos Hugo Christensen. Porém, o produtor Abílio Pereira de Almeida conseguiu levar o projeto para a Brasil Filmes, onde foi realizado em condições mais favoráveis, ainda que não estivesse entre as produções de primeira linha do estúdio. *Estranho encontro* foi a primeira parceria de Khouri com o fotógrafo Rudolf Icsey, com quem voltaria a trabalhar diversas vezes. Além disso, tornaria seu diretor conhecido no meio cinematográfico brasileiro, sobretudo depois da publicação do artigo *Rascunhos e exercícios*[33], de Paulo Emílio Sales Gomes, no qual o crítico descrevia *Estranho encontro* como a nêmese do cinema realista experimentado por Nelson Pereira dos Santos.

Pouco depois, Khouri seria convocado pelo fotógrafo de *O gigante de pedra*, Konstantin Tkaczenko para participar do projeto de um filme de aventuras passado entre garimpeiros na fronteira entre Brasil e Bolívia: *Fronteiras do inferno* (1958), produzido em cores, com vistas ao mercado estadunidense de terceira linha. Em seguida, Khouri faria *Na garganta do diabo* (1959), aventura de época passada durante a Guerra do Paraguai e filmada nas Cataratas do Iguaçu, com Luigi Picchi e Odete Lara. O filme colecionou prêmios nacionais, além de conquistar um prêmio internacional, no Festival Internacional de Cinema de Mar Del Plata.

Para seu trabalho seguinte, *A ilha* (1962), Khouri fundaria a produtora Kamera Filmes, em sociedade com o irmão William Khouri. A curiosa mistura de drama existencial e aventura nesse filme trazia um grupo de amigos (entre os quais Luigi Picchi e Eva Wilma) recolhidos numa ilha em busca de um tesouro. Apesar das dificuldades da produção, o longa teve um grande sucesso de público, mas seu lucro foi prejudicado pela inflação do período, que passava dos 40% ao ano, acendendo o sinal vermelho para a produtora[34].

Então Kamera Filmes desenvolveu o projeto de *Noite vazia* (1964), agora coproduzido pela Cinedistri. O filme trazia dois amigos (interpretados por Mário Benvenutti e Gabriele Tinti) que passam uma noite acompanhados de duas prostitutas (as estrelas Norma Bengell e Odete Lara). O filme foi um sucesso extraordinário do Brasil, sendo indicado pelo Itamaraty para representar o país no

Festival de Cannes. Mesmo enfrentando problemas com a censura logo após o golpe militar, *Noite vazia* ficou por vários meses em cartaz, sendo exportado para França, Itália, Argentina, Estados Unidos, Grécia, Holanda, Alemanha e Áustria. O longa tinha influência do cinema europeu dos anos 1960, marcando uma nova fase na carreira de Khouri, cada vez menos comprometida com o modelo do cinema clássico[35].

Nesse meio-tempo, os irmãos Khouri encontrariam uma brecha legal para evitar a liquidação da companhia Vera Cruz pelo Banco do Estado de São Paulo. Verificaram que, de acordo com uma lei de 1919 que protegia sócios minoritários em empresas de sociedade anônima, eles poderiam usufruir do parque técnico da Vera Cruz se adquirissem ao menos 22% das ações da companhia, que estava em polêmico processo de liquidação. A dupla começou a procurar pequenos acionistas da companhia e conseguiu completar seu intento em meados da década de 1960, dando origem a um imbróglio jurídico que se estendeu por vários anos. A empreitada possibilitou a realização de coproduções com empresas como a brasileira Cinedistri e também com a Columbia Pictures do Brasil e a United Artists. Os Khouri retomaram a marca Vera Cruz, que passou a acompanhar a da Kamera Filmes, em longas como *O palácio dos anjos* (Walter Hugo Khouri, 1970), *Pindorama* (Arnaldo Jabor, 1970), *Um certo capitão Rodrigo* (Anselmo Duarte, 1970) e *Um anjo mau* (Roberto Santos, 1971). Segundo o diretor afirmaria posteriormente, uma série de maus negócios (como filmagens na Bahia e no Rio Grande do Sul), agravados pela pressão do Banco do Estado para retomar a companhia, acabaram fazendo com que os irmãos tivessem que abrir mão do negócio[36].

A partir de 1972, quando realizou *As deusas* para a empresa Servicine (de Alfredo Palácios e Antonio Polo Galante), Khouri começou a se desfazer dos vínculos com a Vera Cruz e a se aproximar do universo da *pornochanchada paulista*[37], sendo visto como modelo exemplar de filmes de qualidade e com alta voltagem erótica.

Sem a mesma influência de Massaini ou o prestígio dos irmãos Khouri, outro produtor que despontou em São Paulo foi o advogado Alfredo Soares Palácios. Figura administrativa central durante toda a existência da Maristela, Palácios teve sua primeira ligação com o cinema por meio da atividade de crítica em rádios e jornais, quando ainda era estudante de direito, durante a década de 1940. Atuou também como importador de filmes, até ingressar como assistente da diretoria na Maristela, em 1950, onde permaneceria ao longo de toda a trajetória da empresa, exercendo as funções de relações públicas, produtor, roteirista e diretor de filmes[38].

Palácios sobreviveu à derrocada da Maristela criando sua própria empresa, a PNF (Produtora Nacional de Filmes). Entre os profissionais que convidou para trabalhar com ele estava Ary Fernandes, que conhecera na Kino Filmes, em 1952. Dedicando-se de início aos filmes publicitários, eles logo desenvolveram o interesse pelo mercado de produções de ficção para a TV, e assim conceberam a primeira série feita especialmente para a televisão no Brasil e na América do Sul: *O vigilante rodoviário*.

Apesar da descrença inicial do mercado publicitário paulista, os produtores conseguiram finalizar o episódio-piloto. Para isso, usaram uma câmera Arriflex 35 mm[39] que haviam comprado quando deixaram a Maristela e pediram emprestados os estúdios de Jacob Mathor, comerciante que possuía um pequeno estúdio, chamado Santa Mônica, dedicado a filmes publicitários. Com o episódio *O diamante gran mogol* pronto, Fernandes e Palácios convenceram os incrédulos publicitários da Norton Propaganda a intermediarem as negociações com a empresa Nestlé, que acabou patrocinando *O vigilante rodoviário*. A série foi lançada na TV Tupi em março de 1961, tornando-se rapidamente campeã de audiência.

Trazendo as aventuras de um policial rodoviário (o ator Carlos Miranda) e de seu fiel pastor-alemão pelas estradas de São Paulo, teve seus 38 episódios dirigidos por Ary Fernandes e produzidos pela Indústria Brasileira de Filmes (IBF), criada por ele e Palácios. A equipe da IBF contou com jovens técnicos promissores que também haviam iniciado na Maristela, como o cinegrafista Oswaldo de Oliveira e o montador Luiz Elias. Mas as estrelas eram Miranda, que havia sido contratado originalmente como assistente de produção, e o pastor-alemão King (depois chamado de Lobo), um mestiço de vira-lata que, por seu tamanho menor que o padrão da raça, coube na motocicleta usada pelo Vigilante nos primeiros episódios[40].

Um fato curioso sobre a presença de Lobo é que a Polícia Rodoviária de São Paulo, criada em 1948, não utilizava cães em suas atividades, mas os realizadores decidiram se inspirar em enlatados importados como *Rin Tin Tin* – decisão que se mostrou acertada, já que o cinema paulista tivera pouco antes outra estrela canina, o pastor-alemão Duque, que estrelara *Sai da frente*, ao lado de Mazzaropi. A popularidade de Lobo e sua trupe era tanta que eles chegaram a fazer *shows* por todo o Brasil. A série também originou licenciamentos de produtos, como bonecos de borracha e miniaturas do modelo Simca Chambord do vigilante Carlos, e revistas de histórias em quadrinhos.

Apesar do sucesso, a série foi encerrada em 1962, em parte devido aos altos custos dos negativos, mas também a desentendimentos com os patrocinadores[41]. No mesmo ano, os quatro primeiros episódios da série foram reunidos por Palácios e Fernandes no filme *O vigilante rodoviário*. O mesmo expediente foi usado em mais três filmes: *O vigilante contra o crime* (1963), *O vigilante e os cinco valentes* (1964) e *O vigilante em missão secreta* (1964). A TV Tupi voltaria a exibir a série em 1967.

Depois do trabalho na televisão, Miranda foi convidado a ingressar na Polícia Rodoviária de São Paulo, já que cursara a Escola de Policiais em Jundiaí para interpretar seu personagem. Ele se aposentou em 1998 com a patente de Tenente

Coronel da Polícia Militar. Já Fernandes seguiu carreira-solo, realizando outra série televisiva, *Águias de fogo*, estrelada por ele e por pilotos da Força Aérea Brasileira (FAB). Produzida entre 1967 e 1968, teve alguns de seus 27 episódios reunidos e exibidos no cinema, com os títulos *Sentinelas do espaço* (1969) e *Águias em patrulha* (1970). O sucesso não foi o mesmo, mas a profissionalização da produção, além da atividade paralela dedicada a centenas de *jingles* e filmes publicitários, garantiram sua sobrevivência no mercado. Ele retornaria ao cinema dirigindo e produzindo filmes como *Uma pistola p'ra d'Jeca* (Ary Fernandes, 1969), com Mazzaropi, e *Anjo loiro* (Alfredo Sternheim, 1972), com Vera Fisher. Palácios também continuaria ligado à produção cinematográfica, associando-se a outro ex-colega dos tempos da Maristela, Antonio Polo Galante, com quem já mantinha uma sociedade para aluguel de equipamentos. Os dois fundaram, no final dos anos 1960, a empresa Servicine, que logo se tornaria peça-chave para o ciclo de cinema erótico.

Por fim, o cãozinho Lobo seria objeto de disputa entre as famílias de seu antigo dono e do diretor da série. Segundo Fernandes relatou a Silva Neto[42], Lobo teria morrido atropelado no final dos anos 1960, depois de uma de suas fugas tentando retornar à casa da família Fernandes.

A SINA DOS AVENTUREIROS

Como vimos, a crise dos estúdios deu oportunidades a seus profissionais de experimentarem e eventualmente prosperarem para além de seus domínios. Essa efervescência também criou condições para a profissionalização de empresas que passaram a atuar em um sistema diversificado de produção e circulação de filmes nos anos 1960. Mas a "onda" do cinema empolgou igualmente outros realizadores que, informados sobre alternativas de produção independentes e economicamente viáveis, realizaram filmes importantes – quase sempre de forma mambembe, pois poucas vezes contaram com financiamentos do Banco do Estado ou com os equipamentos dos estúdios.

Talvez o fenômeno mais representativo dessas produções seja o ciclo de filmes de aventura – em geral de gênero *western* – produzidos em cidades do interior do estado e na capital paulista ao longo da década de 1950, insuflados pelo sucesso extraordinário de *O cangaceiro*, em 1953. O *western*, então tido como o gênero hollywoodiano por excelência[43], era muito apreciado pelo público brasileiro, parodiado em chanchadas como *Matar ou correr* (Carlos Manga, 1954), com Oscarito e Grande Otelo, e *O primo do cangaceiro* (Mario Brasini, 1955), com Zé Trindade – essa última em referência direta ao sucesso da Vera Cruz. Em São Paulo, o primeiro filme totalmente independente derivado do modelo do *western* foi *Da terra nasce o ódio* (1954), dirigido, escrito e produzido pelo médico Antoninho Morey Hossri, e coproduzido e estrelado por seu irmão, Maurício Morey.

Como nota Rodrigo Pereira[44], Morey representou o elo entre o chamado *nordestern* – derivação nacional do *western* nascida com *O cangaceiro* e assim apelidada por Salvyano Cavalcanti de Paiva nos anos 1960 – e os *faroestes rurais* que proliferaram no interior de São Paulo no período[45]. Morey trabalhara como figurante no longa de Lima Barreto, tendo sido logo afastado das filmagens. No entanto, teve tempo para observar as equipes atrás das câmeras e, por isso, conforme relata Pereira, foi convidado pelos italianos Walter Giannini e Franco Morelli para estrelar uma película independente na cidade de Leme, financiada por cotistas angariados entre fazendeiros e comerciantes. O problema é que os dois italianos fugiram com o dinheiro sem realizar o filme. Mesmo assim, Morey propôs a um dos investidores, o fazendeiro Jayme Nori (vice-prefeito de Santa Rita do Passa Quatro), que aproveitasse a equipe já reunida para realizar um longa em sua cidade[46].

Antoninho Hossri soube viabilizar o projeto, apesar da inexperiência como diretor. Segundo Pereira, estima-se que ele tenha gasto trinta dias e 3 milhões de cruzeiros para fazer *Da terra nasce o ódio*, enquanto *O cangaceiro* teria consumido cerca de 10 milhões de cruzeiros em dez meses de filmagens, um ano antes – diferença ainda mais expressiva levando-se em conta a inflação do período[47], que passava de 20% ao ano. A produção modesta contava um drama familiar atravessado por traições e bandoleiros. Foi um sucesso no estado de São Paulo, sendo lançada com 12 cópias. A estreia se deu no cinema Art Palácio, em setembro de 1954.

Embora seja hoje pouco lembrada, a aventura dos irmãos Morey Hossri teve sua importância reconhecida na época, com significativa cobertura da imprensa. Uma boa medida disso é o título atribuído no Brasil ao *western* clássico de William Wyler *The Big Country* (1958), que por aqui se chamou *Da terra nascem os homens*[48]. Outros cineastas paulistas também perceberam, na fita de Santa Rita do Passa Quatro, algo que poderia ser aproveitado mais adiante. Pereira destaca, nesse sentido, o depoimento de Roberto Santos a Maria Rita Galvão:

> Maurício Morey fez um filme com locações no interior [...] que era um negócio interessantíssimo. É claro que a ideia dele era fazer um cinema bem-feito como das empresas, mas o cara não tinha recursos para comprar nem para alugar equipamentos refinados, então tomou uma Arriflex e usou equipamento leve que nas grandes produtoras só era usado pelas segundas unidades para filmagens rápidas de exteriores. Em função da maleabilidade do equipamento e dos cenários naturais [...] o filme tinha uma liberdade de movimentação, um arejamento [...] que se contrapunha de modo flagrante ao

emperramento que o estúdio e o maquinário pesado impunham à produção mais refinada[49].

O êxito comercial comprovou a viabilidade das produções realizadas pelo sistema de cotas, que logo se multiplicaram. Os próprios irmãos responsáveis pelo filme de 1954 abriram sua produtora, a Princesa D'Oeste, em Campinas, sua cidade natal, onde produziram seu filme seguinte, o *western A lei do sertão* (1955-1956), coestrelado por Milton Ribeiro, o terrível cangaceiro do filme de Lima Barreto, e pelo novato Maurício do Valle. O filme, financiado por fazendeiros e profissionais liberais, também estreou no Art Palácio, desta vez com 13 cópias[50]. A empresa animou o nascimento de outras produções em diversas cidades, por exemplo Jundiaí, de onde vieram os faroestes rurais *Terra sem justiça* (1956), idealizado e dirigido pelo cantor de rádio Moacyr de Almeida Ramos, e *A lei dos fortes* (Julio Robacio, 1957), sátira também produzida e estrelada por Ramos. Em 1958, Carlos Coimbra, de quem trataremos em seguida, faria também em Jundiaí *Crepúsculo de ódios*, estrelado por Aurora Duarte, Luigi Picchi e pelo estreante Carlos Zara. Já em Santa Rita do Passa Quatro, Jayme Nori produziria *Fugitivos da vida* (Massimo Sperandeo, 1956), e em Lucélia, Morey estrelaria *Homens sem paz* (Lorenzo Serrano, 1956), sua primeira aventura finalizada sem a companhia do irmão. De São João da Boa Vista, viria *Chão bruto* (1957-1958), faroeste em que o ator Dionísio Azevedo estreava atrás das câmeras de cinema[51].

Na esteira dos faroestes feitos em São Paulo encontra-se também o primeiro longa-metragem finalizado daquele que se tornaria uma das maiores estrelas do cinema brasileiro na década de 1960 – tanto na condição de diretor/produtor quanto de ator: José Mojica Marins. O *western* de Mojica *A sina do aventureiro* (1957), lançado em cinemas de periferia da capital paulista e em cidades do interior, daria início a uma carreira singular que atravessou mais de seis décadas de atividade dedicada ao cinema, como veremos adiante. O filme contou com a participação de profissionais que fariam grandes carreiras posteriormente, como os corroteiristas (não creditados) Luiz Sérgio Person e Glauco Mirko Laurelli[52].

Ainda em 1954, o diretor italiano Gianni Pons, que debutara na Vera Cruz com *Veneno* (1952) e agora se via desempregado, produziu e dirigiu, em Piracicaba, o *western Os três garimpeiros* (1954), estrelado por Alberto Ruschel, Milton Ribeiro, Hélio Souto e Aurora Duarte. O filme de Pons, que se passava em 1860, durante a Guerra do Paraguai, precisou de alto orçamento, contando com locações no Mato Grosso e Paraná. O financiamento veio de fazendeiros da região. Apesar do lançamento em 24 salas[53], o filme foi um grande fracasso de crítica e público. Segundo Pereira, *Os três garimpeiros* inaugura a terceira vertente dos *westerns* realizados no Brasil, denominada por ele como *épica regionalista*, completando o conjunto que inclui as já mencionadas vertentes dos *faroestes rurais* e *nordesterns*[54].

Mas a grande novidade seria trazida pelo quinteto multinacional formado pelo ucraniano Konstantin Tkaczenko, o italiano Alberto Severi, o campinense Carlos Coimbra (Jayme Coimbra Júnior, 1927-2007), o carioca Helio Souto e a pernambucana Aurora Duarte, que, com *Armas da vingança* (1955), pegaram de surpresa o mercado cinematográfico em São Paulo, recebendo cinco prêmios Saci – entre eles, o de Melhor Filme. Nesse faroeste rural, filmado em condições adversas em Araraquara e Piracicaba[55], temos a mocinha Aurora Duarte, obrigada a se casar com o irmão de seu grande amor, Hélio Souto. O argumento do filme ficara a cargo de Walter Guimarães Mota, marido de Aurora Duarte – ela, uma estrela descoberta por Alberto Cavalcanti em *O canto do mar* (1953). Tratava-se da estreia de Coimbra como diretor. Junto com ele, Alberto Severi assinava a direção.

A equipe que produziu *Armas da vingança* era mínima, mas conseguiu colaborações de luxo do compositor Gabriel Migliori (de *O cangaceiro*) e da montadora Edith Hafenrichter, companheira do lendário montador da Vera Cruz (Oswald Hafenrichter, 1899-1973). Ela não apenas fez um bom trabalho no filme como também pode ter dado a Coimbra noções de montagem que permitiriam ao diretor desenvolver uma carreira paralela como montador de vários longas, entre os quais *O pagador de promessas* (1962).

O projeto de *Armas da vingança* fora idealizado por Tkaczenko, ucraniano chegado ao Brasil na segunda metade dos anos 1940 com identidade polonesa[56]. Após breve passagem pela França, onde teria se formado em fotografia, Tkaczenko se mudou para o Brasil e conseguiu fazer contatos no mundo do cinema, chegando a ser creditado como assistente de fotografia no longa gaúcho *Vento norte* (Salomão Scliar, 1950-1951). No começo dos anos 1950, trabalhou com Coimbra e Souto na Brasfilmes, de Heládio Fagundes. Na época, Coimbra estava no Rio de Janeiro tentando a vida como cantor de rádio e repórter de uma revista de Campinas (a *Palmeiras*), o que lhe abriu alguns contatos na Atlântida, onde chegou a atuar como figurante. Ele começara a participar do Círculo de Estudos Cinematográficos (fundado em 1948 por Alex Viany, Moniz Vianna e Luiz Alípio de Barros), mas acabou chegando à Brasfilmes por indicação de Carlos Ortiz. Na ocasião, Coimbra e principalmente Tkaczenko teriam ficado bem impressionados com o sistema de cotas praticado por Fagundes na produção de *Luzes nas sombras*[57], e começaram a desenvolver suas próprias ideias de como viabilizar um filme nesse sistema.

O projeto da dupla Tkaczenko e Coimbra deu certo, pois, apesar das dificuldades de produção, *Armas da vingança* foi um sucesso, com estreia em vinte salas em 1955, dando-lhes o gás necessário para sua empreitada seguinte, o faroeste rural *Dioguinho* (1957), agora contando com investidores da América do Norte. Estes teriam sido procurados por Tkaczenko em uma de suas viagens aos EUA, durante a qual o produtor buscou aproveitar o sucesso internacional de *O cangaceiro* para obter novos investimentos. No caso, o apoio teria vindo do produtor/roteirista polonês radicado nos EUA Michel Lebedka, que, segundo divulgou-se na ocasião, teria cedido os negativos (vencidos), comprometendo-se também a providenciar as cópias e a distribuição nos EUA, o que, até onde se sabe, não chegou a acontecer[58]. Lebedka também constaria nos créditos de *Fronteiras do inferno*, de Khouri, outra produção de Tkaczenko.

Dioguinho, papel-título interpretado por Hélio Souto, foi baseado na história real do bandido paulista Diogo da Rocha Figueira, que já havia inspirado, em 1916, a cinebiografia homônima dirigida por Guelfo Andaló. O famoso assassino fugitivo, cujo corpo nunca foi encontrado, aparecia agora em um filme colorido – o primeiro longa nacional feito no sistema Eastmancolor, fotografado por Tkaczenko –, com sucesso de público, ficando em cartaz por várias semanas no Cine Marabá, principal sala da cidade de São Paulo. Naquele momento, Hélio Souto se destacava como galã do cinema, da TV e do teatro, chegando a dirigir e produzir um filme policial com o apoio do Banco do Estado de São Paulo: *Conceição* (1960), roteirizado por Ruy Santos e Ody Fraga, e estrelado por Norma Bengell. Depois desse filme, Souto desistiu de ter sua produtora, voltando à tela grande somente em 1963, como estrela do filme sobre cangaceiros *O cabeleira* (1962), de Milton Amaral.

Mas seria a entrada de Aurora Duarte na produção de filmes, em 1960, que mudaria a sorte dos *westerns* nacionais – em particular, a de Carlos Coimbra –, quando ela fundou sua própria empresa, a Aurora Duarte Produções Cinematográficas, e o convidou para dirigir um filme no sertão do Ceará, na região de Quixadá. Em *A morte comanda o cangaço* (1960), primeiro longa de ficção colorido sobre o tema do cangaço (e primeiro filme brasileiro em tela panorâmica), Coimbra e o diretor de fotografia Tony Rabatoni souberam aproveitar as formações rochosas do sertão do Ceará, remetendo-as à visualidade consagrada dos *westerns*[59], e com isso deram origem a um dos ciclos mais lucrativos do cinema popular brasileiro[60].

A morte comanda o cangaço, escrito por Coimbra e Walter Guimarães Motta, trazia Alberto Ruschel no papel de um vaqueiro que, após ter sua fazenda e família destruídas por um cangaceiro (Milton Ribeiro), forma seu próprio bando para se vingar. No caminho, acaba por sequestrar a mocinha (Aurora Duarte). O filme foi um grande sucesso nas bilheterias – um dos maiores da década de 1960 –, mostrando a viabilidade do cinema popular de grande público para além das comédias musicais. Parte da crítica também aprovou o longa, que chegou a ser indicado pelo Brasil para concorrer ao Oscar de Melhor Filme Estrangeiro – não ficando, porém, entre os finalistas selecionados pela Academia.

Na época, o crítico Paulo Emílio Sales Gomes publicaria o texto *Artesãos e autores*[61], no qual propunha uma comparação entre *A morte comanda o cangaço* e *Bahia de todos os santos*, longa de estreia do baiano Trigueirinho Neto, realizado com o apoio do Banco do Estado de São Paulo, e que mais tarde seria considerado uma das obras inaugurais do Cinema Novo. Para o crítico, "a obra de um artesão tende a ser social, não no sentido de crítica revolucionária ou reivindicadora, mas como expressão de ideias coletivas já estruturadas", enquanto a obra autoral "tem uma inclinação psicológica e sugere uma natureza humana conflitiva". Sales Gomes prossegue em sua comparação, pontuando que Coimbra e Trigueirinho Neto "facilitam o trabalho do comentador", pois se apresentam publicamente nos papéis de artesão e autor, respectivamente, sendo o primeiro uma figura modesta e cautelosa, enquanto o segundo, de origem burguesa, teria mais confiança em si próprio, além de certa "imprudência e impertinência". Pouco depois, os modos como os filmes de Coimbra e os do Cinema Novo abordariam o fenômeno do cangaço confirmariam e acrescentariam novas camadas a essa dualidade proposta por Sales Gomes.

Na esteira de *A morte comanda o cangaço*, outros filmes foram produzidos em diferentes estados brasileiros. Em São Paulo, Massaini, que atuara apenas como distribuidor do filme de 1960, decidiu entrar no negócio, bancando os outros três filmes de Coimbra sobre o tema, nos quais o diretor explorou personagens históricos (*Lampião rei do cangaço*, 1962, estrelado por Leonardo Villar; *Cangaceiros de Lampião*, 1966, estrelado por Milton Rodrigues; *Corisco, o diabo loiro*, 1969, estrelado por Maurício do Valle e Leila Diniz, contando com a assessoria da própria Dadá, viúva do cangaceiro morto em 1940). O homem forte da Cinedistri também produziria *Maria Bonita rainha do cangaço* (Miguel Borges, 1968). Outras produções menores explorariam o filão, como *Três cabras de Lampião* (Aurélio Teixeira, 1962), produzido por Nelson Teixeira Mendes; *Riacho de sangue* (Fernando de Barros, 1965), da Aurora Duarte Produções; *O cangaceiro sem Deus* (Oswaldo de Oliveira, 1969), da Servicine. Os filmes de cangaço ainda fariam herdeiros nos anos 1970, entre eles as comédias *As cangaceiras eróticas* (Roberto Mauro, 1974) e *Kung fu contra as bonecas* (Adriano Stuart, 1975), entre outros.

Longe dos *westerns* e dos filmes de cangaço, há ainda outros realizadores a mencionar, como o casal Maria Basaglia e Marcelo Albani, que vieram para o Brasil em 1956, depois de experiências no cinema italiano, e fundaram a empresa Paulistânia Filmes, responsável pela produção de dois longas roteirizados e dirigidos por Basaglia: o melodrama *O pão que o diabo amassou* (1957) e a comédia musical *Macumba na alta* (1958), ambos estrelados por Jayme Costa. O casal também fundou, em São Paulo, uma das primeiras empresas brasileira especializadas em dublagem, a Odil Fono Brasil, vendida em 1964, depois de Albani (cujo nome verdadeiro era Giorgio Marchetto) ser acusado de aplicar golpes na praça, tanto no Brasil como na Itália[62].

No período, o casal ainda estava envolvido com sua nova produtora, a Euram Cinematográfica de São Paulo. Um dos projetos da Euram foi a adaptação do romance de Jorge Amado *Seara vermelha* (1963), dirigido pelo italiano Alberto D'Aversa, que acabou sendo realizada sem a participação de Albani pela produtora santista Proa Filmes, que tinha o próprio Jorge Amado como presidente[63]. Outro projeto não concluído pela Euram foi *Gimba*, adaptação da peça teatral de Gianfrancesco Guarnieiri, que seria realizada por Flávio Rangel, com o título *Gimba – o Presidente dos valentes* (1963). Já o documentário *Brasil acontece*, a ser dirigido por Basaglia, prometia "apresentar o Brasil em ângulos completamente diferentes dos apresentados até hoje"[64], mas foi abandonado.

Esse último projeto, finalmente, remete-nos a mais um filão explorado pelos realizadores no período – nesse caso, no campo dos documentários sobre o "Brasil distante e exótico"[65]. Fora dos estúdios e das produtoras de cinejornais, houve uma expansão da produção paulista de documentários, alguns deles visando ao mercado estrangeiro. Durante a era dos estúdios, o documentário *Magia verde* (1953), dirigido pelo italiano Gian Gaspare Napolitano para a Maristela, ganhara o Urso de Prata em Berlim e a Menção Honrosa pelas imagens coloridas no Festival de Cannes. Seu sucesso representou uma oportunidade para quem estivesse disposto a rodar filmes que apresentassem as características e riquezas naturais das matas brasileiras. Esse universo, que sempre estivera no radar das produções documentárias nacionais, recuperava forças desde o final dos anos 1940, com filmes como os longas cariocas *Frente a frente com os xavantes* (1947), dirigido por Rako Boskovic, e *Sertão – entre os índios do Brasil central* (1949), dirigido por Genil Vasconcellos; o paulista *Aspectos do Alto Xingu* (1948, nunca exibido comercialmente), primeiro longa-metragem colorido (em 16 mm) rodado no Brasil, pelo sertanista e historiador Manoel Rodrigues Ferreira; *Funeral bororo* (1953) e *Xingu* (1957), coproduções cariocas com a rede de TV americana ABC, dirigidos por Heinz Forthmann, experiente documentarista do Serviço de Proteção ao Índio.

Alguns desses filmes foram realizados com preocupações etnográficas; outros estavam mais interessados em aventuras ambientadas em sertões e selvas – refletindo possivelmente, no caso de São Paulo, certo ideário bandeirante. Encontram-se, nessa leva de produções, longas de documentaristas profissionais e também de aventureiros brasileiros e estrangeiros, alguns dos quais conseguiram fazer seus trabalhos chegarem às salas de exibição com razoável repercussão.

No primeiro grupo estava, por exemplo, o cinegrafista dinamarquês William Gerick, radicado no Brasil desde os anos 1920, que lançou, junto com o sertanista gaúcho Ayres Câmara Cunha, *Kalapalo* (1955), longa-metragem a respeito da tribo homônima da região do Alto Xingu. O filme relatava os ritos funerários da índia Diacuí, ex-esposa de Câmara Cunha, falecida em 1953 durante o parto de sua primeira filha (que era afilhada de Gerick). Aí se encontrava também o tcheco Vladimir Kosak, indianista que filmava no Brasil desde 1923, radicando-se em Curitiba desde 1938. Entre seus filmes se encontram coproduções paulistas como *Índios xetás na Serra dos Dourados* (1954), curta codirigido com José Loureiro Fernandes. Outro nome de destaque no período foi o de Geraldo Junqueira de Oliveira, jovem revelação do documentário. Ele foi responsável por *Kirongozi, mestre caçador* (1957), primeiro documentário nacional filmado inteiramente em território africano, e por *Silêncio branco* (1964), sobre uma expedição da Marinha argentina até a região da Antártida no final dos anos 1950. Esse último filme, por causa da morte do diretor (assassinado aos 30 anos de idade[66]), acabou sendo lançado nas salas de cinema do país apenas quatro anos mais tarde.

Em 1960, o jornalista Rubens Rodrigues dos Santos, que começara a realizar documentários em curta metragem no final dos anos 1950 (como *Pórtico do Amazonas*, 1958), lançou *Amazônia, solidão verde* (1960), produzido pelo jornal *O Estado de S. Paulo*, com montagem do crítico, fotógrafo e cineasta Benedito Junqueira Duarte, que já vinha de uma trajetória de mais de uma década de realização de documentários científicos, tendo sido fundador da Filmoteca Médico-Cirúrgica Brasileira, em 1949. O longa não foi lançado comercialmente, mas seu diretor colecionaria prêmios com seu documentário seguinte, *Roteiro dos Pampas* (1963).

Em meio a essas produções, repara-se a presença de alguns nomes que se dedicavam também ao cinema de ficção. Por exemplo, o italiano Massimo Sperandeo, fotógrafo de *Da terra nasce o ódio*, uniu forças a Fernando Negreiros de Carvalho, um dos financiadores de *O gigante de pedra*, e produziram *Território Xavante* (1959), com a participação da famosa aviadora Ada Rogato, que ficou responsável pelo levantamento aéreo das locações. Já uma figura controversa, presente no nascimento da companhia Maristela e da Multifilmes, o romano Mario Civelli, assinou dois documentários de longa-metragem voltados às aventuras na "selva". No primeiro, *O grande desconhecido* (1956), filmou sua própria viagem a regiões de São Paulo, Goiás, Mato Grosso e Bahia, refazendo o caminho dos Bandeirantes, em uma espécie de safári moderno. Por sua vez, *Rastros na selva* (1959), codirigido pelo alemão Franz Eichhorn, teve como ponto de partida uma expedição para a captura de animais para o zoológico de São Paulo.

O interesse pelo exotismo tropical também atraiu produtores estrangeiros de filmes ficcionais de exploração, em coproduções internacionais de terceira linha como *Curuçu, Beast of the Amazon* (Curuçu, o terror do Amazonas, 1956) e *Love Slaves of the Amazons* (Escravos do amor das amazonas, 1957), ambos dirigidos por Curt Siodmak, e *Macumba Love* (Mistério na Ilha de Vênus, 1959), de Douglas Fowley. Essas produções, distribuídas nos EUA, representavam o Brasil como um território perigoso, dominado por superstições e tribos selvagens. Aproveitando-se tanto das paisagens quanto dos equipamentos e profissionais dos estúdios paulistas, os produtores estadunidenses contaram com a colaboração de técnicos como o fotógrafo argentino Mario Pagés e o cenógrafo italiano Pierino Massenzi, e também com atores como John Herbert e Ruth de Souza.

Ainda nesse âmbito do cinema de exploração, mas longe das selvas e sertões, merecem destaque realizações de Tkaczenko na primeira metade dos anos 1960. O realizador aproveitou a chegada dos documentários urbanos sobre a vida noturna das grandes metrópoles no final da década de 1950 (como o italiano *Europa di notte*, Alessandro Blasetti, 1959) e dos filmes ambientados em campos de nudismo (os chamados *nudie cuties*) para dirigir uma série de produções eróticas pseudodocumentárias como *Nudismo não é pecado* (1960) e *Superbeldades* (1962). Essas produções, que estão no nascedouro do cinema erótico paulista (como se verifica em *Vidas nuas*, de Ody Fraga)[67], teriam uma passagem conturbada pelos cinemas, graças à proibição pela censura federal e a problemas judiciais. Na segunda metade dos anos 1960, Tkaczenko partiria para o Rio de Janeiro, onde dirigiu três comédias eróticas: *Idílio proibido* (1971), *Como evitar o desquite* (1973) e *Maridos em férias* (1972).

OS CINEASTAS-*PERFORMERS* POPULARES

A virada dos anos 1950 para os 1960 também consagrou dois atores/realizadores que seriam figuras-chave para o cinema popular brasileiro: José Mojica Marins e Amácio Mazzaropi. A história da indústria audiovisual está repleta de artistas que passaram dos palcos à tela grande, desta para o rádio, do disco para as páginas de histórias em quadrinhos. No Brasil, esse fenômeno se verificou em diferentes momentos e com variados desdobramentos, mas a produção cultural paulista dos anos 1950 viu o nascimento de trajetórias multimidiáticas que figuram entre as mais relevantes do cinema brasileiro, e que se tornaram exemplares para artistas de outras regiões do país.

O contato de Mojica com a sétima arte começou muito cedo, quando seu pai se tornou gerente de um cinema no bairro do Brás, na capital paulista, em 1942. Alguns anos depois, ele começou a reunir amigos para fazer pequenos filmes mudos de ação e aventura com uma câmera 8 mm, alguns dos quais chegaram a ser exibidos em parques de diversões e em igrejas. Em 1953, aos 18 anos, fundou a companhia cinematográfica Apolo por meio de um sistema de cotas de participação, e começou a ministrar aulas de interpretação. Em 1955, conseguiu realizar, com a ajuda do comerciante de móveis Augusto Sobrado Pereira[68], seu primeiro longa-metragem, um drama policial em 35 mm chamado *Sentença de Deus*, que não chegou a ser finalizado na época. Dois anos depois, o já mencionado faroeste *A sina do aventureiro*, produzido também em parceria com Augusto Pereira, chegaria ao circuito comercial.

A escola de atores prosperou, e Mojica realizou *Meu destino em tuas mãos* (1961), melodrama estrelado pelo cantor-mirim Franquito. Após o fracasso desse filme, lançado em junho de 1963, a sorte do diretor e de seus parceiros mudaria radicalmente. Segundo ele sempre relatou desde então, um pesadelo teria trazido a inspiração para a primeira fita brasileira do gênero horror: *À meia noite levarei sua alma*. Para essa produção, realizada em 1963 e lançada em novembro do ano seguinte, Mojica concebeu, escreveu e interpretou o personagem pelo qual seria identificado pelo resto da vida: o agente funerário psicopata Josefel Zanatas, o Zé do Caixão.

Tratava-se, como lembra Carlos Reichembach, do nascimento de um personagem emblemático para o cinema brasileiro. Segundo o diretor paulista, "se Glauber Rocha criou Antônio das Mortes [de *Deus e o diabo na terra do sol*, 1963], Mojica criou Zé do Caixão, que, curiosamente, são personagens irmãos"[69]. De fato, as correspondências entre Zé do Caixão, interpretado por Mojica, e Antônio das Mortes, interpretado por Maurício do Valle, são notáveis: ambos surgiram no cinema brasileiro no mesmo ano, eram assassinos implacáveis, vestiam-se inteiramente de preto, carregavam a morte em seus próprios nomes e retornariam em filmes posteriores, proferindo monólogos sobre os dilemas da vida e da morte. No entanto, Zé do Caixão e Antônio das Mortes ocupariam espaços muito diferentes na constelação do cinema brasileiro, ainda que Mojica e Glauber tenham ensaiado alguma aproximação, com elogios mútuos, na segunda metade da década de 1960.

Diferentemente da obra-chave do Cinema Novo, a produção de *À meia noite levarei sua alma* ocorreu em condições quase amadorísticas, contando inicialmente com a contribuição dos alunos da escola de atores e da venda do único carro da família Mojica Marins. Com isso, foi possível pagar os custos de uma equipe técnica mínima: o fotógrafo Giorgio Attili, o montador Luiz Elias, o cenógrafo José Vedovato e os assistentes Ozualdo Candeias e Oswaldo de Oliveira. Como relatam os biógrafos André Barcinski e Ivan Finotti[70], o longa acabou custando 6 milhões de cruzeiros (o equivalente a mais ou menos 5 mil dólares na época), o que deixou o diretor com muitas dívidas.

O sucesso de público e a polêmica acirrada no meio crítico, aliados ao talento do diretor para divulgar o próprio trabalho, fariam de *À meia noite levarei sua alma* a primeira onda consistente do gênero horror na mídia audiovisual brasileira, gerando em sua esteira programas de rádio e televisão (na TV Bandeirantes, em 1967, e na Tupi, em 1968), além de músicas populares, histórias em quadrinhos, anúncios publicitários, festas temáticas, peças teatrais e vários outros produtos e eventos que tinham como objeto a figura de Zé do Caixão, rapidamente absorvida e consagrada pela cultura midiática brasileira. Para criar o Zé do Caixão, Mojica absorveu referências tanto da tradição do cinema de horror internacional quanto do folclore nacional, produzindo um amálgama de figuras como a divindade Exu, o vampiro Drácula e "coronéis" brasileiros.

O filme teve duas continuações. Em 1966, *Esta noite encarnarei no teu cadáver* foi o maior sucesso de público da carreira do diretor. Ainda que não se tenha acesso hoje a dados confiáveis de bilheterias do período, Barcinski e Finotti calculam que o filme pode ter feito mais de 5 milhões de espectadores em todo o Brasil[71]. Já *Encarnação do Demônio* (2008), terceira parte da trilogia de Zé do Caixão, foi realizado por ele mais de quarenta anos depois do primeiro filme, tirando proveito da fama que o personagem manteve desde os anos 1960.

Além dessas continuações, outros filmes de Mojica exploraram, de diferentes maneiras, a relação de Zé do Caixão com seu criador: *O estranho mundo de Zé do Caixão* (1967), *Ritual dos sádicos* (1969-1983, mas lançado apenas em 1986, com o título de *O despertar da besta*), *Exorcismo negro* (1974) e *Delírios de um anormal* (1977-1978). Para construí-los, o cineasta contou com a ajuda do escritor de ficção e roteirista Rubens Francisco Luchetti. Juntos, Mojica e Luchetti também criaram o personagen Finis Hominis, interpretado por Mojica nos filmes *Finis hominis* (1971) e *Quando os deuses adormecem* (1972). Como nota Alexandre Agabiti Fernandez, Finis, um misterioso benfeitor, funciona como um duplo de Zé do Caixão, articulando os mesmos aspectos de *demência* e *transcendência* observados no famoso vilão, porém em chave mais positiva[72].

No entanto, os problemas com a censura, aliados a uma série de maus negócios, complicaram a carreira do cineasta, principalmente a partir do AI-5, em 1968, o que provocou uma trajetória irregular. Ainda em 1968, ele participou da produção de Renato Grecchi e Antonio Polo Galante, *Trilogia do terror*, na qual foi reunido aos ex-parceiros (então consagrados) Person e Ozualdo Candeias – este último recém-descoberto pelos críticos e pelo público por seu longa de estreia *A Margem* (1967). Depois disso, Mojica trabalhou com a Cinedistri em *Exorcismo negro*, ligando-se assim ao primeiro escalão do cinema paulista, mas fez também filmes minúsculos bancados por seus alunos (como *A estranha hospedaria dos prazeres*, 1975, codirigido com Marcelo Motta), produções de encomenda (como *Perversão*, 1978), chegando a realizar filmes de sexo explícito nos anos 1980. Para esses últimos, e também para algumas pornochanchadas de grande sucesso nos anos 1970 (*A virgem e o machão*, 1973, e *Como consolar viúvas*, 1975, por exemplo), usou o pseudônimo J. Avelar.

Finalmente, depois de muitos anos sobrevivendo da fama do personagem Zé do Caixão, Mojica teria seus filmes descobertos por distribuidoras de *home video* nos anos 1990 (a Something Weird, dos Estados Unidos, e a Mondo Macabro, da Europa), e também teria sua vida contada na biografia *Maldito*, escrita pelos jornalistas brasileiros André Barcinski e Ivan Finotti. Com isso, seu trabalho voltou a provocar interesse, fazendo com que ele retornasse à direção, em 2008, na superprodução *A encarnação do Demônio* – que, ironicamente, naufragou nas bilheterias.

Já Amácio Mazzaropi teve uma carreira de muito mais sucesso financeiro e impressionante regularidade, ainda mais se consideradas as instabilidades do mercado cinematográfico brasileiro do período. Embora seu personagem tenha assumido diferentes nomes (Candinho, Lamparina, Jeca-Tatu etc.), sua *persona* permaneceu associada à figura do caipira do interior paulista, que se constituiu historicamente como uma mistura do caboclo e do italiano. O ator/realizador nasceu em São Paulo, em 9 de abril de 1912, mas mudou-se com os pais para Taubaté aos 2 anos de idade. Cresceu assistindo a peças de teatro, circos e espetáculos variados que se apresentavam na cidade. As apresentações que circulavam pelo interior paulista eram influenciadas por dois tipos de tradição teatral: a comédia de costumes brasileira, na qual a presença do caipira e a oposição entre campo e cidade eram assunto central – em que se destacavam Sebastião Arruda e Cornélio Pires –, e a tradição ítalo-brasileira, também chamada de filodramática, um movimento empreendido pelos imigrantes italianos que eram ligados ao anarcossindicalismo, encabeçado pelo diretor Nino Nello.

O personagem caipira criado por Mazzaropi reflete sua vivência no interior paulista, região onde, segundo Glauco Barsalini, houve "a instalação dos imigrantes portugueses e italianos [...] que no início do século XX conduziram não à italianização do brasileiro, como fantasiavam os filodramáticos, mas à caipirização do italiano"[73]. Nesse teatro ítalo-brasileiro, o protagonista era um trabalhador simpático, humilde – mas orgulhoso , cujas boas intenções se misturavam a modos inconvenientes. O caipira italianado de Mazzaropi encarnava, assim, uma psicologia resistente ao estilo de vida moderno e urbanizado, dominado pela racionalidade capitalista e pela impessoalidade dos relacionamentos.

Como relata Afranio Catani[74], Mazzaropi já era um astro no teatro e no rádio quando estreou em cinema na Vera Cruz, onde protagonizou três filmes (*Sai da frente*, *Nadando em dinheiro* e *Candinho*) e estabeleceu relações importantes com seus técnicos e diretores. Lá, ele aprendeu como se construía uma narrativa cinematográfica, mas percebeu também que gastos excessivos, problemas de planejamento e pouca preocupação com a distribuição e com competição dos filmes estrangeiros podiam ser erros fatais. Suas participações em *A carrocinha* e *O gato de madame* completam a primeira fase de sua carreira. Numa segunda fase, de 1956 a 1958, o ator assinou contrato com a produtora carioca Cinelândia Filmes, em parceria com a Cinedistri, participando de *Fuzileiro do amor* (Eurides Ramos, 1955), *O noivo da girafa* (Victor Lima, 1956) e *Chico Fumaça* (Victor Lima, 1957). Esses filmes fugiram ao estilo típico dos personagens de Mazzaropi e não fizeram muito sucesso no Rio de Janeiro, deixando claro para o ator que ele precisava de filmes nos quais fosse a figura de destaque.

A terceira fase de sua carreira começou em 1958 e durou até sua morte, em 1980. Nesses mais de vinte anos, Mazzaropi manteve sua própria produtora, a Produções Amácio Mazzaropi (PAM Filmes), com sede em Taubaté, produzindo um filme por ano, sempre com enorme sucesso. Obra-chave desse processo foi *Jeca Tatu* (Milton

Amaral, 1959), com enredo de expropriação e deslocamento identitário, colocando em campos opostos o progresso e o atraso: um capitalista rural expulsa o Jeca pela grilagem de suas terras, para inaugurar uma nova maneira moderna de produção em larga escala. A melancólica casinha do Jeca e de sua mulher é incendiada, e o casal fica sem ter para onde ir. As terras são recuperadas através de uma promessa de votos feita pela comunidade a um político local. A encenação simplória e estereotipada, de fácil entendimento popular, encerrava preconceitos evidentes.

Com esse filme, Mazzaropi consolidaria o tipo ingênuo e atrapalhado, pouco à vontade com os códigos da vida moderna, mas fiel a certas crenças e valores. Seus filmes dialogavam diretamente com um público recém-urbanizado, fruto da modernização do meio rural e da concentração de terras – que motivaram uma intensa migração para as cidades[75]. Essa população, ainda vinculada ao imaginário e ao estilo de sociabilidade rural, era o público que Mazzaropi alcançava e que garantiu seu sucesso nas bilheterias. Como observava na época o crítico Paulo Emílio Sales Gomes, seu personagem era sociologicamente anterior até mesmo ao Nhô Anastácio de 1908, e o segredo de sua permanência seria sua própria antiguidade[76].

De 1958 a 1979, a PAM produziu mais de duas dezenas de filmes, entre os quais o já mencionado *Jeca Tatu*, *As aventuras de Pedro Malasartes* (Amácio Mazzaropi, 1960), *O vendedor de linguiça* (Glauco Mirko Laurelli, 1962), *O lamparina* (Glauco Mirko Laurelli, 1963), *O puritano da rua Augusta* (Amácio Mazzaropi, 1965), *O corintiano* (Milton Amaral, 1966), *O jeca e a freira* (Amácio Mazzaropi, 1967), *Betão ronca ferro* (Geraldo Affonso Miranda e Pio Zamuner, 1970), *O grande xerife* (Pio Zamuner, 1971), *Um caipira em Bariloche* (Amácio Mazzaropi e Pio Zamuner, 1972), *Jeca contra o capeta* (Amácio Mazzaropi e Pio Zamuner, 1975), *Jeca e seu filho preto* (Berilo Faccio e Pio Zamuner, 1978) e *A banda das velhas virgens* (Amácio Mazzaropi e Pio Zamuner, 1979).

O produtor confiava e investia apenas no núcleo de atores principais, que incluía atrizes como Geny Prado, além de inúmeros estreantes, como David Cardoso e Ewerton de Castro. Ele não se preocupava muito com a qualidade dos atores secundários, com os quais economizava. Técnicos e equipamentos, entretanto, eram muito bem pagos. Nesse sentido, são muito importantes as relações profissionais e criativas que ele estabeleceu com os diretores/técnicos Glauco Mirko Laurelli, que esteve muito presente na primeira fase da PAM; Milton Amaral, que nos anos 1960 seguiria carreira como diretor de filmes publicitários e professor de cinema da Fundação Armando Álvares Penteado, em São Paulo; e Pio Zamuner, italiano que chegara a São Paulo em 1952, começando sua carreira como maquinista e eletricista em produções de Milton Amaral, Anselmo Duarte, Walter Hugo Khouri e Carlos Coimbra. Zamuner assinaria mais de quarenta filmes como fotógrafo e cinegrafista, mas seria alçado à condição de diretor a partir da parceria que desenvolveu com Mazzaropi nos anos 1970.

Como já dito, Mazzaropi, enquanto trabalhava no cinema apenas como ator, percebeu com agudeza o amadorismo, a falta de planejamento e os frequentes becos-sem-saída em que se metiam as produtoras brasileiras. Quando passou a produzir seus filmes na PAM, nunca descuidou de controlar pessoalmente todas as etapas de produção, bem como a distribuição dos filmes e a fiscalização das bilheterias. Diferentemente do que acontecia com a boa parte dos filmes produzidos no país, Mazzaropi nunca tomou qualquer empréstimo do Estado para fazer os seus filmes. Na década de 1970, quando os dados de bilheterias começaram a ser controlados de maneira um pouco mais segura, ele havia conquistado um público fiel de cerca de 3 milhões de espectadores por filme, que esperavam avidamente seus lançamentos anuais[77].

A trajetória de Mazzaropi demonstra como a permanente conexão com o público popular e o controle dos processos de distribuição e exibição de filmes eram fatores decisivos para a viabilização de certa continuidade na produção de cinema. Seu êxito de mais de trinta anos na atividade cinematográfica resultou da compreensão prática e profunda de uma lógica comercial implacável que tendia a deixar para trás tanto iniciativas amadorísticas e acanhadas quanto as megalomaníacas. Seu sucesso pode ter sido encorajador para o surgimento de outros artistas que encarnaram personagens de origem rural em filmes realizados em diferentes regiões do país. Um dos mais conhecidos foi o paulista Roberto Garbin (conhecido como Chico Fumaça), que estrelou três longas, entre eles *Mágoas de caboclo* (Ary Fernandes, 1970), grande sucesso feito na esteira de Mazzaropi. Vale considerar que esses filmes "regionalistas" foram com frequência protagonizados por astros da música como o gaúcho José Mendes (*Para, Pedro*, 1969; *Não aperta, Aparício*, 1970; e *A morte não marca tempo*, 1973, todos dirigidos por Vanoly Pereira Dias) e o paulista Sérgio Reis (*O menino da porteira*, Jeremias Moreira Filho, 1976).

Nesse contexto, o fenômeno gaúcho de Teixeirinha é provavelmente o mais conhecido, somando doze longas-metragens em catorze anos de atividade praticamente ininterrupta, com um público que se aproxima de 10 milhões de espectadores. O fenômeno se torna ainda mais relevante quando se observa, como nota André Gatti, que o mercado de cinema gaúcho foi, por muito tempo, o principal polo de produção regional de cunho regionalista no país – e isso teve início justamente com os longas de Teixeirinha, fazendo do Rio Grande do Sul o maior estado produtor de filmes no Brasil fora do eixo Rio-São Paulo nos anos 1970[78].

Vitor Mateus Teixeira, gaúcho nascido em Santo Antônio da Patrulha, já era uma estrela da música rio-grandense quando estrelou seu primeiro filme, *Coração de luto* (1967), dirigido pelo espanhol Eduardo Llorente, que já trabalhara com a dupla caipira Tonico e Tinoco[79] em *Lá no meu sertão* (1962). O filme foi produzido por Derly Martinez, da tradicional empresa de cinejornais Leopoldis Som, em parceria com o Banco Frederico Mentz e com o próprio Teixeirinha. A história foi inspirada em um episódio trágico da vida de Teixeirinha – a morte de sua mãe em um incêndio –, que já fora tema de sua canção mais famosa, *Coração de luto*, lançada no começo dos anos 1960. Com o sucesso da canção, o autor e intérprete se transformou rapidamente em fenômeno de vendas, não apenas no mercado gaúcho, mas também em outros estados do país (e até além das fronteiras do Brasil, alcançando países como Portugal e Argentina). Para se ter uma ideia da amplitude do fenômeno, calcula-se que apenas o *single* de *Coração de luto* tenha vendido até hoje cerca de 25 milhões de cópias.

O sucesso do filme de 1967 parece tê-lo encorajado a ingressar de maneira mais diversificada na indústria do entretenimento, mas, conforme explica a pesquisadora Miriam Rossini[80], foi apenas a partir de seu segundo filme, a aventura policial *Motorista sem limites* (Milton Barragan, 1969), que o cantor percebeu a possibilidade de o cinema servir como reforço para a carreira musical, o que o levou a criar sua própria produtora, a Teixeirinha Produções Artísticas, que produziu dez longas-metragens estrelados por ele e dirigidos de maneira alternada por Milton Barragan e Vanoly Pereira Dias, entre 1971 e 1981.

Assim, não é necessário creditar ao exemplo de Mazzaropi a aventura desse cantor/ator no cinema, mas, como observa André Gatti, as correspondências entre os dois artistas são notáveis:

> Nos casos de Teixeirinha e Mazzaropi, identifica-se uma questão de ordem sociológica que obedece a um ditame da indústria desse tipo [regionalista] de cinema: ele é regionalista sob a temática, e industrial enquanto abordagem de mercado, já que são cinematografias que operam sistematicamente na faixa do filme de gênero de maneira quase clássica. Além disso, ambas as filmografias se pautam em personagens que têm um pé no consumo popular de cultura[81].

Teixeirinha, em geral, estrelava seus filmes no centro da história – como um cantor famoso envolvido em aventuras –, ao lado da companheira Mary Terezinha, cantora e acordeonista. Juntos, eles protagonizaram aventuras românticas como *Teixeirinha a 7 provas* (Milton Barragan, 1972); melodramas como *Carmem, a cigana* (Pereira Dias, 1976); o faroeste *Na trilha da justiça* (Milton Barragan, 1976) e a comédia *O gaúcho de Passo Fundo* (Pereira Dias, 1978). No final da década de 1970, a carreira cinematográfica começou a perder fôlego, e Teixeirinha precisou recorrer à Embrafilme para finalizar sua última película, o melodrama religioso *A filha de Iemanjá* (Milton Barragan, 1981).

Os anos 1980 também marcarão o fim do sistema de produção nascido em São Paulo na segunda metade dos anos 1950. Durante esse período, a crise econômica e a inflação que afetaram todo o cinema brasileiro, a morte de Mazzaropi, a invasão do cinema de sexo explícito e o fim da Embrafilme desarticulam a rede de realizadores aqui descrita, cujo princípio pode ser encontrado nas atividades surgidas em paralelo aos grandes estúdios.

NOTAS

1 Maria Rita Galvão, "Multifilmes S/A", em: *Companhia Cinematográfica Vera Cruz: a fábrica de sonhos: um estudo sobre a produção cinematográfica industrial paulista*, s.f., tese (doutorado em Semiótica e Linguística Geral), v. 4, Universidade de São Paulo, São Paulo: 1975, p. 694.

2 Rubens Machado Jr., "São Paulo e o seu cinema: para uma história das manifestações cinematográficas paulistanas (1899-1954)", em: Paula Porta (org.), *História da cidade de São Paulo*, v. 2, São Paulo: Paz e Terra, 2004, p. 480.

3 *Ibidem*.

4 *Ibidem*, p. 481.

5 Alexandre Kishimoto, *Cinema japonês da Liberdade*, São Paulo: Fundação Liberdade, 2013.

6 Maria Rita Galvão e Jean-Claude Bernardet, *O nacional e o popular na cultura brasileira*, São Paulo: Brasiliense/Embrafilme, 1983, pp. 62-3.

7 Fabio Lucas, "Sobre a crítica de cinema", *Revista de Cinema*, Belo Horizonte: set. 1955, v. 3, n. 18.

8 Arthur Autran, *Alex Viany: crítico e historiador*, São Paulo: Perspectiva, 2003, p. 105.

9 Maria Rita Galvão e Jean-Claude Bernardet, *O nacional e o popular na cultura brasileira*, *op. cit.*, pp. 67-70.

10 *Ibidem*.

11 *Ibidem*.

12 Paulo Emílio Sales Gomes, "Perplexidades brasileiras", *O Estado de S. Paulo*, Suplemento Literário, 11 mar. 1959, p. 5 *apud* Maria Rita Galvão e Jean-Claude Bernardet, *O nacional e o popular na cultura brasileira*, *op. cit.*, p 126. Sales Gomes dedicava-se nesse texto à crítica do filme *Ravina* (1959).

13 Luís Alberto Rocha Melo, "*Cinema independente": produção, distribuição e exibição no Rio de Janeiro (1948-1954)*, 425f., tese (doutorado em Comunicação), Universidade Federal Fluminense, Niterói: 2011, p. 11.

14 Carlos Ortiz, *Romance do gato preto: história breve do cinema*, Rio de Janeiro: Livraria-editora da Casa do Estudante do Brasil, 1952, p. 188.

15 Produtora de propriedade do então governador de São Paulo, Adhemar de Barros (1901-1969), dedicada principalmente à realização do cinejornal *Bandeirante na tela*, produzido entre 1947 e 1956.

16 Rafael de Luna Freire, "Alameda da Saudade, 113", em: *Telabrasilis*, 1 mar. 2007, disponível em: <https://goo.gl/vSY8RX>, acesso em: ago. 2017.

17 Mariarosaria Fabris, *Nelson Pereira dos Santos: um olhar neorrealista?*, São Paulo: Fapesp/Edusp, 1984, p. 75.

18 Maria Rita Galvão e Carlos Roberto de Souza, "Cinema Brasileiro: 1930/1960", em: João Bérnard da Costa (org.), *Cinema brasileiro*, Lisboa: Fundação Calouste Gulbenkian/Cinemateca Portuguesa, 1987, pp. 54-7.

19 Vale ressaltar que esse pequeno grupo de filmes é também mencionado como o mais representativo da tendência independente e realista por outros autores, entre os quais: Glauber Rocha, "Bossa nova no cinema brasileiro", *Jornal do Brasil*, Suplemento Dominical, Rio de Janeiro: 12 mar. 1960; Glauber Rocha, *Revisão crítica do cinema brasileiro*, São Paulo: Cosac Naify, 2003; Mariarosaria Fabris, *Nelson Pereira dos Santos: um olhar neorrealista?*, *op. cit.*; Afranio Mendes Catani, "Aventura industrial e o cinema paulista (1930-1955)", em: Fernão Ramos (org.), *História do cinema brasileiro*, São Paulo: Art Editora, 1987, pp. 189-297.

20 Maximo Barro, *Agostinho Martins Pereira: o idealista*, São Paulo: Imprensa Oficial, 2008, p. 109.

21 José Mário Ortiz Ramos, *Cinema, Estado e lutas culturais: anos 50/60/70*, São Paulo: Paz e Terra, 1983, pp. 36-7.

22 Arthur Autran, *Alex Viany: crítico e historiador*, *op. cit.*, p. 81.

23 Galileu Garcia, depoimento concedido a Laura Loguercio Cánepa, São Paulo: 15 maio 2015.

24 Cf. Ely Azeredo, "Entrevista com Lima Barreto: expurgado de *A primeira missa*", *Tribuna da Imprensa*, Rio de Janeiro: 2 dez. 1960.

25 Anita Simis, "Entrevista com Jacques Deheinzelin", *Políticas Culturais em Revista*, Salvador: 2011, v. 4, n. 2, pp.146-61.

26 Ernesto Remani, que escreveu e dirigiu essa película, era na verdade o teuto-alemão

Ernst Rechenmacher (1906-1966), diretor do primeiro longa-metragem de ficção colorido finalizado no Brasil, *Destino em apuros* (1953), da Multifilmes.

27 Rodrigo Pereira, *Cowboy do sertão: Maurício Morey e a saga do western brasileiro*, trabalho de conclusão de curso (graduação em Comunicação Social), Universidade Estadual Paulista, Bauru: 1996, pp. 157-8.

28 José Mário Ortiz Ramos, *Cinema, Estado e lutas culturais: anos 50/60/70*, *op. cit.*, pp. 36-7.

29 No mesmo ano, Duarte dirigiu o documentário em curta metragem *Fazendo cinema*, no qual registrou os complicados bastidores da produção *Arara vermelha* (1956), da Maristela.

30 Renato Luiz Pucci Jr., *O equilíbrio das estrelas: filosofia e imagens no cinema de Walter Hugo Khouri*, São Paulo: Annablume/Fapesp, 2001, p. 13.

31 Luiz Carlos Bresser Pereira, "O gigante de pedra", *O Tempo*, Belo Horizonte: 19 fev. 1954.

32 Walter Hugo Khouri, *Memória do cinema: depoimento*, Museu da Imagem e do Som, São Paulo, s. d.

33 Paulo Emílio Sales Gomes, "Rascunhos e exercícios", *O Estado de S. Paulo*, Suplemento Literário, 21 jun. 1958, em: *Uma situação colonial?*, São Paulo: Companhia das Letras, 2016, pp. 218-24.

34 Walter Hugo Khouri, *Memória do cinema: depoimento*, Museu da Imagem e do Som, São Paulo, s. d.

35 Fernão Pessoa Ramos, "A coisa da imagem e a preponderância do afeto", em: Eugênio Puppo e Heloisa Albuquerque (orgs.), *Walter Hugo Khouri retrospectiva: meio século de cinema*, São Paulo: Centro Cultural Banco do Brasil, 2001.

36 Walter Hugo Khouri, *Memória do cinema: depoimento*, Museu da Imagem e do Som, São Paulo, s. d.

37 Luís Alberto Rocha Melo, "A Boca e o Beco", em: André Gatti e Rafael de Luna Freire, *Retomando a questão da indústria cinematográfica brasileira*, Rio de Janeiro: Associação Cultural Tela Brasilis, 2009, p. 62.

38 Alessandro Constantino Gamo, *Vozes da Boca*, 168f., tese (doutorado em Multimeios), Universidade Estadual de Campinas, Campinas: 2006, pp. 156-7.

39 Antonio Leão Silva Neto, *Ary Fernandes: sua fascinante história*, São Paulo: Imprensa Oficial, 2006, p. 119.

40 *Ibidem*, p. 122.

41 *Ibidem*, p. 145.

42 *Ibidem*, p. 153.

43 André Bazin, "O *western* ou o cinema americano por excelência", em: *O que é o cinema?*, São Paulo: Cosac Naify, 2014, pp. 237-46.

44 Rodrigo Pereira, *Western Feijoada: o faroeste no cinema brasileiro*, s.f., dissertação (mestrado em Comunicação), Universidade Estadual Júlio Mesquita Filho, Bauru: 2002, p. 71.

45 *Ibidem*.

46 *Ibidem*.

47 *Ibidem*, p. 72.

48 Rodrigo Pereira, "E seu cavalo não falava inglês", *Revista Filme Cultura*, Rio de Janeiro: nov.-dez. 2013, n. 61, p. 45.

49 Maria Rita Galvão, *Burguesia e cinema: o caso Vera Cruz*, Rio de Janeiro: Civilização Brasileira/Embrafilme, 1981, pp. 212-3 *apud* Rodrigo Pereira, *Western Feijoada: o faroeste no cinema brasileiro*, *op. cit.*, p. 72.

50 Rodrigo Pereira, *Western Feijoada: o faroeste no cinema brasileiro*, *op. cit.*, p. 82.

51 Na ocasião, Azevedo já atuava como diretor na TV Tupi. *Chão bruto* seria refilmado em 1976 pelo mesmo diretor.

52 André Barcinski e Ivan Finotti, *Maldito: a vida e o cinema de José Mojica Marins, o Zé do Caixão*, São Paulo: Editora 34, 1998, p. 75.

53 Segundo Rodrigo Pereira, em *Western Feijoada: o faroeste no cinema brasileiro*, *op. cit.*, p. 68, esse número é o mesmo de salas em que foi lançado *O cangaceiro*.

54 *Ibidem*, p. 78.

55 Sobre as aventuras dessa filmagem, cf. Luiz Carlos Merten, *Carlos Coimbra: um homem raro*, São Paulo: Imprensa Oficial, 2004, pp. 60-1.

56 Igor Tkaczenko, depoimento inédito concedido a Leandro Cesar Caraça sobre Konstantin Tkaczenko, Rio de Janeiro: 5 de jun. 2015.

57 Eles voltaram a trabalhar com a Brasfilmes no filme *Cavalgada da esperança – Padroeira do Brasil* (1958), realizado em São Paulo.

58 Cf. Luiz Carlos Merten, *Carlos Coimbra: um homem raro*, *op. cit.*, p. 62.

59 *Ibidem*, p. 5.

60 Para uma dimensão do ciclo do cangaço como fenômeno nacional, cf. Marcelo Dídimo, *O cangaço no cinema brasileiro*, São Paulo: Annablume, 2010.

61 Paulo Emílio Sales Gomes, "Artesãos e artistas", *O Estado de São Paulo*, 15 abr. 1961, em: *Uma situação colonial?*, *op. cit.*, pp. 244-52. O texto também é citado por Merten na obra *Carlos Coimbra: um homem raro*, citada anteriormente.

62 Conforme nota publicada no jornal *Diário da Noite*, 9 jul. 1974, recorte disponível na Cinemateca Brasileira.

63 Conforme nota publicada no jornal *Folha de S.Paulo*, 29 nov. 1962, recorte disponível na Cinemateca Brasileira.

64 Conforme nota publicada no jornal *Diário da Noite*, 21 nov. 1962, recorte disponível na Cinemateca Brasileira.

65 Fernão Ramos, "Documentário sonoro brasileiro", em: Fernão Ramos e Luiz Felipe Miranda (orgs.), *Enciclopédia do cinema brasileiro*, São Paulo: Senac, 2012, p. 184.

66 Benedito Junqueira Duarte, "Homenagem a Gilberto Junqueira de Oliveira", *Anhembi*, São Paulo: nov. 1960, ano 10, n. 120, v. 11, pp. 653-6.

67 Esse filme, iniciado como *Erótika* em 1962, foi finalizado e lançado em 1967 pelos produtores Silvio Renoldi (1942-2004) e Antonio Polo Galante, com o novo título e a adição de cenas noturnas urbanas e de números de *striptease*.

68 Passou a assinar mais tarde Miguel Augusto Cervantes, tornando-se parceiro frequente de Mojica e de outros diretores paulistas nos anos 1970.

69 Carlos Reichenbach, depoimento do cineasta sobre *À meia noite levarei sua alma*, de José Mojica Marins, em: *Coleção Coffin Joe: 50 anos do cinema de José Mojica Marins*, v. I., direção e produção: Paulo Duarte; Carlos Primati, Jundiaí: Cinemagia, 2002, DVD (81 min.).

70 André Barcinski e Ivan Finotti, *Maldito: a vida e o cinema de José Mojica Marins, o Zé do Caixão*, *op. cit.*, p. 115.

71 *Ibidem*, p. 177.

72 Alexandre Agabiti Fernandez, "Um arranjo prosaico e extravagante", em: Eugênio Puppo (org.), *José Mojica Marins: 50 anos de cinema*, São Paulo: Heco Produções/CCBB, 2007, pp. 41-8.

73 Glauco Barsalini, *Mazzaropi, o jeca do Brasil*, Campinas: Átomo, 2002, p. 36.

74 Afranio Mendes Catani, "A aventura industrial e o cinema paulista (1920-1955)", *op. cit.*, p. 291.

75 Nuno Cesar Abreu, "Anotações sobre Mazzaropi, o Jeca que não era Tatu", *Filme Cultura*, Rio de Janeiro: ago.-out. 1982, n. 40.

76 Sales Gomes *apud* Afranio Mendes Catani, "A aventura industrial e o cinema paulista (1930-1955)", *op. cit*, p. 291.

77 Glauco Barsalini, *Mazzaropi, o jeca do Brasil*, *op. cit.*, p. 46.

78 André Gatti, "Filmes regionalistas industriais brasileiros: a questão do público (1970-1980)", *Revista Filme Cultura*, Rio de Janeiro: out. 2010, n. 52, p. 59.

79 Os paulistas João e José Salvador Perez, que venderam mais de 100 milhões de *LPs*.

80 Miriam de Souza Rossini, *Teixeirinha e o cinema gaúcho*, Porto Alegre: Fumproarte, 1996, p.117.

81 André Gatti, "Filmes regionalistas industriais brasileiros: a questão do público (1970-1980)", *op. cit.*, p. 61.

3

O INCE E O CINEMA DOCUMENTÁRIO EDUCATIVO (1937 - 1966)

E O ESTADO ENTRA EM CENA (1932-1966)

NATALIA CHRISTOFOLETTI BARRENHA

O poder público durante a República Velha (1989-1930) foi um dos principais patrocinadores da produção cinematográfica de não ficção no Brasil, solicitando reportagens, registros da Comissão Rondon e filmes de propaganda, educativos ou voltados à saúde pública. A partir do regime instalado com a Revolução de 1930, a produção cinematográfica brasileira entra na pauta de interesse do Estado, que passa a se voltar não só à realização de filmes por produtores privados, como também por instituições criadas para tal fim e sob sua tutela. O Estado intervém ainda na legislação, reconhecendo na produção cinematográfica brasileira uma atividade profissional a ser incentivada. Para tanto, edita uma medida oficial, o decreto nº 21.240, de 1932, que obrigava compulsoriamente a exibição de filmes curtos educativos nas sessões ordinárias de cinema nas salas de todo o território nacional. Criava-se, assim, a primeira política pública de incentivo ao cinema brasileiro.

A primazia do filme educativo como alvo dessa obrigatoriedade se explica pela compreensão que se tinha sobre o cinema entre educadores, intelectuais e políticos. O cinema era tido como uma diversão popular atraente para as massas incultas, porém, por seus conteúdos "repreensíveis", era visto em geral com desconfiança, tanto que era preciso ser domado e controlado pela censura, revertendo-se, assim, em algo de natureza útil ou louvável, capaz de afastar as mentes da pura evasão ou, pior, da imoralidade e de outros efeitos condenáveis. Percebeu-se desde cedo que o cinema poderia ser usado com sucesso na educação, como uma ferramenta eficiente de conhecimento e aprendizagem, o que compreendia a construção de uma visão de mundo da qual decorreria a formação política dos estudantes. Em suma, através de um meio massivo e sensorialmente atraente, chega-se pela educação também à propaganda. Esse processo ocorre de forma estruturada entre os russos, a partir da Revolução de 1917; entre os italianos, desde a ascensão do fascismo, com a criação de L'Unione Cinematografica Educativa (LUCE), em 1925; os americanos, durante o New Deal; e pelos nazistas, quando tomam o poder a partir de 1933. Entre os ingleses, esse novo tipo de cinema recebe, a partir de 1930, a designação de "documentário", com John Grierson no *General Post Office Film Unit* (GPO), que, malgrado o seu caráter específico de "janela para o mundo histórico", é também concebido, e até por isso, como de educação pelas imagens.

O movimento da educação em direção ao cinema como um instrumento facilitador da aprendizagem estava, por seu turno, associado também ao pensamento renovador da Escola Nova, criada pelo norte-americano John Dewey. Ela centrava o foco da aprendizagem nas necessidades do aluno, e não mais nos ditames do professor[1]. A nova pedagogia de Dewey atrai inúmeros educadores e intelectuais brasileiros interessados em renovar o ensino no Brasil. Sua aplicação se dá de forma pioneira na reforma do ensino do Distrito Federal (então no Rio de Janeiro), promovida por Fernando de Azevedo que, em 1928, já incluía o uso do cinema em sala de aula, como defendiam também Jonatas Serrano, Joaquim Canuto Mendes de Almeida[2] e o diretor do Museu Nacional Edgard Roquette Pinto, entusiasta do emprego dos então "modernos meios de comunicação", o cinema e o rádio, na educação. Com o *Manifesto dos pioneiros da Escola Nova*, de 1932, e a extensa e significativa adesão de educadores e intelectuais de todo o país a essa nova pedagogia, o movimento repercute positivamente no governo. A mobilização de uma camada respeitada e com ligações sociais e culturais com o novo aparelho de Estado, somada às pressões das reinvindicações de produtores cinematográficos nacionais e de exibidores, explica a precedência do viés educativo na primeira política pública produzida no Brasil para o cinema, o que possibilitou ativar a produção privada de filmes curtos educativos.

No entanto, essa tarefa fracassou em razão da produção descontínua, que não conseguia competir com os filmes estrangeiros, e da falta de organização e de recursos. Não se contava aqui, por exemplo, com o apoio oficial que existia na Itália a partir do LUCE – o país foi um dos modelos para o Brasil quando se tratava de cinema educativo.

O debate em torno desse tema trouxe uma contribuição significativa para estimular a participação do Estado na atividade cinematográfica, que não atuaria mais somente como censor, mas também assumiria as funções de produtor e curador. É interessante observar as considerações de Rosana Catelli ao abordar o caráter ambíguo dos formuladores do cinema educativo no Brasil: eles inovaram as concepções de educação e trouxeram para o panorama nacional práticas escolares mais democráticas, além de introduzir mudanças significativas no campo ao destacar as possibilidades culturais e artísticas do cinema, quando muitos viam nele um simples entretenimento para as camadas populares. Por outro lado, geraram modificações sociais de modo elitista e autoritário. Assim, abriram caminho para ações do Estado no âmbito da educação, como a criação, em 1936, do Ministério de Educação e Saúde e também do Instituto Nacional de Cinema Educativo (INCE) ou, ainda, mais tarde, o uso do cinema para fins essencialmente políticos[3], como parte do programa de controle sobre a informação dos meios de comunicação. Esse controle era exercido pelo Departamento de Informação e Propaganda[4] por intermédio da produção do *Cinejornal Brasileiro*[5].

Enquanto os profissionais vinculados ao cinema lutavam pela presença do Estado, Getúlio Vargas enfatizava seu papel no mundo contemporâneo como "o livro das letras luminosas", conforme seu pronunciamento para a Associação de Produtores Cinematográficos durante a assinatura do Convênio Cinematográfico, em 25 de junho de 1934[6]. Com isso, ele afirmava que o cinema interferia no imaginário social e, por isso, deveria ser alvo das preocupações do Estado. Desse modo, estabelecia-se uma nova relação entre o cinema e o Estado, e o cinema educativo atuaria como um dos pilares de um amplo projeto político relacionado à universalização da educação, à difusão de um ideário nacional e à integração nacional geográfica e cultural, todos esses fundamentos da construção de uma nação regida por um Estado centralizador.

Em 1934, o governo instituiu estímulos para a produção de filmes educativos, mas, no mesmo ano, o movimento pelo cinema educativo se deparou com um obstáculo: o estabelecimento do Departamento de Propaganda e Difusão Cultural (DPDC), desvinculado do Ministério da Educação e Saúde e subordinado ao Ministério da Justiça e Negócios Interiores. O DPDC afastou o Ministério da Educação e Saúde de suas atribuições relativas ao rádio e ao cinema, concentrando sob sua responsabilidade todas as atividades relacionadas à cultura e à propaganda, incluindo, assim, o cinema. Para recuperar o terreno perdido para o forte aparato de controle sobre a informação que ia se construindo naquele momento, Gustavo Capanema, ministro da Educação e Saúde, propôs a classificação do cinema como "espetáculo" (o qual continuaria sob os cuidados do DPDC) ou "educativo", tomando este último para o seu ministério e entregando à direção de Edgard Roquette Pinto[7] a implantação do projeto de organização do Instituto Nacional de Cinema Educativo (INCE), que começa a funcionar logo depois, em março de 1936[8].

O INSTITUTO NACIONAL DE CINEMA EDUCATIVO (INCE)

O INCE foi criado em março de 1936 e estabelecido oficialmente pelo decreto nº 378 de janeiro de 1937, e Edgard Roquette Pinto convida para sua direção artística o cineasta Humberto Mauro, protagonista do cinema de Cataguases e integrante dos quadros da Cinédia e da Brasil Vita Filmes. Mauro não tinha relação anterior com o cinema educativo, mas apoiava os valores que compunham a defesa desse tipo de cinema e do cinema documentário, acreditando em suas possibilidades educativas.

O INCE se desenvolveu concomitante ao estabelecimento do Estado Novo, implantado em novembro de 1937 e caracterizado pela primazia do Executivo, que atuava sem interferência dos partidos políticos ou do Legislativo. O Estado Novo adotava uma postura antiliberal, nacionalista, centralizadora, autoritária e interventora, aprofundando o plano iniciado por Vargas em 1930. No âmbito da educação e da cultura, o surgimento do INCE em 1936 veio acompanhado de várias outras iniciativas do ministério de Capanema, as quais iam moldando, no espaço público e no imaginário da população, o projeto de poder que ia se consolidando: são criados simultaneamente o Museu Nacional de Belas Artes e o Instituto do Patrimônio Histórico e Artístico Nacional (Iphan) e tem início a construção do novo prédio do Ministério da Educação e Saúde, concebido por jovens arquitetos liderados por Lúcio Costa e o francês Le Corbusier e decorado com painéis de Candido Portinari.

Desde o começo dos anos 1920, instituições similares ao INCE já haviam sido estabelecidas tanto em países com regimes democráticos (Bélgica, França e Inglaterra) como com regimes ditatoriais (Alemanha, Itália e Rússia), e eram esporadicamente visitadas por Roquette Pinto ou por outros enviados a fim de servirem de inspiração às ações deste lado do Atlântico. O cinema educativo era parte integrante da consolidação de um sistema cultural que adotou como elemento central a utilização e a circulação de imagens, não incluindo somente as novas metodologias educacionais no uso delas, mas também novas práticas admitidas em museus, no rádio, na imprensa, na publicidade e no próprio cinema[9]. No entanto, a confluência entre obras de arte, mídias e propaganda foi inevitável.

Aliado fundamental no processo de conquista da população por seu valor como registro da memória, veículo de transmissão de conhecimentos e celebração de eventos que participavam do imaginário de uma sociedade, o cinema ganhou o *status* das artes plásticas e dos livros[10]. Os filmes do INCE, mais do que voltados à instrução ou à complementação dos programas escolares, dirigiam-se à formação geral de populações diversas e distantes geograficamente, colocando-as em contato com conteúdos e temas variados e, no âmbito da cultura e história, com personagens e acontecimentos julgados como exemplares.

Nessa perspectiva, os filmes brasileiros deveriam contribuir para reforçar mitos, como o temperamento brando e cordial do povo brasileiro e a miscigenação racial. O movimento operário, o potencial de luta das classes trabalhadoras, as greves e os confrontos deveriam ser sistematicamente obliterados pela propaganda oficial, pois colidiam com a cordialidade e, simultaneamente, negavam a eficiência do Estado corporativo, visto como a solução para os problemas trabalhistas do país[11].

O corpo técnico do INCE contava com Manoel Ribeiro como fotógrafo, montador e diretor de alguns filmes (ele era o principal colaborador de Humberto Mauro); Mateus Colaço como assistente; Erich Walder no laboratório; José de Almeida Mauro, filho de Humberto Mauro, como fotógrafo; e o jornalista Bandeira Duarte, que atua nos roteiros. O documentarista Jurandyr Noronha fará parte da equipe nos anos 1950, junto com o educador Paschoal Lemme, que, ao lado de Pedro Gouveia, entra no Instituto depois da aposentadoria de Roquette Pinto em 1947. Lemme atua nas diretivas educacionais e dos roteiros, e Gouveia se ocupa da administração. Além desses profissionais creditados nos letreiros dos filmes, o Instituto contava ainda com algumas mulheres em postos relevantes na produção, nas pesquisas e no desenvolvimento dos roteiros e dos figurinos. Destaca-se aqui a atuação significativa de Maria Beatriz Roquette Pinto Bojunga, filha de Roquette Pinto, secretária do Instituto e braço direito de Humberto Mauro entre 1936 e 1961. Ela exercia as funções de produtora e figurinista e ajudava nas pesquisas e no desenvolvimento dos roteiros, cuja equipe de confecção – de acordo com Gilda Bojunga, filha de Maria Beatriz que também trabalhou no Instituto na área de pesquisa, de roteiros e de indicação de filmes para as escolas – era composta por mulheres, como Mirce Gomes Rocha (esposa de Plínio Sussekind da Rocha[12]) e Clélia Coqueiro.

A produção do INCE estava dividida em filmes escolares mudos e sonoros em 16 mm, destinados a circular em escolas e institutos de cultura – tais como *Máquinas simples: alavancas* (1936), *Jogos e danças regionais* (1937) e *Vitória Régia* (1937) –, e filmes populares sonoros em 35 mm – como *Um apólogo, Machado de Assis* (1939), *Bandeirantes* (1940) e *O despertar da redentora* (1942) –, encaminhados para as casas de exibição de todo o país. Todas as etapas da realização de um filme eram executadas pelo Instituto: filmagem, revelação, montagem, gravação e mixagem de som e copiagem. A documentação científica foi outra tarefa muito significativa do Instituto, que abria seus estúdios para que professores e pesquisadores filmassem suas atividades e registrassem suas descobertas. O INCE também deveria manter-se informado sobre os filmes educativos internacionais existentes e disponíveis e, assim, dedicou-se à constituição de uma biblioteca especializada e à publicação de uma revista[13], o que revela a intenção de sistematizar informações dispersas e coordenar o movimento do cinema educativo como um todo. Porém, o INCE não se limitava a essa esfera, principalmente devido à fluidez entre os círculos públicos e privados dentro do Instituto, que possibilitava a documentação de eventos oficiais tanto para o Ministério da Educação como para quem mais pedisse. Além das frequentes encomendas pessoais, o INCE participava de diversos projetos e parcerias que resultavam em séries como a filmagem das cidades históricas mineiras tombadas pelo Instituto do Patrimônio Histórico nos anos 1950, prestando assistência por meio de pessoal e equipamentos – por exemplo, quando estúdios como o de Carmen Santos se associaram a Roquette Pinto e Humberto Mauro, como ocorreu com o longa-metragem *Argila*, dirigido por Mauro em 1940.

Dentro do INCE, foram formulados por Roquette Pinto as funções, as características e os padrões desejados para um filme educativo, que deveria ser:

> 1º) nítido, minucioso, detalhado; 2º) claro, sem dubiedades para a interpretação dos alunos; 3º) lógico no encadeamento de suas sequências; 4º) movimentado, porque no dinamismo existe a primeira justificativa do cinema; 5º) interessante no seu conjunto estético e nas suas minúcias de execução, para atrair em vez de aborrecer[14].

A história e, sobretudo, a produção do Instituto podem ser divididas em dois períodos: de 1937 a 1946, tempo em que foi dirigido por Roquette Pinto; e de 1947 a 1966, quando foi conduzido por Paschoal Lemme e Pedro Gouveia. Na primeira fase, predominavam nos filmes os temas científicos, com incursões pela cultura popular, pelo folclore e pelos perfis de figuras históricas. Demonstrava-se o empenho com a atualização técnica e científica; a harmonização dos conflitos numa história comum povoada por heróis ilustrados que velavam pelo bem de todos, redundando na construção, pela imagem, de um país que ascendia como expressão viva e extensão de sua natureza prodigiosa; um país, enfim, extraordinário[15]. A substituição do caráter pedagógico pela preocupação documental caracterizou o segundo momento. Os tempos haviam mudado, e o país experimentava a democracia. Lemme não tinha a mesma fé de Roquette Pinto na eficácia do cinema no processo de educação. Assim, Humberto Mauro disfrutaria de mais independência nos temas, ainda que sua pauta fosse, em grande medida, delimitada por parcerias com outras instituições:

> Isso não significa forçosamente que Roquette Pinto tolhesse [a] criatividade [de Mauro], mas ela estava circunscrita a uma pauta muito bem definida, que

constituía as preocupações do antropólogo e de intelectuais a ele ligados, as encomendas do Ministro da Educação e as circunstâncias políticas de sua elaboração[16].

É importante lembrar ainda a criação em 1939 do Departamento de Imprensa e Propaganda (DIP), cuja presença mudou algumas diretivas no INCE. O DIP surgiu para sistematizar a propaganda do Estado Novo, exercendo o poder de censura aos meios de comunicação[17]. Além de supervisioná-los, encarregava-se da produção e da divulgação do cinejornal oficial. Em suma, o novo departamento buscava coordenar toda a área de comunicação do governo. Assim, a cobertura de eventos de natureza cívica e política, algo que marcou alguns dos primeiros filmes educativos, deixou de ser objeto do INCE e ficou sob inteira responsabilidade do DIP. Desse modo, através do Departamento de Imprensa e Propaganda, o Estado se fortalecia ainda mais como produtor de curtas, documentários e noticiários, apesar de seguir encomendando produções a empresas privadas, já que não dispunha de um estúdio próprio[18]. Esse é o caso, por exemplo, do *Cinejornal Brasileiro*, produzido até 1946 pela Cinédia, estúdio de Adhemar Gonzaga. Com isso, as produtoras privadas perdiam uma parte significativa do mercado conquistado em 1932, pois cobravam dos exibidores por aquilo que o governo oferecia gratuitamente e, ainda por cima, sofriam com a censura[19]. O único espaço no mercado exibidor que não oferecia a concorrência dos filmes estrangeiros (permitindo que a produção cinematográfica brasileira não estancasse) foi ocupado pelos cinejornais e documentários, que abordavam assuntos locais e se integravam mais a uma ofensiva oficial no campo da educação escolar ou à propaganda do que ao cinema como indústria ou arte. Para acalmar os ânimos dos produtores, o governo estabeleceu, em 1939, cotas para a exibição de filmes nacionais: um por ano. Em 1946, esse número subiu a três por ano[20].

O DIP foi extinto com o fim do Estado Novo, em 1945, e em seu lugar foi criado o Departamento Nacional de Informação (DNI). Apesar de ter perdido algumas de suas funções para o DIP, as conquistas do INCE foram expressivas na década de 1940, como podemos ver no informe que Roquette Pinto apresentou em 1942, no qual afirmava que o Instituto havia realizado projeções em mais de mil colégios e institutos de cultura, organizado uma filmoteca e produzido em torno de duzentos filmes, que foram distribuídos em escolas, centros de trabalhadores, agrupações esportivas e sociedades culturais[21]. A produção do INCE caiu bastante nos anos 1950, quando passou a depender mais do trabalho com outros órgãos. Depois da Segunda Guerra Mundial, o enfoque econômico assumiu o lugar estratégico antes ocupado pela educação, e o desenvolvimento foi a nova maneira de arquitetar a construção nacional. Assim, os recursos do INCE foram minguando e perdendo lugar dentro do Estado encarregado de financiá-lo. O Instituto então seguiu por inércia seu antigo projeto[22], voltando-se a novas parcerias com o Iphan e outras instituições. Segundo Geraldo Santos Pereira, o objetivo do Instituto foi fortemente prejudicado pela escassa utilização dos recursos audiovisuais na rede escolar brasileira, que não dispunha de condições financeiras para adquiri-los[23].

Sendo um órgão governamental dedicado ao cinema para um fim específico, o INCE não se voltou a âmbitos industriais ou comerciais, ainda que tanto para Humberto Mauro como Edgard Roquette Pinto a necessidade de seu fortalecimento fosse uma preocupação constante. Mesmo assim, o órgão não teve uma ação decisiva na formulação de medidas de estímulo ao setor cinematográfico – embora, em sua trajetória, que passa por diferentes mudanças, assente ainda hoje organismos oficiais do cinema no país, como é caso do Centro Técnico Audiovisual (CTAv). O INCE, portanto, era o lugar do cinema brasileiro, papel esse aprofundado pela participação de Humberto Mauro nos congressos de cinema dos anos 1950, momento esse em que os profissionais do setor lutam pelo reconhecimento profissional, a regulamentação e o fortalecimento de um cinema "nacional", rejeitando o que seria uma nova intervenção estatal representada pela criação de um Instituto Nacional de Cinema pelo recém-empossado governo democrático de Getúlio Vargas. Nessa mesma época, inclusive, o Instituto correu o risco de desaparecer a partir de sua assimilação por esse novo organismo, que seria dirigido pelo prestigiado diretor Alberto Cavalcanti, de reconhecida atividade no cinema inglês e, em especial, no documentário[24]. Ele tinha particular interesse na área desenvolvida por Humberto Mauro no INCE, assim como pelas instalações do Instituto[25]. Além disso, ao apoiar escolas e o cinema que se produzia a duras penas nos anos 1940[26] e, especialmente, a partir dos anos 1950, o Instituto forneceu apoio técnico e equipamentos a jovens cineastas como Nelson Pereira do Santos em *Rio, 40 graus* (1954) e Humberto Mauro – revalorizado, nesse momento, em um festival em sua homenagem promovido pela nova geração –, tornando-se, assim, uma referência estética de produção rápida e barata e também uma referência de "brasilidade" ou "autenticidade".

Enquanto o INCE se ocupava da produção educativa e, ao longo dos anos 1950, enveredava pelo documentário, seguiam-se inumeráveis discussões, acordos e lutas que relacionavam cinema e Estado, passando pela tentativa de criação de órgãos como o Conselho Nacional de Cinema (CNC)[27] e o Instituto Nacional de Cinema (INC), este efetivamente criado em 1966 e dirigido por Flávio Tambellini, que já estava à frente do INCE desde 1961. Com isso, o INCE foi extinto, instalando-se em seu lugar o Departamento do Filme Educativo, subordinado ao INC. Em 30 anos de existência, o INCE produziu 407 filmes[28], sendo 241 sob a orientação de Roquette Pinto e 165 em sua etapa posterior. Entre eles, 357 foram realizados por Humberto Mauro: 239 até 1946 e 118 entre 1947 e 1967, quando o cineasta se aposentou[29].

As produções do INCE são muito importantes para a compreensão de questões relevantes, como os caminhos percorridos pelo cinema brasileiro, as relações entre o cinema e o Estado, a obra de Humberto Mauro e o documentário clássico brasileiro.

Assim, como os filmes do INCE envolvem uma forte articulação entre cinema, Estado e construção da nação, analisaremos a seguir algumas obras em que essas relações se expressam de forma significativa.

OS FILMES

Tomando por base o *Catálogo – filmes produzidos pelo INCE*[30], é possível classificar[31] os filmes do Instituto em quinze categorias, das quais citamos alguns títulos:

- divulgação técnica e científica: *Prática de taxidermia* (1936) e *Da força hidráulica à energia elétrica* (1940);
- preventivo-sanitário: *Preparação da vacina contra raiva* (1936) e *Aspectos da Faculdade Nacional de Odontologia* (1938);
- escolar: *Dança regional argentina* (1937) e *Laboratório de física na escola primária* (1938);
- reportagem: *Corrida de automóveis* (1936) e *Correio aéreo do Brasil* (1940);
- oficial: *Dia da Pátria* (1936) e *Visita do presidente Roosevelt ao Brasil* (1936)[32];
- educação física: *Corrida rústica de revezamento* (1939) e *Acampamento escoteiro* (1939);
- vultos nacionais: *Academia Brasileira de Letras* (1937) e *Leopoldo Miguez – Hino à República* (1946);
- cultura popular e folclore: *Tipos de cerâmica de Marajó* (1939) e *Brasilianas* (1945-1958);
- riquezas naturais: *João de Barro* (1938) e *Flores do campo* (1943);
- lugares de interesse: *Itacuruçá – Baía de Sepetiba* (1937) e *Vistas de São Paulo* (1938);
- pesquisa científica: *Circulação de sangue da cauda do girino* (1937) e *Reação de Zondek* (1942);
- artes aplicadas: *Toque e refinação do ouro* (1938) e *Mobiliário colonial brasileiro* (1940);
- meio rural: *Moinho de fubá* (1938) e *Manhã na roça – carro de bois* (1956);
- atividades econômicas: *Indústrias de perfumes* (1941) e *Grafite – Extração e beneficiamento – Volta Grande* (1943);
- outros: *Relíquias do Império* (1942) e *Coreografia – posições fundamentais da dança clássica* (1947).

O longa-metragem O *descobrimento do Brasil* (Humberto Mauro, 1937), ainda que produzido pelo Instituto do Cacau da Bahia, contou com uma parceria significativa do INCE em sua realização e resultados e, por isso, também deve ser creditado entre suas produções[33]. Outra de suas produções relevantes e que também será objeto de análise foi produzida entre os anos 1954 a 1959: a série *Educação Rural* levou o Instituto a engajar-se em um projeto político de envergadura nacional e internacional, com a participação de técnicos e de financiamento do governo norte-americano durante a Guerra Fria.

Levando em consideração os estudos já existentes sobre a produção do INCE[34], nos debruçaremos agora sobre dois filmes dedicados aos "vultos nacionais": *O despertar da redentora* (Humberto Mauro, 1942) e *Barão do Rio Branco* (Humberto Mauro, 1944)[35]. A partir desses filmes, procuramos observar o significado da proposta de cinema educativo gestada nos anos 1920 e 1930 e incorporada pelo Estado Novo, pensando especialmente no lugar dado à representação dos conflitos históricos e políticos do país nesse contexto.

O DESPERTAR DA REDENTORA (1942)

Baseado em um conto de Maria Eugênia Celso, a cena que abre *O despertar da redentora* é um plano médio dessa autora fazendo uma introdução sobre o Palácio Imperial de Petrópolis. Maria Eugênia não olha para a câmera, que a capta em um sutil *contre-plongée*, o que reveste sua figura de alguma superioridade. Sua imagem é substituída por planos do Palácio que, como conta Maria Eugênia, havia se tornado naquele momento um museu no qual o passado monárquico brasileiro é perfeitamente recriado. Com uma música tranquila de fundo, passeamos pelo Palácio como se visitássemos o museu, observando seus exteriores bem cuidados, a cama do rei e o quarto da princesa Isabel. Por meio de uma fusão, a princesa então aparece na cena e, assim, saímos do mundo do documentário para entrar no da fábula. A partir disso, a música nos acompanha abandonando a sobriedade e se tornando mais vivaz, utilizando-se inclusive de *mickeymousing*[36] para sublinhar os movimentos da princesa, mostrada sempre como uma pessoa curiosa e divertida. Acompanhada da irmã Leopoldina, Isabel burla a vigilância das governantas e foge para um passeio.

Maravilhadas com a natureza, as irmãs fazem da fuga uma aventura de pequenas naturalistas curiosas pelos bosques em torno do Palácio. Os *travellings* horizontais e verticais são recorrentes quando o Palácio é apresentado, mas, quando estão no bosque, há uma predominância de *travellings* verticais, que enfatizam a magnitude do ambiente natural. Os planos gerais, por sua vez, mostram as garotas, pequenas, na vasta paisagem. Isabel é intrépida e atua como guia da irmã, detendo-se em detalhes das árvores e plantas que a câmera focaliza em primeiro plano, mostrando o encantamento das descobertas. A trilha sonora é composta por uma música animada de fundo que acompanha o ritmo das situações. Os gestos das personagens remetem a um filme silencioso, até que os acordes deixam de ser amigáveis e tornam-se mais tenebrosos, sendo interrompidos pouco depois, deixando o silêncio em um momento de suspensão da trama.

Mesmo sendo mais jovem que Leopoldina, Isabel é mais alta e imponente que a irmã. Quando observam o que poderá surgir dentre as árvores e sentem medo, é Isabel quem protege Leopoldina, sem se agitar, apesar do *close-up* que revela seu titubeio. Então, uma menina negra que fugiu da senzala se encontra com as princesas que fugiram do Palácio. Ela chora, cansada, agarrada ao vestido de Isabel, que não compreende o que a garota lhe conta. Há uma inserção para ilustrar a história da escrava: os negros presos ao tronco, comendo com dificuldade, e a mãe, que é vendida e separada da filha, tudo isso sob uma música "em tom lacrimoso, que exila os negros à condição de piedade, exaltando o seu sofrimento, como se esse fosse resultado não de um sistema social implantado e vigente por séculos, mas uma maldade com 'aquela pobre gente'"[37].

Isabel se surpreende com o relato, como se a escravidão fosse algo que ela desconhecia inteiramente. O capataz e a dona da escrava chegam para recuperá-la, enquanto Isabel a protege, sussurrando que não se arrepende de desobedecer à lei se é para um bem maior (a salvação de uma pessoa) – afirmação corroborada pela governanta, que chega anunciando que o pai da garota, o imperador, é "a justiça personificada". As decisões das autoridades – portanto, de todas as autoridades – são justas porque quem está no poder sempre sabe o que é melhor.

Com esse episódio, Isabel promete a Deus acabar com essa "coisa horrível" que é a escravidão no Brasil. No momento em que toma essa missão para si, enquadrada em *contre-plongée,* Isabel é mostrada com elevação e inspiração, que é acompanhada da mesma solenidade no enquadramento de suas acompanhantes, construção essa que remete à iconografia cristã desenvolvida pela pintura acadêmica do século XIX, assim como ocorre no plano geral no meio da mata onde estão os personagens.

Após um *fade in* – por meio do qual nos damos conta da passagem do tempo –, vemos a mão da princesa assinar a declaração de libertação dos escravos e, em uma imagem sobreposta a esse documento, os negros tiram suas correntes e saem de seus castigos, alegres. Dessa maneira, a origem para a liberdade dos escravos no Brasil é o cumprimento de uma promessa que Isabel fez a Deus quando tinha 16 anos, sensibilizada pela situação dos negros, desconhecida por ela até então.

A fábula, assim, substitui a História. Todas as lutas pela abolição dos escravos desaparecem frente à predestinação de Isabel: a liberação foi um feito individual, moral, e não um processo histórico. Essa maneira de representar a situação subverte e harmoniza os conflitos que resultaram na extinção da escravidão no país[38].

BARÃO DO RIO BRANCO (1944)[39]

Barão do Rio Branco é um documentário que encarna com perfeição o tipo de linguagem e narrativa mais comuns nas produções do INCE sob a batuta de Roquette Pinto: ao contrário de *O despertar da redentora*, que possuía uma introdução e depois se transformava em uma ficção (um docudrama), em *Barão do Rio Branco* não há lugar para dramatizações. Temos a voz solene do narrador emoldurando imagens que repetem o texto e, ao fundo, soam acordes grandiosos que nunca deixam desaparecer uma aura de glorificação.

Enquanto o narrador enumera as conquistas do Barão de Rio Branco – um "chanceler, gênio político, estadista e administrador" responsável pelo desenho das fronteiras e dimensões atuais do território brasileiro devido a diversas conquistas diplomáticas –, vemos o edifício da Academia Brasileira de Letras, da qual o Barão foi membro; os mapas explicando o impacto das disputas territoriais vencidas por ele; bibliotecas, livros e documentos; fotos do Barão acompanhado de personalidades importantes; seu gabinete de trabalho vazio e imponente, onde se pode sentir o clima tenso das negociações políticas; e um busto e estátuas da grande figura nacional.

Da mesma maneira que se percorre o Palácio Imperial de Petropólis no começo de *O despertar da redentora*, transita-se pelos lugares e objetos que fizeram parte da vida do Barão em uma estética que Ana Cristina Cesar descreve como "gesto de museu": a imagem quer ter o mesmo movimento preservador que se observa em uma instituição dessa classe, com a preocupação de fixar para a posteridade objetos que marcam a presença de suas figuras históricas. Como comenta Cristina Souza da Rosa, "as imagens utilizadas nos filmes aquilatam os ambientes em que os personagens nasceram, viveram e morreram, e também os lugares onde exerceram suas atividades profissionais e os objetos que pertenceram a eles [...]. Todos esses espaços são consagrados nas películas como lugares de memória"[40]. Seguindo a mesma tendência, é dada enorme atenção aos monumentos, sinais da passagem do biografado que o eternizam.

Também como em *O despertar da redentora*, os conflitos por territórios que o Barão resolve (disputas com a Bolívia e o Peru pelo Acre e com a França pelo Amapá, por exemplo) não são desenvolvidos, apenas expostos e descritos como solucionados "da maneira mais favorável e nobre". Sem problematizar as causas, as consequências são somente o "delinear perfeito das fronteiras do país", como um exemplo do caráter honrado e inquestionável da autoridade. Não existe preocupação pelo desenvolvimento de uma narrativa, mas a exaltação da personalidade de maneira enciclopédica, com ênfase em dados biográficos a partir dos quais concluímos que a história do Barão se entrelaça intimamente com a história da nação.

Como se pode ver por esses exemplos, nos filmes do INCE a história nacional se compõe por meio de vultos, de grandes figuras de caráter elevado e sábio, e justamente porque são sábios e justos é que devem ser os condutores. Isso vale tanto para o passado como para o entendimento do presente. Nesse sentido, é possível observar algumas recorrências nesses personagens que marcaram a história do país: integridade moral e cívica, valorização do trabalho e sacrifício dos interesses pessoais pelo bem comum. Nessa medida, é possível entender na configuração dessa história criada pelos filmes a ausência de conflitos e da expressão de desigualdades de toda ordem – como a princesa que desconhece o que é a escravidão e será a responsável, por inspiração quase divina, pelo seu fim –, uma vez que a autoridade que esses vultos encarnam emana da justiça e do saber de que são portadores e, logo, seu poder é incontestável.

Assim, os filmes selecionados são valiosos para observar como alguns fatos históricos (especialmente os conflitos) são colocados em circulação nas produções do Instituto. Os dois curtas são exemplos significativos de como a narrativa histórica se atualiza nas preocupações do discurso e do imaginário estadonovistas e é transformada na expressão de um ideário que correspondia a facetas que compunham o regime. Tais facetas eram, por exemplo, o ideário elitista e autoritário construído por classes dominantes na política e elites intelectuais desde pelo menos a criação do Instituto Histórico e Geográfico em 1838; o pensamento autoritário de Alberto Torres (1865-1917); ou, ainda, o positivismo de larga penetração no Brasil desde a República e ainda muito atuante durante o Estado Novo.

Contudo, nos filmes do INCE, não existe a imagem do poder – personificada em seu líder, Getúlio Vargas –, como acontecia com os materiais produzidos pelo DIP, em que o presidente e as Forças Armadas eram os principais atores em tela[41]. No INCE, o poder encontrava-se oculto, imiscuído na natureza tida como grandiosa, nos feitos históricos glorificados, nos descobrimentos científicos legados ao mundo. Essa conjugação entre a educação e a exaltação de valores nacionais – tão comum ao período, e não só no Brasil – operava a devida conjugação entre a sociedade e o poder configurada em seu líder, líder esse suficiente para representar a sociedade plenamente, tornando desnecessário o exercício político. Para isso, a concepção de passado privilegiada pelo INCE destacava a harmonia de interesses entre grupos e atores, transmitindo uma noção conciliatória da história feita por personagens ilustres e na qual os enfrentamentos estavam ausentes.

Em seu trabalho sobre as relações entre o INCE e o LUCE, Cristina Souza da Rosa afirma:

No Estado Novo, o passado atuava como explicação para o presente, sendo um passado negativo corrigido pelas ações do governo Vargas. Ou como assinala Ângela de Castro Gomes: "um passado histórico que não podia, como tradição, coexistir com o presente, mas que era fonte de inspiração para o novo".

O passado histórico, no Estado Novo, era fonte de inspiração e seus fatos deveriam ser corrigidos pelo presente. No fascismo, o passado também funcionava como explicação para o novo, coexistindo de forma positiva com o presente. Tanto no Estado Novo como no fascismo, o passado recuperado como positivo era um passado escolhido, ou seja, um passado que justifica a autenticidade dos governos e dos planos nacionalistas[42].

Mussolini deixava claro que, para ele, o cinema era uma arma – como ilustrado no cartaz que inaugurava o LUCE, no qual, abaixo da fotografia do *Duce*, havia a frase "a cinematografia é a arma mais forte"[43]. No fundo, todos os governos, democráticos ou não, viam o cinema como uma arma educativa, de propaganda ou mesmo de divulgação da cultura. Getúlio descartava a concepção de arma e afirmava que via o cinema como uma janela – uma janela, porém, cuja paisagem era ele próprio quem delimitava[44].

NOTAS

1 A Escola Nova se desenvolveu no começo do século XX frente ao crescimento industrial e à expansão urbana. Ela tomava a educação como um elemento fundamental para o avanço de uma sociedade democrática, e essa mesma educação precisava ser um direito universal. Concentrava-se na valorização da individualidade dos sujeitos, a fim de que se desenvolvessem como cidadãos conscientes e atuantes. Sua adaptação no Brasil, apesar das aspirações democráticas de muitos de seus seguidores, não deixou de ser moldada pelas realidades impostas pelo regime autoritário vigente, o que, no entanto, dada a forte influência positivista sobre muitos dos intelectuais e até políticos no poder (como o próprio Getúlio Vargas), introduziu avanços. Cf. Helena Bomeny, *Guardiães da razão: modernistas mineiros*, Rio de Janeiro: UFRJ, 1994.

2 Cf. Joaquim Canuto Mendes de Almeida, *Cinema contra cinema: bases gerais para um esboço de organização do cinema educativo no Brasil*, São Paulo: Companhia Editora Nacional, 1931; Jonathas Serrano e Francisco Venâncio Filho, *Cinema e educação*, São Paulo: Companhia Melhoramentos, 1930; e Maria Eneida Fachini Saliba, *Cinema contra cinema: O cinema educativo de Canuto Mendes de Almeida*, São Paulo: Annablume, 2003.

3 Rosana Catelli, *Dos "naturais" ao documentário: o cinema educativo e a educação do cinema entre os anos 1920 e 1930*, 244f., tese (doutorado em Multimeios), Universidade Estadual de Campinas, Campinas: 2007.

4 Criado em 1939.

5 Esses controles, como a censura, já vinham sendo empregados por outros órgãos em produções fílmicas esparsas. No entanto, é com a criação do Departamento de Imprensa e Propaganda que o sistema se estrutura melhor. Cf. Anita Simis, *Estado e cinema no Brasil*, São Paulo: Annablume, 2008 e José Inácio de Melo Souza, *O Estado contra os meios de comunicação*, São Paulo: Annablume, 2003.

6 Getúlio Vargas, "O cinema nacional: elemento de aproximação dos habitantes do País", *A nova política do Brasil*, Rio de Janeiro: José Olympio, v. 3, s. d., pp. 187-8.

7 Com intensa atuação política voltada à educação por intermédio dos meios de comunicação, Edgard Roquette Pinto foi médico, professor, etnólogo e antropólogo. É considerado o pai da radiodifusão no Brasil com a criação, em 1923, da Rádio Sociedade do Rio de Janeiro, primeira emissora brasileira com fins exclusivamente educativos e culturais. Roquette Pinto teve uma infinidade de cargos nas áreas de educação e cultura e foi membro da Academia Brasileira de Letras. Participou da Comissão Rondon, do Instituto Histórico e Geográfico Brasileiro, da Academia Brasileira de Ciências, da Sociedade de Geografia, da Academia Nacional de Medicina, da Associação Brasileira de Antropologia e de inúmeras outras associações culturais nacionais e estrangeiras. Foi ainda diretor do Museu Nacional, onde realizou um extenso trabalho de divulgação científica e montou um acervo de documentários.

8 Roquette Pinto data o início das atividades do INCE no dia 19 de março, dia de José de Anchieta, o primeiro educador do Brasil. Arquivo Capanema, CPDOC-FGV, CGg35.00.00/2, doc. 609

9 Rosana Catelli, *Dos "naturais" ao documentário*, *op. cit.*

10 Eduardo Morettin, *Humberto Mauro, cinema, história*, São Paulo: Alameda Editorial, 2013.

11 Sidney Ferreira Leite, *Cinema brasileiro: das origens à Retomada*, São Paulo: Fundação Perseu Abramo, 2005, p. 41.

12 Membro do Chaplin Clube (1928-1930), crítico, cinéfilo e cineclubista, influenciou Paulo Emílio Sales Gomes e também os jovens que vão compor o Cinema Novo, como Paulo César Sarraceni e Joaquim Pedro de Andrade.

13 O projeto da revista nunca saiu do papel, provavelmente por falta de financiamento. Cf. Cristina Souza da Rosa, *Para além das fronteiras nacionais: um estudo comparado entre os institutos de cinema educativo do Estado Novo e do fascismo*, 420f., tese (doutorado em História), Universidade Federal Fluminense: Niterói, 2008, disponível em: <https://goo.gl/SZZEjv>, acesso em: set. 2017.

14 Edgard Roquette Pinto *apud* Ana Cristina Cesar, *Crítica e tradução*, São Paulo: Ática, 1999, p. 27.

15 Sheila Schvarzman, *Humberto Mauro e as imagens do Brasil*, São Paulo: Unesp, 2004.

16 *Ibidem*, p. 199.

17 Com a criação do DIP, a censura ficou mais rígida. A nova Constituição de 1937 especificava mais claramente as determinações e os critérios que deveriam nortear a liberação do certificado de aprovação de filmes, fornecido pelo DIP. Os pôsteres, as fotos e todo o material de publicidade de cinema passavam pela censura. O Estado possuía plenos poderes para vetar ou fazer cortes em qualquer material de quaisquer meios de comunicação ou em obras artísticas e culturais (Sidney Ferreira Leite, *Cinema brasileiro: das origens à Retomada*, *op. cit.*).

18 Por conta disso e dando como pretexto a unificação do controle sobre a informação, Lourival Fontes, o diretor do DIP, tentou tomar o INCE sob sua alçada em 1942. No entanto, seu pedido não foi atendido por Getúlio Vargas.

19 Além disso, desde 1932 o Ministério da Agricultura era outra entidade governamental que produzia curtas--metragens e documentários através de seu Serviço de Informação Agrícola, o que contribuiu ainda mais para o descontentamento dos produtores. Cf. Anita Simis, *op. cit.*, p. 50.

20 Geraldo Santos Pereira, *Plano geral do cinema brasileiro – história, cultura, economia e legislação*, Rio de Janeiro: Borsoi, 1973, p. 91.

21 Anita Simis, *Estado e cinema no Brasil*, *op. cit.*, p. 35.

22 Sheila Schvarzman, "Um país ordinário", em: *Humberto Mauro e as imagens do Brasil*, *op. cit.*

23 Geraldo Santos Pereira, *op. cit.*

24 Apesar de seu controvertido fracasso na direção da Companhia Cinematográfica Vera Cruz.

25 Sheila Schvarzman, "Humberto Mauro e Alberto Cavalcanti: combates pelo cinema brasileiro", em: Mariarosaria Fabris; Wilton Garcia e Afranio Mendes Catani (orgs.), *Estudos de Cinema Socine VI*, São Paulo: Nojosa Edições, 2005, pp. 209-18, disponível em: <https://goo.gl/tb34j9>, acesso em: set. 2017.

26 Como ocorreu nessa mesma época com Carmen Santos.

27 A criação do Conselho Nacional de Cinema (CNC) começou a tramitar em 1945 pelas mãos do então senador Jorge Amado. Cf. Anita Simis, *op. cit.*, p. 138.

28 Carlos Roberto de Souza, *Catálogo – filmes produzidos pelo INCE*, Rio de Janeiro: Fundação Cinema Brasileiro, 1990.

29 Humberto Mauro produziu uma obra fecunda e significativa no INCE, onde pôde filmar durante trinta anos, quando muitos de seus contemporâneos abandonaram a profissão. No entanto, apesar da admiração e do reconhecimento que o crítico e historiador Paulo Emílio Sales Gomes (autor da obra seminal *Humberto Mauro, Cataguases, Cinearte*, São Paulo: Perspectiva/Edusp, 1974) ou que Glauber Rocha devotavam a seus filmes, sua produção no INCE foi vista por eles como um período à parte, desligado de suas principais obras. Salvo pela ênfase em suas *Brasilianas*, a passagem de Mauro pelo Instituto foi praticamente ignorada até os anos 1990 em razão da percepção que se tinha nos anos 1960 e 1970 de um ideário autoritário reprovável e que não era o seu. Essa percepção, no entanto, vem se tornando cada vez mais complexa e contraditória a partir de estudos como os de Claudio Aguiar Almeida (*O cinema como "agitador de almas": Argila, uma cena do Estado Novo*, São Paulo: Annablume; Fapesp, 1999) e os já citados de Sheila Schvarzman e de Eduardo Morettin e, também, a partir de reflexões sobre os filmes científicos, como é o caso de Elisandra Galvão (*A ciência vai ao cinema: uma análise de filmes educativos e de divulgação científica do INCE*, dissertação [mestrado em Ciências], Universidade Federal do Rio de Janeiro: Rio de Janeiro, 2004). Para ter acesso aos filmes pelo Banco de Conteúdos Culturais, acesse: <http://www.bcc.org.br/filmes/ince>.

30 Carlos Roberto de Souza, *Catálogo – filmes produzidos pelo INCE*, *op. cit.*

31 Conforme as denominações estabelecidas por Sheila Schvarzman em seu livro (2004), na "Lista de Filmes".

32 Produção praticamente interrompida a partir de 1939, em razão do estabelecimento do DIP.

33 Cf. Eduardo Morettin, *Humberto Mauro, cinema, história*, *op. cit.* e Sheila Schvarzman, *Humberto Mauro e as imagens do Brasil*, *op. cit.*

34 O trabalho de Rosana Elisa Catelli é interessante porque a autora faz um apanhado da bibliografia nacional referente

ao tema. Nesse sentido, cf. também Fernanda Caraline de Almeida Carvalhal, *Luz, câmera, educação! O Instituto Nacional de Cinema Educativo e a formação da cultura áudio-imagética escolar*, 311f., dissertação (mestrado em Educação), Universidade Estácio de Sá, Rio de Janeiro: 2008.

35 Em "vultos nacionais", encontramos a biografia de muitos autores importantes da literatura brasileira, mas não optamos por essa abordagem porque a obra *Literatura não é documento*, de Ana Cristina Cesar, já se ocupa desse tema. Tal texto foi escrito em 1979 e é parte da dissertação de mestrado da autora, intitulada *Literatura e cinema documentário*. O material está presente no livro *Crítica e tradução* (1999).

36 *Mickeymousing*, ou trilha sonora pontuada, consiste na reprodução sonora da imagem – o som tenta descrever o que é mostrado, enfatizando ações e explicitando em qual delas devemos prestar atenção. A música é sincrônica à imagem, e cada nota musical é feita para concordar passo a passo com as ações dos personagens. A técnica foi muito utilizada nas primeiras produções cinematográficas sonoras, principalmente em animações, e o personagem Mickey Mouse, recém-criado, ficou associado a tal procedimento, emprestando a ele seu nome.

37 Sheila Schvarzman, *Humberto Mauro e as imagens do Brasil*, *op. cit.*, p. 280.

38 *Ibidem*.

39 A obra pode ser vista no Banco de Conteúdos Culturais, disponível em: <https://goo.gl/Yd1bwo>. Acesso em: set. 2017.

40 Cristina Souza da Rosa, *Para além das fronteiras nacionais*, *op. cit.*, p. 322.

41 José Inácio de Melo Souza, *O Estado contra os meios de comunicação*, *op. cit.*

42 Cristina Souza da Rosa, *Para além das fronteiras nacionais*, *op. cit.*, p. 289.

43 *Ibidem*.

44 Sheila Schvarzman, *Humberto Mauro e as imagens do Brasil*, *op. cit.*, p. 135.

A EDUCAÇÃO RURAL E A PARTICIPAÇÃO NORTE-AMERICANA NO CINEMA EDUCATIVO BRASILEIRO (1954-1959)

SHEILA SCHVARZMAN

Com o fim do governo Getúlio Vargas e do Estado Novo e de seu ideário em 1945 e, sobretudo, depois da aposentadoria de Edgard Roquette Pinto em 1947, a produção do INCE, que já vinha diminuindo – junto com a sua importância para a educação –, abre espaço para uma diversificação nas temáticas e nas instituições públicas que encomendavam filmes. Dentre as várias parcerias realizadas pelo INCE com diferentes órgãos governamentais, entre 1954 e 1959, destacam-se oito documentários rodados para a Campanha Nacional de Educação Rural (CNER). A Campanha, que se inicia em 1952 e vai até 1963, era parte do esforço brasileiro de adequação dos trabalhadores rurais e da atividade agrícola como incremento do desenvolvimento econômico, característico dos pós-Segunda Guerra Mundial. Aliava-se também à intervenção geopolítica dos Estados Unidos durante a Guerra Fria, contra a influência do bloco soviético, pois acreditavam que os povos famintos assimilavam melhor a propaganda comunista do que os países ricos. Dessa forma, buscavam neutralizar indesejáveis manifestações de insatisfação social. Para tanto, os norte-americanos participam diretamente na Campanha, por meio de ajuda econômica e tecnológica, segundo as diretivas definidas em 1949 pelo Ponto IV do discurso de posse de Harry Truman à presidência dos Estados Unidos. Esse ponto diz respeito à sua política externa em relação aos países considerados "subdesenvovidos". Temos, assim, o Instituto Nacional de Cinema Educativo participando diretamente, pela realização de filmes, das políticas de Estado da Guerra Fria, e com a intervenção econômica e ideológica dos Estados Unidos.

A "EDUCAÇÃO RURAL" NO BRASIL: ANTECEDENTES E CONTEXTO

Ao longo de sua história, o Brasil não deu importância à educação dos trabalhadores rurais, ainda que a maior parte da população brasileira estivesse ali concentrada até meados dos anos 1950. Como vinha sendo dito e repetido desde os tempos coloniais, "gente da roça não carece de estudos. Isso é coisa de gente da cidade"[1]. Além disso, não havia qualquer legislação ou direito assegurado a esses trabalhadores pelo Estado até 1963, quando foi votado o Estatuto do Trabalhador Rural. Dessa forma, nos anos 1950, quando se começa a pedir desses homens e mulheres mais do que o trabalho em condições servis e produtividade não mais condizente com esse estado de exploração e atraso estruturais, estes serão vistos por aqueles a quem cabia elevá-los – técnicos universitários brasileiros e estrangeiros de estrato urbano – como indolentes, arcaicos, sujos ou desprovidos de recursos próprios. A conhecida imagem do Jeca Tatu criada em 1918 por Monteiro Lobato, em seu *Urupês*, continuava ativa – como se as condições adversas que o trabalhador do campo enfrentava dependessem exclusivamente da sua falta de vontade, a repetida indolência. Cabia então modernizar o campo sem modernizar as relações de trabalho ou o regime de propriedade da terra. É desse modo que a "Educação Rural", empreendida de 1952 a 1963 pela Campanha Nacional de Educação Rural (CNER), deve ser compreendida.

Essa modernização sem tocar nos fundamentos das relações da exploração capitalista não era pensada apenas no Brasil. Era parte da afirmação do lugar que os Estados Unidos passavam a desempenhar no mundo "livre" como líder provedor de recursos econômicos, de tecnologia, contra as mazelas do comunismo em suas regiões adjacentes – e subdesenvolvidas[2].

É possível elencar vários programas, congressos, entidades e debates para explicar a gênese da Campanha nos anos 1940, quando a educação passa de problema "interno" a questão da alçada interamericana, sob a liderança dos Estados Unidos, influência que se aprofunda com a entrada do Brasil no campo dos Aliados na Segunda Guerra, a partir de 1942. O Seminário Interamericano de Educação de Adultos que aconteceu em Petrópolis em 1940[3] preparou sugestões que Lourenço Filho levou à Unesco e à União Pan-americana, que começava a se mobilizar sobre o tema. Nome de ponta na educação brasileira no período, Lourenço Filho participa de vários encontros internacionais e vai ao México em 1951 para conhecer as Missões Culturais do Movimento de Ensino Rural, que serão a inspiração do movimento no Brasil. As Missões baseavam-se, em grande medida, na organização de comunidades solidárias, divisão de trabalho, estudo da língua, estudos econômicos e sociais, educação cívica, educação recreativa e técnicas de trabalho, com vistas à modernização do campo[4].

A Igreja católica também tinha participação destacada na CNER por intermédio das Missões Rurais de Educação (1951 a 1963), baseadas no neotomismo de Jacques Maritain, importante intelectual católico francês, e do Padre Lebret, que acreditavam na educação da pessoa para a conquista da sua dignidade. Esses ideais buscavam uma forma de superar o dilema capitalismo *versus* socialismo por meio da "solidariedade", da "humanização" das relações entre indivíduos e classes sociais[5].

Sendo assim, na concepção e desenvolvimento da Campanha se entrelaçam interesses do Estado brasileiro em dinamizar e desenvolver as regiões rurais pela intervenção de elites urbanas, letradas e aparelhadas cientificamente, sobre territórios e populações cuja cultura de origem, hábitos e práticas viam apenas como atrasadas; dos norte-americanos, que teriam afirmada sua hegemonia sobre o Brasil pela ajuda econômica e importação de tecnologia – que vem a se tornar fator de dependência para a sua reprodução; e da Igreja católica, para quem as más condições de vida seriam sanadas por ideais cristãos, como a organização solidária em comunidades, afastando assim os perigos que o comunismo representava à propriedade, à família e à própria doutrina cristã.

Nesse sentido, o Ponto IV do discurso de posse de Harry Truman na presidência dos Estados Unidos, em janeiro de 1949, elucida o ideário que informava esse programa de ação, como acabou por se configurar:

> Declaro ser política dos Estados Unidos ajudar os esforços dos povos das áreas economicamente subdesenvolvidas a melhorar suas condições de trabalho e de vida, mediante o encorajamento da troca de conhecimento técnico e habilidades e o ritmo de investimento de capital em países que propiciarem condições sob as quais a assistência técnica e de capitais possa efetiva e construtivamente contribuir para elevar os padrões de vida, criando novas fontes de saúde, ampliando a produtividade e expandindo o poder aquisitivo[6].

Ciente de seu papel no mundo naquele momento, e também da relevância que o desenvolvimento econômico e tecnológico norte-americano teve durante a Segunda Guerra Mundial e estava tendo na reconstrução da Europa com o Plano Marshall (1947) e do mundo dito "livre", Truman propunha "tornar disponíveis para a melhoria e crescimento das nações subdesenvolvidas os benefícios dos nossos avanços científicos e progresso industrial". Para isso foram investidos milhões de dólares em assistência técnica e científica; especialistas foram enviados à América Latina, Ásia, Oriente Médio e África. Essa ação também beneficiaria os Estados Unidos, uma vez que "o nosso comércio com outros países se expande à medida que progridem industrialmente e economicamente"[7]. "Só a democracia pode fornecer a força vitalizante para agitar os povos do mundo em ação triunfante"[8].

Como observa Nísia Trindade Lima:

> Tais projetos não se restringiram à experiência brasileira. Desde o início da década de 1950, cientistas sociais na América Latina, com o apoio de agências norte-americanas, participaram de programas de saúde pública orientados pela perspectiva do que, à época, se denominava mudança social provocada ou dirigida, no contexto do pós-guerra, da Guerra Fria e do processo de descolonização[9].

Esses profissionais, conforme análises expressas na *Revista da Campanha Nacional de Educação Rural*, consideravam a sua intervenção benéfica e salvadora diante do quadro de miséria na qual se encontravam os trabalhadores, a quem viam unicamente como carentes, inclusive de qualquer cultura ou saber próprio. Por meio de alguns desses vários discursos, procuraremos relacionar as realidades que esses profissionais julgavam ser necessariamente enfrentadas, o papel do audiovisual e o conteúdo e as formas dos filmes realizados pelo INCE, em sua maioria dirigidos por Humberto Mauro.

A CAMPANHA

A CNER foi uma organização de ações que previu, por meio de mudanças na educação, técnicas de trabalho, hábitos de higiene e alimentação, melhorar a saúde e as condições de vida de pequenos proprietários rurais, influindo dessa forma na produtividade agrícola de regiões próximas às grandes capitais, de onde vinha o abastecimento para as cidades. Ou seja, a Campanha não abarcava todos os trabalhadores rurais, apenas os pequenos proprietários não submetidos aos latifúndios onde dominavam os grandes proprietários rurais. Melhorando a produtividade, diversificando os produtos e incentivando o artesanato, buscava-se aumentar a renda desses pequenos proprietários, evitando assim o marcante êxodo rural para as cidades naquele momento. Chegava-se a oferecer cursos básicos de alfabetização, mas a agricultura era a preocupação central. Para isso, eram organizados preliminarmente cursos de formação dos profissionais que atuariam diretamente com essas populações. O cinema e os recursos "audio-visuais", conforme chamados então, eram muito usados: em primeiro lugar nesses cursos e, depois de experimentados, com as populações-alvo. É em torno da produção desse material que recortamos a análise sobre a Campanha que cobriu os estados de Alagoas, Bahia,

Ceará, Espírito Santo, Goiás, Maranhão, Minas Gerais, Pernambuco, Rio de Janeiro, Rio Grande do Norte, Rio Grande do Sul e São Paulo[10].

Entre 1950 e 1951, já se usam recursos audiovisuais para o aprendizado dos "experimentadores", que observam a eficácia de filmes e palestras em regiões do Centro-Leste: Rio de Janeiro, Minas Gerais, Espírito Santo e São Paulo[11]. Com o tempo, saberemos que consideram inaproveitáveis os filmes norte-americanos que utilizam, pois abordavam uma realidade muito distante da brasileira e em linguagem difícil para o nosso "caboclo", exigindo muitas explicações e adaptações dos instrutores[12]. Com isso, torna-se necessário produzir materiais apropriados a essa realidade.

A REALIDADE A COMBATER

> O homem do campo é antes de tudo um sujo. Não que o queira, mas porque não sabe viver limpo e não sabe, porque não lhe ensinaram isso. Os pés do rurícola sustentam a nudez consequente à sua ignorância, as suas pernas desprotegidas constituem para os répteis e insetos, uma presa indefesa. Desde pequeno o rurícola habitua-se a andar descalço. Mesmo possuindo calçado, ele só o usa aos domingos ou dias de festa para ir à cidade. Voltando dela, no meio da estrada, o camponês retira o calçado para não gastar[13].

Ao contrário da exaltação de Euclides da Cunha, que acreditava n'*Os Sertões* ser o sertanejo um forte, o nosso cientista social parafraseia o escritor para explicar da forma que acredita a mais dramática a sua tarefa urgente e inglória: fazer com que um homem atrasado, um homem que de bom grado vive em meio à imundície, répteis, insetos, desprotegido, use o sapato que tem – mas que reserva apenas para os domingos. Se esse pequeno parágrafo pode nos oferecer, em poucas linhas, muito de como os especialistas viam o seu objeto de estudo e intervenção, a leitura da revista só aprofunda a sensação de drama, tragédia, apatia, realidade penosa, triste, primitiva, atrasada, desassistida, ignorante, doente – termos usados recorrentemente para definir o homem e o território no qual vão intervir ou estão intervindo.

Equacionados os problemas a enfrentar, a forma de intervenção foi a instalação de Missões Rurais, conforme já haviam sido desenvolvidas no México. Baseavam-se na organização comunitária com a participação de técnicos e instrutores da Campanha e com a formação de lideranças locais, intermediários na organização e no relacionamento com as populações assistidas. Além das atividades das Missões, que buscam interferir diretamente nas formas de trabalho e de vida, a Campanha atuava por meio de palestras, filmes, atividades sociais e de lazer, como festivais folclóricos ou espetáculos teatrais. A encenação de peças é muito referida nas revistas, e seu responsável era Ody Fraga, que nos anos 1970 será um prolífico diretor na Boca do Lixo em São Paulo. Certamente, ao contrário do cinema, que demandava a vinda de um técnico com o projetor, bateria ou eletricidade e os filmes com suas bobinas, o teatro era de mais fácil acesso, barato, e envolvia parte significativa da comunidade. Em longo texto sobre os métodos da educação de base, espera-se enfim "provocar a cooperação dos comunitários ao seu reajustamento integral"[14], o que significa que o homem encontrado é visto, antes de tudo, como um ser inadequado.

O LUGAR DO AUDIOVISUAL E A PARTICIPAÇÃO DO PONTO IV

O uso do cinema na Campanha foi referido desde as primeiras atividades, entre 1950 e 1951, quando filmes estrangeiros são utilizados para a formação dos técnicos e experimentados com populações-alvo. Só em 1954 se fará apelo à produção própria por meio do INCE. Era necessário produzir filmes segundo a realidade brasileira[15]. José de Almeida Mauro, o Zequinha Mauro, filho do diretor e principal fotógrafo desses filmes, conta em 1997: "Chicralla Haidar mostrou pra gente uns filmes de educação rural americanos, mas que era tudo mecanizado. Era preciso adaptar o que nós temos pra fazer isso. Por exemplo, *Captação de água*. Então nós fizemos aquele filme do bambuzão"[16]. Chicralla Haidar, o assistente técnico para assuntos de Educação Audiovisual da CNER, concluíra o curso superior de direção e produção cinematográfica na Universidade do Sul da Califórnia, o que em termos de Brasil era uma novidade, pois não havia em 1954 – afora Rodolfo Nanni, que estudara no IDHEC francês, ou quem sabe entre os estrangeiros que aqui chegaram para trabalhar na Vera Cruz – diretores de cinema brasileiros formados em escolas, e muito menos em uma universidade americana. Em artigo sobre cinema educativo, Haidar divide os filmes em várias categorias: educativo-técnico, escolar, recreativo-cultural, recreativo-dramático, técnico e de interesse geral, dando conta do atrativo que essa categoria de produção despertava para o cinema, a educação e certamente a propaganda, como já se vira na Itália fascista, com o Instituto LUCE, ou na Alemanha nazista. No entanto, Haidar aponta como mais útil a categoria recreativo-dramático, "filmes de longa-metragem baseados em biografias de grandes vultos [...] ou em histórias inspiradoras"[17], que "exercem profunda influência nos hábitos e atitudes sociais de crianças e adultos". "E em casos mais abstratos como o amor à pátria ou à natureza. Nesse caso, a técnica é mais próxima da propaganda"[18]. Chicralla foi o responsável pelas orientações da Campanha[19] junto ao INCE, e será dele a direção do docudrama sobre mortalidade infantil *A vida em nossas mãos* (1958), único dos filmes do INCE para a Campanha no qual a ficção foi usada. Forma narrativa, como se pode ver, em total consonância com suas crenças sobre a eficácia do cinema de ficção[20]. Por viés contrário, os sete filmes realizados por Humberto Mauro não se utilizam da ficção em sua estrutura.

Ao lado disso, e sem relação aparente com os filmes que estavam sendo realizados e exibidos, ao menos pelo que se possa saber pela revista, é publicado em 1956 o "Plano de Cooperação entre a CNER e o Ponto IV", por intermédio da United States Operation Mission-Brazil, para a criação de Centros Regionais Rurais Audiovisuais destinados à formação de profissionais e à instalação de equipamento para servir de apoio aos programas de educação que estavam se desenvolvendo para a "efetiva aplicação de novas técnicas educativas por meio de materiais 'audiovisuais'[21] mais objetivos e melhor utilizados"[22]. Essas novas técnicas, é bom lembrar, não se resumiam no cinema, abrangiam o rádio, a televisão, os recursos gráficos como cartazes ou a moderna projeção de *slides*. As técnicas audiovisuais de aprendizagem haviam se desenvolvido muito durante a guerra, sendo usadas, entre outros fins, para o ensino rápido das línguas dos países inimigos. Foram designados sete técnicos que receberam bolsa do programa para um curso intensivo de 12 meses na Universidade de Bloomington. A cada ano passaram a ser enviados até dez bolsistas, que recebiam ampla educação e treinamento para o desenvolvimento de filmes, programas de rádio, televisão e jornais, com visitas a estúdios de cinema e indústrias de equipamentos. Era uma formação não apenas técnica e tecnológica, mas antes de tudo incessante refundadora da ideia da supremacia tecnológica dos Estados Unidos, provedor dos países pobres, premissas que norteiam o Ponto IV. Assim, o Brasil deve reproduzir esse modelo instalando conceitos de educação, procedimentos, equipamentos e tecnologias norte-americanas, como o modelo audiovisual a ser expandido pelo país na aprendizagem rural. Os Centros Audiovisuais e seus técnicos ficavam nas cidades. O Brasil, que já era, em 1925, o quinto importador de filmes norte-americanos, via instalar-se agora em várias partes do seu território, sob os auspícios do Ponto IV, a infraestrutura para a reprodução dessa matriz em outros âmbitos, a começar pela educação.

No que tange ao INCE, apesar de o Ponto IV participar da realização dos filmes da Campanha em parceria, em suas atividades de formação audiovisual em inúmeros cursos pelo Brasil afora, e mesmo no Rio de Janeiro, onde ficava o Instituto, não há qualquer menção a seus profissionais, a suas experiências com a produção de imagens para a educação que vinham se desenvolvendo desde 1936. Ou seja, a Educação Audiovisual moderna seria feita diretamente pelos americanos, sem qualquer participação do INCE, ou por aqueles por eles treinados, e com a aquisição das tecnologias e equipamentos por eles introduzidos.

OS FILMES

> Com a evolução de suas atividades e a consequente aquisição de novas experiências, a CNER compreendeu que a diferenciação frisante dos aspectos panorâmicos e do elemento humano exibidos nos filmes estrangeiros apresentava problemas na assimilação do conteúdo dos mesmos à mentalidade do caboclo rural brasileiro. Para o melhor êxito em seus trabalhos cumpriria que a CNER passasse a produzir seus filmes segundo as necessidades rurais brasileiras e de acordo com esse ambiente. E foi o que sucedeu, procurando conjugar seus esforços com o Instituto Nacional de Cinema Educativo, para a produção de filmes educativos, especialmente relacionados com os problemas rurais do Brasil e para servirem de elemento assimilador no trabalho educativo de seus técnicos junto às comunidades[23].

A partir de 1954, começa a produção de filmes no INCE sob a direção de Humberto Mauro e a assistência técnica de Chicralla Haidar com *Higiene rural – fossa seca* (1954)[24], *A captação da água* (1955)[25], *O preparo e conservação de alimentos* (1955)[26], *Silo trincheira* (1955)[27], *Higiene doméstica* (1955)[28] e *Construções rurais*[29]. É concluído ainda *A vida em nossa mãos* (1958)[30], de Chicralla Haidar. Por fim, Mauro volta a dirigir para a CNER *Poços rurais* (1959)[31].

Segundo recordações de José de Almeida Mauro[32], as filmagens foram realizadas em Volta Grande e arredores. Usava-se o equipamento do INCE e também outros da Campanha. A equipe era pequena, e Chicralla Haidar participava. Mauro, Zequinha, Mateus Collaço, que faziam parte da equipe técnica do INCE, podem ser vistos inclusive atuando nos filmes em papéis de professores ou técnicos.

Os temas respondiam a problemas candentes localizados pelos profissionais do CNER, como saneamento básico, construções de poços artesianos, de silos para armazenamento de forragens, de encanamentos de bambu para levar água às comunidades, noções de higiene pessoal, cuidados com a água contaminada e suas consequências. É de se notar que o enfoque dos filmes variava, assim como variou também o seu resultado. Há filmes mais técnicos, que parecem se dirigir aos professores, e outros mais didáticos, para um público amplo. A maioria deles se dirige prioritariamente ao público masculino.

Vamos nos deter sobretudo em filmes nos quais são sinalizadas questões de maior interesse da Campanha: *Higiene rural – fossa seca*, que enfoca a higiene e a necessidade de usar sapatos, a contaminação dos rios e os cuidados com a água; *Preparo e conservação de alimentos*, dirigido às mulheres; *Construções rurais*, que prega a substituição, segundo a CNER, da perigosa casa de pau a pique – tradicional por séculos no Brasil – pela construção de tijolo. Todos esses filmes apontam a passagem dos modos tradicionais e da poesia do espaço agrário para a modernização; deixam claras as diferenças de concepção da Campanha e as soluções tais quais filmadas pelo INCE com a direção de Humberto Mauro e supervisão de Chicralla Haidar.

HIGIENE RURAL – FOSSA SECA (1954)

O filme se abre com uma bela paisagem, na qual se veem casas, estábulos, árvores, animais e homens. No fundo, o contorno suave das montanhas confere a esse cenário bucólico a ideia de harmonia. Nessa cena – típica dos filmes anteriores de Mauro sobre o tema, que também será usada nos filmes da Campanha –, contrariamente ao recorrente panorama dramático pintado pelas revistas da CNER sobre as regiões rurais brasileiras vistas como carentes e isoladas, o campo é um lugar rico de possibilidades e acolhedor para o homem.

"No entanto, há ameaças constantes à saúde que exigem atenção permanente", informa a locução. A música antes serena muda de tom, e a câmera faz um chicote[33] para mostrar animais que atravessam uma ponte sobre um rio. "Os cursos de água, riachos e córregos, preciosos colaboradores do homem, são contaminados pelas necessidades diárias e pelo trabalho campestre". Uma menina anda descalça sobre as pedras do rio e debruça-se para beber água, enquanto a locução fala das doenças causadas pela contaminação, como a disenteria e o tifo. Todas as roupas são claras. Do lado esquerdo do plano, vê-se um menino que sacode uma lata que a menina leva ao rio para encher. Mauro mostra os elementos e ações cotidianas que contribuem para contaminar a água e, ao mesmo tempo, o perigo que isso representa para os homens que dela bebem. Tudo isso é feito de forma simples, encadeada e ritmada pelos gestos dos trabalhadores. A cena é aparentemente bucólica e, em sua suavidade, contém já as ameaças, mas tudo se faz de forma sutil, e cada elemento apresentado virá se somar a outro logo em seguida.

"Outra forma de contaminação da água é o hábito de construir as privadas sobre rios e córregos". Tem-se então plano geral sobre uma casinha nessa situação. Sai dela um homem fechando o cinto da calça. No plano seguinte, patinhos atravessam o rio. Um menino entra na casinha, que está em más condições de conservação.

Um acorde musical anuncia o perigo que a locução explicita. O menino abre a porta da casinha, sai e fecha o cinto. Está descalço. "A fossa seca é dispositivo de construção fácil e pouco dispendiosa". A música agora é triunfal.

A paisagem e o tom do filme mudam. A locução fornece os detalhes práticos sobre a construção da fossa; as imagens vão mostrando como construí-la. É Humberto Mauro, portando um chapéu, quem faz as vezes do especialista. Após os vários planos sobre a construção, vê-se em *contre-plongée* uma casinha nova, branca, limpa. Dela sai o menino, agora penteado e com a roupa mais arrumada; usa sapatos, focalizados em primeiro plano: eles não são novos. A seguir, ele lava demoradamente as mãos, e mãos diferentes se repetem focalizadas em primeiro plano sob o jato da água, mostrando "providências de higiene que evitam uma infinidade de doenças e males", conforme instrui a locução.

Em *Higiene rural – fossa seca*, Humberto Mauro propõe as mudanças com naturalidade: as coisas se passam como se tudo diante da imagem fosse fácil, como parece ser fácil a lida com a terra, com os animais, o corte da cana – a atividade agrícola em geral. O formato clássico do documentário facilita a construção desse tom quase idílico do trabalho na terra, de modo que não se vê o quadro desolador pintado sobre o campo brasileiro pelos responsáveis da Campanha. Da mesma forma, embora seja perceptível que o menino ficou mais arrumado ao passar da primitiva privada à higiênica fossa seca construída distante do rio, a condição de pobreza das pessoas não aparece com tratamento ostensivo e, muito menos, aversivo. As pessoas não são "sujas", apesar de andarem descalças, malgrado as roupas gastas dos trabalhadores ou do menino; ao contrário disso, as roupas claras reforçam a ideia de simplicidade, e não de carência. São notações importantes que entram na composição da imagem do homem do campo que se está caracterizando e se quer transformar. O filme aborda, então, as práticas do cotidiano que prejudicam todos e que devem ser corrigidas, mas apresenta de forma positiva o universo rural e seus habitantes.

A encenação com o recurso aos patinhos é acessível e respeitosa ao seu espectador, a quem não menospreza. O filme que trata da prevenção de verminoses poderia usar o medo, tratar os hábitos locais de higiene como erro ou atraso, no entanto trabalha com um sentido de normalidade: os perigos fazem parte das ações diárias. A contaminação é produto da lida no campo e de seus hábitos, o que traz risco, mas é possível e fácil para todos mudar. Estabelece-se, assim, entre a tela e o espectador uma relação de respeito, de entendimento, em lugar da relação do sábio que detém o conhecimento "salvador" e intimida o interlocutor expondo sua ignorância e incompetência.

Há, porém, uma ponderação a ser feita sobre esse e outros filmes. Sempre que se trata de trabalhadores braçais, eles são em sua maioria negros ou o corpo, o dorso, traz sempre a vestimenta rasgada ou até se encontram sem camisa. Quando se passa a outro estrato social ou profissional, por exemplo, quando aparece um técnico, ele é branco, está com calça e camisa em melhor estado e o corpo não se destaca. Dessa forma, a imagem não deixa de demarcar que os trabalhos braçais são feitos quase sempre por negros, o que vemos se repetir em outros desses filmes. As camisas rasgadas dos trabalhadores ressaltam os corpos negros que contrastam com a roupa clara que usam, como se pode ver também em *Os cantos de trabalho* (1955)[34]. Por outro lado, eles estão sempre descalços. São lapsos do filme, apesar de todos os cuidados da Campanha? Ou são mesmo as formas tradicionais da estratificação social dos trabalhadores brasileiros que os filmes deixam escapar. Aliás, escaparam até mesmo a Chicralla Haidar, que representava a orientação da Campanha, ou ainda em filmes como *Construções rurais* (1956): ali aparece o trabalho de crianças que, supostamente, deveriam estar na escola. Afinal, a Campanha não incentivava a educação? Seria um sinal de que até mesmo para a CNER essa questão ainda não era uma prioridade, tocava formas estabelecidas da sobrevivência e da exploração da mão de obra na região rural, as quais não era ainda possível nem mesmo desejável transformar? São evidências da imagem que escapam a seus idealizadores.

PREPARO E CONSERVAÇÃO DE ALIMENTOS (1955)

Nesse filme dedicado às mulheres, as frutas tornam-se doces de consumo prolongado; o tomate vira molho; o leite, doce. Filmado na própria casa de Mauro, conforme as recordações de Zequinha, o que se põe em ação são as práticas artesanais mineiras, mas, sobretudo, a ideia da conservação, a que mais conta no filme. Há abundância de recursos, basta saber utilizá-los. Reforça-se a ideia de "não desambientar o ambiente": sem introduzir utensílios ou soluções estranhas aos costumes já correntes no meio rural, é ensinada a conservação, transformação e prolongamento da vida útil do elemento natural. Como no cinto de couro do menino, o filme vai do cru ao cozido, da natureza à cultura, introduzindo seu espectador, de maneira direta, em outro registro cultural: ao invés do desperdício de recursos, a conservação. Essa é a ideia geral dos demais filmes da série: com recursos simples, é possível armazenar ou trazer água onde ela é necessária – *Captação de água* (1954); reservar forragem para os meses de seca – *Silo trincheira* (1955). É preciso, entretanto, conhecer e aplicar esses métodos para que a vida se torne melhor. Fazê-lo, no entanto, está ao alcance de qualquer pessoa.

Ao desenvolver o campo por recursos próprios, Mauro atende aos propósitos da Campanha, observando o mundo agrário como o espaço da comunidade, das ligações pessoais, do trato paciente e observador em relação à natureza, de onde emanam os recursos. Ele não olha o campo a partir da cidade, de onde supostamente viria a "civilização", o progresso com os seus técnicos. A vida do campo não significa, portanto, atraso, mas afirmação de uma cultura própria, ancestral e, ao mesmo tempo, ainda palpável. São apresentadas, desse modo, soluções que criam trabalho e fixam o homem na terra, contrariando as imagens dramáticas da Campanha e de seu ideal transformador.

CONSTRUÇÕES RURAIS (1956)

O plano inicial de *Construções rurais* tem imagens de *Engenhos e usinas* (1955), filme também do INCE[35]. Ali o que era poético transforma-se em atraso. A construção de pau a pique coberta de sapé que ele enaltece nas suas *Brasilianas*[36] agora precisa desaparecer: é anti-higiênica e traz riscos à saúde. No interior de uma casa, ao contrário da narração que fala das fragilidades, vê-se uma muito bem armada construção em pau a pique. Nada na imagem denuncia que há perigo nessa construção: se não há solidez, por conta do barro, há o engenho da tesoura bem armada, característica das construções tradicionais brasileiras, que, naquele momento, o próprio Iphan estava estudando e preservando.

No exterior, de costas para a câmera, uma mulher negra com um saco de roupa na cabeça dá a mão a um dos dois filhos que caminham ao seu lado. A locução informa que as casas de sapé, embora mais baratas, são de pouca duração e devem ser substituídas por tijolo e telhado, cuja fabricação é descrita em detalhes de forma ritmada. "Esse é um processo comum em todo o interior do Brasil". Vale observar que há um homem descalço trabalhando, com uma camisa branca muito limpa. Tudo parece muito plácido, apesar do sol, do trabalho árduo e do calor. Um homem negro magro e sem camisa pega uma telha que sai da fôrma e passa para um menino, seu ajudante. *Travelling* rápido passa para a imagem de casa em construção. "Atualmente já vai se tornando comum a construção de casas de tijolo e telhas". Seguem-se cenas que dão destaque aos trabalhadores na construção da casa e sua pintura.

Terminada a construção, tem-se plano geral da paisagem com a casa de tijolos branca no centro, emoldurada por uma bananeira. "A construção de casas sólidas, de bom acabamento e conservação permanente proporciona ao homem do campo habitação higiênica e saudável". Novamente, vemos a mãe do início do filme, agora mais arrumada passeando com os filhos. Tudo se renova, inclusive as pessoas.

Nesse filme, salvo Mateus Collaço, todos os que aparecem são negros – a mãe com as crianças, os trabalhadores da olaria. Os processos mostrados são os manuais ainda existentes; as máquinas são referidas pela locução do filme como "rudimentar" ou "primitiva". Assim, nada do que é apresentado é uma novidade exterior à vida daquelas populações. Todos trabalham, não falam. Estão a serviço da demonstração do documentário; as tarefas, mesmo pesadas, não parecem difíceis. A fabricação das telhas, por exemplo, é acompanhada por música de filme musical americano, que enche as imagens de ritmo, leveza e animação. São efeitos do documentário clássico – locução, fundo musical – que contribuem para a ilusão da leveza que o filme constrói. Por outro lado, chama a atenção a imagem do campo que a Campanha constrói com esses filmes. Mauro filma em seu lugar de origem, Volta Grande, Minas Gerais: um campo de pequenos proprietários, que viviam da venda de leite ou fabricação de queijos para as regiões urbanas e que, com bastante esforço e em regime de produção familiar, conseguiam sobreviver do seu trabalho, mantendo suas terras, animais e carro de bois. Ali, a distância entre o proprietário da terra e eventuais empregados não era tão intransponível quanto em outras áreas do país. Essa era a caracterização das regiões que a Campanha queria atingir: um campo, portanto, duro e digno, limite único do viver, e certamente anterior à ideia do lucro, campo que permitia a Mauro construir a ideia quase idílica sobre as benesses da natureza e a interação do homem com ela, o que não era o retrato de grande parte do campo brasileiro nem do olhar dramático que a Campanha lança sobre ele.

Sendo assim, esses filmes supõem um interlocutor capaz de compreender os filmes, instaurando uma comunicação direta. Há uma comunidade que conhece o seu ofício, mas pode aprimorá-lo. As tensões com a modernização e o ideal do desenvolvimentismo tão características desse período, do discurso da Campanha, se dissolvem. Há mudanças que os homens são capazes de acompanhar e que na aparência não se opõem ou excluem o que já era conhecido e plenamente dominado. A tradição assimila e integra proveitosamente o que lhe convém do progresso. O diretor trabalha com a ideia de comunidade autogestora, autárquica, onde laços e relações sociais são diretos, sem intermediação, algo muito semelhante à "comunidade" tal como descrita e desejada pela Campanha e pensada por Lebret e Maritain. Entretanto, essa visão de Mauro, se válida até para o campo que conhecia, era muito distante da realidade da maior parte das regiões rurais brasileiras no período, marcadas pela grande propriedade, exploração e ausência de direitos dos trabalhadores, atraso técnico e miséria.

Nos filmes produzidos pelo INCE e dirigidos por Humberto Mauro para a CNER, vemos um nítido contraste de propósitos e, ao mesmo tempo, marcas das dificuldades da vida no campo que não são apagadas na imagem. A primeira delas é a persistência dos pés descalços de todos os trabalhadores, fato que, como vimos, trazia consternação aos técnicos. Se o filme era exemplar, certamente deveria ter cuidado disso. Assim, a persistência desse traço nos chama a atenção até mesmo para as negociações da realização do filme, o poder de Humberto Mauro sobre Chicralla Haidar e os propósitos educativos. Lembremos da mesma forma da presença de um menino trabalhando. O outro dado é a quase onipresença de negros entre os trabalhadores filmados. O que significa isso? Seria uma escolha estética? Mas se for estética, é verdade que os técnicos, personagens qualificados, são sempre brancos. Trata-se de preconceito de Humberto Mauro, da Campanha, ou apenas a constatação visual que fazemos hoje sobre as formas recorrentes de representação de um trabalhador braçal – ele é negro e tem corpo à mostra – e de um técnico – ele é branco e tem o corpo coberto? Crianças trabalham normalmente, o que não escandaliza ninguém, mesmo em uma Campanha que visava educar e elevar os padrões de vida das regiões rurais. Não há preocupação em mudar essas imagens ou mesmo poli-las, maquiá-las. Ao contrário, são os amálgamas incrustados na mentalidade e no imaginário dos lugares sociais dos nossos estamentos que aparecem como naturais e naturalizados. Pobres trabalham, sejam eles crianças ou não. Negros são trabalhadores braçais. Nas fotos da *Revista da Campanha Nacional de Educação Rural*, pelo contrário, os "rurícolas", pequenos proprietários da terra, são em geral brancos.

Segundo as informações da revista, esses filmes foram distribuídos e exibidos em várias localidades brasileiras. O Ponto IV concedeu recursos para a produção desses filmes do INCE, emprestou seu bem equipado furgão, incluiu um especialista em audiovisual para as questões de conteúdo que os filmes deveriam abordar, mas manteve-se distante desses filmes "brasileiros", enquanto preparava, em paralelo, outra geração de produtores de imagens visuais educativas. O INCE, por seu turno, com a direção técnica de Humberto Mauro, entregou as encomendas, e nelas prevaleceu uma visão distinta do campo. O universo agrário brasileiro ficou bem mais próximo das *Brasilianas* e mais distante do Ponto IV.

NOTAS

1 Anônimo *apud* Sérgio Celani Leite, *Escola rural: urbanização e políticas educacionais*, São Paulo: Cortez, 1999, p. 14.

2 Cláudia Moraes de Souza, "Discursos intolerantes: o lugar da política na educação rural e a representação do camponês analfabeto", *Histórica, Revista on-line do Arquivo Público do Estado de São Paulo*, São Paulo: jun. 2005, n. 3.

3 Conforme o histórico da *Revista da Campanha Nacional de Educação Rural*.

4 *Revista Nacional da Campanha de Educação Rural*, Rio de Janeiro: Ministério da Educação, 1959, 1º sem., n. 8, pp. 14-5.

5 Iraíde Marques de Freitas Barreiro, "Articulação entre desenvolvimento

econômico e educação aos países latinos: educação rural no Brasil – anos cinquenta", *Projeto História*, São Paulo: jun. 2006, n. 32, p. 127, disponível em: <https://goo.gl/hzXdPL>, acesso em: set. 2017.

6 Harry S. Truman Library & Museum, *Point Four*, disponível em: <https://goo.gl/pYYZ2q>, acesso em: set. 2017.

7 *Ibidem.*

8 *Ibidem.*

9 Nísia Trindade Lima e Marcos Chor Maio, "Tradutores, intérpretes ou promotores de mudança? Cientistas sociais, educação sanitária rural e resistências culturais (1940-1960)", *Sociedade & Estado*, Brasília: maio-ago. 2009, v. 24, n. 2, pp. 529-61, disponível em: <https://goo.gl/tyTefh>, acesso em: set. 2017.

10 *Revista da Campanha Nacional de Educação Rural*, Rio de Janeiro: Ministério da Educação, 1. sem. 1959, n. 8, pp. 156-7.

11 *Ibidem*, p. 16.

12 *Ibidem*, p. 47.

13 *Revista da Campanha Nacional de Educação Rural*, Rio de Janeiro: Ministério da Educação, v. 2, 1955, p. 82.

14 *Revista da Campanha Nacional de Educação Rural*, Rio de Janeiro: Ministério da Educação, 2. sem. 1956, n. 4, p. 124.

15 Cf. *Revista da Campanha Nacional de Educação Rural*, Rio de Janeiro: Ministério da Educação, 1. sem. 1959, p. 89.

16 Entrevista concedida à autora deste artigo em 1997. O filme do bambuzão é *Captação de Água* (1955).

17 *Revista da Campanha Nacional de Educação Rural*, Rio de Janeiro: Ministério da Educação, n. 1, 1954, p. 114.

18 *Ibidem*, p. 116.

19 Conheci Chicralla Haidar em 2013, com mais de 90 anos e desmemoriado. Apesar de não se lembrar de praticamente nada ao ver os filmes, esboçou algumas reações, a maior delas quando atribui a direção dos filmes a Humberto Mauro, e não a ele. Lembrou-se de Mauro, de algumas brincadeiras em comum, do ambiente prazenteiro das filmagens em Volta Grande e da enorme inteligência do diretor. No entanto, foi perceptível que, certamente designado pela Campanha para dirigir os filmes, teve diante de si o diretor do INCE, que não abriu mão de suas atribuições, o que deve ter contrariado o jovem especialista, que, passados sessenta anos, ainda guardou seus sentimentos a respeito.

20 *Revista da Campanha Nacional de Educação Rural*, Rio de Janeiro: Ministério da Educação, n. 1, 1954, pp. 113-6.

21 Por seu significado na época, manteremos o termo conforme a documentação do período.

22 *Revista da Campanha Nacional de Educação Rural*, Rio de Janeiro: Ministério da Educação, n. 3, 1956, p. 50.

23 *Revista da Campanha Nacional de Educação Rural*, Rio de Janeiro: Ministério da Educação, 1º. sem. 1959, n. 8, pp. 89 e 92.

24 Cf. o filme e informações no Banco de Conteúdo Culturais, disponível em: <https://goo.gl/javfo1>, acesso em: set. 2017.

25 Disponível em: <https://goo.gl/6s7E4S>, acesso em: set. 2017.

26 Disponível em: <https://goo.gl/tuRxEn>, acesso em: set. 2017.

27 Disponível em: <https://goo.gl/7AHJzW>, acesso em: set. 2017.

28 Esse é o único dos filmes da Campanha feitos por Mauro que não tem cópia para exibição. Em geral, esses são os filmes que mais foram exibidos à época.

29 Disponível em: <https://goo.gl/96PYcx>, acesso em: set. 2017.

30 Filme indisponível.

31 Disponível em: <https://goo.gl/XD2Le1>, acesso em: set. 2017.

32 Infelizmente não existe documentação primária do INCE para sabermos os detalhes dessa parceria.

33 Transição de um plano a outro por uma panorâmica muito rápida.

34 Filme que faz parte da série Brasilianas. Cf. trechos e dados do filme em Banco de Conteúdos Culturais, disponível em: <https://goo.gl/zVJZJs>, acesso em: set. 2017.

35 Disponível em: <https://goo.gl/6nVHGG>, acesso em: set. 2017.

36 Filme que realizou entre os anos 1945 e 1958, tendo por tema canções populares brasileiras filmadas em Volta Grande (Minas Gerais).

FERNÃO PESSOA RAMOS

É professor titular da Universidade Estadual de Campinas (Unicamp) e coordenador do Centro de Pesquisas em Cinema Documentário da mesma universidade (Cepecidoc). Foi presidente da Sociedade Brasileira de Estudos de Cinema e Audiovisual (Socine) e atuou como professor convidado nas instituições estrangeiras Université Sorbonne Nouvelle, New York University, University of California (Los Angeles), Université de Montréal e University of Chicago. Na década de 1980, publicou *Cinema marginal (1968-1973): a representação em seu limite* e a primeira edição de *História do cinema brasileiro*. Nos anos 2000, organizou a obra *Enciclopédia do cinema brasileiro* e *Teoria contemporânea do cinema I e II*. Mais recentemente, escreveu *Mas afinal... o que é mesmo documentário?* (2008) e *A imagem câmera* (2012).

SHEILA SCHVARZMAN

É professora do programa de pós-graduação em comunicação da Universidade Anhembi Morumbi, doutora em história social pela Universidade Estadual de Campinas (Unicamp) e pós-doutora em multimeios pela mesma universidade. Foi professora visitante do Instituto de Artes da Unicamp, professora do curso de audiovisual do Centro Universitário Senac e historiadora do Condephaat, em São Paulo. Integra o grupo de pesquisa do CNPq "Cinema brasileiro: história e preservação". Em 2004, publicou *Humberto Mauro e as imagens do Brasil*; em 2008, *Mauro Alice: um operário do filme*; e, em 2011, organizou com Samuel Paiva o livro *Viagem ao cinema silencioso do Brasil*, entre outros.

Este livro foi composto com
as fontes **Flavour** e **Freight Text** e
impresso em papel **Pólen Natural 80 g/m²**
na Hawaii Gráfica e Editora Ltda
em setembro de 2022.

FSC
www.fsc.org
MISTO
Papel produzido a partir
de fontes responsáveis
FSC® C100700